Im Spannungsfeld von Staat und Kirche

ZEITSCHRIFT FÜR HISTORISCHE FORSCHUNG

Vierteljahresschrift zur Erforschung des Spätmittelalters u. der frühen Neuzeit

Herausgegeben von

Johannes Kunisch, Klaus Luig, Peter Moraw,
Heinz Schilling, Bernd Schneidmüller,
Barbara Stollberg-Rilinger

Beiheft 31

Im Spannungsfeld von Staat und Kirche

„Minderheiten" und „Erziehung"
im deutsch-französischen Gesellschaftsvergleich
16.–18. Jahrhundert

Herausgegeben von

Heinz Schilling und
Marie-Antoinette Gross

unter redaktioneller Mitarbeit
von Matthias Pohlig

Duncker & Humblot · Berlin

Bibliografische Information Der Deutschen Bibliothek

Die Deutsche Bibliothek verzeichnet diese Publikation in
der Deutschen Nationalbibliografie; detaillierte bibliografische
Daten sind im Internet über ⟨http://dnb.ddb.de⟩ abrufbar.

Fremddatenübernahme: Klaus-Dieter Voigt, Berlin
Druck: Berliner Buchdruckerei Union GmH, Berlin
Printed in Germany

ISSN 0931-5268
ISBN 3-428-10964-3

Gedruckt auf alterungsbeständigem (säurefreiem) Papier
entsprechend ISO 9706 ♾

Vorwort

Der vorliegende Band ist aus der Arbeit der Frühneuzeitsektion der DFG-Forschergruppe „Gesellschaftsvergleich" an der Berliner Humboldt-Universität hervorgegangen. Er dokumentiert die Vorträge ihrer internationalen Abschlußtagung vom 11. bis 13. Februar 2000, die sich eine doppelte Aufgabe gestellt hatte. Zum einen sollten die Konsequenzen untersucht werden, die sich aus den unterschiedlich begründeten und strukturierten Staat-Kirchen-Beziehungen der frühneuzeitlichen Gesellschaften, und zwar konkret der französischen und der deutschen, für das Toleranzproblem und die Stellung religiöser Minderheiten sowie für die Grundlagen und die Entwicklungschancen des jeweiligen Erziehungs- und Bildungswesens ergaben. Und zum andern sollten bei diesem Gesellschaftsvergleich verschiedene nationale oder sachliche Traditionen oder Zugehensweisen der Forschung miteinander verbunden und ins gemeinsame komparatistische Gespräch gebracht werden. Ob dies gelungen ist, muß der Leser entscheiden. Die Herausgeber des Bandes, die auch die Organisatoren der Tagung waren, blicken jedenfalls auf eine Zeit intensiven und kollegialen Austauschs zurück, für die sie herzlich Dank sagen möchten – zuerst den Referenten und Kommentatoren der Tagung, die durchgehend ihre Beiträge im Lichte der Diskussion für den Druck überarbeitet haben; dann allen Mitgliedern und Mitarbeitern der Berliner Forschergruppe sowie der DFG samt ihren Fachreferenten und Fachgutachtern, die in den 1990er Jahren geisteswissenschaftliche Experimente wie den interdisziplinär und international operierenden Gesellschaftsvergleich noch mit Interesse und förderndem Wohlwollen begleiten konnten; schließlich den vielen, bei einem solchen Unternehmen unentbehrlichen Helfern vor Ort, für die wir stellvertretend Karin Heilmann, Matthias Pohlig und Agnes Winter nennen.

Berlin, im Frühjahr 2002

Marie-Antoinette Gross
Heinz Schilling

Inhalt

Zweiter Teil

Erziehung und Bildung zwischen Konfessionskirchen, frühmodernem Staat und Gesellschaft

Einleitung: „Minderheiten“ und „Erziehung“ im Spannungsfeld von Staat und Kirche – zum Versuch eines deutsch-französischen Gesellschaftsvergleiches

Von Heinz Schilling

I.

Das Nachdenken über den Vergleich in den Geschichtswissenschaften hat Konjunktur, und auch bei der Organisation von konkreten Forschungsprojekten und den zu diesem Zweck gegründeten Instituten oder Institutionen wird zunehmend auf vergleichende Perspektiven oder sogar auf den expliziten Gesellschaftsvergleich gesetzt. Das gilt in besonderem Maße gerade für die Berliner Geschichtswissenschaften. Denn neben der DFG-Forschergruppe ‚Historisch-sozialwissenschaftlicher Gesellschaftsvergleich. Strukturen und Identitäten im kognitiven und sozialen Wandel‘ an der Humboldt-Universität, aus deren Teilprojekt zu den Staats-Kirchen-Beziehungen in deutschen und anderen europäischen Ländern der frühen Neuzeit der vorliegende Band über Minderheiten und Erziehung hervorging, sind in Berlin mindestens zwei weitere Forschungsinstitutionen programmatisch mit dem historischen Vergleich beschäftigt – das von der Freien Universität, dem Wissenschaftszentrum und der Humboldt-Universität getragene ‚Zentrum für vergleichende Geschichte Europas‘ und das ‚Institut für vergleichende Geschichte Europas im Mittelalter‘ am Institut für Geschichtswissenschaften der Humboldt-Universität.[1] Nicht von ungefähr, so scheint mir, sind die genannten For-

[1] Die Forschungen dieser Institutionen sind inzwischen in einer Serie von Monographien und Sammelbänden dokumentiert. Vgl. etwa *Hartmut Kaelble/Jürgen Schriewer* (Hg.), Diskurse und Entwicklungspfade. Der Gesellschaftsvergleich in den Geschichts- und Sozialwissenschaften, Frankfurt/M./New York 1999; *dies.* (Hg.), Gesellschaften im Vergleich, Frankfurt/M./Berlin 1998; *Heinz-Gerhard Haupt/Jürgen Kocka* (Hg.), Geschichte und Vergleich. Ansätze und Ergebnisse international vergleichender Geschichtsschreibung, Frankfurt/M. 1996; *Michael Borgolte* (Hg.), Das europäische Mittelalter im Spannungsbogen des Vergleichs. Zwanzig nationale Beiträge zu Praxis, Problemen und Perspektiven der historischen Komparatistik, Berlin 2001.

schungseinrichtungen – im Falle der Forschergruppe jedenfalls schwerpunktmäßig – epochal ausgerichtet einerseits auf das Mittelalter, andererseits auf die Moderne des 19. und 20. Jahrhunderts: In beiden Epochen sind die gesellschaftlichen Vergleichseinheiten relativ klar umreißbar – nämlich die feudalen Gesellschaften der vorstaatlichen Zeit Europas beziehungsweise die modernen, meist nationalen Staatengesellschaften des 19. und 20. Jahrhunderts. Zudem und damit zusammenhängend sind es in erster Linie Mediävisten und Modernisten gewesen, die über Theorie und Methodik des Vergleiches nachdachten und programmatisch die Fortentwicklung der Historie zu einer vergleichenden Geschichte der europäischen Gesellschaften gefordert haben. Es sei nur an Marc Blochs berühmte Rede „Pour une histoire comparée des sociétés européennes“ 1927 auf dem internationalen Historikerkongreß von Oslo erinnert[2] oder an die zahllosen mit dem 19. und 20. Jahrhundert befaßten Diskussionen im Anschluß an Max Weber. Eine allgemein anerkannte Theorie und Methodologie des historischen Vergleichs ist allerdings bislang weder für die Moderne noch für das Mittelalter erarbeitet worden. Auf dieses Defizit hat noch unlängst der französische Mediävist Jacques Le Goff hingewiesen, zugleich aber auch die Perspektive eröffnet, „daß die (heute) jungen Historiker es schaffen könnten, (...) das Gelobte Land“ einer solchen wissenschaftstheoretisch abgesicherten historischen Komparatistik zu erreichen.[3]

In der Frühneuzeitforschung unterliegt der Vergleich anderen Rahmenbedingungen als in der Gesellschaftsgeschichte der Moderne, in gewisser Weise aber auch anderen als in der Mediävistik. Und es wurden darüber hinaus spezifische historiographische Wege der Komparatistik eingeschlagen bzw. andere Forschungsprogramme und Organisationsformen gewählt.[4] Abgesehen von dem besonderen Problem, für eine Epoche wie die frühe Neuzeit Quellen zu erschließen, die ungeachtet heterogener Entstehungsbedingungen einen einheitlichen Vergleich ermöglichen, scheint mir eines der Hauptprobleme frühneuzeitlicher Komparatistik in der jeweils geeigneten Vergleichseinheit zu liegen.

---

[2] Vgl. dazu *Michael Borgolte*, Die Erfindung der europäischen Gesellschaft. Marc Bloch und die deutsche Verfassungsgeschichte seiner Zeit, in: Marc Bloch. Historiker und Widerstandskämpfer, hrsg. v. Peter Schöttler, Frankfurt/M./New York 1999, 171–194.

[3] *Jacques Le Goff*, Der Appetit auf Geschichte, in: Leben mit Geschichte. Vier Selbstbeschreibungen, hrsg. v. Pierre Nora, Frankfurt/M. 1989, 158.

[4] Zum folgenden ausführlicher *Heinz Schilling*, Der Gesellschaftsvergleich in der Frühneuzeitforschung. Ein Erfahrungsbericht und einige methodisch-theoretische Schlußfolgerungen, in: Vergleich und Transfer. Komparatistik in den Sozial-, Geschichts- und Kulturwissenschaften, hrsg. v. Hartmut Kaelble/Jürgen Schriewer, erscheint Frankfurt/M. 2002.

In einer Situation, in der es die Feudalgesellschaften des hohen Mittelalters nicht mehr und die Staatengesellschaften der Moderne noch nicht gab, ist es kaum möglich, Großgesellschaften oder Staaten miteinander zu vergleichen. Als Vergleichseinheiten bieten sich vielmehr sachliche oder räumliche Teileinheiten dieser noch im Entstehen begriffenen Staaten an. Dabei erscheinen mir drei Vergleichsschneisen besonders wichtig, nämlich *erstens* Regionen und Städte[5]; *zweitens* Kulturen, und zwar in einer großen Vielfalt von Dorf- oder Stadtkulturen über Sozialkulturen von Klerikern, Handwerkern, Jugendlichen etc. bis hin zu den Konfessionskulturen und den Kulturen christlicher Denominationen oder nichtchristlicher Religionsgemeinschaften; *drittens* Sektoren staatlichen oder gesellschaftlichen Lebens, wobei insbesondere diejenigen Sektoren den Vergleich ermöglichen und verlangen, auf denen der sich herausbildende frühmoderne Staat vorrangig aktiv wurde, namentlich im Bereich von Schule und Bildung einschließlich der Alphabetisierungsprozesse, des Kirchenwesens und der Religionspolitik, der Normierung von Verhalten der Untertanen (‚Disziplinierung' oder ‚Prozeß der Zivilisation'), der Bürokratisierung und Verrechtlichung.

Auf einer anderen Ebene, nämlich derjenigen des interzivilisatorischen Vergleichs[6], bietet sich dem Frühneuzeithistoriker schließlich als weitere, also *vierte* Variante noch der alteuropäische Zivilisationstypus insgesamt als Vergleichseinheit an, und zwar sowohl in synchroner, das heißt bezogen auf die anderen Weltzivilisationen der Zeit, als auch in diachroner Hinsicht, letztere vor allem, aber nicht nur, in bezug auf die moderne Wirtschaftsordnung seit dem 19. Jahrhundert.

Es entspricht dieser besonderen Labilität der Vergleichsobjekte, wenn der Vergleich in der Frühneuzeitforschung anders als der Gesellschaftsvergleich der Moderne weniger durch theoretische und methodologische Programmatik als auf pragmatischem Weg Eingang gefunden hat.[7] Das spiegelt sich auch in der Themenstellung und dem Profil des vorliegenden Sammelbandes wider. Das Thema „Minderheiten und Erziehung im Spannungsfeld von Staat und Kirche – ein deutsch-französischer Gesellschaftsvergleich" ist zwar aus einem auf die Frühneuzeit bezogenen

---

[5] Dem entspricht historiographisch, daß zumindest in Deutschland die Landes- und Städtegeschichte diejenigen Spezialgeschichten Alteuropas waren, die am frühesten und entschiedensten komparatistisch arbeiteten und entsprechend Organisationseinheiten der Forschung schufen, etwa das ‚Institut für vergleichende Städtegeschichte' an der Universität Münster.

[6] Ausführlich hierzu die Beiträge in: Diskurse (Anm. 1), insbes. der Beitrag von Hartmut Kaelble.

[7] Näheres dazu bei *Heinz Schilling*, Der religionssoziologische Typus Europa als Bezugspunkt inner- und interzivilisatorischer Gesellschaftsvergleiche, in: Gesellschaften im Vergleich (Anm. 1), 41–52.

Teilprojekt der eingangs bereits erwähnten sozialwissenschaftlich-geschichtswissenschaftlichen Forschergruppe „Gesellschaftsvergleich“ an der Berliner Humboldt-Universität erwachsen. Und zweifellos haben die methodischen und theoretischen Diskussionen der mit der Gegenwart und deren unmittelbarer Vorgeschichte befaßten Historiker, Politologen, Ethnologen, Demographen und Pädagogen innerhalb dieses Forschungsverbundes auch den Blick auf die frühneuzeitlichen Gesellschaften geschärft.[8] Der ‚Eigensinn‘ – um einen unter Kulturhistorikern in der Frühneuzeitforschung beliebten Begriff vergleichstheoretisch zu wenden – der Epoche und die daraus resultierenden Besonderheiten der frühneuzeitlichen Komparatistik verbieten es aber, die an den modernen Gesellschaften entwickelten Ansätze, Begriffe und Fragerichtungen eins zu eins zu übernehmen. So ist es etwa, um ein konkretes Beispiel zu nennen, angesichts der engen theoretischen wie institutionellen Verzahnung von Religion und Politik für die europäischen Gesellschaften vor der Aufklärung und der Französischen Revolution kaum sachgerecht, einen Vergleich frühneuzeitlicher Konfessionskulturen in die Problemperspektive „Externalisierung auf Welt“ zu stellen, die zum Thema Religion und Theologie in den Diskussionen der Forschergruppe in Anschluß an Shmuel Eisenstadt gewählt wurde.[9] Denn neben der kulturellen Welterklärungsdimension, die Religion in Alteuropa natürlich auch besaß, bedeuten ‚Konfessionalisierung‘ und ‚Konfessionskulturen‘ auch und vor allem Institutionalisierungs- und Rechtsprozesse sowie Integration von Gesellschaft im modernen Sinne.

Es sind diese strukturgeschichtlichen Zusammenhänge, die die Staat-Kirchen-Beziehungen der einzelnen europäischen Länder und Territorien zu einem besonders geeigneten Gegenstand für den frühneuzeitlichen Gesellschaftsvergleich qualifizieren. Denn es war gerade die im Anschluß an die Reformationsepoche allenthalben in Europa einsetzende Konfessionalisierung[10], die die frühmoderne Staatsbildung in Europa voran-

---

[8] Hierzu werden in meinem oben in Anm. 4 genannten Beitrag vier konkrete Beispiele vorgestellt, nämlich aus der vergleichenden Stadt- und Migrationsgeschichte, der vergleichenden Konfessionengeschichte, der Kommunalismusforschung, schließlich der Arbeiten zum frühmodernen Städterepublikanismus in Europa.

[9] Diese Diskussionen sind dokumentiert in den beiden von Hartmut Kaelble und Jürgen Schriewer herausgegebenen Sammelbänden (vgl. oben Anm. 1), denen ein dritter folgen wird: Vergleich und Transfer (Anm. 4).

[10] Detailliert erforscht und dargestellt in der Konfessionalisierungsforschung der letzten zwei Jahrzehnte. Hierüber zuletzt mit ausführlichen bibliographischen Hinweisen *Ute Lotz-Heumann,* The Concept of „Confessionalization“: a Historiographical Paradigm in Dispute, in: Memoria y Civilization 4 (2001), 93–114; sowie *Heinz Schilling,* La „confessionalisation“, un paradigme comparatif et interdisciplinaire. Historiographie et perspectives de recherche, in: Revue Études Germaniques 3/2002.

trieb.[11] Und daher sind auf diesem Feld *einerseits* durchaus bereits ‚Staaten' im frühmodernen Sinne als Vergleichseinheiten anzusetzen. In unserem konkreten Fall des deutsch-französischen Vergleichs ergibt sich daraus zwangsläufig die bekannte Disparität eines Vergleichs zwischen einem frühen Einheits- bzw. Nationalstaat, nämlich Frankreich, und Territorialstaaten in Deutschland. Denn daß das deutsche Reich der frühen Neuzeit kein Staat war, wird gerade auf dem Feld der Staats-Kirchen-Beziehungen deutlich, und zwar nicht zuletzt in dem Vergleich mit einem Staat wie Frankreich. Dem gallikanischen stand eben kein germanistisches Staats-Kirchen-System gegenüber, sondern eine Vielzahl von deutschen Landeskirchen, während die Reichskirche von ganz anderer, vorstaatlicher Gestalt war und schon aufgrund ihres katholischen und adligen Charakters ganz und gar nicht geeignet war, zur Bildung eines Reichsstaates der deutschen Nation beizutragen.[12] *Andererseits* gelten aber auch hier, und zwar nicht zuletzt wegen der Quellenlage, die oben entwickelten Vorbehalte gegen einen umfassenden Gesellschaftsvergleich samt der erwähnten Strategie, den Vergleich auf sachliche Sektoren gesellschaftlichen bzw. staatlichen Lebens auszurichten. Und schließlich kommt der Staats-Kirchen- bzw. Staats-Religions-Problematik für Alteuropa noch insofern eine besondere komparatistische Dignität zu, als sie in einer besonderen Weise der Perspektive des oben als vierte Ver-

[11] Diese staatsbildende Funktion der Konfessionen stand bei der Entwicklung des Konfessionalisierungsparadigmas im Vordergrund, wie bereits dem Titel meiner Untersuchung territorialstaatlicher Konfessionalisierung im Reich zu entnehmen: *Heinz Schilling,* Konfessionskonflikt und Staatsbildung. Eine Fallstudie über das Verhältnis von religiösem und sozialem Wandel in der Frühneuzeit am Beispiel der Grafschaft Lippe (Quellen und Forschungen zur Reformationsgeschichte, 48), Gütersloh 1981. Auf derselben Linie auch die Arbeiten von Wolfgang Reinhard zum Thema, wiederabgedruckt in: *Wolfgang Reinhard,* Ausgewählte Abhandlungen, Berlin 1997. Unmittelbar damit verbunden war aber auch bereits die Erforschung und die Darstellung der Konfessions*kulturen,* wie den entsprechenden Kapiteln meiner deutschen Geschichte (Aufbruch und Krise. Deutschland 1517–1648, Berlin 1988, 255) zu entnehmen ist. Mit dem Appell „Ende des Etatismus!" läuft Heinrich Richard Schmidt in dieser Hinsicht also offene Türen ein (*Heinrich Richard Schmidt,* Sozialdisziplinierung? Ein Plädoyer für das Ende des Etatismus in der Konfessionalisierungsforschung, in: HZ 265 (1997), 639–682). Zur Akzentuierung dieser kulturgeschichtlichen Komponente vgl. jetzt *Schilling,* La „confessionalisation" (Anm. 10).

[12] Zur Diskussion der jüngst in der Frühneuzeitforschung formulierten Mindermeinung, das Reich sei ein Staat gewesen vgl. die Diskussionen des Mainzer Frühneuzeitkolloquiums vom September 2001, publiziert von *Heinz Duchhardt/Matthias Schnettger* (Hg.), Imperium Romanum – irregulare corpus – teutscher Reichs-Staat, erscheint als Band in der Publikationsreihe des Instituts für europäische Geschichte Mainz, Mainz 2002. Meine eigene Position: Reichs-Staat und frühneuzeitliche Nation der Deutschen oder teilmodernisiertes Reichssystem. Überlegungen zu Charakter und Aktualität des Alten Reiches, in: HZ 272 (2001), 377–396.

gleichsebene erwähnten Zivilisationsvergleiches verpflichtet ist, auch wenn dieser im vorliegenden Band nicht explizit durchgeführt wird. Denn seit den großen Entwürfen Max Webers und jüngst besonders Shmuel Eisenstadts wird der alteuropäische Zivilisationstypus Europas in erster Linie durch sein spezifisches religionssoziologisches Profil definiert.[13]

II.

Aus einer Vielzahl möglicher Vergleichssektoren – erinnert sei nur an die ‚Disziplinierung' oder die Sozial- und Krankenfürsorge, an denen der Staat ebenso wie die Kirchen bzw. die Religion beteiligt war[14] – wurden „konfessionelle Minderheiten" sowie „Bildung und Erziehung" als konkrete Untersuchungs- und Diskussionsfelder ausgewählt. Den Referenten, Kommentatoren und Diskutanten der Berliner Arbeitstagung vom 11. bis 13. Februar 2000 wurde vorab folgendes Konzept vorgelegt, an dessen Leitlinien sich ihre Beiträge orientieren sollten:

Der Umgang mit konfessionellen Minderheiten und die Förderung von Bildung und Erziehung werden als zwei zentrale Merkmale der frühneuzeitlichen Staatsbildung und Modernisierung begriffen. Denn nachdem in der Reformation die religiöse Einheit der lateinischen Christenheit zerbrochen war, dessen ungeachtet aber weiterhin die Maxime ‚religio vinculum societatis' galt, sah sich jeder Staat in Europa aufgerufen, nach Mitteln und Wegen zu suchen, die religiöse und kirchliche Integration seiner Untertanen sicherzustellen. Hierzu wurden sehr unterschiedliche Modelle entwickelt – von der mit Gewalt erzwungenen Sicherung oder Rückkehr zur religiösen Homogenität wie in Spanien und in Frankreich nach der Widerrufung des Edikts von Nantes bis hin zu einer rechtlich oder politisch abgesicherten Koexistenz[15] der Konfessionen oder gar der

---

[13] Näheres dazu *Schilling,* Religionssoziologischer Typus (Anm. 7); *ders.*, Die neue Zeit. Vom Christenheitseuropa zum Europa der Staaten.1250 bis 1750 (Siedler Geschichte Europas, 3), Berlin 1999, 456 ff.; *ders.*, The Europe of Churches and Confessions, in: Europa. The European Idea and Identity, from Ancient Greece to the 21st Century, hrsg. v. Eric Bussière/Michel Dumoulin/Gilbert Trausch, Antwerpen 2001, 79–108.

[14] Mit diesem Thema hat sich, ebenfalls in vergleichender Perspektive, ein Berliner Parallelprojekt befaßt, vgl. dazu den Sammelband *Heinz Schilling/Lars Behrisch* (Hg.), Institutionen, Instrumente und Akteure sozialer Kontrolle und Disziplinierung im frühneuzeitlichen Europa (Institutions, Instruments and Agents of Social Control and Discipline in Early Modern Europe) = IUS Commune Sonderheft 127 (Studien zur Europäischen Rechtsgeschichte), Frankfurt/M. 1999.

[15] Hierzu hat Olivier Christin, der in diesem Sammelband mit einem deutsch-französischen Vergleich anzutreffen ist, unlängst eine perspektivenreiche Abhandlung vorlegt: *Olivier Christin,* La paix de religion. L'autonomisation de la raison politique au XVIe siècle, Paris 1997.

Religionen allgemein, wie in den Niederlanden, England – vor allem nach 1688 – oder auch in Brandenburg-Preußen, vor allem seit Friedrich II. Bildung und Erziehung, dem zweiten Themenbereich, kommt in der frühmodernen Staatsbildung schon allein deshalb eine bedeutende Rolle zu, weil sie als wohl wichtigste Hilfsmittel zur gesellschaftlichen Verankerung der jeweiligen Minderheiten-Modelle zu gelten haben – für die Akzeptanz von Minderheiten und die religiöse Pluralität ebenso wie für die religiöse Homogenität, die entsprechende soziale wie intellektuelle Ausgrenzung von religiösen Minderheiten und Minderheitenpositionen erforderte. Darüber hinaus waren Bildung und Erziehung natürlich grundlegend für die Schöpfung des sogenannten ‚human capital', das für die eben in erbitterte Konkurrenz eingetretenen europäischen Staaten lebenswichtig wurde, sowie für die Disziplinierung der Untertanen, die mit beidem engstens verzahnt war, mit der staatlichen Steuerung des ‚human capital' ebenso wie mit der Verankerung der jeweiligen Konfessions- und Minderheitenpolitik. Den Rahmen für beide Aufgaben gab das in den einzelnen Staaten recht unterschiedliche Staatskirchenrecht ab, oder – allgemeiner formuliert – die jeweilige Beziehungskonstellation zwischen Staat und Kirche, zwischen Religion und Gesellschaft. Ihr sollen daher in den erbetenen Gesellschaftsvergleichen ein besonderes Augenmerk gewidmet werden.

Der erste Teil der Tagung soll unter dem Thema „Der Status von Minderheiten in der Frühen Neuzeit: Theoretische Konzepte, rechtliche Normen und die politische Realität von Duldung und Intoleranz" stehen. Hier geht es um die theoretische Diskussion zur Tolerierung von Minderheiten; die Normierung von staatlicher Seite in rechtlichen und gesetzlichen Regelungen; schließlich um die gesellschaftliche Realität von minoritären Gruppen. Dabei sollen die Fragen der Kirchenverfassung – Gallikanismus versus Territorialismus –, die Gesetze zur Koexistenz und Exklusion von konfessionellen Minderheiten sowie der Zusammenhang von Staatsräson und konfessioneller Uniformität beziehungsweise Pluralität im Vordergrund stehen, bevor die praktischen Bedingungen der Koexistenz und die Formen von Toleranz oder Intoleranz diskutiert werden.

Ziel ist ein Beitrag zu einer europäischen Toleranzgeschichte durch einen Vergleich der Modelle religiöser und konfessioneller Homogenität beziehungsweise Parität. Als Vergleichsfälle wurden Frankreich und Deutschland (das Reich und Brandenburg) im 16. bis 18. Jahrhundert ausgewählt, da sie gemeinhin für zwei gegensätzliche Entwicklungen stehen. Frankreich wie Deutschland erlebten Epochen sowohl der Toleranz wie der Intoleranz. In einer bis heute nachwirkenden Entwicklung kam es aber schließlich in Frankreich zur konfessionellen Homogenität und in Deutschland zur Koexistenz der Konfessionen. Die Ursachen sollen auch in den unterschiedlichen Modellen zur Lösung des Minderheitenproblems gesucht werden. Es muß um die Fragen der Chancen und der Grenzen für eine in der Gesellschaft verankerte Toleranz gehen: Warum scheiterten 1685 die französischen Koexistenzgesetze? Wieso funktionierte im Reich nach 1555 und nach 1648 zwischen den Territorien beziehungsweise Reichsständen die rechtliche Koexistenz sowie innerhalb einiger Territorien, voran in Brandenburg, die gesetzlich festgeschriebene Toleranz? War Frankreich wirklich abenteuerlustig, wie K. C. Cameron meint, wenn er fragt: „How was it that the largest and most coherent monarchy in Europe could possibly contemplate the acceptance and integration of a substantial religious minority into the realm?“ Dieses Modell sei gefährlicher gewesen als Modelle der religiösen Koexistenz in Deutschland und den Niederlanden: „Integrative pluralism of the kind attempted by the French state was a much more ambitious adventure altogether.“[16] Weitere Leitfragen sind: Wie sah die gesellschaftliche Verankerung der Toleranz aus? Gab es eine Erziehung zur Toleranz? Warum hat die durchaus vorhandene generationenlange Koexistenz und nachbarschaftliche Akzeptanz zwischen Katholiken und Calvinisten unter den Hugenottenschutzgesetzen keine der beiden Seiten zu grundsätzlicher Toleranz ‚erzogen‘?

Diese Fragen müssen natürlich unter Berücksichtigung des realhistorischen Hintergrundes diskutiert werden. In Frankreich sah dieser so aus, daß noch im letzten Drittel des 17. Jahrhunderts, also nach fast hundert Jahren möglicher Toleranzerziehung und Einübung der „acceptation de l'autre“ im Zeichen des Edikts von Nantes[17], der weitaus größte Teil der Franzosen, die den Hugenotten gewährten Religionsfreiheiten als reine, aus einer Zwangslage erwachsene politische Konzession ansah[18], zugestanden im Blick auf die nicht kalkulierbaren Kosten konfessioneller Totalkonfrontation, wie sie Frankreich in dem Chaos der Religionskriege[19] der zweiten Hälfte des 16. Jahrhunderts erlebt hatte. Als die Fe-

---

[16] So die Formulierungen im ‚Call for papers‘ vom 21. Juli 1998 für die Tagung, die vom 19.–21. April 1999 in Exeter stattfand und deren Vorträge jetzt in dem unter Anm. 30 zitierten Sammelband publiziert sind.

[17] Insofern war die Devise einer „acceptation de l'autre“, unter der 1998 das Edikt von Nantes in Frankreich gefeiert wurde, historisch gesehen mißverständlich. Vgl. *Jean Delumeau* (Hg.), L'acceptation de l'autre. De l'édit de Nantes à nos jours, Paris 2000. Grundlegend zur Geschichte des Edikts jetzt die Jubiläumsbände *Michel Grandjean/Bernard Roussel* (Hg.), Coexister dans l'intolérance. L'édit de Nantes (1598), Genf 1998 (auch als Themenheft des BSHPF 144 (1998)) und *Thierry Wanegffelen,* L'Édit de Nantes. Une histoire européenne de la tolérance (16e–20e siècles), Paris 1998.

[18] Vgl. *Philip Benedict,* Un roi, une loi, deux fois: parameters for the history of Catholic – Reformed co-existence in France, 1555–1685, in: Tolerance and intolerance in the European Reformation, hrsg. v. Ole Peter Grell/Bob Scribner, Cambridge 1996, 65–93, hier 93.

stigung des Absolutismus diese Kosten begrenzbar machte, waren die katholischen Franzosen nahezu einhellig für die Beseitigung der Toleranzgesetze und die Durchsetzung des Konfessionalismus. In Deutschland sieht es auf den ersten Blick nicht viel anders aus. Denn die vielgepriesene Reichsreligionsverfassung des Westfälischen Friedens hat die Konfessionen keineswegs versöhnt, und der Weg zu einer Toleranz im heutigen Sinne und zur Akzeptanz des anderen Konfessionschristen, von der Anerkennung wirklicher ‚Alterität' ganz zu schweigen, war auch in Deutschland noch weit. Davon zeugen die fortwährenden konfessionellen Eifersüchteleien, nicht zuletzt in den paritätischen Reichsstädten.[20] Dennoch funktionierte, und das sollte für die Staats-Kirchen-Beziehungen in Deutschland bis heute prägend werden, das Modell *rechtlich* definierter Koexistenz der Konfessionen – zwischen den Reichsständen, aber auch in den Territorien und in den Städten, den paritätischen wie Augsburg[21] ebenso wie den formal einkonfessionellen wie dem lutherischen Hamburg oder dem katholischen Köln.[22] Es hat zahlreiche gerichtliche Auseinandersetzungen gegeben, nicht aber gewaltsame Austragungen nach Art der Konfessionskonflikte vor 1648. Und für eine Politik der Rückkehr zur konfessionellen Homogenität à tout prix, wie sie Ludwig XIV. 1685 in Frankreich einleitete, gibt es in der Geschichte des Alten Reiches nach 1648 keinerlei Anzeichen.[23] In der allerletzten Phase seines Be-

---

[19] Ein gutes Beispiel vergleichender Perspektive in der Frühneuzeitforschung bieten die Aufsätze des komparatistischen Sammelbandes zu den Religionskriegen in Frankreich und den Niederlanden: *Philip Benedict u.a.* (Hg.), Reformation, Revolution, and Civil War in France and the Netherlands: 1555–1585, Amsterdam 1999.

[20] Diese Streitigkeiten sind Gegenstand der fakten- und kenntnisreichen Untersuchung von *Jürgen Luh,* Unheiliges Römisches Reich. Die konfessionellen Gegensätze 1648–1806, Potsdam 1995.

[21] Vgl. *Etienne François,* Die unsichtbare Grenze. Protestanten und Katholiken in Augsburg 1648–1806, Sigmaringen 1991.

[22] Zu Hamburg vgl. etwa *Joachim Whaley,* Religious Toleration and Social Change in Hamburg 1529–1819, Cambridge 1985; zu Köln *Rudolf Schlögl,* Glaube und Religion in der Säkularisierung. Die katholische Stadt: Köln, Aachen, Münster. 1700–1840, München 1995.

[23] Jürgen Luh hat in seiner in Anm. 20 erwähnten Darstellung der konfessionellen Gegensätze nach 1648 eben diesen qualitativen Unterschied nicht beachtet, der mit der reichsrechtlich fixierten Religionsverfassung des Westfälischen Friedens dahingehend eingetreten war, daß die verschiedenen Konfessionen in Deutschland durch ein reichsrechtliches Fundament abgesichert waren und daß – im Unterschied zu Frankreich – keine von ihnen mehr die andere prinzipiell in Frage stellen konnte, so daß die fortbestehenden konfessionellen Gegensätze eben nicht mehr durch gewaltsame Totalkonfrontation, sondern auf dem Weg rechtens ausgetragen wurden. Vgl. dazu die Besprechung von *Heinz Duchhardt,* in: Historisches Jahrbuch der Görres-Gesellschaft 117 (1997), 244–246, ähnlich *Holger Gräf* in: Hessisches Jahrbuch für Landesgeschichte 48 (1998), 339–341 oder *Heinz*

stehens konnte sogar der Versuch unternommen werden, auf der Basis eines konfessionenübergreifenden Febronianismus Deutschland in einer Nationalkirche wieder religiös zu einigen, also nicht gewaltsam die Konfessionseinheit wie 1685 in Frankreich herzustellen, sondern die politische Multikonfessionalität des Westfälischen Friedens-Systems gleichsam kirchlich einzufangen und zu einer von Rom unabhängigen, multikonfessionellen deutschen Reichskirche fortzuentwickeln.[24]

Dieser Plan, „eine institutionelle Vereinigung der Konfessionen in einer deutschen Nationalkirche zu erreichen", wird nicht zu Unrecht als „großartige Naivität" qualifiziert.[25] Aufschlußreich ist diese Vision einer kirchlichen Konfessionenkoalition gleichwohl, zumal im vergleichenden Blick auf Frankreich, wo etwa zur selben Zeit die Revolution die katholische Nationalkirche zusammen mit den christlichen Fundamenten der Gesellschaft zerschlug, und dies, wie jüngst überraschend, aber überzeugend gezeigt wurde[26], in Konsequenz der über Jahrhunderte ungelösten religiösen und kirchenpolitischen Widersprüche zwischen einem absolutistischen Konfessionalismus der Krone und dem religiösen Dissens der obersten Gerichtshöfe, und zwar weniger als calvinistischer Minderheitenwiderspruch denn als innerkatholischer Gegenentwurf der Jansenisten.

Der konkrete ‚Gesellschaftsvergleich' zu den genannten Untersuchungssektoren muß in bezug auf Deutschland auf der Ebene der Territorialstaaten erfolgen. Was den Toleranz- und Minderheitensektor anbelangt, erscheint uns der vielleicht interessanteste Vergleichsfall zu Frankreich Brandenburg-Preußen zu sein. Denn dort tritt der Absolutis-

---

Schilling, in: GWU, Literaturbericht „Konfessionelles Zeitalter", in: Geschichte in Wissenschaft und Unterricht 48 (1997), 763.

[24] Gemeint ist damit das Konzept des Trierer Weihbischofs Nikolaus von Hontheim, das dieser unter dem Pseudonym *Justinus Febronius* in seinem 1763 erschienenen Buch ‚De statu ecclesiae deque legitima potestate Romani Pontificis' entwickelt hatte und das wenig später die rheinischen Erzbischöfe unter Führung des Mainzer Kurfürsten Friedrich Karl von Erthal in die Tat umzusetzen versuchten. Ausführlich dazu *Karl Otmar Freiherr von Aretin*, Heiliges Römisches Reich 1776–1806. Reichsverfassung und Staatssouveränität, Wiesbaden 1967, Bd. 1, Kap. V, Das Ende der Reichskirche: Die Säkularisation, 372–453, hier insbes. 392 ff.

[25] So ebd., 393. Diese Naivität, so fährt von Aretin fort, „zeugt von jener im deutschen katholischen Lager verbreiteten Toleranz, wie sie dem Febronianischen Buch zugrunde liegt, und wie sie insbesondere in dem Verhältnis der geistlichen Fürsten zu ihren protestantischen Untertanen zu erkennen ist".

[26] Vgl. *Dale K. van Kley*, The Religious Origins of the French Revolution. Calvin to the Civil Constitution, 1560–1791, New Haven 1996; vgl. auch *Françoise Hildesheimer*, Le jansénisme en France aux XVIIe et XVIIIe siècles, Paris 1992 u. *Catherine Maire* (Hg.), Jansénisme et Révolution: Actes du colloque de Versailles (Chroniques de Port-Royal, 59), Paris 1990.

mus, der von den politisch-verfassungsmäßigen Grundlagen her ebenso rigide wie der französische war, nicht als Agent der konfessionellen Einheit und Intoleranz, sondern der Multikonfessionalität und Toleranz auf. Im Vergleich zu den nichtabsolutistischen Gesellschaften England und Holland läßt sich allerdings die These vertreten, daß diese preußische Staatstoleranz anders als die gesellschaftlich gewachsene Toleranz der Bürgergesellschaften eine breite sozio-kulturelle Verwurzelung religiöser und weltanschaulicher Duldsamkeit der Bevölkerung eher verhinderte.[27] Dieses Urteil wäre im Vergleich mit Frankreich zu überprüfen. Denn in Frankreich wie in Brandenburg ging es jeweils um politisch-staatliche und nicht wie in England und in den Niederlanden um gesellschaftliche Entscheidungen und Maßnahmen – um einen späten *Staats*konfessionalismus im Falle Frankreichs und um eine frühe *Staat*stoleranz im Falle Preußens.

Der zweite Teil der Tagung ebenso wie des vorliegenden Bandes geht unter der Überschrift „Erziehung und Bildung zwischen Konfessionskirchen und frühmodernem Staat" davon aus, daß auf dem Feld der für Staatsbildung und Konfessionalisierung gleichermaßen wichtigen Erziehung zu einem wesentlichen Teil Sozialdisziplinierung und Stabsdisziplinierung geleistet wurden. In staatskirchenrechtlicher Perspektive mußte es um die Verfestigung oder Infragestellung des kirchlichen Schulmonopols im Interesse und Auftrag des Staates gehen. Frankreich und die deutschen protestantischen oder katholischen Territorien bieten auch für diesen erziehungsgeschichtlichen Teil ein breites Spektrum von Vergleichsansätzen: Im 16. und 17. Jahrhundert wurde das Schul- und Bildungswesen in Frankreich konfessionell gebunden und noch weitgehender als bisher den neuen oder erneuerten kirchlichen Trägern anvertraut. Elementar- und Sekundarschule blieben fortan fast vollständig in der Hand der Kirche. In Frankreich scheint die Dominanz der Ordensschulen stärker als in den katholischen deutschen Territorien gewesen zu sein, denn humanistische Kollegien überlebten hier im Gegensatz zu Deutschland nicht. Die protestantischen Schulen Frankreichs gerieten auch vor der Aufhebung des Edikts von Nantes sowohl konfessionspolitisch als auch durch die Konkurrenz der Jesuitenschulen unter immer stärkeren Druck. Schon Heinrich IV. hatte 1606 dem katholischen Klerus die Kon-

---

[27] Diese These bereits bei *Heinz Schilling,* Nochmals „Zweite Reformation" in Deutschland. Der Fall Brandenburg in mehrperspektivischer Sicht von Konfessionalisierungsforschung, historischer Anthropologie und Kunstgeschichte, in: ZHF 23 (1996), hier 511, vgl. auch *ders.*, Reformation und Altes Reich. Deutsche Geschichte 1500–1740, in: Hartmut Boockmann u. a., Mitten in Europa. Deutsche Geschichte, Berlin 1984, 137–258, hier 240; ähnlich *ders.*, Höfe und Allianzen, Deutsche Geschichte 1648–1763, Berlin 1989, hier „Calvinismus und Staatstoleranz – Preußens religionssoziologisches Profil", 378–385.

trolle des Elementarschulwesens übertragen. Ludwig XIV. bestätigte dieses Edikt nur noch. In Deutschland behielt die Kirche ihr Schulmonopol ebenfalls in sehr weitgehendem Maße und setzte über die Schule auch die Konfessionalisierung durch. Während in protestantischen Territorien Fürsten eigene Schulen gründeten und damit zu Schulträgern wurden, auch wenn die geistliche Schulaufsicht bestehen blieb, setzten die Fürsten in den katholischen Ländern in der Regel nicht auf eigene Schulgründungen, sondern auf die enge Zusammenarbeit mit kirchlichen Trägern und Schulorden, zum Beispiel den Jesuiten, die die Interessen des Staates vorerst wahrten.

Neben den Unterschieden und deren Wurzeln in den verschiedenen Modellen der Staats-Kirchen-Beziehungen in Frankreich und den Territorialstaaten des Reiches, denen das Hauptaugenmerk gelten soll, sind aber auch die Ähnlichkeiten im deutschen und französischen Bildungswesen zu beachten, die mit den epochalen Bedingungen und dem daraus resultierenden spezifischen Charakter der frühneuzeitlichen Schule zu tun hatten. Unabhängig vom konfessionellen Charakter der Bildung und Erziehung dieser Zeit lassen sich bei allen Konfessionen ähnliche Intentionen der Bildungspolitik und vergleichbare Formen und Methoden der Sozialdisziplinierung erkennen. So wäre etwa der Vergleich katholischer und protestantischer Schulordnungen oder der Bildungskonzepte der Jesuiten oder anderer katholischer Schulorden einerseits, der Hugenotten andererseits ein Weg, um die Modernisierung der Schule in der Frühen Neuzeit als gemeineuropäischen und überkonfessionellen Prozeß zu begreifen und die politische und soziale Dimension der Bildungsgeschichte in den Blick zu nehmen.[28]

III.

Wie nicht anders zu erwarten, sind dieses, vor der Tagung entwickelte und verschickte Konzept und das nun veröffentlichte Ergebnis auch im vorliegenden Fall nicht deckungsgleich. Das hängt zum einen damit zusammen, daß nicht jedes der von den Referenten gewählten Themen einen expliziten Vergleich ermöglichte. Zum anderen ergab sich dadurch eine sachliche und geographische Ausweitung, daß uns mit den Beiträgen

---

[28] Zu den bildungsgeschichtlichen Zusammenhängen hat inzwischen das von Stefan Ehrenpreis und mir geleitete Forschungsprojekt ‚Rolle und Bedeutung der reformierten Bildung und Erziehung' an der Emdener Johannes-a-Lasco-Bibliothek seine Arbeit aufgenommen. Erste Ergebnisse werden publiziert in dem Sammelband: *Heinz Schilling/Stefan Ehrenpreis* (Hg.) Konfessionelle und säkulare Trends frühneuzeitlicher Bildungsgeschichte, erscheint Berlin 2003.

von *Ralf Pröve* zum Konfessionsproblem beim Militär, von *Ute Lotz-Heumann* zu Irland und Brandenburg sowie von *István Tóth* zur frühneuzeitlichen Bildungsgeschichte Ostmitteleuropas, speziell Ungarns, zusätzliche Vergleichsperspektiven eröffnet wurden, die zwar über das beschriebene Kernfeld des deutsch-französischen Vergleiches hinausweisen, den Themen „konfessionelle Minderheiten" und „Bildung" in der frühneuzeitlichen Gesellschaft Europas aber wichtige Erkenntnisse liefern. Und schließlich ist der Aufsatzband insofern lückenhaft, als es *Günther Lottes* leider nicht möglich war, seine mündlich vorgetragenen Ausführungen zum Thema „Gallikanismus und Reichskirchenverfassung als Bedingungen von Toleranz und Intoleranz" zu verschriftlichen.

In der Summe ist aber ein dem Konzept und dem Titel entsprechender Sammelband entstanden. Denn er dokumentiert *einerseits* durch Beiträge, die in theoretischem Ansatz und methodischen Zugehensweisen recht verschieden sind, Möglichkeiten und Grenzen des historischen Gesellschaftsvergleichs in der Frühneuzeitforschung. Damit wird zugleich für die komplexe Welt Alteuropas aufs trefflichste dasjenige konkretisiert, was die Berliner Forschergruppe in den drei allgemeinen Sammelbänden vornehmlich an Themen und Beispielen aus dem 19. und 20. Jahrhunderts sowie gegenwärtiger Gesellschaften zur Theorie und Methodik des Gesellschaftsvergleichs erarbeitet hat.[29] *Andererseits* bringen die einzelnen Beiträge und die sie gewichtend zusammenbindenden Kommentare unabhängig von dieser Vergleichsperspektive neue Einsichten in das jeweils behandelte Sachthema aus der Minderheiten- oder Bildungsgeschichte der frühen Neuzeit, speziell vor dem Hintergrund der für den europäischen Zivilisationstypus und seiner geistigen wie gesellschaftlichen Dynamik so grundlegenden Beziehungsgeschichten zwischen Gesellschaft und Konfession, der zeittypischen Konkretisierung der christlichen Religion.

Die Kommentare von *Hartmut Lehmann, Etienne François* und *Stefan Ehrenpreis* arbeiten die Argumentationslinien der einzelnen Beiträge und der Diskussionen der jeweiligen Sektionen pointiert und weiterführend heraus. Es reicht daher aus, einleitend das Profil der Beiträge zu charakterisieren: Den Auftakt machen die Überlegungen, die mit ‚Nation', ‚Konfession' und ‚Humanismus' drei übergreifende Grundphänomene des 16. Jahrhunderts thematisieren und damit in gewisser Weise die Basis für die weiteren Erörterungen legen. Der Autor, der geschichtswissenschaftlich ausgewiesene Politologe *Hans Grünberger*, kann zeigen, daß gerade die gemeinhin für kosmopolitisch und gegen jede Art von konfessioneller oder nationaler Engstirnigkeit resistent gehaltenen Humanisten

---

[29] Vgl. oben Anm. 1 u. 4.

den Barbarentopos als „Ausschlußformel (...) entlang den Leitdifferenzen (...) Nation und Konfession“ gebrauchen und sich damit an der für das Zeitalter des Konfessionalismus charakteristischen Konstruktion einer „Rhetorik der Intoleranz“ beteiligten. In reizvoller, weil entgegengesetzter Entsprechung zeigt *Ralf Pröve,* daß es gerade das für seine angebliche Rigidität und Intoleranz verschriene Militär war, das in den deutschen Territorien aufgrund der ihm eigentümlichen Rationalität und Funktionalität zur religionstoleranten Enklave im Konfessionsstaat und – zumindest im speziellen Fall der deutschen Territorien – zur Überwindung des Konfessionalismus beitrug. *Olivier Christin* macht auf den Bedeutungszuwachs und die Wende aufmerksam, die das zuvor – jedenfalls im Falle der Schweizer Kantone – bereits weitgehend akzeptierte Mehrheitsprinzip durch die Reformation und die anschließende Konfessionalisierung erfuhr, und arbeitet in einem erhellenden Vergleich die Wege und die Ursachen heraus, die dafür verantwortlich waren, daß die deutschen Protestanten das Mehrheitsprinzip ablehnten, während die französischen Hugenotten es letztlich akzeptierten. *Marie-Antoinette Gross* spitzt den deutsch-französischen Vergleich deutscherseits auf Brandenburg und inhaltlich auf die Konsequenzen der jeweiligen Theorie und Praxis des Kirchenregiments für die Minderheitenpolitik zu. Sie kann zeigen, daß sich von einem durchaus ähnlichen Ausgangspunkt der Status religiöser Minderheiten in Brandenburg verbesserte, in Frankreich dagegen verschlechterte, und daß dafür sowohl rechtlich-theoretische Zusammenhänge – naturrechtlich begründeter Territorialismus dort, „gallicanisme royal“ hier – verantwortlich waren als auch Unterschiede in der Praxis des Kirchenregiments, das die Autorin im Vergleich für Frankreich eher schwach, für Brandenburg dagegen stark und daher in der Lage, eine etatistische Toleranz zu erzwingen, einschätzt.

Die zweite Sektion des Minderheiten- und Toleranzteils sollte ursprünglich durch einen leider aus Termingründen nicht zustande gekommenen Vortrag zu den Typen christlicher Mission in Afrika den innereuropäischen Vergleich durch den Blick auf außereuropäische Wirkungen verlängern und evtl. differenzieren. Doch auch die vorliegende Beschränkung greift geographisch noch weit aus, von Südfrankreich bis Irland, dessen frühneuzeitliche Geschichte bis vor kurzem vorwiegend in einer – wie die Autorin anderwärts gezeigt hat – inzwischen überwundenen historiographischen Tradition als „Kolonialgeschichte“ interpretiert wurde.[30] In mikrohistorischer, daher nur implizit vergleichender Perspektive verfolgt *Gabriel Audisio* als bester Kenner dieser Zusammen-

[30] *Ute Lotz-Heumann,* Die doppelte Konfessionalisierung in Irland. Konflikt und Koexistenz im 16. und in der ersten Hälfte des 17. Jahrhunderts, Tübingen 2000.

hänge die „flambée antihérétique“, das Ausbrennen der Häresie, im Lubéron seit den frühen 1530er Jahren. Hier wurde der traditionellen friedlichen Kohabitation bereits lange vor dem berüchtigten Massaker an den Waldensern im Jahre 1545 ein Ende gesetzt, und es erfolgte in diesem Gebiet bereits anderthalb Jahrhunderte vor der gewaltsamen katholischen Spätkonfessionalisierung Frankreichs unter Ludwig XIV. die für jede religiöse Minderheit in Frankreich verderbliche Gleichsetzung des religiösen Dissenses mit „schlechten Christen“ gleich „schlechten Franzosen“. Mit dem Vergleichsfall Irland und dessen Gegenüberstellung mit der vielbeachteten Hugenottenansiedlung in Brandenburg weist *Ute Lotz-Heumann* eindringlich auf eine in der europäischen Hugenotten- und Minderheitenforschung vernachlässigte, wenn nicht gar übersehene Geschichte an der Peripherie hin und unterstreicht damit zugleich die gesamteuropäische Dimension des auf den deutsch-französischen Vergleich zugespitzten Tagungsthemas.

Umrahmt von einem sachlich wie geographisch weitgreifenden Überblick über das europäische Bildungswesen der frühen Neuzeit und einem die einzelnen Beiträge gewichtenden und in das übergreifende Thema einordnenden Kommentar aus der Feder von *Wolfgang Schmale* und *Stefan Ehrenpreis,* zwei Historikern, die sich mit großem Erfolg die Integration der auch heute noch meist isoliert behandelten Bildungs- und Erziehungsgeschichte in die Allgemeingeschichte zur Aufgabe gemacht haben, wird im zweiten Teil das Thema „Erziehung und Bildung zwischen Konfessionskirche und Staat“ methodisch und sachlich breit entfaltet. Den Auftakt bildet eine immer noch eher seltene Untersuchung des Anteils von Frauen an der Erziehungsoffensive, welche die katholische Konfessionalisierung des 16. Jahrhunderts ebenso auszeichnete wie ihre protestantischen Entsprechungen. *Anne Conrad,* die wohl beste Kennerin dieser Zusammenhänge, kann am Vergleich der Pariser und der Kölner Ursulinen zeigen, daß Frauen einen wesentlichen Anteil am katholischen Bildungsaufbruch nahmen, sie aber in dem Moment ‚gebremst‘ wurden, als es – wie im Falle der Pariser Gemeinschaft – um die monastische Institutionalisierung ging, während die Kölner Ursulagesellschaft weiterhin größere Bewegungsfreiheit besaß, da sie auf eine solche Formalisierung verzichtete und analog zu den Marianischen Kongregationen der Jesuiten als semi-religiöse Frauenvereinigung wirkte. *Ernst Hinrichs* und *Norbert Winnige* können zwar in einer quellenkritisch und methodisch akribischen Vergleichsanalyse vor allem mittel- und westdeutscher Territorien nachweisen, daß der für das 18. Jahrhundert üblicherweise vorausgesetzte Vorsprung protestantischer Gebiete in der Alphabetisierung tatsächlich bestand, und zwar hauptsächlich in der Signierfähigkeit von Frauen. Sie warnen aber zu Recht davor, die Wirkung des Konfessionellen in diesem Zusammenhang zu überschätzen, da sich die für Deutschland typischen, sehr differenten „Bildungslandschaften" durch eine Vielzahl von Faktoren konstituierten. Zu einem durchaus ähnlichen Ergebnis kommt *István Tóth*, hinsichtlich des Aufbaus eines Grundschulwesens in Südosteuropa, vor allem Ungarn, den er im Vergleich zu Frankreich noch Ende des 18. Jahrhunderts um Lichtjahre verzögert sieht: Wenn unter den Josephinischen Toleranzdekreten die protestantischen Minderheiten eine besonders intensive Bildungsoffensive starteten, dann standen dahinter neben den engeren konfessionellen eine ganze Reihe weiterer Triebkräfte.

Schulgeschichte bieten auch die übrigen Beiträge dieses Teils, allerdings in sehr unterschiedlicher Perspektive – *Jens Bruning* in einem Vergleich einzelner Länder der brandenburgisch-preußischen Krone hinsichtlich der Rolle des Staates bei den Elementarschulen; *Agnes Winter* durch die Beschreibung und konfessionsvergleichende Gewichtung der hugenottischen Bildungsinitiative, vor allem durch das Collège Français, in Brandenburg-Preußen; *Joseph Bergin* und *Wolfgang Mager* mit klassischen Themen zu Frankreich, der eine auf die Klerikerausbildung des 17. Jahrhunderts, der andere auf die Schulen und die spezifischen Erziehungsgrundsätze der Jansenisten des 18. Jahrhunderts abzielend. Jeder dieser Beiträge kommt zu bemerkenswerten und neuen Ergebnissen. So weist *Jens Bruning* überzeugend nach, daß der preußische Staat im 18. Jahrhundert nirgends die Initiative beim Aufbau eines Elementarschulwesens führte. *Agnes Winter* relativiert die Vorstellung von einer auffälligen pädagogischen Modernität der hugenottischen Schulerziehungen und führt statt dessen allgemeineuropäische Tendenzen ins Feld, die sich im konkreten Fall Brandenburg-Preußen sogar eher in lutherischen als in hugenottischen oder allgemein calvinistischen Schulen durchsetzen. In einem ähnlichen Revisionismus kommt *Joseph Bergin* zu dem Ergebnis, daß die Priesterausbildung im Frankreich des 17. Jahrhunderts nicht tridentinisch, sondern untridentinisch, im Ergebnis sogar anti-tridentinisch war und sich erst im 18. Jahrhundert allmählich ein tridentinischer Klerus in Form eines zunehmend ‚geschlossenen Milieus' etablieren konnte.

Wolfgang Magers Abhandlung zu den Jansenisten, die insbesondere mit den Schriften Pierre Coustels bislang weitgehend unbeachtete Quellen heranzieht, bietet interessante Vergleichsperspektiven, und zwar sowohl innerfranzösisch als auch zwischen Frankreich und Deutschland beziehungsweise der Erziehungs- und Bildungsgeschichte des deutschen Territorialstaates Brandenburg. Im innerfranzösischen Vergleich wäre etwa zu klären, inwieweit die von *Joseph Bergin* für das frühe 18. Jahrhundert beobachtete verspätete Hinwendung zum tridentinischen Modell in der offiziellen Priesterausbildung und die von *Wolfgang Mager* herausgearbeitete individualistisch-subjektive Zuspitzung des jansenistischen Erziehungsprogramms als ‚Wegbereiter der (protorevolutionären) Notabelngesellschaft' komplementäre Bewegungen waren, die auf dieselben Herausforderungen reagierten, sich aber in entgegengesetzte Richtungen aufmachten. Die französisch-deutsche Vergleichsperspektive eröffnet sich vor allem durch die von *Agnes Winter* überzeugend reklamierte Aufwertung von Comenius für die Theorie und des Luthertums für die Praxis der brandenburgischen Bildungsmodernisierung: Diese Neuinterpretation ist für die brandenburgische Bildungsgeschichte in ähnlicher Weise innovativ und provozierend wie *Magers* Individualismus- und Notabelnthese im Rahmen der französischen Geschichte. Waren es auch in Deutschland, hier konkret in Brandenburg, weniger die offiziell und obrigkeitlich geförderten Konfessionsrichtungen und -institutionen als die oppositionellen oder doch inoffiziellen Personenkreise, die Erziehung und Bildung dynamisierten – ähnlich wie im Falle des jansenistischen Subjektivismus und Individualismus, die *Mager* überzeugend als das eigentlich Innovative im französischen Bildungswesen seit dem ausgehenden 17. Jahrhundert markiert?

Überhaupt wird der aufmerksame Leser feststellen, daß die hier versammelten Beispiele, und zwar insbesondere durch ihr explizites oder implizites Vergleichspotential, neue und innovative Fragen aufwerfen, die – wie die Zusammenfassung von *Marie-Antoinette Gross* darlegt – während des Symposions allenfalls andiskutiert, aber noch keinesfalls beantwortet werden konnten. In bezug auf die Minderheitenthematik hat *Etienne François* eine ganze Reihe solch offener und weiterführender Fragen aufgelistet. Von grundsätzlicher Bedeutung ist dabei der Hinweis auf die gesamteuropäische Vergleichsperspektive. Der bilaterale Gesellschaftsvergleich wie im vorliegenden Fall zwischen Frankreich und Deutschland – der durch den Beitrag von *Ute Lotz-Heumann* allerdings bereits auf die Britischen Inseln ausgedehnt wurde – kann immer nur Ausgangspunkt für den multinationalen oder multiregionalen Vergleich sein, was angesichts der betonten Eigenprägung des frühneuzeitlichen Staaten- und Gesellschaftspartikularismus geradezu zwingend ist. Nicht nur für die Minderheitenproblematik, sondern auch für das zweite Thema des vorliegenden Sammelbandes, die Erziehung und Bildung, gilt, daß man, wie *Etienne François* in seinem Kommentar schreibt, in den europäischen Gesellschaften „eine erstaunliche Vielfalt von konkreten Situationen und Lösungen (findet), die sich nur schwer unter einem gemeinsamen Nenner zusammenfassen lassen". Um so mehr tut der Vergleich not.

Nicht weniger dringend ist es allerdings, gerade im europäischen Gesellschaftsvergleich mit präzisen zeit- und sachadäquaten Begriffen zu operieren. Für die im vorliegenden Sammelband behandelten Themen im frühneuzeitlichen Spannungsfeld zwischen Staat und Kirche ist das besonders dringend, weil deren besondere Bedingungen dem modernen, historisch nicht vorgebildeten Leser ganz und gar fremd sind. So mag es – um das Gemeinte an einem konkreten Beispiel zu verdeutlichen – auf den ersten Blick für eine Verbreitung historischen Wissens hilfreich sein, wenn im Rahmen der Feierlichkeiten zur Erinnerung an das Edikt von Nantes 1998/99 Begriffe wie „acceptation de l'autre" (Delumeau) oder gar „religious pluralism" (Keith Cameron) Verwendung finden.[31] Der wahre Sachverhalt wird damit aber nicht verständlich gemacht, sondern verschleiert. Denn aufgrund der strukturellen Rahmenbedingungen der frühneuzeitlichen Gesellschaften, die Religion und Politik in ein ganz anderes Verhältnis zueinander setzten als die modernen *pluralistischen* Gesellschaften, war eine Akzeptanz des anders Glaubenden im heutigen Sinne gar nicht möglich, und schon gar nicht Pluralisierung im präzisen Sinne[32], nämlich – wie jedem Wörterbuch der Soziologie oder Politologie zu entnehmen ist – als Sicherung und reale Existenz einer letztlich unbegrenzten Meinungs- und Glaubensvielfalt auf der Basis individueller Freiheitsrechte, wie sie erst nach langen Kämpfen des 19. und 20. Jahrhunderts in den modernen, liberalen Demokratien verwirklicht wurden, und auch dort nur gar zu häufig eher Normen und Ideen blieben als Wirklichkeit wurden. Für den internationalen Gesellschaftsvergleich wäre ein solch inflationärer Gebrauch von ‚Pluralismus' nachgerade fatal. Denn am Ende sähe es dann so aus, als wäre die französische Gesellschaft unter dem Edikt von Nantes, deren Alltag präzise, aber unspektakulär mit „coexister dans l'intolérance"[33] beschrieben wurde, pluralistischer und damit toleranter und moderner gewesen als andere Gesellschaften, etwa die deutsche unter den Bestimmungen des Augsburger Religionsfriedens von 1555, für die zurecht der Begriff ‚Pluralismus' vermieden und statt dessen von Bi- oder Multikonfessionalität gesprochen wird. Das hieße aber die historische Realität des 16. bis 18. Jahrhunderts verfehlen, wie den nachfolgenden Aufsätzen unschwer zu entnehmen ist.

---

[31] *Keith Cameron*, „Foreword" als Projektskizze für eine von der „French Embassy" unterstützte Tagung im April 1999 in Exeter in: *Keith Cameron/Mark Greengrass/Penny Roberts* (Hg.), The Adventure of Religious Pluralism in Early Modern France, Oxford u. a. 2000, 5–7.

[32] Dementsprechend spielt der von Cameron in der über Internet verbreiteten Ankündigung des Kongresses und auch im Vorwort des Tagungsbandes (Anm. 31) programmatisch eingeführte ‚Pluralismus'-Begriff in den Artikeln selbst keine hervorgehobene Rolle, und auch der zweite Herausgeber, *Mark Greengrass*, verwendet ihn in seiner Zusammenfassung (305–317) faktisch nur in der Überschrift.

[33] Coexister dans l'intolérance (Anm. 17).

Erster Teil

Der Status von Fremden und Minderheiten in der Frühen Neuzeit: Theoretische Konzepte, rechtliche Normen und die politische Realität von Toleranz und Intoleranz

Die Exklusion des Barbaren aus Nation und Konfession im Diskurs der deutschen Humanisten – eine Rhetorik der Intoleranz?*

Von Hans Grünberger

Angesichts des exklusiven Leitbildes eines Erasmus von Rotterdam oder seines Schülers Beatus Rhenanus, aber auch angesichts eines humanistischen Skeptikers wie Agrippa von Nettesheim wird im allgemeinen ‚den' Humanisten schlechthin ein bildungsorientierter Kosmopolitismus unterstellt, der sich allein schon in seiner Programmatik durch ein Ausbleiben xenophober (Vor-)Urteile auszeichnet. Dem kann entgegengehalten werden, daß die Mehrzahl der humanistischen Gelehrten des Römischen Reichs Deutscher Nation in dem hier interessierenden Berichtszeitraum zwischen ca. 1450 und 1560 durchaus ‚nationale' und sodann ‚konfessionelle' Gegner zu verorten wußte. Hierzu bedienten sich die Humanisten auch des Barbarentopos, den sie vor allem aus der römischen und nicht so sehr der griechischen Tradition übernahmen. Meine Überlegungen konzentrieren sich mithin auf Diskriminierungsleistungen des Barbarentopos als einer Ausschlußformel in den Schriften humanistischer Gelehrter entlang den Leitdifferenzen, welche durch die Ideen von ‚Nation' und ‚Konfession' erkennbar werden und deren

* Der Text basiert auf Annahmen zum Forschungsvorhaben „Fremde und Barbaren im Diskurs der deutschen Humanisten des 15. und 16. Jahrhunderts", das im Rahmen des Forschungsschwerpunktes „Das Fremde und das Eigene – Probleme und Möglichkeiten interkulturellen Verstehens" von der Volkswagen-Stiftung finanziert worden ist. Durchgeführt wurde das Vorhaben am Lehrstuhl für Theorie der Politik, Prof. Dr. Herfried Münkler, Institut für Sozialwissenschaften der Philosophischen Fakultät III der Humboldt-Universität zu Berlin. In die Druckfassung sind eine Reihe von Anregungen eingegangen, die ich anläßlich der Tagung ‚Minderheiten und Erziehung im Spannungsfeld von Staat und Kirche' erhalten habe. Den Mitwirkenden an dieser Tagung, hier vor allem Prof. Dr. Heinz Schilling und Frau Marie-Antoinette Gross danke ich für die gewährte Gelegenheit zum interdisziplinären Austausch zwischen politischer Ideengeschichte und Geschichtswissenschaft. Für eine kritische Durchsicht des Textes habe ich Dr. Matthias Bohlender zu danken. Sofern nicht gesondert ausgewiesen, sind die Übersetzungen aus dem Lateinischen meine eigenen. Orthographie und Zeichensetzung der Zitationen aus den deutschsprachigen Primärquellen sind beibehalten und nicht modernisiert.

Schärfe vor allem im Disput zwischen den italienischen und deutschen Humanisten, dann aber auch durch die aufkommende lutherische Reformation zunimmt. Sowohl über ‚Nation' als auch über ‚Konfession' entwickelt sich eine Rhetorik des Einschlusses wie auch des Ausschlusses. Die nationale, respektive die konfessionelle Identifikationsstrategie verfolgt ihr Ziel einer Bestimmung von Mitgliedern vor allem über eine Semantik der Exklusion. Und so stellen die Ausschlußformel des Barbaren wie ihr zugehöriges Syndrom von Attributen des Barbarischen ein Begriffsarsenal dar, durch das über Zugehörigkeit/Nichtzugehörigkeit entschieden wird. Somit ist hier vor allem eine Rhetorik der ‚Intoleranz' das Thema.

In dem überwiegend lateinisch gehaltenen und damit innerhalb einer selbsternannten Elite geführten Diskurs der Humanisten des 15. und 16. Jahrhunderts rücken die Barbaren zusammen. Die hierbei gängigen Attribute des Barbaren als auch des Barbarischen hat Anfang des 16. Jahrhunderts gleichsam exemplarisch der Navarrese Jean Texier (um 1480–1524) in seinem ‚Epithetorum thesaurus' – postum 1541 publiziert – kollationiert und auf die Konnotationssphären von ‚Zivilisation', Norm und Gesetz sowie sozialen Umgang fokussiert. Die Verletzungen dieser Sphären lassen so auf Barbarei schließen. In der poetologisch-topologischen Kollation des Texier kulminieren die aufgelisteten ‚Regelbrüche' schließlich in der Gleichsetzung des Barbarischen mit dem Unmenschlichen. Entsprechend weniger bezeichnen die Humanisten ferne, fremde und wilde Völker als Barbaren, sondern orten sie vielmehr als ‚negativ' vertraute Nachbarn im Hause des christlichen Europas.

Sodann hat unter dem Stichwort *gens & gentilitas* Texier einen Katalog negativer Eigenschaften zusammengestellt, die auf Heiden, Völker und Ausländer, also alle diejenigen, auf die die Kennzeichnung ‚gens' zutreffen mag, anzuwenden seien. Der enggedruckte Katalog durchgängig negativer Attributionen verzichtet auf die ansonsten bei Texier üblichen Quellenverweise, so daß wohl von einer unterstellten Allgemeingültigkeit dieser Zuschreibungen ausgegangen werden kann: Versammelt sind hier schlichte, wie törichte Einfalt, Verschlagenheit und Betrug, Schlüpfrigkeit als einer Laszivität im Sinne einer Erregung von ‚Geilheit', Blutrunst, wie selbstverständlich auch schlichtweg ‚barbarisches' Verhalten, Gottlosigkeit, Wahn und Frevelhaftigkeit usw. Dann aber auch sei ein solches Verhalten geradezu typisch geworden für einige spezifische Stämme: entsprechend werden die verwerflichen Handlungs- und Denkweisen Skythen, Babyloniern usf. zugeschrieben. Nicht zuletzt aber wandeln sie alle im Sinne von Unbeständigkeit ihre Gestalt und sind wechselhafter als Proteus, Vertumnus oder Euripus. Schließlich und endlich notiert Texier: Jedes Volk erhalte und habe seine Zuschreibungen, wie etwa Attika, England, Spanien und so fort, weshalb es sinnvoll sei, unter dem entsprechenden Schlagwort die adäquaten Attribute zu entnehmen.[1]

I. ‚Äußere' und ‚innere' Barbaren: eine binneneuropäische Diskriminierung

Nun haben heutige Ethnizitätsdebatten bevorzugt das zeitgenössische Verhältnis von Selbst- und Fremdwahrnehmung behandelt und vornehmlich die räumliche Distanz, aufgrund derer bereits Fremdheit als Andersartigkeit konstituiert wird, gewichtet. Die Ansätze einer historischen Ethnologie wiederum thematisieren die Geschichte der Wahrnehmungen des Fremden aufgrund von Entdeckungen und Eroberungen fremder im Sinne von unbekannten ‚fernen' Völkern. Entsprechend wird der Topos des ‚Wilden' und, diesem sowohl voraus als auch parallel gehend, des ‚Barbaren'[2] betrachtet. Barbaren und Wilden eignet nicht nur ein wie auch immer beschriebenes Zivilisationsdefizit, sondern ihre Ansiedlung in der jeweiligen Peripherie einer gedachten oder bis dato erfahrenen Oikoumene.[3] Hier interessiert jedoch die Denkfigur des Barbaren und des Barbarischen in ihrer Anwendung bezogen auf die ‚spatial' eher naheliegenden, ‚temporal' hingegen eher ferne zurückliegenden ‚Fremden'. Die in diesem Diskurs aufscheinenden Barbaren zeichnet aus, daß sie einen gemeinsamen kulturellen und religiösen Hintergrund haben, der sie von ihren Denunzianten, die sich als Nichtbarbaren verstehen, nicht unterscheidet. Sie alle leben im Hause Europas des 16. Jahrhunderts. Die Mehrzahl der humanistischen Gelehrten des Römischen Reichs Deut-

---

[1] Vgl. *Ioannes Ravisius Textor*, Epithetorum opus absolutissimum, Basel (EA 1541) 1585, 370, *s.v. gens, gentilitas: stulta, superstiosa, incerta, vana, mobilis, pagana (...) lubrica,..barbara, Scythica, (...) insipida, (...) scortum Babylonicum, mutabilior Proteo, Vertumno, Euripo: & omnium populorum adiectiva attributa habet, ut Attica, Anglica, Hispanica, Italica &c.&c.* Vgl. hierzu ausführlicher *Hans Grünberger*, Barbaren im Diskurs der Humanisten des 16. Jahrhunderts; in: Fremdes in fremden Sprachen, hrsg. v. Jürgen Trabant/Brigitte Jostes, München 2001, 57–84.

[2] Zur Geschichte und Topik des Barbaren, soweit sie die Annahmen der Humanisten tangieren, vgl. vor allem *Wilfried Nippel,* Griechen, Barbaren und ‚Wilde', Alte Geschichte und Sozialanthropologie, Frankfurt/M. 1990; *Albrecht Dihle,* Die Griechen und die Fremden, München 1994; *Wolfgang Detel,* Griechen und Barbaren. Zu den Anfängen des abendländischen Rassismus, in: DtZPhilos 43 (1995), 1019–1043.

[3] Vgl. *Karl-Heinz Kohl,* Entzauberter Blick. Das Bild vom Guten Wilden. Frankfurt/M. 1986, 18–19. Zum Syndrom des immer räumlich fernen ‚Wilden' vgl. unter anderen *Michael Harbsmaier*, Wilde Völkerkunde. Andere Welten in deutschen Reiseberichten der Frühen Neuzeit, Frankfurt/M./New York 1994; *Urs Bitterli,* Die ‚Wilden' und die ‚Zivilisierten'. Grundzüge einer Geistes- und Kulturgeschichte der europäisch-überseeischen Begegnung, 2. Aufl. München 1991.

scher Nation, die sich des Barbarenmotivs annahmen, orteten die Barbaren in ihren jeweiligen nationalen und sodann konfessionellen Gegnern, die sie vor allem in *den* Italienern sahen, weshalb denn auch die Konflikt- und Vergleichslinien vor allem zwischen ‚Deutschland' und ‚Italien' und ihren Teilmengen am ‚Römischen Reich Deutscher Nation' verlaufen.[4] Bedingt durch die Auseinandersetzungen zwischen dem römischen Papsttum und dem mittlerweile ‚deutschen' Kaiser des Römischen Reichs Deutscher Nation wurde der Barbarentopos seit Anfang des 15. Jahrhunderts durch die italienischen Humanisten wiederbelebt und gegen die ‚Deutschen' gerichtet. Diese haben dann ihrerseits mit ähnlichen rhetorischen Mitteln reagiert, und sich des Vorwurfs, Barbaren zu sein, erwehrt. Hierbei interessiert nicht, daß historisch als auch kulturanthropologisch gesehen ein übergreifender Stamm *der* Germanen nicht ausmachbar sein dürfte. Ausschlaggebend ist vielmehr der Umstand, daß im Denkstil der zur Diskussion stehenden Humanisten von *einem* Stamm und *einer* Nation von Germanen ausgegangen wird, die als eine Einheit zu betrachten sei, und man sich mit dieser zu identifizieren habe, zumal die Vielheit germanischer Stämme in ihrer Zerstrittenheit ein Hindernis auf dem Wege zur Einheit darstelle.[5] In diesem Disput unter zahlreichen Humanisten, der bis Mitte des 16. Jahrhunderts unvermindert andauerte, haben überdies die räumlich fernen Wilden der neu entdeckten Territorien so gut wie nicht Erwähnung gefunden. Die gleichsam binneneuropäische polemische Rhetorik, die sich selbst stark ethnozentrisch gebärdete, formierte sich um die Vorstellungen von Nation und sodann von Konfession. Zumal der ethnozentrierte Nationendiskurs ist als solcher bereits von einer Minderheit zeitgenössischer Intellektueller einer Kritik aus einer gleichsam ‚eurozentristischen' Perspektive unterworfen worden.[6]

Zum einen sind zwar nach wie vor auch die ‚äußeren' Barbaren Thema des humanistischen Diskurses: sie werden außerhalb der Gemeinschaft der Christen, außerhalb des Römischen Reichs Deutscher Nation, wie zunehmend überhaupt außerhalb jeder Nation in der Figur des ‚Auslän-

---

[4] Hingegen fokussierte sich der Nationendiskurs gegen Frankreich nicht um den Barbarentopos, sondern vor allem um die Frage der translatio imperii und die Konkurrenz um die Kaiserwürde im Vorfeld der Nachfolge Maximilians I. Zu diesen und weiteren Konkurrenzlagen vergleiche die systematischen Überlegungen von Herfried Münkler in: *Herfried Münkler u. a.*, Nationenbildung und die Nationalisierung Europas im Diskurs humanistischer Intellektueller. Italien und Deutschland (Politische Ideen, 8) Berlin 1998, 17–18, 184–191 und passim.

[5] Vgl. zu diesem Argumentationsmuster *Jacques Ridé*, L'image du Germain dans la pensée et la litterature allemandes de la redécouverte de Tacite à la fin du XVIe siècle, Lille/Paris 1977, 23–25.

[6] Zu dem von einer Minderheit der Humanisten vertretenen Programm einer ‚Entbarbarisierung Europas' vgl. *Hans Grünberger*, Frühneuzeitliche Argumentationsmuster einer Entbarbarisierung Europas, in: Paideuma 46 (2000), 161–187.

ders' dingfest zu machen versucht. In der Denkfigur des ,Ausländers' werden territoriale und/oder anderssprachige Nachbarn mithin als Barbaren erkannt, und das Naheliegende als fremd-feindlich begriffen.

Zum anderen aber werden die Barbaren nicht mehr nur außerhalb des Imperiums des Heiligen Römischen Reichs geortet und sie werden nicht mehr nur außerhalb einer Universalkirche als Heiden erkannt und bekämpft. Infolge der Anstöße seitens der italienischen Humanisten werden die Barbaren zunehmend Gegenstand eines Binnendiskurses: Sie, die ,inneren' Barbaren, sind in der sich als Universalkirche selbstthematisierenden christlichen Gemeinschaft ebenso anzutreffen, wie die inneren Barbaren innerhalb des Verbandes europäischer Nationen. Ebenso werden Barbaren innerhalb und außerhalb dessen, was als Römisches Reich Deutscher Nation gesehen wird, im Sinne eines Bestandsproblems thematisiert, indem die ,zivilisatorischen' Konnotationen des Barbarentopos sogar verstärkt erscheinen. Dabei stellt sich die Frage, ob der Barbar nicht sogar aus der ,Fremde' entlassen wird und das Unvertraute durch (vermeintlich) Vertrautes ersetzt wird. Barbaren, so scheint es, sind leicht erkennbar und befinden sich bereits diesseits der Grenze zum Fremden. Viele der Barbaren, denen sich die Humanisten widmen, teilen mit den Nicht-Barbaren gleiche Voraussetzungen. Diskriminiert wird also vornehmlich unter ansonsten Gleichen. Demgemäß unterscheiden sich die Barbaren dadurch, daß sie bezüglich einiger angenommener erreichter Standards abweichen. Sie sind mithin weniger Fremde, fern und jenseits einer ,Wir-Gruppe', als vielmehr zum Feindbild geronnene und als solche durchaus vertraute Andere. Diese ,Anderen' werden im Binnendiskurs unter ,Gleichen' als Abweichende und hierdurch Nicht-Gleiche diskriminiert.[7] Damit stellt sich die Frage, ob nicht bereits im Diskurs der Humanisten ein Bild des Barbaren und der Barbarei entworfen wird, das Claus Offe zu allererst den ,modernen' Barbaren zu attestieren gedenkt: Demnach sind nicht mehr die Fremden barbarisch, sondern diejenigen, die als Ergebnis eines negativ regressiven Lernprozesses einen erreichten Stand der Zivilisierung verletzen und somit keineswegs a limine ,fremd' und ,grausam' sind.[8]

So gelten ,Unzivilisierte' zunehmend als Barbaren gemäß eines natürlichen Zustands von Wildheit (*ferocitas*). Aufgrund ihres natürlichen Ursprungs werden diese Barbaren jedoch in eine gedachte Menschheit ein-

---

[7] Vgl. zu dieser Differenz von ,fremd' versus ,anders' *Marina Münkler*, Erfahrung des Fremden. Die Beschreibung Ostasiens in den Augenzeugenberichten des 13. und 14. Jahrhunderts, Berlin 2000, 147–151.

[8] Vgl. *Claus Offe*, Moderne „Barbarei". Der Naturzustand im Kleinformat?, in: Modernität und Barbarei. Soziologische Zeitdiagnose am Ende des 20. Jahrhunderts, hrsg. v. Max Miller/Hans Georg Soeffner, Frankfurt/M. 1996, 265.

geschlossen und nicht verworfen. Ja, es sieht so aus, als habe für diese Gruppe der ‚Barbar' abgedankt und sei durch die eher ‚wertneutral' gedachte Figur des ‚Wilden' ersetzt worden. Vorherrschend scheint die Verwendung dieser Topik nicht dazu zu dienen, um eine Ferne der als Barbaren erkannten Bewohner einer ‚terra nullius' festzustellen, sondern um Formen barbarischen Verhaltens nach Erreichen eines angenommenen Zivilisationsstandes – mitunter im Sinne eines dauerhaften Rückfalls oder auch nur einer zeitweiligen Abweichung – zu kennzeichnen.[9] Damit tritt die räumliche Dimension der Territorialisierung, die Koselleck der Verwendung der Barbarentopik in der Antike zuschreibt, gegenüber der zeitlichen Dimension zurück, die zwischen ‚Zivilisierten' versus Barbaren unterscheiden läßt: Das Vorher und Nachher bestimmt durch einen als einmal erreicht angenommenen Zivilisationsstand.[10] Das Konnotationsfeld eines ‚Zivilisationsstandes' selbst, für welchen den Humanisten noch kein einzelner Begriff zur Verfügung stand, wird durch ein Set an Sprach-, Sprech- sowie Verhaltens- und Sittenstandards implizit definiert. Abweichungen hingegen werden als ‚barbarisch' moniert und diskriminiert. So muß zum Beispiel die Eigenschaft einer ‚naturgemäßen' *ferocitas* unterschieden werden von der negativ besetzten, gleichsam ‚barbarischen' *rabies* im Sinne einer wilden Tollheit, die Tyrannen und politischen Gegnern zugeschrieben wird (z.B. bei Flavio Biondo und Nicolaus Amsdorff). Das heißt jedoch nicht, daß die Territorialisierung als Dimension und Ortung der Barbaren vollends aufgegeben wäre. Die Verwendung der zivilisations- und sittendiskriminierenden Topoi des Barbaren und des Barbarischen durch die humanistische Publizistik steht nämlich in einem engen Kontext mit Vorstellungen einer Idee der Nation.[11] Diese vorgestellte Gemeinschaft wird allerdings weniger be-

---

[9] *Karl-Siegbert Rehberg,* Ambivalente Filter, in: Modernität und Barbarei (Anm. 8), 290 f.

[10] *Reinhart Koselleck,* Vergangene Zukunft. Zur Semantik geschichtlicher Zeiten, 2. Aufl. Frankfurt/M. 1984, 229 ff., hat in seiner Abfolge asymmetrischer Gegenbegriffe dem Gegensatzpaar Christen versus Heiden rechtens eine temporale Dimension zuerkannt und dem Barbaren in seiner Relation zu Hellenen die räumliche Dimension zugewiesen. Es läßt sich m.E. jedoch zeigen, daß ‚Barbar' und ‚Barbarei' in ihren späteren Verwendungen in die temporale Dimension abwandern, ohne notwendig die räumliche Dimension gänzlich verlassen zu müssen. Ebenso erfährt umgekehrt die Verortung der Christen in deren Gegensatz zu den Nicht-Christen vermittelt über die Mitgliedschaften einer Konfessionskirche ihrerseits eine territoriale Dimension. Vgl. in Auseinandersetzung mit Koselleck zum Konzept des Barbaren mit Gewichtung der temporalen Dimension *Münkler,* Erfahrung des Fremden (Anm. 7), 206–211.

[11] Die Entstehung eines ‚nationalen' Bewußtseins wiederum ist oftmals Gegenstand einer eher affirmativen und selbst nationalistisch gesonnenen Humanismusforschung geworden, die schon deshalb eine erneute Durchsicht der Originaltexte erforderlich macht. Vgl. hierzu mit weiteren Nachweisen *Herfried Münkler/Hans*

schrieben als vielmehr geradezu gefordert. Die Kriterien, welche die Humanisten für die jeweils ‚eigene Nation' formulieren, bereiten so die Formierung eines Sozialsystems einer nationalen ‚Einheit' mit ihren über die Mitgliedschaft determinierten und kommunizierten Einschluß- und Ausschlußbedingungen vor.[12] Über die Grenzen der Nationen und ihre Inklusions-/Exklusionsbedingungen stellt sich auch wieder die räumliche Dimension der Gegenbegriffe zum Eigenen ein. Die Barbaren sind die jeweils Anderen, die Auswärtigen und Angehörigen gegnerischer, als Nation vorgestellter Gemeinschaften. Dabei ist jedoch zu bedenken, daß diese von den Humanisten vorgestellte Imagination von Nation, historisch betrachtet, erst in eine Realität überführt wird, die in einer sprachlichen, kulturellen und organisatorischen Vereinheitlichung in einem Territorium ihren Ausdruck findet. Nationale Identität ist (noch) nicht gegeben, sie muß definiert, gewonnen und gesichert werden.[13] Die Differenz zur Moderne dürfte mithin kein qualitativer, sondern allenfalls ein gradueller, durch den jeweiligen Stand und die Art der Zivilisierung gekennzeichneter Unterschied sein. Die Kriterien hierfür liegen wohl in der sich anbahnenden Differenzierung und Konkurrenz von Teilsystemen der Gesellschaft: der Politik in ihrer Selbstthematisierung als ‚Nation' und der Religion in ihrer Selbstthematisierung als ‚Konfession'.[14]

So haben im 15. Jahrhundert vor allem die italienischen Humanisten um Enea Silvio Piccolomini (1405–1464), dem späteren Papst Pius II., unter Bezug auf die gerade erst wiederentdeckte ‚Germania' des Tacitus[15] von zeitgenössischen Barbaren gesprochen und mit dem Begriff

---

Grünberger, Nationale Identität im Diskurs der Deutschen Humanisten, in: Nationales Bewußtsein und kollektive Identität, hrsg. v. Helmut Berding, Frankfurt/M. 1994, 211–248, sowie *Münkler u.a.*, Nationenbildung (Anm. 4), sowie unter dem Gesichtspunkt nationaler Zugehörigkeit im Sinne einer Chance der Teilhabe *Dieter Mertens*, Nation als Teilhabeverheißung: Reformation und Bauernkrieg, in: Föderative Nation, Deutschlandkonzepte von der Reformation bis zum Ersten Weltkrieg, hrsg. v. Dieter Langewiesche/Georg Schmidt, München 2000, 115–134.

[12] Vgl. *Niklas Luhmann*, Die Gesellschaft der Gesellschaft, Frankfurt/M. 1997, 1052–1054.

[13] Vgl. hierzu *Niklas Luhmann*, Die Politik der Gesellschaft, Frankfurt/M. 2000, 210–211.

[14] Vgl. *Dirk Richter*, Nation als Form, Opladen 1996, 162 f. und zur Funktion von Konfession und Nation als semantischen Diskriminierungslinien der Frühen Neuzeit 171–185. Richters konkludierende These, daß die Form der Konfession der Form der Nation vorausgegangen sei und ihr den universalistisch-exklusiven Boden bereitet habe (185), ist wohl mindestens zugunsten einer Parallelität von Nation und Konfession zu modifizieren.

[15] Vgl. als nach wie vor unverzichtbare und durch neuere Arbeiten nicht überholte grundlegende Darstellung nationaler Topoi in der Tacitusrezeption durch die Humanisten im Heiligen Römischen Reich Deutscher Nation im 15. und 16. Jahrhundert *Ridé*, L'image Germain (Anm. 5).

auch die dem Barbaren zugeschriebenen Attribute wiederbelebt, die sie in langen Traktaten vor allem auf die ,Deutschen' anwandten. Dabei haben sie ihren nördlichen Nachbarn zwei Lesarten des Tacitus vorgehalten: Die von Enea Silvio offiziell propagierte Sicht gestand den ,Deutschen' zu, daß sie sich inzwischen vom Zustand der Barbarei emanzipiert hätten und eine zivilisierte Nation geworden seien. Aber, so fügte Enea hinzu, ohne den zivilisierenden Einfluß Roms und der römischen Kirche wäre ihnen dies niemals gelungen, so jedenfalls der Tenor in den offiziellen Schreiben des Papstes an Kaiser und Reich, in denen er das Ziel verfolgte, das als Kulturkolonie Roms begriffene Reich Friedrichs III. zum Kriege gegen die Türken, die neuen Barbaren[16] aus dem Osten, zu bewegen, die gerade – 1453 – Konstantinopel erobert hatten und auf dem Balkan wie in der Ägäis unaufhaltsam weiter vordrangen. Gegen sie sollten die früheren Barbaren, die Deutschen, zu Felde ziehen. Deshalb hatten die italienischen Humanisten um Pius II. am Barbarentum der alten Germanen vor allem die Kriegstüchtigkeit hervorgehoben und diese dann in ihrem ,Kreuzzugsinteresse' zu einer Tugend der zeitgenössischen Deutschen umstilisiert. Neben den üblichen Zahlungen an die Kurie sollten sich die durch Rom zivilisierten alten Barbaren dadurch dankbar erweisen, daß sie die westliche (christliche) Zivilisation gegen die wiederum aus dem Osten herandrängenden neuen Barbaren verteidigten. So wurde der Hinweis auf ihr einstiges Barbarentum und dessen glückliche Überwindung zur Antwort des Papstes auf die notorischen Gravamina nationis Germaniae, die Klagen aus dem Reich über die von Rom auferlegten finanziellen Lasten.[17]

Andere italienische Humanisten im Umkreis dieses Humanistenpapstes, allen voran Bartolomeo Platina (1421–1481) und Gianantonio Campano (1429–1477), bestanden nicht nur in persönlichen Briefen, sondern auch in ihren publizierten Texten darauf, daß die Bewohner jenseits der Alpen nach wie vor Barbaren seien, und zwar nicht nur hinsichtlich ihrer defizitären Sprach- und Schriftkultur, sondern auch infolge weiterer Zivilisationsdefizite, wie etwa dem widerwärtigen Geruch, der von

[16] Zur Etablierung der Türken (Muslime) als Barbaren schlechthin, sowie zur vor allem bei den Deutschen verbreiteten Turcophobie im frühen 16. Jahrhundert vergleiche die knappe Übersicht von *Pierre Béhar*, Türkenbilder, Italienbilder: Antithesen des Deutschen, in: Zeitschrift für Literaturwissenschaft und Linguistik 94 (1994), 92–95, der bei seinen informativen Belegen allerdings die durch Enea Silvio initiierte Tradition außer Acht läßt. Daß die ,Türkenfrage' einen appellativen Charakter im Diskurs der Humanisten erhält, der im Ruf nach einer nationalen Einheit besteht, erörtert eindringlich *Mertens*, Nation als Teilnahmeverheissung (Anm. 11), 125–127.

[17] Vgl. die denkstilprägenden Passagen bei *Enea Silvio Piccolomini*, Opera quae supersunt omnia, Basel 1551, epp. # 369 = 836–839 u. # 131 = 678–689. Eine Interpretation hierzu bieten *Münkler u. a.*, Nationenbildung (Anm. 4), 166–170.

ihnen ausgehe, und nicht zuletzt wegen ihrer Trunksucht, die ja bei Tacitus schon eingehend beschrieben worden sei. Dabei dürfe auch das rauhe Klima nördlich der Alpen nicht übersehen werden, das nur entsprechend rauhe, ungeschlachte Gesellen hervorbringe. So wurde von vielen italienischen Humanisten auch die durch die Gutenbergschen Erfindungen initiierte Revolution im Buchdruck zunächst als eine Bedrohung der literarischen Kultur angesehen: Jetzt hätten die Barbaren ein Mittel, mit dem sie ihr miserables Latein in ganz Europa verbreiten könnten.[18]

Die solcherart Angegriffenen bedienten sich ihrerseits verschiedener Betrachtungsweisen, um den Vorwurf der Unzivilisiertheit zurückzuweisen: Zunächst wurden, etwa bei Jakob Wimpheling (1450–1528) und Johannes Cochlaeus (1479–1552), in bloßer Reaktion auf die Germanendarstellung des Enea Silvio die zugeschriebenen Attribute entschärft und der hohe Stand der eigenen Zivilisation betont. Die Kulturblüte, in der die ‚Deutschen' stünden, verdanke sich aber nicht nur der römischen Kirche, sondern in zumindest gleichem Maße auch den Tugenden, durch die sich die Deutschen seit je auszeichneten. Mithin kam es bereits bei dieser ersten Welle der Reaktion auf die italienischen Vorwürfe zu einer zivilisationskritischen Überschreibung von Attributen: Was Tacitus als Eigenschaften der Barbaren angesehen habe, seien zumeist Ausdrucksformen eines tugendhaften, weil einfachen Lebenswandels, und Tacitus selbst habe die Tugendhaftigkeit der Germanen sehr wohl erkannt. Sie bestehe bei den heutigen Deutschen ungeschmälert oder allenfalls mit geringen Abstrichen fort. Zu der Gruppe von Humanisten, die sich dieses Instruments einer Selbstaffirmation im Sinne der positiven Aneignung ehedem ‚barbarischer' Eigenschaften bedienen, zählen Ulrich (von) Hutten (1488–1523), Johann Aventinus (1477–1534) sowie vor allem Franciscus Irenicus (1495–1559) und Heinrich Bebel (1472–1518), die allesamt große Anstrengungen unternehmen, die Eigenen von den Fremden, Ungeschlachten abzugrenzen, indem sie Tugenden und Laster gemäß einer Codierung von *Simplicitas*/Zivilisation versus *Luxuria*/Barbarei scheiden. Simplicitas so scheint es, steht für die Schlichtheit der Lebensführung, die Mäßigung und Bescheidenheit (*temperantia & modestia*) signalisiert. Somit geht sie mit einem hohen und auf Dauer gestellten Niveau gelebter Sitten einher, wofür die Moderne den Begriff der Zivilisation bereithalten wird. Demgegenüber korrespondiert die ungeschlachte Barbarei als ein Rückfall mit der als *luxuria* gekennzeichneten Lebensführung: Maßlosigkeit und Ausschweifung im Lebenswandel zumal der anderen, der Ausländer.

---

18 Vgl. hierzu *Herfried Münkler*, Nationale Mythen im Europa der Frühen Neuzeit, in: Vorträge aus dem Warburg-Haus, Bd.1, Berlin 1997, 109–143, hier 121–122, sowie ausführlich *Münkler u. a.*, Nationenbildung (Anm. 4), 210–217.

Gleichfalls unter den Vorgaben der ‚Germania' des Cornelius Tacitus wenden sie die italienischen Fremdzuweisungen positiv und interpretieren sie als Ausdruck von Tugend, die gerade den Gegnern abgehe. Für die Argumentation dieser Gruppe deutscher Humanisten kann ein Strategem vermutet werden, das Manfred Schneider als „Entbarbarisierung der Barbaren" gekennzeichnet hat.[19] Entbarbarisiert erscheint hier ausschließlich die gedachte Gemeinschaft aller germanischen, respektive dann deutschen Stämme, die sich in einer Umwelt voller Barbaren befinden: Der Makel, Barbaren zu sein, wird den Deutschen dadurch genommen, daß zumindest ein Teil barbarischer Eigenschaften positiv als ein Tugendkatalog aufscheint, wohingegen die Gegner der Deutschen nunmehr als Barbaren gelten sollen, da sie sich mit angeblichen Zivilisationsleistungen schmücken, die jedoch Ausdruck verderbter *luxuria,* also von Ausschweifung und Verschwendungs- und Prunksucht seien. Erst mit diesem im deutschen Humanismus des 16. Jahrhunderts wohl dominanten Diskursstil einer polemischen Selbstaffirmation gewinnt die Denkfigur einer ‚imagined community' der Nation[20] ihre Kontur und ihre zumindest implizite Stoßrichtung gegen die nationen- und stämmeübergreifende Ordnung einer Universalkirche.[21] Mithin stellt sich hier die in diesem Zusammenhang offen bleibende Frage, ob die Hermetik eines Ethnozentrismus nicht eher durch die Hermetik eines Nationenkonzepts abgelöst wird, das den Ausschluß des Fremden qua Nation und das heißt, durch national determinierte Grenzen, ideengeschichtlich vorbereitet hat.

II. Nationalisierung und Konfessionalisierung des Barbaren

Wann immer Barbaren zum Gegenstand von Diskursen werden, so werden sie nicht als Individuen, sondern als Gemeinschaften betrachtet und gegenüber der zumeist positiv gedachten eigenen Ordnung negativ abgegrenzt. Im Anschluß an Rudolf Stichweh läßt sich fragen, inwieweit der ‚xenographische Diskurs' unter den Humanisten einen frühen Versuch darstellt, mit Kriterien einer Fremdenfeindlichkeit, wie auch einer Fremdenfreundlichkeit, Sozialsysteme auf Mitgliedschaft zu reduzie-

---

[19] Vgl. *Manfred Schneider,* Der Barbar, München 1997, 107–108 zur Entbarbarisierung als einem Strategem des Enea Silvio Piccolomini sowie 112–113 zur Entbarbarisierung am Beispiel des Arminius in der Sehweise Huttens.

[20] Zu der Denkfigur einer ‚imagined community' vgl. *Benedict R. Anderson,* Imagined Communities. Reflections on the origin and spread of nationalism, 2. Aufl. London 1991, sowie die Operationalisierbarkeit dieses Konzepts für die Debatte des 15. Jahrhunderts bei *Münkler u. a.,* Nationenbildung (Anm. 4), 75–79.

[21] Vergleiche hierzu ausführlich und mit Nachweisen versehen *Münkler u. a.,* Nationenbildung (Anm. 4) 23–26 sowie 163–168.

ren.[22] Zu einer solchen Reduktion auf Mitgliedschaft führen, so meine Annahme, die Vorstellungen nationaler und/oder konfessioneller Zugehörigkeiten. Insoweit, als es den sich etablierenden Konfessionen gelingt, über kontrovers formulierte Mitgliedschaftsregeln Ausschlußkriterien im Sinne eines immer noch totalen Anspruchs zu formulieren, gerinnt konfessionskonformes Verhalten zur Mitgliedschaftsbedingung. Mitgliedschaft in einer Konfession schließt Mitgliedschaft in allen anderen aus.[23]

Die Leitdifferenz von Eigenem und Fremden im Sinne von Mitgliedschaft/Nichtmitgliedschaft bemißt sich nach der Differenz gedachter nationaler und/oder konfessioneller Gemeinschaften. Sie kann anhand der Begriffe von Exklusion und Inklusion in vormodernen, zumal den stratifikatorischen Gesellschaftsordnungen des 16. Jahrhunderts in Europa entwickelt werden. Niklas Luhmann hat hierzu den Diskussionsvorschlag unterbreitet, in den spätmittelalterlichen und frühneuzeitlichen Ordnungen der Ständegesellschaften die Inklusion als den Ständeprinzipien sozialer Schichtung folgend zu betrachten, während in den vorausgehenden segmentären Ordnungen die Agentur der Inklusion im ‚oikos' als einem Personalverband gesehen wird. Das heißt, daß Exklusionseffekte in beiden vormodernen Gesellschaftsformationen gleichermaßen auf der Ebene des oikos zu verorten sind, denn Ausschluß aus den oikosverfaßten Gemeinschaften impliziert überwiegend den Ausschluß aus der Gesellschaft schlechthin. Dem oikos ist wesentlich, daß er nicht nur Familie, Ehestand und Haushalt im engeren Sinne umfaßt, sondern Ordnungen, die haushaltsförmig organisiert erscheinen und als solche interpretiert werden: Der patrimoniale Fürstenstaat fällt hier ebenso darunter wie die kirchliche Gemeindeordnung lutherischer Observanz, oder gar die städtische Ordnung.[24] Die aus diesen Ordnungen derart Ausgeschlossenen müssen wandern, sind im Gegensatz zu den Inkludierten nicht seßhaft, man kann sie – anders als die Denkfigur des ‚Ausländers' – nicht einmal territorial im Sinne einer Zuweisung verorten.[25] Überhaupt steht in der humanistischen Debatte in explizitem Anschluß an Isidor von Se-

---

[22] Vgl. *Rudolf Stichweh,* Der Fremde – Zur Soziologie der Indifferenz, in: Furcht und Faszination – Facetten der Fremdheit, hrsg. v. Herfried Münkler (Forschungsberichte der Interdisziplinären Arbeitsgruppen der Berlin-Brandenburgischen Akademie der Wissenschaften), Berlin 1997, 45–61, insbesondere 48 f.

[23] Vgl. *Wolfgang Reinhard,* Zwang zur Konfessionalisierung, in: ZHF 10 (1983), 268–269.

[24] Vgl. hierzu die Überlegungen bei *Niklas Luhmann,* Jenseits von Barbarei, in ders., Gesellschaftsstruktur und Semantik, Bd.3, Frankfurt/M. 1995, 138–150, hier 139–143; sowie *ders.,* Organisation und Entscheidung, Opladen/Wiesbaden 2000, 390–391.

[25] Vgl. zur Differenz Ausländer versus Barbaren respektive Ausländer versus Fremde *Offe,* Moderne ‚Barbarei' (Anm. 8), 262 f.; *Ulrich Beck,* Wie aus Nachbarn

villa der Unstete, der Wandernde (*peregrinus)* am untersten Ende einer Diskriminierungsskala des Fremden, denn nur Wissen und Nachweis von Herkunft und Abkunft garantiert Aufnahme in fremden Landen.[26] Nun gilt wohl für den zu untersuchenden Berichtszeitraum, daß sich mit der Entwicklung politischer und religiöser Organisationsformen zugleich auch Agenturen einer Exklusionspolitik ausbilden, welche die Exklusion nicht mehr ausschließlich dem oikos überlassen. Konfession und Nation, respektive Kirche und der späterhin sich über ‚Nation' definierende ‚Staat' als auch ihre jeweiligen Ämterorganisationen erscheinen dabei als diejenigen Teilsysteme von Gesellschaft, über die Inklusion und Exklusion zunehmend reguliert werden. Luhmann notiert, daß es insbesondere in der frühen Neuzeit zu einer explizit in den Quellen zu fassenden Exklusionspolitik komme. Nicht mehr Individuen, sondern abstrakt bezeichnete Gruppen werden darin ausgeschlossen.[27]

Es werden Unterscheidungen innerhalb der eigenen Ordnung eingeführt, die zu einer internen Verwendung des Begriffs führen, wenn von Angehörigen der eigenen, die Standards setzenden Gruppe die Rede ist, die in Teilbereichen von eben diesen Standards gleichsam ‚zurückfallen werden'. Mithin können auch innerhalb der eigenen Ordnung des politischen und/oder konfessionell determinierten Systems Barbaren verortet wer-den, deren Verhalten von den Erwartungsprofilen der systemischen Ordnungen abweicht. Indem die derart Abweichenden somit in den Stand der Barbarei zurückgefallen sind[28], werden sie aufgrund der Mitgliedschaftsbedingungen der Systemordnung ausgeschlossen. Die Ausgeschlossenen bilden Personenkreise, die als nicht integrierbar erachtet werden und somit als nicht zugehörig im Sinne einer Mitgliedschaft zu der Ordnung.

In diese Richtung einer natiogenetischen Exklusion weisen die Argumente der Autoren des 16. Jahrhunderts, wenn sie die von Tacitus erwähnten geographischen Gegebenheiten einer Unwegsamkeit und Un-

---

Juden werden. Zur politischen Konstruktion des Fremden in der reflexiven Moderne, in: Modernität und Barbarei (Anm. 8), 323.

[26] Vgl. (*Isidor von Sevilla*), Isidori Hispalensis Etymologiarum sive originum libri viginti, recognovit brevique adnotatione critica instruxit W. M. Lindsay (Scriptorum classicorum bibliotheca Oxoniensis series), Oxford 1966, ‚de civibus' = IX: iv:41. In Isidors Skalierung der Bewohner jeglicher Gemeinwesens sind die Unsteten völlig ‚außen vor' und damit ausgeschlossen. Sie seien sogenannte *peregrini*. Sie heißen so, da sie um ihre Eltern und Herkunft nicht wissen: *Peregrini dicti eo quod ignorantur eorum parentes, a quibus orti existunt*. Durch dieses Nichtwissen können sie nicht aus dem Banne der Fremdheit treten.

[27] Vgl. *Niklas Luhmann*, Inklusion und Exklusion, in: Nationales Bewußtsein und kollektive Identität (Anm. 11), 21–24.

[28] Zu diesen Unterscheidungen vgl. *Offe*, Moderne ‚Barbarei' (Anm. 8), 262 f.

wirtlichkeit Germaniens aufgreifen und positiv wenden, um damit die Tugenden und Stärken der eigenen *natio* zu beschwören, die auf diese Weise vor den Lastern der Fremden abgeschirmt geblieben sei. Die Annahme des Tacitus, daß die Germanen *Ureinwohner und in keiner Weise durch Einwanderung oder gastliche Aufnahme mit fremden Völkern vermischt* seien, ist nicht erst für den Nationalismus des frühen 19. Jahrhunderts, sondern schon für die Mehrheit der deutschen Humanisten programmatisch geworden.[29]

Ohne selbst sich in den protonationalen Diskurs und dessen Emphase unmittelbar einzumischen, hat Martin Luther vor allem in seinen deutschsprachigen Schriften das Barbarenmotiv bemüht, um die Bildungsdefizite der vornehmlich den Angriffskrieg kultivierenden Deutschen zu markieren und Vorschläge zu einer an der Schrift orientierten Bildungsreform zu unterbreiten.[30] Hierbei hatte er, in vollem Einklang mit dem stark humanistisch orientierten Philipp Melanchthon, die Idee des deutschen Barbaren durchaus im Sinne einer plausiblen Diskriminierung erörtert. Hingegen trachten jedoch einige seiner frühen Anhänger – hierin weitaus dezidierter –, den Vorwurf mit einem Konzept nationaler Abgrenzung zu verbinden und ihn gegen potentielle Gegner, vornehmlich die Italiener in ihrer Eigenschaft als ‚Papisten' zu wenden. Mithin, so meine Annahme, wird die Konfessionalisierung des Barbarenmotivs durch einige humanistisch versierte Anhänger Luthers im Römischen

---

29 *Publius Cornelius Tacitus,* Germania, Edition und Übersetzung Alfons Staedele, München/ Zürich, 1991, c2: *Ipsos Germanos indigenas esse crediderim minimeque aliarum gentium adventibus et hospiciis mixtos (...)* Das hier oftmals hinein interpretierte Motiv der Ureinwohnerschaft der Germanen als ein Topos des Protonationalismus wird ausführlich verhandelt in *Münkler u.a.,* Nationenbildung (Anm. 4) 235 ff.

30 Zu bedenken ist hier, daß Luther selbst, wie auch Melanchthon, zum hier verhandelten Problemaufriß sich nicht als Referenz eignen, vielmehr nur seine frühen Anhänger. Selbstaffirmativ bedient sich Luther des Vorwurfs, die Deutschen seien Barbaren, allenfalls in seiner Vorrede zu ‚De servo arbitrio' (1525) gegenüber Erasmus von Rotterdam (vgl. Luthers Werke in Auswahl, hrsg. von Otto Clemen, Bonn 1912 (sigle BoA), Reprint Berlin 1983 = BoA 3:95: Zeilen 3–5.) Ansonsten hält er den Vorwurf mit Blick auf die Unkenntnis in Sprachen, Philosophie und vornehmlich der heiligen Schrift (und ihren Sprachen) durchgängig für berechtigt, weshalb die diversen Oberkeiten aufgefordert werden, entsprechend Schulen einzurichten, um diesem bei den Deutschen notorischen Grundübel beizukommen. Vgl. zur ‚deutschen Barbarei' u.a. ‚An die Ratsherrn aller Städte deutschen Landes, dass sie christliche Schulen aufrichten und halten sollen (1524)', in: BoA 2, hier 449, Zeilen 10–21; ‚Ob Kriegsleute auch in seligem Stande sein können (1526)' in: BoA 3, hier 324: Zeilen 23–25; ‚Annotationes in Ecclesiastes' (lateinisch 1526) in: WA 20, 178, Zeilen 3–5. Die von ihren Anhängern zum Teil erheblich abweichenden Stellungnahmen Luthers und Melanchthons zum Barbarenmotiv bedürfen einer eigenen Untersuchung.

Reich Deutscher Nation vorangetrieben, das den Rahmen für den Nationen- und Konfessionendiskurs stellte.[31]

Exemplarisch kann die beginnende Verknüpfung von ‚Nation' und ‚Konfession' als Diskriminierungslinien, nach denen Barbaren auszuschließen seien, bei einem seinerzeit viel gelesenen, in der heutigen Forschung jedoch kaum rezipierten Autor betrachtet werden: Der Verfasser eines in zahlreichen Auflagen erschienenen Tacituskommentars, der Humanist, lutherische Prediger und Visitator Andreas Althamer (1498–1539?) verfolgt ein dezidiert pädagogisches Ziel: Er hat seinen 1536 publizierten Kommentar zur ‚Germania' des Tacitus als einen Sittenspiegel der zeitgenössischen ‚Deutschen' angelegt und programmatisch zugespitzt, um sie für die Lateinschüler der frühen lutherischen Schulen eingängig zu gestalten. Hierin greift Althamer in Anlehnung an die 1518 publizierte ‚Germaniae exegesis' des Franciscus Irenicus den Bedeutungswandel des ‚Barbaren'[32] auf und stellt ihn unter eine Abfolge von territorialen, kommunikativen und sozialen Grenzziehungen: Sind zunächst die Barbaren nur diejenigen, welche Fremde und/oder schlicht Auswärtige sind, so werden späterhin alle diejenigen Barbaren geheißen, die nur schwer, rauh und hart stockend zu sprechen vermögen. Nicht umsonst werden diese Barbaren deshalb auch Lallende und Lispelnde oder gar Stammelnde genannt. Aufgrund dessen wurden schließlich all diejenigen als Barbaren bezeichnet, die nicht Griechen oder Lateiner waren. Denn die Auffassung herrschte vor, daß die Griechen und Lateiner über die höher entwickelte und gepflegtere Sprache verfügen. Dann galt von denjenigen, die eben diese Sprachen zwar gelernt, aber nicht recht beherrschten, daß sie diese auf barbarische Weise sprechen. Daran schloß sich eine Ausweitung des Verständnisses vom Barbaren an, welche die Sitten und Gebräuche der als Barbaren Bezeichneten betraf. Wer wild und ungestüm, grob und ungebildet sich erwies, wurde als Barbar beschrieben. In nachchristlicher Zeit unter dem Eindruck der drei ‚heiligen' Sprachen sind alle diejenigen Barbaren, die weder zu den Griechen noch zu den Lateinern oder zu den Hebräern gezählt werden konnten. Heute aber, um 1500, sind alle diejenigen ins ‚Barbaricum' abgewandert, die dem christlichen Glauben nicht anhängen und ihn also nicht befördern, noch auch den Römischen Kaiser (sc. Deutscher Nation) anerkennen. Wenn also Tacitus die Germanen seinerzeit als Barbaren einstufte, dann nur deshalb, weil sie außerhalb der Grenzen des Römischen Reichs

---

[31] Entsprechend scharfe Diskursfronten finden sich bei den gleichfalls stark humanistisch geprägten Zwinglianern und Calvinisten außerhalb des Römischen Reichs Deutscher Nation wohl nicht.

[32] Zu einer ausführlicheren Erörterung einer Ideengeschichte des Barbarentopos bei Irenicus und Althamer vgl. *Grünberger*, Barbaren im Diskurs (Anm. 1), 65–73.

lebten, eine nicht-römische fremde Sprache (*peregrina lingua*) sprachen und sich nicht dem Römischen Kaiser in Gehorsam unterordneten. Hinsichtlich der Sitten jedoch waren die Germanen trotz ihres Barbarentums nach Auffassung des Tacitus in der Lesart Althamers lobenswerte Zeitgenossen. Dies zeige allein schon ihr Eherecht, die absolute Monogamie. Bereits die Ehe und damit die gesellschaftliche Sittenordnung, die auf der Ehe aufruhe, zeigen und offenbaren, wer als Barbar zu gelten habe: Nicht die Germanen, hingegen aber nahezu alle übrigen Völker, seien dies die Mauren, Ägypter, Hebräer, Perser, die Skythen wie die Schotten, die Briten oder auch die Griechen der Platonischen Republik: Alle haben Varianten der Polygamie und leben eher nach den Sitten des Viehs als nach denen von Menschen. Dann wiederum gibt es Stämme in denen ein Mann nur eine Frau zur Ehe nimmt. Diese aber hat dann der Gemeinschaft zur Verfügung zu stehen, wird von dieser geteilt. Kurz, alle Stämme und Nationen sind barbarisch, indem sie sich ihren Lüsten, Ehebrechereien, der Hurerei usw. hingeben. Allein die Germanen sind es, die dem Naturrecht am nächsten kommen, da allein sie sich monogam verhalten und mit einem Weibe es sich genügen lassen, und nicht so handeln wie alle übrigen barbarischen Völker.[33]

So hat Andreas Althamer die Abschirmung durch Unwegsamkeit und Klima vor allen Fremden hervorgehoben, aufgrund derer die Germanen ihre Sittenstrenge hätten bewahren können. Schenkt man Bebel, Aventi-

---

[33] *Andreas Althamer*, Commentaria Germaniae in Publii Cornelii Taciti Equitis Romani libellum de situ, moribus et populis Germanorum libellus (...), Nürnberg 1536, 152–153: *Soli barbarorum, hoc est peregrinorum & extraneorum. Strabo libro 14.geographicorum arbitratur sub initio conficto nomine eos Barbaros appellatos, qui difficulter, aspere ac duriter loquerentur, quemadmodum blaesos, balbosque dicimus: postea ad omnes translatum est, qui non erant Graeci aut Latini, quod ii maiorem linguam habeant & magis cultam: quinetiam inter hos, si quis non recte proferat, barbare loqui dicitur. Inde ad mores quoque metaphoricos transsumptum est, ut Barbarus pro fero, crasso & indocto usurpetur. Post Christum passum Barbari censebantur, quibus nec Graeci, nec Latini aut Hebraei nomen concedebatur. Hodie in Barbaricum nomen abierunt, qui Christianam fidem non profitentur, nec Romanum imeratorem agnoscunt. Vocat ergo Tacitus Germanos barbaros extraneos, peregrinae linguae, & Romano imperio nondum audientes, in eo tamen comendabiles, quod singulis uxoribus contenti sint: nam Numindae, Mauri, Aegyptii, Indi, Hebraei (...) pene omnes Barbari, singuli pro opibus quisque quam plurimas uxores, alii denas, alii plures habebant. Scythae atque Agarthyrsi, Scoti, Britanni, Attici, promiscue uxores & liberos ex Platonis republica, communes habere, & more pecudum lascivere solebant. Massagetae singuli unam ducebant uxorem, sed ea communiter utebantur (...). Sic sunt diversarum gentium diversa matrimonia: quaedam potius libidinies, adulteria, atque scortatores dixero. Germani autem proximae ad legem naturae accedunt, qui singulis uxoribus contenti sunt: nemo illorum plures accipit, velut aliorum barbarorum gentes.* Vgl. grundlegend zu Althamers Commentaria *Ridé*, L'image Germain (Anm. 5), 787–819.

nus und Althamer Glauben, dann verderben Gäste von auswärts die Sitten der Einheimischen ebenso, wie die Reisen der Einheimischen in die Ferne. Die *Germani minime mixti*[34] zeichnet aus, daß sie sich von Gästen und ihren meist verderblichen Einflüssen fernhalten. Ihre Qualität als Autochthone wird Althamers Tacituskommentar zufolge aus nicht weniger als sieben Punkten ersichtlich: Erstens ist der Zugang zu den alten Germanen allein schon geographisch beschwerlich: Nur über das Wasser, mithin zu Schiff, können Fremde (*alieni*) zu ihnen gelangen: Donau im Süden, Rhein im Westen, der Ozean im Norden und die Weichsel im Osten müssen überwunden werden, will man zu den Germanen stoßen. Zweitens aber ist eben der Ozean so tückisch und gefährlich, daß er Seefahrer weithin abschreckt und so auswärtige/wandernde Stämme (*peregrinas gentes*) von norddeutschen Gefilden, die vom Ozean umgeben sind, effektiv fernhält und ausschließt. Zum Dritten aber ist und war für Auswärtige (*exteri*) eine derart unkultivierte und schreckenerregende Nation weder erhebend noch erfreulich. Viertens dulden die Germanen keine Eheschließungen mit Fremden. Zum Fünften gelingt es ihnen aufgrund ihrer Tapferkeit und Stärke leicht, diejenigen zu vertreiben und des Landes zu verweisen, die trotz allem nach Germanien zu kommen suchen und dieses begehrten. Autochthon sind die Germanen, sechstens, aufgrund ihrer tugendhaften Bescheidenheit und Selbstbeschränkung, da sie Fremdem und Ausländischem keinerlei Bewunderung entgegenbringen. Schließlich aber ist es die an Abschaum gemahnende Vermischung mit dem und den Fremden (*alienorum admixtio et colluvies*), welche die früh erworbene Macht, Ruhm und Freiheit, wonach die Germanen alle-

[34] *Althamer,* Commentaria (Anm. 33), 45: *Cornelius; mox a situ Germaniae ad gentes originem transit: multis rationibus probans, Germanos αυτοχθονας, hoc est, indigenas, in ipso Germanico solo natos, non adventitios, alienigenas, aliunde introductos, minime mixtos. Primo, quod exteris non patebat in Germaniam accessus, nisi navibus: Danubius enim flumen, & Rhenus, mare septentrionale, ac Vistula amnis, arcebant liberiorem aditum. Secunda, quod Oceanus infestus & periculosus navigantibus terrebat adituros. Is enim aquilonaria Germaniae ambiens, peregrinas gentes excludit. Tertio, quod inculta horridaque natio, non admodum adficiebat ac delectabat exteros. Quarto, quia aliena matrimonia non admittebant. Quinta, quia fortitudine facile appetentes se retundebant. Sexto, modestia gentis evenit, quae nulla externa admirabatur. Postremo, quod alienorum admixtio & colluvies pristinam potentiam, famam & libertatem, cui asserendae, unice studebant, facillime esset pressura.* Hierzu kritisch *Frank Lewis Borchardt,* German Antiquity in Renaissance Myth, Baltimore 1971, 162; maßgeblich: *Ridé,* L'image du Germain (Anm. 5), 1089–1091. Hingegen nationalsozialistisch euphorisch *Theobald Bieder,* Geschichte der Germanenforschung; erster [und einziger] Teil: 1500–1806 (Deutsches Ahnenerbe, Reihe A: Grundwerke), Leipzig 1939, 47. Zur Idee der autochthonoi/indigenae im Sinne von origo et vetustas vgl. die Kollation und topologische Interpretation von *Ridé,* L'image du Germain, (Anm. 5),1056–1119 sowie, systematisch erörtert, die Ausführungen bei *Münkler u. a.,* Nationenbildung (Anm. 4), 235–262.

samt und gemeinsam streben, leicht schwächen und drücken könnte. Die von Althamer beschworene Freiheit der alten Germanen gewinnt für ihn schließlich noch einen aktuellen Bezug: Hatte einst der Cherusker Arminius die Germanen vom Joch der Römer befreit, so ist heutigen Tages – um 1530 – der Sachse Martin Luther angetreten, Deutschland aus der Knechtschaft des päpstlichen Roms zu befreien und die alten germanischen Sitten im Verbunde mit dem Evangelium in Deutschland wieder zu beleben.[35]

Im Gefolge einer ‚Nationalisierung' und ‚Konfessionalisierung' Europas geht eine Stilisierung des Fremden zum Feind einher, die gerade dann besonders erfolgreich ist, wenn dieser nicht radikal anders, sondern ‚bloß' fremd ist, wie im Falle der konkurrierenden monotheistischen Religionen des Christentums und des Islam. Weniger durch das Andere als vielmehr durch das Ähnliche werden Differenzen zwischen einem ‚Wir' der Eigengruppe und einem ‚Sie' der Fremdgruppe gezogen.[36] Die Ähnlichkeiten der Religionen und ihrer Anhänger ermöglichen eine Tiefe der Verfeindung, wie sie ansonsten nur unter Nachbarn möglich scheint.[37] Diese insbesondere von den verschiedenen monotheistischen Religionen kultivierte Tiefe der Verfeindung wiederum drückt sich aus „in Form einer verabsolutierenden totalen Exklusion einiger Teile einer Bevölkerung, welche zuvor mit denjenigen, die nun die Exklusion betrieben, einen gemeinsamen Rahmen gebildet hatten".[38] Hingegen geht es in den Formierungsdiskursen der werdenden Sekten und der religionspolitisch relevanten Konfessionen, um die Ausbildung eines Selbstverständnisses und damit um eine Selbstverständigung, bevor schließlich der Schritt zur exkludierenden Polemik einer Kontroverstheologie und dann zum exklusiven Bekenntnis vollzogen wurde.

Womöglich läßt sich im sowohl natiogenetischen wie auch konfessionsgenetischen Diskurs über Fremde und Barbaren auf ein Verhalten schlie-

---

[35] Vgl. *Althamer,* Commentaria (Anm. 33), 123: *Primus autem hoc postremo saeculo D Martinus Luther Vuittembergensis a Cheruscis Saxo, Christum pure nostris insaevit mentibus, primus superstiosum cultum exemit nostris pectoribus, primus repurgavit Germaniam ab impiorum monachorum spurcissimorumque Sophisticarum fecibus, nugis, imposturis (...).* Vgl. zum Topos des Lutherus Cheruscus bei Althamer *Ridé,* L'image du Germain (Anm. 5), 808–809 und 868–871 und zur Arminiusrezeption durch Althamer *Münkler u.a.,* Nationenbildung (Anm. 4) 285–289.

[36] Vgl. *Jenö Szücs,* Nation und Geschichte (ArchKulturg, Beiheft 17), Köln 1981, 205.

[37] Hierzu vgl. *Jürgen Osterhammel,* Gastfreiheit und Fremdenabwehr. Interkulturelle Ambivalenzen in der Frühen Neuzeit, in: Furcht und Faszination (Anm. 22), 384 f.

[38] Vgl. *Shmuel Noah Eisenstadt,* Barbarei und Moderne, in: Modernität und Barbarei (Anm. 8), 96.

ßen, das sich auf Fremdes als Barbarisches nur insoweit einläßt, als es unter der Vorgabe des mit Allgemeinanspruch auftretenden/versehenden Eigenen sucht, Fremdes dem Eigenen gleich zu machen.[39] Wo dies nicht gelingt, muß schließlich auf dem Wege der Diskriminierung des ‚Anderen' exkludiert werden. Hierunter können dann nicht nur die mitunter ausführlichen xenophoben Diatriben subsumiert werden, die etwa Conrad Celtis gegen die ihm und dem Kaiser Maximilian I. verhaßten Juden[40] oder Johannes Aventinus gegen die Zigeuner[41] in ihre Chorographien Germaniens jeweils eingefügt haben. Selbst Sebastian Münsters große Kosmographie von 1544 mit ihrem eigenen Programm eines Werte- und Sittenwandels wird in ihren Textteilen weitgehend konterkariert und gerät hierdurch in eine Querlage zu der von Münster intendierten komparativen Betrachtungsweise: Sowohl auf die fernen Völker als auch die binneneuropäischen Minderheiten zielend, greift er die bereits bekannten Urteilsmuster auf und schreibt sie – zum Beispiel mit Blick auf die Juden – affirmativ fort. Bezogen auf die Binnenordnung der monotheistisch orientierten geistlichen und weltlichen Territorien zeigt sich eine hohe negative Diskriminierung von Juden und Zigeunern gleichermaßen, und die Annahme, wonach Münster infolge seiner Hauptprofession als Hebraist zur Toleranz gegenüber den Juden neige, läßt sich in der Textkompilation der Kosmographie nirgends entdecken.[42]

---

[39] Vgl. *Bernhard Waldenfels,* Der Stachel des Fremden, Frankfurt/M. 1990, 39 f.

[40] Vgl. *Conrad Celtis,* Urbis Norimbergae descriptio, verschiedentlich abgedruckt. Mir liegt für diese Arbeit der frühe Druck als n.n. Anhang (sowie ohne Lagenzählung) der Exegesis des Franciscus Irenicus 1518 vor. Darin cap. xv: de universali urbis iustitia, legibus, conviviorum, nuptiarum, iudaeis & vini corruptoribus.

[41] *Johannes Aventinus,* Chronica, darinn nit allein deß alt Hauß Beyern, Keiser, (...) sondern auch der Teutschen Ursprung, Herkommen, Sitten (...) &c., hrsg. v. Nikolaus Cisner, 2. Aufl. Frankfurt/M. 1580: fol. 418 verso, schärfer noch in der gleichfalls von Cisner editorisch betreuten lateinischen Version; vgl. *ders.,* Annalium Boiorum libri septem (MSS 1519/23) Basel 1580, 663, Zeilen 2–11. Dort schreibt Aventinus von den Zigeunern als jenem schreckenerregendsten Geschlecht der Menschheit, welches den Abschaum und Bodensatz verschiedenster Stämme darstellt und in den Territorien des türkischen Herrschers als auch in Ungarn wohnte. Dieses Geschlecht aber durchstreife nunmehr in mehreren Schüben ‚unsere Gebiete' und suche sie heim. Dabei neige dieser Stamm zu Raub, Vergewaltigung und Abgötterei und allerlei Frevel: *Eadem tempestate furacissimum illud genus hominum, colluvies atque sentina variarum gentium, quae in confinio Imperii Turcarum, atque Ungariae habitant – Ziganos appellamus – rege Zindelone nostras peragrare coepere regiones, furto, rapina, divinationibus impuno prorsus victum quaeritant.*

[42] Vgl. *Sebastian Münster,* Cosmographey oder beschreibung Aller Laender herrschafften und fürnembsten Stetten des gantzen Erdbodens/sampt ihren Gelegenheiten/ Eigenschafften/ Religion/ Gebreuchen/ Geschichten unnd Hanthierungen/ &c., Basel 1578: rechtmäßige Vertreibung der Juden als Brunnenvergifter, cxcii –

In eine dezidierte Denkrichtung von Nation und Konfession gehen nicht nur die Argumentationslinien des Juristen und Historiographen Johannes Sleidanus (1505–1564), der in seinen Reden vor Kaiser und Reich (1542 und 1544) das Motiv der ‚barbaries' vollends verkehrt und diese dem Papsttum und Rom zuweist, von dem er die Sittenstrenge und die gesatzte kirchlich/politische Ordnung der evangelisch gewordenen ‚deutschen Nation' abgrenzt. Das, was Rom als ‚barbarisch' an den Deutschen denunziere, zeichne vielmehr die Deutsche Nation gegenüber den ‚papistischen' Ländern aus. Es bedürfe der Bildung, der sittlichen Zucht und nicht zuletzt der Orientierung am Evangelium, um den Formen ihr Fundament zu geben, das sie von Zeremoniell und bloßem Schein der Diplomatie unterscheide, welche die Italiener freilich brillanter beherrschten. Überhaupt wird nunmehr die Reformation zur Zeitenschwelle, die wahre Christen und ihre Bildung von den zeitgenössischen Barbaren innerhalb der religiösen Ordnungen unterscheiden läßt. Folgt man etwa Eberlin von Günzburgs Flugschriften von 1521 oder Friedrich Myconius (1491–1546), dem ersten – zeitgenössischen – Historiographen der Reformation, dann sind Bildung und Zivilisation schlechthin unter der Ägide der Kirche Roms zunehmend verrottet, und ein Rückfall in die Barbarei hat allenthalben stattgehabt: Die Diskriminierungen im Sinne von Unterscheidungen gemäß binärer Codes finden hier innerhalb des Religionssystems und unter dem Vorrang der temporalen Dimension statt. Nicht mehr wird zwischen Christen und Ungläubigen unterschieden, sondern innerhalb der Christenheit zwischen Papisten und Anhängern des reinen Evangeliums. Entsprechend galt es, das Zusammenwirken von Humanismus und Reformation als die Befreiung der deutschen Nation aus der italienischen/‚papistischen' Barbarei zu rühmen, indem in Luther ein David Deutschlands zu sehen sei, das Gott der Herr zum neuen Israel bestimmt hat: *Wo GOTT das Reich Israel anrichten, erheben und befestigen wolt, do gab er einen David; und dem David gab er zu gelerte, treffliche, weise, freudige, muthige und teuere Helden in beyden Staenden (...).* Da aber die Bildung und die Religion in Deutschland unter dem Diktat Roms und seiner Kirche darnieder lagen, allein schon, weil sich niemand mehr auf die drei heiligen Sprachen verstand, und das Wissen um sie nicht in den Dienst des reinen Evangeliums gestellt wurde, *war es ein lauter Barbaria mit den Gelerten in Teutschland worden.* Und so habe Gott, bevor Luther mit dem Evangelium ‚teutsch' an die Öffentlichkeit trat, ihm Helfer in Gestalt der Humanisten beigege-

---

cxciii; Juden als Kindsmörder zu Trient 1475, cccxxxiii; Juden lassen um der Heiligung des Sabbaths wegen selbst ihre Glaubensgenossen sterben (Magdeburg), eine Beschreibung mit skatologischen Ausfällen, Miiii – Mv. Wider die Zigeuner, ärger denn die Heiden, ccclxxxv. Hierzu ausführlicher und mit weiteren Nachweisen *Grünberger,* Frühneuzeitliche Argumentationsmuster (Anm. 6), 176–182.

ben, welche die Philologie, die *rechten, reinen studia in allen dreyen Sprachen in Teutschland* betrieben. Hier seien vor allem Reuchlin, Erasmus und Melanchthon, und schließlich auch Hutten zu rühmen. Gestärkt würden diese reinen ‚studia' durch das Institut der Schulen, welche in der Reformation erst in vollen Schwung gekommen seien.[43]

Circa 1547 hat Nikolaus Amsdorff (1483–1565), einer der Reformatoren Magdeburgs, angesichts der Unmöglichkeit, ein allgemeines Konzil einzuberufen, in dem die Anhänger der Reformation gleichberechtigt und ohne Vorverurteilung Gehör finden könnten, ein auf lateinisch gehaltenes Flugblatt verbreiten lassen, das die Richtungsumkehr des Vorwurfs, Barbaren zu sein, verdichtet und, im Vergleich zu Althamer, sogar noch verschärft. In diesem Flugblatt schreibt Amsdorff die Ausgrenzungen gemäß Nation und Konfession explizit aus, wobei er den konfessionellen Aspekt noch forciert. Sein Titel lautet: ‚Warum und daß Italien ein barbarisches Land ist, warum und daß die Italiener ein Volk von Barbaren sind und warum und daß Papst und Kardinäle ärgere Barbaren sind, denn die Skythen und Tartaren'.[44] Lesen sollten diese Schrift wohl die Mitglieder der Kurie, weshalb sie in Latein gehalten ist, dessen Kenntnis gerade nicht mehr vor dem Verdikt, Barbar zu sein, schützt. Zur Qualifizierung des Barbarischen und der Barbaren bedient sich Amsdorff einer Komparatistik nach Maßgabe folgender Unterscheidungen:

Als erstes unterscheidet er einen natürlichen Zustand der Barbarei kraft Unwissen und menschlicher Schwäche, dem er die negativ zu veranschlagenden Formen barbarischen Lebens und Handelns entgegensetzt, die kraft gewollter und bedachter eigener Entscheidungen gelebt werden. Zweitens bezieht Amsdorff diese ‚bewußte' Barbarei sowohl auf die Entwicklung von Konfessionen als auch auf politisch/territoriale Sphären. Als Referenzpunkte fungieren hier sowohl ‚ecclesia' als auch ‚imperium' und schließlich: ‚natio'. Und drittens kommt Amsdorff im

[43] *Friedrich Myconius,* Historia Reformationis vom Jahr Christi 1517 bis 1542 (MSS 1542), Gotha 1715, 44–45. In diese Richtung bereits auch die früheren Flugschriften des Eberlin von Günzburg: Vgl. *Johann Eberlin von Günzburg,* Der erst Bundtsgenoß (1521), in: *ders.,* Ausgewählte Schriften hrsg. v. Ludwig Enders (Flugschriften aus der Reformationszeit, 11) Halle/Saale 1896, 3–6. Hierzu vgl. *Hans Grünberger,* Institutionalisierung des protestantischen Sittendiskurses, in: ZHF 24 (1997), 248–249; *Mertens,* Nation als Teilhabeverheißung (Anm. 11), 129–130.

[44] Vgl. den Abdruck bei *Otto Clemen,* Aus seltenen reformationsgeschichtlichen Druckschriften; in: ZKG 39 (1921), 83–92. Reprint in: *ders.,* Kleine Schriften zur Reformationsgeschichte, Bd.IV, Leipzig 1984, 541–543: *Quod Italia sit barbara terra// Quod Itali sunt barbari populi// Quod Papa et Cardinales sunt plus barbari quam Scythi et Tartari.*

Hinblick auf die Idee einer ‚imagined community', einer Nation, zu einer erstaunlich klaren Anwendung asymmetrischer Gegenbegriffe:

Da Italien und seine Bewohner, vor allem auch seine ‚Intelligenz', das Handeln und Treiben der gesetzlosen Kurie nicht nur duldet, sondern gar fördert, ist es als Nation und Territorium ein Ort der Barbaren. Nicht Deutschland ist barbarisch sondern Italien, welches geistliches und weltliches Recht aus den Angeln zu heben strebt. So wie Italien von sich behauptet, die einzige Nation zu sein, die nicht barbarisch ist, sei dagegen zu halten, daß nur in Deutschland Recht und Gesetz voll und ganz geachtet würden, während in Italien dies alles mißachtet werde. Fortschreitend von der Kurie und dem Papst wird zunächst knapp die Gruppe altkirchlicher Fürsten unter die Barbaren subsumiert[45], dann schließlich auf der Ebene nationaler Zuschreibungen Italien als ‚Barbaria' schlechthin erkannt, demgegenüber ‚Germania', dem Evangelium und christlichem Recht anhängend, positiv erstrahlt.[46]

III. Fazit: Ordnung der toleranten Intoleranz

Mithin ist mit dem Aufkommen der Reformation der Zeitpunkt gegeben, mit dem denn die (erneute) Herausführung aus dem Stande der Barbarei gekommen scheint. Mit Bezug auf das ‚christliche Europa' der lateinischen Kirche zeichnen sich Spätmittelalter und Frühe Neuzeit durch eine Nationalisierung der Religionen aus, der dann die Nation als Religion folgen kann. Konfessionen werden gleichsam territorial gebändigt und verstärken somit die Abgrenzung gegenüber den jeweils Anderen qua Politik und Konfession.[47] Die Ausbildung eines exklusiven Bekenntnisses, der ‚Konfession', verläuft über zumindest zwei Formen von Exklusion, deren eine in der Religionssoziologie als Segregation aufscheint, die jedoch nur individuell im Sinne persönlicher Mitgliedschaft zurechenbar wird.[48] Die zweite aber stellt sich über die Ausbildung formal

[45] Im von Nicolaus Amsdorff zumindest mitunterfertigten Magdeburger Bekenntnis vom April 1550 wird selbst der Kaiser – Karl V. – ob seiner katholischen Konfession wild gewordenen Tyrannen zugeordnet. Zu diesem Traktat einer frühen lutherischen Widerstandslehre vgl. *Hans Grünberger,* Kirchenordnung zwischen göttlicher und äußerlicher Gerechtigkeit, in: Konzeptionen der Gerechtigkeit, hrsg. v. Herfried Münkler/Marcus Llanque, Baden-Baden 1999, 114–117.

[46] Vgl. zu Amsdorffs Traktat ausführlicher meine Darlegungen in *Grünberger,* Barbaren im Diskurs (Anm. 1), 73–77.

[47] Vgl. *Alois Hahn,* ‚Partizipative' Identitäten, in: Furcht und Faszination (Anm. 22), 115–158, hier 127, der diesen Prozeß an der Idee des ‚cuius regio, eius religio'-Motivs erörtert.

[48] Vgl. *Peter Berger/Thomas Luckmann,* The Social Construction of Reality, Harmondsworth 1979, 139–140 und 178. Der Segregration ist im Gegensatz zur Seklusion eigentümlich, daß sie, lebensweltlich gefaßt, durch Individuen erfahrbar

organisierter Teilsysteme des Religionssystems ein: Wenngleich die Vorstellung der *einen* christlichen Religion den Einschluß (Inklusion) aller zur Grundlage hat, basiert die Konfessionsbildung der Frühen Neuzeit auf der Ausbildung und Fortschreibung zunehmend formal organisierter konfessionell unterschiedener Kirchen, allein schon, weil die Dogmatik des Religionssystems in zunehmendem Maße abstrakt wird und so den Mitgliedern der Gemeinde nicht mehr vermittelt werden kann. Mithin schiebt sich in wachsendem Umfange Organisation als Mittler zwischen Gesellschaft und Interaktion: hier zwischen das Religionssystem der Gesellschaft und den Gliedern einer Konfessionskirche[49]: Gewissermaßen als Interpretationshilfe und zur laufenden Reformulierung von Dogmatik und Ethik fungiert die Theologie. Hingegen werden die abstrakt verbleibenden Formeln der Theologie durch den hierarchisch gegliederten und streng formal organisierten Klerus, respektive der Amtskirche pastoraltheologisch umgesetzt in disziplinierende Mitgliedschaftsbedingungen und Handlungsanweisungen für die Laienmitglieder: z.B. Katechetik, Pastoraltheologie, Predigtlehre (Kasualien) und Liturgie.[50] Im Herrschaftsbereich der seit dem Tridentinum als Konfession aufscheinenden

---

wird und nicht einen primär kollektiv erfahrbaren Vorgang darstellt. Sie ist ein Prozeß der Absonderung, der mehr erlebt, als daß er von handelnden Subjekten wissentlich vollzogen wird. Daher gewinnt der Prozeß der Segregation an Plausibilität im Zusammenhang religiöser Ordnungsbildungen, anhand derer Berger/ Luckmann Segregation bevorzugt erörtern.

[49] Bereits die Vorstellung der *einen* christlichen Religion, die die Inklusion aller ermöglicht, versus die reale Existenz unterschiedlicher Konfessionskirchen, die neben sichtbarer Symbolik und Liturgie auch durch eine Amtskirche repräsentiert werden und mittels Konfession auf Ausschluß abweichender Mitglieder drängt, läßt es ratsam erscheinen, einen erweiterten Kirchenbegriff zugrunde zu legen. Dem Vorschlag Heinz Schillings, den Kirchenbegriff über die Kirchenorganisation als einer Institution hinaus zu erweitern, wird man wohl eher gerecht, wenn von einem System der Religion ausgegangen wird, unter das beide Kirchenformen, sowohl die gedachte als auch die organisierte subsumiert werden können. Kirche ist mithin nicht gleichzusetzen mit ihrer Organisation, zumal ihr über die Organisation hinaus wohl die Funktion innerhalb der religiösen Systemordnungen zukommt, geistliche Kommunikation schlechthin zu erfüllen. Alteuropäisch formuliert heißt dies: Ecclesia invisibilis und ecclesia visibilis sind zusammen als Kirche zu denken, deren Bindeglied zunehmend die Konfession als Bekenntnis wird. Eine die Konzeptionen der Religionssoziologie Luhmanns rezipierende Religions- und Kirchengeschichte unter dem Gesichtspunkt der Konfessionalisierung steht m.W. noch aus und ist Desiderat. Vgl. hierzu *Niklas Luhmann,* Funktion der Religion, 4. Aufl. Frankfurt/M. 1996, 56 f.; sowie *ders.,* Die Religion der Gesellschaft, Frankfurt/M. 2000, 226–248. Siehe ferner die systemtheoretisch angeleiteten Anregungen bei *Richter,* Nation als Form (Anm. 14), 152–185, der sich aufgrund seiner Fragestellung jedoch eines Quellenstudiums enthält.

[50] Vgl. *Niklas Luhmann,* Die Organisierbarkeit von Religion und Kirche; in: Religion im Umbruch, hrsg. v. Jacobus Woessner, Stuttgart 1972, 245–285, hier 249; *ders.,* Funktion der Religion (Anm. 49), sowie im Anschluß daran *Johann Grünber-*

römisch-katholischen Kirche fungieren in diesem Sinne vor allem die Beichtpraxis und die kirchenrechtlich etablierten Institutionen (Rota, Inquisition), wozu auch Liturgie und Zeremonien, schließlich auch das Organogramm der Hierarchie zählen. Innerhalb der reformatorischen Konfessions- und Kirchenbildung läßt sich die Entstehung von Konsistorien, des Summepiskopats, respektive der Chor- und Ehegerichtsbarkeit in den calvinischen Gemeindeverfassungen beobachten.[51] In diesem Prozeß von Organisationsbildung innerhalb von Kirche(n) stellen Konfession und Konfessionalisierung die Verbindung zwischen Dogmatik und Organisation dar, wobei Konfession als eine Mitgliedschaft bezeichnet werden kann, deren Regel sich im Glaubensbekenntnis ausdrückt.[52]

Handhabbar wird Theologie in unserem Berichtszeitraum schließlich auch als Kontroverstheologie, deren Funktion darin liegt, angesichts einer zunehmenden Konkurrenz von Konfessionen sich gegenüber anderen Konfessionen klar und vernehmlich abzugrenzen.[53] Die Konfessionalisierung geht einher mit der Ausformulierung eines vorgeschriebenen Katalogs von Bekenntnisschriften sowie einer klar umrissenen Kirchenordnung, auf welche die Mitglieder der Gemeinde verpflichtet werden. Über die Konfessionalisierung der religiösen Ordnungen stellt sich schließlich eine eigene Exklusionssemantik ein, die zwischen Orthodoxien und Ketzereien zu codieren weiß. Über die Unterscheidung von Orthodoxie und Heterodoxie, wie sie über die Form der Konfession thematisiert werden, tritt die allumfassende Rede einer universellen Christenheit zurück zugunsten einer Rede von Toleranz der Konfessionen, die auch entzogen werden kann und damit Raum schafft für die Rhetorik der Intoleranz.

---

ger, Die Perfektion des Mitglieds (Soziologische Beiträge, 36), Berlin 1981, 60–63 und 69–71.

[51] Vgl. *Grünberger,* Institutionalisierung (Anm. 43); *ders.,* Kirchenordnung (Anm. 45).

[52] Vgl. *Luhmann,* Funktion der Religion (Anm. 49), 290–295, hier 291.

[53] Vgl. *Wolfgang Reinhard,* Was ist katholische Konfessionalisierung?, in: Die katholische Konfessionalisierung, hrsg. v. Wolfgang Reinhard/Heinz Schilling, Münster/Gütersloh 1995, 420–421.

Rationalisierungsdruck und der Zwang zur Toleranz: Das Militär im Vergesellschaftungsprozeß der Konfessionen

Von Ralf Pröve

Militär und Religionspolitik oder auch das Verhalten der bewaffneten Macht gegenüber der jeweils konkurrierenden christlichen Konfession scheinen in der Frühen Neuzeit auf den ersten Blick in einen unheilvollen Konnex getreten zu sein, der in den religiös motivierten Bürgerkriegen und den europäischen Konflikten, vor allem dem Dreißigjährigen Krieg, besonders krass zu Tage getreten ist.[1]

Dabei, so die weitere Überlegung, offenbart sich dieser Konnex auf zwei Ebenen als wechselwirksamer Vorgang, zum einen auf der staatlich-konfessionellen und zum anderen auf der sozial- und alltagsgeschichtlichen Ebene. Auf staatlich-konfessioneller Ebene ist das sich gegenseitig bedingende säkulare Zusammenwirken von Staatsbildung und Konfessionalisierung[2] einerseits, von Staatsbildung und dem Aufbau Stehender Heere andererseits zu nennen. Das Stehende Heer war in diesem Prozeß Instrument wie Indiz der Monopolisierung von Herrschaft gleichermaßen.[3] Die sogenannten, von Burkhardt jüngst theoretisch zugespitzten

---

1 Zur Wertung des Dreißigjährigen Krieges als Religionskrieg vgl. *Johannes Burkhardt,* Religionskrieg, in: Theologische Realenzyklopädie, Bd. 28, Berlin 1997, 681–687. Weniger bekannt sind die polnischen Konflikte und der Nordische Krieg. Vgl. hierzu *Robert I. Frost,* The northern wars: war, state and society in north-eastern Europe, 1558–1721, London 2000.

2 Es ist hier nicht der Ort, um das Konzept zu erläutern. Verwiesen sei auf die einschlägige Literatur, vgl. etwa *Heinz Schilling,* Die Konfessionalisierung im Reich. Religiöser und gesellschaftlicher Wandel in Deutschland zwischen 1555 und 1620, in: HZ 246 (1988), 1–45 sowie *Wolfgang Reinhard,* Konfession und Konfessionalisierung. „Die Zeit der Konfessionen (1530–1620/30)" in einer neuen Gesamtdarstellung, in: HJb 114 (1994), 107–124 oder *ders.*, Sozialdisziplinierung, Konfessionalisierung, Modernisierung. Ein historiographischer Diskurs, in: Die frühe Neuzeit in der Geschichtswissenschaft. Forschungstendenzen und Forschungserträge, hrsg. v. Nada Boskovska Leimgruber, Paderborn 1997, 39–55. Vgl. auch den Forschungs- und Literaturüberblick von *Heinrich Richard Schmidt,* Konfessionalisierung im 16. Jahrhundert, München 1992.

3 Vgl. hierzu auch *Ralf Pröve,* Dimension und Reichweite der Paradigmen „Sozialdisziplinierung" und „Militarisierung" im Heiligen Römischen Reich, in: Institutionen, Instrumente und Akteure sozialer Kontrolle und Disziplinierung im

Staats- und Staatenbildungskriege wären ohne den gezielten Aufbau Stehender Truppen nicht möglich gewesen.[4] Und weil sich zudem die konfessionelle Frage organisch mit der der frühmodernen Staatlichkeit verbunden hatte, wurden die konfessionellen Streitfragen letztlich auch in Kriegen und mit Gewalt zu lösen gesucht.

Auf der sozialgeschichtlichen Ebene führte dies dazu, daß die konfessionelle Frage in die Söldnerheere und Stehenden Truppen hineingetragen wurde. Gleichzeitig erhielten die bewaffneten Konflikte und die damit zusammenhängenden Übergriffe auf die Bevölkerung einen konfessionellen Charakter. Insbesondere für die Zeit des Dreißigjährigen Krieges findet sich eine Fülle von Selbstzeugnissen, in denen diese Konfessionalisierung und religiöse Emotionalisierung zumindest auf den ersten Blick bestätigt wird.[5] Damit tritt das Militär einmal als Instrument auf, mit dem die Fürsten konfessionelle Konflikte austragen konnten, ein anderes Mal als Gefäß und Experimentierfeld für eine Konfessionalisierungspolitik gegenüber der Militärbevölkerung als neuem und gesondertem Untertanenverband.

Diese ersten Überlegungen und Belege scheinen den eingangs aufgeworfenen unheilvollen Zusammenhang zu erhärten. Doch schleichen sich Zweifel ein. Hat es nicht immer wieder Indizien und Hinweise auf gemischtkonfessionelle Truppenverbände im Dreißigjährigen Krieg gegeben[6], oder haben nicht prominente und weniger prominente Heerführer immer wieder in einem konfessionsübergreifenden Sprung die Fronten gewechselt?[7] Und ist nicht das ‚Unterstecken' gefangener Söldner (also die Zwangsaufnahme im gegnerischen Verband), egal welcher Konfes-

---

frühneuzeitlichen Europa, hrsg. v. Heinz Schilling (Ius Commune, Sonderheft 127), Frankfurt/M. 1999, 65–85.

[4] *Johannes Burkhardt,* Der Dreißigjährige Krieg als frühmoderner Staatsbildungskrieg, in: GWU 45 (1994), 487–499, sowie *ders.*, Die Friedlosigkeit der Frühen Neuzeit. Grundlegung einer Theorie der Bellizität Europas, in: ZHF 24 (1997), 509–574.

[5] Vgl. etwa den Beleg des katholischen Obristen Vitzthum, der als *Päbstischer Schelm und Kaiserl. Hund* von der lutheranischen Bevölkerung beschimpft wurde; abgedruckt bei *Friedrich Budczies,* Aus dem Tagebuch des Obersten Vitzthum von Eichstätt, in: GBllMagdeb 10 (1875), 180–185, hier 182. Bekannt wurde in Europa auch der Vorfall im spanisch-holländischen Krieg, als die vom englischen König attachierte irische Hilfstruppe alsbald die Fronten wechselte und zu den Spaniern überlief. Vgl. dazu *Gráinne Henry,* The Irish military community in Spanish Flanders, 1586–1621, Dublin 1992, 144.

[6] So mußte etwa Tilly auf seine lutherischen Soldaten Rücksicht nehmen und konnte daher den evangelischen Gottesdienst im eroberten Göttingen 1626 nicht verbieten, vgl. *Helga-Maria Kühn,* Göttingen im Dreißigjährigen Krieg, in: Göttingen. Geschichte einer Universitätsstadt. Bd. 1: Von den Anfängen bis zum Ende des Dreißigjährigen Krieges, hrsg. v. Dietrich Denecke/Helga-Maria Kühn, Göttingen 1987, 650–692, hier 659.

sion, eine im 16., im 17. und auch im 18. Jahrhundert immer wieder beobachtete Praxis gewesen?[8]

Es stellt sich damit die Frage, ob das Militär der Frühen Neuzeit nicht auch in ganz anderer Weise die Religionspolitik und das Verhalten gegenüber religiösen Minderheiten beeinflusst hat. Gerade weil, so die Vermutung, der hohe Rationalisierungsdruck der militärischen Logik und damit vor allem der Bedarf an Rekruten auf religiöse Animositäten keine Rücksichten nehmen konnte, dürften die Söldnerheere im 17. Jahrhundert und mehr noch die Stehenden Truppen nach 1648 in Europa in erheblichem Maße zu einer partiellen Toleranz beigetragen haben. Im folgenden soll diese These vertieft und überprüft werden.

Bei der weiteren Beschäftigung fällt die außerordentlich dürftige Forschungssituation auf. Diese ist vor allem auf die Randlage des Themas zurückzuführen, das sich zwischen zwei großen Subdisziplinen, der Militärgeschichte einerseits, der Kirchen-, Konfessions- und Religionsgeschichte andererseits, befindet.[9] Erstaunlich ist aber vor allem, daß selbst die alte, stark positivistische Militärgeschichtsschreibung Ende des 19. und Anfang des 20. Jahrhunderts sich einsilbig zum Thema Konfession und religiöse Minderheiten verhalten hat.[10] Das Thema Konfession oder Toleranz bleibt schlicht unerwähnt. Lediglich in der neueren

---

7 Mit Belegen für den Wechsel schottischer Söldner *Robert I. Frost*, Confessionalization and the Army in the Polish-Lithuanian Commonwealth 1550–1667, in: Konfessionalisierung in Ostmitteleuropa. Wirkungen des religiösen Wandels im 16. und 17. Jahrhundert in Staat, Gesellschaft und Kultur, hrsg. v. Joachim Bahlcke/ Arno Strohmeyer, Stuttgart 1999, 143 f. Daß dieses Frontenwechseln über die konfessionellen Grenzen hinweg ein Phänomen auch der einfachen Söldner war, zeigt der unbekannte Söldner in seinem Tagebuch auf. Vgl. *Jan Peters* (Hg.), Ein Söldnerleben im Dreißigjährigen Krieg. Eine Quelle zur Sozialgeschichte (Selbstzeugnisse der Neuzeit. Quellen und Darstellungen zur Sozial- und Erfahrungsgeschichte, 1), Berlin 1993.

8 Mit zahlreichen Hinweisen etwa *Geoffrey Parker*, Der Dreißigjährige Krieg, Frankfurt/M. 1987; *Peter Burschel*, Söldner im Nordwestdeutschland des 16. und 17. Jahrhunderts. Sozialgeschichtliche Studien (Veröffentlichungen des Max-Planck-Instituts für Geschichte, 113), Göttingen 1994; *Gerhard Schormann*, Der Dreißigjährige Krieg, Göttingen 1985.

9 Zu einem ähnlichen Befund kommen *Frost*, Confessionalization (Anm. 7), 139–160 sowie *Michael Kaiser*, Cuius exercitus, eius religio? Konfession und Heerwesen im Zeitalter des Dreißigjährigen Krieges, in: ARG 91 (2000), 316–35. Auch in der staatsrechtlichen Literatur findet sich allenfalls eine Fußnote zu dem Problem. Vgl. etwa *Wolfgang Weber*, Prudentia gubernatoria. Studien zur Herrschaftslehre in der deutschen politischen Wissenschaft des 17. Jahrhunderts (Studia Augustana, 4), Tübingen 1992, 229.

10 Generell zum Problem militärgeschichtlicher Historiographie *Ralf Pröve*, Vom Schmuddelkind zur anerkannten Subdisziplin? Die „neue Militärgeschichte" der Frühen Neuzeit. Perspektiven, Entwicklungen, Probleme, in: GWU 51 (2000), 597–612.

französischen Militärgeschichte sind, wenn auch eher marginal, einige Zusammenhänge thematisiert worden.[11] Auch die Kirchen- und Religionsgeschichte hat um die gesellschaftliche Großgruppe Militär – analog zum Gesamtfach Geschichte – bisher einen weiten Bogen gemacht. Damit ist man vornehmlich auf die Ebene der militärtheoretischen Schriften des 17. und 18. Jahrhunderts, der Selbstzeugnisse und der Verordnungen sowie auf die Ebene der Kompaniewirtschaft angewiesen.

I.

Zunächst sollen kurz die wichtigsten Strukturelemente militärischer Organisation, soweit sie für die weitere Diskussion notwendig sind, vorgestellt werden.

Die allmähliche Ablösung der Söldnerverbände des 15. und 16. Jahrhunderts hin zu den Stehenden Truppen des 18. Jahrhunderts erfolgte im 17. Jahrhundert. In nahezu allen europäischen Ländern und den Territorien des Reiches kam es während des Dreißigjährigen Krieges oder nur wenige Jahre nach dem Westfälischen Frieden zum Aufbau Stehender Heere. Die zuvor nur bedarfsgerecht für die Dauer einer kriegerischen Auseinandersetzung auf privatrechtlicher Basis verpflichteten Söldnerhaufen wurden durch langfristige oder unbefristete Verträge dauerhaft und damit auch in Friedenszeiten an den Landesherrn gebunden; aus dem privatrechtlichen Verhältnis wurde sukzessive eine staatsrechtliche Verbindung. Es entstand ein neuer und eigentümlicher, bald einheitlich gekleideter Untertanenverband, der nach besonderen Regularien diszipliniert und gedrillt wurde. Mit einem allgemeinen *Krieges-Recht,* dem auch die Familienangehörigen der Soldaten unterworfen waren, und speziellen *Krieges-Articuln* wurden grundlegende Normen des Soldatenlebens geschaffen, Zuwiderhandlungen von einer neu geschaffenen Militärgerichtsbarkeit geahndet. Um 1700 verfügte nahezu jedes Territorium im Reich und jeder Staat in Europa über eine Stehende Armee.[12] Einige Länder wie Österreich, Brandenburg-Preußen oder Rußland hielten in bestimmten Phasen mehr als 100.000 Mann unter Waffen – allein Frankreichs Armee zählte zuweilen mehrere hunderttausend Kombattanten; zeitweise dürften während des 18. Jahrhunderts insgesamt mehr als eine

---

[11] Vgl. etwa *André Corvisier,* Louvois, Paris 1983 oder *John A. Lynn,* Giant of the Grand Siècle. The French Army, 1610–1715, Cambridge 1997.

[12] Innerhalb weniger Jahrzehnte stiegen die Truppenstärken einiger europäischer Staaten um das Acht- bis Zwölffache an. Vgl. etwa *John A. Lynn,* Recalculating French Army Growth during the Grand Siècle 1610–1715, in: French Historical Studies 18 (1994), 881–906 oder *William H. McNeill,* The Pursuit of power. Technology, Armed Forces and society since A.D. 1000, Chicago 1982, bes. 104.

Million Männer als Soldaten tätig gewesen sein.[13] In verschiedenen Ländern konnte der Anteil der Stehenden Truppen an der Gesamtpopulation sieben oder acht Prozent erreichen.[14] Hinzu kommt, daß jeweils etwa ein Drittel der Männer verheiratet war und Kinder hatte, die ebenfalls zur Militärbevölkerung gezählt wurden, und die damit dem obrigkeitlichen Zugriff der Militärbehörden unterstanden. Damit stellte die Militärbevölkerung in Europa im 17. und 18. Jahrhundert eine der bedeutendsten Berufsgruppen und Lebensgemeinschaften dar.

Kernpunkt der erwähnten Kompaniewirtschaft sind die weitgehend unabhängigen Managementbefugnisse des Kompaniechefs, die sich auf militärorganisatorische, ökonomische und soziale Bereiche erstreckte. Der Chef erhielt von der Militärführung ein gewisses jährliches Budget, mit dem er bestimmte Vorgaben erfüllen musste. Wichtigste Vorgabe war neben der korrekten Versorgung und Uniformierung sowie Ausbildung und Bewaffnung der Soldaten die Bereitstellung einer genau festgelegten Sollstärke. Aus diesem Grund kam der Personalpolitik des Hauptmanns zentrale Bedeutung zu. Wie der Inhaber einer Firma auch gestaltete er die Verträge, entließ Männer und sorgte stets für Nachschub. Diese, noch aus den alten Söldnerzeiten herrührende, Kompaniewirtschaft führte dazu, daß die Rekrutierungspraxis dezentral geregelt wurde.[15]

Da weder die Söldnerheere noch die Stehenden Armeen des 17. und 18. Jahrhunderts Wehrpflichtarmeen waren, wurde gezielte Werbung von Freiwilligen betrieben. Die einzelnen Chefs schickten Werbetrupps aus, die mitunter tage-, ja wochenlang unterwegs waren und unter Umständen Hunderte von Kilometern – fast immer grenzüberschreitend – zurücklegten. Dabei wurde offen oder verdeckt operiert. Die Anwerbung von Soldaten entwickelte sich zu einem grenz- und konfessionsüberschreitenden Gewerbe, bei dem Angebot und Nachfrage die Preise regulierten. Das Geschäft boomte, wenn eine kriegführende Partei Soldaten

---

[13] Vgl. die tabellarische Übersicht bei *André Corvisier*, Armées et Sociétés en Europe de 1494 à 1789, Paris 1976, S. 126. Vgl. auch *Frank Tallett*, War and Society in early-modern Europe, 1495–1715, London 1992. Während zwischen 1500 und 1700 die europäische Bevölkerung um 40 Prozent zunahm, stiegen die Truppenstärken um durchschnittlich 300 Prozent, vgl. dazu *Roger Mols*, Die Bevölkerung Europas 1500–1700, in: Europäische Wirtschaftsgeschichte, hrsg. v. Carlo M. Cipolla/Knut Borchardt, Bd. 2, Stuttgart 1976, 5–49, hier 20.

[14] In Kurhannover betrug der Anteil zeitweise acht Prozent, vgl. *Ralf Pröve*, Stehendes Heer und städtische Gesellschaft im 18. Jahrhundert. Göttingen und seine Militärbevölkerung 1713–1756 (Beiträge zur Militärgeschichte, 47), München 1995, 59.

[15] Nach wie vor unverzichtbar ist die wegweisende Arbeit von *Fritz Redlich*, The German Military Enterpriser and his Work Force. A Study in European Economic and Social History, 2 Bde. (VjSchrSozialWirtschG, Beihefte 47 u. 48), Wiesbaden 1964–1965.

brauchte und aufrüstete, es stagnierte, wenn allgemeiner Frieden herrschte und demobilisiert wurde. An regelrechten Werbebörsen wurden für die Vermittlung bestimmter, wegen ihrer Körpergröße gesuchter Männer Phantasiepreise geboten und für die Verpflichtung eines ‚langen Kerls' oft mehrere hundert, zuweilen bis zu mehreren tausend Taler gezahlt. Die Werbung war phasenweise ein so lukratives Geschäft, daß nicht nur Militärs und Fürsten, sondern auch Privatleute enorme Gewinne erzielen konnten. Nicht legitimierte Werber, Bürger und Soldaten arbeiteten Hand in Hand, um am Zustandekommen eines Dienstkontraktes mitzuverdienen.[16]

Große Bedeutung nicht nur für den Alltag und die Lebensbedingungen der Militärbevölkerung, sondern auch für die Koexistenz von Militär und Gesellschaft erlangte das Einquartierungssystem.[17] Die Praxis der Einquartierung, also die mehr oder weniger zwangsweise durchgeführte Unterbringung von Soldaten in von Bürgern und Bauern bewohnten Häusern, war älter als die nach 1648 aufgestellten Truppen. Kurzfristige Adhoc-Einquartierungen als Folge und Begleiterscheinung kriegerischer Ereignisse waren für die jeweils betroffenen und leidgeprüften Einwohner wie für die Söldner im 16. und in der ersten Hälfte des 17. Jahrhunderts durchaus gängige Praxis gewesen. Das rapide Anwachsen der Truppenverbände einerseits, die in der zweiten Hälfte des 17. Jahrhunderts langfristige und dauerhafte Aufstellung und Beibehaltung der Einheiten andererseits führten zu der Notwendigkeit, die Einquartierungsfrage grundsätzlich und langfristig zu regeln. Die Regierungen und Militärverwaltungen verfolgten mit dem Einquartierungssystem mehrere Absichten. Erstens ging es darum, schlicht das organisatorische Problem der räumlichen Unterbringung größerer Menschenmengen zu lösen. Zwar war die heute übliche Unterbringung der Männer in Kasernen im 17. und 18. Jahrhundert nicht unbekannt, jedoch gab es solche gesonderten Unterkünfte nur vereinzelt. Selbst in Frankreich oder Preußen, wo unter Louvois oder Friedrich II. in größerem Umfang Kasernen errichtet wurden, war nur Platz für einen kleinen Teil der Militärbevölkerung geschaffen worden. Zweitens sollte mit der Einquartierung die innermilitärische Disziplinierung vorangetrieben und gesichert werden. Der dritte Aspekt umfaßt die innenpolitische Dimension. Aufmüpfige Städte spür-

---

[16] Zum Rekrutierungssystem vgl. *Ralf Pröve,* Zum Verhältnis von Militär und Gesellschaft im Spiegel gewaltsamer Rekrutierungen (1648–1789), in: ZHF 22 (1995), 191–223.

[17] Das Einquartierungssystem als besondere Nahtstelle von Militär und Gesellschaft beschreibt *Ralf Pröve,* Der Soldat in der ‚guten Bürgerstube'. Das frühneuzeitliche Einquartierungssystem und die sozioökonomischen Folgen, in: Krieg und Frieden. Militär und Gesellschaft in der frühen Neuzeit, hrsg. v. Bernhard R. Kroener/Ralf Pröve, Paderborn 1996, 191–217.

ten so den landesherrlichen Willen und dessen Macht unmittelbar in der eigenen Stube, und in der leidgeprüften Bevölkerung bürgerte sich schon bald der Begriff ‚harte Einquartierung' für diese innenpolitisch inspirierte Form der Truppenunterbringung ein.[18] In Frankreich wurden die sprichwörtlichen ‚Dragonnaden' bekannt: in Regionen mit besonders hohem reformierten Bevölkerungsanteil wurden mehr Dragoner als anderswo einquartiert und die Einwohner drangsaliert.[19] Auf diese Dragonnaden wird noch zurückzukommen sein.

II.

Nach diesen einführenden Bemerkungen zur inneren Organisation soll nun nach der Rolle des Militärs im Vergesellschaftungsprozeß der christlichen Konfessionen gefragt werden. Im Reich führten die Bedingungen des Westfälischen Friedens dazu, daß in den Stehenden Truppen des Kaisers, der Reichskreise oder der einzelnen Landesherren dezidiert gegenseitige Toleranz der christlichen Religionen eingefordert wurde. An prominenter Stelle wurde dieser Grundsatz in den Artikelsbriefen, einer Art militärischen Grundordnung, meist unmittelbar nach dem ersten Paragraphen über den Gehorsam der Soldaten plaziert. Eingebunden in die Maxime, ein gottgefälliges, christliches und ehrbares Leben zu führen, regelmäßig den Gottesdienst zu besuchen und sich alles Fluchens zu enthalten, wurde der Achtung der jeweiligen religiösen Minderheit in der Truppe absoluter Vorrang eingeräumt. Einige Beispiele mögen dies erläutern. In dem Artikelsbrief *vor die Reichsvölker,* also die kaiserlichen Truppen, aus dem Jahre 1672 wurde verfügt: *Auch (soll) keiner in Übung seiner Religion nach Anleitung des Münster= und Osnabrückischen Friedens=Schlusses gehindert und beeinträchtiget* werden. Wer nun aber, so heißt es weiter, *solches verächtlich unterlässet, (so daß) darüber Tumult und Ungelegenheit unter den verschiedenen Religions=Verwandten, Officirern und gemeinen Soldaten (...) entstehet, solle an Leib, Leben oder mit schweren Gefängnis bestraft werden.* Diese sogenannten *Religions=*

---

[18] Daß die ‚harte' oder ‚schwere' Einquartierung durchaus auch als persönliche Bestrafung eingesetzt wurde, zeigt das Beispiel in Berlin, wo König Friedrich Wilhelm I. 1735 einem aufmüpfigen Hausbesitzer einen Trupp Soldaten für etliche Tage einquartieren ließ, vgl. *Laurenz Demps,* Der Pariser Platz. Der Empfangssalon Berlins, Berlin 1995, 17.

[19] Vgl. dazu *Robert Mandrou,* 1649–1775. Staatsräson und Vernunft (Propyläen Geschichte Europas, 3), Frankfurt/M. 1992, 49. Einen Einblick verschafft *Jean Valette,* Les cantonnements de troupe et les dragonnades à Bergerac de 1680 à 1685, in: Actes du 103e Congrès national des sociétés savantes (Nancy 1978). Histoire moderne et contemporaine, Bd. 1: L'armée et la société de 1610 à nos jours, Paris 1979, 463–476.

Zänckereyen werden als unchristlich charakterisiert und deren Urheber damit ähnlich hart bestraft wie Gotteslästerer.[20] Mit gleicher Ausrichtung wurden auch die Kriegsartikel der Reichskreise angelegt. In dem Artikelsbrief des Fränkischen Reichskreises aus dem Jahre 1695 wird verlautbart, daß *keiner in Übung seiner Religion nach Anleitung des Münster= und Osnabrückischen Friedens=Schlusses gehindert oder beeinträchtiget werden* dürfe.[21] Jeder, der diesen Grundsatz *verächtlich unterlässet, lästert, zu Verspottung gedachter im Heiligen Römischen Reiche zugelassenen Religionen, Gottesdienst und dessen Exercitii und Übung (...) etwas redet oder thut,* soll hart bestraft werden. Im Artikelsbrief des Schwäbischen Reichskreises aus dem Jahre 1710 wurde allen Soldaten zugestanden, je nach Konfessionszugehörigkeit *sich den Gottes=Dienst und zwar jeder nach seinem guten Gewissen und der Religion, darzu er sich bekennt, sorgfältig angelegen seyn lassen.*[22]

Diese dezidierte, an vorderster Stelle im Artikelsbrief verordnete Konfessionsfreiheit und religiöse Toleranz findet sich in dieser Form lediglich in militärischen Einrichtungen des Reiches. Die Ursache liegt nicht nur in der politischen Bedeutung des Westfälischen Friedens, sondern auch darin begründet, daß Reichskreise und Reichsheer konfessionsübergreifende Sprengel besaßen. Die Artikelsbriefe der einzelnen Territorialherren enthalten denn auch keine derartigen Formulierungen. Dennoch lassen sich auch hier zwischen den Zeilen deutliche Indizien für religiöse Toleranz finden. Im späteren Kurhannover zum Beispiel verlangte der Artikelsbrief von 1673 von den Soldaten lediglich einen christlichen Lebenswandel; einzelne Konfessionen werden hingegen nicht benannt.[23]

In den militärtheoretischen Schriften des ausgehenden 17. und beginnenden 18. Jahrhunderts wird ebenfalls auf Toleranz gedrungen. So heißt es in dem bekannten Werk ‚Der vollkommene Teutsche Soldat' des Publizisten Hanns Friedrich von Flemming[24], in *Ansehung der Religion gielt es gleich, ob einer sich zur Lutherischen, Reformirten oder Catholischen Religion bekennet, wenn er nur einer christlichen Religion zugethan.* Dieser militärische Grundsatz wurde im Rahmen einer Anfrage im Jahre 1700 in der Reichsversammlung in Regensburg noch einmal bestätigt.

---

[20] *Johann Christian Lünig,* Corpus Juris Militaris (...), Leipzig 1723 (ND Osnabrück 1968), 115. Wortgleich auch der kaiserliche Artikulsbrief von 1682, abgedruckt bei ebd., 146 f.

[21] Ebd., 426.

[22] Ebd., 584.

[23] Vgl. hier Fürstlich Braunschw. Lüneburgisches Krieges-Recht oder Articuls-Brieff, Celle 1673.

[24] *Hanns Friedrich von Flemming,* Der vollkommene Teutsche Soldat, welcher die gantze Kriegs-Wissenschaft, insonderheit was bey der Infanterie vorkommt, ordentlich und deutsch vorträgt (...), Leipzig 1726 (ND Osnabrück 1967), 493.

Anlaß war die Beschwerde des Landgrafen Wilhelm von Hessen-Rheinfels über die Nominierung eines lutherischen Kommandanten der Reichsfestung Rheinfels; der Graf verlangte einen katholischen Kommandanten. Dessen Begehren sei jedoch, so wurde ihm beschieden, *wieder die Art und Eigenschafft aller Krieges=Leute, weil man nicht gewohnt wäre Acht zu haben, von was Religion die Soldaten seyn, sondern was sie vor Dienste thun könnten.*[25] Die Beschwerde des Grafen ist ohnehin nicht als generelle Ablehnung gemischtkonfessioneller Truppeneinheiten zu verstehen; vielmehr ging es hier um die Besetzungspolitik eines wichtigen Postens.

Daß die Konfessionszugehörigkeit für das Militär keine Rolle spielte, spiegelt sich auch in den Rekrutierungskriterien wider. Zwar gehörte zum Standardrepertoire der Befragung williger Kandidaten durch die Werbetrupps oder die Justizkommissare auch die Auflistung des Glaubensbekenntnisses, jedoch dienten diese Angaben lediglich der Informationsgewinnung, nicht der religiös motivierten Isolierung des jungen Mannes.[26] Überdies bewirkten die bilateralen Kartelle, die die einzelnen Landesherren mit ihren Nachbarn abgeschlossen hatten und in denen man sich die gegenseitige Werbeerlaubnis und die Auslieferung von Deserteuren zusagte, daß Werbetrupps lutherischer Konfession in katholischen Gebieten flächendeckend rekrutierten und umgekehrt. Der bekannte Militärtheoretiker Johann Sebastian Gruber schrieb 1702 in seiner ‚Kriegs-Disciplin‘: *Keinen infamen oder henckmäßigen Mann soll kein Werber wissentlich annehmen, der Unterschied der Religion muß bey keinem Soldaten nicht angesehen werden, wenn er nur sonst ein ehrlicher Mann und capable ist Dienste zu leisten.*[27] Ein Beispiel mag hier genügen. Das lutherische Kurhannover hatte unter anderem Kartelle mit dem reformierten Hessen-Kassel oder mit dem katholischen Polen und den Erzbistümern Mainz und Köln geschlossen. Da zu Kurmainz auch die unmittelbar an Göttingen grenzende Enklave Eichsfeld gehörte, schickten die Kompaniechefs des in der kurhannoverschen Universitätsstadt stationierten Regiments ihre Werbetrupps auch dorthin – mit der

---

[25] Zitiert nach ebd, 493.

[26] Symptomatisch sind etwa die genauen Beschreibungen solcher Anwerbungspraktiken. Sowohl in dem autobiographischen Roman ‚Anton Reiser‘ als auch in dem Selbstzeugnis von Friedrich Christian Laukhard werden mehrere solcher Vorfälle detailliert beschrieben. Vgl. *Karl Philipp Moritz,* Anton Reiser. Ein psychologischer Roman [zuerst Berlin 1785], hrsg. v. Ernst Peter Wieckenberg, München 1987; sowie *Friedrich Christian Laukhard,* Magister Laukhard. Sein Leben und seine Schicksale von ihm selbst beschrieben, hrsg. v. Heinrich Schnabel, München 1912.

[27] *Johann Sebastian Gruber,* Die heutige neue vollkommene Kriegs=Disciplin und Exercirkunst, Frankfurt/M. 1702, 142.

Folge, daß etwa jeder fünfte neue Soldat katholischer Konfession war. Diese konkreten Zahlenangaben verdanken wir jedoch einem Zufall. Weil einerseits die Rekrutierungspraxis semiprivate Angelegenheit des Chefs war und andererseits die Konfessionszugehörigkeit zweitrangig war (im Gegensatz zu Angaben von Körpergröße, Familienstand, Alter oder Beruf), verfügen wir über relativ wenige konkrete Zahlen. Diese wenigen Angaben jedoch erhärten die Vorstellung vom gemischtkonfessionellen Charakter der Stehenden Truppen. In Köln waren nur drei von vier Soldaten katholisch; ein Viertel hingegen setzte sich aus Lutheranern und Reformierten zusammen.[28] In Frankfurt am Main betrug in bestimmten Jahren das Verhältnis über 70 Prozent Lutheraner, 13 Prozent Katholiken und knapp 14 Prozent Reformierte.[29] Auch die bayerische Armee weist einen gemischtkonfessionellen Charakter auf.[30] In der Reichsstadt Augsburg lag die Relation in den 1670er Jahren noch etwa 90:10 zugunsten der Protestanten, zu Beginn des 18. Jahrhunderts lag sie bei etwa 50:50.[31] Das Augsburger Kreiskontingent für den Schwäbischen Kreis erreichte ebenfalls annähernde konfessionelle Parität.[32] Doch gab es in Augsburg immer wieder Probleme bei der paritätischen Besetzung der Offiziers- und Unteroffiziersstellen. Im streng lutherischen Hamburg versuchten einzelne Interessengruppen in den 1760er Jahren durchzusetzen, daß nur Lutheraner in der Elbestadt Soldat werden konnten. Deren Argument war, daß Nichtlutheraner in der Garnison gut dotierte Stellen besetzen könnten, die damit ihrer Klientel vorenthalten wären. Der Rat der Stadt lehnte ein solches Ansinnen jedoch ab. Es sei viel wichtiger, auf tüchtige Kandidaten zu achten und dabei die Religionszugehörigkeit zu vernachlässigen.[33]

Daß die zuletzt genannten Angaben von Reichsstädten stammen, ist auf die gute Quellenüberlieferung zurückzuführen und kein Zufall. Da die Maxime der paritätischen Besetzung öffentlicher Stellen und generell die republikanische Grundverfassung eine Mitbestimmung ermöglichten

---

[28] *Theodor Heuel,* Werbungen in der Reichsstadt Köln von 1700–1750, Bonn 1911, 51.

[29] *Isidor Kracauer,* Das Militärwesen der Reichsstadt Frankfurt a. M. im XVIII. Jahrhundert, in: ArchFrankfGKunst, 3. Folge, Bd. 12 (1920), 1–180, hier 32.

[30] *Cordula Kapser,* Die bayerische Kriegsorganisation in der zweiten Hälfte des Dreißigjährigen Krieges 1635–1648/49 (Schriftenreihe der Vereinigung zur Erforschung der Neueren Geschichte, 25), Münster 1997.

[31] *Jürgen Kraus,* Das Militärwesen der Reichsstadt Augsburg 1548–1806. Vergleichende Untersuchung über städtische Militäreinrichtungen in Deutschland vom 16.–18. Jahrhundert, Augsburg 1980, 145 f. urteilt: „Ausgesprochen konfessionelle Rivalitäten schienen das Bürgermilitär nicht belastet zu haben“.

[32] Ebd., 306–308.

[33] *Joachim Ehlers,* Die Wehrverfassung der Stadt Hamburg im 17. und 18. Jahrhundert (Wehrwissenschaftliche Forschungen, 1), Boppard 1966, 168–171.

und überdies einzelne Gruppen ihre ökonomischen Interessen gewahrt wissen wollten, fand die Besetzungspolitik ihren entsprechenden aktenmäßigen Niederschlag. Wie die Probleme in Hamburg oder Augsburg zeigen, befanden sich das die Religionszugehörigkeit mißachtende militärische Leistungsprinzip einerseits und die unter dem Deckmantel religiöser Befindlichkeiten steckenden ökonomisch-politischen Interessen andererseits in einem antagonistischen Verhältnis. Es ist bezeichnend, daß dennoch häufiger für das Kriterium der militärischen Eignung votiert wurde.

In Landesherrschaften entschied hingegen der Souverän über die Köpfe ständischer und partikularer Interessen hinweg und förderte demonstrativ das militärische Leistungsprinzip. Während sie auf anderen Gebieten bis weit in das 18. Jahrhundert hinein mit einem konfessionellen Rigorismus aufwarteten[34], betrieben die Fürsten, ob sie nun über ein konfessionell einheitliches Gebiet herrschten oder nicht, innerhalb der Militärgesellschaft eine dezidierte Toleranzpolitik.

Doch galt diese Toleranzpolitik zum Wohle eines schlagkräftigen Heeres in diesem Ausmaß nicht überall in Europa. Während die Reichsstände aufgrund der Bestimmungen im Westfälischen Frieden und, damit verbunden, der anerkannten Trikonfessionalität im Reich nicht mehr aus staatlich-politischen Motiven zwingend auf eine konfessionell homogene Truppe angewiesen waren, stellte sich die Situation in Frankreich anders dar. Bis zum Revokationsedikt von Fontainebleau im Jahre 1685, der Widerrufung des Edikts von Nantes, tolerierten Staat und Monarch protestantische Soldaten, ja selbst Generäle und sogar komplette nichtkatholische Regimenter. André Corvisier geht von einem Hugenottenanteil innerhalb der französischen Truppen von etwa 10 Prozent und mehr aus.[35] Wenn auch Robert Chaboche und John A. Lynn[36] diese Zahlen als zu optimistisch eingeschätzt haben, so ist dieser Umstand angesichts der zahlreichen Religionskriege im 17. Jahrhundert erstaunlich genug. Bis 1685 war die französische Armee, wie Lynn resümiert, „something of a heaven of tolerance for Huguenots".[37] Nach 1685 änderte sich dies. Ludwig XIV.

---

34 Beispiele für einen solchen Rigorismus liefert etwa Anton Schindling, der auf die mangelnde konfessionalistische Zurückbildung im System des Westfälischen Friedens verweist: *Anton Schindling,* Konfessionalisierung und Grenzen von Konfessionalisierbarkeit, in: Die Territorien des Reichs im Zeitalter der Reformation und Konfessionalisierung. Land und Konfession 1500–1650, Bd. 7, hrsg. v. Anton Schindling/Walter Ziegler, Münster 1997, 9–44, hier 34–36.

35 *Corvisier,* Louvois (Anm. 11), 416 f. In den ausländischen Regimentern war der Anteil von Protestanten freilich wesentlich höher.

36 *Robert Chaboche,* Les soldats français de la Guerre de Trente Ans, une tentative d'approche, in: RevHistModContemp 20 (1978), 10–84, hier 19; *Lynn,* Giant (Anm. 11), 435.

bot allen Hugenotten Belohnungen für den Konversionsfall an[38], doch 500 bis 600 Offiziere und über 10.000 Mann quittierten den Dienst.[39] Damit nahm Frankreich eine militärische Schwächung in Kauf, um die Einheitlichkeit von Religion, Bevölkerung und Staat zu erzielen. Daß die nachfolgenden Kriege, vor allem der Pfälzische Krieg und der Spanische Erbfolgekrieg, zu militärischen Mißerfolgen gerieten, nachdem zuvor auf jahrzehntelange Erfolge zurückgeblickt werden konnte, wurde von vielen Zeitgenossen auf diesen erzwungenen Exodus guter Soldaten zurückgeführt.[40] Doch trotz dieser im europäischen Vergleich rigorosen Religionspolitik Ludwigs XIV. finden sich auch nach 1685 immer wieder protestantische Soldaten, sogar Offiziere, in der französischen Armee, die das politische Ziel der ‚France toute catholique' als Fiktion erscheinen lassen. Offensichtlich ließen der hohe Rationalisierungsdruck und die militärischen Binnenlogiken eine weitergehende und noch radikalere Auslegung des Ediktes eben doch nicht zu.[41] Ein besonders hervorstechendes Beispiel für den Einsatz von Militär zur Unterdrückung konfessioneller Minderheiten sind die bereits erwähnten Dragonnaden, die erstmals 1681 im Poitou eingesetzt wurden.[42] Doch es scheint eine große Diskrepanz zwischen dem Schrecken, den dieser Begriff den Zeitgenossen einflößte und der sich von nachfolgenden Historikergenerationen instrumentalisieren ließ, sowie den tatsächlichen Vorfällen zu bestehen.[43] Zwar wurden entsprechende Befehle erteilt und Regimenter gezielt in hugenottische Städte oder Reviere einquartiert, um eine Konversion zu erzwingen[44], doch sind wir über die tatsächlichen Auswirkungen viel zu wenig

37 *Lynn,* Giant (Anm. 11), 436.

38 Vgl. dazu auch *Philippe Contamine,* Histoire militaire de la France, Bd. 1, Paris 1992, hier 403 f.

39 Nach einer Schätzung von Vauban, vgl. *Albert Rochas d'Aiglun,* Vauban, sa famille et ses écrits, 2 Bde., Paris 1910, hier Bd. 1, 466.

40 Vgl. *Mandrou,* Staatsräson (Anm. 19), 64–66. Zu zeitgenössischen Reaktionen auch *Lynn,* Giant (Anm. 11), 436. Vgl. auch *Pierre Ordioni,* Le Pouvoir militaire en France de Charles VII à Charles de Gaulle, Paris 1981, bes. 73–85.

41 Als sogenannte Fremdenregimenter waren ‚Ausländer' ohnehin auch weiterhin im ganzen 18. Jahrhundert für die französische Krone tätig, vgl. *Bernhard R. Kroener,* Deutsche Offiziere im Dienst des „Allerchristlichsten Königs" (1715–1792). Aspekte einer Sozialgeschichte der Elite deutscher Fremdenregimenter in Frankreich im 18. Jahrhundert, in: Deutsche in Frankreich, Franzosen in Deutschland 1715–1789. Konstitutionelle Verbindungen, soziale Gruppen, Stätten des Austausches, hrsg. v. Jean Mondot/Jean-Marie Valentin/Jürgen Voss, Sigmaringen 1992, 53–71.

42 *Philippe Wolff,* Histoire des Protestants en France, Toulouse 1977, 147, der auch auf bestimmte Vorläufer verweist.

43 Vor allem die aus protestantischem Blickwinkel heraus betriebene Forschung hat den Dragonnaden übertriebene Aufmerksamkeit geschenkt, vgl. etwa ebd.

44 Vgl. zum Wortlaut der Anweisungen *Camille Rousset,* Histoire de Louvois et de son administration politique et militaire, Paris 1879, 460 und 466.

informiert.[45] Zu vermuten ist eher ein erheblicher Reibungsverlust der obrigkeitlichen Vorgaben in der alltäglichen Umsetzung, wie er für frühneuzeitliche Gesetze und Verordnungen so typisch ist.[46] Zudem gab es auch bereits auf der obrigkeitlichen Ebene Hemmnisse. So verhinderten aus wohlverstandenem Eigeninteresse die Regimentskommandeure Übergriffe auf die Bevölkerung und überhaupt jede Form eines religiösen Exzesses, um die militärische Disziplin der Männer nicht zu untergraben und damit die Schlagkraft der Truppen zu erhalten.[47]

Obwohl die rigorose Religionspolitik in Frankreich damit auch ihre Konsequenzen für den militärischen Sektor offenbarte und zumindest versucht wurde, eine konfessionell einheitliche Armee zu schaffen und zudem die Soldaten zum Einsatz gegen die andere Konfession einzusetzen, blieben doch Freiräume bestehen: Freiräume, die vor allem auf die militärische Funktionalität zurückzuführen sind. Damit markiert Frankreich den europäischen Grenzfall in der Konfessions- und Militärpolitik; demgegenüber spricht aber für die strukturelle Präsenz des Zwanges zur konfessionellen Toleranz innerhalb der militärischen Welt, daß solche Freiräume trotz des enormen staatlichen Druckes nicht gänzlich beseitigt werden konnten.

Es sei noch einmal auf die soziale Dimension der beschriebenen zweckgerichteten Toleranzpolitik im militärischen Bereich verwiesen.

Wie die Bemerkungen zur Rekrutierungspraxis verdeutlicht haben, waren gemischtkonfessionelle Regimenter in den Territorien des Reiches ein alltägliches Erscheinungsbild. Aufgrund des Einquartierungssystems

---

[45] Vgl. hier *Valette,* Cantonnements (Anm. 19), 476, der am Beispiel der Dragonnaden in Bergerac zwar eine schwere Belastung der Bevölkerung ausmachen kann, zugleich aber konzedieren muß, daß die Einwohner mit Gegenmaßnahmen sich zur Wehr setzen konnten und vor allem, daß der Erfolg der Politik ausblieb, da die Anzahl der Konversionen gering ausfiel.

[46] Vgl. etwa *Pröve,* Dimension (Anm. 3); *Jürgen Schlumbohm,* Gesetze, die nicht durchgesetzt werden – ein Strukturmerkmal des frühneuzeitlichen Staates?, in: Geschichte und Gesellschaft 23 (1997), S. 647–663; oder *Achim Landwehr,* „Normdurchsetzung" in der Frühen Neuzeit? Kritik eines Begriffs, in: ZGWiss 48 (2000), S. 146–162. Hinzu kommt, daß einzelne gewalttätige Vorfälle, hier etwa der strikte Kurs des Intendanten Foucault, in unzulässiger Weise verallgemeinert wurden. Vgl. dazu *Wolff,* Histoire (Anm. 42), 149. Allgemein zur Realität des französischen Absolutismus und zur mangelnden Umsetzung königlicher Befehle in der Armee vgl. *Bernhard R. Kroener,* Legislateur de ses Armées. Verstaatlichungs- und Feudalisierungstendenzen in der militärischen Gesellschaft der Frühen Neuzeit am Beispiel der französischen Armee im Zeitalter Ludwigs XIV., in: Der Absolutismus – ein Mythos? Strukturwandel monarchischer Herrschaft in West- und Mitteleuropa (ca. 1550–1700), hrsg. v. Ronald G. Asch/Heinz Duchhardt, Köln 1996, 311–328.

[47] Vgl. hierzu überzeugend *Louis André,* Michel le Tellier et Louvois, Genf 1974, bes. 482 und 490.

in den Städten bedeutete dies, daß nach 1648 in die bis dahin oftmals homogen-konfessionellen Stadtbevölkerungen Männer, Frauen und Kinder einer anderen Konfession zogen. Oft genug jahre-, wenn nicht sogar jahrzehntelang lebten und wohnten die Soldaten mit ihren Familien zusammen mit den Bürgern und deren Familien unter einem Dach. Die Garnisonskommandanten oder Regimentschefs sorgten überdies für die seelsorgerische Betreuung; entweder durch Bestellung eines ambulanten Gottesdienstes auf Kosten der Militärverwaltung oder mittels Herrichtung einer Kirche oder Kapelle. In Göttingen zum Beispiel kamen auf diese Weise die ersten Katholiken in die Stadt, und die staunende Einwohnerschaft konnte eine regelmäßige Messe beobachten – Jahrzehnte übrigens, bevor sich die ersten Gelehrten aus katholischen Ländern im Zuge der Universitätsgründung nach 1737 in der Stadt niederließen und schließlich in den 1750er Jahren eine katholische Kirche errichtet wurde. Das zu Beginn des 18. Jahrhunderts für zwanzig Jahre in der Leinestadt einquartierte Regiment Druchtleben bestand sogar mehrheitlich aus Katholiken, so daß der Raum für den Gottesdienst zu klein wurde und man schließlich in der Kapelle eines benachbarten Ortes die Messe abhalten mußte.[48] In keinem anderen Bereich der frühneuzeitlichen Lebenswelt kamen sich Angehörige verschiedener Konfessionen so nahe wie in den Stuben und Kammern in den Städten und auch den Dörfern. Sicherlich, die von Etienne François beobachtete „unsichtbare Grenze“ zwischen Katholiken und Protestanten mag es in vielen europäischen Städten weiterhin gegeben haben.[49] Es bleibt aber festzuhalten, daß es im 17. und im 18. Jahrhundert nicht eben viele Orte verordneter religiöser Toleranz oder Duldsamkeit gegeben hat. Wie überdies die neueste Forschung erarbeitet hat, konnte das Einquartierungssystem in vielen Fällen die Basis zu einer Plattform für soziale Beziehungen, für eine Kameraderie von Wirten und uniformierten Untermietern bilden[50], und es ergaben sich enge und vielfältige zwischenmenschliche Berührungspunkte. Aus dem gemeinsamen Handeln gegen obrigkeitliche Gesetze entstand eine Kooperation, die sich auch auf wirtschaftskriminellem Sektor betätigte und die den Steuerbetrug nicht ausschloß. Sicherlich, in vielen Wohnungen standen sich Quartierwirt und untergebrachter Soldat unversöhnlich ge-

---

[48] *Johann Wolf,* Diplomatische Geschichte des Peters-Stiftes zu Nörten, Erfurt 1799.

[49] *Etienne François,* Die unsichtbare Grenze. Protestanten und Katholiken in Augsburg 1648–1806 (Abhandlungen zur Geschichte der Stadt Augsburg, 33), Sigmaringen 1991. Ein weiterer Klassiker zur Bikonfessionalität in einer Stadt: *Peter Zschunke,* Konfession und Alltag in Oppenheim. Beiträge zur Geschichte von Bevölkerung und Gesellschaft einer gemischtkonfessionellen Kleinstadt in der Frühen Neuzeit (Veröffentlichungen des Instituts für europäische Geschichte, 115), Wiesbaden 1984.

[50] *Pröve,* Einquartierung (Anm. 17).

genüber. Dennoch wird man konstatieren müssen, daß das Einquartierungssystem in großen Quantitäten Menschen unterschiedlichster sozialer, konfessioneller und regionaler Herkunft zusammenbrachte und damit zu einem wichtigen Transmissionsriemen im Vergesellschaftungsprozeß geriet. Die Tür zu einer Abschleifung der konfessionellen Gegensätze für große Teile der Mittel- und Unterschichten in den Städten war damit weit geöffnet.

III.

Zusammenfassend lassen sich folgende Überlegungen und Thesen formulieren:

1. In keinem anderen Berufs- bzw. Lebensumfeld konnten so viele Menschen regionale, deutsche und europäische Grenzen durchschreiten und sozusagen legal und mit staatlicher Unterstützung ihren Wohn- und Arbeitsort langfristig oder sogar dauerhaft wechseln; andere Berufs- bzw. Bevölkerungsgruppen trafen hingegen auf soziale, ökonomische oder politische Schranken (Arme, Vagierende, Wandergewerbe etc.). Nach vorsichtigen Schätzungen dürften allein im 18. Jahrhundert im militärischen Milieu mehrere Millionen Männer, Frauen und Kinder ihre alte Heimat verlassen und in einer neuen Umgebung Fuß gefaßt haben. Wenn natürlich auch von dieser großen Anzahl sicherlich nur die Minderheit dabei auch in ein anderes Konfessionsgebiet wechselte, so gilt es doch festzuhalten, daß hier von einem bisher unbeachteten quantitativen Gegengewicht zu den Religionsflüchtlingen[51], die ohnedies mehrheitlich einer anderen sozialen Schicht angehörten, auszugehen ist.

2. Das System der Einquartierung war eine wesentliche Voraussetzung der praktischen Annäherung und friedlichen Koexistenz der religiösen Minderheiten. Diese Koexistenz erstreckte sich von der Garantie des Gottesdienstes in der Garnison bis zur tolerierten religiösen Alltagskultur. Im Gegensatz zur Ansiedlungspraxis von Religionsflüchtlingen ließ die Einquartierung die so häufig beobachtete Ghettobildung, die ein kontaktarmes Nebeneinander der Konfessionen zeitigte, nicht zu.

3. Die militärische Erfordernis und Binnenlogik verlangte körperlich tüchtige, tapfere, großgewachsene und gehorsame Männer. Die Religionszugehörigkeit spielte für die Qualität eines Soldaten demgegenüber keine Rolle. Der enorme, seit den 1660er und 1670er Jahren sprunghaft ansteigende Bedarf an Rekruten infolge der allgemeinen Rüstungsspirale entfachte eine besondere Dynamik des europäischen Rekrutierungssystems.

---

51 Insgesamt sollen etwa 200.000 bis 300.000 Hugenotten Frankreich verlassen haben, vgl. *Mandrou,* Staatsräson (Anm. 19), 50.

Die bilateralen Kartelle auch gemischtkonfessioneller Partner sowie die reichsweite, im Grunde europaweite Suche nach geeigneten Kandidaten förderten letztlich militärische Einheiten, die sich aus katholischen, lutherischen oder reformierten Soldaten zusammensetzten.

4. Die Entwicklung in der zweiten Hälfte des 17. Jahrhunderts und die Bedingungen des Westfälischen Friedens suggerieren die Zäsur des Jahres 1648. Doch bereits in der zweiten Hälfte des 16. Jahrhunderts und während des Dreißigjährigen Krieges hatte die Religionszugehörigkeit des Einzelnen beim Militär keine wirklich entscheidende Rolle gespielt.[52] Gleichwohl trieb die zunehmende Professionalisierung und Verstaatlichung der Söldnerheere im 16. und 17. Jahrhundert die Praxis der Duldsamkeit im Laufe des 17. und im 18. Jahrhundert voran. Freilich sind die Phänomene der Duldsamkeit und Toleranz eingebettet in die allgemein beobachtete sich entwickelnde Toleranz in Europa in der zweiten Hälfte des 17. und der ersten Hälfte des 18. Jahrhunderts; für das Reich spielen überdies die rechtlichen Bestimmungen im Westfälischen Frieden eine große Rolle.[53] Zu beachten ist allerdings, daß das Stehende Heer mit seinem Rationalisierungsdruck und seinen militärischen Binnenlogiken maßgeblich die Toleranz gegenüber konfessionellen Minderheiten befördert hat – und dies auf einer sozialen Basis, die von den Aufklärungsgesellschaften des späten 18. Jahrhunderts deutlich geschieden war.

5. Den Landesherren und Monarchen kommt entscheidende Bedeutung zu. Für sie hatte das Stehende Heer die zentrale Bedeutung, um das Herrschaftsgebiet zu sichern und abzusichern, sie waren deshalb bereit, ihre sonst oft rigide Religionspolitik in diesem Bereich aufzugeben. In den Reichsstädten folgte man im Grundsatz ebenfalls dem militärischen Leistungsprinzip, jedoch war hier, ähnlich wie in anderen Reichsorganen das Problem der paritätischen Besetzung von zentraler Bedeutung. Die Grenze von religiöser Duldsamkeit und militärischer Effizienz wird in Frankreich aufgezeigt, wo man zur Aufrechterhaltung der Einheit von Staat und Religion zwar auch eine militärische Schwächung in Kauf nahm. Dennoch blieben aus Gründen der militärischen Räson auch nach 1685 Freiräume bestehen.

6. Die Eingangsthese konnte durch empirische Belege in normativen Quellen wie auch in der militärtheoretischen Literatur bestätigt werden. Die Basis der sozialgeschichtlichen Befunde bleibt jedoch noch recht schmal. Es ist daher zu hoffen, daß eine kritische moderne Militär-

---

52 *Burschel,* Söldner (Anm. 8), 163–165.

53 Auch die Konfessionalisierungsforschung läßt ihren Gegenstand spätestens mit 1648 enden bzw. erblickt in der Zeit bis 1720 eine Abschwächung.

geschichte in den nächsten Jahren über Rekrutierungslisten und die Praxis der Einquartierung weitere Ergebnisse zutage fördern wird.

7. Es soll nicht verschwiegen werden, daß sich die Toleranz in den militärischen Gesellschaften lediglich auf die drei christlichen Konfessionen erstreckte. Die jüdische Bevölkerung wurde völlig ausgeschlossen, sowohl die Männer als Soldaten als auch die Familien als Quartiergeber.[54]

[54] Erst im 19. Jahrhundert sollte sich dies ändern. Vgl. etwa den Katalogband: Deutsche Jüdische Soldaten. Von der Epoche der Emanzipation bis zum Zeitalter der Weltkriege, Potsdam 1996.

Mehrheitsentscheidungen und religiöse Minderheiten – Deutschland und Frankreich im Vergleich*

Von Olivier Christin

Mit *S'il est expédient que les officiers d'une République soient d'accord* überschreibt Jean Bodin das fünfte Kapitel des vierten Buches seiner berühmten ‚Six livres de la République'. Das damit angesprochene Thema behandelt er anhand des Gegensatzes zwischen Monarchien wie Frankreich einerseits und Republiken bzw. *Etats populaires,* konkret den Schweizer Kantonen, andererseits. Unterschiede sieht er insbesondere im jeweiligen Umgang mit dem Problem der *concordia dissens.* In Monarchien sei es allein die Autorität des Fürsten, die divergierende Meinungen und sich gegenüberstehende Leidenschaften ausgleiche und miteinander versöhne, um auf diese Weise einen *discordant accord* herzustellen. In den *Etats populaires* wie den Schweizer Kantonen dagegen sei die Sache komplizierter. Hier sei in der Tat das Risiko groß, daß im Zuge der Entstehung echter Meinungsgegensätze unter hohen staatlichen Beamten, die unterschiedliche Meinungen vertreten, der *discord* sich zur *discorde* verhärte. Bodin hält es jedoch für möglich, dieser Gefahr wenigstens teilweise durch die Einsetzung einer ungraden Anzahl solcher staatlicher Vertreter zu begegnen: *Il est expédient, en toute République, que le nombre des magistrats souverains, ou qui approchent de la souveraineté soit impair, afin que la dissension soit accordée par la pluralité et que les actions publiques ne soient empêchées. C'est pourquoi les cantons d'Uri, Underwald, Zug, Glaris qui sont populaires ont été contraints de faire trois Amans magistrats.*[1]

Wie in den meisten französischen Texten dieser Epoche bezeichnet der Ausdruck *pluralité* genau genommen das, was wir heute als ‚Mehrheit' bezeichnen würden. Dieser Begriff zielt nämlich sowohl auf die konsularischen Verhandlungen als auch auf die Debatten des königlichen Rats.[2]

---

* Übersetzung von Wolf Dietrich Große.

1 *Jean Bodin,* Les six livres de la République, Paris 1993, 375.

2 Vgl. *Olivier Christin,* La paix de religion. L'autonomisation de la raison politique au XVIe siècle, Paris 1997, 142–146 u. *Mack P. Holt,* Popular Political Culture and Mayoral Elections in Sixteenth-Century Dijon, in: *ders.,* Society and Institu-

Damit wird das Problem der Mehrheitsentscheidung für Bodins Überlegungen zentral: Sie ist es, durch die über die Unterschiedlichkeit der Meinungen hinaus die Einheitlichkeit der Souveränität wiederhergestellt wird. Die Souveränität wird von der Mehrheit in ihrem vollem Umfang ausgeübt, da das ausschlaggebende Votum der Gesamtheit der Stimmen äquivalent ist.

I. Annahme oder Ablehnung der Mehrheitsentscheidung?

Die Wahl eines Schweizer Beispiels ist nicht von ungefähr. Bodin wußte sehr genau, daß die Frage der Mehrheitsentscheidung ein entscheidender Faktor der politischen und konfessionellen Situation des Bundes war und blieb. Bis zum Beginn des Jahres 1520 scheint die Mehrheitsentscheidung im eidgenössischen Bund nicht auf Widerstände oder ernsthaftere Schwierigkeiten gestoßen zu sein, wenn es auch einzelne Debatten darüber gab, ob sie für die Minderheit verpflichtenden Charakter habe. Das wurde jedoch mit der Reformation schnell anders, und ohne Zweifel spielt Bodin auf diese spektakuläre Wende an.

Einerseits bestätigte der zweite Friedensvertrag von Kappel von 1531, der die religiöse Autonomie der souveränen Kantone unterstützte, die Legitimität der mehrheitlichen Abstimmung für bestimmte – oft für die Katholiken günstige – Rechtsprobleme, namentlich hinsichtlich der Gemeinschaftspacht. So hatten beispielsweise Zürich und Bern 1528 ihren Standpunkt zum konfessionellen Gleichgewicht durch den Vorschlag durchzusetzen versucht, die Bewohner in den lokalen Gemeinden durch Mehrheitsentscheidung über diese Pacht frei bestimmen zu lassen. Das Ziel war hierbei eindeutig, die Reformation durch die Ausnutzung der Kräftefelder innerhalb der Gemeinden genau in der gleichen Weise voranzubringen, wie die deutschen Protestanten dies später mit ihrer Forderung nach einer allgemeinen ‚Freistellung' *(autonomia)* aller Bürger angestrebt hatten. Das Manöver scheiterte angesichts der Entschlossenheit der katholischen Kantone. Sie waren der Meinung, daß diese Fragen auf der Stufe des Bundes zu lösen, und folglich auf den Tagsatzungen, wo sie

---

tions in Early Modern France, Athens 1991, 100–102. Zum königlichen Rat vgl. auch die Bemerkung des spanischen Botschafters, der sich an dem der Versammlung folgenden Tag, aus der das Edikt vom Januar 1562 hervorging, erfreut darüber zeigt, daß die Katholiken auf das Wohlwollen Katharinas und Vendômes hätten rechnen können, denn *autrement nous estions en bien grande apparence de le perdre, par la pluralité des voix; et eussent eu les adversaires des Temples et permission de vivre comme en ung Interim,* in: Mémoires de Condé ou recueil pour servir à l'histoire de France, contenant ce qui s'est passé de plus mémorable dans le Royaume sous le règne de François II et sous une partie de celui de Charles IX, Bd. 2, Den Haag 1743, 20.

sich in der Mehrheit befanden, zu entscheiden seien. Der Friede von 1531 bekräftigte die katholische Haltung und setzte dem Projekt einer freien Abstimmung der Gemeinden, das Bern und Zürich im Frieden von 1529 festgeschrieben hatten, ein Ende.[3] Innerhalb der souveränen Kantone herrschte das Mehrheitsprinzip, wie dies z.B. in Appenzell sichtbar wird, in seinem vollen Umfang: Die Frage der von der Mehrheitsentscheidung bestimmten konfessionellen Einheit führte 1597 zur Spaltung in zwei voneinander geschiedene Gebiete, die inneren katholischen und die äußeren protestantischen Rhoden.[4]

Andererseits war die Rückkehr des Friedens zwischen den Kantonen 1531 mit einer zugleich territorialen und paritätischen Anordnung verknüpft. In der ‚causa fidei' waren Zürich und seine Verbündeten nicht länger bereit, sich auf den Tagsatzungen den Mehrheitsentscheidungen zu unterwerfen. Da sie die religiösen Angelegenheiten sehr weit definierten, drohte auf den Tagsatzungen permanent die Gefahr der Selbstblockierung. So sahen es jedenfalls die katholischen Kantone, die 1546 soweit gingen, Zürich sogar die Frage zu stellen, „ob es noch prinzipiell die Mehrheitsentscheidungen anerkennt". Ohne die prinzipielle Akzeptanz von Mehrheitsentscheidungen sei „es überhaupt nicht mehr nötig, sich zu treffen, und jeder Kanton kann, zum erheblichen Nachteil des Bundes, seine Angelegenheiten auch alleine regeln."[5]

Das Heilige Römische Reich nach dem Augsburger Religionsfrieden von 1555 zeigt Parallelen mit dem, was soeben für die Schweiz festgestellt wurde: Seit dem Reichstag von Speyer (1529) hatten die deutschen Protestanten die allgemeine Geltung der Mehrheitsentscheidung in religiösen Fragen mit der Behauptung bestritten: *Es mag auch das mehrer nit gelten noch helfen, da eins iden verwilligung sunderlich sein musse, zu dem das dits sachen seind, die eins iden gewissen und seligkeit belangen tun.* Weiter heißt es, daß *in den sachen gottes ere und unser selen haile und seligkeit belangend ain jeglicher fur sich selbs vor gott steen und rechenschaft geben mus, also das sich des orts keiner auf ander minders oder merers machen oder beschließen entschuldigen kan.*[6] Nach

---

3 *Fritz Fleiner*, Die Entwicklung der Parität in der Schweiz, in: *ders.*, Ausgewählte Schriften und Reden, Zürich 1941, 81–100, hier 83.

4 Für das Beispiel Appenzells beschränke ich mich darauf, der sehr vollständigen Appenzeller Geschichte unter der Leitung v. *Rainald Fischer/Walter Schläpfer/Franz Stark* zu folgen, hier: Bd. 1, 404–405.

5 Zu dieser Frage teile ich die Analyse von *Ferdinand Elsener*, Das Majoritätsprinzip in konfessionellen Angelegenheiten und die Religionsverträge der schweizerischen Eidgenossenschaft vom 16. bis 18. Jahrhundert, in: ZSRG.Kan 55 (1969), 238–281, hier 261.

6 Deutsche Reichstagsakten unter Kaiser Karl V., Bd. 7, II. Halbbd., bearb. v. Johannes Kühn, Stuttgart 1935, 1212 sowie 1277. Hier ist eine Anspielung auf

1555 werden die Dinge klarer, ohne daß sie aber endgültig gelöst worden wären.

Denn das ‚cuius regio'-Prinzip bedeutete zwar eine generelle Befriedung. In gemischtkonfessionellen Regionen, vor allem Städten, oder Institutionen, in denen Katholiken und Protestanten zusammenwirken mußten, stellte sich aber weiterhin das Problem der Mehrheitsentscheidung, beziehungsweise des Minderheitenschutzes in Religions- und Gewissensfragen. Gemischte Städte wie Biberach oder Augsburg, die die Vorteile des Artikels 27 des Augsburger Friedens genossen, oder Institutionen wie das Reichskammergericht oder der Reichstag sind nur die herausragendsten Beispiele. An diesen Orten des Zusammenlebens der Konfessionen wurde jedoch seitens der Protestanten mehr und mehr Kritik an der Mehrheitsentscheidung laut.

Die Abkehr vom Mehrheitsprinzip ist für den Fall des Reichskammergerichts, dessen Rekrutierungsverfahren, Organisation und Funktionsweise anläßlich des Friedens von 1555 von Grund auf modifiziert wurden, wohlbekannt: *Von nun an können der Kammerrichter und die Assessoren, sowie desgleichen alle anderen Personen des Reichskammergerichts seitens beider Religionen, der alten Religion und der Augsburger Religion, vorgeschlagen und ernannt werden.*[7] Mit Einführung der Parität sah sich das Reichskammergericht, das von nun an Religionsprozesse in streng zwischen den Religionen ausgeglichenen Senaten abwickelte, mit dem schwierigen Problem der ‚paria vota' konfrontiert, also der genau gleichen Stimmenzahl.[8] In den Räten der gemischten Städte und innerhalb des Reichstags scheint, schon wegen der Abwesenheit einer formellen konfessionellen Parität, der Prozeß langsamer und mit größerer Behutsamkeit vorangekommen zu sein: Die prinzipielle Ablehnung des Mehrheitsprinzips ergab sich erst ab den 1580er Jahren, als sich die

‚Quod omnes tangit' zu erkennen, übrigens genau so wie das, was wir zur gleichen Zeit im Toggenburg beobachten können, wo die Protestanten eine Abstimmung aller Bewohner bezüglich der Reformation veranstalten, *parce que la gloire de Dieu et la religion sont des choses qui intéressent tous les hommes de quelque ordre qu'ils puissent être,* wie *Abraham Ruchat* in seiner Histoire de la Réformation en Suisse (1727) versichert; ich zitiere aus der partiellen Neuausgabe, Paris 1996, 259.

[7] *Arno Buschmann* (Hg.), Kaiser und Reich. Verfassungsgeschichte des Heiligen Römischen Reiches Deutscher Nation vom Beginn des 12. Jahrhunderts bis zum Jahr 1806 in Dokumenten, Bd. 1, 2. Aufl. Baden-Baden 1994, Art.106, Reichsabschied von 1555.

[8] Ich folge hier den Darlegungen von *Bernhard Ruthmann,* Die Religionsprozesse als Folge der Glaubensspaltung, in: Frieden durch Recht. Das Reichskammergericht von 1495 bis 1806, hrsg. v. Ingrid Scheurmann, Mainz 1994, 231–240 u. insbesondere *ders.*, Die Religionsprozesse am Reichskammergericht, (1555–1648). Eine Analyse anhand ausgewählter Prozesse, Weimar/Köln/Wien 1996.

konfessionellen Fronten generell verhärteten und der Kalenderstreit die Emotionen hochtrieb.[9] In einer vom 15. Januar 1583 datierten Bittschrift machten die lutherischen Kirchenpfleger von Augsburg ausdrücklich deutlich, daß sie nicht bereit waren, sich bei der Einführung des neuen Kalenders *durch das merer überstimmen (zu) lassen.*[10]

Der Religionsfrieden von 1555, namentlich die Parität, ist somit im weiteren Verlauf offensichtlich durch die Ablehnung des Mehrheitsprinzips in Religions- und Gewissensangelegenheiten ergänzt worden. Aus diesem Blickwinkel versteht man das Bedürfnis Jean Bodins besser, das Mehrheitsprinzip zu rechtfertigen, das sich für ihn zwangsläufig aus der Souveränität ergibt, wobei er allerdings sowohl für den Schweizer Bund als auch für das Heilige Römische Reich Schwierigkeiten sah, den Souverän zu identifizieren.[11]

Erstaunlicherweise scheint es in Frankreich keine vergleichbare Debatte zwischen Katholiken und Protestanten gegeben zu haben. Gewiß, es sind gelegentlich ganz allgemeine Einwände gegen die Mehrheitsentscheidung anzutreffen. So entwickelte beispielsweise François Hotman in der ‚Francogallia' aus einer Reflexion über die Maxime ‚Quod omnes tangit, ab omnibus approbetur' einen prinzipiellen Einspruch gegen die absolute Macht, die die französischen Könige an sich gerissen hätten.[12] Aber in der konkreten politischen Praxis der französischen Protestanten und in den aufeinanderfolgenden Friedensedikten zur Herstellung des Friedens scheint nichts oder nur sehr wenig diesen theoretischen Positionen zu entsprechen.[13] Zwar kritisierten einige französische Protestanten

---

9 Vgl. insbesondere *Winfried Schulze,* Majority Decision in the Imperial Diets of the Sixteenth and Seventeenth Centuries, in: JournModHist 58 (Supplement) (1986), 46–63.

10 Bittschrift zitiert bei *Eberhard Naujoks,* Vorstufen der Parität in der Verfassungsgeschichte der schwäbischen Reichsstädte (1555–1648). Das Beispiel Augsburg, in: Bürgerschaft und Kirche, hrsg. v. Jürgen Sydow, Sigmaringen 1980, 38–66.

11 Zu dieser Frage vgl. *Michel Senellart,* Juris peritus, id est politicus? Bodin et les théoriciens allemands de la prudence civile au XVIIe siècle, in: Bodin. Nature, histoire, droit et politique, hrsg. v. Yves-Charles Zarka, Paris 1996, 219–221.

12 *François Hotman,* Francogallia, zitiert bei *Arlette Jouanna,* La France du XVIe siècle, Paris 1996, 485.

13 Die während der Sitzung der Generalstände von 1561 erstmals eingeführte Neuerung (Sitzungen der drei Stände in verschiedenen Sälen, teilweise wegen der zwischen ihnen bestehenden tiefen Meinungsverschiedenheiten, aber auch, um dem Klerus zu ersparen, zu heftig kritisiert zu werden) ist zu unterstreichen. Sie bedeutet dennoch keine echte Kritik der Mehrheitsentscheidung unter den Bedingungen zweier Konfessionen. Vgl. hier *Arlette Jouanna u.a.,* Histoire et dictionnaire des guerres de religion, Paris 1998, 76 ff., sowie *Karl Josef Seidel,* Zentrale Ständevertretung und Religionsfrieden in Deutschland und Frankreich in der frühen Neuzeit, München 1987, 195.

schon lange vor der Schaffung der paritätisch besetzten Gerichtshöfe[14] die Parteilichkeit der überwiegend oder rein aus katholischen Richtern zusammengesetzten Gerichte. Die Legitimität der Mehrheitsentscheidung und ihr für die Minderheit verbindlicher Charakter wurden aber nie radikal in Frage gestellt.

In den Räten der gemischten Städte z.B. scheint sich seit den 1560er Jahren die ‚Mehrheit der Stimmen' ganz von selbst durchgesetzt zu haben, ja, die politischen Strategien lokaler Minderheiten zeugen sogar von einer subtilen Verwendung der Regeln des Mehrheitsprinzips. In Vienne und Lyon etwa kamen die Protestanten im Rat sehr schnell darauf, eine ‚Politik der leeren Bänke' zu praktizieren und ihre Ablehnung lieber durch Abwesenheit zum Ausdruck zu bringen, als sich andauernd durch die bloße Arithmetik geschlagen zu geben. Auf diesem Weg gelang es ihnen dann manchmal auch, das Funktionieren der Institutionen lahmzulegen und die Annahme ihnen mißliebiger Maßnahmen zu verzögern, indem sie es den Konsuln unmöglich machten, die Mindeststimmenzahl zusammenzubringen. Im Juli 1565 konnten die Lyoneser Konsuln die notwendig gewordene Zuwahl zweier neuer Mitglieder nicht durchführen, weil sämtliche protestantische Ratsherren, die mit der Außerkraftsetzung des numerischen Gleichgewichts zwischen den Konfessionen nicht einverstanden waren, der Sitzung ferngeblieben waren.[15] 1601 versuchten die Katholiken in der paritätischen Stadt Gap, die Abwesenheit der gerade an einer Synode teilnehmenden Protestanten zu nutzen, um umstrittene Maßnahmen durchzusetzen: Die Reformierten weigerten sich aber, die in ihrer Abwesenheit getroffenen Entscheidungen anzuerkennen.[16]

Auch in den zu gleichen Teilen besetzten Gerichtshöfen scheint die Mehrheitsentscheidung ohne größere Schwierigkeiten zu funktioniert zu haben. Beschlüsse der Stimmengleichheit oder paria vota, die die bisherige Geschichtsschreibung mit einer gewissen Voreiligkeit kritisierte,

---

[14] Vgl. *Christin,* La paix de religion (Anm. 2), 160 ff.

[15] Das Verschwinden von zweien der acht katholischen stellvertretenden Bürgermeister hatte die Mehrheit des Konsulats in große Verlegenheit gebracht. Die katholischen Konsuln verfügten, mit sechs von theoretisch insgesamt zwölf Stimmen, bei allen mehrheitlichen Verfahren nicht mehr über die ausschlaggebende Stimme, und es war ihnen sodann nicht möglich, die beiden (ebenfalls katholischen) vom König ernannten Ersatzkandidaten in der Nachfolge der Ausgeschiedenen unter sich aufzunehmen. Den Reformierten gelang es hier, die spezifischen Forderungen der Mehrheitsregel für den Versuch zu benutzen, die Parität wiederherzustellen. Zu diesem Ereignis und zum Lyoneser Konsulat während der Unruhen vgl. *Christin,* La paix de religion (Anm. 2), 119.

[16] *Charles Charronet,* Les guerres de religion et la société protestante dans les Hautes-Alpes, Gap 1861, 261.

machten z. B. in Castres – anders als die bisherige Forschung bislang angenommen hatte – nur ungefähr 1 % der Verfahren aus.[17]

Einige lokale Kompromisse scheinen sogar, sei es nun bewußt oder unbewußt, den Empfehlungen Jean Bodins gefolgt zu sein. Namentlich in Gap wurde aufgrund einer 1601 getroffenen Vereinbarung eine ungerade Zahl Konsuln, nämlich drei, und ein regelmäßiger Wechsel zwischen Katholiken und Protestanten an der Spitze des Rates festgelegt:

Par ci-après, les catholiques qui seront au conseil particulier de ladite ville feront nomination de six habitants catholiques capables et suffisants, deux d'iceux pour le premier, deux pour le second et deux pour le troisième ordre de consuls, et ceux de ladite religion qui seront dudit conseil particulier en nommeront autant en semblable nombre pour chacun ordre, et ce fait, lesdites nominations seront proposées au suffrage du peuple en l'assemblée générale: 1° un catholique 2° un de la religion; l'année d'après 1° un de la religion 2° un catholique et ainsi alternativement. Le troisième consul sera indifféremment catholique ou réformé.[18]

Es ist also nicht weiter verwunderlich, wenn das Edikt von Nantes 1598 sich zu dieser Frage ausschweigt. Anders als die westfälischen Friedensverträge ein halbes Jahrhundert später enthält das Edikt keinerlei präzise Festlegung zur Parität oder zur Begrenzung der Mehrheitsentscheidung. Es enthält lediglich Klauseln über die zu gleichen Teilen zu besetzenden Kammern. Selbst wenn faktisch die gemischten Konsulate nach dem Edikt gänzlich oder auch nur teilweise neu besetzt wurden, berührt das eher die Rechtsprechung als die Gesetzgebung. Das war ein feiner Unterschied, den die Katholiken später zu ihren Gunsten auszunutzen wußten. 1666 reduzierte Pierre Bernard die Tragweite des Artikels 27 des Edikts von Nantes, der den Protestanten theoretisch Zugang zu allen Ämter eröffnete, dadurch, daß er ihn streng wörtlich auslegte: *il n'y a point de nécessité ny d'obligation d'admettre ceux de la RPR* [la religion prétendue reformée, Anm. d. Red.] *aux charges, offices, consulats et conseils politiques, mais (...) ils y peuvent seulement estre admis.*[19]

Tatsächlich bleibt die Präferenz der Protestanten für die Mehrheitsentscheidung bis weit ins 17. Jahrhundert hinein erhalten. Das zeigt etwa die Klage der Protestanten von Chatelleraut gegen Ende der 1640er Jahre über die politischen Praktiken der katholischen Konsuln, bei der Erneuerung des Konsulats nicht länger die Generalversammlung der

---

17 *Stéphane Capot,* Justice et religion en Languedoc au temps de l'édit de Nantes. La chambre de l'édit de Castres (1579–1679), Paris 1998, 217.

18 Zitiert bei *Charronet,* Les guerres de religion, (Anm. 16), 253–255.

19 *Pierre Bernard,* Explication de l'édit de Nantes par les autres édicts de pacification, déclarations et arrêts de règlements, Paris 1666, 123 ff.

Kaufleute zusammenzurufen, sondern sich gegenseitig *par une brigue entre parentz* zu kooptieren. Dieser neuen Praxis setzten sie die Forderung entgegen, daß bei der *nomination de nouveaux consulz à la pluralité des voix de la communauté des marchands assemblez* vorgegangen werde.[20]

Dennoch zeigte sich mehr und mehr, daß langfristig gesehen die Mehrheitsentscheidungen sich zuungunsten der Protestanten auswirkten, zumal das Edikt von Nantes ausdrücklich den minoritären Status der ‚religion prétendue réformée' unterstrichen hatte. In Form von zahlreichen Parlaments- oder Staatsratsentscheidungen, die von Filleaud zusammengestellt worden sind, wurden zu Beginn der 1660er Jahre bestimmte Verfahren – oder in manchen Fällen Verfahrenstricks – in der Absicht eingeführt, die Mehrheitsregel so weit wie möglich allein den Katholiken zugute kommen zu lassen. So wurde etwa beschlossen, daß in den Fällen, wo Konsulat und Rat stimmengleich besetzt waren, die Versammlungen nur stattfinden konnten, wenn die Katholiken zahlenmäßig mindestens in gleicher Stärke wie die Protestanten anwesend waren.[21]

Wie erklärt sich, daß die französischen Protestanten einen für sie offenkundig ungünstigen Entscheidungsmodus akzeptierten und sogar verteidigten?

II. Konfessionelle Koexistenz und Mehrheitswahl

Eine erste Erklärung der französischen Besonderheit drängt sich aus dem politischen und numerischen Kräfteverhältnis zwischen den beiden Konfessionen auf: Zwar waren in der Eidgenossenschaft und in Deutschland vor 1648 die Protestanten in den föderativen Institutionen – also im Reichskammergericht, in dem der Oberste Richter immer katholisch war, im Reichstag und namentlich im Kurfürstenrat und in den Tagsatzungen – und in den Stadträten bestimmter gemischt-konfesioneller Städte, wie Augsburg oder Biberach, in der Minderheit. Dennoch befanden sie sich dadurch nicht in einer schwachen Position. In den beiden zuletzt genannten Städten waren beispielsweise die im Rat minderheitlich vertretenen Protestanten in der Bevölkerung tatsächlich bei weitem in der Mehrheit: im Falle Biberachs zu 90%. Im Reichstag stellten die Protestanten drei von sieben Kurfürsten: Schon die Abwesenheit eines einzigen kirchlichen Kurfürsten hätte die Mehrheit im Kurkollegium gekippt,

[20] *Jean Filleaud,* Décisions catholiques ou recueil général des arrêts rendus en toutes les cours souveraines de France en exécution ou interprétation des édits qui concernent l'exercice de la RPR, Poitiers 1668, 720.

[21] Diese Entscheidung vom September 1664 betrifft die bedeutende Mischregion der Dauphiné. Vergleichbare Beispiele gelten für die anderen Regionen.

was zu einer intensiven und komplexen Debatte über die eventuelle Einsetzung eines lutherischen Kaisers Anlaß gab.[22] Der heftige Zusammenstoß der konfessionellen Parteien über die Frage des geistlichen Vorbehalts ist auch im Rahmen dieser Perspektive zu verstehen, waren doch mit der Alternative Abdankung oder Säkularisation zugleich die Mehrheitsverhältnisse zwischen katholischen und protestantischen Reichsständen verbunden, im Falle der rheinischen Erzdiözesen sogar die Mehrheit im Wahlgremium.[23]

Die französische Situation erscheint davon verschieden. Natürlich gelang es den katholischen Armeen, vor allem aufgrund von Geldmangel, nicht, die Protestanten vernichtend zu schlagen. Zwar war ein bedeutender Anteil des Adels für die Ideen und Ideale der Reformation gewonnen worden und durch verschiedene Edikte zur Befriedung in den Genuß besonderer, religiöse Fragen betreffende, Konzessionen gelangt. Und so waren dank der möglichen ‚cultes de fiefs' (Gottesdienste in Kirchen in adligem Besitz) bedeutende protestantische ‚Inseln und Inselchen' entstanden. Aber mit dem Edikt von Nantes war das Schicksal der ‚RPR' im Königreich klar und deutlich besiegelt worden: Sie blieb immer und überall eine Minderheitsreligion, die sich allerorts mit der Restitution des Katholizismus als dominante Staatsreligion abzufinden hatte. Die 1614 erschienene ‚Une Décade contenant la vie et geste d'Henry le Grand' des Katholiken Jean-Baptiste Legrain drückt es mit Weitsicht (und Poesie) deutlich aus: *De cet édit proviendra ce grand profit que les mécroyants étant répandus par tout le royaume, il adviendra à leurs opinions ce qui advient aux parfums mis en des grands vaisseaux, car étant au large parmi les catholiques, ils perdront peu à peu l'odeur de leur première erreur, par la fréquentation et communication qu'ils auront avec nous.*[24]

So hätten sich die französischen Protestanten letztlich gebeugt, weil es ihnen an Macht fehlte, der Mehrheitsregel wirksam zu begegnen? Und es wäre am Ende das ungleiche Kräfteverhältnis gewesen, das das Aufkommen einer institutionalisierten und dauerhaft paritätischen Lösung verhindert hätte?

---

22 Zu dieser Frage *Heinz Duchhardt,* Protestantisches Kaisertum und altes Reich. Die Diskussion über die Konfession des Kaisers in Politik, Publizistik und Staatsrecht, Wiesbaden 1977.

23 Der von den Protestanten nicht unterzeichnete Artikel 18 des Augsburger Friedens lautet: *wir haben erklärt und entschieden, erklären und entscheiden mit Bedacht, dass (...) , er auf sein Erzbistum, sein Bistum, seine Prälatur und seine sonstigen Benefizien, einschließlich des daraus erwachsenen Nutzens und der Einkünfte sofort und ohne Widerspruch und Verzögerung verzichten solle.*

24 Zitiert bei *Bernard Cottret,* 1598, l'édit de Nantes: pour en finir avec les guerres de religion, Paris 1997, 188 ff.

Eine solche, vom bloßen Kräfteverhältnis her ausgehende Erklärung erscheint zumindest unzureichend. Sie unterschätzt in der Tat den großen Unterschied der denkbaren Konstellationen je nach Ort und Zeit. Daß die Protestanten in der Minderheit waren, ist nicht überall mit der gleichen Intensität empfunden und zum Ausdruck gebracht worden wie im Edikt von Nantes. In bestimmten Gegenden oder Orten befanden sich die Protestanten in einer starken Position, in der sie zumindest die Macht mit den Katholiken teilen konnten, ohne von ihnen abhängig zu sein.

Um sich davon zu überzeugen, genügt es, einige der Fälle noch einmal aufzugreifen, die von Elisabeth Rabut im Dauphiné untersucht worden sind. So richteten königliche Kommissare in dem Ort Die in der dem Edikt folgenden Zeit zur Besänftigung der Unruhen einen Sonderrat und einen Generalrat ein, in denen die Protestanten über drei Viertel der Sitze verfügten; in Montélimar wurden den Reformierten zwei Drittel der Ämter zugestanden; und in Loriol, wo es zwar für jede der Konfessionen einen Konsul gab, bestand der Rat ebenfalls zu zwei Dritteln aus Protestanten. Dennoch konnte an einzelnen Orten, je nach lokalem Gleichgewicht, das Verhältnis genau umgekehrt, und den Katholiken eine Mehrheit der Sitze garantiert sein, wie dies für Romans oder Saint-Marcellin der Fall war. In Gap wurde durch die Kommissare das System einer beinahe perfekten Parität eingerichtet. Und schließlich entschieden sich die Kommissare im Fall einer ungeraden Zahl von Ämtern manchmal für einen Wechsel zwischen den Konfessionen, wie etwa in Grenoble für die Posten des zweiten und dritten Konsuls.[25]

Zudem scheint darüber hinaus überall das Prinzip der Mehrheitsentscheidung angewandt worden zu sein, einschließlich der Fälle, in denen es darum ging, das von den Kommissaren definierte komplexe institutionelle Gleichgewicht zu beachten. Beispielsweise waren in Montélimar zu allen allgemeinen Versammlungen *tous les habitans tant d'une que d'autre religion* zugelassen, *indifférement (...) avec voix délibérative sans difficulté et distinction quelconque.*[26] Noch eindeutiger war die Berücksichtigung des Mehrheitsverfahren in Nyons, wo von den Kommissaren beschlossen wurde, daß *par la pluralitté de voix (...) sera esleu le premier consul, qui sera de ladite religion, et quant au second consul et trézorier, sera l'un d'iceulx catholique sellon qu'il sera advisé audict conseil.*[27]

---

[25] *Elisabeth Rabut,* Le Roi, l'Eglise et le Temple. L'exécution de l'Edit de Nantes en Dauphiné, o.O. 1987, 72–73 für Die, 91 für Montélimar, 113 für Romans u. 117–118 für Saint-Marcelin.

[26] Zitiert bei *Rabut,* Le Roi, l'Eglise et le Temple, (Anm. 25), 91.

[27] *Rabut,* Le Roi, l'Eglise et le Temple, (Anm. 25), 174–175.

Daß die Reformierten eines Königreichs, in dem der Katholizismus zugleich die Religion des Königs und diejenige des größten Teils der Untertanen war, die für sie gefahrvolle Mehrheitsregel akzeptierten, scheint zum mindesten teilweise auf Zusammenhänge zu verweisen, die weitreichender und komplexer sind als ein einfaches, zahlenmäßiges Kräfteverhältnis.

III. Die Frage der Staatsbürgerschaft in Frankreich

Um die beinahe einmütige Annahme des Mehrheitsprinzips durch die französische Reformation zu verstehen, ist es vielleicht angebracht, noch einmal einen Blick auf die Organisation und die spezifischen Erwartungen der Protestanten zu werfen. In der Zeit des Edikts von Nantes waren die französischen Protestanten darauf aus, ihre religiöse Wahl öffentlich kundzutun. Sie agierten innerhalb des tradierten sozialen und politischen Raumes, dem sie nicht ablehnend gegenüberstanden, und den sie nicht zu zerstören beabsichtigten. Bar jeglicher militanter eschatologischer Aspirationen und ohne jeglichen echten Massenchiliasmus waren sie weder auf Abspaltung noch auf einen Kongregationalismus[28] aus, sondern strebten im Gegenteil danach, öffentliche Ämter und Würden zu bekleiden.

Das Bedürfnis, im staatlich-politischen Raum eine Rolle zu spielen, bewog die Protestanten dazu, den König ihrer Treue zu versichern und der ‚Res Publica' ihre volle Hingabe zu bekunden. Sie betonten, daß ihre religiöse Wahl keinen Selbstausschluß aus der politischen Welt bedeuten solle, wie sie im übrigen auch nicht wünschten, daß der Raum des Politischen sie ihrerseits ausgrenze. Dergestalt verbaten sie sich, radikale Forderungen nach Parität, die einige Protestanten erhoben[29], auf die Spitze zu treiben. Sie beschränkten sich vielmehr darauf, in der Verteilung der Ämter jenes Maß an Gerechtigkeit zu verlangen, das der König seinen Untertanen schuldig sei. Aus einer solchen Perspektive erschien es ihnen problematisch, im Namen spezifisch protestantischer Interessen dem Prinzip der Mehrheitsentscheidung eine Absage zu erteilen. Dies hätte den Anschein erweckt, die Idee der allen gemeinsamen ‚Res Publica' zerstören zu wollen und eine Art von zersplitterter und begrenzter Souverä-

---

[28] Vgl. *Jouanna u.a.*, Histoire et Dictionnaire des guerres de religion (Anm. 13), 818: Die von Jean Morély angeregten kongregationalistischen Thesen werden in den nationalen Synoden von 1562, 1565 und 1572 verworfen.

[29] Derart gibt *Janine Garrisson*, L'Edit de Nantes. Chronique d'une paix attendue, Paris 1998, 75 die nachdrücklichen Anträge protestantischer Delegierter auf der Versammlung von Mantes (1593) hinsichtlich einer streng zu beobachtenden Gleichheit unter den Richtern beider Religionen für die Präsidien, die Gerichte des Pacht- und Hofhaltungswesens und die Vogteien wieder.

nität anzustreben. Die Hugenotten hätten sich damit dem Risiko ausgesetzt, daß ihre religiöse Entscheidung als Streben auch nach einer politischen Sonderstellung innerhalb des Gemeinwesens angesehen worden wäre. Die beste Illustration dafür ist vielleicht wiederum die Kalenderreform von 1582. Im Unterschied zu dem, was in weiten Bereichen des protestantischen Europa und namentlich in Augsburg geschah, haben die Hugenotten dieser Reform keinen generellen Ablehnungsbescheid erteilt. Gewiß wurden von Pierre de l'Estoile oder vom Bischof Ugolino Martelli einige Schwierigkeiten und Zwischenfälle von geringer Bedeutung angezeigt; in Orange wurde gar ein Priester tätlich angegriffen und, da er die Reform öffentlich bekannt gemacht hatte, zum Exil gezwungen, aber ansonsten wurde der neue Kalender schnell allgemein im Königreich angenommen, und auf diese Weise erhielten beide Konfessionen die gleiche jahreszeitliche Organisation.[30]

So steht die von beiden Konfessionen vertretene Anerkennung des Mehrheitsprinzips – einer legitimen Ausdrucksform des Allgemeininteresses und der politischen Einheit innerhalb eines komplexen Bedingungszusammenhangs – im Kontext der Konzepte von Souveränität und Staat. Diese sind von der langen Entwicklung, die die französische Monarchie namentlich in den Bürgerkriegen des 16. Jahrhunderts durchlebt hatte, nicht zu trennen.

Der ‚citoyen' oder ‚concitoyen' wurde der zentrale Begriff, um den seit Anfang der 1560er Jahre die von der Krone unternommenen Anstrengungen, die konfessionellen Gewaltakte und die politischen Unruhen zu überwinden, kreisten. Er fand sich zugleich in der konkreten Praxis der lokalen Koexistenz[31] und in den Pamphleten und selbst im Text der Pazifikationen, einschließlich dem des Edikts von Nantes, wieder. Für Michel de l'Hospital wurde der Begriff ‚citoyen' erstmalig zum notwendigen Instrument, um die politische Einheit des Königreichs jenseits der religiösen Zwietracht zu reflektieren. Selbst ein Exkommunizierter bleibe nichtsdestoweniger weiterhin Bürger, betonte der Kanzler im Jahr 1562, um damit deutlich zu machen, daß die religiöse Verschiedenheit in der politischen Einheit überwunden werden könne: Zweifellos sei die religiöse Verschiedenheit bedauernswert, aber eben doch keineswegs verhängnisvoll.[32]

---

[30] *Francesco Maiello,* Histoire du calendrier de la liturgie à l'agenda, Paris 1996.

[31] Vgl. *Christin,* La paix de religion (Anm. 2), 122–134 u. *ders.,* Identités urbaines et pluralisme religieux: les pactes d'amitié entre confessions en France à l'époque des guerres civiles, in: Religion et Identité, hrsg. v. Gabriel Audisio, Aix-en-Provence 1998, 69–76.

[32] *Jean Lecler,* Histoire de la tolérance au siècle de la Réforme, Paris 1955; ich verwende die Neuausgabe Paris 1994, 454.

In l'Hospitals Nachfolge bezeichneten die dann aufeinanderfolgenden Friedensedikte immer wieder systematisch das Politische als den Ort der Wiederherstellung des Konsenses zwischen den um den König gescharten Bürgern: Hier kommen die Anhänger der rivalisierenden Kirchen zusammen, um im Sinne des Gemeinwohls zusammenzuwirken. So schlossen im Herbst 1567 in Montélimar die Anhänger beider Konfessionen einen Pakt, in dem sie sich verpflichteten, *en paix, amitié et fraternité perpétuelle comme vrais citoyens tous d'une ville* füreinander einzustehen, sich zu beschützen und zu verteidigen.[33] Im Artikel 2 des Friedens von Saint-Germain (1570) verbat der König allen seinen Untertanen, sich gegenseitig zu beleidigen und zu beschimpfen, um sich so *comme frères, amis et concitoyens* im Zaum zu halten und friedlich miteinander leben zu können.[34] Diese Formulierung findet sich gleichlautend im Artikel 2 des Edikts von Boulogne (1573), im Artikel 2 des Edikts von Beaulieu (1576) und im Artikel 2 des Friedens von Bergerac (1577) wieder. Noch 1597 versicherten die Delegierten der Politischen Versammlung von Mantes, daß die Protestanten des Königreichs einfach nur *en bons compatriotes et concitoyens* mit den Katholiken zusammenzubleiben wünschten.[35] Und das Edikt von Nantes knüpft selbst an diese Formulierungen und Vorschläge in seinem Artikel 2 wieder an, wenn es die Mitglieder beider Konfessionen dazu einlädt, als *amis, frères et concitoyens* zusammenzustehen.

Bei Jean Bodin findet man wiederum die genaueste Definition des Begriffs des Bürgers, namentlich im ersten Buch des ‚Staates', aber auch an anderen, dem Problem des Status des Fremden und den Einbürgerungsurkunden gewidmeten Stellen. Für Bodin, der hier auf Jean Bacchet antwortet, *le citoyen d'honneur seulement, qui a droit de baloter ou de bourgeoisie, n'est pas vrai citoyen.*[36] *C'est la reconnaissance et obéissance du franc sujet envers son Prince souverain, et la tuition, justice et défense du prince envers les sujets qui fait le citoyen.*[37] Folglich keinerlei Spur von Republikanismus in dieser Definition Bodins, sondern im Gegenteil die Verherrlichung der alleinigen souveränen Macht des Fürsten, der sich diejenigen, die ihm dienen, unterwirft und sie beschützt.

---

33 Der Text dieses Paktes und mehrerer anderer in *Christin,* La paix de religion (Anm. 2), 311–318.

34 *André Stegmann* (Hg.), Edits des guerres de religion, Paris 1979, 69.

35 Zahlreiche Zitate bei *Garrisson,* L'Edit de Nantes (Anm. 29), passim.

36 Vgl. *Charlotte Catherine Wells,* Law and Citizenship in Early Modern France, Baltimore/London 1995, 58 ff., deren Beweisführung indes nicht sehr überzeugend ist.

37 *Bodin,* Les six livres de la République (Anm. 1), 101.

Man versteht nun die besondere Bedeutung des Begriffs der Staatsbürgerschaft besser, denn mit diesem können konfessionelle Streitigkeiten überwunden werden: Als ‚co-citoyens' sind die religiösen Gegenspieler dem gemeinsamen Fürsten, der ihnen gleiche Rechte und die gleiche Sicherheit bietet, im Gegenzug zu Gehorsam und Treue verpflichtet. Sie nehmen gemeinsam an derselben staatlichen Einheit teil, denn *de plusieurs citoyens (...) se fait une République (...) encore qu'ils soient diversifiés en lois, en langues, en coutumes, en religions, en nations. Et si tous les citoyens sont gouvernés par mêmes lois et coutumes, ce n'est pas seulement une République (mais) aussi une Cité.*[38] Die religiöse Verschiedenheit hinderte Katholiken und Protestanten also nicht daran, einander Mitbürger zu sein, solange sie die volle Souveränität des Fürsten für die öffentlichen Angelegenheiten anerkannten.

Einzig die Mehrheitsentscheidung erwies sich mit dem zentralen Prinzip der französischen religiösen Pazifikationen, der Idee einer nicht-konfessionellen Staatsbürgerschaft, vereinbar. Diese Idee machte nicht nur mit Nachdruck die Gleichheit der beiden Gruppen in der Sphäre der Politik deutlich, da sie als Bürger gemeinsam zum zivilen Frieden und zur Kontinuität des Staates beizutragen haben. La Noue sagt es ohne Umschweife: Die Bürger handeln im Namen des Allgemeininteresses des Staatswesens und nicht im Namen der besonderen Interessen ihrer Kirche. Ihre Stimmen sind addierbar, da es unerheblich ist, ob sie katholisch oder protestantisch sind. Aber die Mehrheitsentscheidung macht es auch möglich, den Konsens in seiner Unterschiedlichkeit zu rekonstituieren, und der ‚concordia dissens' so einen sehr konkreten Inhalt zu verleihen: Die Minderheit hat in der Tat Gelegenheit, ihrer Meinung Ausdruck zu verleihen, aber sie unterwirft sich zugleich im selben Moment der Mehrheit.

Die Definition von Staatsbürgerschaft und Mehrheitsabstimmung, die in den politischen Texten und Aktionen der zweiten Hälfte des französischen 16. Jahrhunderts immer wieder bekräftigt wurde, darf indes nicht verwechselt werden mit der liberalen Konzeption, die heutzutage gang und gäbe ist. Die von den historischen Akteuren des 16. Jahrhunderts beschworene ‚Mehrheit' ist nicht aus der Addition isolierter Individuen hervorgegangen. Vielmehr sind die Individuen untereinander verbunden und haben gemeinsam an der Herausbildung ihrer Meinung gewirkt. Diese Mehrheit ist gerade nicht das politische Äquivalent der Theoretiker des ökonomischen Liberalismus, eine statistische Summe oder ein Aggregat individueller Willen. Sie entspringt vielmehr einer ‚organizistischen' oder ‚kooperativen' Konzeption der Gesellschaft, in der die Defi-

[38] Ebd., 94–95.

nition des Allgemeininteresses aus einer wirklichen kollektiven Aktion, einer Abstimmung, einer Verhandlung und einem Kompromiß zwischen den Körperschaften und den Gemeinschaften hervorgegangen ist.[39]

Gewiß, die Anwendung des Mehrheitsprinzips als legitimer Entscheidungsform in gemischten Institutionen veranlaßte an manchen Stellen die um Rückkehr zum Frieden bemühten Akteure, sich um das reale demographische Gewicht der Konfessionen zu sorgen – anders, als dies beispielsweise für Augsburg zu beobachten ist.[40] Dennoch erweist sich die Zuweisung der Ämter oft als sehr präzise und sehr komplex. Man versuchte je nach Zeitpunkt und Ort, sich nicht genau für eine der beiden Formen politischer Repräsentation zu entscheiden: weder eine atomisierte Sicht, die die Zahl der Bevollmächtigten proportional zur Zahl der Bevollmächtigenden bestimmt, noch eine organizistische Konzeption, in der eher nach einem gerechten und ausgewogenen Gleichgewicht zwischen den verschiedenen Interessengruppen gesucht wird, zu wählen.[41] So wurde das Mehrheitsprinzip durch eine Unzahl von Abänderungen und Verbesserungen erweitert: durch die Einführung einer genauen Parität in einigen sensiblen Bereichen – wie dem Finanzwesen – in den Städten, in denen die Aufteilung der Ämter sich in einem starken Ungleichgewicht befand; durch die Einrichtung einer Ungültigkeitsklausel für alle im Rat bei Abwesenheit der Vertreter der Minderheit gefällten Entscheidungen, um Einschüchterungsversuche zu verhindern und die beiden Konfessionen fest an die politische Entscheidung zu binden; durch Ernennung und Wahl auf der Basis von strikt paritätischen, von den örtlichen städtischen Beamten oder von den Vertretern des Königs aufgestellten Kandidatenlisten. In Grenoble beispielsweise sahen die Kommissare des Edikts vor, für den Posten des ersten und vierten Konsuls, die auf der Grund-

---

39 Zu dieser Unterscheidung vgl. *Pierre Bourdieu,* Formes d'action politique et modes d'existence des groupes, in: *ders.,* Propos sur le champ politique, Lyon 2000, 80–88 u. *Isabelle Bouvignies,* La résistance comme cadre de la mutation théologico-politique du droit, in: Le droit de résistance XIIe–XXe siècles, hrsg. v. Jean-Claude Zancarini, Fontenay-aux-Roses 1999, insbesondere 118–119.

40 Beispielsweise ist für Augsburg nicht vor 1635 die genaue konfessionelle Bevölkerungsverteilung zu ermitteln. Vgl. *Bernd Roeck,* Als wollt die Welt schier brechen. Eine Stadt im Zeitalter des Dreißigjährigen Krieges, München 1991, 283–287.

41 Vgl. hierzu die Analyse von J. R. Pole, die sehr anschaulich aufzeigt, wie sich in den 13 Kolonien das Mehrheitsprinzip im Namen einer gerechten Vertretung der Städte und Kreise in Abhängigkeit von ihrem demographischen (und fiskalischen) Gewicht allmählich durchsetzt: *J. R. Pole,* The Emergence of the Majority Principle in the American Révolution, in: Etudes sur l'histoire des Assemblées d'Etats, hrsg. v. der Section Française de la Commission Internationale pour l'Histoire des Assemblées d'États (Travaux et Recherches de la Faculté de Droit et des Sciences Économiques de Paris/Série sciences historiques, 8), Paris 1966, 63–72.

lage von Kandidatenlisten gewählt wurden, *la liberté et choix* der *électeurs* zur Geltung kommen zu lassen; demgegenüber wurde die konfessionelle Zugehörigkeit des zweiten und dritten Konsuls streng im voraus festgelegt; und schließlich wurden für die Steuerverwaltung *perequateurs tant d'une que d'autre religion, (afin) que l'esgalité soyt gardée et pour obvier aux excessivitez qui s'en pourroyent ensuyvre*[42], abgeordnet.

Diese Sicherheitsvorkehrungen ließen letzten Endes eine originelle Form von Mehrheitsentscheidung entstehen, die sich nicht auf den einfachen mechanischen Verlauf der Arithmetik beschränkte. Namentlich in Nyon war man sich sehr deutlich der paradoxalen Wirkungen dieses Verfahrens, das eine strenge Aufteilung der Ämter mit einer Mehrheitsabstimmung verknüpfte, bewußt: 1603 wurde René Darchimbaud mit 21 Stimmen zum zweiten Konsul gewählt, während Etienne Moze als erster Konsul nur 18 Stimmen erhielt. Die Begebenheit zeigt außerdem, daß in einer mehrheitlich protestantischen Stadt ein Katholik unter Umständen mehr Stimmen auf sich vereinigen konnte als ein Protestant.[43] Man gelangte so in Frankreich zu einem komplexen und anscheinend paradoxen System, in dem die Konsuln und Räte der gemischtkonfessionellen Städte zu Vertretern der spezifischen Interessen ganz bestimmter religiöser Gemeinschaften wurden, aber zu gleicher Zeit Akteure des Allgemeininteresses aller Bürger waren. Das öffentliche Wohl wurde als das Ergebnis eines wahrhaft kollektiven Prozesses im Laufe einer Verhandlung, als ein Kompromiß und Austausch gedacht, durch den der Ausdruck der ‚concitoyenneté' erst seinen vollen Sinn erhielt.

So läßt sich also erst aus den Grundlagen der Pazifizierungspolitik selbst, sei sie territorial, rechtlich und konfessionell, wie im Fall des deutschen Reiches und der Schweiz, oder sei sie politisch und monarchisch, wie im Fall Frankreichs, die Annahme oder die Zurückweisung der Mehrheitsentscheidung voll verstehen. Die diesbezügliche Einstellung der konfessionellen Parteien verweist nicht auf eine besondere Konzeption des Gewissens und der religiösen Entscheidung. Denn das Prinzip ‚Quod omnes' scheint als Begründung der einen wie der anderen Position gedient zu haben. Auch läßt sich daraus keine einfache Unterwerfung unter die numerischen Kräfteverhältnisse ableiten, denn die französischen Protestanten haben sich in ein institutionelles und juristisches Gefüge hineindrängen lassen, das sich zwar auf lange Sicht zu ihren Ungunsten auswirken sollte, ihnen im Moment der Akzeptanz aber die Besetzung von Ämtern ermöglichte, und zwar deutlich überproportional zu ihrem reellen Gewicht. Es geht also im Kern um die Frage, wie

---

42 *Rabut,* Le Roi, l'Eglise et le Temple (Anm. 25), 152–153.

43 Vgl. *Philippe Magnan de Bornier,* Au rythme du Pontias. Nyons, XVIe–XVIIIe siècles, Buis-les-Baronnies 1998, 120–121.

sich die Kirchen und die öffentliche Gewalt im einen und im anderen Fall den Status der Konfessionen und des Staates vorstellten. Und vor allem geht es um die längerfristigen Folgen des Gegensatzes zwischen der französischen zentralisierten Monarchie einerseits, in der das öffentliche Wohl mit den Interessen des Souveräns zusammenfiel, und dem föderalistischen und pluralistischen Charakter des deutschen Reiches oder des Schweizer Bundes andererseits, in denen das öffentliche Wohl durch ein immer wieder neu auszuhandelndes dynamisches Gleichgewicht herzustellen war.

Das Kirchenregiment und der Status von religiösen Minderheiten in Brandenburg und Frankreich

Von Marie-Antoinette Gross

In diesem Beitrag zu Kirchenregiment und Status von religiösen Minderheiten im deutsch-französischen Vergleich wird eine doppelte Zielsetzung verfolgt. Einerseits soll das Kirchenregiment in Frankreich und in Brandenburg-Preußen vor allem im Hinblick auf den Umgang des Staates mit konfessionellen Minderheiten verglichen werden. Andererseits soll zu erklären versucht werden, inwieweit Stärke und Reichweite oder die Formen des Kirchenregiments möglicherweise für die bekannten Wege zur Toleranz oder Intoleranz entscheidend waren: Während in Frankreich die Hugenotten verfolgt und schließlich vertrieben und die Jansenisten bekämpft wurden, konnten in Brandenburg nicht nur die Lutheraner ihrer Konfession treu bleiben, sondern später sogar Katholiken geduldet werden.

Seit der Erosion und späteren Revokation des Edikts von Nantes 1685 galten Brandenburg und Frankreich in der Geschichte der Toleranz von konfessionellen Minderheiten lange als entgegengesetzte Modelle, die im frühneuzeitlichen Europa exemplarisch für konfessionelle und aufgeklärte Toleranz bzw. absolutistische Intoleranz standen. Geht man dabei von der Form des Kirchenregiments aus, wäre Brandenburgs sogenanntem ‚Territorialismus' demnach eine Tendenz zur Toleranz inhärent gewesen, während in Frankreich der ‚Gallikanismus' gemäß der Maxime ‚Un roi, une loi, une foi' letztlich nur zur Intoleranz führen konnte. So soll hier auch die daraus oft resultierende landläufige Annahme, protestantische Länder seien toleranzfähiger gewesen als katholische, aus einer vergleichenden Analyse heraus überprüft werden.

Damit aber muß der Frage nachgegangen werden, warum in Frankreich die Lösung der ‚politiques', das Edikt von Nantes, langfristig scheiterte, während in Brandenburg die Regel des ‚Cuius regio, eius religio' dauerhaft durchbrochen werden konnte. Warum gelang den Kurfürsten ein Nebeneinander der Konfessionen, warum scheiterte die konfessionelle Koexistenz in Frankreich? Wie verhalten sich also Kirchenmonopol und Staatsräson[1], der „Zwang zur Konfessionalisierung“ und der „Zwang zur Toleranz“ zueinander?[2]

---

[1] Die Frage nach einem Zusammenhang von Staatsräson und Calvinismus in Brandenburg, die nach der Vereinbarkeit von Staatsräson und Hugenottenvertreibung in Frankreich hat die Zeitgenossen und die Geschichtsschreibung bis heute beschäftigt. Für Brandenburg sind der Bekenntniswechsel des Kurfürsten 1613, dessen religiöse und politische Beweggründe und die Folgen für die brandenburgisch-preußische Geschichte kontrovers diskutiert worden. Der Vorwurf, den erstmals ein lutherischer Theologe 1628 erhob, daß der Bekenntniswechsel vor allem aus reichs- und außenpolitischen Motiven heraus erfolgt sei, um die Ansprüche im jülich-klevischen Erbfolgestreit besser geltend machen zu können, wurde von der Geschichtsschreibung bis in die Gegenwart tradiert. Prominentes Beispiel ist der Beitrag im Handbuch der deutschen Geschichte: Zur Gewinnung von Kleve seien „fast gleichzeitig der Brandenburger zum Calvinismus, der Neuburger zum Katholizismus“ übergetreten. *Ernst-Walter Zeeden,* Das Zeitalter der Glaubenskämpfe (Gebhardt Handbuch der dt. Gesch., 9), 9. Aufl. München 1973, 73. – Doch die These eines Bekenntniswechsels aus machtpolitischen Motiven greift, wie neuere Arbeiten gezeigt haben, zu kurz. Nicht nur, daß die Staatsräson auch dagegen sprach: Der innenpolitisch riskante Bekenntniswechsel, der sofort tumultartige Zustände in Berlin auslöste, lähmte Brandenburg reichspolitisch langfristig und war außenpolitisch vermutlich nicht notwendig, denn die Generalstaaten hätten in der Auseinandersetzung um Kleve ohnehin Brandenburg unterstützt. Vgl. *Heinz Schilling,* Höfe und Allianzen, Deutschland 1648–1763, Berlin 1989, 380/381 u. *Bodo Nischan,* Prince, People and Confession. The Second Reformation in Brandenburg, Philadelphia 1994, 95/96. – Vielmehr handelte der Kurfürst, wie Schilling und Nischan schreiben, durchaus aus religiöser Überzeugung. Letzterer weist im Sinne der Konfessionalisierungsthese darauf hin, daß „In this age of confessionalism (...) people's religious and political sentiments generally were so tightly and inextricably intertwined that it was virtually impossible to distinguish, not to mention separate, the two.“ Die Entscheidung für den Übertritt zum Calvinismus sei gefallen „because it seemed to be the most dynamic, indeed only viable means, to cope with the myriad confessional issues both religious and political which they confronted.“ Vgl. *Nischan,* Prince, People and Confession (s.o.), 97 u. 103 und *Schilling,* Höfe und Allianzen (s.o.), 380. – Otto Hintze, der die Frage nach den Motiven als weniger bedeutend darstellt und für den die Konfession „der zugkräftige ideelle Exponent eines umfassenden Interessenkomplexes“ ist, sieht in Anknüpfung an Droysen und Weber im Übertritt zum Calvinismus, der „eine entschiedene Wahlverwandtschaft mit dem Geist der modernen Staats- und Gesellschaftsordnung“ besitze, einen tieferen Zusammenhang mit dem Streben Brandenburgs zum Machtstaat. Vgl. *Otto Hintze,* Kalvinismus und Staatsräson in Brandenburg zu Beginn des 17. Jahrhunderts, in: *ders.,* Geist und Epochen der preußischen Geschichte, Gesammelte Abhandlungen III, hrsg. v. F. Hartung, Leipzig 1942, 289–346, hier 293/294. – Schilling, der zwar feststellt, daß der Konfessionswechsel zunächst nicht mit einem Aufbruch in die große Politik gleichbedeutend war, bringt den Calvinismus ebenfalls mit dem Aufstieg Preußens in Verbindung: Der Bekenntniswechsel, durch den der Kurfürst eine von den Landständen unabhängige Elite etablieren konnte, sei für die Herausbildung absolutistischer Herrschaftsformen förderlich gewesen und habe sich als günstige Voraussetzung für eine kirchenrechtliche und kulturelle Modernisierung erwiesen. Vgl. *Schilling,* Höfe und Allianzen (s.o.), 381. – Für Hahn, der die Frage des Zusammenhangs von Calvinismus und Staatsbildung aus einer Analyse der politischen Praxis heraus

beantworten will, hat der Bekenntniswechsel langfristig Folgen vor allem für die „Autonomie des Herrschaftszentrums“ vom Ständetum und für den Ausbau der fürstlichen Position im territorialen Kirchenwesen. Vgl. *Peter-Michael Hahn,* Calvinismus und Staatsbildung: Brandenburg-Preußen im 17. Jahrhundert, in: Territorialstaat und Calvinismus, hrsg. v. Meinrad Schaab, Stuttgart 1993, 239–269, hier 267/268. – Zur Geschichte der Forschungsdebatte insgesamt vgl. ebd., 238–242 und *Nischan,* Prince, People and Confession (s. o.), 94–110 u. 246–259.

Für Frankreich wurden in ähnlicher Weise sowohl die Duldung als auch die Vertreibung der Hugenotten diskutiert. Die im Edikt von Nantes von 1598 und den vorangehenden gescheiterten Religionsedikten verfügte Duldung der Hugenotten wird einhellig als Duldung aus Gründen der Staatsräson beschrieben. Im Sinne der ‚politiques‘ erhielten Frieden und staatliche Einheit Priorität vor der Einheit der Religion, ohne daß damit das Ideal der religiösen Einheit aufgegeben worden wäre, denn die Religion wurde weiterhin als Grundlage des Staates erachtet. Vgl. u. a. *Philip Benedict,* Un roi, une loi, deux fois: parameters for the history of Catholic-Reformed co-existence in France, 1555–1685, in: Tolerance and intolerance in the European Reformation, hrsg. v. Ole Peter Grell/Bob Scribner, Cambridge 1996, 65–93; *Jean Delumeau/Thierry Wanegffelen,* Naissance et affirmation de la Réforme, 9. Aufl. Paris 1998, hier 213 u. *Ulrich Scheuner,* Staatsräson und religiöse Einheit. Zur Religionspolitik in Deutschland im Zeitalter der Glaubensspaltung, in: Staatsräson, Studien zur Geschichte eines historischen Begriffes, hrsg. v. Roman Schnur, Berlin 1975, 363–405, hier 377/378. – Ob die Verfolgung der Hugenotten und ihre schließliche Vertreibung von 1685 hingegen ein Verstoß gegen die Staatsräson waren, oder ob diese Ludwig XIV. nicht vielmehr dazu zwang, ist, wie auch die Frage nach den Motiven des Königs, eine in der Forschung viel diskutierte Frage. Offensichtlich wogen in den Augen Ludwigs XIV. die wirtschaftlichen Argumente gegen die Vertreibung gegenüber den Vorteilen der konfessionellen Einheit nicht schwer genug. Mandrou hält es für „angemessen, mit den Zeitgenossen selbst den damit verfolgten Zweck im Auge zu behalten: die Wiederherstellung der religiösen Einheit im Reich, die ein unerläßlicher Bestandteil der politischen Einheit war“, *Robert Mandrou,* Staatsräson und Vernunft, 1649–1775, ND d. 2. Aufl. v. 1980, Frankfurt/M./Berlin 1992, 51/52. Zur Entscheidung von 1685 schreibt auch *Benedict,* Un roi, une loi, deux fois (s. o.), 82/83: „what was the point of retaining a regime of toleration that had always been viewed as necessary evil“. Als „nouveau Constantin et nouveau Théodose“ habe der König in der religiösen Einheit die Krönung seines Werks gesehen, so *Delumeau/Wanegffelen,* Naissance (s. o.), 225. Zu den Motiven des Königs im einzelnen vgl. u. a. ebd. 224–230 u. *Hartmut Lehmann,* Das Zeitalter des Absolutismus. Gottesgnadentum und Kriegsnot, Stuttgart u. a. 1980, 69/70.

2 Vgl. *Wolfgang Reinhard,* Zwang zur Konfessionalisierung? Prolegomena zu einer Theorie des konfessionellen Zeitalters, in: ZHF 10 (1983), 257–277. Auch wenn die meisten Länder und Territorien in dieser Zeit die Umformung von Kirche, Staat und Gesellschaft im Sinne einer lutherischen, reformierten oder katholischen Konfessionalisierung anstrebten, gab es auch entgegengesetzte Fälle, in denen der Fürst auf die Durchsetzung einer einheitlichen Religion verzichtete und sich zur Toleranz quasi gezwungen sah. Dies beschreibt *Heinz Schilling* für Brandenburg (vgl. Höfe und Allianzen (Anm. 1), 381), weist aber zudem darauf hin, daß es sich bei einer solchen Toleranz nur um eine Duldung handle, die von oben gewährt, aber nicht aus der Gesellschaft erwachsen sei, vgl. *ders.,* Nochmals „Zweite Reformation“ in Deutschland, Der Fall Brandenburg in mehrperspektivi-

Eine mögliche Antwort wird hier einmal vorrangig im Vergleich des Kirchenregiments gesucht, wobei andere Argumente, die die Historiographie diskutiert hat, etwa die Rolle der persönlichen Religiosität Ludwigs XIV. bei der Aufhebung des Edikts von Nantes oder die machtpolitischen Konstellationen von Fürst und Ständen in Brandenburg, für eine Bewertung der Ursachen von Toleranz und Intoleranz in Brandenburg und Frankreich einbezogen werden müssen. Eine zentrale Prämisse scheint mir hier zudem eine Warnung von Olivier Christin zu sein, nämlich das Urteil nicht vom Ergebnis her zu fällen. Der Weg zur Intoleranz oder Toleranz war kein linearer Prozeß, es gab vielmehr historische Alternativen, wie sie im – gescheiterten – Edikt von Nantes und in den – erfolgreichen – Augsburger und Westfälischen Frieden erkennbar wurden.[3]

Bei dem gewählten deutsch-französischen Vergleich wird es also nicht um einen Vergleich der konfessionellen Pluralität im Reich mit der Bikonfessionalität und schließlichen religiösen Homogenität Frankreichs gehen, wie ihn Olivier Christin in seinem Buch über die Religionsfrieden gezogen hat, sondern um die Gegenüberstellung eines deutschen Territoriums und Frankreich, also um den Vergleich zweier Flächenstaaten. Dies erscheint insofern legitim, als es sich nicht um einen ‚nationalen' Vergleich zwischen Deutschland und Frankreichs, sondern um zwei Fälle der europäischen Toleranzgeschichte handeln soll. Zum anderen scheint mir das Kirchenregiment in zwei Ländern verschiedener Mehrheitskonfession auch nur vergleichbar zu sein, wenn die Verfassung dieser Staaten wenigstens strukturell ähnlich ist, so wie es für die beiden frühmodernen Monarchien Frankreichs und Brandenburgs der Fall war.

Der Begriff des Kirchenregiments ist in Deutschland zudem eng mit dem der Landesherrschaft verbunden, er bezeichnet sowohl den fürstlichen Herrschaftsanspruch über die Kirche als auch die Verfaßtheit der Staatskirchenbeziehungen. Meines Erachtens läßt sich diese Definition von ‚landesherrlichem Kirchenregiment' auch auf die französische Nationalkirche übertragen.

Der Blick richtet sich also auf das Verhältnis von monarchischem Staat und Kirche und auf die Konsequenzen daraus für den Status von konfessionellen Minderheiten. Der Begriff der ‚Minderheit' wird aber hier nicht nur als Bezeichnung einer numerisch kleineren Bevölkerungs-

---

scher Sicht von Konfessionalisierungsforschung, historischer Anthropologie und Kunstgeschichte, in: ZHF 23 (1996), 501–524, hier 511. Diese Unterscheidung machen für Frankreich ähnlich *Michel Grandjean/Bernard Roussel* (Hg.), Coexister dans l'intolérance, L'Édit de Nantes (1598), Genf 1998.

[3] *Olivier Christin*, La paix de religion. L'autonomisation de la raison politique au XVIe siècle, Paris 1997, 201/202.

gruppe verstanden, sondern vornehmlich strukturell oder funktional verwendet, d.h. vor allem die Unterdrückung oder Duldung Andersgläubiger durch den frühmodernen Staat wird in den Blick genommen.[4] Die Größe der jeweiligen konfessionellen Gruppen war zwar nicht unerheblich für die kirchenpolitischen Entscheidungen[5], doch gerade im brandenburgisch-französischen Vergleich scheint die Differenz zwischen der Konfession des Landesherrn und der von Teilen seiner Untertanen für die Frage von Toleranz und Intoleranz entscheidend zu sein. Denn während für den französischen König die Frage der Duldung oder Verfolgung der – zahlenmäßigen – Minderheit der Hugenotten vordringlich war, so mußte der brandenburgische Kurfürst als Reformierter neben der Privilegierung der calvinistischen Elite[6] zur Durchdringung seiner Landes-

---

4 Der Begriff ‚Minderheit' bezeichnet in der Regel eine zahlenmäßig unterlegene und zugleich unterdrückte Gruppe, wie es etwa auf den ‚Normalfall' der französischen Hugenotten zutrifft. Für Brandenburg müssen diese beiden Attribute voneinander getrennt werden. Wie Meinrad Schaab auch für den Fall der Pfalz feststellt, verhält es sich so „daß eine zahlenmäßige Minderheit, wenn sie staatliche Protektion erhält, die vorherigen Unterdrückungsmechanismen geradezu umkehren muß." *Meinrad Schaab,* Die Katholiken in der Kurpfalz. Von einer unterdrückten zu einer privilegierten Minderheit, in: Rottenburger Jahrbuch für Kirchengeschichte 13 (1994), 148. So mußte in Brandenburg die Mehrheit der Lutheraner um ihre Duldung fürchten, während die kleine Gruppe der Reformierten staatlichen Schutz genoß.

5 Während in Frankreich zum Zeitpunkt des Edikts von Nantes die hugenottische Minderheit etwa 6 Prozent der Gesamtbevölkerung ausmachte – was aber keineswegs ihr politisches Gewicht widerspiegelt –, stellten die Lutheraner in Brandenburg die große Mehrheit. Die Anhänger des reformierten Bekenntnisses blieben eine zahlenmäßig ausgesprochen kleine Gruppe. Neben der Hofgemeinde gab es in Brandenburg 1680 15 reformierte Gemeinden, Ende des 18. Jahrhunderts dann insgesamt 37 gegenüber 5000 lutherischen Gemeinden. Bis 1640 lag die Berliner Domgemeinde, deren Mitglieder ausschließlich zum Hof gehörten, also isoliert in einer geschlossen lutherischen Konfessionslandschaft. Zu den Zahlen vgl. *Delumeau/Wanegffelen,* Naissance et affirmation (Anm. 1), 212; *Marc Venard* (Hg.), Die Zeit der Konfessionen (1530–1620/30) (Die Geschichte des Christentums, 8), Freiburg/Basel/Wien 1992, 511; *ders.* (Hg.), Das Zeitalter der Vernunft (1620/30–1750) (Die Geschichte des Christentums, 9), 126 u. *Ernst Opgenoorth,* Die Reformierten in Brandenburg-Preußen – Minderheit und Elite?, in: ZHF 8 (1981), 439–459, hier 451.

6 Die Frage von Opgenoorth, ob die brandenburgischen Reformierten Minderheit und Elite waren, schien für die Frage nach den Gründen von Toleranz und Intoleranz sekundär, zumal der Elitenbegriff – wenn auch in weniger weitgehendem Maße – auch auf die hugenottische Minderheit in Frankreich zutrifft. Zitiert sei dennoch die bestätigende Feststellung von Peter Burke, daß Minderheiten „obviously include ruling classes as well as the immigrants and dissidents". Vgl. *Opgenoorth,* Die Reformierten (Anm. 5) u. *Peter Burke,* Hosts and Guests: a General View of Minorities in the Cultural Life of Europe, in: Minderheden in Westeuropese steden (16de–20ste eeuw)/Minorities in Western European Cities (sixteenth – twentieth centuries), hrsg. v. Hugo Soly/Alfons K.L. Thijs, Brüssel 1995, 43. Zu

herrschaft den Konflikt mit der lutherisch gebliebenen Bevölkerungsmehrheit seiner Untertanen lösen.

Es wird darüber hinaus – hier folge ich den Thesen der Konfessionalisierungsforschung und der Forschung zur politischen Theorie der Frühen Neuzeit – angenommen, daß alle Fürsten und Herrscher des Ancien Régime aus Gründen der Staatsräson und aus ihrem Verständnis der christlichen Monarchie heraus die religiöse Einheit ihres Landes anstrebten. Nur im Falle von Bürgerkrieg oder drohendem Verlust der ‚concordia' des Gemeinwesens konnte diese Grundregel vorübergehend außer Kraft gesetzt werden, wurde religiöser Frieden wichtiger als die einheitliche Religion.[7]

Die vergleichende Analyse wird den Etappen des Kirchenregiments und der Toleranz bzw. Intoleranz in Frankreich und Brandenburg folgen.[8] Aufbauend auf der Frage der theoretischen Begründung der Staatskirchenverhältnisse, also auf Theorie und Normen des Kirchenregiments, sollen die Institutionen und die epochenspezifische Praxis dargestellt werden. Nicht die Institutionen selbst, die in beiden Ländern nicht zuletzt wegen ihrer unterschiedlichen ‚Hauptkonfession' große

---

den Funktionen der calvinistischen Elite in der brandenburgischen Regierung und Verwaltung vgl. *Hahn,* Calvinismus und Staatsbildung (Anm. 1), hier 258–261 u. *Ernst Opgenoorth,* „Ausländer" in Brandenburg-Preußen als leitende Beamte und Offiziere 1604–1871 (Beihefte zum Jahrbuch der Albertus-Universität Königsberg/ Pr., 18), Würzburg 1967, 18–45.

[7] Vgl. u. a. *Lehmann,* Das Zeitalter des Absolutismus (Anm. 1), insbesondere 23–35: „Begründung und Varianten absolutistischer Kirchen- und Religionspolitik"; *Mandrou,* Staatsräson und Vernunft (Anm. 1); *Heinz Schilling,* Konfessionskonflikt und Staatsbildung, Eine Fallstudie über das Verhältnis von religiösem und sozialem Wandel in der Frühneuzeit am Beispiel der Grafschaft Lippe, Gütersloh 1981; *ders.,* Die Konfessionalisierung von Kirche, Staat und Gesellschaft – Profil, Leistung und Perspektiven eines geschichtswissenschaftlichen Paradigmas, in: Die katholische Konfessionalisierung, hrsg. v. Wolfgang Reinhard/dems., Gütersloh 1995, 1–49, aber auch *Horst Bredekamp,* Thomas Hobbes' visuelle Strategien: der Leviathan. Urbild des modernen Staates, Berlin 1999.

[8] In diesen Vergleich konnten die kirchenpolitischen Maßnahmen im Herzogtum Preußen und in den 1618 an Brandenburg gehenden gemischtkonfessionellen Territorien am Niederrhein, Kleve, Mark und Ravensberg nicht detailliert einbezogen werden, da die Unterschiede den Vergleich zu sehr komplizieren würden. In diesen Gebieten mit katholischen Minderheiten handelten die brandenburgischen Kurfürsten nach dem territorialistischen Prinzip. Zu den Regelungen im Einzelnen vgl. *Daniel Heinrich Arnoldt,* Kurzgefaßte Kirchengeschichte des Königreiches Preußen, Königsberg 1769; *Iselin Gundermann,* Herzogtum Preußen, in: Die Territorien des Reiches im Zeitalter der Reformation und Konfessionalisierung, Land und Konfession 1500–1650, hrsg. v. Anton Schindling/Walter Ziegler, Bd. 2, Der Nordosten, 2. Aufl., Münster 1991, 221–233; *Ludwig Keller,* Die Gegenreformation in Westfalen und am Niederrhein, Leipzig 1895 und *Max Lehmann,* Preußen und die katholische Kirche seit 1640, Bd. 1, 1640–1740, Stuttgart 1878.

strukturelle Differenzen aufwiesen, sondern die Funktionen dieser Verfassungsinstrumente sollen dabei im Vordergrund stehen. Die soziale Realität des Zusammenlebens der Konfessionen soll hier nicht ausführlich behandelt werden, es wird vornehmlich um den rechtlichen Status der konfessionellen Minderheiten bzw. der vom Herrscher nicht gewünschten Konfessionen in den beiden Staaten gehen.[9]

Zeitlich soll der Vergleich vom Ende des 16. bis zum Anfang des 18. Jahrhunderts reichen, das heißt für Frankreich den Zeitraum vom Edikt von Nantes bis zum Ende der Regierung Ludwigs XIV. umfassen, für Brandenburg die Zeit vom Konfessionswechsel des Herrscherhauses 1613/1614 bis zur Überwindung konfessioneller Gegensätze im Zeichen des Pietismus seit dem Ende des 17. Jahrhunderts. Ausgangspunkt sind also die grundlegenden Verträge über die Duldung der Protestanten in Frankreich und die Vereinbarungen zur konfessionellen Koexistenz von Lutheranern und Calvinisten in Brandenburg.

I. Der Fall Brandenburg

In Brandenburg war die Reformation im 16. Jahrhundert so erfolgreich, daß die Durchführung der Zweiten Reformation sich als aussichtsloses Vorhaben des Kurfürsten erwies. Nach dem Konfessionswechsel

---

[9] Die Entwicklung des Staatskirchenrechts und der Kirchenpolitik war bis in die 1970er Jahre ein in den Arbeiten zur brandenburg-preußischen Geschichte durchaus prominentes Thema. Aus theoretischer Sicht vgl. *Johannes Heckel,* Die Entstehung des brandenburgisch-preußischen Summepiskopats, in: ZSRG.Kan 13 (1924), 266–283; *Otto Hintze,* Die Epochen des evangelischen Kirchenregiments in Preußen, in: *ders.,* Geist und Epochen der preußischen Geschichte, Gesammelte Abhandlungen III, hrsg. v. Fritz Hartung, Leipzig 1942, 64–104; unter eher allgemeinhistorischem Blickwinkel vgl. *Hugo Landwehr,* Die Kirchenpolitik Friedrich Wilhelms, des Großen Kurfürsten, Berlin 1894 und *Martin Lackner,* Die Kirchenpolitik des Großen Kurfürsten, Witten 1973. – Ein Vergleich der gesellschaftlichen Akzeptanz von Bikonfessionalität und Territorialismus würde eine eigene Untersuchung erfordern, auch wegen der unterschiedlichen Forschungstraditionen in Deutschland und Frankreich. Ein Versuch, die soziale Realität der reformierten Minderheit in Brandenburg einzubeziehen, den Blick von oben also durch die Perspektive von unten zu ergänzen, in: *Marie-Antoinette Gross,* The Political and Social Status of the Calvinist Minority in Brandenburg in the Early Modern Period, unveröffentl. Manuskript 1999. Für Frankreich gibt es eine Reihe von regionalen Studien, vgl. z.B. *Raymond A. Mentzer,* Blood and Belief. Family Survival and Confessional Identity among the Provincial Huguenot Nobility, West Lafayette 1994 oder *Marc Venard,* Réforme protestante, Réforme catholique dans la province d'Avignon au XVIe siècle, Paris 1993. Ein knapper Überblick bei *Benedict,* Un roi, une loi, deux fois (Anm. 1), 84–91. Vgl. ferner den Abschnitt ‚Religious Pluralism in Practice' in: *Keith Cameron/Mark Greengrass/Penny Roberts* (Hg.), The Adventure of Religious Pluralism in Early Modern France, Oxford u.a. 2000.

von Johann Sigismund 1613 kam es nicht zum Bekenntniswechsel der Bevölkerung des Territoriums. Wegen des Widerstandes der Stände verzichtete der Kurfürst auf sein ‚ius reformandi': Das Luthertum wurde damit wie die Hugenotten in Frankreich zur vom Landesherrn notgedrungen ‚geduldeten Konfession'. Den Lutheranern wurde Gewissensfreiheit gewährt, der lutherischen Kirche eine Bestandsgarantie gegeben: Im sogenannten ‚Rezeß' von 1615 wurde den Lutheranern das Recht auf Erhalt ihrer Landeskirche zugestanden.[10]

Diese Entscheidung, zwei Kirchen in einem Territorium zuzulassen, bedeutete aber längst keine Gleichberechtigung. Vielmehr versuchte gerade der Große Kurfürst die reformierte Kirche kirchenregimentlich und kirchenpolitisch zur dominierenden Konfession zu machen und ergriff Maßnahmen zur Unterdrückung der lutherischen Bevölkerungsmehrheit. Als diese Politik der Repression, die letztlich vermutlich auf eine evangelische Kirchenunion abzielte, ohne Erfolg blieb, entschied sich der Große Kurfürst Ende der 1660er Jahre für eine Umkehrung seiner Politik hin zum Territorialismus.[11] Dennoch versuchte er weiter-

---

[10] Zur Entwicklung Brandenburgs im konfessionellen Zeitalter vgl. den Überblick von *Manfred Rudersdorf/Anton Schindling,* Kurbrandenburg, in: Die Territorien des Reiches im Zeitalter der Reformation und Konfessionalisierung, Land und Konfession 1500–1650, hrsg. v. Anton Schindling/Walter Ziegler, Bd. 2, Der Nordosten, 2. Aufl. Münster 1991, 34–66, die jüngste Monographie zu diesem Fall von *Nischan,* Prince, People and Confession (Anm. 1), sowie die Darstellungen von *Lehmann,* Das Zeitalter des Absolutismus (Anm. 1), 83–93; *Wolfgang Ribbe,* Modernisierung und Beharrung, Aspekte der Kirchenpolitik der brandenburgischen Hohenzollern im Spannungsfeld von innerkirchlichen Reformbestrebungen und Reformation, in: JbBrandenbLdG 41 (1990), 165–179 und *Schilling,* Höfe und Allianzen (Anm. 1), 378–403.

[11] Die polemischen zeitgenössischen Debatten, ob es sich bei der Kirchenpolitik der Kurfürsten um eine echte Toleranz bzw. Irenik oder nur um eine taktische Toleranz, die die Reformierten begünstigen sollte, handelte, sind in der Historiographie bis heute fortgesetzt worden. Ausgehend von den Forschungen von *Gerhard Oestreich,* Politischer Neostoizismus und Niederländische Bewegung in Europa und besonders in Brandenburg-Preußen, in: *ders.,* Geist und Gestalt des frühmodernen Staates. Ausgewählte Aufsätze, Berlin 1969, 101–156, schreibt *Lehmann,* Das Zeitalter des Absolutismus (Anm. 1), 86/87, daß nach niederländischem Vorbild der Frieden zwischen den Konfessionen Vorrang gehabt habe, obwohl auch der Große Kurfürst seine Präferenz für die Reformierten bewahrte. Wie Lehmann sieht auch Gabriel den Kirchenfrieden als politisches Ziel an, vgl. *Martin Gabriel,* Die reformierten Gemeinden in Mitteldeutschland, Geschichte und Verfassung einer Bekenntnisminderheit, Witten 1973, 37. Er spricht sogar von einer „Legende" der Calvinisierungsbestrebungen. Vielmehr hätten die Exzesse beider Seiten eingedämmt und ein „konfessioneller Waffenstillstand" erreicht werden sollen. Auch *Nischan,* Prince, People and Confession (Anm. 1), 235–246 beurteilt die Haltung der Kurfürsten als irenisch und tolerant. Oberhofprediger Bergius habe „a decisive role" (345) gespielt, „for translating the ideas of Reformed irenicism into religious toleration and (...) for modifying the original goals of Johann

hin, den reformierten Glauben auf Kosten des lutherischen zu stärken, etwa auch durch die Aufnahme der Hugenotten. Die Aufnahme der aus Frankreich vertriebenen Glaubensbrüder war noch weniger Teil einer toleranten Kirchenpolitik als vielmehr die gezielte Förderung der Religion des Landesherrn.[12] Erst mit der Entschärfung des konfessionellen Ge-

---

Sigismund's reformation" (237). Bei der Frage, ob eine Kirchenunion tatsächlich auch Ziel der Kurfürsten selbst war, sind Nischan und Gabriel gegensätzlicher Ansicht. Gabriel schätzt den Einfluß der Theologen, die eine irenistische Position vertraten und die Kirchenunion befürworteten, geringer ein. Der Kurfürst sei von den Unionsplänen nicht überzeugt gewesen und habe vor allem sein Kirchenregiment durchsetzen wollen, vgl. *Gabriel,* Die reformierten Gemeinden (s.o.), 36/37. Lehmann weist darauf hin, daß die Unionspläne angesichts der nach der Gegenreformation verhärteten lutherischen Position ohnehin nicht hätten realisiert werden können, denn theologische Kompromisse seien nicht denkbar gewesen, *Lehmann,* Das Zeitalter des Absolutismus (Anm. 1), 87. – Dagegen halten u.a. Landwehr, von Thadden und Heinrich die Intention der Calvinisierung für entscheidend, mit dem Ziel einer Einheitskonfession unter reformiertem Vorzeichen. Vgl. *Landwehr,* Kirchenpolitik (Anm. 9), insbes. 10 u. 236–241; *Rudolf von Thadden,* Die Brandenburgisch-Preußischen Hofprediger im 17. und 18. Jahrhundert, Berlin 1959 u. *Gerd Heinrich,* Religionstoleranz in Brandenburg-Preußen. Idee und Wirklichkeit, in: Preußen. Versuch einer Bilanz, Ausstellungskatalog in fünf Bänden, Bd. 2: Beiträge zur politischen Kultur, hrsg. v. Manfred Schlenke, Reinbek b. Hamburg 1981, 61–88, insbes. 73. *Hahn,* Calvinismus und Staatsbildung (Anm. 1) folgt Heinrich, wenn er die „flexible Politik" als eine von „Staatsnotwendigkeiten" diktierte beschreibt. Die religiöse Duldsamkeit sei propagiert worden, aber die „Politik der kleinen Nadelstiche" habe die Reformierten begünstigen sollen (245/246). Eine weniger hohe Einschätzung des taktischen Aspekts bei *Lackner,* Kirchenpolitik (Anm. 9), 48–50, dagegen *Schilling,* Nochmals „Zweite Reformation" (Anm. 2), 510: „In bezug auf die calvinistischen Politiker und die Hohenzollern selbst wird man dann aber doch wohl den taktischen Charakter des Polemikverbots und des Irenismus in den Vordergrund stellen müssen (...). Noch der Große Kurfürst hätte alle Irenik und Toleranz, die er deklaratorisch immer wieder bemühte, in den Wind geschrieben, wenn er nur den Hauch einer realen Chance verspürt hätte, alle seine Länder ohne großes Risiko zu calvinisieren." und *ders.,* Höfe und Allianzen (Anm. 1), 380: „Es gehörte somit zu ihrer Staatsräson, das theologische Verständnis zwischen den beiden protestantischen Konfessionen wo immer möglich zu fördern." Ähnlich formuliert *Opgenoorth,* Die Reformierten (Anm. 5), 445, die Konflikte hätten zu einem „Verständnis von Kirchenpolitik geführt, das auf der Linie des Territorialsystems liegt."

12 Entsprechend heißt es im Edikt von Potsdam: *Nous avons bien voulu, touchés de la juste compassion, que Nous devons avoir pour ceux qui souffrent malheuresement pour l'Evangile, & pour la pureté de la foy, que Nous confessions avec eux, (...) offrir aux dits François une retraite suere & libre (...). Christian O. Mylius* (Hg.), Corpus Constitutionum Marchicarum, Berlin und Halle 1737–1755, Bd. VI, Anhang, Derer in Frantzösischer Sprache zum Behuf der Frantzösischen Nation publicirten Verordnungen (...), Nr. 8. *Edit de Sa Sérénité Electorale contenant les droits, franchises & privilèges accordés aux François de la Religion Reformée qui s'establissent dans ses Estats. Donné à Potsdam le 29. octobre 1685.* – Auch hier gibt es die enge Verknüpfung religiöser, politischer und wirtschaftlicher Motive. Vgl. zur Frage der Motive für die Aufnahme und Privilegierung der hugenotti-

gensatzes im Pietismus wurde der Territorialismus zunehmend Realität, was sich dann im 18. Jahrhundert auch am Umgang mit den katholischen Minderheiten Brandenburg-Preußens ablesen läßt.[13]

1. Kirchenregimentstheorie

Die Theorie des Kirchenregiments wird seit 1613 für Brandenburg in der Regel mit dem Begriff des Territorialismus oder des Territorialsystems beschrieben.[14] Nach dieser Lehre, die Pufendorf erst am Ende des Jahrhunderts systematisch beschrieb und legitimierte, konnte der Landesherr kraft seiner Souveränität das Kirchenregiment über alle Konfessionen seines Herrschaftsgebiets beanspruchen.[15] Ob es sich beim brandenburgischen Kirchenregiment um einen Territorialismus ‚avant la lettre' handelt, ist aber zu bezweifeln. Denn die brandenburgischen Herrscher verfügten nur teilweise eine konfessionsneutrale Kirchenpolitik, betrieben oft vielmehr eine dezidiert antilutherische Politik.

In der grundsätzlichen Übereinkunft zwischen Kurfürst und Ständen in Revers und Gegenrevers von 1615 wurde ein ‚Nebeneinander' der Konfessionen vereinbart. Der lutherischen Kirche wurde die ‚Confessio Augustana' und die Konkordienformel sowie der Erhalt des lutherischen

---

schen Minderheit *Thomas Klingebiel,* Deutschland als Aufnahmeland: Vom Glaubenskampf zur absolutistischen Kirchenreform, in: Die Hugenotten 1685–1985, hrsg. v. Rudolf von Thadden/Michelle Magdelaine, 2. Aufl. München 1986, 85–99 u. 228–230. [Vgl. auch die Beiträge von *Ute Lotz-Heumann* und *Agnes Winter* in diesem Band, Anm. d.Red.].

[13] Zum Pietismus in Brandenburg-Preußen vgl. die ältere Studie von *Carl Hinrichs,* Preußentum und Pietismus, Der Pietismus in Brandenburg-Preußen als religiös-soziale Reformbewegung, Göttingen 1971 und die entsprechenden Abschnitte aus dem Handbuch *Martin Brecht/Klaus Deppermann/Ulrich Gäbler/Hartmut Lehmann* (Hg.), Geschichte des Pietismus, Bd. 1: Der Pietismus vom siebzehnten bis zum frühen achtzehnten Jahrhundert, hrsg. v. Martin Brecht, Göttingen 1993, 352–371, 387–389, 496–511 u. 536/537. Zum Katholizismus vgl. die älteren Monographien von *Keller,* Die Gegenreformation (Anm. 8) und *Lehmann,* Preußen (Anm. 8).

[14] Zur Theorie und Geschichte des Territorialismus vgl. v.a. *Hintze,* Epochen (Anm. 9), insbes. 80/81; *Martin Heckel,* Staat und Kirche nach den Lehren der evangelischen Juristen Deutschlands in der ersten Hälfte des 17. Jahrhunderts, in: ZSRG.Kan 42 (1956), 117–247 u. ZRSG.Kan 43 (1957), 202–308; *Lackner,* Kirchenpolitik (Anm. 9), 90–107; *Christoph Link,* Kirchenrecht (= Staatskirchenrecht), in: Handwörterbuch zur deutschen Rechtsgeschichte, Bd. 2, 1978, insbes. Sp. 797/798 und *Klaus Schlaich,* Der rationale Territorialismus, Die Kirche unter dem staatsrechtlichen Absolutismus, in: ZSRG.Kan 54 (1968), 269–340.

[15] *Samuel von Pufendorf,* De habitu religionis christianae ad vitam civilem, Stuttgart 1972 (Faksimile der Ausgabe Bremen 1687), vgl. auch *Horst Rabe,* Naturrecht und Kirche bei Samuel von Pufendorf, Tübingen 1958.

Konsistoriums zugestanden. Als wohl wichtigste institutionelle Entscheidung ist der teilweise Verzicht des Kurfürsten auf sein Patronatsrecht anzusehen, er durfte den Gemeinden keine *verdächtigen und unannehmlichen,* d.h. keine reformierten Prediger aufnötigen. Im Gegenzug erhielt der Kurfürst das Recht der Besetzung der Generalsuperintendentur, also des höchsten kirchlichen Amtes, weiter verfügte er über die Universität Frankfurt und über das Joachimsthalsche Gymnasium.[16] Dieser Revers wurde mehrfach bestätigt, zuletzt nach dem Märkischen Landtag von 1653 auch vom Großen Kurfürsten. Damit war das Nebeneinander der Konfessionen in der Kirchenverfassung verankert worden, die ‚strukturelle Minderheit' der Lutheraner war rechtlich geschützt.

Die zeitgenössische Legitimation dieser besonderen Staatskirchenverhältnisse war allerdings noch nicht die territorialistische. Vielmehr wurde die Entscheidung aus dem bischöflichen Recht des Landesherrn abgeleitet.[17] Der episkopalistische Anspruch, in beiden protestantischen Konfessionen Lehrentscheidungen zu treffen, zeigte sich auch deutlich in einer weiteren kirchenpolitischen Linie, den wiederholt verfügten sogenannten Lästeredikten. 1614 wurde den Predigern verboten, die jeweils Andersgläubigen als Ketzer zu bezeichnen.[18] Dies war aber integraler Bestandteil der Konkordienformel und damit eine die lutherische Lehre zentral angehende Verfügung. Konkret war diese Bestimmung deshalb auch gegen die lutherischen Geistlichen gerichtet. Sie beschwor starke ständische Widerstände herauf und wurde im kontroverspolitischen Fieber der Zeit permanent mißachtet. Gerade unter dem Großen Kurfürsten, der das Schmäh- und Lästerverbot 1662 wiederholte, wurde die Einhaltung dieser Bestimmung streng überwacht. Erst als mit dem Edikt von 1664 das Verbot der Kanzelpolemik erstmals explizit auf die Reformierten ausgedehnt wurde, konnte es auch als ‚überkonfessionelle' bzw. territorialistische Bestimmung verstanden werden.[19]

---

16 Text des ‚Rezesses' in: *Mylius,* Corpus (Anm. 12), Bd. VI,1, Nr. 79: *Revers des Churfürsten Johann Sigismunds, so bey der Versammlung derer Landstände disseits der Oder gegeben worden, Cölln an der Spree, den 5. Februar 1615.*

17 *Hintze,* Epochen (Anm. 9), 80.

18 Vgl. *Mylius,* Corpus (Anm. 12), Bd. I,1, Nr. 12: *Verordnung, daß allenthalben gute Bescheidenheit und Moderation von denen Geistlichen auf den Cantzeln und sonsten, Ergerniß, Verwirrung der Gewissen und Benachtheilung der Kirche zu verhüten, gebrauchet, und geführet werden solle; (...) den 24. Februar. 1614.*

19 Frieden, Toleranz und Eintracht waren die im Edikt des Großen Kurfürsten von 1662 genannten Motive, vgl. *Mylius,* Corpus (Anm. 12), Bd. I,1, Nr. 29: *Mandatum, wie sowohl zwischen Reformirten und lutherischen Predigern als Unterthanen die Einträchtigkeit zu erhalten; vom 2. Juni. 1662* u. ebd., Nr. 31: *Edict, daß die Evangelischen Religions-Verwandte Reformirte und Lutheraner weder mit Schmähen und Lästerungsnahmen noch mit denen aus der Lehre gemachten Consequentien einander angreifen sollen (...); vom 16. September, 1664.*

Seit dem Ende der 1660er Jahre wurde die antilutherische Politik zurückgenommen und die Überwindung der Bekenntnisunterschiede auf politischer Ebene angestrebt. Mit der Äußerung des Kurfürsten *civilem concordiam in conversatione politica, einem jedweden aber bleibe sein Religion und libertas conscientiae frei*[20] war der Übergang zum Territorialismus eingeleitet worden.

Theoretisch begründet wurde diese Position später durch die Naturrechtler Fuchs und Pufendorf. Letzterer hielt die Staatsgewalt für einheitlich, neben ihr sei keine andere selbständige Gewalt denkbar. Der Staat müsse nur die natürliche Religion, d.h. den Glauben an Gott als Schöpfer und Gesetzgeber und damit die Befolgung der Moral, schützen, die offenbarte Religion sei Privatsache, das Seelenheil der Untertanen nicht die Aufgabe des Staates. Wie über alle ‚collegia' müsse der Staat auch über die Kirche ein Aufsichtsrecht haben, das die ‚iura circa ecclesiam', die äußerliche Leitung der Kirche umfasse, worunter er unter anderem die Mitwirkung bei der Stellenbesetzung und die Kontrolle der Kirchenzucht verstand.[21] Diesem Szenario entsprach die Situation in Brandenburg aber erst frühestens ab dem Ende des 17. Jahrhunderts. [22]

2. *Konfessionell-theologische Normsetzung*

Auch auf der Ebene der konfessionell-theologischen Normsetzung läßt sich diese ambivalente Kirchenpolitik, die zwischen unionistischen Bestrebungen und der Bekämpfung des Luthertums schwankte, beobachten.

Einerseits wurde in der ‚Confessio Sigismundi' von 1614 die Lehre des evangelischen Fundamentalkonsenses betont. Die ‚Confessio Augustana Variata' war Grundlage dieses Bekenntnis und der einzige Reformator, der explizit genannt wurde, war Luther.[23] Auch die Religionsgespräche von Leipzig 1631, Thorn 1645 und Berlin 1662/3 können prinzipiell in

---

[20] Zit. n. *Landwehr*, Kirchenpolitik (Anm. 9), 229.

[21] Vgl. *Otto Friedrich*, Einführung in das Kirchenrecht, 2. Aufl. Göttingen 1978, 97/98 u. *Hintze*, Epochen (Anm. 9), 80/81.

[22] Wie Otto Hintze gezeigt hat, bestanden die Kurfürsten auf ihrem Recht, die inneren und die äußeren Kirchenangelegenheiten zu regeln. Erst mit der Aufgabe der Pläne für eine Kirchenunion Ende des 17. Jahrhunderts kann der Territorialismus als Realität angesehen werden. Das heißt, eine wirklich tolerante Haltung gegenüber den Lutheranern wurde möglich, als die Religionspolitik nicht länger Glaubensfragen sondern nur noch das äußere Kirchenregiment betraf. Vgl. *Hintze*, Epochen (Anm. 9), 78–85.

[23] Text in *Wolfgang Gericke* (Hg.), Glaubenszeugnisse und Konfessionspolitik der Brandenburgischen Herrscher bis zur Preußischen Union, 1540–1815, Bielefeld 1977, 122–131.

diese Politik des Kirchenfriedens auf der Basis des grundsätzlichen Konsenses der evangelischen Konfessionen eingeordnet werden.

Andererseits versuchte der Kurfürst aber, Konkordienbuch und -formel, die wesentlichen Symbole der lutherischen Theologie, zu unterdrücken. Angesichts der erfolgreichen lutherischen Konfessionalisierung Ende des 16. Jahrhunderts, die mit der kurfürstlichen Verfügung des Eides auf die Konkordienformel noch im Jahre 1600 einen Höhepunkt erreichte, war der Kampf gegen dieses Merkmal des Luthertums besonders prekär, im Falle des Sieges aber auch ein Erfolg quasi auf der ganzen Linie.[24] Als dieses Hauptargument der Lutheraner gegen die Reformierten in den Religionsgesprächen nicht entschärft werden konnte, ging der Kurfürst zum theologischen Kampf über, dem langfristig allerdings kein Erfolg beschieden sein sollte: 1656 wurde in einer Konsistorialverfügung die Konkordienformel aus dem Kanon der Schriften gestrichen, auf die die lutherischen Geistlichen bei der Ordination verpflichtet wurden[25], 1662 wurden im genannten Edikt zum Schmäh-und Lästerverbot die lutherischen Lehrschriften ohne die Konkordienformel aufgelistet.[26]

An der Bestandsgarantie für das lutherische Konsistorium kam auch der Große Kurfürst nicht vorbei. Eine neue Konsistorialordnung reformierten Charakters, der Versuch einer positiven Normsetzung, mißlang zudem trotz wiederholter Anläufe und mehrerer Entwürfe, so daß die lutherische Konsistorialordnung von 1572 in Kraft blieb.[27]

Dem Fundamentalkonsens entsprachen also formal die zahlreichen Versuche einer Versöhnung der Konfessionen in Religionsgesprächen.

---

[24] Eine symbolische Bedeutung der Konkordienformel kann für Brandenburg angenommen werden. Rudersdorf u. Schindling beschreiben, wie rasch die Konkordienformel akzeptiert wurde und sehen in ihr einen essentiellen Bestandteil der lutherischen Identität in Brandenburg, vgl. *Rudersdorf/Schindling,* Kurbrandenburg (Anm. 10), 6. Nischan hat darüber hinaus gezeigt, wie eng sich Theologie, Zeremonien und Rituale in den protestantischen Identitäten des konfessionellen Zeitalters verbanden, vgl. *Bodo Nischan,* Ritual and Protestant Identity in Late Reformation Germany, in: Protestant History and Identity in Sixteenth-Century Europe, hrsg. v. B. Gordon, Bd. 2, The Later Reformation, Aldershot/Brookfield 1996, 142–158.

[25] Vgl. *Mylius,* Corpus (Anm. 12), Bd. I,1, Nr. 21: *Verordnung, wie es mit der Ordination der Prediger gehalten werden solle; vom 3ten Dec. 1656.*

[26] Vgl. *Mylius,* Corpus (Anm. 12), Bd. I,1, Nr. 29, Titel s. Anm. 19.

[27] Die Kirchenordnung von 1572 ist abgedruckt in *Emil Sehling* (Hg.), Die evangelischen Kirchenordnungen des 16. Jahrhunderts, Bd. 3, Leipzig 1909, 94–104. Der Kampf um die Einführung einer calvinistischen Kirchenordnung ist Teil des permanenten Konflikts zwischen Kurfürsten und Ständen. Vgl. dazu *Hahn,* Calvinismus und Staatsbildung (Anm. 1), 247/248 u. 260–262; *Hintze,* Epochen (Anm. 9), 85; Lackner und Nischan verfolgen diese Konfliktlinie im einzelnen, vgl. *Lackner,* Kirchenpolitik (Anm. 9) u. *Nischan,* Prince, People and Confession (Anm. 1).

Diese scheiterten aber, weil die Lutheraner eine Politik der ‚Calvinisierung' des Landes fürchteten und deshalb theologische Kompromisse ablehnten. Der Kampf gegen die Konkordienformel und die Versuche einer Reform der Konsistorialordnung mußten sie noch darin bestärken, den vermeintlich unionistischen Bestrebungen des Kurfürsten zu mißtrauen.

3. Praxis des Kirchenregiments

Die zentrale Institution des staatlichen Kirchenregiments blieb formal das Konsistorium. Aber nachdem den Lutheranern im Rezeß der Erhalt des Konsistoriums garantiert worden war und der 1614 gegründete reformierte Kirchenrat 1618 wieder aufgelöst werden mußte[28], wurden wichtige Kompetenzen nun dem Geheimen Rat übertragen. Bei dessen Gründung 1604 waren die geistlichen Dinge noch explizit ausgeschlossen worden. Nach 1618 wurden ihm aber sowohl die Bestellung der Inspektoren, also der lokalen Aufsichtsorgane, als auch die Besetzung der landesherrlichen Patronatsstellen und Schulvisitationen übertragen.[29] Unter dem Großen Kurfürsten wurde der Geheime Rat dann zur Appellationsinstanz gegen Entscheidungen des Konsistoriums und war außerdem für die Genehmigung der Kirchenvisitationen zuständig.[30] 1652/53 versuchten die Landstände noch einmal vergeblich, die Unterordnung des Konsistoriums unter den Geheimen Rat rückgängig zu machen und die Rückübertragung der Schul- und Kirchenaufsicht auf das Konsistorium zu erreichen.[31] Doch das Konsistorium wurde immer mehr zum ausführenden Organ des Geheimen Rates, ein Prozeß, der gegen Ende des 17. Jahrhunderts abgeschlossen war.[32] Auch wenn im Geheimen Rat die Reformierten nicht die Mehrheit stellten, so waren doch die einflußreichsten kurfürstlichen Räte oft Calvinisten.[33]

Außerdem wurde durch die Besetzung der Posten im Konsistorium landesherrlicher Einfluß auf die lutherische Kirche ausgeübt. Die oberste Aufsichtsinstanz, der Generalsuperintendent, wurde seit 1615 vom Kurfürsten bestimmt. Seit 1637 war zudem immer ein reformierter Geistli-

---

[28] Vgl. dazu *Hintze,* Epochen (Anm. 9), 85 u. *Nischan,* Prince, People and Confession (Anm. 1), hier 219–221.

[29] Zu den Kompetenzen des Geheimen Rats vgl. *Christian August Ludwig Klaproth/Carl Wilhelm Cosmar,* Der Königlich Preußische und Churfürstlich Brandenburgische wirkliche Geheime Staats-Rath, Berlin 1805, 299; zur Übertragung der Rechte des Kirchenrats auf den Geheimen Rat vgl. *Hintze,* Epochen (Anm. 9), 85/86 u. *Nischan,* Prince, People and Confession (Anm. 1), 221.

[30] Vgl. *Lackner,* Kirchenpolitik (Anm. 9), 115/116.

[31] Vgl. ebd., 111–116.

[32] Vgl. *Hintze,* Epochen (Anm. 9), 86/87.

[33] Vgl. *Hahn,* Calvinismus und Staatsbildung (Anm. 1), 258/259.

cher Mitglied des Konsistoriums, seit 1654 vertrat ein reformierter Rat den Kurfürsten bei den Konsistorialsitzungen. 1665 wurde dann erstmals sogar ein Reformierter Präsident des Konsistoriums.[34]

Neben diese Entmachtung des lutherischen Konsistoriums und die Übertragung der zentralen Kompetenzen auf den Geheimen Rat traten weitere Kontrollinstrumente zur Überwachung der lutherischen Kirche. So wurden beispielsweise seit 1614 keine Landessynoden mehr einberufen, auf denen sich lutherischer Protest wie in den Ständeversammlungen hätte formieren können.[35] Auch über Eide und Unterschriften bzw. deren Verbot wurde antilutherische Politik betrieben. Seit 1656 sollte ja die Konkordienformel nicht mehr Teil der Schriften sein, auf die sich lutherische Pfarrer bei ihrer Ordination verpflichteten. 1662 mußten sich die Pfarranwärter nun auf dieses Edikt von 1656 verpflichten, bei Nicht-Befolgung drohte die Ausweisung.[36]

Nach Konflikten um Besetzungen der lutherischen Patronatsstellen[37] kam es im Zusammenhang einer verstärkten Überwachung der Einhaltung der Schmäh- und Lästeredikte in den 1650er und 1660er Jahren sogar zu Entlassungen lutherischer Geistlicher, darunter so prominenter Pfarrer wie Samuel Pomarius und Paul Gerhardt.[38] 1656/7 und 1662 wurde die Kontrolle der lutherischen Geistlichkeit verschärft, als Ordinationen außerhalb der Landesgrenzen, die Anstellung von in anderen Territorien ordinierten Geistlichen und das Studium in Wittenberg verboten wurden.[39] Schon 1667 wurden sogenannte ‚Wittenberger' zwar wieder in Brandenburg zugelassen, aber an der Prüfung lutherischer Geistlicher durch Reformierte und an der Zensur lutherischer Publika-

---

34 Vgl. *Hintze*, Epochen (Anm. 9), 86 u. *Lackner*, Kirchenpolitik (Anm. 9), 115/116.

35 Vgl. *Hintze*, Epochen (Anm. 9), 77.

36 Vgl. *Mylius*, Corpus (Anm. 12), Bd. I,1, Nr. 29, Titel s. Anm. 19.

37 Hahn kommt zu dem Schluß, daß diese Konflikte Teil der Calvinisierungs-Politik des Kurfürsten waren, der die den Ständen seit 1615 gemachten Konzessionen so rückgängig zu machen suchte. Es handele sich deshalb um „eine landesherrliche Politik der Schadensbegrenzung", vgl. *Hahn*, Calvinismus und Staatsbildung (Anm. 1), 244.

38 Vor allem die Entlassung von Paul Gerhardt war eine sehr unpopuläre Maßnahme und wurde zu einem zentralen Punkt im kollektiven lutherischen Gedächtnis. Die Geschichte wurde wieder und wieder erzählt, als ein Beispiel lutherischer Geschichtsschreibung sei hier nur Landwehr genannt. Vgl. *Landwehr*, Kirchenpolitik (Anm. 9), hier 225/226.

39 Vgl. *Mylius*, Corpus (Anm. 12), Bd. I,1, Nr. 21: *Verordnung, wie es mit der Ordination der Priester gehalten werden solle; vom 3ten Dec. 1656* u. Nr. 22: *Circular-Verordnung (...), wo die Examina und Ordinationes derer neu-vocirten Pfarrer zu verrichten; (...) den 3. Martti, 1657* sowie Bd. I,2, Nr. 20: *Edict, daß von den Landes-Kindern keiner, so Theologiam & Philosophiam studiret, und nach Wittenberg ziehet, Beforderung zu hoffen haben soll, vom 21. Aug. 1662.*

tionen durch reformierte Zensoren wurde auch unter Friedrich III./I. festgehalten.[40] Die oberste Schulaufsicht lag beim Geheimen Rat[41], so daß der Kurfürst auch die lutherische Lehrerschaft auf zentraler Ebene kontrollierte.

Auf lokaler Ebene tat sich die fürstliche Politik mit der Kontrolle der lutherischen Kirchen erheblich schwerer. Kreissynoden fanden zwar kaum noch statt, und auch die für die lokale Aufsicht zuständigen geistlichen Inspektoren wurden vom Geheimen Rat bestellt. Doch das Kirchenvermögen wurde lokal verwaltet. Und die geistliche Gerichtsbarkeit oblag noch bis 1748 dem Konsistorium.[42] Umso wichtiger war es, daß der Geheime Rat Appellationsinstanz wurde.

Die Aufsicht über die hofnahen reformierten Gemeinden lag ohnehin beim Kurfürsten und beim Geheimen Rat.[43] Nach dem Ende des ersten reformierten Kirchenrats 1618 wurde ein reformiertes Kirchendirektorium erst 1715, parallel zur Einrichtung einer eigenen Kirchenbehörde der hugenottischen Gemeinde, geschaffen.[44] Der sogenannte Oberhofprediger übernahm de facto die geistliche Leitung der Reformierten.[45]

Durch eine Politik der Neugründungen reformierter Gemeinden wurde zudem die Konfession des Herrschers tiefer im Land verankert. Hierzu wurde der Art. VII des Osnabrücker Friedensinstruments weit ausgelegt, der es Fürsten erlaubte, für ihren eigenen Gottesdienst sogenannte Hofprediger zu beschäftigen. An allen Residenzen und Aufenthaltsorten der fürstlichen Familie, sowie an Orten mit wichtigen fürstlichen Institutionen entstanden neue Gemeinden.[46]

---

[40] Vgl. *Hahn*, Calvinismus und Staatsbildung (Anm. 1), 250/251.

[41] Dies war das Ergebnis des Konfliktes um die Kompetenzen von Geheimem Rat und Konsistorium gewesen.

[42] Vgl. *Hintze*, Epochen (Anm. 9), 76/77 u. 85/86.

[43] Der Stiftungsbrief der Hofgemeinde von 1632 ist von von Mühler als „Keim einer reformierten Kirchenverfassung bezeichnet worden, zit. n. *Gabriel*, Die reformierten Gemeinden (Anm. 11), 39. Vgl. auch *Nischan*, Prince, People and Confession (Anm. 1), 241/243.

[44] Vgl. *Hintze*, Epochen (Anm. 9), 88; zum Statut der französischen Gemeinde vgl. *Ernst Mengin*, Das Recht der französisch-reformierten Kirche in Preußen, Urkundliche Denkschrift, Berlin 1929; *Barbara Dölemeyer*, Aspekte zur Rechtsgeschichte des deutschen Refuge (Geschichtsblätter des deutschen Hugenottenvereins, 20) Sickte 1988 u. *Jürgen Wilke*, Rechtstellung und Rechtsprechung der Hugenotten in Brandenburg-Preußen (1685–1809), in: Die Hugenotten 1685–1985, hrsg. v. Rudolf von Thadden/Michelle Magdelaine, München 1985, 100–114.

[45] Landwehr zeichnet das bekannte Bild der beiden prägenden Oberhofprediger, des eher versöhnlichen Johann Bergius und des eher polarisierenden Bartholomaeus Stosch, der 1659 die Nachfolge von Bergius antrat, vgl. *Landwehr*, Kirchenpolitik (Anm. 9), 137–230.

[46] Residenzen und Aufenthaltsorte der fürstlichen Familie waren der Witwensitz in Crossen (1661), Küstrin (1662), Köpenick (1685) und Potsdam (1687), Orte

Über die Auswahl der Hofprediger, Professoren und Lehrer durch den Kurfürsten und seine Räte war das reformierte Personal weitgehend unter landesherrlicher Kontrolle.[47] Seit 1664 mußten alle reformierten Prediger zudem die Kirchenordnung der Domkirche unterschreiben, die die Confessio Sigismundi einschloß.[48] Die reformierten Gemeinden erhielten aber gemäß der Ordnung der Berliner Domgemeinde von 1664 eine gewisse Autonomie, die mit der Kirchen- und Schulordnung von 1713 für die deutschen und die französischen Gemeinden festgeschrieben wurde. Ihnen oblagen u. a. die Kirchenzucht, die Katechisation und die Ordinationen.[49]

Das Kirchenregiment in Brandenburg war also durch einen eingeschränkten Territorialismus mit episkopalistischer Tendenz charakterisiert, der durch die unionistische theologische Norm des Fundamentalkonsens legitimiert wurde und Ende des 17. Jahrhunderts hin zum ‚absolutistischen'[50] Territorialismus ausgebaut wurde. Das fürstliche Kirchenregiment war sowohl über die lutherische als auch über die reformierte Kirche auf der oberen Ebene der Kirchenaufsicht und -verwaltung weitgehend durchgesetzt worden.

---

mit wichtigen fürstlichen Institutionen, Joachimsthal mit der Gelehrtenschule und Frankfurt/Oder mit der Universität. Diese Strategie wurde v. a. von *von Thadden,* Die Brandenburgisch-Preußischen Hofprediger (Anm. 11) und von *Opgenoorth,* Die Reformierten (Anm. 5), 445/446, analysiert. Heinrich unterstreicht nochmals die Bedeutung der Besetzung dieser Schlüsselpositionen, wenn er die Ämter der Hofprediger als „Einfallstore der Reformierten" bezeichnet, vgl. *Gerd Heinrich,* Neue Kirchenordnung und „stille Reformation". Die Landesfürsten und die Luthersache in der Mark Brandenburg, in: Jahrbuch für Berlin-Brandenburgische Kirchengeschichte 57 (1989), 62.

47 Im Bereich der fürstlichen Schule Joachimsthal und der Viadrina war die Durchführung der Zweiten Reformation rasch nach 1614 erfolgt. An der Frankfurter Universität hatten die drei weltlichen Fakultäten schon im Jahre 1600 die Unterschrift unter die Konkordienformel verweigert und ein eigenes Bekenntnis formuliert. Die Hoffnung des Kurfürsten, hier würde die calvinistische Elite geformt werden, erfüllte sich aber nur teilweise. Vgl. *Nischan,* Prince, People and Confession (Anm. 1), 126–131 u. 221–223.

48 Abgedruckt in *Daniel H. Hering,* Beiträge zur Geschichte der Evangelisch-Reformierten Kirche, Bd. 2, Breslau 1785, 107–112; vgl. *Gabriel,* Die reformierten Gemeinden (Anm. 11), 39/40.

49 Vgl. *Gabriel,* Die reformierten Gemeinden (Anm. 11), 40.

50 Obwohl die Durchsetzung des Absolutismus in den frühmodernen Monarchien in letzter Zeit in Frage gestellt wurde, scheint mir der Begriff zur Beschreibung der kirchenregimentlichen Theorie hier der geeignetste zu sein. Vgl. zur Forschungsdiskussion u. a. *Ronald G. Asch/Heinz Duchhardt* (Hg.), Der Absolutismus – ein Mythos? Strukturwandel monarchischer Herrschaft in West- und Mitteleuropa (ca. 1550–1700) (Münstersche historische Forschungen, 9), Köln u. a. 1996.

II. Der Fall Frankreich[51]

In Frankreich war 1598, nach den jahrzehntelangen Religionskriegen[52] ebenfalls aus der Not heraus, die Bikonfessionalität im Edikt von Nantes verbrieft worden.[53] Der König spielte laut Edikt für die Leitung der hugenottischen Kirche eine mindestens ebenso zentrale Rolle, wie sie ihm auch in der gallikanischen Nationalkirche zukam. Letztlich hing nämlich die Duldung der Protestanten allein von ihm ab, der einstige ‚Protecteur' der reformierten Kirche garantierte als König auch den Bestand der protestantischen Kirchen und Institutionen.[54] Im Laufe des 17. Jahrhunderts

---

[51] Zur religionsgeschichtlichen Entwicklung in Frankreich allgemein vgl. *Marc Venard,* Frankreich und die Niederlande, in: Die Zeit der Konfessionen (Anm. 5), 447–523 u. *Bernard Dompnier,* Frankreich, in: Das Zeitalter der Vernunft (Anm. 5), 117–142. Zum Katholizismus sind einschlägig: *Louis Châtellier,* Le catholicisme en France, 1500–1650, 2 Bde., Paris 1995; *Jean Delumeau/Monique Cottret,* Le catholicisme entre Luther et Voltaire, 6. Aufl. Paris 1996, ein Überblickswerk, in dem Frankreich eine hervorragende Position einnimmt, sowie *René Taveneaux,* Le catholicisme dans la France classique, 1610–1715, 2 Bde., Paris 1980. Überblicksdarstellungen zum Protestantismus bei *Charles Bost,* Histoire des protestants de France, 10. Aufl. Carrières-sous-Poissy 1996; *Delumeau/Wanegffelen,* Naissance et affirmation (Anm. 1) u. *Daniel Ligou,* Le protestantisme en France, 1598–1715, Paris 1968.

[52] Auch für die Charakterisierung der jahrzehntelangen Konflikte in Frankreich als ‚Bürger'- oder ‚Religionskriege' muß wieder eine enge Verknüpfung von politischer und religiöser Ebene angenommen werden. So sieht etwa *Marc Venard* in den Auseinandersetzungen zwar einen politischen Machtkampf. „Aber der Widerstreit der Konfessionen und die Predigten der Geistlichen beider Seiten waren eine wesentliche Bedingung dafür, daß die vierzig Jahre lang immer wieder ausbrechenden Konflikte mit so viel Leidenschaft ausgetragen wurden.", in: Frankreich und die Niederlande (Anm. 51), 477. Crouzet hingegen bezeichnet die Kämpfenden als ‚Gottesstreiter', vgl. *Denis Crouzet,* Les guerriers de Dieu: la violence au temps des troubles de religion, vers 1525 – vers 1610, 2 Bde., Seyssel 1990.

[53] Eine kritische Ausgabe des Edikts von Nantes, auf die im Folgenden Bezug genommen wird, in: Religionsvergleiche des 16. Jahrhunderts II, bearb. v. Ernst Walder (Quellen zur Neueren Geschichte, 8), Bern 1946, 13–68. Das Edikt besteht aus den 95 Artikeln des Hauptdokuments, 56 ‚Articles secrets et particuliers' und zwei zusätzlichen ‚brevets'. – Der 400. Jahrestag des Ediktes war Anlaß für neue Untersuchungen und mehrere Tagungen, vgl. u. a. The Adventure of Religious Pluralism (Anm. 9); *Christin,* La paix de religion (Anm. 3); *Jean Delumeau* (Hg.), L'acceptation de l'autre. De l'édit de Nantes à nos jours, Paris 2000; Coexister dans l'intolérance (Anm. 2); *Marc Venard,* Un édit bien enregistré: le quatrième centenaire de l'Édit de Nantes, in: RevHistEglFrance 87 (2001), 27–45 u. *Thierry Wanegffelen,* L'Édit de Nantes. Une histoire européenne de la tolérance (XVIe–XXe siècle), Paris 1998.

[54] Zur Abhängigkeit der Hugenotten vom König vgl. *Delumeau/Wanegffelen,* Naissance (Anm. 1), 218 u. *Marc Greengrass,* France in the Age of Henri IV. The Struggle for stability, 2. Aufl. London/New York 1995, 105: „In fact the whole tenor of the edict is not the extreme degree of independence that it granted to the Huguenots to live under their own law, but the degree of dependence (...) on the pleasure of the king."

blieb der König jedoch nicht der wohlwollende Schutzherr der protestantischen Minderheit. Das Edikt von Nantes wurde seit den 1620er Jahren von Ludwig XIII. und Richelieu teilweise zurückgenommen – insbesondere büßten die Hugenotten 1629 im Frieden von Alès ihre politischen und militärischen Privilegien ein –, von Ludwig XIV. wurde es dann seit 1661 zunächst streng ausgelegt, bevor die massive Verfolgungspolitik und die Vertreibung von 1685 folgten.[55] Parallel zur Rekatholisierung Frankreichs[56] verfolgte Ludwig XIII. zudem die innerkatholische Opposition der Jansenisten. Diese innere Spaltung des französischen Katholizismus sollte sich allerdings nicht überwinden lassen, obwohl Ludwig XIV. für die Bekämpfung des Jansenismus sogar den Streit mit dem Papsttum aussetzte.[57]

In Frankreich wurde die protestantische Partei mit dem Edikt von Nantes zur vom Staat geduldeten konfessionellen Minderheit. Das Edikt griff viele Bestimmungen zum Schutz der Reformierten aus vorherigen Edikten wieder auf[58] und bestimmte das Verhältnis von Krone und Protestanten, aber auch das von Protestanten und Katholiken.[59] Der König verzichtete vorübergehend auf die Durchsetzung einer einzigen Religion[60], gewährte Andersgläubigen Gewissensfreiheit und – beschränkte –

---

55 Die Etappen der Verfolgung der Protestanten u. a. bei *Janine Garrisson,* L'Édit de Nantes et sa révocation. Histoire d'une intolérance, Paris 1985.

56 Die Rekatholisierung umfaßte nicht nur die institutionellen Reformen im Sinne des tridentinischen Konzils, sondern auch eine gesellschaftliche Neuformierung und Verankerung des Katholizismus. Vgl. zur Rolle der Jesuiten und zum Aufbau eines ‚système dévot' v. a. *Louis Châtellier,* L'Europe des dévots, Paris 1987, zur Konfessionalisierung der Gläubigen *ders.,* La religion des pauvres: les missions rurales en Europe et la formation du catholicisme moderne, XVIe–XIXe siècles, Paris 1993 u. *Marc Venard,* Volksfrömmigkeit und Konfessionalisierung, in: Die katholische Konfessionalisierung, hrsg. v. Wolfgang Reinhard/Heinz Schilling, Gütersloh 1995, 258–270.

57 Zum Verhältnis von Krone und Jansenismus vgl. immer noch *René Taveneaux,* Jansénisme et politique, Paris 1965 u. *Françoise Hildesheimer,* Le Jansénisme en France aux XVIIe et XVIIIe siècles, Paris 1991.

58 Eine kommentierte Ausgabe aller Edikte seit 1560 bei *André Stegmann* (Hg.), Édits des guerres de religion, Paris 1979.

59 Das Verhältnis von Krone und Protestanten wurde zusätzlich in den beiden ‚brevets' geregelt, das erste betraf die königlichen Subventionen, das zweite die Sicherheitsplätze. Wichtig für das Verhältnis von Katholiken und Protestanten waren das in Art. 17 verfügte Friedensgebot und die Bestimmung, daß die Protestanten die katholischen Feiertage zwar respektieren müßten (Art. 20), aber nicht gezwungen werden könnten, ihre Häuser zu schmücken, dies aber dulden müßten, wenn es die Obrigkeit anordnete (Zusatzart. 3). Im Zusatzart. 34 wurde den Protestanten das Glockenläuten an ihren Gottesdienstorten erlaubt, die Art. 30 ff. regelten die Einrichtung und die Kompetenzen der ‚Geteilten Kammern'.

60 In der Präambel des Edikts von Nantes heißt es: *qu'il [Dieu] puisse être adoré et prié par tous nos sujets.*

Kultfreiheit[61] und darüber hinaus mit der Zulassung zu allen Ämtern und dem Recht auf eigene Schulen, Friedhöfe etc. soziale Gleichberechtigung.[62] Mit der Durchsetzung der Verfügungen von 1598 unter Heinrich IV. wurde so erstmals erfolgreich, das heißt ohne Wiederausbrechen der Kriege, die konfessionelle Koexistenz in der französischen Kirchenverfassung verankert.

Neben den kirchenregimentlichen und interkonfessionellen Regelungen beinhaltete das Edikt nicht zuletzt die Restitution der katholischen Kirche im gesamten Königreich[63], und zwar einschließlich der Rückerstattung von Kirchenvermögen und -bauten.[64]

Während die Protestanten in der Folge des Edikts zu den treuesten Verfechtern der Monarchie wurden[65], blieb die katholische Mehrheit gespalten, nun weniger in Ligisten und Anhänger Heinrichs IV. als in die ultramontanen Befürworter Trients und ‚Dévots', die Verfechter eines ‚gallicanisme régalien' oder ‚absolutiste' sowie die – jansenistischen – Anhänger eines konziliaren oder presbyterialen Gallikanismus.[66]

---

[61] In Art. 6 des Edikts wurde Gewissensfreiheit zugesagt – nach *Wanegffelen,* L'Édit de Nantes (Anm. 53), 35, waren die Bestimmungen so weitgehend, wie es in der Epoche überhaupt denkbar war. Art. 7–14 beschränkten die Kultfreiheit auf die Orte, an denen bisher reformierter Gottesdienst abgehalten worden war, Art. 14 verbot reformierte Gottesdienste am Hof, in Paris und Umgebung.

[62] Vgl. zur Gleichstellung im Bildungswesen Art. 22 u. 23, zur Armen- und Krankenpflege Art. 24 u. zur Ämterzulassung Art. 27.

[63] Im Edikt heißt es fast lapidar: *La religion catholique (...) sera remise et rétablie en tous les lieux et endroits de cetui notre royaume et pays de notre obéissance où l'exercice d'icelle a été interrompu (...).* (Art. 3).

[64] Die Rückerstattung des katholischen Kirchenbesitzes war in Art. 3 u. 4 des Edikts geregelt.

[65] Die Verehrung des Königs geriet zu einem wahren ‚culte monarchique', 1637 wurde der König auf einer Synode als ‚image de Dieu vivante' bezeichnet. Vgl. *Delumeau/Wanegffelen,* Naissance (Anm. 1), 221. Die uneingeschränkte Anerkennung der königlichen Macht ließ die Protestanten auch die zunehmenden Repressionen akzeptieren, der einzig mögliche Widerstand war das Martyrium. Vgl. *Ligou,* Le protestantisme (Anm. 51), 170–177. *Christin,* La paix de religion (Anm. 3), 210 spricht sogar von einem „hyper-gallicanisme absolutiste" der Protestanten.

[66] Die Bezeichnung ‚gallicanisme régalien' bei *Jean Delumeau,* ‚Gallicanisme', in: Encyclopédia universalis, Bd. 7, 448–450. Zur Beschreibung des spezifischen französischen Katholizismus zitiert *Wanegffelen,* L'Édit de Nantes (Anm. 53), 55 die Formel Heinrichs IV., er sei „catholique romain, non catholique jésuite". Vgl. auch *ders.,* Ni Rome ni Génève. Des fidèles entre deux chaires en France au XVIe siècle, Paris 1997 u. *ders.,* Une difficile fidélité: catholiques malgré le concile en France, XVIe–XVIIe siècles, Paris 1999.

1. *Kirchenregimentstheorie*

So wie mit dem Begriff des ‚Territorialismus' Brandenburgs Kirchenverfassung charakterisiert wurde, wird die französische Staatskirche mit dem des ‚Gallikanismus' schlagwortartig beschrieben.[67] Vor dem Hintergrund der langen Tradition der Nationalkirche[68] und der seit seiner Konversion wiederhergestellten Katholizität der Monarchie konnte Heinrich IV. als ‚Roi très chrétien' die Duldung der protestantischen Minderheit durchsetzen. Die ‚politiques' von Hospital bis Bodin hatten unter dem Eindruck der Bürgerkriege die letzte Rettung in einem Monarchen gesehen, der sich als ‚arbitre impartial' über die Konfessionsparteien stellen und den sehnlichst gewünschten Religionsfrieden bringen sollte.[69] Heinrich IV. konnte seine Entscheidung mit den im Krönungseid der französischen Könige enthaltenen Versprechen legitimieren. Danach war er zuerst Beschützer und Bewahrer der Kirche, zweitens hatte er sich verpflichtet, seinem Land den Frieden und Gerechtigkeit zu bringen. Das dritte Versprechen schließlich, die Ketzer zu besiegen, lag, wie Wanegffelen schreibt, außerhalb der menschlichen Möglichkeiten und wurde so im Edikt auch der Gnade Gottes anheimgestellt.[70] Dem entsprach die in der Präambel zum Edikt von Nantes geäußerte Hoffnung auf eine von Gott wiederherzustellende religiöse Einheit, die zugleich eine „nostalgie de la véritable union religieuse" war.[71] Damit war die Bikonfessionalität ‚gal-

---

[67] Über Frankreich schreibt schon *Otto Hintze*: „Es lehnte die politischen Konsequenzen des Tridentinums ab und bildete (...) seinen Gallikanismus aus, eine monarchische französische Staatskirche, die auch den Hugenotten Toleranz gewähren konnte." Kalvinismus und Staatsräson (Anm. 1), 291. Vgl. auch *Alain Tallon,* Gallicanism and Religious Pluralism in France in the Sixteenth Century, in: The Adventure of Religious Pluralism (Anm. 9) 15–30.

[68] Der Begriff einer ‚Nationalkirche' wird seit der Pragmatischen Sanktion von Bourges 1438 verwendet, die Mieck als „eine Art Grundsatzerklärung für den modernen Gallikanismus" bezeichnet. *Ilja Mieck,* Die Entstehung des modernen Frankreich, 1450–1610, Stuttgart u. a. 1982, 213.

[69] In den ‚Six livres de la République' hatte sich Bodin 1583 gegen eine gewaltsame Verfolgung von Andersgläubigen ausgesprochen, die Staatsgewalt müsse vielmehr über den Religionsparteien stehen. In diesem Sinne hatte auch Hospital die Krone beraten. Vgl. *Lehmann,* Das Zeitalter des Absolutismus (Anm. 1), 25; *Arlette Jouanna,* Die Debatte über die absolute Gewalt im Frankreich der Religionskriege, in: Der Absolutismus – ein Mythos? (Anm. 50), 57–78. Zu Bodin vgl. speziell *Julian H. Franklin,* Jean Bodin et la naissance de la théorie absolutiste, Paris 1993 u. *Jean-Fabien Spitz,* Bodin et la souveraineté, Paris 1998, zu Hospital vgl. *Denis Crouzet,* La sagesse et le malheur: Michel de l'Hospital, Chancelier de France, Seyssel 1998.

[70] Vgl. *Wanegffelen,* L'Édit de Nantes (Anm. 53), 48/49.

[71] *Christin,* La paix de religion (Anm. 3), 207. In der Präambel des Edikts heißt es wörtlich: *et s'il [Dieu] ne lui plu permettre que ce soit pour encore en une même forme et religion, que ce soit au moins d'une même intention et avec telle règle*

likanisch' begründet worden und wurde unter dem Druck des Königs 1599 schließlich auch von den katholischen Parlamentariern von Paris registriert.[72]

So aber wie die gallikanische Tradition hier Ende des 16. Jahrhunderts zur Legitimation der beschränkten Autonomie der protestantischen Minderheit dienen konnte, so war sie umgekehrt auch Grundlage der Theorie des Gottesgnadentums, ein Konzept vor allem von Bossuet, das nicht zufällig mit der Zeit der Verfolgung und der Vertreibung der Hugenotten zusammenfiel.[73] Bossuet entwarf gegen die Angriffe der Jansenisten auf die königliche Souveränität in Kirchenangelegenheiten und mit Blick auf die Auseinandersetzung Ludwigs XIV. mit dem Papst die Theorie des Gottesgnadentums.[74] Danach ist die Person des Königs heilig. Er ist absolut und nur Gott verantwortlich, weshalb er dem Papst nicht untergeordnet sein kann und ihm die Untertanen zu unbedingtem Gehorsam verpflichtet sind. Verweigern sie diesen, machen sie sich zu Feinden der öffentlichen Ordnung, der Gesellschaft und der wahren Religion. Der König müsse deshalb auch falsche Religionen unterdrücken, wobei Bossuet eher für Milde als für Härte im Umgang mit Andersgläubigen plädierte.[75]

Der ,gallicanisme royal' konnte also beides legitimieren, die Toleranz und die Unterdrückung von Andersgläubigen – und diese Zuständigkeit für die religiösen Angelegenheiten mußte der König von Gottes Gnaden mit niemandem teilen.

2. *Konfessionell-theologische Normsetzung*

Auf der Ebene der konfessionellen und theologischen Normsetzung resultierten aus dem Konzept des königlichen Gallikanismus in der Regierungszeit Heinrichs IV. sogar noch einmal Pläne für eine Kirchenreform durch ein Nationalkonzil, das der König zusammenrufen sollte, die

---

qu'il n'y ait point pour cela de trouble ou de tumulte entre eux, et que nous et ce royaume puissions toujours mériter le titre glorieux de Très-Chrétien.

72 Vgl. *Mieck,* Die Entstehung (Anm. 68), 243.

73 Die von Bossuet 1677 verfaßte und 1709 publizierte Schrift ,Politique tirée des Propres Paroles de l'Écriture Sainte' ist die programmatische Grundlage des Gottesgnadentums geworden.

74 So „bekräftigte die Bestätigung des Gottesgnadentums (...) die Verantwortung des Herrschers für kirchliche Angelegenheiten", *Bernard Dompnier,* Frankreich (Anm. 51), 133. Ein Überblick zu Bossuets Lehre bei *Lehmann,* Das Zeitalter des Absolutismus (Anm. 1), 27 u. *Bernard* u. *Monique Cottret,* Von der Christenheit zu Europa, in: Das Zeitalter der Vernunft (Anm. 5), 172–174.

75 Bossuet hielt aber Milde im Umgang mit den zu bekämpfenden Häresien für besser als Härte, vgl. *Lehmann,* Das Zeitalter des Absolutismus (Anm. 1), 27.

Fehler von Trient korrigieren würde und die Protestanten in die Kirche des Königs zurückgeführt hätte.[76] Das Reformkonzept, das für Heinrich IV. hinter dem Edikt von Nantes stand, wäre so ein „projet religieux (...) catholique, gallican et ‚non-confessionnel'" gewesen.[77] Die Neuformierung des französischen Katholizismus erfolgte zwar im Sinne Trients; dem gallikanischen Konzept entsprach aber die Weigerung der französischen Monarchen, die Konzilsbeschlüsse als Staatsgesetz zu promulgieren, wie es die mehrheitlich ultramontanen Vertreter des französischen Klerus auf ihren ‚Assemblées générales' seit 1576 immer wieder gefordert hatten. 1615 verlangte die Klerusversammlung dies erneut mit Vehemenz, in der Ablehnung war die Krone aber von den Parlamenten und auf der Versammlung der Generalstände 1614 vom Dritten Stand noch bestärkt worden.[78]

In einer eng auf den König zugeschnittenen Umsetzung der gallikanischen Theorien blieb für die innerkatholische Minderheit der Jansenisten im Laufe des 17. Jahrhunderts immer weniger Platz. Von Richelieu noch als Verstärkung der nationalkirchlichen Front gegen die Ultramontanen und Devoten genutzt, begann die Bekämpfung dieser neuen ‚Häretiker' Ende der 1630er Jahre, als ihre konziliaren Ideen gefährlich zu werden schienen.[79]

Nur vorübergehend gewann Ludwig XIV. 1682 noch einmal die große Mehrheit des französischen Klerus im Zusammenhang mit der sogenannten ‚Affaire de la Régale', der Auseinandersetzung um die Rechte des Königs in der Nationalkirche[80], auf deren Höhepunkt die ‚Vier Artikel'

---

[76] Vgl. *Wanegffelen,* L'Édit de Nantes (Anm. 53), 55; *Delumeau/Wanegffelen,* Naissance (Anm. 1), 221–223. Eine Überwindung der konfessionellen Spaltung in einem Nationalkonzil hatten auch Heinrich II. und Katharina von Medici bis 1561 erhofft. Vgl. *Venard,* Frankreich und die Niederlande (Anm. 51), 474 u. 480.

[77] *Wanegffelen,* L'Édit de Nantes (Anm. 51), 55. Er weist weiter darauf hin, daß das Edikt im Gegensatz dazu als „un texte de restauration du catholicisme confessionel" erlebt worden wäre, ebd.

[78] Zum Dauerstreit zwischen Krone und Klerusversammlungen um die Promulgation seit 1576 vgl. *Venard,* Frankreich und die Niederlande (Anm. 51), 488–490 u. 518 sowie *Delumeau,* Gallicanisme (Anm. 66), 448/449.

[79] Richelieu hatte Saint-Cyran 1632 seine antijesuitische Polemik publizieren lassen, sie war im Streit mit der ultramontanen ‚parti dévot' willkommen gewesen. Doch den Konziliarismus von Richer und anderen konnten weder er noch Mazarin dulden, wenn sie nicht die königliche Autorität in der Nationalkirche gefährden wollten. Vgl. *Lehmann,* Das Zeitalter des Absolutismus (Anm. 1), 64/65. Durch Quesnel (1671) und Boileau (1676), die an Richer anknüpften, wurde die kirchenpolitische Brisanz dann wieder aktualisiert. Vgl. ebd., 69/70.

[80] Die ‚Régale' teilte sich in das weltliche Regalienrecht – die Einkünfte aus einer Pfründe für die Dauer einer Vakanz, die seit der 2. Hälfte des 17. Jahrhunderts von der Krone eingefordert wurden – und das geistliche Regalienrecht – das Patronatsrecht der Besetzung der niederen Benefizien – , auf das Ludwig XIV. seit

von Bossuet formuliert wurden.[81] Gemäß den Artikeln wurden Gottesgnadentum und absolute Unabhängigkeit der französischen Kirche von Rom bis 1693 zu den offiziell in Seminaren und Universitäten gelehrten Normen der gallikanischen Kirche[82] – bevor der Konflikt mit den Jansenisten wieder aufbrach.

Während sich für die Hugenotten die Frage einer konfessionell-theologischen Normsetzung nicht stellte – seit 1598 wurden die theologischen Lehren und die synodale Organisation der Reformierten von der Krone respektiert, mit den Repressionen und Verfolgungen verloren sie dann jede Berechtigung – war der König in der Frage der Rechtgläubigkeit der katholischen Jansenisten stets auf den Papst verwiesen. So mußte er sich für eine Schlichtung des Streits, der sich inzwischen weniger um das richtige Gnadenverständnis als vielmehr um Quesnels Aussage, die individuelle Gewissensentscheidung stehe über dem päpstlichen Supremat drehte, an die Kurie wenden. Hierzu schloß Ludwig XIV. in der Frage der Vier Punkte 1693 schließlich doch Frieden mit Rom und nahm die Ansprüche der französischen Nationalkirche teilweise zurück. Er konnte aber die Registrierung der Bulle ‚Unigenitus' (1713) zu seinen Lebzeiten nicht mehr erreichen.[83] Die Jansenisten, deren presbyterianische Ideen, zumal in Verbindung mit der Opposition der Parlamente, dem Königtum zunehmend gefährlich wurden, unterminierten so langfristig den königlichen Gallikanismus, der mit den Vier Artikeln soeben seinen höchsten Anspruch formuliert hatte.[84]

1673 Anspruch erhob. Vgl. *Mieck,* Die Entstehung (Anm. 68), 216 u. *Wolfgang Mager,* Frankreich vom Ancien Régime zur Moderne, Wirtschafts-, Gesellschafts- und Institutionengeschichte, 1630–1830, Stuttgart u. a. 1980, 133/134.

[81] Eine kritische Edition der ‚Déclaration du clergé de France sur la puissance ecclésiastique et la puissance séculière', kurz ‚Vier Artikel' genannt, von 1682 in: Staat und Kirche in Frankreich I. Von der gallikanischen Königskirche zur konstitutionellen Natonalkirche, bearb. v. Ernst Walder (Quellen zur Neueren Geschichte, 18/19), Bern 1953, 74–84.

[82] Vgl. *Lehmann,* Das Zeitalter des Absolutismus (Anm. 1), 64/65 u. *Mager,* Frankreich (Anm. 80), 133/134.

[83] Vgl. *Mager,* Frankreich (Anm. 80), 134/135. Quesnel hatte die individuelle Gewissensentscheidung über das päpstliche Supremat gestellt. Da der König der Infragestellung der „episkopalistisch-anstaltlichen Kirchenverfassung" (ebd., 134) mit Hilfe der Kurie, die ihrerseits ihren Superioritätsanspruch sichern wollte, entgegentrat, konnten sich Parlamente und Jansenisten fortan als die Bewahrer der königlichen Souveränität und des Gallikanismus verstehen. Vgl. auch *Delumeau/ Cottret,* Le catholicisme (Anm. 51), 220: „la royauté, pour lutter contre le Jansénisme, devient quasiment ultramontain."

[84] Die Jansenisten werden so auch als Wegbereiter der Revolution verstanden. Vgl. u. a. *Dale K. Van Kley,* The Religious Origins of the French Revolution: from Calvin to the Civil Constitution, 1560–1791, New Haven 1996; *Delumeau/Cottret,* Le catholicisme (Anm. 51), 224–232; *Mager,* Frankreich (Anm. 80), 135, *Cathérine*

3. *Praxis des Kirchenregiments*

Beide Konfessionskirchen besaßen in Frankreich eine relativ weitgehende Autonomie.

Zur Leitung der Diözesen durch die Bischöfe, die durch Trient zudem an Durchsetzungskraft gewonnen hatten, gehörte neben der Einberufung von Synoden und den Visitationen auch die Einrichtung von Seminarschulen und die geistliche Gerichtsbarkeit in den ‚Offizialaten‘[85] Die alle fünf Jahre zusammentretenden Klerusversammlungen waren fest etabliert und traten nach 1614 quasi an die Stelle der Generalstände.[86] Hinzu kamen immer mehr Schulgründungen durch die katholischen Orden. Jesuitenkollegien prägten am Ende des 17. Jahrhunderts die französische Schullandschaft und verankerten mit den höheren Schulen und den marianischen Sodalitäten den Geist des Tridentinums in der französischen Gesellschaft.[87]

1598 hatte die reformierte Kirche im Bereich der ‚Res mixtae‘ die gleichen Rechte erhalten wie die katholische Kirche und demzufolge ebenfalls von ihrem Recht auf Errichtung eigener Schulen und Akademien Gebrauch gemacht.[88] Auch die protestantischen Gemeinden und Konsistorien regelten ihre inneren Angelegenheiten autonom. Die Synoden und Kolloquien entschieden ebenso über theologische Streitfragen wie über Besetzungen von Pfarrstellen.[89] Bis 1628 behielt die protestantische Partei in den ‚assemblées politiques‘ ein Instrument für eine ‚nationale‘ Politik; mit den Sicherheitsplätzen zudem eine militärische Absicherung ihres ‚Etat‘.[90]

Maire, (Hg.), Jansénisme et Révolution. Actes du colloque de Versailles (Chroniques de Port-Royal, 59), Paris 1990.

[85] Vgl. zur Organisation der katholischen Kirche *Delumeau/Cottret,* Le catholicisme (Anm. 51), 63–113; zur geistlichen Gerichtsbarkeit vgl. *Mager,* Frankreich (Anm. 80), 132.

[86] Vgl. *Pierre Blet,* Le Clergé de France et la Monarchie. Étude sur les assemblées générales du clergé de 1615 à 1666, 2 Bde., Rom 1959.

[87] Zum Schulwesen der Orden vgl. *Venard,* Frankreich und die Niederlande (Anm. 51), 490/491, 514 u. 517; zu den Sodalitäten vgl. *Châtellier,* L'Europe des dévots (Anm. 56), 105–123.

[88] Vgl. *Ligou,* Le protestantisme (Anm. 51), 163–165 u. *Venard,* Frankreich und die Niederlande (Anm. 51), 496 u. 512.

[89] Vgl. *Ligou,* Le protestantisme (Anm. 51), 137–140.

[90] Vgl. *Mieck,* Die Entstehung (Anm. 68), 241/242 und *Venard,* Frankreich und die Niederlande (Anm. 51), 510. Die politische und militärische Organisation der Hugenotten konnte nach *Mieck,* ebd., 242/243 von den Zeitgenossen als Staat im Staate angesehen werden. Der Begriff ‚État‘ ist hier aber so gemeint, wie ihn Wanegffelen im Anschluß an Roland Mousniers Begriff ‚ordre protestant‘ definiert, als ein ‚état‘ oder ‚ordre‘ in der frühneuzeitlichen Ständegesellschaft, nicht etwa als Staat im Staate, vgl. *Wanegffelen,* L'Édit de Nantes (Anm. 53), 47. Allgemein

Dieser starken Autonomie nach innen stand im Fall der reformierten Kirchen die beschriebene hohe Abhängigkeit von der Gunst des Königs gegenüber. Synoden mußten genehmigt werden, was im Laufe des 17. Jahrhunderts immer seltener geschah, seit 1625 war auch ein königlicher Kommissar zugegen[91], die Subventionen wurden sehr unregelmäßig und nur in viel geringerer Höhe gezahlt als im Edikt versprochen[92], die ‚Chambres mi-parties' an den Gerichtshöfen tagten bis zu ihrer Auflösung 1679 unter immer größeren Schwierigkeiten.[93] Daß die Reformierten für die Gewährung der Privilegien dem König zu besonderem Gehorsam verpflichtet waren, zeigt sich zudem daran, daß alle protestantischen Amtsträger ihren Eid auf den König leisten mußten.[94]

Wie schwierig hingegen die äußere Kontrolle der katholischen Kirche war, ist beispielsweise an den zahlreichen Auseinandersetzungen des Königs mit der Klerusversammlung ablesbar. Der Dauerstreit um die Promulgation der Trienter Konzilsdekrete als Staatsgesetz wurde bereits erwähnt. Ähnlich verhielt es sich in der Frage der kirchlichen Zahlungen an den König. Da die Krone das von der Versammlung jeweils zu beschließende ‚don gratuit' dringend benötigte, war hier ein zähes Verhandeln zwischen beiden Parteien die Regel.[95] Hinzu kam der Druck der ‚Dévots' auf die Konfessionspolitik und die Konflikte mit den Jansenisten, so daß das schon im Konkordat von 1516 erreichte königliche Ernennungsrecht für die höheren Benefizien nur bedingt bzw. nur zeitweise die erwünschte Kontrolle über das Episkopat garantierte.[96] Im Gegensatz zu Brandenburg hatte der König auch bis zum Streit mit der Kurie um

---

wird von einem ‚corps privilégié' gesprochen. Vgl. ebd. u. *Delumeau/Wanegffelen*, Naissance (Anm. 1), 215.

[91] Vgl. Edikt von Nantes (Zusatzart. 34) u. *Ligou*, Le protestantisme (Anm. 51), 129/130. Die Verschlechterungen wurden von den königstreuen Protestanten nicht nur hingenommen, dem König wurde von einigen Theoretikern sogar das Recht auf die Regelung aller äußeren Fragen des Kultus zugestanden, vgl. ebd., 176/177.

[92] Die Subventionszahlungen, die das zurückgegebene Kirchengut kompensieren sollten, waren schon unter Heinrich IV. geringer als versprochen und blieben nach seinem Tod über lange Zeitspannen ganz aus, bevor die Verfolgungsmaßnahmen Ludwigs XIV. auch das Vermögen der Protestanten betrafen. Vgl. *Ligou*, Le protestantisme (Anm. 51), 166–169 u. 220/221 u. *Venard*, Frankreich und die Niederlande (Anm. 51), 509 u. 513.

[93] Vgl. *Eckart Birnstiel*, Justiz und Religion. Anmerkungen zur Kompetenz, Organisation und Funktion der konfessionellen Sondergerichtsbarkeit in Frankreich (1576–1679), in: Schlaglichter Preußen – Westeuropa, Festschrift für Ilja Mieck zum 65. Geburtstag, hrsg. v. Ursula Fuhrich-Grubert/Angelus H. Johansen (Berliner Historische Studien, 25), Berlin 1997, 215–234.

[94] Vgl. Edikt von Nantes, Art. 27.

[95] Vgl. zur Bedeutung des ‚don gratuit' und den Druck der Klerusversammlung auf die Krone – viele Vertreter gehörten zur ‚parti dévôt' – *Garrisson*, L'Édit de Nantes (Anm. 55), 101–104.

die ‚Régale' nur sehr wenige Ernennungsrechte für niedere Benefizien. Da der König 1693 zwar die Vier Punkte zurücknahm, die einmal beanspruchten Ernennungsrechte aber behielt, gelang in diesem Punkt eine Stärkung des königlichen Kirchenregiments über die katholische Kirche.[97]

Das königliche Kirchenregiment blieb in Frankreich also hinter seinem gallikanischen Anspruch und der Lehre des Gottesgnadentums zurück. Die Ausfüllung der zugesagten Privilegien, ja die Duldung überhaupt hing für die Hugenotten zwar an der Gunst des Königs, doch nach innen blieben sie durch ihre Selbstverwaltung unabhängig. Zur Behauptung seines Monopols über die katholische Kirche mußte der König Episkopat und Klerusversammlung auf seiner Seite halten, bei der Klärung grundlegender theologischer Fragen war er zudem auf die Kurie angewiesen.

III. Brandenburg und Frankreich im Vergleich

Fragt man für die Fälle Brandenburg und Frankreich nach den Ursachen von Toleranz und Intoleranz mehrerer Konfessionen in einem Staat, so scheinen die Ähnlichkeiten und Unterschiede im Kirchenregiment von erheblicher Bedeutung zu sein. Im Vergleich von Theorie und Norm des Kirchenregiments stellt man fest, daß gemäß einer konzeptuellen Ähnlichkeit von Episkopalismus und Gallikanismus aus Gründen der Staatsräson zu Beginn des 17. Jahrhunderts in beiden Staaten zunächst Polykonfessionalität zugelassen werden konnte. Während sich aber Brandenburg langfristig ein naturrechtlich begründeter Territorialismus Bahn brach, wurde in Frankreich der ‚gallicanisme royal' zu einem Konzept des Gottesgnadentums weiterentwickelt, in dem für Andersgläubigkeit wenig Platz war.

Ähnlichkeiten lassen sich auch darin erkennen, daß in beiden Ländern nach einer eigenen konfessionellen Norm gesucht wurde, in Frankreich die eines nicht-tridentinischen, gallikanischen Reformkatholizismus, in Brandenburg der Fundamentalkonsens. Der innerkatholische Konsens mit den Jansenisten, der dem Fundamentalkonsens und dem Pietismus entsprochen hätte, gelang aber nicht, war vermutlich durch die Abhängigkeit von den theologischen Entscheidungen der Kurie, aber auch durch die politischen Implikationen nicht zu erreichen.

---

[96] Vgl. *Frederic J. Baumgartner,* Change and Continuity in the French Episcopate: The Bishops and the Wars of Religion, 1547–1610, Durham 1986, zu den Ernennungen insbes. 29–83 u. *Joseph Bergin,* The Making of the French Episcopate, 1589–1661, New Haven/London 1996.

[97] Vgl. *Delumeau/Cottret,* Le catholicisme (Anm. 51), 220.

In etwa zeitgleich mit dem Ausbau des Territorialismus in Brandenburg begannen in Frankreich die Repressionen und Verfolgungen von Hugenotten und Jansenisten. Die großen Unterschiede im Bereich der Praxis des Kirchenregiments, das heißt der Kontrolle über die Kirche des jeweiligen Herrschers und über die mit Privilegien bedachte anderskonfessionelle Kirche sind hier von Bedeutung. Das Kirchenregiment im ‚absolutistischen' Frankreich war vielleicht letztlich nicht stark genug, um Toleranz zu ermöglichen. Die Kontrolle des brandenburgischen Kurfürsten über seine reformierte Hofkirche und die lutherische Kirche war viel stärker als die des französischen Königs über die zwischen Devoten und Jansenisten zerrissene gallikanische, katholische Kirche. Brandenburgs Kurfürst war durch den Territorialismus weniger abhängig von den lutherischen Ständen und der Geistlichkeit, der französische König war – allen gallikanischen Ansprüchen zum Trotz – in seiner Kirchenpolitik letztlich immer neu auf die Zustimmung des Episkopats bzw. der Klerusversammlung angewiesen. Während in Brandenburg landesherrliche Behörden der Kirchenverwaltung existierten, in denen der Kurfürst seinen Einfluß zunehmend sicherte[98], unterstanden die französischen Kirchen und ihre Organe zwar dem König, besaßen aber eine mehr oder weniger autonome Selbstverwaltung. Der König versuchte deshalb, durch eine entsprechende Besetzungspolitik und das Eintreten für den Gallikanismus eine ihm gefügige Nationalkirche zu schaffen. Aber mit der tridentinischen Opposition von Teilen der katholischen Kirche, der ungelösten Frage des Jansenismus und der relativen Unabhängigkeit der Protestanten blieb sein Kirchenmonopol immer wieder grundsätzlich gefährdet – und wurde vielleicht auch deshalb mit den radikalen Maßnahmen von Verfolgung und Vertreibung zu sichern gesucht.

Das fürstliche Kirchenmonopol war in Brandenburg dagegen weit weniger in Gefahr, sicherlich weil der Kurfürst die Reformierten als Machtelite protegierte und damit auch die reformierte Kirche gezielt an seine Person band, aber auch weil erst seine immer straffere Kontrolle der Institutionen und Instrumente des Kirchenregiments eine fundamentale Opposition gegen das landesherrliche Kirchenregiment erschwerten, lange bevor mit dem Pietismus der innerprotestantische Konfessionsunterschied eine geringere Rolle zu spielen begann.

Toleranz oder Intoleranz gegenüber anderskonfessionellen Gruppen, dies hing im frühneuzeitlichen Brandenburg und Preußen meines Erach-

[98] Auch die französische Gemeinde war hier keine Ausnahme: So großzügig der Kurfürst bei der Vergabe der Privilegien für seine Glaubensbrüder auch war, eine synodale Kirchenverfassung erhielten die Hugenotten in Brandenburg nicht. Vgl. *Landwehr*, Kirchenpolitik (Anm. 9), 306, der allerdings meint, Friedrich Wilhelm habe dies eigentlich vorgehabt, u. *Mengin*, Das Recht (Anm. 44), 4–16.

tens nicht nur von der Staatsräson, der fürstlichen Macht oder der Durchsetzbarkeit einer einheitlichen Religion ab.[99] Entscheidend scheinen mir auch die Stärke des Kirchenmonopols und die Formen des Kirchenregiments gewesen zu sein. Letztlich war die Herrschaft des brandenburgischen Kurfürsten über seine Landeskirchen stärker als die des mächtigen französischen Königs, der sein Kirchenmonopol über die Verfolgung der oppositionellen Jansenisten und die Vertreibung der stets unabhängigen Hugenotten zu sichern suchte, während in Brandenburg frühzeitig die Autonomie der beiden protestantischen Kirchen verhindert wurde.

[99] Vgl. dazu *Lehmann,* Das Zeitalter des Absolutismus (Anm. 1), 102/103: „Wie die Gegenüberstellung von Frankreich und Brandenburg-Preußen zeigt, hing Toleranz in Glaubensdingen nicht von dem Grad der Konsolidierung ab, den ein absolutistisches Regime erreicht hatte."

Zur Beurteilung der Rolle religiöser und konfessioneller Minderheiten im frühneuzeitlichen Europa

Ein Kommentar

Von Hartmut Lehmann

Vorweg eine Anmerkung zur Terminologie: Unter konfessioneller Minderheit werden im folgenden Angehörige einer der im Verlauf des 16. Jahrhunderts etablierten, durch den Prozeß der Konfessionalisierung geprägten, daher ‚konfessionell' eindeutig festgelegten Gruppen verstanden, die als Minderheit im Herrschaftsbereich einer anderen Konfession leben. Religiöse Minderheiten gehören dagegen einer Bewegung oder Richtung innerhalb einer Konfession an, die partiell andere Ziele verfolgt als die Mehrheit dieser Konfession, also zum Beispiel die Jansenisten in der gallikanischen Kirche in Frankreich oder die Pietisten innerhalb der lutherischen Landeskirchen im Alten Reich. In den Beiträgen von *Hans Grünberger, Ralf Pröve, Olivier Christin* und *Marie-Antoinette Gross* wird mit unterschiedlicher Akzentuierung auf die konfessionellen sowie auf die religiösen Minderheiten im frühneuzeitlichen Europa verwiesen.

I.

Sowohl in Frankreich wie im Alten Reich wurde im Laufe des 16. Jahrhunderts der Versuch unternommen, den Status konfessioneller Minderheiten kirchenpolitisch und rechtlich und damit auch in politischer Hinsicht zu regeln. Ebenso wie der Augsburger Religionsfrieden von 1555 für die religiösen und kirchlichen Verhältnisse im Alten Reich eine herausragende Bedeutung besitzt, ist in Frankreich dem 1598 erlassenen Edikt von Nantes eine Schlüsselrolle zuzumessen. Im Alten Reich wurde 1555 der Versuch unternommen, den Konflikt zwischen unterschiedlichen Konfessionen dadurch zu entschärfen, daß den verschiedenen Territorien im Reich das Recht gegeben wurde, innerhalb ihrer jeweiligen Grenzen über die konfessionelle Ausrichtung zu bestimmen. Das war, auch wenn es bei der Durchführung zu erheblichen Problemen kommen sollte, aufs Ganze gesehen, eine einfache, eine eindeutige Lösung. Die

Parole von 1555 lautete: Koexistenz statt Krieg. Im Gegensatz dazu wurde in Frankreich im Edikt von Nantes eine ebenso komplizierte wie anspruchsvolle Lösung der konfessionellen Konflikte angestrebt, nämlich das Nebeneinander, das heißt die Koexistenz unterschiedlicher Konfessionen im gleichen Territorium und somit im gleichen Herrschaftsverband. Der Vergleich der beiden Lösungen ist lohnend, da beide von dem Wunsch geprägt sind, die konfessionellen Gegensätze durch eine dauerhafte, zukunftsfähige Regelung zu beenden. Wie bekannt, wurde durch keine der beiden Lösungen der konfessionelle Streit beendet. Zu fragen ist deshalb, warum sich weder die eine noch die andere Lösung auf Dauer als politisch und kirchenpolitisch tragfähig erweisen sollte.

II.

Aus den hier zu diskutierenden Beiträgen geht deutlich hervor, daß die konfessionelle Problematik vom 16. bis ins 18. Jahrhundert stark von anderen historischen Kräften beeinflußt und teilweise sogar bestimmt wurde. *Hans Grünberger* hat auf die verschiedenen Vorurteile und Ressentiments hingewiesen, die im Diskurs der Humanisten im Alten Reich eine Rolle spielten, Vorurteile und Ressentiments, die sich zum Teil mit konfessionellen Argumenten verbinden ließen, die aber nicht in diesen aufgingen. *Ralf Pröve* hat in seinem Beitrag gezeigt, wie sich aus der absolutistischen Militärpolitik und aus den Reglements der stehenden Heere eine eigene „Logik“ ergab, die den Wunsch der Fürsten nach einem konfessionell uniformen Untertanenverband durchkreuzte. In Garnisonsstädten lebten Angehörige verschiedener Konfessionen nebeneinander, und dies war von fürstlicher Seite durchaus intendiert. Daß es bereits in der zweiten Hälfte des 16. Jahrhunderts in Frankreich genuin politische Erwägungen der Frage gab, wie Probleme zwischen konfessioneller Mehrheit und konfessioneller Minderheit gelöst werden könnten, demonstriert *Olivier Christin* mit seinen Ausführungen zur Handhabung des Mehrheitsvotums. Konfessionsloyalität wurde dabei häufig durch Vorstellungen von einer staatsbürgerlichen Verpflichtung relativiert. In den Ausführungen von *Marie-Antoinette Gross* wird schließlich gezeigt, daß die von Kirchenregimenten ausgeübte kirchenpolitische Praxis in Frankreich und in Brandenburg-Preußen durchaus unterschiedlich war und daß sich daraus bemerkenswerte Konsequenzen für den Status konfessioneller Minderheiten ergaben. Festzuhalten ist somit, daß es bei der Beurteilung der Lage von konfessionellen Minderheiten im frühneuzeitlichen Europa nicht genügt, den Bereich der Konfessionspolitik allein aufgrund von theologischen sowie kirchenpolitischen Erwägungen – gewissermaßen als ‚Konfessionalisierung im engeren Sinne‘ – zu begreifen. Richtig ist vielmehr, auch den politischen, den geistigen, den rechtlichen und den kulturellen Kontext zu berücksichtigen. Man könnte diesen Zugang als die Erforschung der ‚Konfessionalisierung im weiteren Sinne' bezeichnen. Nur von diesem Ansatz aus führt ein Weg zur Erforschung der unterschiedlichen Konfessionskulturen in Europa vom 17. bis zum 19. Jahrhundert.

III.

Alle vier Beiträge gehen von den großen konfessionellen Formationen wie auch von den großen konfessionellen Konflikten aus, wie sie sich in Frankreich und im Alten Reich im Laufe des 16. und des 17. Jahrhunderts entluden. Sie werten Schriften der intellektuellen Eliten aus *(Hans Grünberger)*; sie analysieren die Auswirkungen einer bestimmten militärpolitischen Doktrin *(Ralf Pröve)*; sie gehen ein auf besondere politische Interessenlagen und die daraus resultierenden Auseinandersetzungen *(Olivier Christin)*; sie diskutieren schließlich den kirchenpolitischen Organisationsrahmen für weitreichende politische und konfessionspolitische Entscheidungen *(Marie-Antoinette Gross)*. Betont sei ausdrücklich, daß durch diese Zugangsweisen wichtige Aspekte erhellt und interessante Zusammenhänge deutlich gemacht werden. Zu wünschen wäre freilich, daß der in allen vier Studien dominierende ‚Blick von oben' ergänzt würde durch den ‚Blick von unten'. Was fehlt, sind Forschungen zur Transkonfessionalität und zur Interkonfessionalität aus der Sicht von Selbstzeugnissen aus der Feder von Angehörigen der unteren und mittleren Schicht der Bevölkerung. Wie wirkten sich die Entscheidungen der Regierungen und der oberen Behörden bei der großen Zahl der Untertanen in Städten und Dörfern in Frankreich und im Alten Reich aus? Wie wurden in diesen Schichten die Konfessionsdifferenzen und die Konfessionsstreitigkeiten wahrgenommen? Wie gingen diese Teile der Bevölkerung mit konfessionellen Differenzen um? Wie stark war der von oben geübte Konformitätsdruck, wie groß die Bereitschaft zur Anpassung? Gab es in den unteren und mittleren Schichten eigene religiöse Praktiken, einen ‚religiösen Eigensinn' also, und Strategien zur Bewahrung eines gewissen Maßes an religiöser Autonomie? Um diese Fragen zu beantworten, gilt es neue Quellen zu erschließen. Diese Quellen sind jedoch in erstaunlich großer Zahl vorhanden[1], so daß in Zukunft eine weitergehende sozial- und kulturgeschichtliche Differenzierung der Konfessionalisierungsproblematik durchaus möglich sein wird.

---

[1] Siehe *Benigna von Krusenstjern*, Selbstzeugnisse der Zeit des Dreißigjährigen Krieges. Beschreibendes Verzeichnis (Selbstzeugnisse der Neuzeit, 6), Berlin 1997.

IV.

Zu diskutieren ist außerdem, von welcher Warte bzw. von welchem Zeithorizont aus die Rolle der konfessionellen und religiösen Minderheiten sowie der Konfessionspolitik im frühneuzeitlichen Europa beurteilt werden sollte. Richtet man den Blick allein auf das 16. Jahrhundert, dann ergibt sich ein zwiespältiges Bild. Während im Alten Reich die schweren politischen und militärischen Auseinandersetzungen mit dem Augsburger Religionsfrieden vorläufig beendet werden konnten, gelang in Frankreich erst gegen Ende des Jahrhunderts eine politische Beilegung der konfessionellen Differenzen. Zieht man das 17. Jahrhundert mit in die Betrachtung ein, verschieben sich die Bezugspunkte einer Beurteilung. Im Alten Reich eskalierten die konfessionellen Konflikte bereits wenige Jahre nach Beginn des neuen Jahrhunderts. Erst 1648, erst nach schweren kriegerischen Auseinandersetzungen, die viele Opfer forderten, konnte eine neue politische Regelung gefunden werden, die sich dann freilich als außerordentlich tragfähig erweisen sollte. In Frankreich kam es dagegen seit den 1630er Jahren zu einer sukzessiven Steigerung der konfessionellen Konflikte. Diese erreichten im Jahre 1685 mit der Aufhebung des Edikts von Nantes und der anschließenden Flucht und Vertreibung von Tausenden von Hugenotten einen traurigen Höhepunkt. Der Preis der 1685 mit militärischer Gewalt durchgesetzten konfessionellen Uniformität war jedoch hoch. Im Innern dauerten die Konflikte noch mehrere Jahrzehnte fort, da die harte Hand der Regierung in den Camisardenkriegen in den Reihen der Hugenotten immer neue Glaubensmärtyrer schuf. Zugleich trugen die ins Exil getriebenen Hugenotten tatkräftig dazu bei, daß sich im Kampf gegen Ludwig XIV. eine Koalition der großen europäischen Mächte zusammenfand.

Aus der Sicht des 18. Jahrhunderts erscheinen sowohl in Frankreich wie auch im Alten Reich die Konfessionskonflikte des 16. und 17. Jahrhunderts als Probleme, die nicht mehr aktuell und somit erledigt waren. Im Alten Reich wurde die Vertreibung der Salzburger Protestanten durch Erzbischof Firmian Anfang der 1730er Jahre weithin als ein Anachronismus eingestuft, als Rückfall in eine Zeit des konfessionellen Streits, die man glücklicherweise überwunden zu haben glaubte. In Frankreich konzentrierten sich die Auseinandersetzungen im Laufe des 18. Jahrhunderts auf die nicht nur kirchenpolitisch, sondern immer mehr auch politisch ausgetragenen Differenzen zwischen Jansenisten und Gallikanern. Sowohl im Alten Reich wie in Frankreich sagten die Aufklärer konfessioneller Bigotterie den Kampf an und setzten neue Maßstäbe für religiöse und auch für konfessionelle Koexistenz und Toleranz. In das Gebot einer umfassenden Toleranz wurde nunmehr auch die jüdische Minderheit mit einbezogen, auch wenn in beiden Ländern bis zur vollen rechtlichen und politischen Gleichstellung der Juden noch ein schwieriger Weg zurückzulegen war.

Die Maßstäbe einer Beurteilung der Konfessionskonflikte des 16. und 17. Jahrhunderts und der verschiedenen Lösungen, die im Zeitalter der Gegenreformation und des Absolutismus gefunden wurden, verschieben sich noch einmal, wenn man die konfessionellen Positionen sowie die kirchenpolitischen Aktivitäten des 19. Jahrhunderts mit in die Betrachtung einbezieht. Nach dem gewaltigen Laisierungs- und Säkularisierungsschub, den die Französische Revolution ausgelöst hatte, kam es in Frankreich im Laufe des 19. Jahrhunderts zu einem eindrucksvollen Wiedererstarken eines romtreuen, konservativen Katholizismus. Das ganze Land, Gesellschaft, Politik und Kultur, wurde dadurch in zwei Lager geteilt: In ein antiklerikal-laizistisch-republikanisches Lager, das sich an den Idealen von 1789 orientierte, und in ein ultramontan-kirchlich-konservatives Lager, für das die Bekämpfung der Ideen von 1789 oberste Priorität besaß. Nebenrollen spielten die hugenottische Minderheit sowie die jüdischen Gemeinden. Bis zum Ersten Weltkrieg hin war es durchaus offen, ob sich aus diesem spannungsgeladenen Gegeneinander neue schwere Konflikte oder eine moderne, toleranzbereite multireligiöse Gesellschaft entwickeln würden. Auf der einen Seite wurde vor allem von der Reformierten Kirche Frankreichs im Jahre 1898 die 400jährige Wiederkehr des Edikts von Nantes als Zeichen früher Konfessionstoleranz gefeiert. Auf der anderen Seite gewann in der gleichen Zeit im Zusammenhang mit den Auseinandersetzungen um den Hauptmann Dreyfus die präfaschistische ‚Action Française‘ eine große Popularität.

Zu deutlich anderen, freilich nicht weniger gravierenden religiösen Konflikten kam es im Bereich des 1815 gegründeten Deutschen Bundes sowie dann im Deutschen Kaiserreich von 1871. Interessant ist zunächst ein Blick auf die 1830er Jahre. Damals steigerte die preußische Regierung den politischen Druck sowohl gegenüber dem katholischen Klerus im Rheinland wie auch gegenüber denjenigen Lutheranern, die sich der 1817 gegründeten und 1834 vom König noch einmal bestätigten Kirche der Union nicht anschließen wollten. In beiden Fällen kam es zu Gewaltmaßnahmen. Erst Friedrich Wilhelm IV. gelang es, den ‚Kölner Kirchenstreit‘ beizulegen und einen modus vivendi mit den ‚Altlutheranern‘ zu finden. Zu diesem Zeitpunkt war aber schon viel politisches Porzellan zerschlagen. Bei den neuen rheinischen Untertanen der preußischen Krone setzte sich auf Dauer ein tiefes Mißtrauen gegenüber der Berliner Kirchen- und Religionspolitik und der preußischen Politik insgesamt fest, und ebensowenig konnten die Altlutheraner den Einsatz von Gewalt gegen Andersgläubige durch die preußische Regierung vergessen. Tausende Altlutheraner hatten sich entschieden, dem kirchenpolitischen

Zwang in Preußen zu entfliehen, und waren nach den USA oder nach Australien emigriert. Interessant ist in unserem Zusammenhang, daß in beiden Fällen die konfessionellen Konfliktlagen des 16. und des 17. Jahrhunderts, die lange Zeit schon vergessen schienen, binnen weniger Jahre wieder hochaktuell wurden. Die Tolerierung konfessioneller Minderheiten, die in Brandenburg im 17. Jahrhundert praktiziert worden war, erschien dadurch in einem neuen Licht. Denn zurecht konnte nunmehr gefragt werden, ob die Toleranzpolitik des 17. Jahrhunderts nur eine taktische Konzession von seiten der Krone gewesen war, die, sobald es die politische Lage erlaubte, korrigiert wurde. Der Friedrich Wilhelm III. der 1830er Jahre rückte dadurch in eine gefährliche Nähe zu dem Ludwig XIV. des Jahres 1685.

Noch viel heftiger waren aber die konfessionellen Auseinandersetzungen, die im Deutschen Kaiserreich in den 1870er und den 1880er Jahren ausgetragen wurden. Nachdem sich deutsche Protestanten jahrhundertelang gegenüber Katholiken zurückgesetzt und in die Defensive gedrängt gefühlt hatten, ergriffen sie nunmehr nach dem Sieg über das katholische Frankreich die Offensive. Auch in dieser Auseinandersetzung wurden Erinnerungen an die konfessionellen Konflikte des 16. und des 17. Jahrhunderts wach, wobei sowohl auf protestantischer wie auf katholischer Seite namhafte Historiker Öl ins Feuer gossen. Das Ergebnis ist bekannt. Bismarck mußte einsehen, daß der ‚Kulturkampf‘ nicht zu gewinnen war. Dieser hatte, je länger er andauerte, zu einer immer deutlicheren Stärkung des katholischen Lagers geführt. Die Folgen und Spätfolgen des Kulturkampfes können bis weit ins 20. Jahrhundert beobachtet werden.

In unserem Zusammenhang läßt sich aus diesem kurzen Blick auf die verschiedenen Zeitebenen, von denen aus die Rolle konfessioneller Minderheiten und die Lösung konfessioneller Konflikte im 16. und im 17. Jahrhundert beurteilt werden können, eine Schlußfolgerung ziehen: Die Konfliktregelungen, die von einer Perspektive aus als gelungener, als ‚besser‘ erscheinen, mögen aus anderer Perspektive durchaus problematisch sein. Direkter formuliert: Aus der Sicht von 1700 erscheint die brandenburgisch-preußische Religions- und Kirchenpolitik der französischen deutlich überlegen, da offensichtlich toleranter; aus der Sicht der späten 1830er Jahre, in denen die preußische Religions- und Kirchenpolitik auf ältere brandenburgische Erfahrungen rekurrierte, man könnte auch sagen: seinerzeit offengebliebene konfessionelle Rechnungen zu begleichen versuchte, muß man dann dagegen zu einer anderen, für die preußische Seite weniger günstigen Beurteilung kommen.

V.

Eine letzte Bemerkung zum Zusammenhang der zwei großen Themen, die im vorliegenden Band in einem deutsch-französischen Vergleich im Spannungsfeld von Staat und Kirche untersucht werden: zu „Minderheiten" und „Bildung" – zu religiösen und konfessionellen Minderheiten und deren Beitrag zu Erziehung und Bildung, das heißt zum niederen Schulwesen und zum höheren Bildungswesen im Zeitalter zwischen Reformation und Aufklärung. In einer vor kurzem publizierten Studie über die transatlantische Migration im 17. und im 18. Jahrhundert konnte nachgewiesen werden, daß es interessanterweise die religiösen und die konfessionellen Minderheiten waren, die zwischen Dreißigjährigem Krieg und Französischer Revolution effektive transatlantische Netzwerke aufbauten, durch welche binneneuropäische Netzwerke ergänzt und durch die Erfolg und Richtung der Migration wesentlich beeinflußt und zum Teil sogar bestimmt wurden.[2] Zu fragen wäre, ob sich diese Ergebnisse auch auf den Zusammenhang zwischen den Bemühungen von Minderheiten um Sicherung ihrer Stellung und somit auch auf die von Minderheiten unternommenen Aktivitäten im Erziehungs- und Bildungsbereich übertragen ließen. Alles, was wir über die Erfolge der Jansenisten und der Pietisten auf den Gebieten der Erziehung und der Bildung wissen, legt diese Vermutung nahe. Notwendig dürfte es freilich sein, in diesem Punkt zwischen religiösen und konfessionellen Minderheiten zu unterscheiden. Während der Aufbau von Netzwerken für konfessionelle Minderheiten eine überragende Bedeutung besaß, der die Organisation von Bildungseinrichtungen sowie auch der Inhalt von Bildungsprogrammen untergeordnet wurden, standen für religiöse Minderheiten, die sich als religiöse Erneuerungsbewegungen innerhalb einer Konfession verstanden, die Inhalte von Bildung und auch die Organisation von Bildungs- und Erziehungseinrichtungen im Vordergrund. Der Wunsch, Einblick in Gottes Buch der Geschichte zu bekommen, regte freilich beide, sowohl konfessionelle Gruppen in der Diaspora wie religiöse Erneuerer, zu historischen Studien an. Der Wunsch, Einblick in Gottes Buch der Natur zu gewinnen, führte bei Angehörigen von religiösen wie von konfessionellen Minderheiten zu Bemühungen um naturwissenschaftliche Erkenntnisse.

Der theologische Hintergrund dieser Aktivitäten sollte nicht übersehen werden. Denn bei allen Minderheiten besaß die Eschatologie eine große, teilweise eine überragende Bedeutung. Viele Angehörige von Minderheiten lebten in dem Glauben an das nahe Ende der bestehenden Weltord-

[2] *Hartmut Lehmann/Hermann Wellenreuther/Renate Wilson* (Hg.), In Search of Peace and Prosperity. New German Settlements in Eighteenth-Century Europe and America, University Park, PA 2000, passim.

nung. Und zur Hoffnung auf die baldige Wiederkunft Christi gehörte die Überzeugung, in der ‚letzten schweren Zeit' würden die wahren Frommen verfolgt. Die Not der Endzeit wurde in den Büchern des Neuen Testaments ausführlich geschildert, etwa in Matthäus Kapitel 24, Vers 8-28. Zu berücksichtigen ist nun jedoch, daß diese theologischen Ausführungen die tatsächliche Lage von religiösen und konfessionellen Minderheiten im 16. und im 17. Jahrhundert widerzuspiegeln schienen. Ihr Status war und blieb prekär, auch wenn sie sich auf rechtliche Zusicherungen berufen konnten. Verfolgung war die Regel, Tolerierung die Ausnahme. Es lohnt sich deshalb, den Status von Minderheiten in der Frühen Neuzeit nicht nur im Hinblick auf den Leitbegriff Toleranz zu untersuchen, sondern ebenso im Hinblick auf die Erfahrung von Verfolgung sowie im Hinblick auf die aus der Erfahrung von Verfolgung gezogenen Schlußfolgerungen.[3] Diese Schlußfolgerungen konnten Sicherung des Überlebens durch Elitebildung mit Hilfe von Bildungsanstrengungen heißen, Sicherung des Überlebens, so scheint mir, nicht in Erwartung eines andauernden innerweltlichen Fortschritts und damit im Sinne der Prämissen der Aufklärung, sondern in Erwartung der baldigen Erlösung aus dem Jammertal und damit im Sinne genuiner christlicher Heilserwartung.

[3] Dazu *Hartmut Lehmann,* Endzeitszenarien als Alternativen zur absolutistischen Religions- und Kirchenpolitik, in: Religionspolitik in Deutschland. Martin Greschat zum 65. Geburtstag, hrsg. v. Anselm Doering-Manteuffel/Kurt Nowak, Stuttgart 1999, 67–74.

Le déclenchement de la poursuite des hérétiques en Provence vers 1530

Par Gabriel Audisio

Le XVIe siècle religieux en France reste surtout connu pour les fameuses guerres civiles, appelées ‹guerres de religion›, de 1562 à 1598. Les causes de ces conflits sont étudiées depuis des générations. Mais la question doit être posée pour la génération antérieure, celle qui a vu le déclenchement de la poursuite contre les hérétiques, appelés ordinairement alors ‹luthériens›, soit les années 1530–1560. Cette question est évidemment liée à l'implantation de la Réforme dans le royaume de François Ier.

A cet égard la Provence constitue à la fois un cas spécifique et, par définition non généralisable, cependant particulièrement révélateur. En effet cette province passe pour être fortement attachée au catholicisme et ne figure pas parmi les régions à forte présence réformée mais, par ailleurs, elle abrite une région dans laquelle des communautés entières passèrent au protestantisme: le Luberon vaudois. Cette région présente en outre la caractéristique de constituer une zone politique frontière entre le royaume de France et les États pontificaux du Comtat venaissin. L'observateur ne saurait ignorer ce point, capital lorsqu'il s'agit de poursuite conduite par les autorités politiques.

En outre, parmi les ‹hérétiques› provençaux, les vaudois constituent un cas original en lui-même. En effet, à l'inverse des autres ‹luthériens› de la France d'alors qui étaient soit des individus isolés soit au mieux des groupuscules locaux, les vaudois formaient une véritable diaspora. Ce qui donne immédiatement à toute affaire les concernant, plus encore à toute action entreprise contre eux, une dimension internationale, ce que le roi de France ne saurait ignorer, quelque irritant pour lui que puisse en être le constat.

De fait les vaudois de Provence constituent l'aile occidentale d'une communauté étendue aux dimensions mêmes de l'Europe: Piémont, Pouilles et Calabre, Alsace, Suisse, Autriche, Brandebourg, Poméranie, Pologne ... Or entre 1532, date du synode de Chanforan par lequel les vaudois adoptèrent la Réforme, et la décennie 1550 au cours de laquelle nous constatons l'application réelle de cette décision, les vaudois devinrent réformés. Ainsi malgré la difficulté de savoir, localement, si les hérétiques poursuivis sont d'anciens vaudois ou d'anciens catholiques romains, il ne fait aucun doute que, dans les deux cas, les répercussions peuvent se faire sentir dans plusieurs pays d'Europe.

Ainsi, une fois de plus et comme souvent en histoire, si l'échelle restreinte, ici la Provence, permet une observation précise, elle n'en représente pas moins une réalité plus générale, qu'elle révèle soit à titre d'exemple soit à titre d'exception. En tout état de cause, elle nous permet de tenter de comprendre pourquoi les poursuites commencèrent ici vers 1530 pour atteindre leur paroxysme en 1545.

Dans cette perspective, je voudrais envisager d'abord la situation religieuse de la Provence et, plus particulièrement du Luberon, décrire ensuite les persécutions pour tenter de dégager enfin des éléments d'explication.

I. La Provence religieuse

Il n'est pas question ici de dresser un tableau des institutions religieuses qui quadrillaient la Province romaine puis impériale puis comtale et enfin, à partir de 1481, royale. Il suffira de rappeler que Provence et Comtat venaissin comptaient alors vingt-et-un diocèses, dont trois sièges archiépiscopaux (Aix-en-Provence, Arles et Avignon), auxquels il convient d'ajouter le siège provincial d'Embrun, situé en Dauphiné mais dont relevaient plusieurs diocèses provençaux. Au sein de ces institutions s'exerçaient régulièrement les activités des justices épiscopales ou officialités et, épisodiquement, celles des inquisiteurs. Quant à l'encadrement des ordres réguliers, il était particulièrement dense, quoique inégal selon les secteurs, tant en monastères et abbayes rurales qu'en couvents d'ordres mendiants urbains.

Commençant mon observation à partir de l'année 1460, j'observe que si nous nous en tenons aux sources judiciaires, qui ordinairement permettent de saisir les ‹hérétiques›, tant en Provence qu'en Comtat, ces provinces sont pour ainsi dire exemptes de ‹déviants de la foi›. De fait si l'on dépouille les archives des diverses cours de justice, tant religieuses que civiles, du Comtat comme de Provence, pour autant qu'elles ont été conservées et qu'elles sont consultables, force est de constater l'absence presque totale de poursuites pour hérésie ou lèse majesté divine. Il est vrai que la série des registres du Parlement ne commence qu'en 1530, que les archives des officialités des diocèses, à commencer par celles d'Aix-en-Provence et d'Avignon, ont à peu près complètement disparu, que celles des sénéchaussées d'Aix et de Marseille, si elles ont été classées, restent à inventorier et sont par conséquent toujours inabordables.

Il n'empêche que, jusqu'à preuve du contraire, pour la période 1460–1530 nous trouvons bien peu de traces d'une poursuite contre les hérétiques. Certes quelques procès sont signalés: à Apt en 1489 contre Alaète Hospitalier, à Pertuis en 1490 contre deux femmes, à Saint-Maximin (Var), hors du Luberon cette fois, en 1515. Ce sont en realité des procès de sorcellerie qui, comme on le sait, relevait bien de l'hérésie depuis la bulle pontificale de 1484 mais que nous ne pouvons retenir ici. En fin de compte une seule ‹hérétique›, Catherine Pascal, arrêtée sur cette accusation par le seigneur de Saint-Antonin (Bouches-du-Rhône) en 1492, a pu être repérée avec certitude. Car si l'activité d'un inquisiteur à Apt au printemps de 1514 est signalée par un érudit local, il a été impossible de la vérifier.[1]

En tout état de cause il s'agit là de faits rares et isolés. Ainsi, selon les sources traditionnelles, la population provençale et comtadine aurait été à peu près exempte d'hérésie. Or les années 1530 marquent un tournant incontestable puisqu'elles voient le début de la poursuite d'hérétiques de plus en plus nombreux.

II. L'engagement des poursuites

Examinons d'abord les faits. Les principales sources dont nous disposons sont constituées par les registres du parlement de Provence, dont la série continue s'ouvre en 1531; un rapport de l'archevêque d'Aix-en-Provence au roi de France sur ses actions contre l'hérésie dont l'intérêt, malgré la date un peu tardive de 1541, tient au fait que les procédures évoquées remontent jusqu'à 1531; un mémoire de la communauté de Mérindol adressé au Parlement en 1541 et faisant remonter les premières poursuites à 1531; un ensemble de pièces concernant le dominicain Jean de Roma, nommé en 1530 par l'évêque d'Apt inquisiteur dans ce diocèse et dont les premières procédures datent de 1532; quelques pièces du Comtat venaissin, dont les plus anciennes datent de la même année 1532. Ajoutons que, au cours du procès de 1551 en la cour du parlement de Paris, l'avocat du roi Jacques Aubéry parvenait aux mêmes conclusions en déclarant: *Le premier bruit de l'hérésie commença en Provence vers l'an 1531.*

L'examen de ces sources permet d'abord de compter les victimes de cette volonté, apparemment nouvelle. Toutes sources confondues, nous aboutissons à un total de 231 personnes poursuivies pour hérésie dans les deux années 1532 et 1533. Ce nombre est d'autant plus impressionnant

---

[1] Voir *Gabriel Audisio,* Les vaudois du Luberon. Une minorité en Provence (1460–1560), Mérindol 1984, 71–72.

qu'il tranche chronologiquement avec les années précédentes, comme il a été dit, mais aussi avec les années suivantes. Certes alors les procédures ne s'arrêtent pas mais elles tombent à un niveau très inférieur: une quinzaine en 1534, une trentaine en 1535, pour s'effondrer à moins de cinq en 1536, mais il est vrai que cette année-là voyait l'invasion de la Provence par l'empereur Charles-Quint. Les années 1532–1533 constituent donc un authentique tournant: sur les 308 personnes poursuivies pour hérésie en Provence et Comtat de 1532 à 1538, elles en représentent 75 %.

Il n'est pas inutile de nous demander sur quelles inculpations quelqu'un pouvait être alors accusé d'hérésie; en d'autres termes qu'est-ce qu'un hérétique dans la Provence des années 1530? Nous pouvons d'abord considérer les chefs d'inculpation. Bien entendu c'est le crime de ‹lèse majesté divine› qui intervient dans presque toutes les procédures pour hérésie. Mais, dans le cas français, s'y adjoint celui de ‹crime de lèse majesté humaine›, c'est-à-dire une atteinte à la société, par le biais de son souverain. Il s'agit là en fait du biais par lequel la monarchie a tenté, et réussi, d'attribuer aux tribunaux royaux les crimes d'hérésie qui relevaient traditionnellement des officialités, donc de l'Église. Cela revenait à considérer que l'adhésion à l'hétérodoxie constituait un délit relevant du trouble à l'ordre public, pour lequel la justice civile était habilitée à intervenir; la justice ecclésiastique se voyait ainsi désaisie au profit des tribunaux royaux.

Plus précisément, nous constatons que les instances judiciaires, lorsqu'elles précisent l'inculpation, attribuent deux appellations, de préférence à toute autre, si l'on veut bien écarter les termes de *hérésie, hérétique, mal sentant de la foi* ou autres dénominations de ce type qui restent de beaucoup les plus fréquentes, puisqu'elles représentent plus des trois quarts des inculpations, mais qui sont trop imprécises pour être retenues à ce moment de notre analyse. Ensuite, la première est, comme l'on pouvait s'y attendre, celle de *luthérien*; nous la trouvons 75 fois sur toute la période 1530–1559, soit seulement 3 % des actes, dont 30 fois pour les années 1532–1540, soit 10 %. Puis vient l'accusation d'être *vaudois*: 285 fois pour toute la période, soit 13 % de l'ensemble. Mais les deux termes, qui en toute rigueur semblent contradictoires, loin de paraître exclusifs aux yeux des autorités, peuvent se trouver adjoints puisque 75 individus se voient traduits en justice pour être *vaudois et luthériens,* soit 3 % de l'ensemble, dont 30 pour les années 1532–1540, soit 10 %. Ainsi, pour les premières années des poursuites en Provence, 20 % des inculpés sont accusés d'être soit vaudois, soit luthériens, soit les deux.

Mais, délaissant les chefs d'inculpation officiels, pouvons-nous savoir comment les contemporains qualifiaient les hérétiques qu'ils identifiaient? Un document peut nous aider à répondre. Il est particulièrement précieux parce qu'il a recueilli les dépositions spontanées de trente-quatre personnes allant dénoncer en 1532 une habitante d'Apt, Catherine Castagne, à l'inquisiteur Jean de Roma. Elle est ainsi qualifiée, en langue provençale, de *mauvaise vaudese*. Mais, à cette occasion, d'autres hérétiques sont également dénoncés. Le plus souvent les révélants n'affectent pas d'attributs à ceux qu'ils dénoncent, se limitant à indiquer les paroles et les actions hétérodoxes dont ils ont été témoins. Pourtant huit d'entre eux, à treize reprises, parlent de *luthériens* ou établissent le lien avec Luther, un autre parle de vaudoise, comme nous l'avons vu, et un dernier traite sa victime de *truffatur.*[2] Ainsi, en milieu populaire, le terme péjoratif le plus utilisé en matière religieuse, l'injure la plus courante pour qualifier l'hérétique était alors ‹luthérien›.

Reste la question qui se pose inévitablement: comment expliquer cette flambée anti-hérétique en ce début des années 30 du XVIe siècle?

III. Les causes d'une persécution

Plusieurs hypothèses sont évidemment à examiner. La première, la plus simple, que j'examinerai en premier lieu, serait de penser que s'il n'y eut pas de poursuites pour hérésie en Provence et Comtat avant les années 1530, c'est que tout simplement il n'y avait pas jusque là d'hérétiques. Voilà qui n'aurait rien d'étonnant, puisque c'est précisément le cas de la plupart des autres provinces françaises. En effet cette décennie marque, le plus souvent, les premières émergences de l'influence luthérienne en France, les premières adhésions formelles à la Réforme, l'affaire des placards de 1534 en constituant la manifestation la plus provocante et la plus connue.

Mais cette explication ne peut convenir à la région que nous étudions ici. En effet si, comme il a déjà été indiqué, les sources judiciaires restent silencieuses, elles peuvent néanmoins montrer que, sans pour autant être poursuivis, des ‹hérétiques› existaient bel et bien et de surcroît en nombre dans la Provence et le Comtat venaissin bien avant 1530. En effet les quelque 300 personnes poursuivies pour hérésie ne constituent pas des personnes isolées. Ce fut l'épouvantable surprise des autorités religieuses au cours de leurs enquêtes en 1532 et 1533. L'archevêque d'Aix comme l'inquisiteur d'Apt découvrirent non pas quelques égarés de la foi mais des communautés compactes constituant un réseau clandestin et organisé. Elles s'attendaient à poursuivre quelques ‹luthériens›, elles trouvèrent un ensemble vaudois. Il apparut rapidement, notamment aux yeux

[2] A rapprocher de l'italien ‹truffatore› qui signifie: escroc. Le dictionnaire de Du Cange signale «trufator»: trompeur, abuseur.

de l'inquisiteur Jean de Roma qui le perçut et l'établit très clairement, que ces familles, toutes immigrées des Alpes, n'étaient pas devenues vaudoises en Provence mais qu'elles appartenaient à cette ancienne hérésie médiévale dès avant leur émigration laquelle pouvait remonter à une ou deux générations. Pourtant les affirmations à charge retenues par l'inquisiteur et, à sa suite, par le Parlement dans son rapport au roi de 1533 requièrent prudence, comme toujours à l'égard des sources de la répression, et demandent à être vérifiées. Autrement dit, pouvons-nous vérifier ces affirmations?

C'est précisément ce qu'il a été possible de faire grâce aux actes notariés. N'oublions pas que le recours au notaire est dans la Provence du XVIe siècle un acte relativement banal, même chez une population rurale, comme c'est le cas en Luberon. Les contrats de mariage et les testaments ont particulièrement retenu mon attention, par la richesse de leurs renseignements. La recherche a porté sur la période 1460–1560 et s'est concentrée sur six localités du Luberon, dans lesquelles les accusés d'hérésie furent particulièrement nombreux, à savoir Cabrières-d'Aigues, La Motte-d'Aigues, Peypin-d'Aigues, Saint-Martin-de-la-Brasque, Lourmarin pour la Provence ainsi que Cabrières-d'Avignon pour le Comtat venaissin. La recherche dans quelque 2000 registres notariés permit de trouver presque 1400 immigrés. La grande vague d'installation se situe dans la période 1490–1520, avec 63 % des immigrés. Ces nouveau-venus se révèlent, pour les deux tiers, originaires de villages alpins repérés comme vaudois depuis au moins le XIVe siècle, installés dans certaines localités du Luberon dès lors devenues indicatives de dissidence vaudoise, portant de plus un patronyme vaudois, les noms de famille étant devenus aisément identifiables puisque les vaudois se mariaient entre eux.[3]

Cette enquête, portant principalement sur le versant méridional du Luberon, a déjà permis de vérifier les allégations de l'inquisiteur affirmant le caractère exogène de l'hérésie en Provence. A son tour une enquête plus récente et en voie d'achèvement, portant sur les 650 registres du notariat d'Apt et donc sur le versant septentrional du Luberon pour la même période, confirme ces conclusions. Elle a livré environ 1300 immigrés dont les deux tiers proviennent également des Alpes du sud et quelques centaines de vaudois sont à nouveau identifiables suivant les mêmes critères.[4] Ainsi nous pouvons affirmer que dès les années 1490, mais parfois dès les années 1560, des vaudois, par familles et quelquefois

[3] Pour plus de détails voir ma thèse, citée ici n. 1.

[4] Voir ma conférence d'Apt: Gens venus d'ailleurs (1460–1560): le pays d'Apt, terre d'accueil, dans: Apt et son pays, vingt siècles d'Histoire, Apt 2001, 95–106.

par communautés entières, habitaient le Luberon provençal et comtadin, sans pour autant être inquiétés par les autorités.

La tranquillité qui leur fut assurée pendant des décennies pose évidemment question. Elle suppose en tout état de cause une inévitable clandestinité de la dissidence, ce que nous savons par ailleurs, de source vaudoise même. Il ne fait aucun doute que les vaudois dissimulaient leur altérité religieuse, qu'ils menaient une sorte de double vie, donnant à l'environnement religieux officiel les gages attendus et nécessaires à leur survie: évitant toute surenchère, ils participaient au culte paroissial ni plus ni moins que leurs contemporains catholiques romains. Mais décrire la pratique religieuse vaudoise, faite à la fois de participation et de clandestinité, d'acceptations et de refus, bref de compromis, serait trop long et sortirait du présent propos. De même je ne puis envisager de développer la discussion consistant à établir si les autorités laïques et religieuses, seigneuriales, royales, épiscopales ou paroissiales ont pu réellement ignorer ou non pendant si longtemps l'existence d'hérétiques sur leurs terres. Retenons seulement ici la présence vaudoise incontestable sur les terres provençales et comtadines bien avant que ne s'ouvre la persécution contre eux.

Si donc, comme il a été démontré, ce n'est pas l'arrivée des vaudois qui provoqua la vague des poursuites pour hérésie, comment l'expliquer? Une autre hypothèse a été avancée traditionnellement et, encore récemment, tenue par Marc Venard.[5] De fait, les vaudois avaient adhéré officiellement aux thèses de la Réforme lors du synode de Chanforan en 1532. Poussés par les réformateurs, tels Oecolampade et Bucer que deux représentants de leur communauté étaient allé consulter en 1530 et surtout G. Farel, véritable cheville ouvrière de leur adhésion réformée, les vaudois se seraient enhardis, se sentant suffisamment appuyés pour sortir de la clandestinité, n'hésitant pas à exposer tout haut, à l'occasion de discussions avec leurs voisins par exemple, certaines de leurs croyances ou de leurs réticences, à s'exposer plus ouvertement dans leur refus de certaines pratiques. Marc Venard s'est appuyé en particulier sur le dossier des révélations contre Catherine Castagne, dont il a été question plus haut. Pouvons-nous retenir cette thèse?

Nous observerons d'abord qu'il ne saurait y avoir un lien de cause à effet entre le synode de Chanforan et le dossier Castagne, puisque le synode s'est tenu en septembre tandis que les révélations ont été recueillies entre le 21 mai et le 9 juillet 1532, donc quelques mois auparavant. Par ailleurs il convient de relever que la dite Catherine Castagne,

---

[5] *Marc Venard,* Réforme protestante, Réforme catholique dans la province d'Avignon - XVIe siècle, Paris 1993, p. ex. 363.

quoique traitée de *mauvaise vaudoise* par une voisine, n'appartenait pas à la communauté vaudoise et bien des paroles ou des actions imprudentes rapportées par les délateurs avaient été le fait de bons catholiques romains tentés peut-être par la voie luthérienne ou, tout au moins, par la réforme de l'Église. Il est vrai que plusieurs vaudois apparaissent dans ces dénonciations mais, si quelques imprudences furent commises, elles restent très limitées en audace comme en nombre. Sans exclure totalement l'idée d'une clandestinité moins rigoureuse des vaudois, je ne crois pas que nous tenions là l'explication attendue.

A l'évidence, le premier élément d'explication est à rechercher dans l'attitude des autorités, comme il a été signalé plus haut: la multiplication des poursuites contre l'hérésie au début des années 1530. Mais ce changement d'attitude lui-même réclame explication. Si le bref de Clément VII, daté du 8 novembre 1532, invitant l'évêque de Cavaillon à poursuivre l'hérésie luthérienne dans son diocèse, peut passer à la limite pour un acte banal entrant dans les attributions traditionnelles du pontife romain, il peut aussi être interprété comme une réponse et une aide à la nouvelle volonté du roi de France. En effet, traditionnellement l'historiographie situe le durcissement de l'attitude de François Ier envers les nouvelles idées en 1534, après l'affaire des placards. Pourtant il convient de remonter de trois ans son changement de politique. De fait nous disposons d'une lettre royale à l'archevêque d'Aix datée du 7 juillet 1531 par laquelle le souverain intime l'ordre au prélat aixois de procéder à une enquête secrète par son diocèse à la recherche d'*aucuns personnages (...) chargés ou soupçonnés véhémentement du dit crime d'hérésie ou de tenir la secte du dit Luther. Et tous ceux que vous en trouverez atteints et convaincus par information bien et dûment faite, faites-leur faire incontinent et sans délai leurs procès jusques à sentence définitive.*[6] Nous savons que l'archevêque d'Aix s'exécuta, même si sa réponse tarda puisqu'elle ne fut adressée que dix ans plus tard, comme nous l'avons vu ci-dessus.

La question devient ainsi: pourquoi François Ier durcit-il alors sa politique religieuse? La lettre l'indique clairement dans les motivations et dès l'ouverture: *Nous avons été avertis de plusieurs et divers endroits, et mêmement du côté d'Allemagne et d'ailleurs, qu'en nostre royaume se couve secrètement un feu d'hérésie, entre plusieurs personnes; lesquels, sentant mal de notre sainte foi, se sont tellement adonnés et adonnent à suivre cette malheureuse et damnée doctrine et secte de Luther (...)* La référence germanique est des plus éclairantes. François Ier, constatant les déchirures, divisions et guerres provoquées par la Réforme dans le Saint

[6] Archives départementales des Bouches-du-Rhône, G 205.

Empire, craint pour l'unité de son royaume. Et s'il désire des enquêtes secrètes, cette exigence put être respectée dès lors que, ainsi en Provence, l'archevêque d'Aix découvrit des villages entiers d'hérétiques, qui durent abjurer publiquement. Il ne fait donc pas de doute que l'un des éléments d'explication tient au retournement de la politique royale.

Mais cette volonté ne pouvait s'appliquer qu'à la condition de trouver de fidèles serviteurs pour la mettre en œuvre, tel Antoine Fillol à Aix-en-Provence. L'attitude épiscopale envers l'hérésie constitue l'autre élément de réponse. Si le roi de France ne l'avait incité à agir, il est fort probable que l'officialité d'Aix aurait continué à laisser en paix les vaudois du Luberon. En revanche l'évêque d'Apt, lui, dès 1530 avait nommé un inquisiteur dans son diocèse. Était-il lui-même hanté par la poursuite de l'hérésie? Y fut-il poussé par tel ou tel clerc de son entourage? Cette nomination ne faisait-elle pas partie du cheminement banal des institutions diocésaines traditionnelles? Il est difficile de répondre. L'importance du fait tient au relief que prit la suite des événements. Car le dominicain nommé à cette charge, Jean de Roma, employa dès lors un zèle intempestif à la recherche des déviants de la foi. Il ne tarda guère à découvrir le réseau vaudois du Luberon, à le combattre en multipliant les procédures, en alertant les diverses autorités et notamment le gouverneur de Provence dont il obtint l'autorisation d'exercer le 18 juin 1532 et le parlement d'Aix dont il obtint en octobre 1532 un arrêt de soutien. Dans un document qu'il rédigea lui-même à l'adresse du Parlement, car il fut lui-même inculpé pour vice de forme dans l'une de ses prodécures, il précise qu'il interrogea cent cinquante prévenus dont deux prédicateurs vaudois. Quand on sait que dès 1533 ses procédures furent suspendues et que, très probablement, il mourut cette même année, on voit que notre homme n'avait pas chômé en moins de trois ans d'activité. Ainsi se révèle indispensable, dans la poursuite des hérétiques, l'action des instances inférieures; ainsi s'expliquent aussi, autre élément retenu, les débuts de la poursuite des hérétiques.

Toutefois ce n'est pas encore suffisant. Car que pouvaient bien le roi ou le pape sans les évêques et ces derniers, sans leur clergé: inquisiteur, official, curé? Mais, à leur tour, que pouvaient ces derniers sans le concours de la population? Certes le curé était le mieux placé pour connaître la déviance de ses ouailles. Mais pourquoi alors les curés de Lourmarin, de Mérindol, de Cabrières-d'Aigues, de Cabrières-d'Avignon, de Murs, de La Roque d'Anthéron n'avaient-ils rien signalé jusqu'ici alors que nous savons qu'ils étaient à la tête de paroisses entièrement vaudoises? Dans ce cas, on pourrait penser soit à une complicité du clergé local soit à un silence prudent face à une telle unanimité. Plus étonnant alors le silence des curés de villages majoritairement ou seulement partiellement vaudois, pendant des décennies. Or le curé de Roussillon, en 1533, déclare que toutes les bastides de sa paroisse sont peuplées de vaudois.[7] Plus significatif encore me paraît la rupture du silence par les paroissiens eux-mêmes.

De fait le clergé lui-même était impuissant sans la collaboration des ‹braves gens›. A cet égard le cahier des révélations contre Catherine Castagne est révélateur du changement d'attitude. En effet il paraît clair que s'il ny eut pas de procédures avant 1530 c'est parce qu'il n'y eut pas de dénonciations. Car, dans le cas contraire, les autorités auraient eu beau jeu de découvrir les nombreux vaudois du pays. Or voici qu'en 1532, sans doute suite à une admonition inquisitoriale, comme il était alors d'usage, une trentaine d'habitants d'Apt allèrent trouver l'inquisiteur Jean de Roma pour dénoncer certes Catherine Castagne mais, à cette occasion, une bonne quinzaine d'autres suspects. Le trait frappant ici est qu'ils y allèrent spontanément ce que signifie très précisément le terme juridique de ‹révélations› utilisé par le dominicain qui connaissait son droit: ces déposants ne furent pas convoqués par le tribunal mais vinrent d'eux-mêmes. On peut imaginer, et d'ailleurs vérifier, que de ces révélations furent initiés d'autres procédures, tout de même que du procès instruit contre le jeune prédicateur vaudois Pierre Griot, interrogé à Apt en octobre et novembre 1532. Ainsi l'active participation des paroissiens était indispensable au fonctionnement de la justice. Ainsi la délation populaire apparaît à son tour comme un élément à retenir pour rendre compte de la persécution de 1532–1533.

Dès lors et finalement se pose la dernière question, également inévitable: pourquoi les habitants du Luberon, qui jusqu'alors avaient cohabité pacifiquement avec les vaudois, soit dans des villages limitrophes au leur soit dans le même village, pourquoi ont-ils changé d'attitude et se sont-ils mis à dénoncer leurs voisins, peut-être leurs amis? Il faut sans doute retenir que la pression des autorités se faisant plus forte, l'incitation se fit plus pressante, facilitant la dénonciation. Pour être sans doute vraie, cette explication ne suffit pas. Il faut, me semble-t-il, malgré la banalité de la démarche, considérer également les conditions économiques.

Si les vaudois furent si nombreux à s'installer dans la zone du Luberon, ils ne furent pas les seuls dans ce cas. Ils firent partie d'une grande vague migratoire venue des Alpes; sur presque 4000 immigrés identifiés entre 1460 et 1560 sur les deux versants du Luberon, les vaudois ont représenté plus de la moitié. Cette immigration s'explique à la fois par une mutation des Alpes faisant passer cette zone de l'agriculture tradition-

[7] On appelle ‹bastide› en Provence une grosse ferme isolée.

nelle à une économie pastorale qui libéra une importante main-d'œuvre tandis que le bas pays provençal et comtadin sortait d'une forte dépression démographique et réclamait des bras pour sa remise en culture. A ces causes s'ajoutait, pour les vaudois, les persécutions dont ils furent victimes, notamment celle de 1487-1488 en Dauphiné. Ainsi les seigneurs furent heureux d'accueillir ces colons auxquels ils offrirent des conditions avantageuses, tel le seigneur de Cabrières-d'Avignon qui, en 1455, les exempta de toute taxe pendant dix ans. Quant à la population environnante, profitant également des conditions favorables d'installation, elle n'avait aucun motif d'hostilité envers les vaudois, tout aussi immigrés que leurs voisins. Ces derniers, ainsi que les seigneurs et les curés, ignoraient-ils vraiment la spécificité dissidente des vaudois? C'est peu vraisemblable, vu la promiscuité de vie au sein des villages. En tout cas ils ne voulurent pas voir ou feignirent de ne pas voir la présence hérétique à leurs côtés. Ainsi s'expliquerait la période paisible des premières décennies de l'installation vaudoise en Luberon.

Mais, peu à peu, les conditions changèrent. La population se multiplia sur des terroirs qui, à très peu près, conservèrent la même superficie utile tandis que les rendements ne pouvaient s'accroître en l'absence d'amélioration technique des cultures. Une dégradation de la situation se lit dans la décennie 1520. Fait rarissime, une colonisation échoue: les quatre familles vaudoises venues du Piémont et installés dans le village du Tholonet en 1519 renoncent à leur ‹acte d'habitation› par devant notaire en 1521 *à cause de leur pauvreté.*[8] Les seigneurs de La Roque-d'Anthéron, qui avaient installés les nouveaux colons en 1514, doivent renégocier avec eux leur contrat en 1522, ramenant leur nombre de 70 à 50 familles et renonçant à percevoir les dettes qui leur étaient dues. Le terroir de Cabrières-d'Aigues que les 80 colons s'étaient partagé en 1495, à leur installation, comptait plus de 270 propriétaires en 1559. Plus d'habitants pour des richesses restées égales: telle est l'évolution de la situation.

Que des tensions sociales soient nées de cet appauvrissement relatif, il ne faut pas s'en étonner tant le mécanisme est banal. Voilà qui explique sans doute pourquoi les habitants du Luberon découvrirent peu à peu que parmi eux se cachaient des hérétiques; ce fut l'invention des vaudois. Ces voisins, dont ils avaient feint jusque là d'ignorer la différence, leur devinrent peu à peu insupportables. Dès que les autorités les encouragèrent à accomplir leur devoir de délation, ils n'hésitèrent plus et se mirent spontanément à dénoncer les vaudois. Ainsi l'intégration de ces derniers qui avait pu apparaître totale se révélait finalement superfi-

---

[8] Voir *Audisio,* Les vaudois du Luberon (n. 1), 95.

cielle. Il avait suffi de la convergence de quelques facteurs pour le révéler: volonté royale et pontificale, relais assuré par les autorités locales, zèle de quelques clercs, difficultés économiques ... Ainsi de paisibles paysans devinrent de dangereux ennemis, ainsi une population apparemment solidaire se divisa profondément et définitivement, ainsi le tranquille Luberon se transforma en champ de bataille au sens exact de l'expression lors du massacre des vaudois de 1545.

IV. Conclusion

L'aventure de la minorité vaudoise du Luberon nous permet de retenir quelques éléments de réflexion, particulièrement en prolongeant ce qui a été indiqué pour les années 1530 par ce qui a suivi. Les vaudois, après avoir adhéré en principe à la Réforme en 1532 devinrent de fait et concrètement protestants dans les années 1550–1560. Je crois pour ma part que la persécution et singulièrement le massacre de 1545 ont précipité les vaudois vers le protestantisme. Le réel problème qui se pose à eux, plus encore qu'à tous les sympathisants de la Réforme issus du catholicisme romain, dans cette période cruciale d'avant les guerres de religion, est le suivant: comment trouver une place dans le royaume de France, dont le souverain les persécute? Pour eux, à l'inverse de leurs contemporains attirés par les idées luthériennes, il n'est pas de repli possible, ni même d'hésitation. La clandestinité, qui avait été jusqu'alors possible et gage de survie, était devenue désormais impraticable.

Une fois repérés, dénoncés, poursuivis, condamnés, spoliés de leurs biens et parfois privés de leur vie, que pouvaient-ils faire? A leurs yeux l'Église et l'État avaient partie liée et les combattaient ensemble. Ils ne pouvaient même plus compter sur la compréhension, et moins encore la complicité, de leurs voisins. En effet ils n'étaient pas seulement des hérétiques, crime social autant que religieux, mais ils étaient également devenus de mauvais sujets du roi. A cet égard une appréciation rapportée par J. Aubéry dans sa plaidoirie de 1551 est des plus significatives. En août 1545, soit quatre mois après les opérations dans le Luberon, un soldat déclarait que les luthériens de Provence attendaient des secours de Genève et d'Allemagne et un autre ajoutait que les vaudois étaient mauvais Français et pires que les Espagnols.[9] L'hérésie liée à l'étranger avait été déjà signalée par l'inquisiteur Jean de Roma qui, dans son rapport de 1533, suggérait au Parlement de mettre en place un contrôle de l'immigration en exigeant des nouveau-venus des certificats émis par le curé de leur paroisse d'origine. Mais ici l'idée se répand que les vaudois

---

[9] *Jacques Aubéry,* Histoire de l'exécution de Cabrières et de Mérindol (...), ed. Gabriel Audisio, Paris 1995, 195–196.

non seulement sont de mauvais chrétiens, puisque hérétiques, mais aussi de mauvais Français.

Ce glissement de concept: du religieux au politique me paraît particulièrement représentatif d'une époque et d'un pays où la minorité n'a aucun droit, illustrant exactement la vieille tradition médiévale de la ‹maior et sanior pars›. Par ailleurs, dans la ligne de la réflexion générale qui préside à l'édition de ce volume, il me semble significatif que s'immisce cette référence à l'État moderne. Dans l'affirmation de celui-ci entre en ligne de compte la composante religieuse. Certes l'affirmation de la nationalité n'apparaît pas encore comme concurrente de l'appartenance religieuse; elles seraient plutôt complémentaires ici. Toutefois nous pouvons noter, que pour l'exclusion et l'élimination des hérétiques, il ne suffit plus qu'ils soient hétérodoxes donc mauvais chrétiens. Pour que la bonne conscience du devoir accompli soit plus ‹confortable›, aux juges comme à la population, il s'avère nécessaire de les exclure aussi de la communauté nationale. Il faudra en France les guerres de religion et l'édit de Nantes, soit une ou deux générations encore, pour voir affleurer, timidement et laborieusement, ce que l'on pourrait appeler le droit des minorités.

Staatskirchenbeziehungen und die Stellung der hugenottischen Minderheit – Irland und Brandenburg im Vergleich

Von Ute Lotz-Heumann

I.

Im Jahr 1685 hob Ludwig XIV. im Edikt von Fontainebleau das Edikt von Nantes auf und beendete damit endgültig die seit 1598 währende Phase konfessioneller Koexistenz in Frankreich. Bereits seit Anfang der 1660er Jahre hatten die Hugenotten jedoch zunehmend unter Druck gestanden, da Ludwig XIV. die Bikonfessionalität des Landes als Hindernis auf dem Weg zur vollen Entfaltung seiner absolutistischen Herrschaft ansah. Die Verfolgung der Hugenotten gipfelte in den Dragonaden, den Einquartierungen von Soldaten in hugenottischen Haushalten mit dem Ziel der ‚Bekehrung' zum Katholizismus. Die Aufhebung des Edikts von Nantes hatte – trotz strikten Auswanderungsverbots – daraufhin einen Massenexodus der Hugenotten zur Folge. Die Hoffnung der Réfugiés auf eine baldige Rückkehr in ihre Heimat erfüllte sich nicht, und so kam es zur dauerhaften Ansiedlung von Hugenotten in ganz Europa, von Irland im Westen bis Brandenburg im Osten.[1]

Das Ziel des vorliegenden Aufsatzes ist eine vergleichende Untersuchung der Aufnahme und Stellung der hugenottischen Einwanderer in Irland und Brandenburg, insbesondere im Hinblick auf deren kirchlich-religiöse Situation vor dem Hintergrund der Staatskirchenbeziehungen im jeweiligen Aufnahmeland. Einleitend soll zunächst nach der Ver-

---

[1] Einen Überblick über das hugenottische Refuge in ganz Europa sowie über die Entwicklung in Frankreich zwischen dem Edikt von Nantes und dem Edikt von Fontainebleau bieten die folgenden Sammelbände: *Heinz Duchhardt* (Hg.), Der Exodus der Hugenotten. Die Aufhebung des Edikts von Nantes als europäisches Ereignis, Köln/Wien 1985; *Frédéric Hartweg/Stefi Jersch-Wenzel* (Hg.), Die Hugenotten und das Refuge. Deutschland und Europa, Berlin 1990; *Rudolf von Thadden/Michelle Magdelaine* (Hg.), Die Hugenotten 1685–1985, 2. Aufl. München 1986; *C. E. J. Caldicott/H. Gough/J.-P. Pittion* (Hg.), The Huguenots and Ireland. Anatomy of an Emigration, Dun Loaghaire 1987. Der im Herbst 2001 erschienene Sammelband *Randolph Vigne/Charles Littleton* (Hg.), From Strangers to Citizens. The Integration of Immigrant Communities in Britain, Ireland and Colonial America, 1550–1750, Brighton 2001, konnte hier nicht mehr berücksichtigt werden.

gleichbarkeit der beiden Ansiedlungsländer gefragt werden, indem Ähnlichkeiten und Unterschiede aus der Sicht der Réfugiés, im Hinblick auf die obrigkeitlichen Motive für die Aufnahme der Hugenotten und bei den kirchlich-konfessionellen Strukturen in den Blick genommen werden. Ausgehend von einer Gegenüberstellung des Aufnahmeedikts in Brandenburg-Preußen und der entsprechenden Acts of Parliament in Irland werden im nächsten Schritt die politischen, rechtlichen und ökonomischen Normen für die Hugenottenansiedlung verglichen, um die Rahmenbedingungen für den religiös-konfessionellen Status der hugenottischen Minderheiten zu klären. Im Hinblick auf die Hauptfragestellung des Beitrages ist dann zu untersuchen, ob und wie sich die durch die jeweiligen Staatskirchenbeziehungen einerseits und die formalrechtlichen Aufnahmebedingungen für die Hugenotten andererseits definierten Vorgaben in der tatsächlichen Stellung und den Handlungsmöglichkeiten der Hugenottengemeinden in Brandenburg und Irland ausgewirkt haben.

II.

Ein Vergleich zwischen Brandenburg und Irland im Hinblick auf die Stellung der hugenottischen Minderheiten mag auf den ersten Blick überraschen. Meine These ist jedoch, daß für die Hugenotten, die sich nach 1685 auf der Flucht aus Frankreich befanden, die beiden Zufluchtsländer Irland und Brandenburg in etwa gleich (wenig) ‚erstrebenswert' waren, daß diese Tatsache aber durch die auf bestimmte Länder oder zumindest begrenzte europäische ‚Räume' spezialisierte Historiographie noch keine hinreichende Berücksichtigung gefunden hat.[2] Dies wird – ganz plastisch gesprochen – an den Karten deutlich, die im allgemeinen in keinem Werk zum hugenottischen Refuge fehlen: Während beispielsweise in dem von v. Thadden und Magdelaine herausgegebenen Sammelband die Karte „Reiseziele der Glaubensflüchtlinge" im Westen von London und im Osten von Berlin begrenzt wird[3], zeigt eine ähnliche Karte im Werk der irischen Historikerin St. Leger über die Hugenotten

---

[2] Das hugenottische Refuge in Irland findet in der kontinentaleuropäischen Historiographie fast keine und selbst in der englischen Historiographie kaum Beachtung. In den drei großen in Deutschland publizierten Sammelbänden, die anläßlich des 300. Jahrestages der Aufhebung des Edikts von Nantes erschienen sind und die einen europäischen Ansatz verfolgen (vgl. Anm. 1), ist kein Aufsatz Irland gewidmet, und in den beiden Aufsätzen zu England wird Irland jeweils nur kurz erwähnt. Vgl. *Bernard Cottret,* Glorreiche Revolution, schändliche Revokation? Französische Protestanten und Protestanten Englands, in: Die Hugenotten 1685–1985 (Anm. 1), 73–84; *Günther Lottes,* England und der Exodus der Hugenotten, in: Der Exodus der Hugenotten (Anm. 1), 69–87.

[3] Vgl. Die Hugenotten 1685–1985 (Anm. 1), 242.

in Cork am Westrand Irland und am Ostrand Amsterdam.[4] Von Frankreich aus gesehen liegen jedoch sowohl Irland als auch Brandenburg an der europäischen Peripherie und gehörten damit nicht zu den Ländern – wie die Niederlande, England, die Schweiz und die Territorien im Westen des Reiches –, die für die Hugenotten, die auf eine schnelle Rückkehr in die Heimat hofften, ‚erste Wahl' waren.

Auch im Hinblick auf die Zahl der Réfugiés, die Brandenburg-Preußen und Irland aufnahmen, fallen die beiden Länder als ‚Aufnahmeländer mittlerer Bedeutung' in etwa in die gleiche Kategorie. Im Gegensatz zu England mit geschätzten 50.000–80.000 Flüchtlingen[5] und den Niederlanden mit ca. 50.000–75.000 Einwanderern[6] sind Brandenburg-Preußen und Irland im Hinblick auf ihre Zuwanderungszahlen durchaus vergleichbar. Irland, wohin die Hugenotten zu einem geringeren Teil direkt aus Frankreich und der Schweiz, aber vor allem über den Umweg England kamen, nahm schätzungsweise 10.000 Flüchtlinge auf.[7] Für Brandenburg-Preußen, wohin die Einwanderer vor allem über die ‚Drehscheibe' Frankfurt am Main kamen[8], liegen die Schätzungen bei ca. 14.000 bis maximal 20.000 Réfugiés.[9]

---

[4] Vgl. *Alice St. Leger*, Silver, Sail and Silk. Huguenots in Cork, 1685–1850, Cork 1991, 5. Für die irische Historiographie hat Charles Ludington jüngst festgestellt: „(...) the history of the Huguenots in Ireland had often been mythologized and (...) had been examined in a uniquely Irish or ‚British Isles' context – a setting too narrow to assess its relative importance". Vgl. *Charles C. Ludington*, Between Myth and Margin. The Huguenots in Irish History, in: Historical Research 73 (2000), 1–19, hier 3.

[5] Vgl. *Cottret*, Glorreiche Revolution (Anm. 2), 76.

[6] Vgl. *Hans Bots/René Bastiaanse*, Die Hugenotten und die niederländischen Generalstaaten, in: Die Hugenotten 1685–1985 (Anm. 1), 55–72, hier 56.

[7] Vgl. *S. J. Knox*, Ireland's Debt to the Huguenots, Dublin 1959, 8; *Sean J. Conolly*, Artikel ‚Huguenots', in: The Oxford Companion to Irish History, hrsg. v. dems., Oxford 1998, 251; *Lottes*, England (Anm. 2), 70.

[8] Vgl. *Michelle Magdelaine*, Frankfurt am Main. Drehscheibe des Refuge, in: Die Hugenotten 1685–1985 (Anm. 1), 26–37.

[9] Vgl. *Eckart Birnstiel/Andreas Reinke*, Hugenotten in Berlin, in: Von Zuwanderern zu Einheimischen, hrsg. v. Stefi Jersch-Wenzel/Barbara John, Berlin 1990, 13–152, hier 31; *Stefi Jersch-Wenzel*, Preußen als Einwanderungsland, in: Preußen. Versuch einer Bilanz, Ausstellungskatalog in fünf Bänden, Bd. 2: Beiträge zur politischen Kultur, hrsg. v. Manfred Schlenke, Reinbek bei Hamburg 1981, 136–161, hier 136, 146–147; *Thomas Klingebiel*, Aspekte der Ansiedlung von Hugenotten in den norddeutschen Territorien, in: Die Hugenotten und das Refuge (Anm. 1), 67–79, hier 68; *Klaus Vetter*, Die Hugenotten im System der ostelbischen Gutsherrschaft in der Mark Brandenburg, in: Der Exodus der Hugenotten (Anm. 1), 141–154, hier 145. – Allerdings bestand beim Anteil der Glaubensflüchtlinge an der Gesamtbevölkerung des jeweiligen Landes ein erheblicher Unterschied: Während Irland um 1700 ca. 1,6 bis maximal 2 Millionen Einwohner hatte, waren es in Brandenburg-Preußen ca. 1 Million. Somit stellten die Hugenotten in Branden-

Hinsichtlich der Motive für die ‚Anwerbung' und Aufnahme der hugenottischen Flüchtlinge gab es viele Gemeinsamkeiten zwischen dem Großen Kurfürsten und dem irischen Vizekönig Ormond, der sich aktiv um die Ansiedlung von Hugenotten in Irland bemühte. Die ‚Mehrgleisigkeit' der Motive des Großen Kurfürsten ist wohlbekannt, so daß eine knappe Wiedergabe hier genügt: Einerseits wollte er sein unter den Folgen des Dreißigjährigen Krieges leidendes Land durch Peuplierungsmaßnahmen stärken und wirtschaftlich beleben, denn die Bevölkerung war durch die Kriegseinwirkungen, Epidemien und Auswanderung fast um die Hälfte verringert, und das Land lag wirtschaftlich darnieder.[10] Andererseits gab es für ihn als Reformierten auch zutiefst religiöse Gründe, um seine *der Evangelisch-Reformierten Religion zugethane Glaubens-Genossen*[11], deren Verfolgung in Europa überall Entsetzen auslöste, aufzunehmen. Der Kurfürst hatte zudem politische Gründe, die calvinistischen Zuwanderer willkommen zu heißen, denn die Hugenotten konnten die reformierte Elite Brandenburgs gegen die lutherische Bevölkerungsmehrheit und die lutherischen Stände stützen.[12]

In Irland hatten der Bürgerkrieg nach 1641 und die Eroberung durch Cromwell 1649/50 ähnliche Folgen wie der Dreißigjährige Krieg in Brandenburg. Als James Butler, Duke of Ormond, nach zwölfjährigem Exil im Jahr 1662 als Vizekönig Karls II. nach Irland zurückkehrte, fand er ein Land vor, das wirtschaftlich rückständig und schwach besiedelt war. Vor allem die Städte, auch die Hauptstadt Dublin, hatten sich seit dem frühen 17. Jahrhundert nicht weiterentwickelt, und erst in der Restaurationszeit begann ein allmählicher Aufschwung.[13] Ormond, der im französischen Exil von den hugenottischen Errungenschaften in Handel und

---

burg einen wesentlich höheren Anteil an der Gesamtbevölkerung als in Irland. (Vgl. *Raymond Gillespie,* Explorers, Exploiters and Entrepreneurs: Early Modern Ireland and its Context, 1500–1700, in: An Historical Geography of Ireland, hrsg. v. B. J. Graham/L. J. Proudfoot, London/San Diego 1993, 123–157, hier 142; *Robert A. Houston,* Population History of Britain and Ireland, Cambridge 1992, 18; *Jürgen Wilke,* Zur Sozialstruktur und demographischen Analyse der Hugenotten in Brandenburg-Preußen, insbesondere der in Berlin, in: Hugenotten in Brandenburg-Preußen, hrsg. v. Ingrid Mittenzwei, Berlin 1987, 27–99, hier 31.)

[10] Vgl. *Birnstiel/Reinke,* Hugenotten in Berlin (Anm. 9), 33–35.

[11] Das Potsdamer Edikt vom 29. Oktober 1685, in: *Eduard Muret,* Geschichte der Französischen Kolonie in Brandenburg-Preußen unter besonderer Berücksichtigung der Berliner Gemeinde, Berlin 1885, 301–306, hier 301.

[12] Vgl. *Jürgen Wilke,* Berlin zur Zeit des Edikts von Potsdam. Das Edikt und seine Bedeutung, in: Hugenotten in Berlin, hrsg. v. Gottfried Bregulla, Berlin 1988, 13–53, hier 19–20.

[13] Vgl. *Sean J. Connolly,* Religion, Law and Power. The Making of Protestant Ireland, 1660–1760, Oxford 1992, 302; *David Dickson,* Capital and Country: 1600–1800, in: Dublin Through the Ages, hrsg. v. Art Cosgrove, Dublin 1988, 63–76, hier 65–66.

Handwerk beeindruckt war, hatte das Ziel, Irland in ein ‚peupliertes' und wirtschaftlich potentes Königreich zu verwandeln. Deshalb heißt es in der ersten irischen Parlamentsakte von 1662, ‚An Act for encouraging Protestant-strangers and others, to inhabit and plant in the Kingdom of Ireland': *(...)the late intestine troubles and cruel wars have much despoiled and wasted this your Majesties kingdom of Ireland, whereby the trade and commerce thereof is much decayed and lessened, (...)*.[14] Auch im Jahr 1691 wurde *the repeopling of Ireland, which will one way or another be a good deale exhausted by this late Revolution* noch als gewichtiges Argument für die Aufnahme der Hugenotten und anderer protestantischer Exulanten in Irland angeführt.[15] Angesichts der Tatsache, daß der überwältigende Teil der Bevölkerung Irlands katholisch war, und anknüpfend an die lange Tradition protestantischer ‚plantation' in Irland, sollten die Siedler nicht nur die irische Wirtschaft beleben, sondern auch das protestantische Bevölkerungselement, und vorzugsweise die Staatskirche, stärken. Da es Ende des 17. Jahrhunderts – im Gegensatz zum späten 16. und vor allem frühen 17. Jahrhundert – keinen Bevölkerungsüberschuß in England gab, kamen ‚planters' von der Nachbarinsel nicht mehr in Frage.[16] Aus diesem Grund konnte die weitere Besiedelung Irlands durch Protestanten nur noch aus dem Ausland erfolgen, und Ormond zielte deshalb auf die Ansiedlung der in Frankreich zunehmend unter Druck geratenden Hugenotten. Daß dies im Hinblick auf die konfessionelle Ausrichtung der Réfugiés – trotz des ‚shared Protestantism' – kein problemloses Unterfangen war, wird unten noch deutlich werden.

Die Ansiedlungen der Réfugiés verliefen in Brandenburg und Irland in unterschiedlichen Phasen und Schüben. In Brandenburg hatte es im Sinne der Peuplierungspolitik bereits vor 1685 Einwanderungsedikte und andere Bemühungen um Zuwanderer gegeben, so daß z.B. schon seit

---

[14] An Act for encouraging Protestant-strangers and others, to inhabit and plant in the Kingdom of Ireland [1662], in: The Statutes at large, passed in the Parliaments held in Ireland: From The Third Year of Edward the Second, A.D. 1310, to the Twentysixth Year of George the Third, A.D. 1786 inclusive, 13 Bde., Dublin 1786, Bd. 2, 498–502, hier 498.

[15] Zitat aus den State Papers, in: *Robin D. Gwynn,* Government Policy towards Huguenot Immigration and Settlement in England and Ireland, in: The Huguenots and Ireland (Anm. 1), 205–224, hier 207, vgl. 206–207.

[16] Vgl. *Gwynn,* Government Policy (Anm. 15), 206–207. Irland hatte bereits seit dem Mittelalter eine Geschichte als ‚Einwanderungsland' im Sinne eines kolonialen Siedlungsgebiets. Im Rahmen der politisch-konfessionellen Auseinandersetzungen des 16. und 17. Jahrhunderts hatte man nach Enteignungen ‚rebellischer' katholischer Adeliger deren Land mit ‚loyalen', weil protestantischen Engländern und Schotten besiedelt. Insofern stehen die Hugenotten in einer langen Tradition der Einwanderung und Kolonialisierung in Irland. Vgl. *Rolf Loeber,* The Geography and Practice of English Colonization in Ireland from 1534 to 1609, o.O. 1991; *Gillespie,* Explorers, Exploiters and Entrepreneurs (Anm. 9).

1646 Niederländer und 1671 fünfzig aus Wien vertriebene jüdische Familien sich angesiedelt hatten.[17] Seit 1670 befand sich auch eine kleine Gruppe französischer Hugenotten im Land, die ab 1672 eine eigene Kirchengemeinde in Berlin bildete.[18] Die erste große Einwanderungswelle erreichte Brandenburg 1684/85, hatte ihren Höhepunkt 1686/87 und hielt bis Anfang der 1690er Jahre an. Die zweite größere Hugenottengruppe kam 1699 aus der Schweiz nach Brandenburg. Und die dritte und letzte Zuwanderungswelle, vor allem von Protestanten aus dem von Ludwig XIV. eroberten Fürstentum Orange, erfolgte 1701–1704.[19]

Die erste Phase der Hugenotteneinwanderung nach Irland wurde durch die Parlamentsakte von 1662 eingeleitet, die die Ansiedlung von Hugenotten und anderen protestantischen Ausländern fördern sollte. Insgesamt kamen unter Vizekönig Ormond zwischen 1662 und 1669 ca. 180 Hugenotten nach Dublin. Dies waren hauptsächlich Kaufleute, so daß man wohl für diese Zeit vor der Aufhebung des Edikts von Nantes eher von ‚Geschäftsverlagerungen' als von ‚Flucht' sprechen kann. Zu Beginn der 1680er Jahre bestand diese Hugenottenkolonie nur noch aus ca. 60 Personen.[20] Die zweite Phase von 1681–87, sozusagen die späte Phase unter Vizekönig Ormond, in die die Dragonaden und die Aufhebung des Edikts von Nantes fallen, war auch durch eine zahlenmäßig nur geringe Einwanderung gekennzeichnet: Im Jahr 1687 lebten ca. 400 Hugenotten in Dublin.[21] Erst die dritte Phase ab 1692 unter König Wilhelm III. stellte die Hochphase der hugenottischen Einwanderung nach Irland dar. Eingeleitet wurde diese Phase durch die Parlamentsakte von 1692 ‚for encouragement of Protestant strangers to settle in this kingdom of Ireland'.[22] In den Folgejahren stieg die Zahl der hugenottischen Siedler in Irland stark an. Viele Veteranen aus den Heeren Wilhelms III. (zunächst nach dem Frieden von Limerick 1690 und dann nochmals nach dem Frieden von Ryswick 1697) ließen sich in Irland nieder, und auch die einzige Hugenottengründung in Irland, der Ort Portarlington, war eine Veteranensiedlung.[23] Die Gründung von Portarlington beruhte nicht – wie etwa

[17] Vgl. *Birnstiel/Reinke,* Hugenotten in Berlin (Anm. 9), 39–40; *Jersch-Wenzel,* Preußen als Einwanderungsland (Anm. 9), 145–146.

[18] Siehe unten Fußnote 68.

[19] Vgl. *Birnstiel/Reinke,* Hugenotten in Berlin (Anm. 9), 44, 51–53; *Wilke,* Berlin zur Zeit des Edikts von Potsdam (Anm. 12), 33.

[20] Vgl. *Gwynn,* Government Policy (Anm. 15), 213–215; *Raymond Pierre Hylton,* Dublin's Huguenot Communities. Trials, Development, and Triumph, 1662–1701, in: Proceedings of the Huguenot Society of London 24 (1985), 221–231, hier 222–224.

[21] Vgl. *Hylton,* Dublin's Huguenot Communities (Anm. 20), 225–226.

[22] Vgl. An Act for Encouragement of Protestant Strangers to settle in this Kingdom of Ireland [1692], in: The Statutes (Anm. 14), Bd. 3, 243–245.

im hessischen Karlshafen – auf der Initiative des Landesherrn. Vielmehr hatte Wilhelm III. Land und Titel an Henri Massue, Marquis de Ruvigny, verliehen, der 1691 zum Baron of Portarlington und dann 1697 zum Earl of Galway erhoben wurde. In Portarlington siedelte er daraufhin systematisch hugenottische Veteranen aus Wilhelms Heer an, so daß der Ort auf seinem Höhepunkt ca. 500 Einwohner hatte.[24] Die übrigen Réfugiés ließen sich ausschließlich im Osten Irlands nieder, und zwar vorrangig in den Hafen- und Handelsstädten wie Cork, Waterford, Wexford, Dundalk, Belfast und natürlich Dublin.[25] Das irische Refuge war also genauso entschieden städtisch geprägt wie das brandenburgische, wo zwischen 30 und 45 Prozent aller hugenottischen Flüchtlinge allein in Berlin ansässig waren.[26]

III.

Im Hinblick auf ihre religiös-konfessionellen Strukturen wiesen Brandenburg und Irland gewisse Parallelen auf, aber auch signifikante Unterschiede, die im folgenden erläutert werden sollen. In Brandenburg war Kurfürst Johann Sigismund im Jahr 1613 zum Calvinismus übergetreten, hatte aber aufgrund des Widerstandes sowohl der Stände als auch der lutherischen Kleriker und des Volkes das cuius-regio-eius-religio-Prinzip nicht durchsetzen können. Bereits im Jahr 1615 mußte er im sogenannten ‚Rezeß' den Ständen den uneingeschränkten Fortbestand der lutherischen Landeskirche zusichern und damit sowohl den Status der lutheri-

---

23 Vgl. *Gwynn,* Government Policy (Anm. 15), 219–221; *Hylton,* Dublin's Huguenot Communities (Anm. 20), 228; *Harman Murtagh,* Huguenot Involvement in the Irish Jacobite War, in: The Huguenots and Ireland (Anm. 1), 225–238.

24 *Raymond Pierre Hylton,* The Huguenot Settlement at Portarlington, 1692–1771, in: The Huguenots and Ireland (Anm. 1), 297–320; *Raymond Pierre Hylton,* Portarlington and the Huguenots in Laois, in: Laois. History and Society, hrsg. v. Padraig Lane, Dublin 1999, 415–434; *John S. Powell,* Languedoc in Laios. The Huguenots of Portarlington, in: History Ireland 3 (Spring 1995), 29–32. – Der Earl of Galway entwickelte sich in den folgenden Jahren zu einer Art ‚Wortführer' der Hugenottenkolonien in Irland. Als Mitglied des irischen Privy Council und Lord Justice of Ireland vertrat er beim König auf vielfältige Weise die Interessen der Réfugiés: Er verhalf den Veteranen zu einer Anhebung ihrer Pensionen, setzte sich für die Aufnahme von Hugenotten in Regierungs- und Verwaltungspositionen ein und bemühte sich um finanzielle Unterstützung für hugenottische Kaufleute und Unternehmer. Insofern hat man die Position Lord Galways gegenüber Wilhelm III. mit der des Député Général der Hugenotten am Hof Ludwigs XIV. verglichen, die sein Vater innehatte. Vgl. *Hylton,* The Huguenot Settlement at Portarlington (wie oben), 300.

25 Für einen Überblick vgl. *Grace Lawless Lee,* The Huguenot Settlements in Ireland, London u. a. 1936; *St. Leger,* Silver, Sail and Silk (Anm. 4).

26 Vgl. *Jürgen Wilke,* Zur Geschichte der französischen Kolonie, in: Hugenotten in Berlin (Anm. 12), 54–87, hier 66.

schen Kirche als Konfessionskirche der Bevölkerungsmehrheit als auch die Bikonfessionalität seines Territoriums anerkennen. Nach dem Scheitern dieser ‚Zweiten Reformation' stand fortan eine kleine, hofnahe reformierte Elite dem lutherischen Adel und der lutherischen Bevölkerung Brandenburgs gegenüber.[27] Dazu kam, daß Johann Sigismund bereits 1614 Kleve, Mark und Ravensberg durch Erbschaft erworben hatte, multikonfessionelle Territorien im Westen des Reiches, in denen es neben Reformierten und Lutheranern auch eine katholische Minderheit gab.[28] Auch wenn damit langfristig der Weg zur Multikonfessionalität der Hohenzollern-Territorien und zur sprichwörtlichen preußischen Toleranz geebnet war, stellte sich die Lage auch nach dem Dreißigjährigen Krieg noch deutlich anders dar: „Die Kirchenpolitik des Großen Kurfürsten (...) war von Staatsnotwendigkeiten, wie sie der absolutistische Herrscher verstand, bestimmt, nicht von den Gesichtspunkten einer idealen Toleranz (...). Die Kirchenpolitik respektierte überwiegend die territorialen Gegebenheiten, doch sollte die reformierte Konfession, gleichsam als Hof- und Staatsreligion, insgesamt mit Vorrang behandelt werden."[29] Zwar ist es in der Forschung bis heute umstritten, ob das Ziel Friedrich Wilhelms, als er insbesondere zwischen 1662 und 1667 entschieden gegen die Lutheraner vorging, eher die Förderung des Friedens zwischen den Konfessionen oder eine Stärkung der Reformierten war.[30] Die Einseitigkeit der Maßnahmen, die sich fast ausschließlich gegen die Lutheraner richteten – z. B. das Verbot des Eides auf die Konkordienformel, das Verbot der Kanzelpolemik und das Verbot des Studiums in Wittenberg[31] –,

---

[27] Vgl. *Ernst Opgenoorth*, Die Reformierten in Brandenburg-Preußen. Minderheit und Elite?, in: ZHF 8 (1981), 439–459.

[28] Vgl. vor allem die jüngste Darstellung der ‚Zweiten Reformation' in Brandenburg von *Bodo Nischan*, Prince, People and Confession. The Second Reformation in Brandenburg, Philadelphia 1994; ein kurzer Überblick über die brandenburgische Konfessionsgeschichte findet sich in: *Hartmut Lehmann*, Das Zeitalter des Absolutismus. Gottesgnadentum und Kriegsnot, Stuttgart u. a. 1980, 83–93.

[29] *Gerd Heinrich*, Religionstoleranz in Brandenburg-Preußen. Idee und Wirklichkeit, in: Preußen. Versuch einer Bilanz, Bd. 2 (Anm. 9), 61–88, hier 64.

[30] Vgl. *Lehmann*, Das Zeitalter des Absolutismus (Anm. 28), 86–87, der mit seiner positiven Bewertung der Konfessionspolitik als Toleranzpolitik anschließt an: *Gerhard Oestreich*, Politischer Neostoizismus und Niederländische Bewegung in Europa und besonders in Brandenburg-Preußen, in: ders., Geist und Gestalt des frühmodernen Staates. Ausgewählte Aufsätze, Berlin 1969, 101–156. Dagegen kritisch und mit der These, Friedrich Wilhelm habe „nicht ohne Anwendung von Machtmitteln, versucht, die Reformierten (...) zu stärken, mit dem Ziel einer evangelisch-reformierten Einheitskonfession": *Heinrich*, Religionstoleranz (Anm. 29), 73; ähnlich auch *Opgenoorth*, Die Reformierten (Anm. 27), 444–445.

[31] Vgl. *Marie-Antoinette Gross*, The Political and Social Status of the Calvinist Minority in Brandenburg in the Early Modern Period, unveröffentl. Manuskript 1999.

ist meines Erachtens jedoch nicht zu übersehen. Auffällig ist außerdem, daß der Große Kurfürst erst Ende der 1660er Jahre, nachdem es ihm bis dahin nicht gelungen war, den lutherischen Widerstand zu brechen, auf weitere Zwangsmaßnahmen gegen die lutherische Kirche verzichtete.[32]

In dieselbe Zeit fiel auch der allmähliche Übergang vom Episkopalismus zum Territorialismus, den Pufendorf dann in seiner Schrift ‚De habitu religionis christianae ad vitam civilem' systematisch beschrieb.[33] Im Rahmen des Episkopalsystems konnte der Landesherr als ‚summus episcopus' bzw. ‚praecipuum membrum ecclesiae' das Kirchenregiment theoretisch nur über eine Kirche, nämlich die Landeskirche im Sinne des ius reformandi, inne haben. Der Territorialismus erlaubte es dem Landesherrn dagegen, kraft seiner weltlichen Souveränität das Kirchenregiment über alle Konfessionen in seinem Territorium zu beanspruchen. Seine Kirchengewalt wurde so unabhängig von seiner eigenen Bekenntniszugehörigkeit.[34] Diese neue Theorie des Kirchenregiments bot den brandenburgisch-preußischen Herrschern den entscheidenden Vorteil, daß weltliche Souveränität und Kirchenregiment in ihren multi-konfessionellen Territorien zur Deckungsgleichheit gebracht werden konnten. Dies sollte man jedoch für das Verhältnis zu den Lutheranern nicht überbewerten: Denn die brandenburgischen Kurfürsten hatten die Kirchenhoheit über Lutheraner und Reformierte von Anfang an mit den gemeinsamen protestantischen Wurzeln der beiden Konfessionskirchen gerechtfertigt.[35]

Die religiös-konfessionelle Situation in Irland, einem abhängigen Königreich im Rahmen des ‚multiple kingdom' der englischen Krone[36], wies

---

[32] Vgl. *Opgenoorth,* Die Reformierten (Anm. 27), 444–445.

[33] Vgl. *Samuel Pufendorf,* De habitu religionis christianae ad vitam civilem, Faksimile der Ausgabe Bremen 1687, Stuttgart 1972.

[34] Vgl. *Lehmann,* Das Zeitalter des Absolutismus (Anm. 28), 86; *Reinhold Zippelius,* Staat und Kirche. Eine Geschichte von der Antike bis zur Gegenwart, München 1997, 106.

[35] Vgl. *Otto Hintze,* Die Epochen des evangelischen Kirchenregiments in Preußen, in: *ders.,* Geist und Epochen der preussischen Geschichte, Gesammelte Abhandlungen III, hrsg. v. Fritz Hartung, Leipzig 1942, 64–104.

[36] Im Hinblick auf seine politische Stellung, die jedoch hier nicht zur Debatte steht, unterschied sich Irland fundamental von Brandenburg-Preußen, dessen Stellung als Kurfürstentum im Reich und ab 1701 als Königreich Preußen hinlänglich bekannt ist. Als abhängiges Königreich wurde Irland von einem Vizekönig regiert. Zudem hatte Irland ein eigenes, formal unabhängiges Parlament, das jedoch häufig Gesetzgebungen des englischen Parlaments übernahm bzw. das englische Parlament versuchte teilweise auch, seine Beschlüsse auf Irland auszudehnen. Die politische Entwicklung Irlands wurde entscheidend von diesen Spannungsverhältnissen geprägt: Einerseits war Irland untrennbar an die politischen Entwicklun-

strukturell durchaus einige Ähnlichkeit mit derjenigen in Brandenburg auf, die Staatskirchenbeziehungen unterschieden sich dagegen grundlegend. Während in Brandenburg die Herrscher sowohl im Rahmen des Episkopalismus als auch im Rahmen des Territorialismus das uneingeschränkte Kirchenregiment über die protestantischen Kirchen ihres Territoriums beanspruchten – allerdings auf der Basis der den Ständen zugesicherten Bestandsgarantie für die lutherische Landeskirche –, gestalteten sich die Staatskirchenbeziehungen in Irland nach englischem Vorbild im Rahmen der übergreifenden Verfassungsstruktur des ‚king-in-parliament'. Der Monarch war zwar ‚supreme head' bzw. ‚supreme governor' der Staatskirche, der sogenannten Church of Ireland. Jedoch besaß die Krone diese Suprematie und allgemein die Entscheidungskompetenz in Religionsfragen nur im und mit dem Parlament, in dessen Oberhaus die Bischöfe der Church of Ireland eine wichtige Rolle spielten.[37] Dieses Mitspracherecht in der Religionspolitik, das das Parlament durch seine wiederholte Mitwirkung an der Reformationsgesetzgebung, insbesondere den jeweiligen ‚Acts of Uniformity', erworben hatte[38], wurde im Zuge der britisch-irischen Geschichte der zweiten Hälfte des 17. Jahrhunderts weiter gestärkt.

Nach dem Scheitern des Versuchs Karls I., seine Königreiche absolutistisch zu regieren, mußte die britische Krone mit der Restauration und dann erneut mit der Glorious Revolution die Rechte der Parlamente anerkennen bzw. deren Erweiterung akzeptieren. Dies hatte zur Folge, daß sowohl in England als auch in Irland die Vorstellungen der Krone im Hinblick auf die Ausweitung der konfessionellen Toleranz häufig gegenüber dem Parlament nicht durchgesetzt werden konnten. Als Beispiele seien hier nur die beiden ‚Declarations of Indulgence' Karls II. von 1662 und 1672 genannt, die Erleichterungen in der Religionsausübung für Nonkonformisten und Katholiken ermöglichen sollten, jedoch aufgrund des Widerstandes des englischen Parlaments zurückgenommen werden mußten.[39]

---

gen in England gekoppelt, andererseits konnte es jedoch in Ausnahmesituationen zu einem eigenständigen politischen Faktor im Rahmen des britischen ‚multiple kingdom' werden, so auf dem Weg in den britischen Bürgerkrieg ab 1641 und erneut als James II. vor Wilhelm III. nach Irland floh. Vgl. *Karl S. Bottigheimer,* Kingdom and Colony. Ireland in the Westward Enterprise, 1536–1660, in: The Westward Enterprise. English Activities in Ireland, the Atlantic, and America, 1480–1650, hrsg. v. K. R. Andrews/N. P. Canny/P. E. H. Hair, Liverpool 1978, 45–64.

[37] Vgl. *Geoffrey R. Elton,* Lex terrae victrix. Der Rechtsstreit in der englischen Frühreformation, in: ZSRG.Kan 70 (1984), 217–236.

[38] Vgl. *Ute Lotz-Heumann,* Die doppelte Konfessionalisierung in Irland. Konflikt und Koexistenz im 16. und in der ersten Hälfte des 17. Jahrhunderts, Tübingen 2000, 81–84, 90–102.

Im Hinblick auf die religiös-konfessionelle Situation bestand insofern eine strukturelle Ähnlichkeit zwischen Brandenburg und Irland, als auch Irland zunächst ein bi-, dann ein multikonfessionelles Staatsgebilde war. In Irland stand die calvinistisch geprägte Staatskirche, die im Ritus aber den traditionellen Formen der Church of England folgte und Bischofskirche war, als elitäre Minderheitskirche einer ‚anders-konfessionellen' Mehrheitskirche gegenüber: in Irland war diese Mehrheit katholisch und mußte – im Gegensatz zur lutherischen Kirche in Brandenburg – als illegale, aber durchaus ‚sichtbare' Untergrundkirche operieren.[40] Die Church of Ireland war dagegen die Kirche der sogenannten ‚Neuengländer', einer vor allem aus Amtsträgern und Siedlern bestehenden protestantischen Minderheit.[41] Zum Zwecke einer gemeinsamen protestantischen Abwehrfront gegen den Katholizismus wurden die schottischen Presbyterianer, die in Ulster die Mehrheit der Bevölkerung stellten, in der ersten Hälfte des 17. Jahrhunderts noch in die Staatskirche integriert.[42]

Nach der Restauration der Monarchie im Jahr 1660 wandelte sich diese Situation jedoch grundlegend. Während der Katholizismus die Konfession der Bevölkerungsmehrheit blieb, hatten sich die Presbyterianer schottischer Herkunft und die hierarchisch gegliederte Staatskirche unwiderruflich auseinanderentwickelt.[43] Noch während der Dublin Convention von 1660 und des darauffolgenden Parlaments von 1661 wurde deutlich, daß die protestantische ‚political nation' in Irland eine Wiedererrichtung der Church of Ireland als hierarchische Bischofskirche anstrebte.[44] Während man in England in den frühen 1660er Jahren von

---

[39] Vgl. *Michael Maurer,* Geschichte Englands, Stuttgart 2000, 168; *John Wroughton,* The Longman Companion to the Stuart Age, 1603–1714, London/New York 1997, 39–40; *Theodor W. Moody/Francis X. Martin/F. J. Byrne,* Hg., A New History of Ireland, Bd. 8: A Chronology of Irish History to 1976. A Companion to Irish History I, Oxford 1982, 47.

[40] Vgl. *Lotz-Heumann,* Die doppelte Konfessionalisierung in Irland (Anm. 38), 182–184.

[41] Vgl. *Alan Ford,* The Protestant Reformation in Ireland, 1590–1641, 2. Aufl., Dublin 1997.

[42] Vgl. *Lotz-Heumann,* Die doppelte Konfessionalisierung in Irland (Anm. 38), 365–366.

[43] Vgl. *Raymond Gillespie,* The Presbyterian Revolution in Ulster, 1660–1690, in: The Churches, Ireland and the Irish (Studies in Church History, 25), hrsg. v. W. J. Sheils/D. Wood, Oxford/New York 1989, 159–170; *Raymond Gillespie,* Dissenters and Nonconformists, 1661–1700, in: The Irish Dissenting Tradition, 1650–1750, hrsg. v. Kevin Herlihy, Blackrock 1995, 11–28, hier 11–13.

[44] Vgl. *J. I. McGuire,* The Dublin Convention, the Protestant Community and the Emergence of an Ecclesiastical Settlement in 1660, in: Parliament and Community (Historical Studies, XIV), hrsg. v. A. Cosgrove/J. I. McGuire, Belfast 1983, 121–146, insbesondere 132–140; vgl. auch *J. I. McGuire,* Ormond and Presbyterian

seiten der Bischöfe der Church of England noch mit den dortigen Presbyterianern um einen möglichen Kompromiß in der Kirchenverfassung verhandelte, stand man sich in Irland bereits unversöhnlich gegenüber: Die schottischen Presbyterianer strebten nach dem – unerreichbaren – Ziel eines presbyterianischen ‚church settlement' für Irland, während die frisch ernannten Bischöfe der Staatskirche die Presbyterianer aus diesem Grund als Bedrohung ansahen, so daß sie sofort daran gingen, presbyterianisch gesinnte Pfarrer aus ihren Diözesen zu entfernen.[45] Dies entfremdete Presbyterianer und Anglikaner dauerhaft voneinander.

Trotz einer kurzzeitigen Allianz der beiden protestantischen Kirchen gegen die Katholisierungspolitik James II.[46] kam es nach der Glorious Revolution in Irland nicht – wie in England – zur Gewährung einer begrenzten Toleranz gegenüber den Dissenters. Vielmehr sprach sich die Mehrheit des irischen Parlaments, allen voran die Bischöfe der Church of Ireland, deutlich gegen die Verabschiedung einer Toleranzakte aus, obwohl dies vom König angestrebt worden war.[47] Wie die katholische, so blieb auch die presbyterianische Kirche eine „technically illegal church", obwohl ihre Pfarrer seit 1672 in Form des ‚regium donum' finanzielle Unterstützung durch die Krone erhielten.[48] Sowohl die katholische als auch die nonkonformistische Bevölkerung blieb von politischer Macht und Einflußnahme ausgeschlossen.

IV.

Die Hugenotten hatten durch das Edikt von Nantes in Frankreich die Stellung einer rechtlich anerkannten Minderheit erlangt, ihr Status war jedoch immer auch durch ihre mangelnde Integration in die katholische Mehrheitsgesellschaft geprägt. Im Hinblick auf die Staatskirchenbeziehungen war die Selbstverwaltung der calvinistischen Kirche Frankreichs auf lokaler und regionaler Ebene (Presbyterialverfassung, Kreis- und Provinzialsynoden) anerkannt worden, die Nationalsynoden bedurften jedoch der Zustimmung des Königs, welche nach 1659 nicht mehr erteilt wurde.[49] Im Laufe der Regierungszeit Ludwigs XIV. wurden die Huge-

---

Nonconformity, 1660–63, in: The Politics of Irish Dissent, 1650–1800, hrsg. v. Kevin Herlihy, Dublin 1997, 40–51.

[45] Vgl. *J. I. McGuire*, Government Attitudes to Religious Non-Conformity in Ireland, 1660–1719, in: The Huguenots and Ireland (Anm. 1), 255–284, hier 255–257; *Connolly*, Religion, Law and Power (Anm. 13), 26.

[46] Vgl. *Raymond Gillespie*, The Irish Protestants and James II, 1688–90, in: IrHistStud 28 (1992), 124–133.

[47] Vgl. *Connolly*, Religion, Law and Power (Anm. 13), 162; *J. C. Beckett*, Protestant Dissent in Ireland, 1687–1780, London 1948, 31–34.

[48] *Connolly*, Religion, Law and Power (Anm. 13), 162.

notten zu einer Art Paradoxon: eine theoretisch privilegierte Minderheit, die jedoch faktisch zunehmend eine verfolgte und unterdrückte Minderheit war. Das Aufhebungsedikt von Fontainebleau machte die Hugenotten dann zu einer Gruppe mit „minderem Status“[50] und ihre Kirche zu einer illegalen Untergrundkirche.

In ihren Aufnahmeländern blieben die Réfugiés eine kleine, nicht in die Gesamtgesellschaft integrierte Gruppe, wurden jedoch – durch die Verleihung konfessioneller, rechtlicher und wirtschaftlicher Vorrechte – erneut zu einer privilegierten Minderheit.[51] Eine vergleichende Analyse der im Edikt von Potsdam 1685 bzw. in den irischen Parlamentsakten von 1662 und 1692 festgehaltenen Aufnahmebedingungen soll im folgenden die Unterschiede in der Privilegierung der Réfugiés in Brandenburg und Irland deutlich machen.

Um die Aufnahme der Hugenotten erstens anzubahnen und zweitens gesetzlich zu regeln, wurden in Brandenburg das Edikt von Potsdam und in Irland die Parlamentsakten von 1662 und 1692 erlassen. Diese ‚Einwanderungsreglements‘ unterscheiden sich im Detail jedoch wesentlich voneinander. Während das brandenburgische Edikt auch in französischer Sprache verbreitet wurde und die Hugenotten direkt ansprach, waren die irischen Parlamentsakten auf Englisch abgefaßte Gesetzeswerke – von den Bedingungen der Aufnahme in Irland mußten die Hugenotten also über andere Kanäle erfahren. Hinzu kommt, daß die beiden irischen Parlamentsakten die Hugenotten nicht explizit nennen. Obwohl Vizekönig Ormond mit dem Act von 1662, wie bereits oben erwähnt, vor allem die Zuwanderung von Hugenotten fördern wollte, und der Act von 1692 Ausdruck der Ziele Wilhelms III. war, sowohl die Ansiedlung seiner hugenottischen Veteranen als auch die weitere Aufnahme von Réfugiés, insbesondere aus der Schweiz, zu erleichtern, sprechen die Parlamentsakten nur von *Protestant strangers*. Entsprechend unterschiedlich ist die Argumentation im Edikt von Potsdam und in den Acts of Parliament: Während die Aufnahmebereitschaft Brandenburg-Preußens allein mit der Verfolgung der Hugenotten in Frankreich begründet wird, ja das Edikt sogar so weit geht, die wirtschaftliche Lage Brandenburgs schönzureden[52], wird in der irischen Parlamentsakte von 1662 die ökonomische Be-

[49] Vgl. *Birnstiel/Reinke,* Hugenotten in Berlin (Anm. 9), 23–24; *Jean-Paul Pittion,* The French Protestants and the Edict of Nantes (1549–1685). A Chronology Based on Material in Marsh's Library, Dublin, in: The Huguenots and Ireland (Anm. 1), 37–66, hier 42–43.

[50] *Stefi Jersch-Wenzel,* Der ‚mindere Status‘ als historisches Problem. Überlegungen zur vergleichenden Minderheitenforschung, Festvortrag aus Anlaß der 26. Jahrestagung der Historischen Kommission zu Berlin am 15. Februar 1985, Berlin 1986.

[51] Vgl. *Jersch-Wenzel,* Der ‚mindere Status‘ (Anm. 50), 11.

gründung für die Ansiedlung der protestantischen ,strangers' direkt genannt.[53] Diese Unterschiede zeigen zugleich, daß der brandenburgische Herrscher mit seinem Edikt von Potsdam die Ansiedlung der Hugenotten mit allen Mitteln vorantrieb, während Irland keine aktive ,Propaganda' betrieb, um die Zuwanderung zu fördern.[54]

Im Hinblick auf die Rechtsstellung der hugenottischen Einwanderer in Brandenburg und Irland bestanden erhebliche Unterschiede: Während der brandenburgische Kurfürst die Hugenotten durch das Edikt von Potsdam insofern seinen Untertanen gleichstellte, als er ihnen den Zugang zum städtischen Bürgerrecht eröffnete[55], hob er sie zugleich durch die Gewährung zahlreicher Privilegien aus der einheimischen Bevölkerung heraus und wies ihnen eine Sonderstellung zu. Zu diesen Privilegien zählte nicht nur die unentgeltliche Aufnahme in das städtische Bürgerrecht, sondern vor allem die Einrichtung einer eigenen Koloniegerichtsbarkeit.[56] Im Jahr 1709 erließ König Friedrich I. ein ,Naturalisationsedikt', durch das die Hugenotten – nach Ablegung eines Treueides auf den König – als Untertanen der preußischen Krone anerkannt wurden. Ihre Privilegien, vor allem ihr eigener Rechtsbereich, wurden dabei ausdrücklich bestätigt und blieben bis zu den Preußischen Reformen erhalten.[57]

In Irland wurde den Hugenotten dagegen bereits durch die Parlamentsakte von 1662 die ,naturalization', also die vollwertige Anerkennung als Untertanen der irischen (nicht der englischen!) Krone angeboten. Wie in Brandenburg war die Bedingung für diese Naturalisation eine

---

[52] Vgl. Das Potsdamer Edikt (Anm. 11), 303.

[53] Siehe oben Fußnote 14.

[54] Zudem bahnte der brandenburgische Kurfürst die Ansiedlung der Hugenotten durch Gesandte und Residente an, wogegen der einzige Versuch, Hugenotten systematisch aus der Schweiz nach Irland zu holen – das in den 1690er Jahren von Lord Galway initiierte ,Projet d'Irlande' – scheiterte. Vgl. Das Potsdamer Edikt (Anm. 11), 302; *Alexandre de Chambrier,* Projet de Colonisation en Irlande, par les Réfugiés français, 1692–1699, in: Proceedings of the Huguenot Society of London 6 (1898–1901), 370–432; *Randolph Vigne,* ,Le Projet d'Irlande'. Huguenot Immigration in the 1690s, in: History Ireland 2 (Summer 1994), 18–21.

[55] Vgl. Das Potsdamer Edikt (Anm. 11), 304–305 (Artikel 7). – Dem Adel wurden Standesprivilegien wie dem deutschen Adel zugesichert. Vgl. ebd., 305–306 (Artikel 12).

[56] Vgl. Das Potsdamer Edikt (Anm. 11), 305 (Artikel 10); vgl. auch *Birnstiel/Reinke,* Hugenotten in Berlin (Anm. 9), 82–88; *Klaus Brandenburg,* Die Rechtsprechung in der Kolonie, in: Hugenotten in Berlin (Anm. 12), 281–297; *Jürgen Wilke,* Rechtsstellung und Rechtsprechung der Hugenotten in Brandenburg-Preußen (1685–1809), in: Die Hugenotten 1685–1985 (Anm. 1), 100–114.

[57] Vgl. Das Naturalisationsedikt vom 13. Mai 1709, in: *Muret,* Geschichte der Französischen Kolonie (Anm. 11), 307; *Birnstiel/Reinke,* Hugenotten in Berlin (Anm. 9), 50–51.

Eidesleistung.[58] Allerdings beschränkte sich dies in Irland nicht, wie in Brandenburg-Preußen, auf die Ableistung eines Treueides auf den Herrscher[59], sondern schloß den Suprematseid, also die Anerkennung des Monarchen als Oberhaupt der irischen Staatskirche, ein.[60] Bezeichnenderweise hatte die Gewährung von Religionsfreiheit in der Parlamentsakte von 1692[61] auch eine Änderung der Eidesleistung zur Folge: Der weiterhin abzulegende Treueid wurde nun ergänzt durch einen Eid, der den päpstlichen Anspruch verwarf, Könige abzusetzen und ihre Untertanen von ihrem Treueid loszusprechen. Außerdem kam eine Erklärung hinzu, die das katholische Abendmahlsverständnis zurückwies. Diese Erklärung mußte gleichzeitig mit der Eidesleistung unterschrieben werden.[62]

Im Gegensatz zu Brandenburg folgte in Irland auf das Angebot der vollständigen ‚naturalization' – konsequenterweise, könnte man sagen – keine weitere Privilegierung, die die Hugenotten gegenüber der einheimischen protestantischen Bevölkerung herausgehoben hätte. Den Réfugiés wurde keine eigene Gerichtsbarkeit zugestanden – im Gegenteil, die Parlamentsakte von 1662 betonte ausdrücklich ihre Zugehörigkeit zum Common Law und verwies sie auf die ordentlichen Gerichte des irischen Königreichs.[63] Folgerichtig waren auch die in Irland gewährten wirt-

---

58 Vgl. An Act for encouraging Protestant-strangers [1662] (Anm. 14), 499: *That all and every person and persons born out of your Majesties dominions, of the protestant religion, (...) who shall (...) transport his or their stocks and families into any part of this kingdom, with intention that themselves and children after them will inhabit, reside and abide in some part thereof, shall after (...) his or their taking the oaths of allegiance and supremacy to and of our soveraign lord the King, (...) deemed, adjudged and reputed your Majesties liege, free and natural subject or subjects of this your Majesties kingdom, (...) as if they and every of them had been or were born within this kingdom of Ireland, (...)*

59 Vgl. Das Naturalisationsedikt (Anm. 57), 307: *(...) so bald sie sich Uns, und Unserm Königlichen Haus, mit Eydespflichten verbindlich gemacht haben werden (...).* Die Eidesformel in: *Birnstiel/Reinke*, Hugenotten in Berlin (Anm. 9), 50.

60 Vgl. Zitat Fußnote 58; vgl. auch: An Act for encouraging Protestant-strangers [1662] (Anm. 14), 501.

61 Vgl. An Act for Encouragement of Protestant Strangers [1692] (Anm. 22), 244–245: *And be it further enacted (...), That all Protestant strangers and foreigners, who at any time hereafter shall come into this kingdom, and shall take the oaths, and subscribe the declaration herein above mentioned, shall have and enjoy the free exercise of their religion, and have liberty of meeting together publickly for the worship of God, and of hearing divine service, and performing other religious duties in their own several rites used in their own countries; any law or statute to the contrary notwithstanding.*

62 Vgl. An Act for Encouragement of Protestant Strangers [1692] (Anm. 22), 243–244.

63 Vgl. An Act for encouraging Protestant-strangers [1662] (Anm. 14), 499: *(...) and that they and every of them, their wives and children, (...) shall and may use,*

schaftlich-steuerlichen Vergünstigungen wesentlich geringer als in Brandenburg-Preußen: Die Bedingungen für den Erwerb des städtischen Bürgerrechts wurden für alle irischen Städte einheitlich geregelt, indem 20 Shilling als Aufnahmegebühr festgesetzt wurden.[64] Dagegen erfolgte, wie bereits erwähnt, die Aufnahme in Brandenburg unentgeltlich.[65] Damit bestand eine deutlich unterschiedliche Handhabung der wirtschaftlich-finanziellen Aspekte der Hugenottenimmigration in Irland und Brandenburg, was nicht zuletzt auch daran deutlich wird, daß in Irland den Zuwanderern zwar auch ein Steuererlaß gewährt wurde, die staatlichen ‚Starthilfen' in Brandenburg jedoch weit darüber hinaus gingen.[66]

Während die brandenburgisch-preußischen Herrscher die Hugenotten also durch ausgeprägte finanzielle Vergünstigungen und eine getrennte Gerichtsbarkeit gegenüber den Einheimischen privilegierten und damit einen „Staat im Staate"[67] schufen, verwies die irische Gesetzgebung die Réfugiés von vornherein stärker auf Integration in die irisch-protestantische Gesellschaft.

V.

Im folgenden soll vor diesem Hintergrund geklärt werden, inwieweit und gegebenenfalls wie sich der ‚Integrationswille' auf irischer Seite und der ‚Privilegierungswille' auf brandenburgischer Seite im Hinblick auf die kirchlich-religiösen Verhältnisse auswirkten. Wie konnten die Hugenotten unter den unterschiedlichen Staatskirchenverhältnissen in Irland und Brandenburg ihre Konfession ausüben? Wie gestaltete sich im Rahmen der Staatskirchenbeziehungen des jeweiligen Aufnahmelandes ihr Verhältnis zum Herrscher? Welche religiös-konfessionellen Freiräume wurden ihnen gewährt bzw. konnten sie nutzen? Wie waren ihre Beziehungen zu den anderen Konfessionen im jeweiligen Territorium? Waren sie gegebenenfalls vor ‚Übergriffen' geschützt und wieviel konfessionellen Handlungsspielraum bot ihnen die jeweilige politisch-konfessionelle Konstellation?

---

have and enjoy the full grace and benefit of all and every the laws, preheminences, jurisdictions and customs of this kingdom, to all intents, constructions and purposes in the law, or otherwise whatsoever, in the same manner and form as any natural born subject hath, may or can have, use and enjoy; and that they and every of them shall answer, and shall be answered unto, and shall and may implead or be impleaded in whatsoever court or courts of justice or otherwhere within this your Majesties kingdom (...).

[64] Vgl. An Act for encouraging Protestant-strangers [1662] (Anm. 14), 500.

[65] Vgl. Das Potsdamer Edikt (Anm. 11), 304 (Artikel 7).

[66] Vgl. An Act for encouraging Protestant-strangers [1662] (Anm. 14), 502; Das Potsdamer Edikt (Anm. 11), 303–304 (Artikel 5 und 6).

[67] Vgl. *Birnstiel/Reinke*, Hugenotten in Berlin (Anm. 9), 51.

Vor der ersten großen durch das Edikt von Potsdam initiierten Einwanderungswelle bestand, wie bereits erwähnt, in Berlin eine französisch-reformierte Gemeinde, deren Entwicklung prägend wurde für Stellung und Organisation der späteren Hugenottengemeinden in Brandenburg. Diese Berliner Gemeinde war im Jahr 1672 vom Kurfürsten genehmigt worden, der ihr den Gottesdienst nach der französisch-reformierten Liturgie und Predigten in französischer Sprache erlaubte.[68] In der Folgezeit entwickelte sich allmählich eine Gemeindeordnung nach französischem Vorbild, das ‚Reglement' von 1684, das die Bestellung von Kirchenältesten durch die Versammlung der Familienväter (*assemblée des chefs de famille*) und die Einteilung der Gemeinde in Visitationsbezirke vorsah.[69] Für diese Gemeindeverfassung gewährte der Kurfürst im September 1684 ein entsprechendes Privileg.[70] Die Anfänge der ersten Berliner Hugenottengemeinde machen zweierlei deutlich: Zum einen war bereits ein Jahr vor dem Edikt von Potsdam der Weg zur „privilegierten Sonderexistenz"[71] der französisch-reformierten Kirchen in Brandenburg beschritten worden. Zum anderen jedoch verweist die Entstehungsgeschichte der Berliner Gemeinde auch auf die starke Abhängigkeit vom Landesherrn, der allein über den Status und die Verfaßtheit der französisch-reformierten Minderheitskirche entschied.

Zunächst bestätigte jedoch Artikel 11 des Edikts von Potsdam die konfessionelle Privilegierung der Réfugiés, indem den Hugenotten *das exercitium Religionis Reformatae in Frantzösischer Sprache, und der Gottesdienst mit eben denen Gebräuchen und Ceremonien (...) wie es biß anhero bey den Evangelisch Reformirten Kirchen in Franckreich bräuchlich gewesen* zugesagt wurde.[72] Den Flüchtlingen wurde also von Anfang an die freie Kultausübung gestattet – was vor dem Hintergrund der Entwicklung der bereits bestehenden französischen Gemeinde und der ‚Religionsverwandtschaft' mit dem brandenburgischen Herrscherhaus nicht überrascht. Das Edikt von Potsdam machte jedoch keinerlei Aussagen über die Kirchenverfassung, insbesondere findet sich kein Hinweis auf

[68] Vgl. *Birnstiel/Reinke*, Hugenotten in Berlin (Anm. 9), 55; *Margarete Welge*, Die Französische Kirche zu Berlin, in: Hugenotten in Berlin (Anm. 12), 88–132, hier 90; *Wilke*, Berlin zur Zeit des Edikts von Potsdam (Anm. 12), 33.

[69] Vgl. *Birnstiel/Reinke*, Hugenotten in Berlin (Anm. 9), 56, vgl. auch 82; *Welge*, Die Französische Kirche (Anm. 68), 93, 108.

[70] Vgl. *Birnstiel/Reinke*, Hugenotten in Berlin (Anm. 9), 57–58; *Werner Grieshammer*, Studien zur Geschichte der Réfugiés in Brandenburg-Preußen bis 1714, Diss. phil. Berlin 1935, 44–46.

[71] *Birnstiel/Reinke*, Hugenotten in Berlin (Anm. 9), 58; vgl. *Eckart Birnstiel*, ‚Dieu protège nos souverains'. Zur Gruppenidentität der Hugenotten in Brandenburg-Preußen, in: Die Hugenotten und das Refuge (Anm. 1), 107–128, hier 112–113.

[72] Das Potsdamer Edikt (Anm. 11), 305 (Artikel 11).

das im Jahr 1684 der Berliner Gemeinde erteilte Privileg, so daß die Réfugiés in diesen Fragen von zukünftigen Entscheidungen des Landesherrn abhängig blieben.[73] In anderer Hinsicht förderte der Kurfürst aber aktiv die Bildung französisch-reformierter Gemeinden: Er finanzierte in jeder Stadt einen Prediger für die Réfugiés[74] und verfügte die Nutzung der (deutsch-)reformierten Kirchen als Simultankirchen.[75]

Im Jahr 1689 erließ Friedrich III. dann eine ‚Declaration', die die Kirchendisziplin *nach dem in Franckreich üblich gewesenen Gebrauch*[76] für alle französisch-reformierten Gemeinden Brandenburgs vorsah. Damit wurde die innere Organisation der brandenburgischen Hugenottengemeinden analog zu den ursprünglich in Frankreich herrschenden Organisationsformen und zur Gemeindeordnung der ersten Berliner Hugenottengemeinde geregelt: Neben der calvinistischen Kirchendisziplin wurden die „grundlegenden Strukturelemente einer basisdemokratisch orientierten Presbyterialordnung" erhalten, was „den Glaubensflüchtlingen im Refuge die sofortige Wiederaufnahme ihres aus der Heimat gewohnten innerkirchlichen Zusammenlebens"[77] ermöglichte.

Außerhalb der Kirchengemeinden kollidierte jedoch die ursprüngliche Synodalverfassung der calvinistischen Kirche Frankreichs mit dem landesherrlichen Kirchenregiment protestantisch-deutscher Prägung und damit mit den summepiskopalen bzw. territorialistischen Ansprüchen der brandenburgischen Herrscher.[78] Hier zeigten diese keine Kompromißbereitschaft, sondern bestanden auf ihren Rechten, so daß die französisch-reformierte Synodalverfassung in Brandenburg nicht realisiert werden konnte. Vielmehr nahmen die Landesherren die letztgültige Entscheidung über Religions- und Glaubensfragen sowie die höchste kirchliche Gesetzgebung und Gerichtsbarkeit für sich in Anspruch.[79] Friedrich III. setzte deshalb für die Klärung strittiger Fragen der Kirchendis-

---

[73] Vgl. *Birnstiel/Reinke*, Hugenotten in Berlin (Anm. 9), 49, 58, 79; *Griesshammer*, Studien zur Geschichte der Réfugiés (Anm. 70), 48–49.

[74] Das Potsdamer Edikt (Anm. 11), 305 (Artikel 11).

[75] In Berlin waren dies u. a. die Kapelle des Stadtschlosses, die Domkirche und die Kirche in der Dorotheenstadt. Vgl. *Birnstiel/Reinke*, Hugenotten in Berlin (Anm. 9), 56, 59; *Welge*, Die Französische Kirche (Anm. 68), 94.

[76] Zitiert in: *Muret*, Geschichte der Französischen Kolonie (Anm. 11), 23–24, hier 24.

[77] *Birnstiel/Reinke*, Hugenotten in Berlin (Anm. 9), 82.

[78] Vgl. *Eckart Birnstiel*, Die Hugenotten in Berlin. Eine Gemeinde auf der Suche nach ihrer Kirche, in: Die Hugenotten 1685–1985 (Anm. 1), 115–126, hier 126; *Frédéric Hartweg*, Die Hugenotten in Berlin. Eine Geschichte, die vor 300 Jahren begann, in: Die Hugenotten und das Refuge (Anm. 1), 1–56, hier 15; *Wilke*, Zur Geschichte der französischen Kolonie (Anm. 26), 58.

[79] Vgl. *Birnstiel/Reinke*, Hugenotten in Berlin (Anm. 9), 81–82; *Welge*, Die Französische Kirche (Anm. 68), 96.

ziplin und die Visitation der Gemeinden 1694 eine Kirchenkommission (*commission ecclésiastique*) ein, die er 1701 als König Friedrich I. zum sogenannten Französischen Oberkonsistorium (*consistoire français supérieur*) umwandelte. Dieses Französische Oberkonsistorium übte als Verwaltungsgericht die königliche Kirchengerichtsbarkeit aus.[80]

Im Ergebnis erwies sich die brandenburgische Staatskirchenverfassung für die Hugenotten als zweischneidiges Schwert: Das landesherrliche Kirchenregiment erlaubte es dem Kurfürsten/König zum einen, die französisch-reformierte Kirche zu privilegieren und umfassend zu fördern und zu schützen, so daß sie sich unbehelligt entfalten konnte. Zum anderen bedeutete dieser Schutz jedoch auch, daß die Réfugiés eine vom Herrscher oktroyierte Kirchenverfassung für die französisch-reformierten Gemeinden akzeptieren mußten. Hier wirkte sich der episkopalistische bzw. territorialistische Anspruch deutlich restriktiv aus, indem sich die Hugenottengemeinden nicht zu Synoden zusammenfinden konnten und sich statt dessen in allen wesentlichen konfessionellen Fragen der Entscheidung des Herrschers zu unterwerfen hatten.[81]

Vergleicht man nun die kirchlich-konfessionelle Situation der Hugenotten in Brandenburg mit der in Irland, so fallen einerseits für die Frühphase des Refuge Parallelen ins Auge, andererseits unterschied sich der Status der Réfugiés in Irland nach 1692 fundamental von den brandenburgischen Verhältnissen. Die Entwicklung der kirchlich-konfessionellen Stellung der Hugenotten in Irland läßt sich in zwei Phasen einteilen: Die erste Phase begann mit der Parlamentsakte von 1662, in der bekanntlich von den Hugenotten auch der Suprematseid, also die Anerkennung des Königs als Oberhaupt der Church of Ireland, gefordert wurde. Den Beginn der zweiten Phase markiert die Parlamentsakte von 1692, die den hugenottischen Einwanderern Religionsfreiheit gewährte. Die Réfugiés wurden damit zu einer rechtlich privilegierten Minderheit, die aus den Zwängen der Staatskirchenverfassung Irlands entlassen

---

[80] Vgl. *Birnstiel/Reinke*, Hugenotten in Berlin (Anm. 9), 79–80; *Birnstiel*, Die Hugenotten in Berlin (Anm. 78), 124–126.

[81] Daß die Hugenotten nicht um die Durchsetzung einer Synodalverfassung kämpften, ergibt sich aus mehreren Umständen: Zum einen hatten sie bereits in Frankreich seit 1659 ohne Nationalsynoden auskommen müssen, zum anderen wäre es aus ihrer Sicht unsinnig gewesen, einem Landesherrn Widerstand zu leisten, der ihnen als Flüchtlinge nicht nur die Ansiedlung in seinem Land ermöglicht hatte, sondern ihre Kolonie vielfältig privilegierte, viele Hugenotten in einflußreiche Ämter berief und mit dem sie nicht zuletzt konfessionsverwandt waren. Dies alles, gepaart mit der Tatsache, daß die meisten Hugenotten ohnehin Monarchisten waren, erklärt die Akzeptanz der landesherrlichen Vorgaben durch die Hugenotten. Vgl. *Welge*, Die Französische Kirche (Anm. 68), 97–98.

wurde, in der es ja – im Gegensatz zu England – keine Toleranzakte und damit keine Anerkennung der protestantischen Dissenters gab.[82]

Die erste Phase des irischen Refuge nach 1662 war von seiten des irischen Vizekönigs Ormond durch den Versuch eines Kompromisses zwischen Hugenottenansiedlung und den Interessen der Staatskirche geprägt: Die von Ormond betriebene Ansiedlung der Réfugiés, die mit ihrer calvinistischen Kirchenverfassung den Presbyterianern viel näher standen als der Staatskirche, war vor dem Hintergrund der oben beschriebenen konfessionellen Lage in Irland – dem Gegensatz zwischen der Church of Ireland und den Presbyterianern in Ulster – ein problematisches Unterfangen. Dem Vizekönig mußte es insbesondere darum gehen, eine Verbindung zwischen Presbyterianern und Hugenotten zu verhindern und die Réfugiés möglichst eng an die Staatskirche zu binden. Deshalb richtete Ormond nach dem Vorbild der einige Jahre zuvor in London gegründeten ‚conformist' French Church of the Savoy[83] im Jahr 1666 in Dublin eine konformistische Gemeinde ein, die ‚French Patrick' genannt wurde. Der Kompromiß, durch den diese Gemeinde ins Leben gerufen werden konnte, gestaltete sich folgendermaßen: Als ‚Gegenleistung' für die Benutzung einer französischen Übersetzung des Book of Common Prayer und für die Unterordnung unter die Bischöfe der Staatskirche inklusive der bischöflichen Ordination ihrer Prediger durfte die Gemeinde ihre Gottesdienste in französischer Sprache abhalten und eine Presbyterialverfassung etablieren. Zudem wurde ihnen die Ladychapel von St. Patrick's Cathedral zur Verfügung gestellt, und ihre Pfarrer wurden von der Staatskirche besoldet.[84]

Dieser ‚konformistische Kompromiß' in Irland trug ähnliche Züge wie die Hugenottenkirche in Brandenburg: Im Austausch für die Bereitstellung von Kirchenräumen in Simultankirchen, für die Besoldung der Kleriker, den Gottesdienst in französischer Sprache und die innergemeindliche Verwirklichung der Presbyterialverfassung mußten die Gemeinden der Réfugiés sich in hierarchisch und episkopalistisch geprägte Kirchen-

---

[82] Siehe dazu oben Fußnote 61.

[83] Vgl. *Robin D. Gwynn,* Huguenot Heritage. The History and Contribution of the Huguenots in Britain, London u. a. 1985, 94–101.

[84] Vgl. *G. Andrew Forrest,* Religious Controversy within the French Protestant Community in Dublin, 1692–1716. An Historiographical Critique, in: The Irish Dissenting Tradition (Anm. 43), 96–110, hier 97–98; *Hylton,* Dublin's Huguenot Communities (Anm. 20), 223; *Raymond Pierre Hylton,* The Less-Favoured Refuge. Ireland's Nonconformist Huguenots at the Turn of the Eighteenth Century, in: The Religion of Irish Dissent, 1650–1800, hrsg. v. Kevin Herlihy, Blackrock 1996, 83–99, hier 85–86; *Ruth Whelan,* Sanctified by the Word. The Huguenots and Anglican Liturgy, in: Propagating the Word of Irish Dissent, 1650–1800, hrsg. v. Kevin Herlihy, Dublin 1998, 74–94, hier 75–76.

verfassungen einfügen. Der Unterordnung der konformistischen Gemeinden unter die Bischofshierarchie der irischen Staatskirche entsprach in Brandenburg die Unterordnung unter den Herrscher. Zugleich bleiben jedoch signifikante Unterschiede bestehen, insbesondere bestätigt sich auch auf konfessionell-kirchlichem Gebiet der Eindruck, daß der brandenburgische Umgang mit der hugenottischen Minderheit tendenziell stärker auf Privilegierung und der irische Umgang mit den Réfugiés stärker auf Integration ausgerichtet war. Denn während der brandenburgische Kurfürst den Hugenotten ihre eigene Liturgie beließ, wurde der konformistischen Hugenottenkirche in Dublin nur die französische Übersetzung des Book of Common Prayer gewährt[85], wodurch, anders als in Brandenburg, auch direkt in die Gemeinde im Sinne einer Anpassung an die Staatskirche eingegriffen wurde.

‚French Patrick' war für zahlreiche hugenottische Glaubensflüchtlinge jedoch kein akzeptabler Kompromiß. In den ersten Jahren des Refuge bildeten sich rasch nonkonformistische ‚Konventikel', hugenottische Familien wandten sich von ‚French Patrick' ab und nahmen an nonkonformistischen Gottesdiensten in englischer Sprache teil.[86] Damit nutzten die Hugenotten die faktischen Konfessionsverhältnisse in Irland, die in fundamentalem Gegensatz zur Theorie der Staatskirchenbeziehungen standen, für ihre eigenen Bedürfnisse: Auch wenn es seit der Act of Uniformity von 1666 theoretisch nur die eine anglikanische Staatskirche in Irland geben durfte, war Irland ein multikonfessionelles Land. In dieser konfessionellen Situation bot sich den mit dem ‚konformistischen Kompromiß' unzufriedenen Hugenotten also die Möglichkeit, es anderen Konfessionen gleich zu tun und ‚Untergrundkirchen' bzw. ‚-konventikel' zu gründen.

In der Folgezeit, insbesondere in der Regierungszeit des katholischen Jakob II., ging die Präsenz der Hugenotten in Irland stark zurück, so daß auch das kirchliche Leben weitgehend zum Erliegen kam.[87] Erst die Ankunft Wilhelms III. in Irland änderte diese Lage grundsätzlich, und die Parlamentsakte von 1692 machte Ormonds Versuche der möglichst weitgehenden Integration der Hugenotten in die Staatskirche hinfällig. Protestantischen Ausländern, die sich durch die obengenannten Eidesleistungen einbürgern ließen[88], wurde nun *the free exercise of their religion* gesetzlich verbrieft. Freie, öffentliche Religionsausübung *in their own se-*

[85] Vgl. *Hylton,* Dublin's Huguenot Communities (Anm. 20), 223.

[86] Vgl. *Hylton,* Dublin's Huguenot Communities (Anm. 20), 223, 226; *Jean-Paul Pittion,* The Question of Religious Conformity and Non-Conformity in the Irish Refuge, in: The Huguenots and Ireland (Anm. 1), 285–296, hier 289.

[87] Vgl. *Hylton,* Dublin's Huguenot Communities (Anm. 20), 227; *Hylton,* The Less-Favoured Refuge (Anm. 84), 87.

veral rites used in their own countries, any law or statute to the contrary notwithstanding wurde zugesagt.[89] Im Vergleich zur Parlamentsakte von 1662 wurde das Verhältnis zwischen Staat und hugenottischer Minderheit durch die Entscheidung des Parlaments von 1692 völlig umgekehrt: Obwohl die Staatskirchenbeziehungen insgesamt nicht von Toleranz geprägt waren und – neben den Katholiken – das spannungsreiche Verhältnis der Staatskirche zu den Presbyterianern erhalten blieb, sollten allein die protestantischen Einwanderer fortan uneingeschränkte Religionsfreiheit genießen.[90]

All dies wurde von einem irischen Parlament gewährt, das fest auf der Seite der Staatskirche stand und sich einer Tolerierung der Presbyterianer in Ulster standhaft widersetzte.[91] Die unterschiedliche Haltung zu den ‚Protestant strangers' beruhte offenbar auf der Einsicht der Staatskirche und des protestantischen Establishments, daß erstens aufgrund der Sprachdifferenz zwischen Hugenotten und Presbyterianern keine spontane Allianz zu erwarten war und daß zweitens die Hugenotten auf den Schutz des irischen Staates angewiesen waren und deshalb überhaupt kein Interesse daran haben konnten, diesen Schutz durch ein Zusammengehen mit den Presbyterianern zu gefährden.

Auf der Grundlage der Parlamentsakte von 1692 entstanden in Irland sowohl konformistische als auch nonkonformistische Gemeinden, so daß es z.B. in Dublin zeitweise zwei konformistische und zwei nonkonformistische Gemeinden gab.[92] Die nonkonformistischen Gemeinden erhielten

---

[88] Und durch die obenerwähnte Änderung der Eidesformeln – nun ohne den Suprematseid – wurde die Ableistung der Eide für die ‚naturalization' auch jedem protestantischen Gewissen möglich.

[89] An Act for Encouragement of Protestant Strangers [1692] (Anm. 22), 245.

[90] Tatsächlich kam es nach 1692 zu Masseneinwanderungen und -niederlassungen von Hugenotten in Irland. Vgl. z.B. *Gwynn,* Government Policy (Anm. 15), 221; *Hylton,* The Less-Favoured Refuge (Anm. 84), 88. Ob dies allerdings ausschließlich oder nur hauptsächlich, wie in der Forschung meist argumentiert wird, auf die Gewährung von Religionsfreiheit zurückzuführen war, müßte noch genauer untersucht werden. Denn insbesondere im Falle der Armeeauflösung Wilhelms III. werden die Betroffenen möglicherweise auch keine wirkliche Alternative zur Ansiedlung in Irland gehabt haben. Vgl. dazu allg. *Harman Murtagh,* Huguenot Involvement in the Irish Jacobite War, in: The Huguenots and Ireland (Anm. 1), 225–238, hier 234.

[91] Vgl. *J. G. Simms,* The Establishment of Protestant Ascendancy, 1691–1714, in: A New History of Ireland, Bd. IV: Eighteenth-Century Ireland, 1691–1800, hrsg. v. Theodor W. Moody/W.E. Vaughan, Oxford 1986, 1–30, hier 24–25.

[92] Vgl. *Steven Ffeary-Smyrl,* ‚Theatres of Worship'. Dissenting Meeting Houses in Dublin, 1650–1750, in: The Irish Dissenting Tradition (Anm. 43), 49–64, hier 56–59; *Hylton,* Dublin's Huguenot Communities (Anm. 20), 228–229; *G. Andrew Forrest,* Schism and Reconciliation. The ‚Nouvelle Église de Ste Marie', Dublin, 1705–16, in: The Strangers' Progress. Integration and Disintegration of the Huguenot

jedoch keine Unterstützung durch Staat und Staatskirche: Sowohl für ihren Kirchenraum - Simultankirchen waren hier undenkbar - als auch für den Unterhalt ihrer Prediger mußten sie selbst aufkommen.[93] Die nonkonformistischen Hugenottengemeinden in Irland machten mit den Presbyterianern keine gemeinsame Sache und legten sich auch Selbstbeschränkung auf, indem sie sich zum einen um gute Beziehungen zur Church of Ireland bemühten und zum anderen nicht versuchten, ein Synodalsystem zu errichten. Trotzdem kam es zu Angriffen der Bischöfe der Staatskirche auf die nonkonformistischen Hugenottengemeinden, die davon zeugen, daß die parlamentarisch verbriefte Religionsfreiheit den Réfugiés keine unbehelligte Ausübung ihrer Konfession garantieren konnte.[94]

Bezeichnend sind die Vorgänge im Jahr 1702 in Portarlington, wo es dem Bischof von Kildare, William Moreton, gelungen war, durch eine Parlamentakte in den Besitz der nonkonformistischen Kirche und Schule zu gelangen und das Patronatsrecht für die nonkonformistische Gemeinde zugesprochen zu bekommen.[95] Moreton versuchte umgehend, diese Rechte zu nutzen, um den calvinistischen Ritus und die Kirchenverfassung der nonkonformistischen Gemeinde zu unterdrücken. Außerdem entließ er den Pfarrer der Hugenottengemeinde, Benjamin de Daillon, um ihm dann das Angebot einer Wiedereinsetzung mit bischöflicher Ordination zu machen.[96] Daillon wehrte sich gegen die Eingriffe des Bischofs, so daß die Gemeinde sich in zwei Gruppen spaltete - eine Gruppe, die zu einem ‚konformistischen Kompromiß' mit Moreton bereit war und eine andere Gruppe, die einen solchen Kompromiß strikt ablehnte.[97] Diese Entwicklung vertiefte die Spaltung des irischen Refuge in konformistische und nonkonformistische Gemeinden und führte dazu, daß „the non-conformists steered a careful course between the French conformists, by whom they felt betrayed, the Presbyterians, with whom

---

and Walloon Refugee Community, 1567–1889, Essays in Memory of Irene Scouloudi, hrsg. v. Randolph Vigne/Graham C. Gibbs, London 1995, 199–213.

93 Vgl. *Hylton,* The Less-Favoured Refuge (Anm. 84), 88; *Ruth Whelan,* The Huguenots, the Crown and the Clergy. Ireland, 1704, in: Proceedings of the Huguenot Society of Great Britain and Ireland 26 (1997), 601–610, hier 605.

94 Vgl. *Ruth Whelan,* Points of View. Benjamin de Daillon, William Moreton and the Portarlington Affair, in: Proceedings of the Huguenot Society of Great Britain and Ireland 26 (1996), 463–489, hier 473; *Whelan,* The Huguenots, the Crown and the Clergy (Anm. 93), 605.

95 Vgl. *Hylton,* Portarlington (Anm. 24), 423; *Whelan,* Points of View (Anm. 94), 464.

96 Vgl. *Whelan,* Points of View (Anm. 94), 466.

97 Vgl. *Hylton,* Portarlington (Anm. 24), 424; *Hylton,* The Huguenot Settlement at Portarlington (Anm. 24), 311.

they could not afford to identify, and the Anglican clergy, whom they had reason to fear".[98]

VI.

Nimmt man die religiös-kirchliche Situation der Hugenotten in den beiden Ländern Irland und Brandenburg vergleichend in den Blick, dann ergibt sich in gewisser Weise ein Paradoxon: Die starke Stellung des Herrschers im Rahmen des sich vom Episkopalismus zum Territorialismus entwickelnden brandenburgischen Staatskirchensystems, gekoppelt mit dessen Konfessionsverwandtschaft mit den Réfugiés, führte dazu, daß die Hugenotten und ihre Kirche stark unter dem Einfluß des Herrschers standen, der ihnen eine Kirchenverfassung oktroyierte und generell die letzte Entscheidungsinstanz in Religionsfragen für sich beanspruchte. Damit war die kirchlich-konfessionelle Freiheit und Entfaltungsmöglichkeit der brandenburgischen Réfugiés aber in wesentlichen Punkten eingeschränkt.

In Irland dagegen führte der Interessenausgleich zwischen König, Staatskirche und politischer Nation im Parlament 1692 zu einer Gesetzgebung, die den Hugenotten die Religionsfreiheit und damit Wahlmöglichkeiten – nämlich die zwischen konformistischen und nonkonformistischen Gemeinden – zugestand, und den nonkonformistischen Gemeinden eine weitgehende Unabhängigkeit von der Staatskirche garantierte. Hier wurden den Hugenotten scheinbar weitreichende kirchlich-konfessionelle Freiheiten und Handlungsmöglichkeiten eröffnet.

Faktisch wirkten sich die Staatskirchenbeziehungen und die konfessionellen Verhältnisse in den beiden Ländern jedoch umgekehrt aus: Die starke Stellung der brandenburgischen Herrscher im Rahmen des Staatskirchensystems ermöglichte es ihnen nicht nur, die Hugenottengemeinden zu bevormunden, sondern auch, sie zu beschützen und zu fördern. Zudem trug die Erzwingung konfessioneller Toleranz ‚von oben' entscheidend dazu bei, daß die brandenburgischen Réfugiés sich außer den landesherrlichen keinen anderen Zwängen ausgesetzt sahen. In Irland bot die Krone den hugenottischen Flüchtlingen nach der Gewährung der Religionsfreiheit keinen Schutz mehr vor möglichen konfessionell motivierten Anfeindungen. Eine freie Entfaltung der nonkonformistischen Hugenottengemeinden hätte in diesem Fall auf einer gesellschaftlich verankerten Toleranz aufbauen müssen. Doch gerade diese ‚Toleranz von unten' war in der weiterhin konfessionell zutiefst gespaltenen irischen Gesellschaft nicht vorhanden, und so waren die Réfugiés ungeschützt

---

[98] *Whelan*, Points of View (Anm. 94), 473.

den Angriffen der Bischöfe der Staatskirche ausgesetzt, die die hugenottische Minderheit als Bedrohung für ihren eigenen Status ansahen.

Im Endeffekt hatten beide Konstellationen vergleichbare Einschränkungen zur Folge: Während die Réfugiés in beiden Ländern die Möglichkeit hatten, auf Gemeindeebene gemäß den Bräuchen und der Verfassung der calvinistischen Kirche Frankreichs zu leben, blieb ihnen eine übergemeindliche synodale Organisationsstruktur verwehrt. In Brandenburg beruhte dies auf der Ablehnung durch den Landesherrn. In Irland dagegen bekamen die Hugenotten – trotz theoretisch zugesicherter Religionsfreiheit – die Notwendigkeit zu spüren, in der komplexen konfessionellen Gemengelage des Gastlandes möglichst wenig Angriffsfläche zu bieten.

Zusammenleben in der Intoleranz: Provence, Irland und Brandenburg als Beispiele

Kommentar und Vergleich

Von Etienne François

Bei aller Unterschiedlichkeit in Zeit und Raum weisen die Beiträge von *Gabriel Audisio* und *Ute Lotz-Heumann* eine erste Gemeinsamkeit auf. Obwohl überall in Europa bis zum späten 17. Jahrhundert die Auffassung herrscht, die Untertanen sollten die Konfession ihrer Obrigkeit teilen, und obwohl diese Übereinstimmung überall auch als eine erstrebenswerte Regel und Norm gilt, trifft das in keinem der drei dargestellten Beispiele zu. Diese Nichtübereinstimmung ist kennzeichnend für das Kurfürstentum Brandenburg seit dem Beginn des 17. Jahrhunderts, sie gilt zur selben Zeit in stärkerem Maße noch für Irland, läßt sich aber auch in der Provence feststellen - und zwar schon im späten 15. Jahrhundert, das heißt schon vor dem Beginn der Reformation und dem Eintritt in das sogenannte konfessionelle Zeitalter. Dieser Tatbestand gilt im übrigen nicht nur für die drei hier untersuchten Territorien; er läßt sich auch in vielen anderen Regionen und Ländern beobachten, mit einem für das frühneuzeitliche Europa konstitutiven Spannungsverhältnis zwischen Ideal und Wirklichkeit. Da dieses nicht zu überwinden ist, zwingt es, nach Kompromissen und Arrangements zu suchen, die ein „Zusammenleben in der Intoleranz" ermöglichen.[1] Sie werden aber meist nur als vorübergehende Zwischenlösungen und nicht als endgültige Regelungen betrachtet, was ihnen eine gewisse Prekarität verleiht. Und diese Tatsache erklärt, warum, wenn einmal die Rahmenbedingungen bzw. die Kräfteverhältnisse anders geworden sind, die letztendlich doch als kleineres Übel betrachteten Kompromisse so leicht in Frage gestellt werden können.

Eine zweite gemeinsame Folgerung läßt sich aus den drei untersuchten Fällen ziehen. Auch wenn die religiös-konfessionelle Pluralität eine weitverbreitete Erscheinung der Frühneuzeit darstellt, so lassen sich doch

---

[1] *Michel Grandjean/Bernard Roussel* (Hg.), Coexister dans l'intolérance. L'Edit de Nantes (1598), Genf 1998.

nirgendwo identische, allgemeingültige bzw. leicht übertragbare Antworten auf diese Herausforderung feststellen. Was man dagegen findet, ist viel eher eine erstaunliche Vielfalt von konkreten Situationen und Lösungen, die sich nur schwer unter einem gemeinsamen Nenner zusammenfassen lassen. Kaum fängt man an, einen konkreten Fall etwas präziser zu analysieren, dann fällt seine vielschichtige Komplexität auf. Um ihr gerecht zu werden, ist daher ein multiperspektivischer Blick erforderlich. Und darin auch liegt der Vorteil der beiden Beiträge von *Gabriel Audisio* und *Ute Lotz-Heumann*. Sie bieten nämlich nicht nur die Möglichkeit, unterschiedliche Situationen in Raum und Zeit miteinander zu vergleichen, sondern zeigen darüber hinaus in aller Deutlichkeit, wie unerläßlich es ist, die zwei Ansätze, an welchen sie sich orientieren – auf der einen Seite der monographische, mikro-analytische, sozial- und mentalitätsgeschichtliche Ansatz ‚von unten', auf der anderen Seite der vergleichende und strukturanalytische Ansatz ‚von oben', der den Schwerpunkt auf die Untersuchung der politischen und kirchlichen Rahmenbedingungen legt – miteinander zu kombinieren. Denn nur die gemeinsame Berücksichtigung dieser zwei Perspektiven ist in der Lage, das Zusammenwirken der unterschiedlichen Ebenen zu erklären, das die Spezifik einer bestimmten Situation ausmacht. Das Beispiel der Provence zu Beginn des 16. Jahrhunderts zeigt, daß weder Entwicklungen ‚von oben' (die Entscheidung der Monarchie, gegen die ‚Ketzer' einzugreifen, um Frankreich gegen die Gefahr der Unruhen zu schützen, die sich im Reich verbreiten) noch Entwicklungen ‚von unten' (die durch die Verschlechterung der wirtschaftlichen Situation verursachte Unzufriedenheit der lokalen Bevölkerung) an sich allein den Beginn der Verfolgung erklären, sondern nur ihr Zusammenwirken. Und auf dieselbe Art und Weise läßt sich die Aufnahme der Hugenotten in Irland und in Brandenburg nur durch die Berücksichtigung von zwei unterschiedlichen Perspektiven erklären: eine ‚internationale' auf der einen Seite (das Exil außerhalb des Königreichs Frankreich von zahlreichen Protestanten nach der Aufhebung des Edikts von Nantes) und eine ‚lokale' auf der anderen Seite (der vor allem aus innenpolitischen Gründen verständliche Wunsch des Großen Kurfürsten wie auch des irischen Vize-Königs, ‚Réfugiés' in ihren jeweiligen Territorien anzusiedeln).

Die Anwendung eines multiperspektivischen Ansatzes drängt sich im übrigen um so mehr auf, als man es in jedem der untersuchten Fälle – ob es sich um die Zuspitzung eines Konflikts oder um die Suche nach seiner Beilegung handelt – mit komplexen Situationen und Prozessen zu tun hat, die nicht durch die Einfachheit eines binären Gegensatzes (Mehrheit/Minderheit, Kirche/Staat, Katholiken/Protestanten usw.), sondern vielmehr durch die Pluralität von unterschiedlichen mit- und gegeneinander wirkenden Akteuren gekennzeichnet sind. Im Falle der Provence zu Beginn des 16. Jahrhunderts haben wir es mit mindestens fünf verschiedenen Akteuren mit ihren jeweiligen Zielen und ihrer jeweiligen Autonomie zu tun: dem König und der monarchischen Regierung, den lokalen Vertretern der monarchischen Gewalt (dem Gouverneur der Provinz und dem Parlament von Aix), der katholischen Kirche vor Ort (wobei zwischen den Bischöfen und dem Pfarrklerus zu unterscheiden wäre), der lokalen Bevölkerung in den Städten und Dörfern, und den Waldensern. Im Irland der zweiten Hälfte des 17. Jahrhunderts sind es sechs Akteure: der Vize-König, das Parlament, die Church of Ireland, die Presbyterianer, die katholische Bevölkerung und die Hugenotten. Im Kurfürstentum Brandenburg schließlich hat man es mit vier Akteuren zu tun: dem Großen Kurfürsten, den Deutsch-Reformierten, den Lutheranern und den Hugenotten. In der Regel agieren diese Akteure mit einer relativen Geschlossenheit. Aber das ist auch nicht immer der Fall: Der Eifer des Bischofs von Apt, der schon 1530 aus eigener Initiative einen energischen und mit einer großen Machtfülle ausgestatteten Inquisitor einsetzt, steht im Widerspruch zum zurückhaltenden Verhalten des Erzbischofs von Aix, der erst 1531, das heißt in Folge des königlichen Befehls, aktiv wird; die hugenottische Minderheit in Irland liefert ein anderes Beispiel dafür: Während nach dem Parlamentsakt von 1662 ein Teil der Réfugiés die vom Vize-König angebotene Lösung eines Gottesdiensts in französischer Sprache in der konformistischen Kirche von ‚French Patrick' annimmt, lehnen andere diesen Kompromiß ab und ziehen es vor, non-konformistische Gottesdienste in englischer Sprache zu besuchen; dreißig Jahre später, nach der Gewährung einer uneingeschränkten Religionsfreiheit für die ‚Protestant strangers' durch den Parlamentsakt von 1692, tritt diese uneinheitliche Haltung ein zweites Mal in Erscheinung, entstehen doch gleichzeitig konformistische und nicht-konformistische hugenottische Kirchen. Die Vielfalt der beteiligten Akteure führt schließlich dazu, daß alle in komplexe Beziehungsgeflechte und in wechselnde Bündnisse bzw. Gegensätze einbezogen sind, so daß die Bestimmungen, die die Stellung der konfessionellen Minderheit regeln, meistens auch einen Kompromißcharakter haben und am Ende von komplizierten Entstehungs- und Entscheidungsprozessen stehen: In Irland zum Beispiel erklärt sich der Unterschied zwischen den Parlamentsakten von 1662 und von 1692 zu einem erheblichen Teil aus der Entwicklung des immer gespannteren Verhältnisses zwischen der Church von Ireland und den Presbyterianern.

Ein weiterer Vorteil der untersuchten Beispiele liegt darin, daß sie alle drei auf den begrenzten Erklärungswert der Bezeichnung ‚religiöse Minderheit' hinweisen – so lange sie nicht zusätzlich problematisiert und kontextualisiert wird. In der Tat unterscheiden sich die Waldenser in der Provence und die Hugenotten in Brandenburg wie auch in Irland nicht nur durch ihre zahlenmäßige Unterlegenheit und ihre religiös-konfessionelle Originalität, sondern auch durch mehrere sozio-kulturelle Merkmale, deren Bedeutung man nicht unterschätzen sollte. Sie fallen zuerst durch ihr spezifisches sozio-ökonomisches Profil auf (Überrepräsentation in bestimmten Berufen und wirtschaftlichen Aktivitäten, entschieden städtische Prägung des irischen und des brandenburgischen Refuge), wie auch durch ihre starke Gruppenzugehörigkeit (äußerste Endogamie, bevorzugte Ansiedlung in Dörfern, Städten oder Stadtteilen, wo sie so viel als möglich unter sich bleiben und oft sogar die Mehrheit darstellen – von Lourmarin bis Portarlington). Sie unterscheiden sich aber auch durch die Tatsache, daß sie mehrheitlich Zugewanderte sind – und daß sie dadurch nicht über die Legitimität und die Vorrechte verfügen, die die Gewohnheit einer alten Ansiedlung liefert. In Irland werden die Hugenotten als Ausländer (‚strangers') bezeichnet, im Kurfürstentum Brandenburg werden sie wie eine regelrechte ‚natio' behandelt, und in der Provence geht der Beginn der Verfolgung der Waldenser mit ihrer Stigmatisierung als ‚schlechte' Franzosen und ihrem Ausschluß aus der nationalen Gemeinschaft einher. Diese Beobachtung steht im Gegensatz zu der weitverbreiteten Meinung, wonach das frühneuzeitliche Europa ein noch vornationales gewesen sei, und regt dazu an, die nationalen Dimensionen der hier untersuchten Fragen stärker zu berücksichtigen.[2] Wichtiger jedoch als die jeweilige Spezifik der drei untersuchten ‚Minderheiten' ist die Tatsache, daß sie als solche vor allem durch die Wahrnehmung, Behandlung und Bezeichnung von außen konstruiert sind. Wenn die Waldenser nach 1531 zu einer verfolgten Minderheit werden, dann liegt das nicht daran, daß sich deren Charakteristika geändert hätten, sondern ausschließlich daran, daß die Monarchie, die Kirche und die Mehrheit der provenzalischen Bevölkerung, die bis dahin die unauffälligen Waldenser ohne Schwierigkeiten akzeptiert haben, sie auf einmal als eine zu bekämpfende Gefahr wahrnehmen. Mit anderen Worten ist es der Wandel der Außenwahrnehmung und -behandlung, der die Waldenser zu einer Minderheit gemacht hat. Und wenn sich in den Jahren danach mit ihrer durchgreifenden ‚Protestantisierung' auch die Gruppenidentität und die Selbstwahrnehmung der Waldenser ändert, dann ist dieser Wandel zum

---

[2] *Almut Bues/Rex Rexheuser* (Hg.), Mittelalterliche nationes – neuzeitliche Nationen. Probleme der Nationenbildung in Europa (Deutsches Historisches Institut Warschau, Quellen und Studien, 2), Wiesbaden 1995; *Jean-François Dubost,* L'étranger dans la France moderne: ambiguïtés d'une perception, in: L'image de l'Autre dans l'Europe du nord-ouest à travers l'histoire, hrsg. v. Jean-Pierre Jessenne, Lille 1996, 33–42; *Jean-François Dubost,* La France italienne, XVIe–XVIIe siècle, Paris 1997. Vgl. zu diesem Problem auch den Beitrag von Hans Grünberger in diesem Band. [Anm. d. Red.]

großen Teil die Konsequenz des vorher stattgefundenen Wandels ihrer Wahrnehmung durch die Außenwelt.

In den drei untersuchten Fallbeispielen ist die Aufnahme bzw. die Duldung der jeweiligen religiösen Minderheit immer das Ergebnis eines Kompromisses auf der Basis eines Interessenausgleichs. Insofern bestätigen sie die Schlußfolgerungen der neuesten Untersuchungen über den Entstehungsprozeß des Edikts von Nantes, die den Kompromißcharakter einer Regelung hervorheben, die durch komplizierte Verhandlungen vorbereitet wurde.[3] Die Aufnahmebedingungen für die Réfugiés im Kurfürstentum Brandenburg stellen den günstigsten Fall dar. Dies liegt daran, daß das Herrscherhaus sich von ihrer Ansiedlung einen politischen, konfessionellen, wirtschaftlichen und kulturellen Vorteil versprach, während die Kräfte, die dagegen waren, kaum Möglichkeiten hatten, sich Gehör zu verschaffen. So läßt sich die im europäischen Vergleich besondere Großzügigkeit der Bedingungen erklären, die den Réfugiés angeboten wurden – mit der einzigen Ausnahme der Nichtgewährung der synodalen Verfassung. Im irischen Fall waren die Kräfte, die sich für eine Aufnahme der Réfugiés aussprachen, längst nicht so stark; sie beschränkten sich vor allem auf den Vize-König und seine Berater; daher die Hervorhebung der wirtschaftlichen Vorteile, die man sich von der Ansiedlung der Hugenotten versprach, daher auch die restriktiveren Bedingungen, die ihnen angeboten wurden und die eine schnelle Integration herbeiführen sollten. In der Provence am Ende des 15. Jahrhunderts und zu Beginn des 16. Jahrhunderts hat man es schließlich mit einer stillschweigenden Duldung zu tun, die einzig und allein von der Gunst der Konjunktur und dem erhofften wirtschaftlichen Vorteil abhing. Sie war deswegen äußerst prekär und wurde nach der Umkehrung der politischen und wirtschaftlichen Rahmenbedingungen sofort in Frage gestellt.

Die drei hier untersuchten Beispiele haben schließlich einen letzten gemeinsamen Punkt: Alle drei konzentrieren sich auf Zeiten der Krise bzw. des Wandels – auf der einen Seite den Beginn der Verfolgung gegen die Waldenser, auf der anderen Seite die Epoche der Aufnahme der Réfugiés. Solche Zeiten stellen aber Ausnahmesituationen dar, während das mehr oder weniger friedliche Zusammenleben die Regel ist. Zum Schluß sei daher auf drei Forschungsmöglichkeiten hingewiesen, die die bisher gewonnenen Erkenntnisse vertiefen und ergänzen könnten. Eine erste Möglichkeit wäre eine Ausweitung des Vergleichs auf ganz Europa, etwa nach dem Beispiel der früheren Untersuchungen von Myriam Yardeni über das europäische Refuge.[4] Eine zweite Möglichkeit wäre die verglei-

---

[3] *Marc Venard,* Un édit bien enregistré: le quatrième centenaire de l'Edit de Nantes, in: RevHistEglFrance 87 (2001), 27–45.

[4] *Myriam Yardeni,* Le refuge protestant, Paris 1985.

chende Untersuchung der Wechselwirkung zwischen dem Wandel der Rahmenbedingungen und der späteren Entwicklung der Gruppenidentität der jeweiligen ‚Minderheiten'. Eine dritte Möglichkeit, auf die jüngst Philip Benedict aufmerksam gemacht hat[5], wäre schließlich die systematische und vergleichende Untersuchung der Bedingungen und Parameter, unter denen sich in ganz Europa das Zusammenleben von verschiedenen konfessionellen Gruppen gestaltete und entwickelte.

---

[5] *Philip Benedict,* ‚Un roi, une loi, deux fois': Parameters for the History of Catholic-Reformed Coexistence in France, 1555–1685, in: *ders.,* The Faith and Fortune of France's Huguenots, 1600–85, Aldershot/Burlington 2001, 279–308.

Zweiter Teil

Erziehung und Bildung zwischen Konfessionskirchen, frühmodernem Staat und Gesellschaft

Die europäische Entwicklung des Schul- und Bildungswesens im Verhältnis zu Kirche und Staat im 17. und 18. Jahrhundert

Von Wolfgang Schmale

I. Eine europäische Fassade

Der Titel des Beitrags ist sehr anspruchsvoll formuliert und mitnichten in einem Artikel einzulösen. Der Mangel an Synthesen zur Bildungs- und Schulgeschichte der Frühen Neuzeit mit europäischem Zuschnitt macht die Aufgabe nicht leichter.[1] Deshalb mutet es etwas gewagt an, von ‚europäischer Entwicklung' zu sprechen. Gab es eine europäische Entwicklung des Schul- und Bildungswesens – und sei es in der Begrenzung auf ein zu untersuchendes ‚Verhältnis zu Kirche und Staat'?

Europäisch kann eine methodische Aufforderung beinhalten, nämlich lokale oder regionale Entwicklungen im europäischen Raum vergleichend zu analysieren. Es ist allerdings fraglich, ob sich dabei europäi-

---

[1] Die ‚ältere' Literatur bis ca. 1990 ist dem dritten Abschnitt dieses Beitrags zugrundegelegt und kann über die dort angegebenen länderspezifischen Bibliographien ermittelt werden. Reiches Material auch zur Bildungsgeschichte der europäischen Frühen Neuzeit versteckt sich in den Conference Papers der jährlichen International Standing Conference for the History of Education, die allerdings teilweise als Graue Literatur erschienen und infolgedessen oftmals nicht greifbar sind. Die Papers der jüngsten Konferenzen sind im Internet abrufbar (nach ISCHE suchen). Die Konferenz in Paris im Jahr 2002 wird sich mit dem Thema ‚L'enseignement secondaire. Histoire institutionnelle, culturelle et sociale' befassen und das Thema dieses Artikels berühren. Innerhalb der ISCHE hat sich seit 1986 die International Standing Working Group for the History of Education and Enlightenment mit der Bildungsgeschichte der Aufklärungszeit in europäischer Perspektive befaßt. Vgl.: *Fritz-Peter Hager/Dieter Jedan* (Hg.), Staat und Erziehung in Aufklärungsphilosophie und Aufklärungszeit, Bochum 1993 sowie: *Fritz-Peter Hager/Dieter Jedan* (Hg.), Religion und Erziehung in Aufklärungsphilosophie und Aufklärungszeit, Bochum 1995. Weiter können genannt werden: *Elke Kleinau/Claudia Opitz* (Hg.), Geschichte der Mädchen- und Frauenbildung, Bd. 1: Vom Mittelalter bis zur Aufklärung, Frankfurt/M. 1995. Bildungsgeschichte europäischen Zuschnitts wird eher in bezug auf das Mittelalter sowie das 19. und 20. Jahrhundert betrieben, während die Frühe Neuzeit völlig ungenügend berücksichtigt ist.

sche Entwicklungen im Sinne allgemein europäischer oder einheitlich europäischer Entwicklungen für die Frühe Neuzeit feststellen lassen. Zwischen der Ausbildung des hugenottischen Schul- und Bildungswesens im französischen 16. Jahrhundert, den nordeuropäischen protestantischen Wander- und Hausschulen und der reichsspezifischen Konfessionalisierung, bei der Schul- und Bildungswesen mit territorialer Herrschaft und institutionalisierter Kirche zusammengeschaltet wurden, liegen scheinbar Welten. Andererseits wurde der Institutionalisierungsprozeß eben durch die Konfessionalisierung der Gesellschaften vorangetrieben, wobei Konfessionalisierung sich in erweiterter Bedeutung auch auf Differenzierungen innerhalb des Katholizismus (Jansenismus in Frankreich, Spanien, Italien und den österreichischen Erbländern) und zwischen den protestantischen Kirchen (Lutheraner, Calvinisten, Anglikaner) beziehen sollte (Pietismus, Dissenters usw.).

Die schulische Institutionalisierung der Bildung läßt sich als europäischer Prozeß beschreiben. Die Betonung liegt hier auf Institutionalisierung der Bildung in sehr unterschiedlichen Schulformen vom Elementarniveau über allgemein- und berufsbildende Schulen bis hin zu Hohen Schulen und Universitäten.

Eine Betrachtung der Institutionen und der Diskurse läßt trotz aller notwendigen Differenzierungen eine gemeineuropäische Entwicklung erkennen, aus der sich gemeineuropäische Strukturelemente herausfiltern lassen. Gemeineuropäisch waren schon die Klerikalisierung des Bildungswesens in der Übergangszeit zwischen Spätantike und Frühmittelalter und der ‚Export' dieser Bildungskultur zusammen mit dem Christentum in den östlichen Teil Europas gewesen. Für die spätere Zeit kann mit Recht beispielsweise auf die Diffusion der Institution ‚Universität' verwiesen werden, die sich vom Mittelalter bis ins 18. Jahrhundert im größten Teil Europas durchsetzte. Da im 17. und 18. Jahrhundert die Grenzen zwischen Universitäten, Kollegien und z. T. Akademien fließend waren und somit der Blick nicht auf die Universitäten zu verengen ist, wäre es sogar angemessen, von ‚ganz Europa' zu sprechen.

Ähnliche Feststellungen bieten sich auch in bezug auf schulische Institutionalisierungsprozesse an. In der Regel waren die jeweiligen Funktionsstellen im Schul- und Bildungswesen sehr ähnlich. Die Elementarschule hatte von Anfang an und praktisch überall den Auftrag, vorrangig religiöse Inhalte zu vermitteln. Das galt unabhängig von den Konfessionen und Kirchen, selbst wenn seit der Reformation nicht Religiosität an sich, sondern eine ganz bestimmte, konfessionell definierte Religiosität gefestigt werden sollte. Weder im Protestantismus noch im Katholizismus noch in den Schulen der orthodoxen Kirche war beabsichtigt, das Individuum zu selbstverantworteter Wahrheitsfindung zu befähigen; es sollte vor allem ein Mindestmaß an vorgegebenen Inhalten reproduzieren können. Die deistische Haltung vieler Aufklärer führte bei der Definition von Lehrinhalten zur zunehmenden Identifizierung von Moralität und Religiosität, die mit der Einführung realkundlicher Fächer Hand in Hand ging. Letztere Beobachtung läßt sich ebenfalls im Bereich der orthodoxen Kirche machen, selbst wenn gegenüber Westeuropa zeitliche Verschiebungen einzukalkulieren sind.

Während die Entwicklung der Elementarschule durch ein enges Beziehungsgeflecht zwischen Konfessionskirchen bzw. Kirchen und Schule als Institution gekennzeichnet war, erregten die Einrichtungen des, modern gesprochen, Sekundarniveaus früher und nachhaltiger das Interesse des Staates als die Elementarschulen. Im 18. Jahrhundert wurden allenthalben zum Teil recht erfolgreiche Versuche unternommen, die Kollegien, Gymnasien usw. den Händen insbesondere des Jesuitenordens zu entziehen und zu ‚verstaatlichen' bzw. zu ‚vergesellschaften'. Der moderne Nationalstaat des 18. Jahrhunderts brauchte Funktionseliten und hatte ein genuines Interesse an deren Rekrutierung und Ausbildung. Als *zentrale* impulsgebende Kraft im Schul- und Bildungswesen war der Staat ein Spätberufener. Er profitierte von den aufklärerischen Projekten einer ‚éducation nationale', die dem Staat erst seine möglichen Aufgaben und Potentiale im Bildungsbereich zeigten. In diesen Zusammenhang gehört außerdem die Professionalisierung der Lehrerausbildung, die sich zeitlich versetzt von Westeuropa bis nach Rußland verfolgen läßt.

Von Portugal bis nach Rußland ergoß sich ein Strom reformorientierter Bildungsinitiativen, hinter denen oft die Herrscherinnen und Herrscher selber und natürlich ihre wichtigsten Minister standen. Es mag der Eindruck entstehen, als habe der Staat die Kirche zunehmend aus ihrer überragenden Rolle für das Bildungs- und Schulwesen gedrängt.

Auf der diskursiven Ebene wurden Schul- und Bildungswesen von den Hauptströmungen des Humanismus, der beginnenden Säkularisierung und Rationalisierung im 17. Jahrhundert sowie der Aufklärung erfaßt. Mit dem Begriff Diskurs ist angedeutet, daß nicht nur an die jeweiligen besonders einflußreichen Hauptwerke wie die jesuitische Ratio Studiorum (1599), die im 17. Jahrhundert von den anderen katholischen Lehrorden und protestantischen Schulträgern für die ‚Sekundarschulen' stark rezipiert wurde, die Didaktik des Comenius oder die Werke John Lockes zu denken ist, sondern auch an die Vielzahl kleinerer, weniger bekannter Schriften und Reden sowie an das praktische Tun ‚vor Ort', das zu erklären war. Seit Jean-Luc Le Cams imposanter Habilitationsschrift über das Schulwesen im Herzogtum Braunschweig-Wolfenbüttel in der Mitte des 17. Jahrhunderts, die hier nur im Sinne einer ‚repraesentatio' der jüngeren Forschungen allein genannt sei, ist schon für das 17. Jahrhundert von einem sehr dichten Bildungsdiskurs auszugehen, der weit über die eigentlichen Gelehrten hinausreichte.[2] Doch erreichte er weder den europäischen Teil des Osmanischen Reiches noch Rußland. Dem Bildungsdiskurs der Aufklärung war eine größere Reichweite beschieden, weil einerseits die Veränderungen der politischen Landkarte die Kommunikationsströme auch wieder nach Südosteuropa fließen ließen, und weil andererseits in Rußland Schul- und Bildungsfachleute (überwiegend aus deutschen und habsburgischen Territorien) regelrecht importiert wurden. Die Lehrpläne, zu denen die aufgeklärten Bildungsdiskurse schließlich geronnen sind, weisen quer durch Europa eine weitgehende Ähnlichkeit auf. Natur- und geisteswissenschaftliche Fächer, Fremdsprachen und vieles andere bereicherten im Sinne des Utilitarismus das Angebot der höheren Schulen in Paris wie in Bukarest. Überall entstanden im weiteren Wortsinn berufsbildende Schulen mit praktischen Fächern wie Zeichnen, das als Grundlage der Ausbildung technischen Sachverstands angesehen wurde. Bezüglich der Lehrmethoden entwickelten sich bei aller Vielfalt, die bestehen blieb, einige Prinzipien, die sich im wesentlichen aus der Theorie des menschlichen Körpers und der Theorie der Vernunft in ihrer Bezogenheit aufeinander entwickelten. Diese Prinzipien schlugen sich nicht nur in didaktischen, sondern auch architektonischen Konzepten nieder, die bis in die Dörfer getragen wurden.

Die hiermit gelieferte globaleuropäische Skizze geht naturgemäß über die vielen räumlichen und zeitlichen Differenzierungen hinweg, aber sie läßt die Einheit in der Vielheit erkennen. Dieses Ergebnis soll im folgenden nicht wieder dekonstruiert werden, vielmehr stellt sich – auf der Betrachtungsebene von ‚Einheit in der Vielheit' verbleibend – die Frage nach den für das Schul- und Bildungswesen tatsächlich entscheidenden Wirkkräften. Ein Blick in die Provinz ermöglicht eine erste Annäherung.

II. Eine dörfliche Schulwirklichkeit

Im Herzogtum Burgund, seit dem ausgehenden 15. Jahrhundert Teil des französischen Königreichs und dessen vornehmste Provinz, verfügte im 18. Jahrhundert wahrscheinlich mehr als die Hälfte der Dorfgemeinden über Elementarschulen.[3] Nicht nur Lehrer, sondern auch Lehrerin-

[2] *Jean-Luc Le Cam,* La politique scolaire d'Auguste le Jeune de Brunswick et l'inspecteur Christoph Schrader 1635–1666/80, 2 Bde. (Masch.), Paris 1992, erscheint seit 1996 gedruckt in 3 Bänden; Bd. 1: Politique, contrôle et réalité scolaire au sortir de la guerre de Trente Ans (Wolfenbütteler Forschungen, 66), Wiesbaden 1996.

[3] Diese statistisch noch nicht untermauerte Feststellung treffe ich aufgrund meiner Beschäftigung mit burgundischen Gemeindeakten des 16. bis 18. Jahrhun-

nen für die Mädchen waren keine Seltenheit mehr. In Perrigny-sur-l'Ognon, das auch heute noch wegen seiner romanischen Kirche einen Besuch lohnt, verzeichneten die Gemeindeversammlungsprotokolle seit der zweiten Hälfte des 18. Jahrhunderts regelmäßig die Anwesenheit eines Lehrers. Am 1. Mai des Jahres 1763 brach ein schreckliches Unglück über die Dorfgemeinde herein – ein Großfeuer vernichtete mehr als 60 Häuser, darunter auch das Gemeindehaus, das zugleich die Schule beherbergte. Doch selten kommt ein Unglück allein, und so litt schon vorher die Bevölkerung unter einer *misère générale,* die bereits *une grande partie des habitans* gezwungen hatte, *de quitter le pays pour mendier dans les autres.*[4] Die Gemeinde hatte also große Sorgen, und niemand hätte ihr Vorwürfe gemacht, wenn sie aus Geldnot vorläufig keinen Lehrer mehr angestellt hätte. Aber der Vorwurf brauchte gar nicht erhoben zu werden, denn der Lehrer wurde weiterhin aus den Gemeindegroschen und den Elternbeiträgen bezahlt. Die Kontinuität des Unterrichts schien der Gemeinde ein wichtiges Anliegen zu sein, denn die Lehrerfrage wurde nach dem Dorfbrand immer im Zusammenhang mit der Finanzierung des Wiederaufbaus der abgebrannten Häuser diskutiert. In der Gemeindeversammlung vom 17. April 1764 wurde dann folgender Beschluß gefaßt: *La maison appartenante à cette communauté et qui luy servoit tant à tenir ses assemblées qu'à loger son maître d'école a étée comprise dans l'incendie du premier may, depuis ce tems il a fallu en louer une à l'usage du maître et de sa classe moyenant soixante livres par an, la necessité seule la fait prendre quoyque non suffisante et qu'elle soit trop eloignée de l'eglise et du centre du vilage à l'extremité duquel elle est scituée ce qui est incomode et penible aux enfans etudians ne pouvant d'aillieurs servir aux assemblées, pour y obvier et éviter une depence annuelle de soixante livres les habitans estiment qu'il est indispensable de reconstruire a neuf la maison incendié, et d'en prendre la depence sur le prix de la vente du quart de réserve d'autant qu'il s'agit yci d'un ediffice publique.*[5]

Im Gemeindebeschluß wird auf die Notwendigkeit der räumlichen Nähe von Schule, Versammlungsort der Gemeinde und Kirche hingewiesen. Und in der Tat waren es Gemeinde (vertreten durch die Gemeindeversammlung und die Dorfschöffen) und Kirche (vertreten durch den Pfarrer) gemeinsam, die für die Anstellung des Lehrers verantwortlich waren. Dies schlug sich in der für einen Dorflehrer typischen Aufgaben-

derts (Bestände der Archives départementales Côte d'Or, Dijon, besonders Serie E und E dépôt).

[4] Archives départementales Côte d'Or (Dijon), Ed. 482/2 [BB 11], Délibération du 19/2/1764.

[5] Ebd., BB 11, fol. 7^v–9^v.

stellung nieder, die anläßlich der Einstellung eines neuen Lehrers in Perrigny im Jahr 1770 im Gemeindeversammlungsprotokoll exakt festgehalten wurde. Die Dorfschöffen legten dar *qu'ils ont besoin d'un recteur d'école tant pour aider M. le Curé aux fonctions du service divin, que pour l'instruction de leurs enfants; à quoi il se seroit presenté le sieur Antoine Thierion munis de certificat de vie et mœurs, vûs et examiné par Monsieur le Curé, lesdits echevins et habitans (...) après un examen suffisant de sa personne et de ses talents; lesdits sieurs curé, echevins et habitans s'en sont trouvés comptant et l'ont choisis pour remplir la place de recteur d'ecole audit lieu de Perrigny à quoi ledit Thierion a consenti promettant ce dernier d'assister Monsieur le Curé à toutes les fonctions de l'eglise ainsi que pour l'accompagner lorsqu'il administrera les sacrements aux malades; et d'enseigner exactement leur jeunesse à lire, écrire, l'arithmétique, le plain chant et le cathechisme, se conformant pour les heurs de sa classe selon l'usage, l'heure de laquelle classe s'annoncera l'aprèsmidy par le son de la petite cloche (...) Il sera tenû de plus de servir de secretaire à laditte communauté pour ses actes d'assemblée, de faire la distribution de leurs bois, de publier pour les affaires de la communauté à l'issuë de la Messe ce qui sera nécessaire d'être publié (...).*[6]

Die Figur des Lehrers, der zugleich Meßner, Lehrer und Dorfsekretär ist – seine ausschließliche Bezeichnung lautet aber auf ‚recteur d'école' – nimmt sich wie eine Metapher auf das gewachsene Interessen- und Aufgabengeflecht zwischen Kirche, politischer Gemeinde und Gesellschaft aus. Zutreffenderweise ist von einem systemischen Zusammenhang zu sprechen, in dem weder Kirche noch Gemeinde noch Staat ein irgendwie geartetes Schulmonopol besitzen. Die Gemeinde agiert einerseits als politische Gemeinde – repräsentiert aber in dieser Funktion noch nicht den Staat; das ist erst nach der Revolution der Fall –, andererseits als Organ der dörflichen ‚Gesellschaft'. Der Staat ist indirekt vertreten: Die Gemeinde muß, um den Wiederaufbau des Dorfes zu finanzieren, Gemeindeholz verkaufen. Da die Aufsicht über die Gemeindebudgets dem Intendanten obliegt, der wiederum den König und in diesem Sinn den Staat repräsentiert, kann sich die Gemeinde nur mit Zustimmung des Intendanten das notwendige Geld verschaffen. Die Budgetaufsicht impliziert eine Prüfung der Argumente, die eine Gemeinde zur Begründung geplanter Ausgaben vorbringt. Deshalb tauchen im Protokoll Begriffe wie *nécessité* und *nécessaire* auf, die dem deutschen Wort ‚Notdurft/not-dürftig' und seinen Bedeutungen in der Frühen Neuzeit entsprechen. Es handelt sich im Gegensatz zum heutigen Sprachgebrauch um einen Fundamentalbegriff, mit dem sehr Wesentliches und Substanzielles aus-

---

6 Ebd., BB 13, fol. 6^{r}–7^{v}.

gedrückt wurde[7] – insbesondere dann, wenn vor der vorgesetzten Aufsichtsbehörde oder einem Gericht etwas erreicht werden sollte.

Die Verteilung der Rollen rund um Lehrer und Schule ist somit klar: Der Gemeindepfarrer, stellvertretend für die Kirche, beurteilt Lebensführung und sittliches Benehmen des Lehrers, betraut ihn als Meßner mit kirchlichen Aufgaben, außerdem muß der Lehrer die Kinder für den Kirchengebrauch das Singen lehren und ihnen Katechismusunterricht erteilen; die Gemeinde prüft die *talents,* das heißt seine Fähigkeiten im Lesen, Schreiben und Rechnen, die sowohl in der Schule wie in der Gemeinde benötigt werden. Der Staat ist indirekt beteiligt, die dörfliche Gesellschaft und ihre Bedürfnisse manifestieren sich im Begriff der *nécessité,* in dem sich die soziomentalen Voraussetzungen der späteren Gesetzgebung zur Schulpflicht bereits zeigen.

Das Beispiel spiegelt durchaus symptomatisch für die zweite Hälfte des 18. Jahrhunderts die Gewichtung weltlicher und kirchlicher Belange in bezug auf die Elementarschule wider. Es zeigt insbesondere die Rolle von ‚Gesellschaft' als Wirkkraft. Die Wirkungsfelder von Staat/politischer Gemeinde, Kirche und Gesellschaft sind nicht hermetisch voneinander abgegrenzt, sondern bilden Schnittmengen aus. Das war schon im 16. Jahrhundert so[8], ohne daß sich das Bild gleichgeblieben wäre. In der Schnittmenge finden sich die von den drei Akteuren gemeinsam anerkannten und verfolgten Bildungsziele und -inhalte. Selbst wenn man Staat und Kirche soziologisch als gesellschaftliche Institutionen interpretieren kann und damit Gesellschaft zum alleinigen Parameter aufsteigt, bleibt es sinnvoll, die drei Felder (Staat, Kirche, Gesellschaft) in ihrer Eigenexistenz wahrzunehmen und das Augenmerk auf eine differenzierte Beschreibung der ausgebildeten Schnittmengen zu richten.

Die Gesellschaft als impulsgebende Kraft schulisch institutionalisierter Bildung stand zu keiner Zeit in der Epoche der Frühen Neuzeit hinter Kirche und Staat zurück. Die Städte warteten mit einer Vielzahl von Schulen auf, die das gesamte schulische Bildungsspektrum von der Elementar- und Winkelschule über spezialisierte Schreib- oder Sprach- oder z.B. Tanzschulen bis zu städtischen Kollegien oder Gymnasien ab-

---

[7] Zum Begriff der ‚Notdurft' vgl. *Renate Blickle,* Hausnotdurft. Ein Fundamentalrecht in der altständischen Ordnung Bayerns, in: Grund- und Freiheitsrechte von der ständischen zur spätbürgerlichen Gesellschaft, hrsg. v. Günter Birtsch, Göttingen 1987, 42–64.

[8] Im Rahmen der Diskussion zu meinem Vortrag wurden auf der Tagung u.a. von Thierry Wanegffelen entsprechende französische, auch dörfliche, Beispiele aus dem 16. Jahrhundert zitiert. Die Liste ließe sich problemlos auf weitere Länder ausdehnen, dies ist aber nicht Gegenstand dieses Beitrages. Vgl. aber zum 17. und 18. Jahrhundert die Beiträge von Jens Bruning und Anne Conrad in diesem Band. [Anm. d. Red.]

deckten. Schulträger waren Privatleute, Bürger, Berufsgruppen, die städtischen Gemeinden, natürlich auch die Orden und Kirchen(gemeinden).[9]

Die Schule war nicht nur der wirkliche, sondern auch der topische Ort, in dem die zwischen Staat, Gesellschaft und Kirche ausgebildete Schnittmenge an Bildungsinhalten und -zielen manifest wurde. Obwohl bis heute ein beträchtlicher Teil von Bildung nicht in der Schule, sondern über verschiedenartige Sozialisierungsabläufe erfolgt, verlagerte sich seit dem 16. Jahrhundert ein immer größerer Anteil der Bildung von Kindern, Jugendlichen und Erwachsenen auf schulische Institutionen. Die Schule ist ein Ort der Praxis und begehrtes Objekt der Bildungsdiskurse. Im Grunde lassen sich diese Diskurse als vierte Wirkkraft, als viertes Feld, das zur Schnittmenge beiträgt, beschreiben. Sicher finden sich die Träger der Diskurse bei den institutionellen Gliedern der Kirchen, in der Gesellschaft oder unter den reformfreudigen Herrschern und Beamten, aber als felderübergreifende Diskurse lösen sie sich bis zu einem gewissen Grad von ihrem institutionellen und sozialen Unterbau.

III. Europäische Bildungslandschaften

Der folgende Versuch einer Synthese geht auf das zwischen 1986 und 1991 realisierte Projekt eines Handbuchs zur europäischen Schulentwicklung vorwiegend im 18. Jahrhundert zurück.[10] Wenn überall in Europa – einschließlich des europäischen Teils des Osmanischen Reiches – Kirche, Staat und Gesellschaft die Entwicklung des Schul- und Bildungswesens bestimmten, so traten doch charakteristische Unterschiede im Zusammenwirken auf, die zur Ausbildung verschiedener ‚Bildungslandschaften' führten.[11] Der Begriff der Bildungslandschaft bezieht sich auf den jeweils ausgebildeten strukturellen Zusammenhang zwischen Staat, Kirche und Gesellschaft bezüglich des Schul- und Bildungswesens. Zeitlich gesehen handelt es sich bei den folgenden Befunden um

---

[9] Vgl. als Fallstudie *Katrin Keller*, „... daß wir ieder zeith eine feine lateinische schul gehabt haben". Beobachtungen zu Schule und Bildung in sächsischen Kleinstädten des 17. und 18. Jahrhunderts, in: Kleine Städte im neuzeitlichen Europa, hrsg. v. Holger Th. Gräf, Berlin 1997, 137–168.

[10] *Wolfgang Schmale/Nan L. Dodde* (Hg.), Revolution des Wissens? Europa und seine Schulen im Zeitalter der Aufklärung (1750–1825). Ein Handbuch zur europäischen Schulgeschichte, Bochum 1991. Den Mitarbeiterinnen und Mitarbeitern war ein ausführliches Untersuchungsraster an die Hand gegeben worden. Zu den Untersuchungsgegenständen zählten selbstverständlich auch Kirche, Staat und Gesellschaft in ihrem Verhältnis zum Bildungs- und Schulwesen. In den folgenden Anmerkungen wird auf seitdem erschienene Literatur hingewiesen, allerdings liegt diesen in der Regel nicht die Systematik des genannten Projekts zugrunde.

[11] Der Begriff ‚Bildungslandschaft' wurde im Projekt selber noch nicht verwendet.

eine ‚Momentaufnahme' aus der zweiten Hälfte des 18. Jahrhunderts; sie liegt also eher am Ende des in diesem Beitrag zu behandelnden Zeitraumes, doch existiert für das 17. Jahrhundert keine vergleichbare Materialsammlung, wie sie mit dem erwähnten Projekt verbunden war.

Das Projekt ergab vier (Ideal-)Typen von Bildungslandschaften, die sich nach der Gewichtsverteilung zwischen Staat, Kirche und Gesellschaft unterscheiden:

Typ I: Vorrang der gesellschaftlichen Wirkkräfte

Typ II: Vorrang der staatlichen Wirkkräfte

Typ III: Vorrang der kirchlichen Wirkkräfte

Typ IV: Gleichberechtigtes Zusammenspiel der drei Wirkkräfte.[12]

Zum Begriff der ‚Gesellschaft' rechnen, wie ausgehend vom burgundischen Beispiel Perrigny-sur-l'Ognon oben skizziert, die politischen dörflichen und städtischen Gemeinden, private Schulträger, Eltern, außerdem die von ihrer Amtskirche ‚abweichenden' religiösen ‚Bewegungen', die in aller Regel gerade das gesellschaftliche Element gegen die institutionelle Verfaßtheit der Amtskirche ausspielten. Bis zu einem gewissen Grad, das heißt im 17. Jahrhundert und oft noch in der ersten Hälfte des 18. Jahrhunderts, galt diese Charakterisierung auch für weibliche und – mit größeren Einschränkungen – für männliche Lehrorden, die, wie die Frauenkongregationen, aus Laienbewegungen entstanden waren und erst im Lauf der Jahrzehnte die Anerkennung durch die Amtskirchen erreichen konnten. Mit ‚Kirche' ist folglich die institutionell hierarchisch verfaßte römisch- bzw. griechisch-katholische, protestantische (pauschal für alle protestantischen Bekenntnisse) oder russisch-orthodoxe Amtskirche gemeint, die im Fall der katholischen Kirche die vom Papst anerkannten Orden einschließt. Der Begriff ‚Staat' bezieht sich auf die zentralen politischen Institutionen und ihre regionalen Glieder, die kraft herrscherlicher Prokura wirkten.

Damit sind sehr schematische Abgrenzungen getroffen, ohne die eine Ordnung des Materials aber nicht möglich wäre und die das oben in Abschnitt 2 angesprochene Moment der Überschneidung und der Ausbildung von Schnittmengen einschließen. Länder, in denen beispielsweise der Gegensatz zwischen religiösen Bewegungen und Amtskirche(n) stark reduziert war, so daß die Zurechnung der Bewegungen zur ‚Gesellschaft' fraglich erscheint, finden sich eher unter Typ IV wieder. Von symbiotischen Beziehungen zwischen Staat, Gesellschaft und Kirche in der hier zu behandelnden Epoche zu sprechen, wäre sicher unangemessen, aber je

---

12 Zur Spezifizierung der vier Idealtypen vgl. *Wolfgang Schmale*, Einleitung, in: Revolution des Wissens (Anm. 10), 3–46, hier besonders 13–16.

mehr die drei Wirkkräfte gemeinsam in einen systemischen Zusammenhang eingebunden waren, wie es das Beispiel von Perrigny andeutete, desto bedeutender waren die ausgebildeten Schnittmengen, durch die sich Idealtyp IV auszeichnet. Die der Idealtypisierung zugrundegelegte Schematisierung von Gesellschaft, Kirche und Staat führt somit *nicht* zu unzulässigen Verzerrungen. Im folgenden sollen nur sehr verkürzt einige Strukturelemente aufgeführt werden, um den Bildungslandschaften Konturen zu geben.

Zum Typ I zählen zunächst die vier skandinavischen Länder und Island, also weitgehend protestantische Länder.[13] Das Elementarschulwesen in Gestalt von Hausunterrichtssystem (Schweden, Finnland, Island), Wanderschulen (Norwegen) und festen Schulen (Dänemark) wurde von den politischen Gemeinden und den Eltern – der Gesellschaft – betrieben. Die mittleren und höheren Schulen waren Aufgaben der Städte. Der Staat beschränkte sich auf die Gesetzgebung und die Gründung einzelner Fachschulen, z. B. militärischer Fachschulen, der Kirche oblag die Kontrolle. Mit Ausnahme Finnlands lagen die Alphabetisierungsraten relativ hoch und sind dem Engagement der Gesellschaft zuzuschreiben.

In England überwogen private Schulträger, hinter denen staatliches Engagement erstaunlich zurückstand. Hinzutraten die Sonntagsschulen (Wesleysche Methodistenkirche) und Einrichtungen der Anglikanischen Kirche wie die ‚charity schools', die von der anglikanischen ‚Society for the Promotion of Christian Knowledge' betrieben wurden. Diese Vereinigung entfaltete seit Beginn des 18. Jahrhunderts auch Aktivitäten im katholischen Schottland, wo praktisch der gesamte schulische Bildungsbereich dem Zugriff der Anglikanischen Amtskirche entzogen war. Irland war durch die katholischen Heckenschulen geprägt, gegen die ab 1717 ein Ableger der erwähnten Society in Dublin mit wenig Erfolg ins Rennen geschickt worden war, und auch die Initiativen des Staats konnten das lokale Schulwesen der katholischen irischen Gesellschaft nicht aushebeln. Das gesellschaftlich getragene Schulwesen in Schottland und Irland deckte das Elementar- und Sekundarniveau ab und ermöglichte zumindest in Schottland darauf aufbauend den Besuch der schottischen Universitäten.[14]

---

[13] Vgl. *Knut Tveit,* Schulische Erziehung in Nordeuropa 1750–1825: Dänemark, Finnland, Island, Norwegen und Schweden, in: Revolution des Wissens (Anm. 10), 49–92, Bibliographie 93–95.

[14] Zu England, Schottland und Irland vgl. *Lawrence A. Williams,* Abstinenz des Staates. Das britische Schulwesen 1750–1825, in: Revolution des Wissens (Anm. 10), 97–134, Bibliographie 134 f.

In beiden Niederlanden spielten Staat und Kirche keine bedeutende Rolle im Schulwesen. Der Versuch Maria-Theresias und dann Josefs II., in den südlichen Niederlanden eine ähnliche Schulpolitik wie in den österreichischen Stammländern zu betreiben, scheiterte.[15]

Schließlich ist Frankreich zu nennen. Der Staat griff erst im Zuge der Französischen Revolution tiefgreifend in das Bildungswesen sein und konzentrierte sich bis dahin auf einige Eliteschulen (militärische Ausbildung) und gelegentlich Fachschulen. Überwiegend waren es die dörflichen und städtischen Gemeinden, die neben Privaten als Schulträger auftraten, sekundiert von der Kirche und Lehrorden, die jedoch im Bereich der Sekundarschulen keineswegs ein Monopol hatten errichten können.[16]

Zum Idealtyp II (Vorrang der staatlichen Wirkkräfte) zählen Österreich[17], Böhmen und Mähren[18], Ungarn[19], Portugal[20], Polen[21] und Rußland. [22] Die Mitte des 18. Jahrhunderts einsetzenden staatlichen Schulre-

---

15 Zu den beiden Niederlanden vgl. *Nan L. Dodde/Jan H. G. Lenders,* Reform, Reorganisation und Stagnation. Der Schulunterricht in den Niederlanden und Belgien 1750–1825, in: Revolution des Wissens (Anm. 10), 137–177, Bibliographie 177 f. Zu Belgien vgl. die sehr knappe neuere Übersicht von *Anne VanHaecht,* Conceptions de l'éducation et histoire de l'enseignement en Belgique, 2. Aufl. Brüssel 1998, die die Zeit von 1100 bis 1990 abdeckt.

16 Zu Frankreich s. *Wolfgang Schmale,* Soziogeographische Divergenz und nationale Nivellierung. Die Schulerziehung in Frankreich in der schöpferischen Krise, in: Revolution des Wissens (Anm. 10), 179–217, Bibliographie 217–221.

17 Vgl. *Gerald Grimm,* Expansion, Uniformisierung, Disziplinierung. Zur Sozialgeschichte der Schulerziehung in Österreich im Zeitalter des aufgeklärten Absolutismus, in: Revolution des Wissens (Anm. 10), 225–252, Bibliographie 252–254.

18 Vgl. *Dagmar Čapková,* Der Neubeginn. Die Schule in den tschechischen Gebieten seit 1774. Österreichische Reformzeit und nationale Wiedergeburt der Tschechen, in: Revolution des Wissens (Anm. 10), 295–319, Bibliographie 319–321. Mähren wird nur am Rande behandelt, das Gebiet der heutigen Slowakei ist teilweise im Kapitel Ungarn (vgl. nächste Anmerkung) erfaßt.

19 Vgl. *Sándor Komlósi,* Schule und Erziehung in Ungarn (1750–1825). Zwischen Systemerhalt und Modernisierung, in: Revolution des Wissens (Anm. 10), 255–291, Bibliographie 292 f. Neuere sehr knappe Überblicksdarstellung: *István Mészáros,* Die Geschichte des tausendjährigen ungarischen Schulwesens, Budapest 1999. Vgl. auch den Beitrag von Istvan Tóth in diesem Band. [Anm. d. Red.]

20 Vgl. *Áurea Adão,* Eine Bildungsrevolution versandet. Das Schulwesen in Portugal von der Reform des Marquis von Pombal (1759) bis zur Liberalen Revolution (1820), in: Revolution des Wissens (Anm. 10), 323–348, Bibliographie 349 f.

21 Vgl. *Marianna Krupa,* Schulerziehung in Polen 1750–1825, in: Revolution des Wissens (Anm. 10), 351–383, Bibliographie 383–385.

22 Vgl. zu Rußland u. a.: *Joseph Laurence Black,* Citizens for the Fatherland. Education, Educators and Pedagogical Ideals in Eighteenth Century Russia, New York 1979; *George K. Epp,* The Educational Policies of Catherine II. The Era of Enlightenment in Russia, Frankfurt/M. u. a. 1984. Zusammenfassend: *Schmale,* Einleitung, in: Revolution des Wissens (Anm. 10), 23–26, Literatur 23, Anm. 7.

formen im Bereich der Habsburgermonarchie erfaßten und regelten sämtliche Bildungsbereiche. Mit regionalen Einschränkungen gelang es, das Bildungswesen dem Staat unterzuordnen. Ähnlich durchgreifend gestalteten sich die Reformen in Portugal unter dem Marquis von Pombal, sie erstreckten sich anders als in der Habsburgermonarchie jedoch überwiegend auf das Sekundarschulwesen, obwohl weder Kirche noch Gesellschaft im Bereich des Elementarschulwesens eine ausreichende Versorgung sichergestellt hatten. Maria I. holte dies in einer zweiten Reformwelle in den 1770er Jahren nach. Wie in den zuvor genannten Ländern wurde auch in Polen die Auflösung des Jesuitenordens 1773 genutzt, um das Bildungswesen zu ‚verstaatlichen'. Ähnlich wie in Portugal gab es einen immensen Nachholbedarf, der vom Staat bedient wurde. Dasselbe läßt sich bezüglich Rußland sagen, wo Peter der Große die russische Schul- und Bildungspolitik grundlegte, ohne durch dichte Schulstrukturen in der Verantwortung der Kirche oder der Gesellschaft behindert zu werden.

Zum Idealtyp III (Vorrang der kirchlichen Wirkkräfte) sind die moldavischen Fürstentümer und weitere, das spätere rumänische Staatsgebiet bildende Territorien zu rechnen[23], sowie die Siedlungsgebiete der Bulgaren und Griechen, die zum osmanischen Herrschaftsgebiet gehörten.[24] Da sich der osmanische Staat weitgehend mit Eingriffen zurückhielt, stellten vor allem die Kirchen im hier zu betrachtenden Zeitraum ein Mindestmaß an Bildungsstrukturen zur Verfügung.

Dem Idealtyp IV (gleichberechtigtes Zusammenspiel der drei Wirkkräfte) sind Spanien[25], Italien[26], die Schweiz[27] und die deutschen Reichs-

---

[23] Vgl. *Joan Mircea Bogdan,* Eintritt in die Modernität. Die Rumänen und ihr Schulwesen (Banat, Siebenbürgen, Bukowina, Moldau und Walachei), in: Revolution des Wissens (Anm. 10), 389–431, Bibliographie 426–429.

[24] Vgl. *Fikret Adanır,* Die Schulbildung in Griechenland (1750–1830) und in Bulgarien (1750–1878). Im Spannungsfeld von Bewahrung der ethnisch-konfessionellen Identität, Entstehung der bürgerlichen Gesellschaft und Herausbildung des Nationalbewußtseins, in: Revolution des Wissens (Anm. 10), 433–462, Bibliographie 462–468. Siehe seitdem ergänzend: Allgemeinbildung als Modernisierungsfaktor. Zur Geschichte der Elementarbildung in Südosteuropa von der Aufklärung bis zum Zweiten Weltkrieg (Balkanologische Veröffentlichungen, 2), Wiesbaden 1994. Zu Griechenland seitdem: *Ilias Kotsis,* Die historische Entwicklung des Volksschulwesens in Griechenland seit dem Fall von Konstantinopel (1453) bis Ende des neunzehnten Jahrhunderts, Diss. phil. Frankfurt/M. 2000.

[25] Vgl. *Pere Solà,* Schule, Erziehung und Gesellschaft in Spanien (1759–1833), in: Revolution des Wissens (Anm. 10), 471–509, Bibliographie 509–512. Hinzugezogen werden kann: *Augustin Redondo* (Hg.), La formation de l'enfant en Espagne aux XVIe et XVIIe siècles: colloque international (Travaux du Centre de Recherche sur l'Espagne des XVIe et XVIIe siècles, 11), Paris 1996.

[26] Vgl. *Giovanni Genovesi,* Geschichte der Schule in Italien. Von der Zeit vor der staatlichen Einheit bis zu den Ursprüngen des Schulmodells für das vereinigte

territorien[28] (ohne die habsburgischen Erbländer) zuzuordnen. Hier bewahrten sich Staat, Kirche und Gesellschaft ihre Handlungsmöglichkeiten im Bildungsbereich und arbeiteten oft Hand in Hand.

Die vier Bildungslandschaften verteilen sich wie folgt im geographischen Raum: Typ I erstreckt sich von Skandinavien über die britischen Inseln und die beiden Niederlande bis einschließlich Frankreich. Typ II umfaßt den mitteleuropäischen ‚Block' der Habsburgermonarchie (ohne die italienischen Besitzungen), Polen und Rußland sowie ohne geographische Anbindung an diesen mittel- und osteuropäischen Block im Westen das atlantische Portugal. Typ III ist ganz auf die europäischen Gebiete des osmanischen Reichs beschränkt, während Typ IV gewissermaßen das westliche Mitteleuropa (Reichsterritorien, Schweiz, Italien ohne den Süden) und wiederum weiter im Südwesten Spanien umfaßt.

Innerhalb aller der vier Bildungslandschaften lassen sich unter allgemeinen historischen Fragestellungen gemeinsame Strukturelemente feststellen, denen aber genauso gut individuelle und trennende Strukturelemente gegenüber gestellt werden können. Die Bildungslandschaften I und IV unterscheiden sich weniger voneinander als III und I oder III und IV. Berücksichtigt man modernisierungstheoretische Aspekte[29], so läßt

---

Italien, in: Revolution des Wissens (Anm. 10), 513–570, Bibliographie 571–580. Eine Bibliographie raisonnée mit Überblickswerken zur italienischen Schulgeschichte von *Angelo Gaudia* (Universität Udine) ist unter http://www.edscuola.it/archivio/didattica/storiasc.html (25.3.02) zu finden. Gedruckte Version: La storia della scuola italiana e delle sue riforme, in: Nuova Secondaria 17 (2000), Nr. 8 (15. April 2000), 55–58.

27 Vgl. *Pietro Scandola,* Von der Standesschule zur Staatsschule. Die Entwicklung des Schulwesens in der Schweizerischen Eidgenossenschaft 1750–1830 am Beispiel der Kantone Bern und Zürich, in: Revolution des Wissens (Anm. 10), 581–622, Bibliographie 622–625.

28 Vgl. *Wolfgang Schmale,* Die Schule in Deutschland im 18. und frühen 19. Jahrhundert. Konjunkturen, Horizonte, Mentalitäten, Probleme, Ergebnisse, in: Revolution des Wissens (Anm. 10), 627–734, Bibliographie 734–743. S. ergänzend seitdem: *Anton Schindling,* Bildung und Wissenschaft in der Frühen Neuzeit 1650–1800, München 1994; *Harald Dickerhof* (Hg.), Bildungs- und schulgeschichtliche Studien zu Spätmittelalter, Reformation und konfessionellem Zeitalter, Wiesbaden 1994; *Notker Hammerstein* (Hg.), Handbuch der deutschen Bildungsgeschichte, Bd. 1: 15. bis 17. Jahrhundert. Von der Renaissance und der Reformation bis zum Ende der Glaubenskämpfe, München 1996.

29 Peter Flora hat schon vor 25 Jahren die Modernisierungstheorie auf bildungsgeschichtliche Entwicklungen bezogen: *Peter Flora,* Die Bildungsentwicklung der Staaten- und Nationenbildung. Eine vergleichende Analyse, in: Schule und Gesellschaft im 19. Jahrhundert. Sozialgeschichte der Schule im Übergang zur Industriegesellschaft, hrsg. v. Ulrich Hermann, Weinheim 1977, 422–447. Zuvor schon *ders.*, Modernisierungsforschung. Zur empirischen Analyse der gesellschaftlichen Entwicklung, Opladen 1974. Der Modernisierungsbegriff wurde in den letzten zehn Jahren sukzessive auf die Frühe Neuzeit rückwärtsschreitend (Epoche

sich eine gewisse Korrelation zwischen Modernisierungsprozeß und den Bildungslandschaften I und IV feststellen. Wo der Nachholbedarf schon im 18. Jahrhundert augenfällig ist, kommt es zu einem verstärkten Engagement des Staats unter den Auspizien der Aufklärung und des aufgeklärten Absolutismus. Die Bildungslandschaft III resultiert aus der Entkoppelung des osmanischen und des christlichen Europas in fast der gesamten Frühen Neuzeit. Abgesehen von der sukzessiven Rückeroberung osmanisch-europäischer Gebiete waren im 18. Jahrhundert auf beiden Seiten die Nachteile der Entkoppelung erkannt worden und Maßnahmen zu deren Überwindung setzten ein. Aus west- und mitteleuropäischer Sicht ist die überragende Bedeutung des kirchlichen Bildungswesens in der Bildungslandschaft IV *nicht* die Ursache, aber jedenfalls ein Indikator einer Modernisierungsrückständigkeit. Damit soll weder Modernisierung als absoluter Wert gesetzt noch das osmanische Reich pauschal als rückständig charakterisiert werden – doch ist dieses Thema hier nicht zu behandeln. Außerdem bestand dort, wo die Kirche vorrangige Wirkkraft im Bildungswesen war, eine besonders enge Verbindung zwischen Konfession und ethnischer Identität, weil letztere unter den Strukturbedingungen des osmanischen Reiches am leichtesten im Bereich der vom Staat tolerierten Kirchen bewahrt bzw. entwickelt werden konnte.

Zum Schluß stellt sich die Frage, ob die für das spätere 18. Jahrhundert ermittelten Bildungslandschaften auch schon für das 17. Jahrhundert diagnostiziert werden können bzw. ob wir es in diesem Jahrhundert überhaupt schon mit großräumigen europäischen Bildungslandschaften zu tun haben. Mangels entsprechender europäischer Synthesen für das 17. Jahrhundert kann die Frage schlechterdings nicht beantwortet werden.

Noch einmal ist die Frage nach Staat und Kirche in ihrem Verhältnis zu Schule und Bildung zu stellen. Als Ergebnis ist festzuhalten, daß sich diese Frage, die von den Veranstaltern der Tagung zunächst einmal vorgegeben wurde, im Grunde in erweiterter Form zu stellen ist: Gesellschaft, Kirche und Staat im Verhältnis zu Schule und Bildung. Weder im 16., noch im 17., noch im 18. Jahrhundert sind m. E. monopolartige Stellungen des/der einen oder anderen zu erkennen, freilich wäre die genaue Gewichtsverteilung, wie für das 18. Jahrhundert geschehen, noch für die frühere Zeit exakter zu ermitteln. Die Einführung der Kategorie ‚Gesellschaft' eröffnet neue Perspektiven auf die Zielrichtungen der schulischen Institutionalisierungen von Bildung. Muß der bisher angenommene Zusammenhang zwischen Schulzucht und Sozialdisziplinierung aufgebrochen werden?[30] Der oben von mir verwendete Begriff des systemischen

---

der Französischen Revolution, 18. Jahrhundert, nunmehr auch 17. und 16. Jahrhundert) angewendet.

Zusammenhangs im Bildungswesen verlangt nicht den Abschied von ‚Sozialdisziplinierung' und ‚Schulzucht', stellt diese frühneuzeitlichen Bildungsziele aber in einen anderen Interpretationszusammenhang. Beide sind nur Teilaspekte des sehr viel umfassenderen Prozesses der Ausbildung von Bildungssystemen seit dem 16. Jahrhundert, die die Grundlage für die Modernisierung durch Aufklärung im 18. Jahrhundert bildeten.

[30] In diese Richtung argumentiert sehr vorsichtig *Stefan Ehrenpreis*, Sozialdisziplinierung durch Schulzucht? Bildungsnachfrage, konkurrierende Bildungssysteme und der „deutsche Schulstaat" des 17. Jahrhunderts, in: Institutionen, Instrumente und Akteure sozialer Kontrolle und Disziplinierung im frühneuzeitlichen Europa, hrsg. v. Heinz Schilling, Frankfurt 1999, 167–185.

Die weiblichen „Devoten“ als Instrumente der konfessionellen Erziehung in Frankreich und Deutschland

Von Anne Conrad

Kirchenhistorikern ist beim Blick auf den weiblichen Teil des Katholizismus des 17. Jahrhunderts immer schon die Vielzahl der Ordensgründungen aufgefallen, wobei dieser Befund jedoch erst allmählich seiner Bedeutung entsprechend stärker gewichtet wird.[1] Deutlich geworden ist dabei, daß die einzelnen (weiblichen und männlichen) Ordensgründungen als Teil einer breiten religiösen Bewegung zu sehen sind, an der Männer und Frauen gleichermaßen Anteil hatten. Die geschlechtergeschichtliche Perspektive hat zudem die Vielfalt des (Semi-)Religiosentums verdeutlicht und die gängigen Differenzierungen zwischen ‚Geistlichen‘ und ‚Laien‘, ‚Orden‘ und ‚Bruderschaften‘, ‚Religiosen‘ und ‚Semireligiosen‘ fragwürdig oder gar hinfällig werden lassen.[2] Es zeigt sich, daß sich mit den traditionellen Deutungsmustern das breite Spektrum

---

[1] Vgl. dazu den Forschungsüberblick v. *Gisela Muschiol*, Die Reformation, das Konzil von Trient und die Folgen. Weibliche Orden zwischen Auflösung und Einschließung, in: „In Christo ist weder man noch weyb“. Frauen in der Zeit der Reformation und der katholischen Reform (Katholisches Leben und Kirchenreform im Zeitalter der Glaubensspaltung, 59), hrsg. v. Anne Conrad, Münster 1999, 172–198. – Während Hubert Jedin sich in seinem ‚Handbuch der Kirchengeschichte‘ aus den 1960er Jahren noch mit wenigen Seiten zu diesem Thema begnügen konnte, geht Bernard Dompnier in der neueren ‚Geschichte des Christentums‘ relativ ausführlich auf die weiblichen Religiosen ein. Er kommt dabei zu dem Schluß, daß die Gründung der neuen Frauenorden einerseits den Frauen neue Chancen eröffnet und sie in der kirchlichen Männerwelt aufgewertet habe, daß aber andererseits dies wieder einzuschränken und zu relativieren sei, weil die weiblichen Ordensleute im Unterschied zu den Männern nur für minderwertige Aufgaben zuständig blieben, nämlich Mädchenerziehung und später Krankenpflege, beides Bereiche, an denen Männer kein oder wenig Interesse hatten. Vgl. *Bernard Dompnier*, Die Fortdauer der katholischen Reform, in: Das Zeitalter der Vernunft (1620/30–1750), hrsg. v. Marc Venard (Die Geschichte des Christentums, 9), Freiburg/Basel/Wien 1998, 284–301, hier: 292. Eine solche Einschätzung läßt jedoch die Interaktionen zwischen Frauen und Männern ebenso außer acht wie die Frage nach den jeweiligen geschlechtsspezifischen Beweggründen und Konsequenzen ihres Engagements. *Ronnie Po-Chia Hsia*, Gegenreformation. Die Welt der katholischen Erneuerung. 1540–1770, Frankfurt/M. 1998, 41–53, gibt zwar einen recht ausführlichen Überblick, enthält aber leider etliche sachliche Fehler.

männlicher und weiblicher Spiritualität und religiöser Lebensformen nur unzureichend erfassen läßt. Als ertragreicher erweist sich der Ansatz, den Louis Châtellier[3] und Elisabeth Rapley[4] für Frankreich gewählt haben. Ihre Kategorien der ‚Dévots' und ‚Dévotes' ermöglichen einen neuen Ausgangspunkt und eine wesentlich weitere Perspektive auf die Beteiligung von Laien (und insbesondere von Frauen) an der katholischen Konfessionalisierung. Als Bezeichnung für die radikalen französischen Katholiken steht ‚les dévots' einerseits für eine parteipolitische Orientierung, andererseits für einen bestimmten Lebensstil, der für die katholische Oberschicht im Frankreich des späten 16. und frühen 17. Jahrhunderts typisch war, und schließlich nicht zuletzt für die Spiritualität katholischer Laien, die die zeitgemäße Interpretation der katholischen Glaubenslehre mit innerkatholischen Reformen und einer individuellen Frömmigkeit zu verbinden suchten. Franz von Sales' ‚Introduction à la vie dévote', ein Bestseller in den an Reform und spiritueller Erneuerung interessierten Kreisen, brachte diese katholische Variante des Zeitgeistes in charakteristischer Weise zum Ausdruck.

Für den deutschen Sprachraum fehlt ein entsprechender Begriff, mit dem sich die spirituelle und politische Einstellung der Katholiken ähnlich übergreifend erfassen ließe. Am Niederrhein waren allerdings die Bezeichnungen ‚gottgeweihte Jungfrauen' oder ‚Devotessen' geläufig. Gemeint waren damit jene katholischen Frauen, die als einzelne oder in semireligiosen Gemeinschaften die tridentinischen Reformmaßnahmen durch Katechese, Schulunterricht und Frauenseelsorge unterstützten.[5]

Im folgenden soll exemplarisch nach den geschlechtergeschichtlichen Implikationen dieser Bewegung der ‚Devoten' gefragt werden. Für Frankreich stehen Paris und die Diskussion um die Gründung der Ursulinen im Mittelpunkt, für Deutschland die gegenreformatorischen Aktivitäten katholischer Frauen in der Erzdiözese Köln. Vergleichbar sind die

---

[2] Grundsätzliche Überlegungen zum Verhältnis von Frauen- und Geschlechtergeschichte: *Anne Conrad,* Frauen- und Geschlechtergeschichte, in: Aufriß der Historischen Wissenschaften, hrsg. v. Michael Maurer, Bd. 7, Stuttgart (im Druck). Zur Geschlechtergeschichte der Konfessionalisierung mit Hinweisen zum Forschungsstand: *Anne Conrad,* Aufbruch der Laien – Aufbruch der Frauen. Überlegungen zu einer Geschlechtergeschichte der Reformation und katholischen Reform, in: „In Christo ist weder man noch weyb" (Anm. 1), 7–22.

[3] *Louis Châtellier,* L'Europe des dévots, Paris 1987.

[4] *Elizabeth Rapley,* The Dévotes. Women and Church in Seventeenth-Century France (McGill-Queen's Studies in the History of Religion, 4), Montreal & Kingston/London/Buffalo 1990.

[5] Ein noch kaum berücksichtigtes Kapitel der Forschung ist die Frage, welchen Anteil *männliche* Laien an der katholischen Konfessionalisierung hatten. Vgl. *Conrad,* Aufbruch der Laien (Anm. 2), 21. Einen Einstieg bietet: *Marc Venard,* Die Rolle der Laien, in: Das Zeitalter der Vernunft (Anm. 1), 301–308.

Verhältnisse in Frankreich und am Niederrhein insofern, als es um die Wende zum 17. Jahrhundert hier wie dort heftige Auseinandersetzungen zwischen den Konfessionen gab, die das religiöse und politisch-gesellschaftliche Leben wesentlich bestimmten. Die französischen und deutschen ‚Devoten‘ zeigten sich dabei als Multiplikatoren der reformerischen und gegenreformatorischen Maßnahmen, die ihre Projekte mit Energie vorantrieben und dabei mit männlichen Partnern eng und erfolgreich zusammenarbeiteten, allerdings immer auch mit den ‚Grenzen ihres Geschlechts‘ konfrontiert wurden – eine Konfrontation, die jedoch nicht in Resignation münden mußte, sondern die auch neue Perspektiven eröffnen konnte.

I. Frankreich: Die Gründung der Ursulinen in Paris

In Frankreich war das erste Viertel des 17. Jahrhunderts gekennzeichnet durch das Wiedererstarken des Katholizismus, befördert einerseits durch die Parteinahme oder wenigstens Sympathiebekundung des Königshauses für die Katholiken und andererseits durch eine heftige kontroverstheologische Auseinandersetzung, in der die katholische Position politisch und theologisch durchgesetzt wurde.[6] Vorausgegangen waren heftige konfessionelle Auseinandersetzungen zwischen Katholiken und Hugenotten. Mit dem Pogrom gegen die Hugenotten in der Bartholomäusnacht 1572 hatten die Katholiken ihre blutige Dominanz gezeigt. Die Protestanten erhielten wieder Auftrieb, als sich der Thronfolger Heinrich von Navarra an ihre Spitze stellte. Als Reaktion darauf formierten sich die radikalen Katholiken, unterstützt durch Philipp II. von Spanien und den Papst, in der ‚Liga‘. Durch die Konversion Heinrichs IV. fühlten sie sich zunächst bestärkt, seiner maßvollen Einstellung in Religionsdingen standen sie jedoch skeptisch gegenüber. 1598 garantierte das Edikt von Nantes den Protestanten Gewissensfreiheit, das Recht, ihren Gottesdienst abzuhalten, Zugang zu allen öffentlichen Ämtern und die Weiterführung ihrer Schulen. Vor allem in West- und Südfrankreich konnten sich die Hugenotten organisatorisch, politisch und religiös wieder festigen, was die gegenreformatorischen Ambitionen der Katholiken erneut herausforderte. Während die gemäßigten Katholiken sich in der ‚parti des politiques‘ für eine friedliche Einigung einsetzten und dem Landeswohl Vorrang vor der Konfessionszugehörigkeit einräumen wollten, sammelten sich in der ‚Liga‘ die ultramontanen ‚Dévots‘, die im Sinne eines ‚römischen‘, auf den Papst hin orientierten Katholizismus

[6] Zur politischen und konfessionellen Entwicklung vgl. *Ilja Mieck,* Die Entstehung des modernen Frankreich. 1450–1610. Strukturen, Institutionen, Entwicklungen, Stuttgart u. a. 1982.

auch gegen die Interessen des Königshauses und gegen den Gallikanismus agierten.

Zu den Wortführern der katholischen Liga gehörten die Jesuiten, die 1594 zwar aus Paris ausgewiesen, 1603 aber wieder zurückgerufen worden waren und in den folgenden Jahren zunehmend an Einfluß gewannen.[7] Die gegenreformatorische Agitation der französischen Katholiken ging einher mit einer Belebung der Frömmigkeit, die um so mehr in den Vordergrund rückte, als die politischen Verhältnisse einen Status quo erreicht hatten, der den Katholiken Kompromisse abverlangte und für radikale Positionen wenig Spielraum ließ. Ausdruck dieser spirituellen Erneuerung ist die Tatsache, daß im ersten Jahrzehnt des 17. Jahrhunderts allein in Paris zwölf neue Klöster bzw. religiöse Gemeinschaften gegründet wurden.[8] Die Ursulinen, auf deren für die politische wie religiöse Einstellung der Pariser Katholiken charakteristische Gründungsgeschichte im folgenden genauer eingegangen wird, waren eine von ihnen.

II. Politik und Erziehung im Zeichen der Konfessionalisierung

Ein Sammelpunkt der katholischen Elite in Paris, zugleich Zentrum der neuen Frömmigkeit und politischer Zirkel, war das Haus des Ehepaares Acarie.[9] Hier trafen sich die Anhänger und Anhängerinnen der katholischen Liga und diskutierten die politischen Entwicklungen, von

---

[7] Die Jesuiten waren seit den 1560er Jahren in Frankreich präsent. 1590 bestanden bereits 20 Kollegien. Trotz der vorübergehenden Ausweisung aus dem Pariser Amtsbezirk – der Grund war, daß ein ehemaliger Jesuitenzögling einen Anschlag auf den König verübt hatte – breiteten sie sich schnell und nachhaltig weiter aus. 1640 bestanden in Frankreich 70 Kollegien. Vgl. *Marc Venard,* Frankreich und die Niederlande, in: Die Zeit der Konfesssionen (1530–1620/30), hrsg. v. dems. (Die Geschichte des Christentums, 8), Freiburg/Basel/Wien 1992, 447–523, hier: 517.

[8] Der Jesuit Pierre Coton schrieb 1611 aus Paris an einen spanischen Mitbruder: *(...) depuis huit ans, Paris a vu s'élever, à côté des communautés déjà anciennes, douze nouveaux monastères, c'est-à-dire ceux des Feuillants, réforme de l'ordre de Saint-Bernard, des Récollets, réforme de la famille de Saint-François, des religieux (aussi réformés) de Saint-Augustin, de Saint-Dominique, des Carmes et des Carmélites, de la réforme d'Espagne, des Ursulines, des frères dits Ignorantins, des disciples de Saint François de Paule, enfin une nouvelle Congrégation d'excellents prêtres* [gemeint sind die Oratorianer], *d'où l'Eglise tirera, comme d'une pépinière féconde, des curés, des vicaires et d'autres pasteurs instruits et pieux.* (Zit. nach: *Marie-Andrée Jégou,* Les Ursulines du Faubourg Saint-Jacques à Paris (1607–1662). Origine d'un monastère apostolique, Paris 1981, 10.)

[9] *Venard,* Frankreich und die Niederlande (Anm. 7), 515; *Jégou,* Les Ursulines (Anm. 8), 9 f.; *Henri Bremond,* Histoire littéraire du sentiment religieux en France depuis la fin des guerres de religion jusqu'à nos jours, Bd. 2: L'invasion mystique (1590–1620), Paris 1923, 193–262.

hier gingen Initiativen aus, die für die katholische Konfessionalisierung prägend wurden. Mehr als ihr Mann stand die Hausherrin Barbe Acarie im Mittelpunkt dieses Kreises. Zu den Männern, die hier regelmäßig zu Gast waren, gehörten Richard Beaucousin, der Prior der Pariser Kartause, der Kapuziner Benedict von Canfield, Pierre de Bérulle, Gründer der Oratorianer, der auch für die erste französische Niederlassung der reformierten Karmeliterinnen in Paris sorgte, Vinzenz von Paul und Franz von Sales, die Gründer der ‚Filles de la Charité‘ und der Visitantinnen, Michel de Marillac, Parlamentsmitglied, später Finanzminister und Siegelbewahrer, und nicht zuletzt die Pariser Jesuiten, insbesondere die Jesuitenpatres Jean Gontery und Pierre Coton, die durch ihre kontroverstheologischen Predigten Aufsehen erregten. Unter den Frauen befanden sich die Marquise de Maignelay, eine junge vermögende Witwe, die an der Kurie hohes Ansehen besaß, die beiden Schwestern Katharina von Orléans, Prinzessin von Longueville, und Margarethe von Orléans, Prinzessin von Estouteville, die Marquise de Bréauté, die sich, ursprünglich aus protestantischer Familie, dem Katholizismus zugewandt hatte und später wie Barbe Acarie Karmeliterin wurde, sowie Barbe Acaries Cousine, Madeleine de Sainte-Beuve, geb. Luillier, ebenfalls eine junge Witwe und eine begeisterte Anhängerin der Liga, die sich bei Hof vehement und erfolgreich für die Rückberufung der Jesuiten eingesetzt hatte.

Die Spiritualität dieses Kreises entsprach zunächst „einer ‚abstrakten‘ Mystik nach Art der rheinisch-flämischen Schule“, wie sie vor allem von den Kartäusern vermittelt wurde.[10] Vor allem die weiblichen ‚Devoten‘ dieses Kreises verbanden damit ein wachsendes Interesse an der spanischen Mystik, die durch die Übersetzung der Schriften Teresas von Avila in Frankreich schnelle Verbreitung gefunden hatte, und setzten alles daran, ein Kloster der reformierten Karmeliterinnen als spirituelles Zentrum in Paris zu gründen. Maßgebend für ihre Aktivitäten war darüber hinaus der jesuitische Konfessionalismus, mit dem sich Frauen und Männer gleichermaßen identifizierten. Diese Mischung aus politischer Agitation im Sinne der ‚Liga‘, karmelitischer Mystik und jesuitischem Tatendrang wurde für den Pariser Katholizismus des frühen 17. Jahrhunderts prägend. Die Frage nach Bildung und Erziehung war dabei von herausragender Bedeutung: Eine religiöse Erziehung der Jugend sollte für die langfristige Verankerung des Katholizismus in der Bevölkerung sorgen, und mit einer katechetischen Erwachsenenbildung wollte man dem religiösen Desinteresse und der Unwissenheit in Glaubensdingen begegnen. Voraussetzung dafür war, daß Jung und Alt genügend motiviert waren, um die Predigten und Katechesen zu besuchen und ihre Kinder in den Unterricht zu schicken. Schulen und eine religiöse Glaubensunter-

10 *Venard,* Frankreich und die Niederlande (Anm. 7), 515.

weisung taten also not, die zeitgemäß waren, auf die Bedürfnisse der Menschen eingingen und sie möglichst langfristig an die katholische Kirche banden. Dies bedeutete eine besondere Herausforderung, seitdem 1595 im Edikt von Nantes den Protestanten die Weiterführung ihrer Schulen zugestanden worden war. Es bestand eine wachsende Nachfrage nach Männern und Frauen, die – als Alternative zu den protestantischen Schulen – am Aufbau eines katholischen Schulwesens mitarbeiteten. Christenlehrbruderschaften, Doktrinarier, Jesuiten sowie verschiedene religiöse Frauenvereinigungen, von denen die Ursulinen in Frankreich am meisten Anklang fanden, hatten sich dieser Aufgabe angenommen.

Die Ursulinen,[11] von Angela Merici in Norditalien als eine Vereinigung von Frauen gegründet, die nicht durch ein gemeinsames Leben und feierliche Gelübde, sondern lediglich durch die Verpflichtung auf eine besondere Spiritualität miteinander verbunden waren, waren seit Mitte des 16. Jahrhunderts in der ‚Christenlehre' tätig. Besonders Carlo Borromeo förderte die Gründung zahlreicher Ursulinengemeinschaften im Bistum Mailand als weibliche Entsprechung zu den männlichen Christenlehrbruderschaften.[12] Nach diesem italienischen Vorbild waren Ende des 16. Jahrhunderts die ersten Ursulinengemeinschaften in der Provence entstanden, wo die Auseinandersetzung mit den Hugenotten auf der Tagesordnung stand.[13] Die ursulinischen ‚Dévotes' sollten durch die Erziehung und Unterweisung von Mädchen und Frauen zur Stärkung der katholischen Position beitragen. Vermittelt wurde dabei zunächst die ‚Doctrina christiana', die Christenlehre, religiöse Inhalte also. Hinzu kamen aber auch weltliche Fächer: in den sogenannten ‚niederen Schulen' die Elementarfächer Lesen, Schreiben, Rechnen, in ‚höheren Schulen' all das, was ein Mädchen von Stand wissen und können mußte. Die Idee war, daß nur solche Frauen, die religiös gefestigt und auf das weltliche Leben gut vorbereitet waren, in einer Welt, die von religiösen und politischen Spannungen und Konflikten geprägt war, ihre Frau stehen und dann als Multiplikatorinnen für die katholische Sache fungieren konnten.

---

[11] *Marie de Chantal Gueudré,* Histoire de l'Ordre des Ursulines en France, 3 Bde., Paris 1958–64; *Thérèse Ledóchowska,* Angèle Merici et la compagnie de Ste-Ursule à la lumière des documents, 2 Bde., Rom/Mailand 1967; *Anne Conrad,* Zwischen Kloster und Welt. Ursulinen und Jesuitinnen in der katholischen Reformbewegung des 16./17. Jahrhunderts (Veröffentlichungen des Institut für europäische Geschichte Mainz, 142), Mainz 1991, 19–63; *dies.,* Mit Klugheit, Mut und Zuversicht. Angela Merici und die Ursulinen, Mainz 1994.

[12] Es handelte sich dabei um Männervereinigungen, die sich der Verbreitung der katholischen Lehre, besonders durch Katechismusunterricht, widmeten. Vgl. *Conrad,* Zwischen Kloster und Welt (Anm. 11), 52–54.

[13] *Marc Venard,* Réforme protestante, réforme catholique dans la province d'Avignon au XVIe siècle, Paris 1993, 756–762.

Um die Wende zum 17. Jahrhundert breitete sich im Süden Frankreichs ein dichtes Netz von Ursulinenniederlassungen aus.[14] Betrachtet man die Gründungen im einzelnen, so fällt auf, daß immer enge Beziehungen zu männlichen Vertretern der katholischen Reformbewegung bestanden, insbesondere zu den Jesuiten, gerade in Südfrankreich aber auch zu Doktrinariern und Oratorianern,[15] daß sie in der Regel mit dem Wohlwollen der Ortsbischöfe rechnen konnten und daß häufig katholische Laien – wohlhabende, ‚devote' Männer und Frauen – die Gründungen unterstützten. Die süd-französischen Ursulinen hatten schon bald unter den Katholiken den Ruf, erfolgreich der hugenottischen Bedrohung Paroli zu bieten.

In Paris erfuhr der Freundeskreis im Hause Acarie durch den Besuch der Baronin Lucretia Forbin de la Fare aus Aix von den Ursulinen. Diese war ebenfalls eine Anhängerin der katholischen Liga und setzte ihr Vermögen und ihren Einfluß für gegenreformatorische Initiativen ein. So hatte sie u.a. die Gründung in Aix finanziell unterstützt. Ihr Bericht über die Situation in Südfrankreich beeindruckte die Pariser sehr, und – so überliefert es die Chronik – besonders Barbe Acarie und Pierre Bérulle begeisterten sich für die Idee einer Ursulinengründung in Paris. Die Ursulinen mit ihrem tatkräftigen Wirken in der ‚Welt' erschienen ihnen als ideale Ergänzung zu den das ideale monastische Leben verkörpernden Karmeliterinnen. Die Baronin de la Fare sollte den Kontakt zu den provençalischen Ursulinen herstellen und darum bitten, daß einige Ursulinen nach Paris kämen, um an der Neugründung mitzuwirken. Die Finanzierung des Projektes übernahm Madeleine de Sainte-Beuve. Einen wesentlichen Anstoß soll dabei das Gespräch mit einem der Jesuiten, Pater Lancelot Marin, über die politischen und religiösen Verhältnisse gewesen sein, wobei Pater Marin darauf hingewiesen habe, wie notwendig ein Institut für Mädchen sei, das jenen Schulen ähnlich sei, wie sie von den Jesuiten für Jungen angeboten wurden.[16] Dieser Hinweis auf die

---

[14] Vgl. die Karte bei *Venard,* Réforme (Anm. 13), 1225. Zur Verbreitung in ganz Frankreich im Laufe des 17. Jahrhunderts vgl. die Karte bei *Rapley,* Women and Church (Anm. 4), 49.

[15] Meistens wurden die Ursulinenniederlassungen von männlichen Geistlichen mitinitiiert oder wenigstens gefördert. In manchen Fällen gingen die Ursulinengründungen jedoch der Gründung entsprechender männlicher Gemeinschaften voraus. Vgl. dazu die Hinweise auf die Doktrinarier bei *Venard,* Réforme (Anm. 13), 759; vgl. auch *Jean de Viguerie,* Une oeuvre d'éducation sous l'Ancien Régime. Les Pères de la Doctrine Chrétienne en France et en Italie, 1592–1792 (Publications de la Sorbonne, N. S. Recherches, 13), Paris 1976.

[16] *Wollen wir unsere so arg corrumpierte Zeit erneuern, so müssen wir mit der noch unverdorbenen Jugend beginnen. Unser hl. Vater Ignatius hat deshalb unserer Gesellschaft die Erziehung der Knaben zugewiesen; wie sehr wäre zu wünschen, daß Paris ein ähnliches Institut für junge Mädchen besäße. Die daselbst er-*

Parallelität zu den Jesuiten, findet sich in nahezu allen Gründungsberichten der weiblichen Schulorden im 17. Jahrhundert.[17] Die zwar informelle, aber nichts desto weniger intensive Mitwirkung der Jesuiten an einzelnen Gründungen und die konkrete Orientierung der Frauen an den Jesuiten, was Verfassung und Spiritualität der Gründungen anging, zeigt, daß es sich hierbei nicht um einen Topos, sondern um eine konkrete Zielsetzung handelt.

In Paris bestimmte Madeleine de Sainte-Beuve das weitere Vorgehen. Bei ihr laufen verschiedene Fäden zusammen: Sie gehörte zum Freundeskreis der Acaries und war den Jesuiten eng verbunden. Sie hatte gute Beziehungen zum Hof, wo sie sich vehement und erfolgreich für die Rückberufung der Jesuiten eingesetzt hatte. Sie selbst unterstützte die Patres großzügig als Stifterin und Wohltäterin, verband damit allerdings den Anspruch, in das Leben und die Aktivitäten der Gesellschaft Jesu einbezogen zu werden.[18] Seit 1607 setzte sie sich ebenso engagiert wie für die Jesuiten für die Ursulinengründung ein. Sie finanzierte den Kauf und Umbau eines Hauses im Pariser Vorort St-Jacques und stiftete später ein zweites Ursulinenkloster in Paris. Sie selbst war kein Mitglied der Ursulinen, genoß aber als Stifterin bestimmte Privilegien und fungierte als externe Leiterin der Gemeinschaft.

Die ersten Pariser Ursulinen rekrutierten sich aus dem Umfeld Barbe Acaries. Mehrheitlich handelte es sich dabei um junge Frauen, die ursprünglich darauf gehofft hatten, in das künftige Pariser Karmeliterinnenkloster einzutreten, die sich nun aber von der Notwendigkeit einer Ursulinengründung hatten überzeugen lassen. Eine Einweisung in ihre künftigen Aufgaben erhielten sie durch Françoise de Bermond, die Gründerin der provençalischen Ursulinen, die sich seit 1608 mit zwei Mitschwestern in Paris aufhielt und hier großen Anklang fand. Die Kateche-

---

zogenen christlichen Töchter brächten dann Tugend und Frömmigkeit an den häuslichen Herd zurück, so würden die Familien und die Gesellschaft erneuert. Zit. nach *Vincentia Neusee,* Geschichte der hl. Angela Merici und des von ihr gestifteten Ordens der Ursulinen, Innsbruck 1893, 272.

[17] Vgl. dazu die Beispiele bei *Anne Conrad,* „Äußere Schulen“ und Pensionate. Die Mädchenschulen der Ursulinen, Englischen Fräulein und Notre-Dame-Schwestern im 17. und 18. Jahrhundert, in: Rottenburger Jahrbuch für Kirchengeschichte 14 (1995), 25–35.

[18] So erwartete sie etwa, immer darüber informiert zu werden, welche Patres gerade in Paris lebten oder sich auf der Durchreise hier aufhielten. Zudem war sie die einzige Frau, deren geistliche Begleitung P. Gontery persönlich übernommen hatte. Vgl. *Neusee,* Geschichte (Anm. 16), 273. Zum Auftreten einflußreicher Frauen im Umfeld der Jesuiten und ihren Ansprüchen vgl. *Anne Conrad,* Stifterinnen und Lehrerinnen. Der Anteil von Frauen am jesuitischen Bildungswesen, in: Petrus Canisius SJ (1521–1597), Humanist und Europäer, hrsg. v. Rainer Berndt, Berlin 2000, 205–224.

sen, die sie für Kinder und Erwachsene erteilte, wurden als öffentliches Ereignis wahrgenommen. Zu ihrem Publikum gehörte die städtische Oberschicht ebenso wie Angehörige des Hofes. Die politische Dimension dieser Veranstaltungen wird daran deutlich, daß Maria von Medici mehrfach mit ihrem Sohn, Kronprinz Ludwig (XIII.), daran teilnahm. Die Chronistinnen betonen eigens, wie wohl sich beide in diesem Umfeld fühlten und daß Pater Coton, der jesuitische Erzieher und spätere Beichtvater Ludwigs, sich bei Françoise de Bermond Rat für den Umgang mit seinem Zögling geholt habe.[19]

Insgesamt läßt sich für die Pariser ‚Dévots‘ festhalten, daß hier Männer und Frauen sich in engem Austausch gemeinsam für ihre verschiedenen Projekte einsetzten. Dies gilt für die Rehabilitierung der Jesuiten ebenso wie für die Berufung von Karmeliterinnen und Ursulinen oder, worauf hier nicht weiter eingegangen werden kann, für die verschiedenen karitativen Einrichtungen, wie sie später von den von Louise Marillac, der Nichte Michel Marillacs, und Vinzenz von Paul gegründeten Vinzentinerinnen fortgeführt wurden.[20] Weder im Hinblick auf das politische Interesse noch im konkreten kirchlichen Engagement scheinen dabei geschlechtsspezifische Aspekte im Vordergrund gestanden oder hemmend bzw. förderlich gewesen zu sein. In der Diskussion um den kirchenrechtlichen Status der Pariser Ursulinen zeigt sich jedoch, daß es sehr wohl geschlechtsspezifische Differenzierungen gab, die nicht zu ignorieren waren.

III. Die Fußangeln der Weiblichkeit: Klausur statt Öffentlichkeit

Die ursprüngliche Lebensform der Ursulinen als Vereinigung ‚devoter‘ Frauen, die trotz innerer spiritueller Bindung vergleichsweise ‚frei‘ in der Öffentlichkeit wirkten und das ‚Apostolat‘ zu ihrer Sache machten, entsprach einerseits ganz den Erfordernissen der Zeit, widersprach aber andererseits dem traditionellen Ideal weiblicher Religiosität. Strenger Rückzug hinter die Klostermauern und Abschottung von der Welt – nur so schien es Frauen möglich zu sein, Keuschheit und Ehre, das höchste weibliche Gut und damit Voraussetzung jeglicher Religiosität, vor den vielfältigen Gefährdungen zu schützen. Dieses Frauenbild spiegelte sich im Kirchenrecht: Das Konzil von Trient hatte, ungeachtet der realen Notwendigkeit einer geregelten Katechese und Seelsorgearbeit, strenge Klausur für alle religiösen Frauenvereinigungen vorgeschrieben[21] – eine

[19] *Jégou,* Les Ursulines (Anm. 8), 26; *Neusee,* Geschichte (Anm. 16), 276.

[20] Zu den Vinzentinerinnen vgl. *Sjef Sarneel,* Den Menschen zuliebe. Louise von Marillac. Geistliche Biographie in Selbstzeugnissen, Freiburg/Basel/Wien 1990.

Vorgabe, die mit der Lebenswirklichkeit in den Diözesen häufig nicht vereinbar war und daher nicht konsequent umgesetzt wurde, mit der sich aber sämtliche neuen Frauenvereinigungen auseinandersetzen mußten.

Bereits die italienischen Ursulinen waren seit Mitte des 16. Jahrhunderts immer wieder mit der Frage nach ihrem kirchenrechtlichen Status konfrontiert worden. Das Beharren auf einer weltoffenen Lebensweise ohne Klausur bedeutete den Verzicht auf die Anerkennung als ‚Religiose' und damit ein unklares gesellschaftliches Profil, fehlende Rechte und nicht zuletzt mangelnde finanzielle Absicherung. In Paris gab es zudem, bedingt durch das im Kreis um Barbe Acarie vorherrschende Interesse an der spanischen Mystik und an kontemplativen Lebensformen, bereits sehr früh die Tendenz, die Ursulinen in einen monastischen Orden umzuwandeln. In einem Gespräch zwischen Madeleine de Sainte-Beuve und dem Jesuiten Jean Gontery über die geplante Ursulinengründung hatte dieser ihr nahegelegt, darauf hinzuwirken, daß die Ursulinen als geistlicher Orden mit Klausur anerkannt würden. Nur so würden sie in Kirche und Staat volle Anerkennung genießen und stünden auf einer sicheren Grundlage. Dies war rechtlich jedoch nur durch den formellen Rückzug hinter Klostermauern möglich, was der ursprünglichen Konzeption und der faktischen Aktivität der Ursulinen – die eben nicht hinter Klostermauern, sondern ‚draußen in der Welt' in Lehre, Katechese und Seelsorge tätig waren – strikt entgegenstand. Der Vorschlag Gonterys war daher selbst unter den Pariser ‚Dévots' umstritten, und im Hause Acarie gab es erregte Debatten über das Für und Wider eines solchen Schrittes. Ohne daß man sich einigen konnte, beschloß man, zuerst den Bau des Klosters fertigzustellen und dann zu entscheiden, welcher kirchenrechtliche Status für die Gemeinschaft anzustreben war.[22]

1610 sollte die Entscheidung fallen, ob die Pariser Ursulinen die Umwandlung in einen eigentlichen Orden mit feierlichen Gelübden und Klausur in Rom beantragen oder ob sie den Stand einer freien Gemeinschaft beibehalten wollten. Die Chronik berichtet nur kurz, Madeleine de Sainte-Beuve habe diesen Punkt den Ursulinen in einer Versammlung zur Beratung vorgelegt, woraufhin die versammelten Schwestern, die durch die drei Jesuitenpatres de la Tour, Coton und Gontery *auf diese Beratung wohl vorbereitet waren,* sich für die Einführung der Klausur entschieden. Allerdings wurden verschiedene Vorbehalte und Bedingun-

---

[21] Zur kirchenrechtlichen Problematik vgl. *Robert Lemoine,* Le droit des religieux du Concile de Trente aux Instituts séculiers, Paris 1956; *Elizabeth Makowski,* Canon law and cloistered women. Periculoso and its commentators, 1298–1545 (Studies in Medieval and Early Modern Canon Law, 5), Washington D. C. 1997.

[22] *Jégou,* Les Ursulines (Anm. 8), 27–40.

gen geäußert, die darauf schließen lassen, daß dieser Entscheidung eine bis zuletzt kontroverse Debatte vorausgegangen war: Die vorrangige Aufgabe der Ursulinen sollte die Mädchenerziehung bleiben. Daß diese trotz Klausur weitergeführt werden konnte, sollte durch ein viertes Gelübde gewährleistet werden, mit dem sich die Ursulinen zur Erziehungstätigkeit verpflichteten.[23]

Durch diese ‚monastische Transformation' gewannen die Ursulinen eine rechtlich abgesicherte Position innerhalb der kirchlichen Institution und waren nicht zuletzt finanziell besser abgesichert.[24] Andererseits bedeutete dies für sie eine wesentliche Einschränkung ihrer Bewegungsfreiheit, ja im Grunde ein Verkehrung ihrer ursprünglichen Intention. Diese Problematik lag für alle offen auf der Hand. Die provençalischen Ursulinen protestierten denn auch heftig gegen diese Entscheidung, beriefen Françoise de Bermond sofort zurück und gingen auf Distanz zu Paris. Mittel- und langfristig setzte sich dennoch das Pariser Modell bzw. jenes von Bordeaux durch[25], und nach und nach wurden sämtliche Ursulinenniederlassungen in Ordensgemeinschaften mit feierlichen Gelübden und Klausur umgewandelt. Der Widerspruch, der sich hier auftut – einerseits der Wunsch nach einem engagierten Wirken ‚in der Welt', andererseits der Rückzug hinter Klostermauern, um eine formelle Anerkennung dieses Wirkens zu erlangen – verweist auf das kirchliche und gesellschaftliche Frauenbild der Zeit und ebenso auf das reale asymmetrische Verhältnis der Geschlechter. Die Klausurvorschriften und geistlichen Gelübde waren für Frauenorden kirchenrechtlich vorgegeben, sich dem entgegenzustellen war ohne Konflikte und ohne Nachteile kaum möglich.

Andererseits waren die ‚Dévotes' selbst daran interessiert, *innerhalb* der Kirche und im Konsens mit den kirchlichen Oberen sich einzubringen. Als faktischer Ausweg aus diesem Dilemma läßt sich für die Ursulinen feststellen, daß die Klausurvorschriften in der Realität mehr oder

---

[23] Dies entsprach dem Modell der Jesuiten, die sich durch ein viertes Gelübde in besonderer Weise dem Papst zur Verfügung stellten. Im übrigen stimmten die Konstitutionen, die für die Pariser Ursulinen ausgearbeitet wurden, zum Teil bis in den Wortlaut hinein mit den jesuitischen Konstitutionen überein. Vgl. *Conrad*, Zwischen Kloster und Welt (Anm. 11), 62.

[24] Andernfalls standen z.B. das Anrecht auf eine Mitgift und die Vergabe von Patrimonien in Frage. Vgl. dazu auch *Dompnier*, Fortdauer (Anm. 1), 284 f.

[25] Die Ursulinen von Bordeaux hatten – mit einer anderen Vorgeschichte und aus anderen Gründen – 1618 ebenfalls eine monastische Transformation vollzogen. Den ‚Observanzen' von Paris und Bordeaux schlossen sich in der folgenden Zeit die meisten französischen Ursulinenklöster sowie jene, die von Frankreich aus im Reich gegründet wurden, an. Zu Bordeaux vgl. *Conrad*, Zwischen Kloster und Welt (Anm. 11), 57–61.

weniger umgangen wurden.[26] Das Schulwesen blieb die wichtigste Profession der Ursulinen und bot ihnen weiterhin die Möglichkeit, am öffentlichen Leben teilzuhaben und auf die kirchlichen und gesellschaftlichen Entwicklungen Einfluß auszuüben. Als Lehrorden behielten die Ursulinen ihre Attraktivität, erlebten im 17. Jahrhundert eine Blütezeit und blieben ein wichtiger Faktor im Prozeß der katholischen Konfessionalisierung.

IV. Deutschland: Die ‚gottgeweihten Jungfrauen' in der Erzdiözese Köln

In den Territorien des Reichs erlangten die konfessionellen Spannungen im frühen 17. Jahrhundert einen Höhepunkt. Dies gilt besonders für den Nordwesten des Reichs, wo der häufige Religionswechsel der Landesherren und die pragmatische Duldung konfessioneller Minderheiten ein hohes Maß an konfessioneller Uneindeutigkeit bewirkt hatten.[27] Als Reaktion auf die starken protestantischen Bewegungen versuchten die Katholiken diverse reformerische wie gegenreformatorische Initiativen auf den Weg zu bringen. Vorangetrieben wurden diese durch die Ansiedlung von Reformorden, vor allem von Kapuzinern und Jesuiten, die sich in den niederrheinischen Territorien besonders schnell ausbreiteten, sowie durch die Einrichtung einer päpstlichen Nuntiatur in Köln. 1608 schlossen sich mehrere protestantische Territorien in der ‚Union' zusammen, die Katholiken reagierten darauf 1609 mit der Gründung der ‚Liga', der u.a. der Kölner Erzbischof angehörte.

In der Reichsstadt Köln[28], die für die katholische Reformbewegung schon früh Modellcharakter besaß, setzte sich der Rat seit den 1570er Jahren verstärkt für Reformen ein. Im Erzstift Köln, das mehr agrarisch

---

[26] Um die Unterrichtung der Kinder zu ermöglichen, unterschied man beispielsweise bei den Ursulinen in den späteren Jahren zwischen einer inneren und einer äußeren Klausur, und die Erlaubnis, die Klausur zu verlassen, wurde großzügig erteilt. Vgl. dazu das Beispiel der 1637 in Köln gegründeten, ersten deutschen Ursulinenniederlassung: *Barbara Weber*, Die Geschichte der Kölner Ursulinenschule von 1639–1875, Köln 1930.

[27] Zur konfessionellen Indifferenz: vgl. *Anton Schindling*, Konfessionalisierung und Grenzen von Konfessionalisierbarkeit, in: Die Territorien des Reichs im Zeitalter der Reformation und Konfessionalisierung, Bd. 7, hrsg. v. dems./Walter Ziegler, Münster 1997, 9–44; *Anne Conrad*, „Bald papistisch, bald lutherisch, bald schwenckfeldisch". Konfessionalisierung und konfessioneller Eklektizismus, in: Jahrbuch für Schlesische Kirchengeschichte 76/77 (1997/98), 1–25.

[28] Zum folgenden *Franz Bosbach*, Köln. Erzstift und freie Reichsstadt, in: Die Territorien des Reichs im Zeitalter der Reformation und Konfessionalisierung. Land und Konfession 1500–1650, Bd. 3, hrsg. v. Anton Schindling/Walter Ziegler, Münster 1991, 58–84; *August Franzen*, Der Wiederaufbau des kirchlichen Lebens

geprägt war und eine andere Bevölkerungsstruktur aufwies, läßt sich dies mit einiger zeitlicher Verzögerung beobachten. Unter Ferdinand von Bayern, der seit 1595 als Koadjutor, seit 1612 als Erzbischof für das Erzstift verantwortlich war, wurden dann nicht nur Köln, sondern auch andere Städte zu Zentren der Reform. Ferdinand förderte insbesondere die neuen Reformorden – Jesuiten, Franziskanerobservanten, Kapuziner – und setzte sie gezielt für die Konfessionalisierung ein. Durch Predigt, Katechese, Schulunterricht, die Verbreitung religiöse Schriften und die Neubelebung des Brauchtums sollte die katholische Identität gefestigt werden.[29] Dennoch handelte es sich nicht um eine rein klerikale Angelegenheit, sondern Träger der Reforminitiativen war ein eng verflochtenes Netzwerk von Laien und Geistlichen. In vielen Städten war das Bürgertum bzw. der Rat eine treibende Kraft; religiöse, politische und wirtschaftliche Motive gingen bei den jeweiligen Maßnahmen Hand in Hand.

Wie in Frankreich finden sich auch im Reich unter den Laien, die die katholische Konfessionalisierung zu ihrer Sache gemacht haben, zahlreiche Frauen. Das Pendant zu den französischen ‚Dévotes' bildeten hier die ‚gottgeweihten Jungfrauen', die ‚(Virgines) Devotae' oder ‚Devotessen'. Insofern sie den Jesuiten nahestanden und sich an deren Lebensform und Spiritualität orientierten, wurden sie auch ‚Jesuitersche', ‚Jesuitessen' oder ‚Jesuitinnen' genannt. Es handelte sich um einzelne oder kleine Gruppen von meist bürgerlichen Frauen, die sich zu einem asketischen ‚semireligiosen' Leben verpflichtet hatten, ohne sich an einen Orden binden zu wollen. Sie waren im Bereich der Frauenseelsorge und Katechese tätig und arbeiteten in der Regel mit männlichen Geistlichen ihrer Stadt zusammen. Die Frauen waren nicht durch drei feierliche Ordensgelübde gebunden, hatten aber Keuschheitsversprechen abgelegt, vergleichbar mit der Zölibatsverpflichtung für Kleriker, und verstanden sich als weibliche ‚Geistliche in der Welt'. Ihre Spiritualität galt der Suche nach einem ‚mittleren', ‚welt-geistlichen' Weg[30], einer aszetisch-

---

im Erzbistum Köln unter Ferdinand von Bayern, Erzbischof von Köln 1612–1650, Münster 1941.

[29] *Bosbach,* Köln (Anm. 28), 79 f.

[30] Sehr deutlich kommt dies zum Ausdruck im zeitgenössischen Schrifttum für die Frauen. So heißt es im Untertitel von Friedrich von Spees ‚Güldenem Tugendbuch', dieses sei *sonderlich den Kloster- und Welt-geistlichen personen sehr nutzlich zu gebrauchen.* Vgl. *Theodor G. M. van Oorschot,* Friedrich Spees Güldenes Tugend-Buch, 2 Bde., Nijmegen 1968, hier: 676 f. Vgl. auch *Anton Arens,* Friedrich Spee und die ‚Jesuitinnen' von Köln. Zur Entstehungsgeschichte des ‚Güldenen Tugend-Buches', in: Du führst mich hinaus ins Weite. Erfahrungen im Glauben – Zugänge zum priesterlichen Dienst. Festschrift für Georg Mühlenbrock, hrsg. v. Karl Hillenbrand/Medard Kehl, Würzburg 1990, 405–436, sowie *Anne Conrad,* Hexen und Heilige in Köln. Zum Entstehungshorizont von Friedrich Spees ‚Güldenem Tugend-Buch', in: Spee-Jahrbuch 3 (1996), 135–151. In die glei-

geistlichen Orientierung, die genug Freiräume ließ, um in der Welt für die katholische Sache aktiv sein zu können. Die folgenden Beispiele aus der Erzdiözese Köln geben Einblick in ihr Selbstverständnis und ihre Wirkungsmöglichkeit im Rahmen der katholischen Konfessionalisierung.[31]

V. *Eyfer für die seelen:* Die Ursulagesellschaften in Köln und Lüttich

In Köln, wo bereits seit Ende des 16. Jahrhunderts jesuitisch gesinnte Frauen bezeugt sind, wurde 1606 von der Witwe Ida Schnabels die ‚Gesellschaft der heiligen Ursula' gegründet, zunächst als weibliche Entsprechung zu den Bruderschaften, Kongregationen und Sodalitäten, die von den Jesuiten für verschiedene (männliche) Bevölkerungsgruppen ins Leben gerufen worden waren.[32] Ihre besondere Aufgabe war es, sich *der Kinderlehr in den Catechismis* zu widmen. Die Ursulagesellschaft entsprach damit einer der Hauptforderungen, die in diesen Jahren im Rahmen der katholischen Reformmaßnahmen erhoben wurden. 1610 schärfte der Kirchenrat, das von Ferdinand von Bayern eingerichtete Organ zur Durchführung der tridentinischen Reformdekrete, ausdrücklich die Notwendigkeit der Katechese ein. Die Stadt Köln wurde in verschiedene Katechismusbezirke eingeteilt und die Pfarrer darauf verpflichtet, in ihrer Kirche den Unterricht anzubieten. Vier Jahre später

---

che Richtung weist der Titel von *Hermann Busenbaum,* Lilien unter den Dornen, das ist: Gott verlobter Jungfrauen und Wittwen weltgeistlicher Stand, Köln 1660. Vgl. dazu *Conrad,* Zwischen Kloster und Welt (Anm. 11), 112 f. und 256.

31 Einen ersten Eindruck von der Vielfalt ‚weltgeistlicher' Frauenvereinigungen, die im Umfeld der Jesuiten entstanden sind, gibt *Anton Arens,* Jesuiten und ‚Jesuitinnen'. Das Verhältnis der Gesellschaft Jesu zu religiösen Frauengemeinschaften, in: Die Gesellschaft Jesu und ihr Wirken im Erzbistum Trier. Katalog-Handbuch zur Ausstellung im Bischöflichen Dom- und Diözesanmuseum Trier (Quellen und Abhandlungen zur Mittelrheinischen Kirchengeschichte, 66), hrsg. v. Bischöflichen Dom- und Diözesanmuseum Trier und der Bibliothek des Bischöflichen Priesterseminars Trier, Mainz 1991, 81–99 u. 451–453. Wichtig und weiterführend wäre es, den zahlreichen Hinweisen auf solche Gemeinschaften, besonders in den Niederlanden und in Belgien, aber auch in Italien und im Reich nachzugehen, bei *Josef Grisar,* Maria Wards Institut vor Römischen Kongregationen (1616–1630) (Miscellanea Historiae Pontificiae, 27), Rom 1966, passim. Grisar beschränkt sich nicht, wie der Titel nahelegen könnte, auf die Geschichte Mary Wards und der Englischen Fräulein, sondern geht ausführlich auf den weiteren Kontext und die Vielzahl paralleler jesuitischer Frauenvereinigungen ein. Sein Anmerkungsapparat bietet eine Fundgrube für weitere Forschungen.

32 *Anne Conrad,* Die Kölner Ursulagesellschaft und ihr ‚weltgeistlicher Stand'. Eine weibliche Lebensform im Katholizismus der Frühen Neuzeit, in: Die Katholische Konfessionalisierung, hrsg. v. Wolfgang Reinhard/Heinz Schilling, Münster 1995, 271–295; *Conrad,* Zwischen Kloster und Welt (Anm. 11), 109–169.

wurde in der ‚Agenda S. Coloniensis Ecclesiae‘ (1614) der Ablauf dieses Unterrichts detailliert festgelegt.[33] Kurz nach 1610 scheint auch bereits die Christenlehrbruderschaft, deren Pflege und Verbreitung Pius V. 1607 den Jesuiten anvertraut hatte, in der Erzdiözese Köln Fuß gefaßt zu haben.[34] Möglicherweise bildete die Ursulagesellschaft zu ihr das weibliche Pendant. Jedenfalls ist für mehrere Städte belegt, daß den ‚Devotessen‘ der (katechetische) Unterricht der Mädchen und Frauen oblag.[35]

Wie weit der Einfluß der Ursulagesellschaft über die Stadt Köln hinaus reichte, wäre im einzelnen noch genauer zu untersuchen.[36] In den Jahren 1614/15, vermutlich im Zusammenhang mit der allgemeinen Förderung der Katechese durch die ‚Agenda‘, erlebte sie jedenfalls eine Hochzeit und hatte, wie die Beispiele Lüttich und Münstereifel zeigen, Vorbildcharakter für andere Gründungen in der Erzdiözese.[37]

---

[33] Die Agenda wurde 1637 noch einmal nachgedruckt. Ausführlich zum Inhalt: *Franzen,* Wiederaufbau (Anm. 28), 204–206. Vgl. auch *Andreas Holzem,* Religion und Lebensformen. Katholische Konfessionalisierung im Sendgericht des Fürstbistums Münster, 1570–1800 (Forschungen zur Regionalgeschichte, 33), Paderborn 2000, 412–417.

[34] *Franzen,* Wiederaufbau (Anm. 28), 207. Festzustellen ist allerdings, daß auf dem Land eine regelmäßige Katechese und die Christenlehrbruderschaften wenig Gegenliebe fanden. 1662 wurde die Errichtung der Christenlehrbruderschaften in der gesamten Erzdiözese verpflichtend, doch erst Anfang des 18. Jahrhunderts hatten sie sich auch in den ländlichen Dekanaten durchgesetzt. Vgl. *Thomas Paul Becker,* Konfessionalisierung in Kurköln. Untersuchungen zur Durchsetzung der katholischen Reform in den Dekanaten Ahrgau und Bonn anhand von Visitationsprotokollen 1583–1761 (Veröffentlichungen des Stadtarchivs Bonn, 43), Bonn 1989, 193 f.

[35] Viele Hinweise bei *Josef Kuckhoff,* Das Mädchenschulwesen in den Ländern am Rhein im 17. und 18. Jahrhundert, in: Zeitschrift für Geschichte der Erziehung und des Unterrichts 22 (1932), 1–35. Über die Methoden der Katechese am Beispiel Köln: *Andreas Schüller,* Die Volkskatechese der Jesuiten in der Stadt Köln (1586–1773), in: AnnHistVNdRh 114 (1929), 34–86.

[36] In Neuss wurde 1618 nach dem Vorbild Kölns eine Ursulagesellschaft gegründet; in den 1640er Jahren wird auf eine in Emmerich bestehende Ursulagesellschaft verwiesen. Vgl. *Conrad,* Zwischen Kloster und Welt (Anm. 11), 107, 118, 129. In Aachen fanden sich 1623 ‚Devotessen‘, die den Jesuiten nahestanden, in einer Ursulagesellschaft zusammen, die bis ins 18. Jahrhundert Bestand hatte. Vgl. *August Becher,* Die kirchliche Reform in Stadt und Reich Aachen von der Mitte des 16. bis zum Anfang des 18. Jahrhunderts (Reformationsgeschichtliche Studien und Texte, 80/81), Münster 1957, 161 u. 380.

[37] 1614 wurden 50 neue Mitglieder aufgenommen, 1615 sogar 102. In den folgenden Jahren allerdings dann deutlich weniger. 1640 gehörten der Kölner Ursulagesellschaft jedoch rund 200 Frauen an. Damit einher ging ein Wandel ihres Selbstverständnisses bis hin zum Anspruch auf eine weitgehende geistliche und rechtliche Autonomie, dargelegt in neuen, von Ida Schnabels verfaßten Regeln, die bei den Jesuiten ebenso wie beim Bischof auf heftigen Widerstand stießen und schließlich zur Spaltung der Gesellschaft und zur Absetzung von Ida Schnabels

In Lüttich war eine Ursulagesellschaft 1614 von dem in Lüttich residierenden Nuntius Albergati gegründet worden[38], der mit der Ursulagesellschaft in Köln zwiespältige Erfahrungen gemacht hatte. Einerseits erkannte Albergati an, daß die Aktivitäten der Frauen den kirchlichen Reform- und Aufbaumaßnahmen von großem Nutzen waren, andererseits gab es jedoch Differenzen mit der sehr selbstbewußt und autonom agierenden Leiterin der Gesellschaft, Ida Schnabels. Diese Konflikte mögen ihn veranlaßt haben, die Lütticher Ursulagesellschaft von vornherein durch eine amtlich anerkannte Regel enger an die männlichen geistlichen Oberen zu binden. Sein Versuch, die Kölner Gemeinschaft ebenfalls auf diese Regel zu verpflichten, scheiterte allerdings am Widerstand von Ida Schnabels.[39]

Die Spiritualität der Lütticher Ursulagesellschaft und ihr kirchlicher und gesellschaftlicher Standort lassen sich über die 1615 in Köln gedruckte ‚Regel' erschließen.[40] Ihr ist unter dem Titel ‚Von dem eyfer der Seelen/welchen zu erwecken und zu erhalten die Schwestern schuldig sein sollen' ein Kapitel angefügt, das den gegenreformatorischen Impetus und die kirchenpolitische Einbindung der Frauen als Instrumente der Konfessionalisierung gut zum Ausdruck bringt.[41] Den Mitgliedern der

---

führten. Zu den Details vgl. *Conrad,* Zwischen Kloster und Welt (Anm. 11), 128–134, 146–159.

[38] Bereits seit 1618 gab es Kontakte zu den französischen Ursulinen, die 1622 in die Umwandlung der Gesellschaft in einen Orden mit feierlichen Gelübden und Klausur und den Anschluß der Lütticher Ursulagesellschaft an die Ursulinen von Bordeaux mündeten. Über diesen Angleichungsprozeß informieren einige Briefe der Oberin von Bordeaux aus den Jahren 1621–1628. Vgl. *Maria Theis,* Aus der Frühzeit des Ordens. Sechs Briefe der Mutter Franziska von Cazères. In: Jahrbuch II (1926), 105–111, Text der Briefe ebd., 108–111. Dieser Übergang von der Ursulagesellschaft zu den Ursulinen läßt sich auch in einigen anderen Städten (z. B. Freiburg/Schweiz) nachweisen, ist aber – wie sich an anderen Beispielen zeigt – nicht selbstverständlich. So standen in Köln und Aachen Ursulagesellschaft und Ursulinen in Konkurrenz zueinander. Das Kölner Ursulinenkloster war 1639 von Lüttich aus gegründet worden, was bei der Ursulagesellschaft, die der Entwicklung in Lüttich ablehnend gegenüber stand, wohl keine Sympathien geweckt hat. Vgl. *Conrad,* Zwischen Kloster und Welt (Anm. 11), 127 f. Für Aachen vgl. *Becher,* Kirchliche Reform (Anm. 36), 379 f.

[39] *Conrad,* Zwischen Kloster und Welt (Anm. 11), 129.

[40] Regel der Geselschafft Sanct Ursulae/Durch Den Hochwürdigen Herren Herren Anthonio Albergat/Bischoff zu Biseles/vnd Apostolischer Legat/krafft ihme gegebener gewalt von Päbstlicher Heiligkeit PAVLO dem V. des Namens/auffgericht vnd eingesetzt. Gedruckt zu Cölln/Durch Johan Kinckhes. Im Jahr 1615. Ein Exemplar befindet sich in der Dom- und Diözesanbibliothek Köln. Aus dem Vorwort Albergatis geht hervor, daß die Regel für die in Lüttich gegründete Gesellschaft bestimmt ist.

[41] Regel der Geselschafft Sanct Ursulae (Anm. 40), 71–82. Es ist wesentlich umfangreicher als die vorangegangenen Kapitel und unterscheidet sich formal und

Ursulagesellschaft wird darin eingeschärft, angesichts der gegenwärtigen *Ketzereien* und *vielen anderen Sünden* beim eigenen (katholischen) Glauben zu bleiben – getreu dem Vorbild der heiligen Ursula, die den englischen Königssohn vom *Paganismo* abwendig gemacht, ihm die *wahre Religion ingegossen* und *zuletzt nit also mit den woertern schmeichlungen/als mit eignem der Christlicher Starckheit exempelen beweget* habe.[42] Diese Standhaftigkeit im Glauben sei das wesentliche Merkmal der heiligen Ursula und ihres Gefolge gewesen. Keiner aus ihrer Gesellschaft, *weder Mann noch Frau,* sei *einen nagelbreit/wie man spricht/von dem gegebenen Glauben durch S. Ursuln abgewichen.* An diesen Rekurs auf die Ursulalegende schließen sich die Forderungen für die Gegenwart an: Heute gehe es nicht wie zur Zeit der heiligen Ursula darum, andere zum Martyrium (*zur Märtyrerkron*) anzutreiben, sondern man müsse neue Wege suchen, um die verlorenen Schafe *zu dem Schaffstal Christi und Apostolischen und Catholischen Glauben* zurückzuführen. Die Mitglieder der Ursulagesellschaft sollten sich dabei vor allem an Frauen wenden, und zwar an adelige Frauen und Jungfrauen ebenso wie an arme, denn alle seien gleichermaßen im Blut Christi erlöst und stimmten im *werd der seelen* überein. Sie sollten dabei mit den Jüngsten anfangen und eine kostenlose Schule einrichten, so daß die *Töchterlein (...) mit der milch der kindheit die Catholische religion eindrincken lerneten.* Dies sei die beste Grundlage, um der calvinistischen und lutherischen Verführung zu begegnen. Da diese Ketzereien *Gott leider* gerade durch Frauen *eingepflanzet/ernehret vnd verbreitet* worden seien, sei es nur folgerichtig, daß die *verloren Schaff* nun auch wieder *von den allerehrlichsten vnd Geistlichsten Jungfrawen dieser geselschafft in den schoß der Kyrchen wider eingebracht wuerden.*[43]

Den Kampf gegen die calvinistische und lutherische Ketzerei sollte sich die Ursulagesellschaft also als besondere Aufgabe zu eigen machen. Gleichzeitig machte die Regel allerdings deutlich, daß die Frauen Grenzen zu beachten hatten: Da sich Laien nicht in die *disputierungen von unserer religions artickln* einmischen sollten, sei es Frauen streng verboten, sich allzu ausführlich auf die Bekehrung jener Frauen, die hartnäk-

---

stilistisch von diesen; anders als diese ist es in sieben Paragraphen gegliedert. Auffallend sind zudem der weitschweifige Stil und die langen verschachtelten Sätze. Dies sowie die Tatsache, daß es erst im Anschluß an den die Regel eigentlich abschließenden päpstlichen Ablaßbrief gedruckt ist, lassen darauf schließen, daß es sich um einen Nachtrag handelt, der aus Gründen der Aktualität zusätzlich aufgenommen wurde. Eine detailliertere textkritische Untersuchung könnte darüber genaueren Aufschluß geben.

[42] Regel der Geselschafft Sanct Ursulae (Anm. 40), 71 f. Zur Ursulalegende vgl. *Frank Günter Zehnder,* Sankt Ursula. Legende, Verehrung, Bilderwelt, Köln 1985.

[43] Regel der Geselschafft Sanct Ursulae (Anm. 40), 72–77.

kig am ketzerischen Glauben festhielten, einzulassen. Ebenfalls sei es ihnen verboten, ketzerische Bücher zu lesen. Zu groß sei die Gefahr, daß dabei nicht die lutherischen und calvinistischen Frauen bekehrt, sondern umgekehrt die katholischen von der ketzerischen Lehre überzeugt würden.[44] Schwierige Fälle sollten die Frauen der Ursulagesellschaft daher nicht selbst verfolgen, sondern dem Vorsteher der ‚Gesellschaft vom Leiden Christi', die bei der Kapuzinerkirche eingerichtet und für diese Aufgabe in besonderer Weise bestimmt sei, melden.

Dieses letzte Kapitel der Lütticher Regel verweist wieder einmal auf die für das kirchliche Engagement von Frauen typischen Ambivalenzen: Die Betonung der Notwendigkeit, nach dem Vorbild der hl. Ursula *den eyfer der Seelen* zu *erwecken und zu erhalten* steht im Widerspruch zu der Aufforderung, sich in der Auseinandersetzung mit den anderen Konfessionen zurückzuhalten, ein Widerspruch der dem ‚weiblichen Apostolat' grundsätzlich inhärent ist: ‚Apostolat' bedeutete Wirken in der Öffentlichkeit und war damit mit der von Frauen geforderten Zurückhaltung und Zurückgezogenheit faktisch unvereinbar – eine Aporie, die sich nicht auflösen ließ.

Als männlicher ‚Partner' der Frauen wird in der Lütticher Regel nicht die Gesellschaft Jesu, sondern eine Bruderschaft an der Kapuzinerkirche genannt wird. Dies entsprach der Vorliebe Albergatis, der zu den Jesuiten ein gespanntes Verhältnis hatte und vor allem die Franziskanerobservanten und Kapuziner für seine Reformmaßnahmen heranzog.[45] Dies zeigt aber auch, daß in den ersten Jahrzehnten des 17. Jahrhunderts die jesuitische Dominanz noch wenig ausgeprägt war.[46] Bestätigt wird dies durch die Geschichte jener Gemeinschaft von ‚Devoten', die von Margareta Lynnerie in Münstereifel gegründet worden war.

VI. Margareta Lynnerie und die Konfessionalisierung in Münstereifel

Die Gründung Margareta Lynneries (1576–1621) gehört ebenfalls in das Umfeld der von Köln ausgehenden katholischen Reform.[47] Margareta

---

[44] Ebd., 79 f.

[45] *Wolfgang Reinhard*, Katholische Reform und Gegenreformation in der Kölner Nuntiatur 1584–1621, in: RömQuartschrChristlAltKde 66 (1971), 8–65, hier: 51.

[46] Für andere Städte und ähnliche Gemeinschaften wäre dies genauer zu untersuchen.

[47] Zum folgenden vgl. *Salesius Elsner*, Die Ursulinen von St. Salvator. Nach meist ungedruckten Quellen bearbeitet, Trier 1913; *Thomas P. Becker*, ‚Kein geringeres Verdienst vor Gott als in den weit entfernten Heidenländern'. Die Geschichte der Jesuiten in Münstereifel, in: Eiflia Sacra. Studien zu einer Klosterlandschaft, hrsg. v. Johannes Mötsch/Martin Schoebel, Mainz 1994, 407–428, im

Lynneries Eltern stammten beide aus Köln: ihre Mutter, Ursula Gropper, war eine Nichte Johannes Groppers, Kölns bedeutendem katholischen Reformtheologen und Kardinal, der durch sein ‚Enchiridion christianae institutionis' (1538) für das katholische Bildungswesen einflußreich wurde; Peter Lynnerie, Margaretas Vater, setzte sich als Jurist und Jülicher Rat in den Konfessionsstreitigkeiten in Münstereifel mit Erfolg für die katholische Seite ein und galt als erklärter Befürworter des Tridentinums. Ihre ausgeprägte katholische Sozialisation brachte Margareta Lynnerie dazu, sich dem ‚welt-geistlichen' Leben zuzuwenden. Am 2. Dezember 1594 legte sie vor ihrem *lieben Freund und Beichtvater,* dem Dekan des Stifts der Heiligen Chrysanthus und Daria, dem die Pfarrei Münstereifel inkoporiert war, öffentlich das Gelübde der Keuschheit und Jungfräulichkeit ab. Ihr Ziel war es, *eine wahre Nachfolgerin meines Herrn und Bräutigams zu sein und meinen Fleiß darauf zu verwenden, seinem heiligen Leben gleichförmig zu werden.*[48]

Für Margareta Lynnerie bestand diese Nachfolge zunächst in einem intensiven Studium der Bibel und der Kirchenväterschriften, was ihr aufgrund guter Lateinkenntnisse ohne Probleme möglich war. 1615 veröffentlichte sie eine umfangreiche aszetische Schrift unter dem Titel ‚Der Enger/einfaltiger/rechter vnd schlechter Weg zum ewigen Leben (...)'[49], in der die einzelnen katholischen Glaubensartikel, einschließlich der Lehre von den *guten Werken und ihrem Verdienst,* den Sakramenten und der Kirche detailliert abgehandelt werden. Mehrmals klingt an, daß die Schrift auch vor dem Hintergrund der gegenwärtigen konfessionellen Auseinandersetzungen verfaßt wurde, so etwa, wenn Margareta Lynnerie in der Vorrede davon spricht, daß gegenwärtig die Religion von dem *gemeinen ungelehrten Pöbel tribuliert und angefeindet* werde, oder wenn sie beklagt, daß sich der Mensch *unter den Feinden befindet, mitten im Streit, auf einem schwachen Boden, an einem unbeständigen Orte.*[50] Die Funktion ihrer Schrift sieht sie darin, hier Halt zu geben und den rechten Weg zu weisen. Mit ihrer Bibelkenntnis und den über schlichtes Erbauungsschrifttum hinausgehenden theologischen Passagen ihrer Schrift bewegte sich Margareta Lynnerie jenseits dessen, was für Laien in der katholischen Kirche üblich und erlaubt war. Dennoch scheint sie keinerlei Anstoß erregt, sondern allenthalben Respekt und Anerkennung hervorgerufen zu haben. In Münstereifel gehörte sie neben den Geistlichen

folgenden zit. nach der Internet-Fassung http://members.aol.com/tombeee/sjme.html (25.3.02).

[48] Vgl. die Gelübdeformel, zit. nach *Elsner,* Ursulinen (Anm. 47), 17.

[49] Inhalt im Überblick ebd., 42–48.

[50] Zit. nach ebd., 42 u. 48.

des Stifts und den katholischen Mitgliedern des Rats zu den Protagonisten der katholischen Konfessionalisierung.

In den Jahren 1611–1614, unmittelbar bevor Margareta Lynnerie ihre Schrift veröffentlichte, hatte es in Münstereifel heftige, bürgerkriegsähnliche Konflikte zwischen der reformierten Minderheit und den Katholiken gegeben. Mit militärischer Unterstützung durch die Spanier gelang es den Katholiken 1614, die reformierte Gemeinde endgültig zu unterdrücken. Im gleichen Jahr nahm der Rat der Stadt einen neuen Amtseid an, in dem als dezidiertes katholisches Bekenntnis von der *eher Gottes, Mariae seiner lieben Motter vnnd aller lieben heyligen* die Rede war,[51] und um 1615 standen einer katholischen Konfessionalisierung in Münstereifel keine einflußreichen Kräfte mehr entgegen. Im Gegenteil: Rat und Stift zeigten sich gleichermaßen interessiert, die katholische Sache nicht nur militärisch durchzusetzen, sondern auch innerkatholische Reformmaßnahmen voranzutreiben und die entsprechenden Kräfte zu stärken und zu fördern.[52]

Das Haus der Lynneries scheint ein Zentrum der katholisch-konfessionalistischen Reform gewesen zu sein. 1618 siedelten sich in unmittelbarer Nachbarschaft die Kapuziner an, die in den folgenden Jahren zu wichtigen Trägern der katholischen Konfessionalisierung wurden. Margareta Lynnerie selbst verwirklichte um diese Zeit ihre Pläne für eine weltgeistliche Frauengemeinschaft, die sich der Frauenseelsorge und der Mädchenerziehung widmen sollte. Sie verfaßte ausführliche ‚Lebensregeln und Gebräuche für diejenigen frommen Töchter, die im jungfräulichen Stande Gott, ihrem Herrn, dienen, und deshalb im geistlichen Haus Zum Salvator, in Münstereifel Aufnahme finden wollen'.[53] Der konfessionelle Kontext ist unübersehbar, wenn sie im Vorwort ihrer *Hoffnung und Zuversicht* Ausdruck gibt, daß *der gnädige Gott diese Stadt beschütze und in der alten Religion erhalte.*[54] Die Widmung des Hauses an Jesus Christus, den ‚Retter' (*salvator*), war schon durch Margaretas Vater erfolgt.[55] Patronin der Frauen, die künftig hier wohnen sollten, war – gemäß dem konfessionalistischen Selbstverständnis Münstereifels – Maria, die Gottesmutter. Ausführlich legte Margareta Lynnerie dar, daß Maria das persönliche Vorbild in allen Angelegenheiten sein sollte. Nur

---

[51] Zit. nach *Becker,* ‚Kein geringeres Verdienst' (Anm. 47), 3.

[52] Ebd., 3.

[53] Vollständig abgedruckt bei *Elsner,* Ursulinen (Anm. 47), 20–34.

[54] Zit. nach ebd., 21.

[55] In ihrem Testament (1620) schreibt Margareta Lynnerie, ihr Vater habe bereits *1612 den h. Namen Jesus in die oberste Thürschwelle hauen* lassen. Sie selbst verfügte dann: *Das Haus soll heißen: „Im Salvator".* Zit. nach *Johannes Becker,* Geschichte der Pfarreien des Dekanates Münstereifel, Bonn 1900, 245 f.

kurz erwähnt wird dagegen, daß der Festtag der ‚Heiligen Ursula und ihrer 11000 Gefährtinnen‘ von besonderer Bedeutung war: An diesem Tag sollte die jährliche Visitation durch den Beichtvater stattfinden und die Regel der Gesellschaft verlesen werden.[56] Anders als in den Regeln der Ursulagesellschaften von Köln und Lüttich ist Ursula nicht Patronin der Frauen und wird ausschließlich im Zusammenhang mit diesem für die formelle Verfassung der Gemeinschaft und ihre kirchliche Anerkennung wichtigen Termin genannt. Dabei waren wohl vor allem pragmatische Gründe ausschlaggebend: Die (Kölner) Ursulagesellschaft bot im zweiten Jahrzehnt des 17. Jahrhunderts ein allgemein anerkanntes Modell für eine weltgeistliche Frauengemeinschaft, so daß die Bezugnahme auf sie Margareta Lynnerie die Akzeptanz bei den kirchlichen Oberen auf Bistumsebene erleichtert haben wird. Aus Margareta Lynneries Testament geht allerdings hervor, daß die Kölner Ursulagesellschaft nur eine Option neben anderen war.[57] Zur wichtigsten Tätigkeit der von Margarete Lynnerie gestifteten Gemeinschaft entwickelten sich wie bei der Kölner Ursulagesellschaft der Mädchenunterricht und die Katechese.[58] Die Frauen arbeiteten dabei zunächst wohl mit den Stiftsgeistlichen und den Kapuzinern zusammen. 1649 wurde die Gemeinschaft landesherrlich bestätigt und, was die Schulen betraf, unter die *Disposition und Direction* der Jesuiten, die 1625 von Köln aus eine Niederlassung in Münstereifel gegründet hatten, gestellt.[59]

Langfristig wirkungsvoll wurden die ‚Salvatorschwestern‘, wie die Frauen später genannt wurden, durch die Mädchenschule, die bis in die Gegenwart Bestand hatte.[60] Für die Zeitgenossen war Margareta Lynne-

---

56 *Elsner*, Ursulinen (Anm. 47), 22.

57 Sie nennt mehrere Gemeinschaften aus der näheren Umgebung, nach deren Vorbild und mit deren Unterstützung die Gründung in Münstereifel möglich sei: die Schwestern in Stotzheim, jene in Sinzig und schließlich den Konvent von ‚Mädchen und Wittwen‘ in Köln, womit wohl die Ursulagemeinschaft gemeint war. Vgl. *Becker*, Geschichte der Pfarreien (Anm. 55), 246.

58 In den ‚Lebensregeln‘ heißt es: *Eure Lehrtöchter sollt ihr mit zum Katechismus begleiten und auch andere zu unterrichten mit bestem Fleiße helfen.* An anderer Stelle ist allerdings davon die Rede, daß die Frauen sich mit Handarbeit ihren Lebensunterhalt verdienen sollen: *Also sollt auch ihr zu eurer aller Nutzen arbeiten, nähen, wirken, spinnen u. dergl. nach Gutbefinden eurer Meisterin, und was ihr dabei gewinnt, soll ihr zugestellt werden, damit es euch allen zugute komme. Doch sollt ihr in der Woche einen Tag haben, an dem eine jede für sich selbst arbeiten kann. Scheut euch auch nicht, die für euer Haus notwendigen Arbeiten zu verrichten.* Dieser Passus erinnert an die Beginen, an die Margareta Lynnerie mit ihrer Gründung ursprünglich vielleicht anknüpfen wollte. Zit. nach *Elsner*, Ursulinen (Anm. 47), 30 u. 29.

59 Ebd., 53 f.

60 Die von Margareta Lynnerie gegründete Gemeinschaft von geistlichen Lehrerinnen im Haus ‚Im Salvator‘ blieb in der ursprünglichen Form bis ins 19. Jahr-

rie jedoch zunächst in einem weiteren Sinn als eine zentrale Persönlichkeit der katholischen Reform und Gegenreformation von Bedeutung. In ihrem Testament, in dem sie die finanzielle Zukunft des Hauses ,Im Salvator' regelte und mehrere kirchliche Einrichtungen sowie den Rat der Stadt Münstereifel mit Schenkungen bedachte, schreibt sie: *Der allmächtige ewige Gott aber wolle mein Gebet erhören und diese Stadt Münstereifel bei ihrem alten christlichen katholischen Glauben erhalten und bewahren und den Bürgern durch seinen Heiligen Geist eingeben, dermaßen zu leben, daß sie nicht durch einen unordentlichen, ungerechten Lebenswandel im apostolischen Glauben länger zu bleiben sich unwürdig machen.*[61] Der gleiche Wunsch spricht aus ihrem ,Valet-Schreiben'[62], das am Tag ihre Begräbnisses von der Kanzel verlesen wurde. Darin bat sie alle Männer und Frauen Münstereifels eindringlich, *in dem einmal angenommenen, alten christlichen, katholischen, apostolischen, römischen, einzig seligmachenden Glauben zu verharren, zu leben und zu sterben* und so einen *werktätigen Glauben* zu zeigen. *Aus Rom* sei durch die Apostel Petrus und Paulus der Glaube verkündet worden, daher sei es *schändlich und verderblich,* sich *durch diese oder jene neue Lehre vom Glauben des hl. Petrus, auf welchen Christus seine Kirche gebaut hat, wie er ihm verheißen, abwendig machen* zu lassen. Mit Berufung auf Paulus und den Kirchenvater Irenäus verteidigte sie *das Gesetz, Priestertum und Opfer* als die drei Wesensmerkmale *einer wahren Religion* und verband dies mit der Aufforderung: *wollet euch bei der katholischen Kirche, in der ihr diese drei Stücke findet, stets halten, damit ihr nicht am Ende eures Lebens an eurer Seele Schiffbruch leidet; denn es kann nicht mehr sein, als eine Kirche Christi, wie ihr auch bekennet in eurem Glauben.* An der feierlichen Prozession, mit der ihr Leichnam zur Stiftskirche gebracht und dort beigesetzt wurde, nahmen der Rat der Stadt und die angesehensten Bürger Münstereifels teil.[63] Das Begräbnis Margareta Lynneries wurde damit zu einer öffentlichen Kundgebung in Sachen katholischer Konfessionalisierung.

VII. ,Dévotes' und ,weltgeistliche Jungfrauen'

Vergleicht man die ,Dévotes' in Paris und die ,weltgeistlichen Jungfrauen' in der Erzdiözese Köln, so fallen wesentliche Gemeinsamkeiten,

---

hundert bestehen. Nach dem Kulturkampf schlossen sie sich mit den Düsseldorfer Ursulinen zusammen. Vgl. die Beiträge zur Schulgeschichte in: St. Angela feiert 400 Jahre Schule (1594–1994), hrsg. v. Privaten Erzbischöflichen St.-Angela-Gymnasium, Bad Münstereifel 1994.

[61] Zit. nach *Elsner,* Ursulinen (Anm. 47), 40.

[62] Die folgenden Zitate nach dem Abdruck ebd., 35 u. 38.

[63] Ebd., 35.

aber auch wichtige Unterschiede auf. In Frankreich wie in Deutschland besetzten die Devoten wichtige Positionen innerhalb der katholischen Reformbewegung des späten 16. und frühen 17. Jahrhunderts. Unter ihren Zeitgenossen wurden sie als einflußreiche Förderer und Multiplikatoren der katholischen Konfessionalisierung geschätzt. Die Tatsache, daß sie sich vorrangig mit Frauen und Mädchen befaßten, tat dem keinen Abbruch. Sie waren eingebunden in eine breite Bewegung, in der Frauen und Männer in engem Austausch miteinander standen und gemeinsam bestimmte religiöse und politische Interessen verfolgten. Sie standen in der Tradition der spätmittelalterlichen Laienfrömmigkeit, wie sie sich in humanistisch-evangelistischen Strömungen und in der Devotio moderna findet, die dann im 16. Jahrhundert vor allem durch die Kartäuser zu einer für den Reformkatholizismus wegweisenden erneuerten Spiritualität gewendet wurde.

In spiritueller Hinsicht zeigen sich jedoch auch wesentliche Unterschiede: Die Pariser Devoten, beeinflußt von der spanischen Mystik, stuften die ‚vita contemplativa' der Karmeliterinnen immer höher ein als die ‚vita activa' der Ursulinen. Ihr Interesse an den Ursulinen war eher pragmatischer Art. In Schule, Erziehung und Erwachsenenbildung wurden katholische Lehrerinnen gebraucht, und dafür boten sich die Ursulinen an. Deren Wirken in der Öffentlichkeit erschien vielen jedoch eher als notwendiges Übel denn als spirituelles Ideal. Daraus erklärt sich, daß die monastische Transformation der Ursulinen in Paris so schnell vorangetrieben wurde. In den Augen der meisten Pariser Devoten steigerte dies ihren geistlichen Wert, die Kritiker dieser Entwicklung blieben in der Minderheit.

Im Kölner Raum finden sich dagegen andere Verhältnisse. Hier war die Tradition der Beginen und mittelalterlichen Semireligiosen lebendig, an die die ‚gottgeweihten Jungfrauen' mit ihrer Lebensweise anknüpfen konnten. Die Städte standen der Ansiedlung neuer Klöster meist skeptisch gegenüber, unterstützten aber jene Gemeinschaften, die in Schule und Fürsorgewesen kostengünstige Dienstleistungen erbrachten. Es gab ein größeres Verständnis für eine weltoffenere Spiritualität, die auf einen ‚mittleren', ‚weltgeistlichen' Weg diesseits der Klostermauern zielte. Das Vorbild der ‚gottgeweihten Jungfrauen' waren die (männlichen) Geistlichen der neuen Reformorden, also Kapuziner und Jesuiten, die – unbelastet von den traditionellen klösterlichen Verpflichtungen – in der Welt als Seelsorger wirken konnten. Daß diese Lebensweise einen Bruch mit der üblichen – und durch das Tridentinum bestärkten – Lebensweise weiblicher Religiosen (Klausur, feierliche Gelübde, Verpflichtung auf eine monastische Regel) bedeutete, war den Frauen selbst durchaus bewußt, bedeutete für sie aber angesichts der realen Notwendigkeiten kein Hindernis.

Bei all diesen Unterschieden hatten Frauen wie Barbe Acarie in Paris und Margareta Lynnerie in Münstereifel, die Adelige in der französischen Hauptstadt und die Bürgerliche in der Provinz, vieles gemeinsam. Beide stellten Mittel zur Verfügung und suchten nach Wegen, um die katholische Konfessionalisierung voranzutreiben; beide waren selbstbewußte und selbständige Frauen, die sich für ihren Glauben stark machten und in ihrem gesellschaftlichen und religiösen Umfeld Respekt genossen. Bei den Frauenvereinigungen, die sie jeweils initiierten, handelte es sich um verschiedene Typen, die jedoch jeweils auf ihre Art Maßstäbe setzten und sich als langfristig einflußreich erwiesen.

Schulwesen, Alphabetisierung und Konfession in der Frühen Neuzeit: Thesen und empirische Befunde

Von Ernst Hinrichs und Norbert Winnige

Forschungen zu Schulwesen und Alphabetisierungsstand der Bevölkerung in konfessioneller Perspektive stehen in der Frühen Neuzeit unter dem Diktat der Quellenlage. Für die Zeit vor 1800 geben die Archive über Schulen in quantitativer Hinsicht durchaus bereitwillig Auskunft. Die qualitative Ausgestaltung des Unterrichts oder gar die in den Bildungsstätten erzielten Erfolge fanden dagegen nur selten oder gar nicht einen Niederschlag in den Akten. Erst gegen Ende des Alten Reiches erlaubt es die Quellenlage, den Alphabetisierungsstand, genauer, die Signierfähigkeit, für einen signifikanten Teil der Bevölkerung zu untersuchen. Daher gliedert sich die folgende Darstellung inhaltlich wie methodisch in zwei Teile. Den ersten Teil bildet eine thesenartig zugespitzte Darstellung der Entwicklung des Schulwesens vom 16. bis zum 18. Jahrhundert, im zweiten Teil folgt eine empirische Untersuchung der Signierfähigkeit ‚um 1800' in konfessionell vergleichender Perspektive.

I. Thesen zur Schulentwicklung

1. Erste Phase: 16. und frühes 17. Jahrhundert

Das 16. und frühe 17. Jahrhundert war – zunächst in den von der Reformation erfaßten Territorien – eine Phase der Schulgründungen, die von dem Erlaß reformatorischer Kirchenordnungen bestimmt waren, in die in der Regel entsprechende Schulordnungen integriert waren. Das Wissen über diese Gründungen ist zumeist relativ äußerlich. Nicht selten beschränkt es sich auf die Kenntnis von der Schulgründung bzw. der Ersterwähnung einer Schule, ohne daß bekannt ist, wie die Erziehungs- und, vor allem, die Unterrichtswirklichkeit in diesen sogenannten Schulen aussah. Es muß konstatiert werden, daß zumindest in Territorien mit lutherischen Konsistorien in dieser Phase nicht selten eine flächendeckende Ausstattung von Kirchspielen mit Kirchspielsschulen erreicht wurde und daß vielerorts neben den Kirchspielsschulen auch eine Reihe von Nebenschulen gegründet wurden. Für die Entwicklung des Schulwesens war der Dreißigjährige Krieg nicht die ausgemachte Katastrophe, als die er gerade für solche Fragen normalerweise angesehen wird. Das liegt auch daran, daß er in einem Raum wie z.B. Oldenburg keine besonders große Rolle gespielt hat. Aber selbst für ein Land wie Sachsen erscheint der Krieg in längerfristiger Perspektive nicht als tiefgreifende Zäsur im quantitativen Ausbau des Schulwesens.

Im konfessionellen Vergleich steht zu vermuten, daß die schulische Situation in calvinistischen Regionen vergleichbar, möglicherweise sogar besser aussah. Selbst in katholischen Gebieten darf nach Abschluß des Tridentinums zumindest rein quantitativ ein vergleichbares Erscheinungsbild vorausgesetzt werden, wobei der Frage, wie intensiv das Landschulwesen in den geistlichen Territorien ausgebaut wurde, noch nicht sehr gut zu überblicken ist. Darüber hinaus muß beachtet werden, daß manche gegenwärtig als urkatholisch geltenden Territorien (wie z.B. das Hoch- und Niederstift Münster) in der betrachteten Zeit noch protestantisch waren, auch wenn es dort niemals zur Ausbildung regelrechter lutherischer Landeskirchen kam. Insgesamt kann diese erste Phase der Landschulgeschichte in Deutschland als quantitative Ausbauphase bezeichnet werden.

2. Zweite Phase: Zweite Hälfte 17. und erste Hälfte 18. Jahrhundert

Eine zweite Phase begann in mehr oder minder deutlichem Abstand zum Westfälischen Frieden. Am besten bekannt ist diese Phase wiederum aus zahlreichen lutherischen Territorien (z.B. Braunschweig-Wolfenbüttel, Oldenburg, Sachsen, westfälisch-,preußische' Territorien). Sie läßt sich als Phase der inneren Intensivierung des ,Schulunterrichts' auf der Grundlage eines gesteigerten Bedürfnisses des ausgebildeten orthodoxen Luthertums nach Vermittlung der religiösen Lehrstoffe und nach ,Kirchenzucht' bewerten. Das Anliegen war einerseits, einer gewissen Dechristianisierung als Ergebnis des 30jährigen Krieges entgegenzutreten, andererseits gingen von der inzwischen vollzogene Gegenreformation Anreize für die lutherischen Konsistorien aus, den ihnen verbliebenen Besitzstand nun auch auf diesem Wege im Inneren zu durchdringen. Daneben ist nicht auszuschließen, daß seit Beginn des 18. Jahrhunderts eine innerprotestantische Konkurrenzsituation zum Pietismus in diese Haltung hineinwirkte. Wie es in den calvinistischen Territorien aussieht, ist nicht recht zu überblicken; was die geistlichen Staaten und die übrigen katholischen Territorien angeht, so ist nicht auszuschließen, daß nach den Anstrengungen der weithin erfolgreichen Gegenreformation hier jetzt eher ein Rückstand eintrat, den man in einem gerade erst gegenreformierten Territorium wie dem Niederstift Münster seit der Mitte des 17. Jahrhunderts ganz deutlich zu spüren beginnt. Aus der Sicht der handelnden lutherischen Territorien kann diese Phase als die einer qualitativen Ausweitung des Landschulwesens bezeichnet werden, wobei außerhalb der Betrachtung bleiben mag, daß die ‚Qualität' dieser Ausweitung nicht dem Schulwesen als solchem galt, sondern dem durch dieses Schulwesen zu vermittelnden Stand der kirchlich-religiösen Unterweisung.

3. Dritte Phase: Zweite Hälfte 18. und frühes 19. Jahrhundert

Eine dritte und letzte Phase betrifft die insgesamt gut untersuchte Epoche der deutschen Aufklärung in der zweiten Hälfte des 18. und im frühen 19. Jahrhundert. Konfessionell ist sie erneut durch das Vorangehen der protestantischen Territorien gekennzeichnet, inhaltlich durch ein deutliches Zurückdrängen der religiösen Lerninhalte. Es handelte sich nicht um eine Alphabetisierungskampagne im engeren Sinne, sondern um eine Kampagne zur Professionalisierung des Landschulwesens auf mehreren Ebenen (Lehrerbildung, Schulbau, ganzjähriger Schulunterricht etc.). Gegenüber der verbreiteten These, daß mit der Aufklärung erst eigentlich Schule auf dem Lande in Deutschland begonnen habe, ist dabei Skepsis geboten. Zumindest in ökonomisch gut entwickelten Landschaften scheint der beschriebene qualitative Ausbauprozeß der vorangehenden Phase schon vor der Aufklärung, das heißt in diesem Fall schon vor der Mitte des 18. Jahrhunderts, zu eindeutigen unterrichtsgeschichtlichen Verbesserungen geführt zu haben.

Vielmehr erscheint die Vorstellung als begründet, daß die deutsche Aufklärung, insbesondere die Volksaufklärung, in einen schon gestarteten Prozeß hinein agiert und argumentiert hat – eine Interpretation, die evolutionstheoretisch näherliegt als die andere, die besagt, man sei so verzweifelt bezüglich des schlechten oder nicht vorhandenen Schulwesens gewesen, daß man so lange geschrieben hätte, bis schließlich ein neues, verbessertes entstanden sei. Daß dieses nach wie vor eine bedeutende Leistung der Aufklärung war, soll nicht bestritten werden. Schließlich initiiert sie dann mit ihrer Schulkampagne eine Entwicklung, die hin zur durchgebildeten, anstaltsstaatlichen Schule des 19. Jahrhunderts führt. Bedeutsam ist diese Epoche auch deshalb, weil nun ganz eindeutig die katholischen Territorien mit- bzw. nachzogen, und zwar auf der Grundlage einer spezifischen katholischen Aufklärungsbewegung, die gerade in schulgeschichtlicher Hinsicht Bedeutsames geleistet hat (Felbiger, Overberg). Erst im 19. Jahrhundert wurden die Divergenzen der Frühen Neuzeit schrittweise abgebaut und allmählich die Voraussetzungen für die Ausbildung eines einheitlichen Volksschulwesens gelegt.

II. Empirische Befunde

Die Beschreibung des Bildungsstandes der Bevölkerung ‚um 1800' stützt sich auf Daten aus einem von der Volkswagen-Stiftung geförderten Projekt zur Erforschung von Alphabetisierung, Schulbesuch und Literarisierung in Nordwestdeutschland.[1] Neben zahlreichen anderen Aspekten, deren Untersuchung das in diesem Projekt erhobene Material erlaubt, konzentriert sich die folgende Darstellung auf die konfessionsbedingten Unterschiede im Stand der Alphabetisierung.

Auf die methodischen Probleme, die sich mit der Signierfähigkeit als Indikator für den Stand der Alphabetisierung verbinden, wird an dieser Stelle nur resümierend eingegangen. Dem aktuellen Stand der Forschung folgend lautet die Hypothese, auf deren Grundlage die Signierfähigkeitsquoten interpretiert werden, daß die Leistung einer Unterschrift begründete Aussagen über das Alphabetisierungsniveau der Bevölkerung um 1800 erlaubt. Gemessen wird ein bestimmter Teil der Schreibfähigkeit, der auch Schlüsse auf die Lesefähigkeit ermöglicht. Statistisch läßt sich begründet belegen, daß die Signierfähigkeit die Lesefähigkeit unterschätzt und die Schreibfähigkeit überschätzt, das heißt es konnten mehr Männer und Frauen lesen als unterschreiben, ‚richtig' schreiben konnten dagegen weniger.[2] Diese Relation liegt allerdings nicht fest. Vor allem unter Frauen war die Lesefähigkeit sehr viel stärker verbreitet als die Schreibfähigkeit. ‚Um 1800' kann die Erhebung der Signierfähigkeit stichprobenartig für eine Personengruppe durchgeführt werden, die rund 90% der gesamten Bevölkerung beiderlei Geschlechts umfaßt: alle jene Menschen, die in der Lage waren, zu heiraten.[3] Dies erlaubt für den Untersuchungszeitraum keine andere Quelle. Angesichts dieses hohen An-

[1] Die Ergebnisse dieses Projekts sind veröffentlicht in: *Hans Erich Bödeker/Ernst Hinrichs* (Hg.), Alphabetisierung und Literalisierung in Deutschland in der Frühen Neuzeit (Wolffenbüttler Studien zur Aufklärung, 26) Tübingen 1999 sowie zusammengefaßt in: *Andrea Hofmeister/Reiner Prass/Norbert Winnige,* Elementary Education, Schools, and the Demands of Everyday Life. Northwest Germany ca. 1800, in: Central European History 31 (1999), S. 329–384. Ein Kartenwerk zu Alphabetisierung und Literalisierung in Deutschland um 1800 wird im Jahr 2002 als Veröffentlichung des Max-Planck-Instituts für Geschichte erscheinen.

[2] In diesem Sinne: *Roger Chartier,* Die Praktiken des Schreibens, in: Geschichte des privaten Lebens, hrsg. v. Philippe Ariès/Georges Duby, Bd. 3: Von der Renaissance zur Aufklärung, Frankfurt/M. 1986, 115–165, hier 116. Vgl. auch *René Grevet,* L'instruction des ruraux dans le Pas-de-Calais au début de la Révolution Française, in: RevNord 69 (1987), 309–322 sowie *Barry Reay,* The Context and Meaning of Popular Literacy: some Evidence from Nineteenth-century Rural England, in: Past and Present 131 (1991), 89–129, hier 90 f.

[3] Grundsätzlich zur Repräsentativität der Daten: *Norbert Winnige,* Alphabetisierung in Althessen. Zum Stand der Signierfähigkeit in Hessen-Kassel um 1800, in: Alphabetisierung und Literalisierung (Anm. 1), 33–67, hier 40–44.

teils innerhalb der Gesamtbevölkerung sind die Daten entsprechend repräsentativ.

Die Daten zu den Unterschriftsleistungen der Brautleute wurden von Mitarbeitern der Forschungsgruppe ‚Alphabetisierung in der Frühen Neuzeit' erhoben.[4] Quellengrundlage der Erhebung sind Zivilstandsregister aus jenen deutschen Territorien, in denen zwischen 1794 und 1807 der Code Civil eingeführt wurde. Den räumlichen Schwerpunkt bildet das Königreich Westphalen (1807–13), in dem u.a. westelbische Gebiete Preußens, das Fürstentum Minden und die Grafschaft Ravensberg, das Herzogtum Magdeburg und das Fürstentum Halberstadt sowie die Altmark, weiterhin das Kurfürstentum Hannover, das Herzogtum Braunschweig-Wolfenbüttel, die Fürstbistümer Paderborn und Hildesheim sowie die Landgrafschaft Hessen-Kassel aufgegangen waren.[5] Innerhalb dieses Untersuchungsraumes überwiegen eindeutig die lutherischen Gebiete. Eine geschlossen katholische Untersuchungsregion bildete das Fürstbistum Paderborn. Das Fürstbistum Hildesheim war lutherisch/katholisch durchmischt, und auch die Stadt Hildesheim hatte eine bikonfessionelle Einwohnerschaft. Mit Ausnahme des lutherischen Oberhessen war der Kernraum der Landgrafschaft Hessen geschlossen reformiert. Damit sind alle drei seit dem Westfälischen Frieden reichsrechtlich anerkannten Konfessionen repräsentiert. Ergänzt werden die Daten aus dem Königreich Westphalen um eine Erhebung aus dem mittelrheinischen Teil des Kurfürstentums Köln, die die Residenzstadt Bonn und 13 Dörfer in ihrer Umgebung erfaßt.[6]

Der Zeitraum der Erhebung der Unterschriftsleistung von Brautleuten anläßlich ihrer Heirat umfaßt die Jahre 1808 bis 1813/14. Eine Ausnahme bildet das linksrheinische Kurfürstentum Köln, hier setzten die Register bereits im Jahr 1798 ein. Daher wurden für Bonn und Umgebung zwei Heiratskohorten erhoben, zum einen die Heiratsjahrgänge 1801 bis 1804 und zum anderen die Brautleute aus den Jahren 1811 bis 1813. Um neben der räumlichen auch eine zeitliche Interpretation der Signierleistungen zu ermöglichen, wurde aus dem Alter der Brautleute bei der Eheschließung auf die Zeit ihres Schulbesuchs zurück gerechnet. Als Näherungswert wurde dabei das zehnte Lebensjahr gewählt.[7] Wir

---

[4] Für die Überlassung ihrer Ergebnisse danke ich Andrea Hofmeister, Roland Olthoff, Reiner Prass und Jens Riederer.

[5] Bezugspunkt ist das Jahr 1800.

[6] Vgl. *Norbert Winnige,* Zum Stand der Alphabetisierung im Kurfürstentum Köln im ausgehenden 18. Jahrhundert, in: Eine Gesellschaft zwischen Tradition und Wandel. Alltag und Umwelt im Rheinland des 18. Jahrhunderts, hrsg. v. Frank Günter Zehnder (Der Riss im Himmel, 3), 65–86.

[7] Alternativ ist auch der Zeitpunkt der Einschulung denkbar. Da manche Kinder erst später zur Schule geschickt wurden und auch der Schreibunterricht

hoffen, daß mit diesem Verfahren der Zeitpunkt des Schreibunterrichts in der Elementarschule zumindest näherungsweise erfaßt werden kann.

Der Erwerb der elementaren Kulturtechniken Lesen und Schreiben wird von zahlreichen Faktoren beeinflußt, die sich methodisch nicht immer säuberlich voneinander trennen lassen. Da unser Wissen über die Brautleute beschränkt ist – dies gilt nicht nur für die Frage, ob und wie lange sie eine Schule besuchten, sondern auch für ihre wirtschaftlichen Lebensumstände –, kann vieles nur indirekt erschlossen werden. Andererseits zeigt die quantitative Betrachtung der Unterschriftsleistungen klare Muster, die – bevor auf die konfessionellen Unterschiede näher eingegangen wird – in ihren Grundzügen kurz vorgestellt werden sollen.

Der am besten zu fassende Einflußfaktor ist das Geschlecht. Innerhalb der gleichen sozialen Schicht signierten Frauen ‚um 1800' im statistischen Mittel immer schlechter als Männer. Dies bedeutet allerdings auch, daß es sehr wohl Hochzeiten gab, bei denen der Bräutigam seine drei Kreuze machte, während die Braut ihren Namen schreiben konnte. Fundamental ist daneben der Unterschied zwischen Stadt und Land. Bis auf wenige charakteristische Ausnahmen zeigt sich in den Auswertungen ein deutlicher Vorsprung der Stadt vor dem platten Land.[8] Ob Braut und Bräutigam in der Stadt oder auf dem Lande aufwuchsen und dort zur Schule gingen,[9] wurde anhand der Geburtsorte der Brautleute bzw. der Wohnorte der Eltern entschieden.

Ein unmittelbarer Zusammenhang bestand natürlich auch zwischen der sozialen bzw. beruflichen Stellung der Eltern und der Signierfähigkeit ihrer Kinder. Die Söhne und Töchter von Kaufleuten signierten – wenig überraschend – deutlich besser und auch häufiger als die Kinder von Tagelöhnern.[10] Auch Bevölkerungsdichte und Siedlungsstruktur, gewerbliche Durchdringung und Bodengüte, Verkehrsanbindung und

---

mit zeitlicher Verzögerung erteilt wurde, fiel die Wahl für diese Auswertung auf einen späteren Zeitpunkt.

[8] Zu einer dieser Ausnahmen, dem hessen-kasselschen Schmalkalden, vgl. *Winnige*, Alphabetisierung in Althessen (Anm. 3), 54–61.

[9] Kriterien für die Unterscheidung der Schulorte nach Stadt und Land waren die Einwohnerzahl (über oder unter 1000 Einwohnern), sowie der rechtliche Status (Stadtrecht oder nicht).

[10] Der Vorsprung bzw. der Rückstand bei der Signierfähigkeit im Vergleich bestimmter Berufsgruppen erlaubt Rückschlüsse auf regional jeweils unterschiedliche ökonomische Stellungen der gleichen Berufsgruppe. Zum Vergleich Bauern – Landhandwerker zwischen Altmark und Magdeburger Börde vgl. *Norbert Winnige*, Unterschriften aus der Altmark. Zur Alphabetisierung in Stendal und Umgebung um 1800, in: Leben und Arbeiten auf Märkischem Sand. Wege in die Gesellschaftsgeschichte Brandenburgs, hrsg. v. Bernd Kölling/Ralf Pröve, Bielefeld 1999, 90–119, hier 110–113. Darüber hinaus weisen die Signierfähigkeiten bei Bauernsöh-

Marktnähe, Gemeindeverfassung und bäuerliche Rechtsverhältnisse sind Faktoren, deren Einfluß auf den Stand der Alphabetisierung keinesfalls unterschätzt werden dürfen, die sich aber nur schwer isolieren und bestimmen lassen.

Angesichts der vielfachen Einflüsse, der die Kulturtechnik Schreiben bzw. Unterschreiben unterworfen ist, wird ersichtlich, daß für den Einflußfaktor Konfession keine perfekte ‚ceteris-paribus-Analyse' möglich ist. Alle im folgenden gezogenen Vergleiche stellen immer auch ein klein wenig Äpfel und Birnen nebeneinander. Versucht man aber, bei der Interpretation die unterschiedlichen regionalen Konstellationen zu berücksichtigen, so erlauben die Daten grundlegende Rückschlüsse auf das Verhältnis von Konfession und Signierfähigkeit gegen Ende des 18. und zu Beginn des 19. Jahrhunderts.

Am Anfang der Betrachtung steht der Vergleich von Stadt und Land:

Tabelle 1

Signierfähigkeit der Brautleute in ausgewählten Städten

Stadt (territoriale Zugehörigkeit im Jahr 1800)	Konfession	Bräutigame (Sig. in %)	Bräute (Sig. in %)
Halberstadt (Fst. Halberstadt, Kgr. Preußen)	luth.	93,0	79,3
Koblenz (Kfst. Trier)	kath.	86,3	74,6
Göttingen (Kfst. Hannover)	luth.	94,0	74,4
Stendal (Altmark, Kgr. Preußen)	luth.	87,4	73,7
Magdeburg (Hzgt. Magdeburg, Kgr. Preußen)	luth.	95,6	68,2
Hildesheim (Fstbst. Hildesheim)	kath./luth.*	87,6	66,9
Bonn (Kfst. Köln)	kath.	88,5	66,7
Kassel (Lgft. Hessen-Kassel)	ref.	95,0	63,0
Paderborn (Fstbst. Paderborn)	kath.	80,2	59,6
Minden (Fst. Minden, Kgr. Preußen)	luth.	86,0	48,6

Anm.: * nur die lutherischen Pfarreien wurden erfaßt.

nen auf schlechtere Ausbildungschancen von ‚weichenden Erben' gegenüber den auf dem Hof verbleibenden Geschwistern hin.

In den größten Städten des Untersuchungsgebietes, die Einwohnerzahlen reichen von rund 5.000 Menschen in Stendal und Minden bis zu über 28.000 Personen in Magdeburg, zeigt sich – geordnet nach der Signierfähigkeit der Bräute – keine klare Rangfolge der Konfessionen. Am besten unterschrieben die Bräute im lutherischen Halberstadt. Aber auch die kurtrierische Residenzstadt Koblenz fand sich in der Spitzengruppe, das kurkölnische Bonn noch in der Mitte, Paderborn am Ende der Skala. Die reformierte Residenzstadt Kassel lag, bezogen auf die weibliche Signierfähigkeit, hinter den rheinischen Residenzen Koblenz und Bonn zurück. Gemessen an der männlichen Signierfähigkeit ist ein gewisser Rückstand der katholischen Residenzstädte zu verzeichnen, in keiner der drei Städte erreichten die Bräutigame eine Signierquote von 90%, während sie in Magdeburg, Kassel, Göttingen und Halberstadt merklich über dieser Grenze lag.

Grundsätzlich bleibt festzuhalten, daß sich für Brautleute in den Städten insgesamt ein sehr ähnlicher Befund ergibt: Die Signierfähigkeit der Bräutigame war durchgängig hoch, sie reichte von 80,2 bis 95,6% und auch die Unterschriftsleistungen der Frauen fielen nur in Minden deutlich unter die 60%-Marke. Das Leben in der Stadt war mit starken Anreizen zum Erwerb von Lese- und Schreibfähigkeit verbunden. Städte verfügen über eine differenzierte gewerbliche Struktur, sie stehen in vielfältigen Marktbeziehungen, sie sind Verwaltungs- und Kommunikationszentren. Außerdem bestand in frühneuzeitlichen Städten ein differenziertes Angebot von Bildungseinrichtungen. Neben den öffentlichen Schulen, die von der Stadt bzw. den Kirchengemeinden getragen wurden, fanden sich die sogenannten ‚Winkelschulen', die z.B. in Preußen „in *allen* Fällen, die eine Quantifizierung für das 18. Jahrhundert erlauben", in den Städten die Bildungslandschaft dominierten.[11]

Auf dem Lande war die Bildungslandschaft dagegen weit weniger ausgebaut. Das Angebot wurde von den Kirchspielschulen, zu denen es nur selten Alternativen gab, dominiert. Auch war Schriftlichkeit in all ihren Ausprägungen im Alltag der Menschen weniger präsent als in der Stadt. Und in der Tat war die Signierfähigkeit jener Brautleute, die auf dem Lande zur Schule gingen, im Mittel geringer, und es sind weitaus größere konfessionelle Unterschiede zu erkennen, als dies in den Städten der Fall war.

---

[11] *Wolfgang Neugebauer,* Das Bildungswesen in Preußen seit der Mitte des 17. Jahrhunderts, in: Handbuch der Preußischen Geschichte, hrsg. v. Otto Büsch, Bd. 2: Das 19. Jahrhundert und Große Themen der Geschichte Preußens, Berlin/New York 1992, 605–798, hier 640.

Tabelle 2

Signierfähigkeit der Brautleute auf dem Land

Territorium um 1800	Konfession	Bräutigame (Sig. in %)	Bräute (Sig. in %)
Fst. Halberstadt, Kgr. Preußen	luth.	89,7	79,7
Hzgt. Magdeburg, Kgr. Preußen	luth.	84,0	58,0
südl. Niedersachsen (Hannover, Hessen-Ks.)	luth./ref.	86,8	43,3
Hessen-Kassel	ref./luth.	92,2	38,5
Minden-Ravensberg, Kgr. Preußen	luth.	66,1	31,8
Fstbst. Hildesheim	kath./luth.	56,8	23,3
Altmark, Kgr. Preußen	luth.	73,6	20,7
Kfst. Köln	kath.	70,2	18,3
Fstbst. Paderborn	kath.	53,0	12,3

An der Spitze von Tabelle 2, die ebenfalls nach der Signierfähigkeit der Bräute geordnet ist, steht die Landbevölkerung aus zwei lutherischen Territorien, dem Fürstentum Halberstadt und dem Herzogtum Magdeburg. Die herausragende Stellung des ländlichen Fürstentums Halberstadt ist als das Ergebnis einer, zumindest im innerpreußischen Vergleich, hervorragenden Landschulpolitik interpretiert worden.[12] Träger dieser Schulpolitik war nicht die ‚Zentrale' in Berlin, sondern das Halberstädtische Domkapitel, das im Jahre 1776 von Regierung und Konsistorium sämtliche Kirchen- und Schulrechte übertragen bekommen hatte und diese Möglichkeiten auch nutzte. In der von aufgeklärtem Gedankengut bestimmten Schulpolitik dieses Kapitels sieht Jens Riederer den wesentlichen Grund für die herausragenden Signierleistungen heiratender Frauen zu Beginn des 19. Jahrhunderts und auch für den Vorsprung Halberstadts gegenüber dem benachbarten Herzogtum Magdeburg, das mit seinen wohlhabenden Bauern auf hervorragenden Böden aber immer noch den zweiten Platz einnimmt. Am Ende von Tabelle 2 stehen mit dem zum Kurfürstentum Köln gehörenden Umland von Bonn und dem Hochstift Paderborn zwei katholische Regionen. Und auch bei den Bräu-

[12] *Jens Riederer*, Prämie der Aufklärung. Zum Alphabetisierungsvorsprung im Fürstentum Halberstadt gegenüber der Magdeburger Börde um 1800, in: Alphabetisierung und Literalisierung (Anm. 1), 95–118, hier 108 f.

tigamen rangieren die katholischen Territorien im unteren Bereich der Rangfolge. Die weitere Differenzierung der ländlichen Regionen zeigt jedoch, daß keineswegs von einer durchgängigen ‚katholischen Rückständigkeit' ausgegangen werden darf.

Die von Etienne François für die Stadt Koblenz[13] erhobenen Daten ermöglichen einen Vergleich der Zuwanderer in die Residenzstädte Bonn und Koblenz. Da diese Migranten ganz überwiegend aus dem ländlichen Teil der beiden Erzbistümer stammten, stellt ihre Signierfähigkeit einen Näherungswert für das Bildungsniveau der Landbevölkerung dar.[14]

Tabelle 3

Signierfähigkeit der Zuwanderer nach Bonn und Koblenz

	Bonn		Koblenz	
Zeitraum	1801–04	1811–13	1798–1802	–
Bräutigam	66,7	64,3	87,4	–
Braut	23,2	15,4	46,9	–

Männer wie Frauen, die nach Koblenz zogen und dort heirateten, signierten deutlich besser als zuwandernde Brautleute in Bonn. Dieser direkte Vergleich der Zuwanderer in die beiden Residenzstädte weist auf einen merklichen Vorsprung in der Alphabetisierung der ländlichen Bevölkerung des Kurfürstentums Trier hin. Gestützt allein auf die Befunde für die Stadt Koblenz und das ländliche Kurtrier entwickelte Etienne François die Gegenthese eines nur ‚vermeintlichen' Bildungsrückstand der katholischen Bevölkerung. Vor dem Hintergrund der Unterschriftsleistungen in Kurköln und Paderborn muß diese Aussage allerdings deutlich in Frage gestellt werden: Für eine Mehrzahl der katholischen Untersuchungsregionen scheint sich das (Vor-)Urteil des ‚katholischen Bildungsrückstandes' in der Tendenz zu bestätigen. Das Kurfürstentum Trier mit seiner Residenzstadt Koblenz war offenbar im katholischen Vergleich überdurchschnittlich gut alphabetisiert.

[13] *Etienne François,* Die Volksbildung am Mittelrhein im ausgehenden 18. Jahrhundert. Eine Untersuchung über den vermeintlichen ‚Bildungsrückstand' der katholischen Bevölkerung Deutschlands im Ancien Régime, in: Jahrbuch für westdeutsche Landesgeschichte 3 (1977), 277–304, hier 289.

[14] Dieses Verfahren wird auch durch die ähnlich hohe bzw. niedrige Signierfähigkeit der Brautleute aus dem Umland Bonns wie der Zuwanderer (vgl. Tabelle 2) gestützt.

Vorsprung und Rückstand sind immer relative Positionsbeschreibungen, denn die quantitativen Abstände zwischen den Konfessionen fielen mitunter kleiner aus als die Unterschiede innerhalb des gleichen Bekenntnisses. So zeigt der Vergleich katholischer und lutherischer Brautleute aus dem gemischt-konfessionellen Umland der Stadt Hildesheim zwar den erwarteten Vorsprung der lutherischen Brautleute gegenüber katholischen Paaren. Im südlichen Niedersachsen, im Umland der Universitätsstadt Göttingen, war die Signierleistung der lutherischen Brautleute so hoch, daß Differenz innerhalb ein und derselben Konfession gleich groß, wenn nicht größer ist, als jene zwischen den Konfessionen.

Tabelle 4

Signierfähigkeit der Brautleute nach Geschlecht und Konfession im Umland von Hildesheim und Göttingen (in %)

	Hildesheimer Umland		Göttinger Umland	
	lutherisch	katholisch	lutherisch	reformiert
Bräutigam	68	52	88	94
Braut	29	11	46	70

In kleinen Bauerndörfern im Osten der oberhessischen Universitätsstadt Marburg, hier verkürzend als ‚oberhessische Dörfer' bezeichnet, lebten Angehörige aller drei reichsrechtlich anerkannten Konfessionen friedlich nebeneinander: Lutheraner und Reformierte in den zu Hessen-Kassel gehörenden Dörfern, Katholiken in den kurmainzischen Enklaven um Amöneburg und Neustadt. Der Vergleich der Signierfähigkeit der Brautleute aus diesen Dörfern, die nur wenige Kilometer voneinander getrennt liegen, zeigt bemerkenswerte geschlechtsspezifische Muster. Während nahezu alle Bräutigame ihren Namen schreiben konnten und bei Männer wieder einmal keine Unterschiede erkennbar wurden, wiesen die Bräuten, die in den katholischen Dörfern aufgewachsen waren, deutlich niedrigere Signierfähigkeitswerte auf.

Die ‚katholische Rückständigkeit' bei der Alphabetisierung der Bevölkerung ‚um 1800' betraf offenbar insbesondere Frauen. Es ist die Signierfähigkeit von Frauen, in der die größten Unterschied sichtbar werden und die den aussagefähigsten Indikator zur Beschreibung von Bildungslandschaften darstellt.[15] Der Vergleich der Signierfähigkeit nach Konfessionen zeigt immer wieder Rückstände beim Schreibunterricht von Mäd-

Tabelle 5

Signierfähigkeit der Brautleute im ländlichen Oberhessen nach Hauptkonfession des Schulortes (in %)

Konfession (Territorium)	lutherisch (Hessen-Kassel)	reformiert (Hessen-Kassel)	katholisch (Kfst. Mainz)
Bräutigam	92,9	94,0	94,4
Braut	41,5	36,4	13,0

chen, während bei den Bräutigamen aus den ‚oberhessischen Dörfern' keinerlei konfessionelle Unterschiede zu verzeichnen waren.

Die Interpretation der Signierfähigkeitswerte erfolgte im bisherigen Teil unter konstanter zeitlicher Perspektive – ‚um 1800'. Rechnet man aus dem Alter der Brautleute bei ihrer Heirat kann auf den Zeitpunkt des möglichen Schulbesuchs zurück,[16] so erhalten wir ‚Kohorten' von Frauen und Männern, die seit dem Ende des Siebenjährigen Krieges zu unterschiedlichen Zeiten die Schule besuchten. Dieser Rückschluß von der Unterschriftsleistung bei der Hochzeit auf einem zum Teil um Jahrzehnte zurück liegenden Schulunterricht ist methodisch nicht ohne Probleme, angesichts der Quellenlage aber ohne Alternative. Die Ergebnisse, nicht nur im Vergleich der Geschlechter, sind so bemerkenswert, daß auf das Verfahren nicht verzichtet werden sollte.

Die Tabellen 6 und 7 zeigen für Männer und Frauen ein völlig unterschiedliches Grundmuster. Ältere Bräutigame signierten kaum seltener als junge, während ältere Bräute kaum in der Lage waren, ihren Namen zu schreiben, jüngere Bräute aber sehr wohl. Bei Bräutigamen war zwischen den Schuljahrgängen 1765/69 und 1800/05 nur ein geringer Anstieg zu verzeichnen. Die Signierfähigkeit hält in allen Regionen ihr Niveau über die Zeit: Halberstadt und Hessen-Kassel mit durchgängig 90% an der Spitze, Minden-Ravensberg, Kurköln und Paderborn 20, 30 oder 40 Prozentpunkte zurück. In graphischer Darstellung ergibt dies fast eine horizontale Linie.

---

[15] In diesem Sinn auch *Wolfgang Schmale/Nan L. Dodde* (Hg.), Revolution des Wissens? Europa und seine Schulen im Zeitalter der Aufklärung (1750–1825). Ein Handbuch zur europäischen Schulgeschichte. Bochum 1991, 31. Aus diesem Grund wurden auch die Tabellen 1 und 2 nach der Signierfähigkeit der Bräute geordnet.

[16] Mit dem 10. Lebensjahr wird versucht, den Zeitpunkt des wahrscheinlichsten Schreibunterrichts zu schätzen.

Tabelle 6

Signierfähigkeit der Bräute vom Lande im Zeitverlauf nach wahrscheinlichem Schulbesuch (10. Lebensjahr)

Erreichen des 10. Lebensjahres	Fst. Halberstadt (luth.)	Lgft. Hessen-Kassel (ref./luth.)	Gft. Minden-Ravensberg (luth.)	Kurfst. Köln (kath.)	Fstbst. Paderborn (kath.)
1765–69	40,0	10,0	12,5	10,5	10,0
1770–74	42,5	18,2	17,6	12,2	9,1
1775–79	41,2	17,4	19,0	8,2	7,7
1780–84	54,8	24,1	12,8	18,8	11,7
1785–89	54,1	28,2	15,3	15,2	10,4
1790–94	69,3	33,8	16,0	20,2	9,7
1795–99	81,5	42,6	25,6	20,1	12,4
1800–08	87,0	59,9	43,3	23,4	21,4

Tabelle 7

Signierfähigkeit der Bräutigame vom Lande im Zeitverlauf nach wahrscheinlichem Schulbesuch (10. Lebensjahr)

Erreichen des 10. Lebensjahres	Fst. Halberstadt (luth.)	Lgft. Hessen-Kassel (ref./luth.)	Gft. Minden-Ravensberg (luth.)	Kurfst. Köln (kath.)	Fstbst. Paderborn (kath.)
1765–69	88,2	91,9	37,0	71,9	52,2
1770–74	81,8	88,5	43,5	51,1	68,4
1775–79	93,0	89,7	61,7	68,1	46,8
1780–84	90,4	88,9	56,5	66,4	51,9
1785–89	89,0	91,5	66,7	65,9	50,6
1790–94	90,2	91,4	67,3	76,6	59,3
1795–99	92,0	93,6	59,5	64,3	55,9
1800–05	96,3	97,4	56,3	75,0	80,0

Dagegen läßt sich für Frauen in den meisten Territorien ein über die Zeit sich beschleunigendes Wachstum erkennen. Gegen Ende der 1760er Jahre befand sich die Signierfähigkeit in der Landgrafschaft Hessen-Kassel, im preußischen Minden-Ravensberg, im Kurfürstentum Köln und im Fürstbistum Paderborn auf einem vergleichbaren Niveau: Nur die wenigsten Frauen konnten ihren Namen schreiben. Allein das Fürstentum Halberstadt besaß gegenüber den anderen Territorien offenbar schon zu diesem Zeitpunkt einen Vorsprung. Dies verdeutlich nochmals, daß die aufgeklärte Schulpolitik des halberstädtischen Domkapitels von bereits überdurchschnittlich guten Schulverhältnissen ausgehen konnte. Dennoch ist der Erfolg der Politik unverkennbar: Tabelle 6 weist zwischen den Schülerinnen aus den 1770er Jahren und den jüngsten Bräuten, die nach 1795 die Schule besuchten, eine Verdopplung der Unterschriften aus. Auch in Hessen-Kassel seit etwa 1780 und in Minden-Ravensberg seit den 1790er Jahren ist ein deutliches Ansteigen der weiblichen Schreibfähigkeit zu konstatieren. Ansätze für eine aufgeklärte Schulpolitik lassen sich in beiden Territorien nachweisen, so etwa in der Etablierung von Lehrerseminaren (Minden 1776, Kassel 1781). Die zeitliche Analyse der Signierfähigkeit der Bräute scheint so etwas wie den Lackmustest der Wirksamkeit einer von aufgeklärtem Gedankengut inspirierten Schulpolitik darzustellen. Vor allem das Fürstbistum Paderborn[17], aber auch das Kurfürstentum Köln[18] hinkten in dieser Beziehung hinterher. In Paderborn ist zwischen 1765/69 und 1795/99 faktisch keine Veränderung festzustellen.

Dieses Ergebnis bestätigt wiederum den methodischen Ansatz. Die Daten zur weiblichen Signierfähigkeit, wie sie Tabelle 6 aufzeigt, sind das Ergebnis des Zusammenspiels von schlechterer schulischer Ausbildung der Mädchen und dem Verlust von aktiven Fähigkeit zum Gebrauch von Schrift bei erwachsenen Frauen. Durch ‚Verlernen‘ allein können die relative konstanten Verläufe einerseits, das rapide Anstieg weiblicher Unterschriftsleistungen nach 1780/90 andererseits nicht erklärt werden. Die Rückschreibung zeigt also auch die unterschiedliche Intensität des Schreibunterrichts für Mädchen zwischen dem Ende des Siebenjährigen Krieges und dem Beginn des 19. Jahrhunderts. Gleichzeitig zeigt Tabelle 7, daß Schreibunterrichtung für Jungen mindestens seit dem letzten Drittel des 18. Jahrhunderts fast allerorten die Norm dar-

---

[17] *Reiner Prass*, Preußisch-gewerblicher Vorsprung und katholisch-ländliche Rückständigkeit? Zur Alphabetisierung in Minden-Ravensberg und Corvey-Paderborn, in: Alphabetisierung und Literalisierung (Anm. 1), 69–93, hier 74 f.

[18] Das erste katholische Lehrerseminar wurde 1803 in Emmerich eingerichtet. Vgl. *Johannes Kistenich*, Schule im Rheinland zwischen Reformation und Revolution, in: Gesellschaft zwischen Tradition und Wandel (Anm. 6), 41–64, hier 56. Allerdings gab es 1784/85 bereits die erste Schulvisitation (Bonifaz Oberthür).

stellt. Am Ende soll daher gefragt werden, inwieweit die Daten zur Signierfähigkeit Rückschlüsse auf schulische Verhältnisse ermöglichen.

Die Bedeutung obrigkeitlicher und staatlicher Initiativen für die langfristige Entwicklung des Schulsystems und damit auch des Alphabetisierungsniveaus im 18. und frühen 19. Jahrhundert wird noch immer sehr unterschiedlich eingeschätzt. Eine eingehende Diskussion dieser Fragen kann aus Raumgründen hier nicht geführt werden. Vielmehr soll an zwei Beispielen gezeigt werden, wie aus den Daten zur Signierfähigkeit konkrete Schlüsse auf obrigkeitliche Maßnahmen und ihre Wirksamkeit gezogen werden können.

Die Aussage Wolfgang Neugebauers, daß ein Kennzeichen der brandenburgischen bzw. preußischen Schulpolitik bis 1806 der weitgehende Verzicht der Verwaltung auf ihre Einflußmöglichkeiten vor Ort war[19], läßt sich anhand der Unterschriftsauszählungen für die Altmark untermauern. Mit dem Kirchenpatronat in den Dörfern war in der Regel auch immer die Aufsicht über die Schule bzw. den Lehrer verbunden. In Dörfern mit königlichem Patronat mußten die für die Schulen zuständigen Regional- bzw. Zentralbehörden somit keine Rücksicht auf konkurrierende Herrschaftsansprüche des lokalen Adels nehmen. Einer engagierten Schulpolitik standen hier weniger Hindernisse im Weg.

Tabelle 8

Signierfähigkeit der Brautleute aus der ländlichen Altmark nach Patronat des vermutlichen Schulortes

	adeliges Patronat	königliches Patronat
Bräutigam	75,3	76,5
Braut	20,5	21,9

Der Vergleich der Schulorte mit adeligem bzw. königlichen Patronat bietet keine Hinweise auf Auswirkungen staatlicher Schulpolitik – die Signierfähigkeit lag für Männer wie Frauen auf nahezu identischem Niveau. Die der Verbesserung des Elementarschulwesens entgegenstehenden strukturellen Hemmnisse, deren größtes die schlechte Bezahlung der Lehrer war, ließen offenbar bis zum Beginn des 19. Jahrhunderts keine größeren Verbesserungen zu.

---

19 *Wolfgang Neugebauer*, Absolutistischer Staat und Schulwirklichkeit in Brandenburg-Preußen, Berlin/New York 1985.

Das zweite Beispiel bietet dagegen einen Beleg für die Wirksamkeit staatlicher Schulpolitik. Der Erfolg dieser Maßnahme erklärt sich vermutlich aus der einfachen Tatsache, daß an die Stelle gedruckter Verordnungen konkrete finanzielle Leistungen traten. Im letzten Drittel des 18. Jahrhunderts wurde in vielen Territorien vor dem Hintergrund des vorherrschenden aufgeklärten Bildungsdiskurses in der Bildung der Untertanen ein Ziel staatlicher Politik gesehen. So wurde auch in Hessen-Kassel im Jahr 1781 das erste Lehrerseminar in Kassel eingerichtet und im Jahr 1791 stiftete der Landgraf sechs Freischulen in seiner Residenzstadt. Die landgräfliche Initiative entwuchs allerdings eher dem Bemühen um eine soziale Disziplinierung als um die Bildung der heranwachsenden Untertanen. Der Besuch der Schulen sollte verhindern, daß die Kinder *bis zu den Jahren der Confirmation ohne Unterricht herum laufen (...), daraus aber die Folgen entstehen, daß dergleichen Kinder in den erforderlichen Kenntnissen unwissend bleiben, und in aller Ruchlosigkeit aufwachsen.*[20]

Tabelle 9

Schichtspezifische Signierfähigkeit von Bräuten aus der Stadt Kassel nach wahrscheinlichem Schulbesuch (10. Lebensjahr)

Jahr	‚Oberschicht'	‚Mittelschicht'	‚Unterschichten'
1760–69	–	(33,3)	
1770–79	(50,0)	44,4	26,7
1780–89	93,3	60,3	19,4
1790–99	100,0	74,1	57,1
1800–06	(100,0)	(66,7)	(0,0)

Anm.: Bei Fallzahlen < 10 wurde der Wert in Klammern gesetzt

Aufgrund der durchgängig hohen Signierfähigkeitswerte jener Männer, die in der Residenzstadt Kassel zur Schule gingen, läßt sich ein Effekt der Gründung der Freischulen auf die Signierfähigkeit der Bräutigame nicht mehr nachweisen. Die Differenzierung der Bräute nach einem groben Schichtungsmodell[21] läßt für Mädchen aus den ‚Unterschichten' zu Beginn der 1790er Jahre dagegen einen deutlichen Fortschritt erken-

[20] Zitiert nach: ebd., 455.

nen, wodurch sich der Rückstand auf die ‚Mittelschichten' entsprechend verkürzte. Vorbehaltlich weiterer Auswertungen kann dieser sprunghafte Anstieg in der Signierfähigkeit als ein Erfolg des kostenloses Schulunterrichts in den Freischulen gewertet werden.

III. Ergebnisse

Am Ende dieses Überblicks zu den Alphabetisierungsverhältnissen in ausgewählten Territorien sollen zusammenfassend die wesentlichen Ergebnisse zum Verhältnis von Schulwesen, Alphabetisierung und Konfession, soweit dieses sich anhand der Signierfähigkeit beschreiben läßt, festgehalten werden.

1. Das grobe Muster eines Alphabetisierungsvorsprungs der protestantischen vor den katholischen Territorien läßt sich aus den Daten – mutatis mutandis – bestätigen. Dies deckt sich auch mit den Einschätzungen der zeitgenössischen Literatur bzw. der Forschung zur Volksaufklärung, der das protestantische Kernland Sachsen als das am höchsten alphabetisierte Territorium galt und die das katholische Bayern am Ende dieser Skala einordnete. Die ‚katholische Rückständigkeit' war insbesondere für Frauen ein reales Phänomen.

2. Die Wirkungen aufgeklärt inspirierter Schulpolitik lassen sich in den Signierfähigkeitsdaten nachweisen, so beim Vergleich zwischen Halberstadt und Magdeburg. Auf katholischer Seite weist der Vorsprung des ländlichen Kurfürstentums Trier gegenüber dem ländlichen Kurfürstentum Köln, soweit sich dies aus den zur Zeit vorliegenden Daten ermitteln läßt, ebenfalls in diese Richtung. Insgesamt zeigte der Bildungsdiskurs der Aufklärung sowohl in protestantischen wie katholischen Territorien seine Wirkung. Dies ist auch das Ergebnis einer wechselseitigen Konkurrenz zwischen den Territorien.

3. Doch zum Schluß eine Warnung vor Pauschalisierungen. Ein Ergebnis der Forschungen der Arbeitsgruppe ‚Alphabetisierung in der Frühen Neuzeit' ist die Einsicht, daß das ‚Alte Reich' von regionalen Bildungslandschaften durchzogen war, die sich keineswegs immer an Landesherrschaften und Konfessionsgrenzen festmachen lassen. Die analytische Beschreibung dieser Landschaften bleibt ein Desiderat der Forschung. Und die Konfession ist nur ein Faktor für die Konstitution dieser Landschaften, dessen Einfluß – gerade angesichts der Vielgestaltigkeit des Alten Reiches – jeweils lokal bzw. regional untersucht und eingeschätzt werden muß.

---

[21] Das Schichtungsmodell beruht auf den Berufsangaben für die Väter der Bräute. Vgl. *Winnige*, Alphabetisierung in Althessen (Anm. 3), 49.

Children in School – Children outside of School: Reflexions on Elementary Schooling in the Age of Enlightenment from an Eastern European Perspective

By István Tóth

If we compare the real situation of elementary schools in Hungary in the second half of the eighteenth century with the other provinces of the Habsburg Empire and with Western Europe, than it quickly becomes clear that the traditional late nineteenth century ideas on 'school', 'schoolmaster' and 'school pupil' are more confusing than helpful in understanding the elementary school system in the Age of Enlightenment.

Because of its rich source material, Western Transdanubia, and in this region especially Vas county, lend themselves well to studying these problems. These data will be compared with the schools of other provinces of the Habsburg Empire and with the school system of France to understand the differences in the school systems themselves.

I.

The effectiveness of the school system before the introduction of general and compulsory education depended first and foremost on *how many* children actually went to school. However, neither the state school reports nor the church visitations (*visitationes canonicae*) contain this important information, and therefore we must compile the figures by comparing information from a number of different sources.

In 1770 a state's report on schools in Vas county, a big, populous county at the Austrian border with four nationalities (Germans, Hungarians, Slovaks and Slovenians) and with three denominations (Catholics, Lutherans, Calvinists) included data for the number of children studying in the various schools. These figures indicate that in 1770 in total 3618 children were enrolled in elementary schools in the county. However, the number of children learning how to read and write was in fact greater than this, for some children were enrolled in the lower grades of the local grammar schools at Kõszeg and Szombathely.

In 1770, the state school reports in theory noted all the elementary schools in Vas county. However, the surveys were performed by Catholic deans, who often left the Protestant schools out. Thus there is neither a reference to the Lutheran schools of Nemescsó and Nemesdömölk nor to the Reformed (Calvinist) school of Felsõõr. We have no evidence concerning the number of pupils attending these three schools. However, given that these schools served the entire Lutheran and Reformed population of the county, it would seem that each of them had a greater than average number of pupils. Let us estimate, therefore, that there were in total 150 pupils attending these three schools.

If we add all these pupils – the 250 pupils at the grammar school in Kõszeg, the 150 pupils at the grammar school in Szombathely, and the 150 pupils at the three Protestant village schools – to the 3618 pupils enrolled in the elementary schools, we obtain a total estimated figure of 4118 pupils. Rounding this figure off, we may state that there were approximately 4100 village school pupils in Vas county in 1770. We may calculate the proportion of the total number of children of school age on the basis of this figure and using two methods of inquiry (each of which serves to control the other), one based on the Josephine census figures, the other on the population counted in the church visitations.[1]

In eighteenth century Hungary, children were considered to be of school age until they were just nine years old. In 1779 Gáspár Pál, who was a school inspector (at first throughout Hungary and then in the Pozsony education district) and who became one of the main proponents of enlightened reform of elementary schools, submitted a substantial petition to the council of governor-general. In his petition, Gáspár Pál for-

[1] Hungarian National Archives (= HNA), Budapest, Archivum Locumtenentiale, Acta fundationalia. Comitatus Castriferrei. Lad. E. Fasc.12. I., HNA Film 23720–23724. (Canonicae visitationes Batthyanyanae); *Gusztáv Thirring,* Magyarország népessége II. József korában (The population of Hungary in the age of Joseph II), Budapest 1938, 66–68; *Ernõ Fináczy,* A magyarországi közoktatás története Mária Terézia korában (The history of the Hungarian public education in the age of Maria Theresia), Budapest 1899, vol.1, 164; *István Mészáros,* Az iskolaügy története Magyarországon 996–1777 között (The school history of Hungary from 996 to 1777), Budapest 1981, 449–452; *Domokos Kosáry,* Művelődés a XVIII. századi Magyarországon (Cultural history of Hungary in the eighteenth century), Budapest 1980, 450–457; *Roger Chartier/Dominique Julia/Marie-Madeleine Compère,* L'éducation en France du XVIe au XVIIIe siècle, Aix-en-Provence 1992, 42–44; Az első magyarországi népszámlálás (The first Hungarian census) (1784–1787), Budapest 1960, passim. For this problem cf. my monograph in Hungarian: *István György Tóth,* Mivelhogy magad írást nem tudsz… Az írás térhódítása a mûvelõdésben a kora újkori Magyarországon. (Because you yourself can not write… Spread of literacy and written culture in early modern Hungary), Budapest 1996. English translation: *István György Tóth*: Literacy and Written Culture in Early modern Central Europe, Budapest/New York 2000.

mulated his wish in the following way: *children from the age of six to the age of eight or nine should be compelled to attend school.*[2] The fact that such an enthusiastic reformer chose this as his *demand,* indicates that in reality the children were not attending school longer than three years. The state school reports and teachers' complaints demonstrate that on average children attended school for just three years. In practice, the three years often meant just three winters (sometimes as many as four winters, but often only two winters). Relating the total number of pupils to the total number of children aged between 6 and 9, we may calculate the proportion of children attending school. Based on the Josephine census (1784–1787) figures and on population figures of church visitations, at the time of the 'Ratio Educationis' and the introduction of compulsory schooling, just one in five/six children attended school.

This ratio was not uniform throughout the county. In many villages there were no pupils at all, while in other parishes half the total number of children attended school. Generally, there were two often contradictory reasons for children to stay away from school: the backwardness of the area in which they lived (and the associated lack of any real demand for education among the local peasantry); and a fear among even educated Protestant parents that if they allowed their children to be taught by the local Catholic schoolmaster, he would convert them.

The highest relative numbers of children attending school were recorded in some German-speaking and overwhelmingly Catholic parishes in the west of Vas county. As a proportion of the total number of children, the figures are the following: about 50 % in the villages belonging to the parish of Vörösvár, 58.8 % in the parish of Rõt, 50.5 % in Németkeresztes, and 43.9 % in Kertes. Presumably in these villages it was the activity and persuasiveness of the local parish priests and schoolmasters that had paid off. For in other neighbouring German-speaking and Catholic villages far fewer children were attending school. In the villages of the parish of Farkasfa just 29.6 % of local children attended school, whereas in the next-door parish of Vörösvár the figure was about 50 %; in the parish of Németlövõ only every fourth child of the parishioners (26.0 %) was sent to school while in the neighbouring parish of Németkereszt every second child (50.5 %). The discrepancy between the figure for the parish of Rõt and that for the nearby parish of Pörgölény was even greater: whereas the proportion of children attending school in Rõt was the highest in the county (58 %), in Pörgölény – also a German-speaking Catholic parish – just 6.4 % of the local children went to school.

---

[2] *Fináczy,* A magyarországi közoktatás története (n. 1), vol. 2, 303.

In the second half of the eighteenth century, about one in six of all children in the county attended school. The descriptions of the school buildings amply demonstrate that if suddenly all children had decided to go to school, there would have been simply not enough classroom space for all children in the crowded small schoolhouses. And yet compulsory education for all children is exactly what Maria Theresia's school reform of 1777 prescribed.

Only a small number of children living in the villages went to school. However, not even all children who attended school actually learned to write. In 1770 there were 24 elementary schools in Vas county at which writing was not even taught. In such schools pupils learned to read only. In other schools children who wished to learn how to write were charged an additional fee. This fact clearly indicates that not all children learned to write in the elementary school.[3]

When examining the effect of schools on society, it is important that we find out just how many school pupils actually learned to write, and how many were satisfied with a knowledge of reading only. However, such figures were rarely recorded. The visitations and the school reports indicate that a good many pupils did only learn how to read. In 1770 e.g. it was reported about the teacher in Szerdahely that he taught even the basic rules of Latin and mathematics *but mainly only how to read. They teach how to read, and some of their pupils how to write* it was noted of a further five teachers. The schoolmaster of Németlövõ also taught the children how to read *but almost none how to write,* the teacher in Németkeresztes teaches *reading only, and writing to a few pupils whose parents require it.* In 1771, at Récs in the relatively developed county of Pozsony (around the town Pozsony-Pressburg-Bratislava), only ten of a total of 46 pupils learned how to write, 36 on the other hand just learned to read.

In a number of other villages in this area, it was reported that the local schoolmasters taught pupils everything from the *alphabet to reading* but not writing. In the village of Csáv in Sopron county three of twenty-five children were learning how to write, the others were only taught how to read.

In a number of places in Vas county in 1770, the children could not be taught how to write because the schoolmaster himself was illiterate! Elsewhere the underpaid masters had no time to teach pupils because they were busy with their second jobs. In 1771 at Prács in Pozsony county, 41 pupils were being taught how to read, but no more than read-

[3] HNA, Budapest, Archivum Locumtenentiale, Acta fundationalia. Lad. E. Fasc. 12.; *István Mészáros* (ed.), Ratio Educationis, Budapest 1981, 67.

ing because the local clerk was never there to teach and – due to his low income – could not employ an assistant.[4]

The learning of writing skills required more time not just from the teacher but also from the pupils; it was far more time-consuming than learning how to read. Most children attended school for two to three months in the winter, and even then they were often absent – which drastically reduced their chances of learning how to write. Prayers, songs, and reading could be learned time and again during the interrupted school year (or school winter). However, more time was needed for the active use of letters. Schoolmasters considered the long absences in the summer to be the greatest hindrance. They complained that parents would generally send their children off to the fields, where they promptly forgot everything they had learned during the winter. In 1770 the schoolmaster in the village of Óhíd in Zala county stated: *I have 14 pupils, but because they do not attend school continuously, it is impossible to teach them anything more than how to read.*

We have no numerical figures concerning issues of such importance to educational history as what percentage of the pupils became acquainted with writing skills and how many of them were satisfied with passive reading alone. However, it is clear from the examples cited above that many pupils left school without learning how to write. Just a small part of the children of school age attended school, and most of these got no further than learning how to read.

In the elementary schools of Vas county in the eighteenth century few children learned how to write and even fewer learned arithmetic. The backwardness and illiteracy of the peasantry was added to by a lack of knowledge in arithmetic. In 1770 just 45 schoolmasters (or 21% of the total) taught arithmetic, and in these schools just a few pupils – those paying an extra fee – could become acquainted with the basics of arithmetic. Many teachers steered clear of teaching the subject because they too hardly understood it. Indeed, even teachers who knew Latin (i.e. they had been to grammar school) sometimes knew nothing about arithmetic at all. The schoolmaster of Kisfaludi, István Pék, although he knew Latin (i.e. he had completed all six grades of the grammar school), was acquainted with just three basic rules of arithmetic.

In 1777, that is seven years after the issuing of the report cited above, the Ratio Educationis made the teaching of the four basic rules of arithmetic compulsory in all country villages. However, the scarcity of teachers knowing arithmetic in 1770 would tend to suggest that many

---

[4] HNA, Budapest, Archivum Locumtenentiale, Acta fundationalia. Lad. E. Fasc. 12.

villages had to wait for decades before a schoolmaster could be found who had some experience in arithmetic.

Of course, every peasant farmer knew how to sell and buy wine at the market and could easily count on his fingers. However, given the complicated nature of money and measures at the time, where larger and more complicated transactions and amounts were at stake, those who had no knowledge of arithmetic were at a considerable disadvantage, a disadvantage that may be compared to that suffered by illiterate people.[5]

One very important question for school historians is whether or not pupils from nearby villages attended the elementary schools. It is difficult, of course, to answer this question, because unlike the municipal grammar schools, the elementary schools did not keep a diary or register. In the past, historians have argued that children did not go from one village to another (nor even from the outer villages of one parish to its centre) in order to go to school. The standard history of the schools of Hungary states that it "would have been quite unreasonable to have expected children to walk many miles from the outparishes to school everyday and in all weathers".[6]

If this really had been the situation, the writing of a history of education in the eighteenth century would be much easier. In Vas county for instance, where there are so many hamlets and smaller settlements, any examination could quickly discount many of the county's children for the simple reason that they had been living in villages without schools. Moreover, this proportion could be precisely determined on the basis of the school reports and the census data. In 1770 there were 622 settlements (towns, boroughs, villages) but just 213 teachers. In other words, the inhabitants of about 400 settlements would have had no opportunity of learning how to read and write.

Nevertheless, if we take a closer look at the sources (church visitations, letters and court petitions concerning schools), we find that in actual fact the children of eighteenth century Transdanubia did go from one village to another in order to go to school.

In Sopron county it was quite common for a boy to go to school in the neighbouring village. In the middle of the seventeenth century people

[5] *Wilhelm Norden,* Die Alphabetisierung in der oldenburgischen Küstenmarsch im 17. und 18. Jahrhundert, in: Regionalgeschichte. Probleme und Beispiele, ed. Ernst Hinrichs/Wilhelm Norden, Hildesheim 1980, 120, 141–143.

[6] *Mészáros,* Az iskolaügy (n. 1), 282; *idem,* Népoktatás Nyugat-Dunántúlon a XVII. században (Public instruction in Western Transdanubia in the seventeenth century), in: Soproni Szemle 30 (1976), 314; HNA Budapest, Archivum Locumtenentiale, Acta fundationalia. Comitatus Castriferrei. Lad. E. Fasc. 12.

living in the village of Márci sent their sons to the Lutheran school in the neighbouring village of Borbolya. Lutherans from Nagymárton also preferred to send their children to the Borbolya school (a walk of two kilometres) because the schoolmaster in their own village was not only a Catholic but also *a drunk who teaches the children badly.* Some children even went to school in a foreign country – of course this often meant no more than their crossing the border river Lajta. This was the case in 1651 when the children of Wimpassing in Hungary went to school in Austrian Wampersdorf because their own village was lacking a school. A century later in 1770 the sons of the village of Lajtafalu in Moson county were also sent across the state frontier if their parents were dissatisfied with local teaching: as the school report stated the more wealthy sent their children to school in the neighbouring Austrian village of Haslau in order that they might learn German and arithmetic. At the same time – if the winter was not too harsh and the waters remained open to boat traffic – children from the village of Engerau would cross the River Danube in order to attend school in Pozsony.[7] In the 1710s the son of a nobleman from Pápa, a boy called Miklós Simon, went to school in Simaháza in Sopron county. This did not quite mean what it seems. Owing to the lack of a school building in Simaháza, the local schoolmaster would teach in a different place every week. Thus Miklós Simon came across from the next village of Szopor to learn – but not to go to school.[8]

It is probable that those children who went to school in another village delayed the start of their studies by a few years. By this time they were stronger and more capable of making the treacherous daily journey along snow bound or muddy tracks. It is also possible that a local farmer would collect together the children and take them to the next village by carriage. All this is just supposition, for we have no data; neither the state school reports nor the visitations paid any attention to the age of pupils – and records were not kept by the schools themselves.

In 1774 the county officials led an inquiry into the operations of the village school in Hódos, where Protestant masters were teaching Catholic children – which was strictly forbidden by law. The statements made by those involved in the inquiry indicate that children from Hódos went to the school from the age of eight *for just two years and only in the wintertime.* Children from the next village, Nagyabony, began coming across to the master between the ages of ten and fourteen; they spent three winters at the school. (The evidence given by the witnesses confirms that a child's schooling generally lasted no more than just two to three win-

[7] HNA Budapest, Archivum Locumtenentiale, Acta fundationalia. Comitatus Castriferrei. Lad. E. Fasc. 12. Comitatus Mosoniensis, Comitatus Posoniensis.

[8] Veszprém County Archives, Veszprém, Acta nobilitaria Fasc. H/III. No. 24.

ters.) Parents, it seems, would not send their children to the next village in the snow until they were at least ten years of age. This explains the fact that children from the next village started school later than children living in the village itself.[9]

This is also confirmed by the writings of a local dean concerning a school at Réte in Pozsony county. The school was a thriving Lutheran institution, where children could even learn basic Latin. Local Catholics, however, refused to send their children to this *heretical* school, sending them instead to another village . However, this was not without negative consequences. The children of the Catholics *are so tiny that they may not yet be sent elsewhere to study the first elements of the sciences, and therefore they are forced to remain without knowledge, to such an extent that, owing to their lack of a schoolmaster, we hardly find anyone among the Catholics who might be able to read – and still fewer who can write.*

We can be sure that in the eighteenth century most children in Vas county (and in Hungary generally) never attended school. However, the situation may have been a little less dire given that reading and writing could also be learned outside school. Anyone who was literate could teach others his skills. It is quite possible that literate craftsmen would teach their apprentices not just how to employ the various tools but also how to use an ink pen. Meanwhile private tutors and their pupils did not sign any contracts; they were not subject to any state or church supervision, kept no registers, and issued no certificates. For these reasons it is extremely difficult to collect data on private lessons and the extent of such private teaching will probably remain unknown for all time. In Hungary researchers have understandably ignored this area. We may, however, suppose that there were Protestants in Catholic areas, for instance, who sought to ensure their sons' education even while they refused to allow them to be taught by the local Catholic masters. In such cases the children were obviously taught at home: *Domi instruitur,* they learn at home, because their parents do not want to give them to a Catholic school, it was reported in Csetnek in the Gömör hills in 1753.[10]

János Kis, a Lutheran priest and poet whose autobiography is a valuable source for those interested in education in Transdanubia in the eighteenth century, learned how to read and write at home.[11] Meanwhile in another autobiography, Mihály Táncsics tells us that while employed as assistant tutor in Devecser in Veszprém county at the beginning of the

---

[9] Statny Oblastny Archiv, Bratislava, Comitatus Posoniensis, Acta criminalia, A XII. Processus criminales No. 99.

[10] Statny Oblastny Archiv, Banská Bystrica, Processus magistrales, 656. Fasc. VI. No. 307.

[11] *János Kis,* Emlékezései (Memoirs), Budapest 1985, 809–810.

nineteenth century, he *taught the daughter of a baker how to read in her own home, for which he received nothing else but a bread roll after each lesson, which being still warm, he consumed it immediately.* In 1838 an adult button-maker in Vienna requested that Táncsics teach him how to write, because he was unable to issue bills properly. In lieu of payment, Táncsics accepted an invitation to have lunch at the button-maker's place every day.[12]

Statements given by witnesses also indicate that knowledge of reading and writing could be obtained outside of school. In 1726 an *old spinster* spoke at the market in Kissáros of the fact that Marinka, a waitress in the local tavern, was being taught by a student called Péter at night: they read together the whole night long. Marinka, who had been accused of fornication, was less than likely to have spent her nights in diligent study. Notwithstanding their mocking innuendo, these remarks demonstrate two things: the waitress could not read; it was not unknown for an adult to begin to learn how to read.[13]

It is through a criminal case that we hear of another private pupil. Ferenc Nagy, a nobleman from Kajal, made his step daughter pregnant and then forgot the child at a tavern in Komárom in December 1734. As the child was being bathed by Nagy's stepdaughter, the leaseholder of the inn was teaching his own child to read – the witnesses recalled later. Ferenc Nagy said to the innkeeper *that must be a clever child, if he were mine, I would not give him away for the whole town of Komárom. You, too, should teach this small child,* Márton replied. To which Nagy replied: *I shall have him taught, if he grows up and I am still living.* Since Nagy later denied that the child was his, this piece of conversation was of great importance to the case. We see, therefore, that the innkeeper was teaching his son how to read from a book. We do not know whether this was in addition to formal schooling or in place of it. What is clear is that the schoolmaster was not the only source of a knowledge of letters.[14]

Nevertheless, the lack of writing skills remained widespread throughout the eighteenth century: whether at school or outside school, only a few learned the use of a pen.[15]

---

12 *Mihály Táncsics,* Életpályám (My life), Budapest 1978, 66, 130.

13 Statny Oblastny Archiv, Presov, Comitatus Sarosiensis, Acta criminalia, No. 287. (1726). Cf. *István György Tóth,* Literate Obrigkeit und illiterates Volk. Beobachtungen zum Leben der Bauern und Adeligen in Westungarn im 17. und 18. Jahrhundert, in: Symbolische Formen – Medien – Identität, ed. Wolfgang Raible, Tübingen 1991, 131–146.

14 Statny Oblastny Archiv, Bratislava, Comitatus Posoniensis, Acta criminalia A XII Proc. crim. No. 68, cf. Statny Oblastny Archiv, Presov, Comitatus Sarosiensis, Acta criminalia No. 515. (1755).

II.

We may compare the numbers of children attending school in Vas county with corresponding figures for other areas of the Habsburg empire.

In Graz, the capital of the neighbouring province of Styria (which shared a common border with Vas county), only few of the children attended school. In 1772, two years before Maria Theresia's school reform in the Austrian provinces, just 17% of the city's children were attending primary school. By 1780, six years after the reform, this figure had risen to 30%. Although these figures demonstrate that the numbers of those attending school had almost doubled within just eight years, 70% of the city's child population still remained outside the formal education system. As Styrian sources emphasise, here too the practical implementation of the educational reforms ordered by Maria Theresia and Joseph II had to wait until the first decades of the nineteenth century and the rule of Emperor Francis.[16]

In the bishopric of Passau, which extended over Lower and Upper Austria, in 1772 almost every parish church had its own school, but these schools were attended by just 10–20% of children. Reflecting the higher standards of the area, the survey considered children to be of school age until they were twelve years of age. Thus we cannot compare the above figures directly with our own data. They clearly show, however, that even in the more developed provinces children attending school formed just a minority.

The data of the Passau bishopric survey confirm the contents of a state report made just one year earlier. According to this report, in 1771 from a total number of 114,105 children of school age in the province, just 18,527 or 16% were attending school. The numbers of children attending school were less than favourable even in the centre and suburbs of the imperial capital, Vienna: in 1770, 4665 pupils were studying in 65

---

[15] *István György Tóth,* Buch und Bauer in Ungarn im Zeitalter der Aufklärung, in: Aufklärung als praktische Philosophie, ed. Frank Gunert/Friedrich Vollhardt, Tübingen 1998, 223–240; *Kálmán Benda,* Der Wandel der Lebensformen der ungarischen Bauern im 18. Jahrhundert, in: Ungarn und Österreich unter Maria Theresia und Joseph II., ed. Anna Drabek/Richard Plaschka/Adam Wandruszka, Wien 1982, 147–156; *István György Tóth,* Analphabetentum und Elementarbildung in Westungarn (1680–1848), in: Allgemeinbildung als Modernisierungsfaktor. Zur Geschichte der Elementarbildung in Südosteuropa von der Aufklärung bis zum zweiten Weltkrieg, ed. Norbert Reiter/Holm Sundhaussen, Berlin 1994, 49–60.

[16] *Gerhard Pferschy* (ed.), Atlas zur Geschichte des steirischen Bauerntums, Graz 1976, 69/I–IV; *Walter Pietsch,* Die theresianische Schulreform in der Steiermark, Graz 1977, 47.

schools, i.e. a little more than one-third of the total. The reforms of the Queen did bring great progress here. By 1779, five years after the reform, 8039 pupils were registered at elementary schools; that is to say, pupil numbers had almost doubled. In the same year 34% of Lower Austrian children were attending school. Just five years before this figure had been just 16%. Nevertheless, while the figures indicate a two-fold increase in pupil numbers, they also demonstrate that about two-thirds of children attended no school at all. The figures for the provinces disguise great differences between localities: In Lower Austria more than 50% of all children were attending school in just two deaneries: Vienna area and Gaming. In areas at greater distance from the capital, such as Weit, Altpölla, and Potztenstein, just 14–20% of local children attended school. Enlightened absolutism and the reformed educational policy still needed to achieve a great deal even in the empire's most developed province and close to the imperial capital.[17]

In the archives of the Aulic Educational Council (Studienhofkommission) tables have survived that were compiled by Abbot Johann Ignaz Felbiger, father of the educational reform, at the beginning of the rule of Joseph II. The tables contain data for schools in the various provinces, the children and the pupils. The researcher is encouraged to use these figures to calculate the proportion of children attending school in the various provinces of the empire. However, the source also demonstrates that the machinery of the absolutist state was not always able to supply the degree of accuracy required by a government that sought exact and uniform figures. We may consider the data for pupil numbers at the elementary schools to be correct, but the writers of the reports had obviously failed to receive uniform instructions concerning whom they were to consider *of school age*. (Abbot Felbiger himself reckoned this figure to be one-eighth of the total population)

Thus in 1781 Lower Austria was considered to have 94,000 children of school age, while the neighbouring province of Upper Austria – with just half the population – was thought to have 67,000. Similarly, while in Moravia there were considered to be as many as 118,000 children of school age, in neighbouring Bohemia, a province whose population was

[17] Cf. *Helmut Engelbrecht*, Geschichte des österreichischen Bildungswesens. Erziehung und Unterricht auf dem Boden Österreichs, vol. 3, Wien 1984, 408–409; *Joseph Elfert*, Die Gründung der österreichischen Volksschule durch Maria Theresia, Prag 1860, 59–66; *James Van Horn Melton*, From Image to word: Cultural Reform and the Rise of Literate Culture in Eighteenth-Century Austria, in: JournModHist 58 (1986), 95–124; *Anton Weiss*, Geschichte der österreichischen Volksschule unter Franz I. und Ferdinand I., Graz 1904, 763–797; *Ernst Wangermann*, Aufklärung und staatsbürgerliche Erziehung. Gottfried van Swieten als Reformator des österreichischen Unterrichtswesens, München 1978.

double that of Moravia, there were just 156,000 pupils – according to the table. As in the case of Vas county, we would be wiser, therefore, to compare the numbers of pupils recorded by Felbiger with the Josephine census data.[18]

According to our calculations, in the 1770s about 1.8 % of the total population of Vas county was attending school. This figure is considerably worse than corresponding figures for the more developed areas of the Empire, such as Lower and Upper Austria and Bohemia. It is also lower than the figure for Tyrol – a province with a self-confident peasant population. Vas county's performance was similar to that of Moravia and exceeded that of Carinthia – at least according to the quantitative indicators. The figures for Carniola and the undeveloped Galicia were considerably worse than those for Vas county.

III.

The difference between France and Hungary was greater still. The distance between Hungary and the heart of western Europe, which can be measured in light years, is well demonstrated by 1774 figures for the Reims diocese indicating that 85.5 % of local children of school age were attending school. French historians cite – as a negative example – the figures for the diocese of Tarbes in the Pyrenees dating from 1783, according to which just 33.8 % of local children attended school. And yet in Vas county in the 1770s the corresponding figure had been just 14.9 %. The real difference was in fact even greater than these figures tend to suggest. The French figures presuppose that children went to school for seven years, whereas I have based my calculations on the premise (which reflects the Hungarian realities and the available sources) that children's schooling lasted just three years.

Using the method of calculation already employed in Vas county, we arrive at the following figures for the two French areas in the 1770s and 1780s: the ratio of the total local population attending primary school in Reims diocese and in Tarbes was 13.8 % and 5.4 % respectively. In Lower Austria this figure was 2.94 % and in Bohemia 2.24 %. In Vas county, however, the corresponding figure in the same period was just 1.8 % – this is equivalent to just one-eighth of the figure for the northern region of France. This difference obviously determined the opportunities for an expansion of literacy and written culture.[19]

---

18 Allgemeines Verwaltungsarchiv, Wien, Studienhofkommission, F 63. 81. ex 1781. and 85 ex 1781. B. Cf. *Ernst Bruckmüller*, Sozialgeschichte Österreichs, Münster/Wien 1985, 288.

Education in the eighteenth century was marked by a great divide between enlightened intentions and real possibilities. The realisation of the aims of enlightened absolutism – compulsory general education and the teaching of writing, reading and arithmetic to all – remained a task for implementers of policy in the nineteenth century. Although 'Projectum Budense', which served to supplement Ratio Educationis, prescribed general compulsory education in 1778, it did so in vain. Not only were teachers too few for the great task, but – if parents had taken the royal decree seriously – even classrooms in the small elementary schools were simply too small to accommodate the great numbers of school-age children. In addition to the teaching of writing, Ratio Educationis prescribed that children at the elementary schools be taught arithmetic and that several pupils study Latin, too. By the second half of the eighteenth century, illiterate teachers, who only knew how to read, had become a rarity. Still, only about one in five tutors knew any Latin, and a similarly small proportion was acquainted with arithmetic. We are right to suppose that for the duration of the remaining decades of the eighteenth century the newly established teacher training 'normal schools' were unable to make up for this gap in knowledge. It was only at the beginning of the nineteenth century that the educational reforms of enlightened absolutism began to bear fruit in the elementary schools. It would seem plausible that Joseph II's edict of toleration had a more direct effect on the development of education at the end of the eighteenth century. Under the terms of the edict, Protestants were permitted to establish their own schools everywhere, and thus, in areas inhabited by Protestants, the number of schools rose rapidly within several years.

[19] Cf. *Chartier/Julia/Compère,* L'éducation en France (n. 1), 4–44; *Mireille Laget,* Petites écoles en Languedoc au XVIIIe siècle, in: AnnHistEconSociale 26 (1971), 1398; *Willem Frijhoff/Dominique Julia,* École et société dans la France d'Ancien Régime, Paris 1975, 11–37; *François Furet/Jacques Ozouf,* Lire et écrire: l'alphabétisation des Français de Calvin à Jules Ferry, Paris 1977, vol. 1, 69–152; *Anthony La Vopa,* Prussian Schoolteachers: Profession and Office, Chapel Hill 1980; *Wolfgang Neugebauer,* Absolutistischer Staat und Schulwirklichkeit in Brandenburg-Preußen, Berlin 1985, passim.

Das niedere Schulwesen in den brandenburg-preußischen Ländern im 17. und 18. Jahrhundert – ein zwischenterritorialer Vergleich

Von Jens Bruning

I.

Schulen und Universitäten sind Veranstaltungen des Staates – mit eindeutiger Klarheit scheint das Allgemeine Landrecht für die Preußischen Staaten aus dem Jahr 1794 im ersten Paragraphen seiner Schulartikel ein jahrhundertealtes Problem zu lösen[1], nämlich die Frage nach dem Hoheitsrecht über die Schulen und Bildungseinrichtungen in Stadt und Land, die sich gerade im 18. Jahrhundert im Zeichen der Aufklärung auf die Optionen ‚veraltete geistlich-kirchliche' oder ‚moderne staatliche' Schulaufsicht zugespitzt hatte.[2] Man könnte auf ein staatliches Schulmonopol in Brandenburg-Preußen seit 1794 schließen, doch bereits der erste Abschnitt der insgesamt 53 Schulbestimmungen, der bezeichnenderweise mit dem Titel *Von Privaterziehungsanstalten* versehen ist, verrät, daß eine solche Absicht dem Allgemeinen Landrecht noch fern lag. Die Frage nach der Bedeutung von Schule und Bildung für den frühneuzeitlichen

---

[1] Textausgabe des ALR bei *Hans Hattenhauer* (Hg.), Allgemeines Landrecht für die preußischen Staaten von 1794, Frankfurt/M./Berlin 1970, die Bestimmungen zum Schulwesen 584 ff. Die folgenden §§ 3–6 regeln die Einrichtung von Privaterziehungsanstalten, damit bestand für das Preußen des 18. Jahrhunderts keine Schul-, sondern nur eine Unterrichtspflicht.

[2] Zu diesem Problemzusammenhang vgl. nach wie vor die älteren Studien von *Werner Hindahl,* Die Entwicklung der gesetzlichen Grundlagen der geistlichen Aufsicht über die öffentlichen Volksschulen in den Brandenburgisch-Preußischen Staaten vom 17. bis 19. Jahrhundert, Diss. iur. Kiel 1959; *Enno Fooken,* Die geistliche Schulaufsicht und ihre Kritiker im 18. Jahrhundert (Probleme der Erziehung, 5), Wiesbaden/Dotzheim 1967. – Am spektakulärsten prallten diese beiden Sichtweisen beim großen (gescheiterten) philanthropischen Reformversuch durch Campe, Stuve und Trapp im Herzogtum Braunschweig-Wolfenbüttel in den Jahren 1785 bis 1790 aufeinander. Siehe hierzu die Studie von *Hanno Schmitt,* Schulreform im aufgeklärten Absolutismus. Leistungen, Widersprüche und Grenzen philanthropischer Reformpraxis im Herzogtum Braunschweig-Wolfenbüttel 1785–1790 (Studien und Dokumentationen zur deutschen Bildungsgeschichte, 12), Weinheim/Basel 1979.

Staatsbildungs- und Modernisierungsprozeß ist somit sicherlich sehr zentral – wobei gerade für das niedere Schulwesen und besonders für die brandenburg-preußischen Länder in den letzten Jahren Studien erschienen sind, die eine vergleichende Betrachtung nicht nur ermöglichen, sondern geradezu herausfordern.

So thematisieren die Arbeiten von Wolfgang Neugebauer über die ‚Schulwirklichkeit' insbesondere an den Elementarschulen in der Mark Brandenburg[3], von Walter Werner über die Landschulen im seit 1648 zum Kurfürstentum Brandenburg gehörenden Fürstentum Halberstadt[4], von Sibylle Brüggemann über die Landschullehrer in dem 1744 an Preußen gekommenen Ostfriesland[5] sowie die Überlegungen des Verfassers zum Schulwesen in den seit der Mitte des 17. Jahrhunderts preußischen Westprovinzen Minden und Ravensberg[6] die Realität an den ländlichen Schulen vor allem des 18. Jahrhunderts in einzelnen Landesteilen der preußischen Monarchie und versuchen ihre Entwicklung auf der Grundlage neuerschlossener Quellen zu erfassen; die seit längerem angekündigte Arbeit von Otto Friedrichs zum niederen Schulwesen im preußischen Herzogtum Kleve – eine in Münster angefertigte Dissertation – war leider noch nicht greifbar.[7] Der Schwerpunkt dieser neueren Betrachtungen der brandenburg-preußischen Schulgeschichte liegt so in den mittleren und vor allem westlichen Landesteilen, wohingegen nur wenige, vor allem ältere Arbeiten zu den östlichen ‚Provinzen' vorliegen[8] bzw.

---

[3] *Wolfgang Neugebauer,* Absolutistischer Staat und Schulwirklichkeit in Brandenburg-Preußen (Veröffentlichungen der Historischen Kommission zu Berlin, 62), Berlin/New York 1985. – Vgl. zusammenfassend auch *ders.,* Das Bildungswesen in Preußen seit der Mitte des 17. Jahrhunderts, in: Handbuch der Preußischen Geschichte, Bd. 2, hrsg. v. Otto Büsch, Berlin/New York 1992, 605–798, sowie die einleitenden Betrachtungen in *ders.* (Hg.), Schule und Absolutismus in Preußen. Akten zum preußischen Elementarschulwesen bis 1806 (Veröffentlichungen der Historischen Kommission zu Berlin, 83), Berlin/New York 1992, 1–112.

[4] *Walter Werner,* Die Entwicklung der Landschulen im Bistum-Fürstentum Halberstadt (1564–1806), 2 Bde., Diss. phil. Halle-Wittenberg 1974.

[5] *Sibylle Brüggemann,* Landschullehrer in Ostfriesland und Harlingerland während der ersten preußischen Zeit (1744–1806) (Studien und Dokumentationen zur deutschen Bildungsgeschichte, 38), Köln/Wien 1988.

[6] *Jens Bruning,* Das pädagogische Jahrhundert in der Praxis. Schulwandel in Stadt und Land in den preußischen Westprovinzen Minden und Ravensberg 1648–1816 (Quellen und Forschungen zur Brandenburgischen und Preußischen Geschichte, 15), Berlin 1998.

[7] *Otto Friedrichs,* Das niedere Schulwesen im linksrheinischen Herzogtum Kleve 1614–1816. Zur Regionalgeschichte des Elementarschulwesens in Preußen (Schriften der Heresbach-Stiftung Kalkar, 8), Bielefeld 1999.

[8] Beispielsweise *Gerhard Düsterhaus,* Das ländliche Schulwesen im Herzogtum Preußen im 16. und 17. Jahrhundert, Diss. phil. Bonn 1975; *Hartwig Notbohm,* Das evangelische Kirchen- und Schulwesen in Ostpreußen während der Regierung Friedrichs des Großen (Studien zur Geschichte Preußens, 5), Heidelberg 1959. –

manche Projekte über eine Ankündigung offenbar nicht hinaus gelangt sind.[9] Regionale Analysen des höheren Schulwesens in Brandenburg-Preußen für das 18. Jahrhundert – gleichsam ein regionales Fundament für die nach wie vor maßstabsetzende Analyse von Karl-Ernst Jeismann über das preußische Gymnasium in Staat und Gesellschaft[10] – existieren leider nicht[11], so daß die Entwicklung der Gymnasien nur in einem kurzen, kontrastierenden Ausblick am Schluß dieser Ausführungen berücksichtigt werden kann. Zudem ist die Quellenlage dafür verantwortlich, daß der Schwerpunkt aller hier herangezogenen Spezialstudien zum Schulwesen Brandenburg-Preußens im 18. Jahrhundert bzw. sogar in der zweiten Hälfte des ‚pädagogischen' Jahrhunderts liegt, wodurch der zeitliche Rahmen dieses Beitrages klar umrissen ist. Tatsächlich waren niedere Schulen jedoch keine Erfindung des Aufklärungsjahrhunderts – ihre besondere Problematik und Wichtigkeit wurde von den Aufklärern nur als zentrales Betätigungsfeld entdeckt[12] –, so daß zumindest in einem kurzen Rückblick die Rolle von Staat und Kirche im niederen Bildungssektor bereits für das 17. Jahrhundert grob zu skizzieren sein wird.

In den folgenden Ausführungen sollen Ergebnisse zum niederen Schulwesen in der preußischen Provinz Minden-Ravensberg[13] den durch Neugebauer, Werner und Brüggemann beschriebenen Entwicklungen in der

---

Zum Schulwesen Schlesiens im 18. Jahrhundert jetzt zusammenfassend *Peter Baumgart,* Schlesien als eigenständige Provinz im altpreußischen Staat (1740–1806), in: Schlesien, hrsg. v. Norbert Conrads (Deutsche Geschichte im Osten Europas), Berlin 1994, 345–464.

9 *Gregor Harzheim,* Das Elementarschulwesen in Westpreußen und im Posener Land von 1772 bis 1806, in: Zur Bildungs- und Schulgeschichte Preußens, hrsg. v. Udo Arnold (Beiträge zur Schulgeschichte, 1 – Tagungsberichte der Historischen Kommission für Ost- und Westpreußische Landesforschung, 8), Lüneburg 1988, 77–98.

10 *Karl-Ernst Jeismann,* Das preußische Gymnasium in Staat und Gesellschaft. Die Entstehung des Gymnasiums als Schule des Staates und der Gebildeten 1787–1817 (Industrielle Welt, 15), Stuttgart 1974 u. 2., überarb. Aufl., Stuttgart 1996.

11 Für die preußische Provinz Westfalen siehe jetzt die Studie von *Ulrich G. Hermann,* Sozialgeschichte des Bildungswesens als Regionalanalyse. Die höheren Schulen Westfalens im 19. Jahrhundert (Bochumer Schriften zur Bildungsforschung, 2), Köln/Weimar/Wien 1991.

12 *Holger Böning,* Die Entdeckung des niederen Schulwesens in der deutschen Aufklärung, in: Das niedere Schulwesen im Übergang vom 18. zum 19. Jahrhundert, hrsg. v. Peter Albrecht/Ernst Hinrichs (Wolfenbütteler Studien zur Aufklärung, 20), Tübingen 1995, 75–108.

13 Zum elementaren Schulwesen in Minden-Ravensberg siehe auch *Hans Eckhard Lubrich,* Geistliche Schulaufsicht und Religionsunterricht in Minden-Ravensberg 1754–1894 (Beiträge zur Westfälischen Kirchengeschichte, 3), Bielefeld 1977; *Heiner Koop,* Das niedere Schulwesen im Altkreis Lübbecke von der Reformation bis zum Kaiserreich. Ein Beitrag zur deutschen Schulgeschichte (Schriftenreihe des Pädagogischen Museums der Universität Bielefeld, 1), Bielefeld 1988.

Mark Brandenburg, in Halberstadt und in Ostfriesland gegenübergestellt werden, um schulpolitische Gemeinsamkeiten und Unterschiede im pädagogischen Alltag dieser preußischen Landesteile zu verdeutlichen – und zwar fokussiert mittels ausgewählter Beispiele wie der Gründungsphase eines ländlichen Schulwesens, der Patronatsstruktur, den Schulordnungen, der Ausbildungs- und Berufungspraxis von Lehrern, den Schulbauverhältnissen sowie den Trägern der aufgeklärten Schulreformen im letzten Drittel des sogenannten ‚pädagogischen' 18. Jahrhunderts.[14] Anhand eines Vergleichs dieser ‚landschaftlichen Analysen' können allgemeinverbindliche Aussagen zur Existenz oder Nichtexistenz eines ‚preußischen' Elementarschulwesens und auch zur Entstehung des modernen Unterrichtswesens in Preußen getroffen werden, wodurch insbesondere die Grenzen der strukturbildenden Kräfte des preußischen Staates und des preußischen Absolutismus[15] in das engere Blickfeld der Betrachtung rücken.[16]

In der älteren schul- und bildungsgeschichtlichen Literatur wird in der Person Friedrich Wilhelms I., der ansonsten ja gern als ‚Soldatenkö-

---

[14] Erster Versuch eines Überblicks über die Entwicklung des (niederen) Schulwesens im europäischen Vergleich bei *Wolfgang Schmale/Nan L. Dodde* (Hg.), Revolution des Wissens? Europa und seine Schulen im Zeitalter der Aufklärung (1750–1825). Ein Handbuch zur europäischen Schulgeschichte, Bochum 1991. – Für einen Überblick über das deutsche Bildungswesen nach 1650 siehe *Anton Schindling,* Bildung und Wissenschaft in der Frühen Neuzeit 1650–1800 (Enzyklopädie deutscher Geschichte, 30), 2. Aufl. München 1999.

[15] Zur aktuellen Diskussion um den Absolutismus-Begriff siehe insbesondere *Nicholas Henshall,* The Myth of Absolutism. Change and Continuity in Early Modern European Monarchy, London 1992; *Ronald G. Asch/Heinz Duchhardt* (Hg.), Der Absolutismus – ein Mythos? Strukturwandel monarchischer Herrschaft in West- und Mitteleuropa (ca. 1550–1700) (Münstersche historische Forschungen, 9), Köln/Weimar/Wien 1996.

[16] Forderung nach einer solchen methodischen Vorgehensweise beispielsweise bei *Karl-Ernst Jeismann,* Preußische Bildungspolitik vom ausgehenden 18. bis zur Mitte des 19. Jahrhunderts. Thesen und Probleme, in: Zur Bildungs- und Schulgeschichte Preußens, hrsg. v. Udo Arnold (Beiträge zur Schulgeschichte, 1 – Tagungsberichte der Historischen Kommission für Ost- und Westpreußische Landesforschung, 8), Lüneburg 1988, 9–37; *ders.,* „Bildungsgeschichte" – Aspekte der Geschichte der Bildung und der historischen Bildungsforschung, in: Alteuropa – Ancien Régime – Frühe Neuzeit. Probleme und Methoden der Forschung, hrsg. v. Hans Erich Bödeker/Ernst Hinrichs (problemata, 124), Stuttgart-Bad Cannstatt 1991, 175–200; *ders.,* Bildungsbewegungen und Bildungspolitik seit der Mitte des 18. Jahrhunderts im Reich und im Deutschen Bund. Wechselwirkungen, Übereinstimmungen und Abweichungen zwischen den deutschen Staaten, in: Zur Geschichte des österreichischen Bildungswesens. Probleme und Perspektiven der Forschung, hrsg. v. Elmar Lechner/Helmut Rumpler/Herbert Zdarzil (Österreichische Akademie der Wissenschaften, Philosophisch-Historische Klasse – Sitzungsberichte, 587), Wien 1992, 401–426; *Wolfgang Neugebauer,* Zu Stand und Aufgaben moderner europäischer Bildungsgeschichte, in: ZHF 22 (1995), 225–236.

nig' oder als Preußens ‚größter innerer König' etikettiert wird, der ‚Vater der Volksschule' gesehen. Obwohl bereits eine Studie von Ferdinand Vollmer aus dem Jahr 1909 diese Charakterisierung widerlegen konnte[17], zeichnen auch noch neueste Hand- und Schulbücher das alte Bild nach und demonstrieren, wie hartnäckig sich liebgewonnene Legenden halten können. Zu fragen ist demnach, ob der Staat – und hier der brandenburg-preußische – überhaupt einen größeren oder zumindest bemerkbaren Einfluß auf die Gründung eines elementaren Schulwesens vor allem auf dem Land nehmen konnte.

So gab es beispielsweise bei dem Übergang Ostfrieslands an Preußen im Jahr 1744 in fast allen Kirchspielen des Fürstentums eine Schule – dieser Befund ist keineswegs erstaunlich, existierten doch im Fürstentum Minden unmittelbar nach dem Übergang an das Kurfürstentum Brandenburg 1650, also nahezu einhundert Jahre früher, wie auch in der Grafschaft Ravensberg ebenfalls in fast allen Kirchspieldörfern schulische Einrichtungen.[18] Aus der in diesem Jahr im Fürstentum Minden durchgeführten Visitation[19] und den nachweisbaren Ersterwähnungen einzelner Schulen läßt sich feststellen, daß die Schulen in den meisten Kirchspielorten zwischen 1560 und 1620 erstmals nachgewiesen werden können. Dieses Ergebnis deckt sich mit dem Befund für das Fürstbistum Halberstadt, wo bereits bei einer Visitation im Jahr 1589 festgestellt wurde, daß in den meisten Kirchspielen schulische Einrichtungen bestanden; und auch in den brandenburgischen Zentralgebieten existierte – wenn auch mit deutlicher Zeitverzögerung – bereits in der zweiten Hälfte des 17. Jahrhunderts ein dichteres Netz an dörflichen Schulen. Für alle betrachteten Provinzen und damit nicht nur für die Nebenlän-

---

17 *Ferdinand Vollmer*, Friedrich Wilhelm I. und die Volksschule, Göttingen 1909. Vgl. auch die ebenso bemerkenswerte Nachfolgestudie: *ders.*,„ Die preußische Volksschulpolitik unter Friedrich dem Großen (Monumenta Germaniae Paedagogica, 56), Berlin 1918. – Zur Kritik der etablierten Geschichtswissenschaft an den Thesen Vollmers vgl. z.B. *Wilhelm Stolze*, Friedrich Wilhelm I. und die Volksschule, in: HZ 107 (1911), 81–92.

18 Zur Gründung erster Elementarschulen auf dem Land und zur Dichte des Schulnetzes vgl. *Brüggemann*, Landschullehrer in Ostfriesland (Anm. 5), 19 ff. u. 345 ff.; *Bruning*, Das pädagogische Jahrhundert (Anm. 6), 126 ff., 137 ff. u. 312 ff.; *Neugebauer*, Absolutistischer Staat und Schulwirklichkeit (Anm. 3), 276 ff.; *Werner*, Landschulen in Halberstadt (Anm. 4), 11 ff. u. 28 ff.

19 Das Visitationsprotokoll ist als Abschrift aus den 1730er Jahren überliefert im Staatsarchiv Münster, Superintendentur Minden, Nr. 4. – Zur Kirchen- und Schulvisitation im Fürstentum Minden von 1650 jetzt ausführlich *Wolfgang Riechmann*, Schulen im „erbermlichen Zustand". Ein Beitrag zur Geschichte des niederen Schulwesens im Fürstentum Minden um 1650, in: Mitteilungen des Mindener Geschichtsvereins 68 (1996), 61–86. – Das Formular zur Kirchenvisitation ist abgedruckt bei *Wilhelm Erdmann* (Bearb.), Eine Visitationsordnung aus der Mitte des 17. Jahrhunderts, in: JbVWestfKG 40/41 (1939/40), 298–311.

der Brandenburg-Preußens gilt, daß der sich formierende Staat nicht der entscheidende „Urheber des ländlichen Schulnetzes in den verschiedenen Provinzen Preußens“[20] war, die Wurzeln des niederen Schulwesens demnach kein Resultat landesherrlicher Bemühungen und Maßnahmen, sondern vielmehr regionalen und örtlichen Zuschnitts waren. Die Initiative für Dorfschulgründungen lag in Minden-Ravensberg wie in Ostfriesland namentlich bei der lokalen Geistlichkeit, aber auch bei den betroffenen ‚Schulinteressenten‘; der Staat hatte für die Schulentwicklung in seinen Provinzen keinerlei Konzept aufzuweisen und hemmte den Ausbau häufig mehr, als daß er ihn förderte.[21]

Fällt der Staat damit als Schulgründer weitestgehend aus, muß bei der Betrachtung der Patronatsstruktur im schulischen Bereich auf die regional sehr verschiedenen Einflußmöglichkeiten der Landesherrschaft eingegangen werden.[22] Während in den mittleren und östlichen Landesteilen des preußischen Staates zumeist der jeweilige Gutsherr das Kirchen- und Schulpatronat ausübte (Anteil bis zu 70 %, ‚Haltmachen des Absolutismus vor dem Zaun der Gutsherrschaft‘), lagen die Verhältnisse in Minden und Ravensberg anders – hier war der preußische König bei mehr als 80 % aller Schulstellen der Patronatsherr. Trotz dieser theoretisch vorhandenen Möglichkeiten ist eine Einflußnahme des Landesherrn wenn überhaupt, dann nur sehr indirekt über seine Provinzialbehörden nachzuweisen, teilweise wurde die Besetzung von Lehrerstellen sogar bewußt den Gemeinden überlassen. Die These Wolfgang Neugebauers vom staatlichen Omnipotenzverzicht im schulischen Bereich wird damit gerade für das preußische Nebenland Minden-Ravensberg überaus deutlich bestätigt; obwohl die institutionell-rechtlichen Instrumente zur Verbesserung der Situation an den Dorfschulen durchaus vorhanden waren, wurden sie von den Zentralbehörden nicht ausgenutzt. Damit war das ländliche Schulwesen nicht in den Prozeß der modernisierenden Staatsbildung Brandenburg-Preußens einbezogen (‚selektive‘ Modernisierung), sondern stellte einen Freiraum im mehr und mehr zentralisierten preußischen Staatsaufbau dar.[23] Auch die seit 1717 durch die brandenburg-preußischen Behörden erlassenen Schuledikte und Schulordnungen[24]

---

[20] *Neugebauer,* Absolutistischer Staat und Schulwirklichkeit (Anm. 3), 301.

[21] *Brüggemann,* Landschullehrer in Ostfriesland (Anm. 5), 347 u. 352.

[22] Zur Patronatsstruktur und zur Vergabe von Lehrerstellen siehe *Brüggemann,* Landschullehrer in Ostfriesland (Anm. 5), 169 ff. u. 362 ff.; *Bruning,* Das pädagogische Jahrhundert (Anm. 6), 160 ff.; *Neugebauer,* Absolutistischer Staat und Schulwirklichkeit (Anm. 3), 134 ff.; *Werner,* Landschulen in Halberstadt (Anm. 4), 58 ff.

[23] *Neugebauer,* Absolutistischer Staat und Schulwirklichkeit (Anm. 3), 627.

[24] Zum nach wie vor deutlich überschätzten Schuledikt von 1717 siehe *Wolfgang Neugebauer,* Bemerkungen zum Preußischen Schuledikt von 1717, in: JbGMitteldtld 31 (1982), 155–176. – Allgemein zur Entwicklung der Schuledikte

können nicht als vereinheitlichendes Element angesehen werden, da beispielsweise das berühmte General-Landschulreglement von 1763 keineswegs für alle Landesteile der preußischen Monarchie Gültigkeit hatte, wie gerade das Fallbeispiel Minden-Ravensberg eindrucksvoll demonstriert – hier wurde die 1727 erstmals eingereichte und 1754 erlassene regionale Landschulordnung weiter angewendet und nur durch einige Paragraphen der darauf beruhenden 1763er Ordnung ergänzt.[25] Daß die von August Hermann Francke-Schülern ausgearbeitete und damit ganz im pietistischen Geist verfaßte Landschulordnung für Minden-Ravensberg[26] über die Scharnierstellen Johann Julius Hecker in Berlin[27] und Johann Ignaz von Felbiger in Schlesien[28] und dann in Österreich schließ-

---

und Schulgesetzgebungen im Brandenburg-Preußen des 18. Jahrhunderts die älteren Quellenwerke: *Ludwig von Rönne,* Das Unterrichts-Wesen des Preußischen Staates, 2 Bde., Berlin 1855 (Nachdruck Köln/Wien 1990, mit einer Einleitung hrsg. v. Hans Jürgen Apel), hier Bd. 1: Das Volksschul-Wesen des Preußischen Staates mit Einschluß des Privat-Unterrichts; *Johann Daniel Ferdinand Neigebaur,* Sammlung der auf den oeffentlichen Unterricht in den Königl. Preußischen Staaten sich beziehenden Gesetze und Verordnungen, Hamm 1826 (Nachdruck Köln/Wien 1988, mit einer Einleitung hrsg. v. Wolfgang Neugebauer). – Überblick zur preußischen Schulgesetzgebung im 18. Jahrhundert bei *Albrecht Mors,* Die Entwicklung der Schulpflicht in Deutschland, Diss. iur. Tübingen 1986, 151 ff.

25 Entwurf der Landschulordnung von Minden-Ravensberg von 1727 abgedruckt bei *Vollmer,* Preußische Volksschulpolitik (Anm. 17), 304 ff. – Die Landschulordnung für Minden und Ravensberg von 1754 am leichtesten greifbar bei *Reinhold Vormbaum* (Hg.), Evangelische Schulordnungen, Bd. 3, Gütersloh 1864, 525 ff. – Zur Genese und Einschätzung der preußischen Schulreglements siehe *Neugebauer,* Absolutistischer Staat und Schulwirklichkeit (Anm. 3), 168 ff.; *Bruning,* Das pädagogische Jahrhundert (Anm. 6), 142 ff.

26 Welche Mitglieder des Konsistoriums in Minden für den Entwurf verantwortlich waren, konnte nicht eindeutig geklärt werden. Es kann jedoch als recht sicher angesehen werden, daß der Mindener Superintendent Johann Heinrich Kahmann (1676–1735, ab 1720 Superintendent) und der Ravensberger Superintendent Bernhard Georg Dreckmann (1686–1730, ab 1726 Superintendent), die beide vom halleschen Pietismus geprägt waren und engen Briefkontakt mit Francke pflegten, maßgeblich an der Ausarbeitung dieser Schulordnung beteiligt waren. Vgl. *Christian Peters,* Pietismus in Westfalen, in: Der Pietismus im achtzehnten Jahrhundert, hrsg. v. Martin Brecht/Klaus Deppermann (Geschichte des Pietismus, 2), Göttingen 1995, 358–371, hier 359.

27 Zu Hecker siehe insbesondere die Arbeiten von *Hugo Gotthard Bloth,* Johann Julius Hecker (1707–1768). Seine ‚Universalschule' und seine Stellung zum Pietismus und Absolutismus, in: Jahrbuch für Westfälische Kirchengeschichte 61 (1968), 63–129; *ders.,* Johann Julius Hecker, in: Westfälische Lebensbilder 10 (1970), 58–75; *ders.,* Johann Julius Heckers letzte Reise nach Westfalen 1766. Paradigma zu einem besseren Epochenverständnis der Schulgeschichte, in: JbVWestfKG 74 (1981), 79–96.

28 *Peter Baumgart,* Johann Ignaz von Felbiger (1724–1788). Ein schlesischer Schulreformer der Aufklärung zwischen Preußen und Österreich, in: Jahrbuch der schlesischen Friedrich-Wilhelms-Universität zu Breslau 31 (1990), 121–140.

lich sogar eine Vorbildfunktion für die im letzten Viertel des 18. Jahrhunderts erlassenen Schulordnungen der meisten katholischen Territorien des Alten Reiches hatte, soll weiter unten beim Vergleich der preußischen und österreichischen Reformbemühungen im Bildungswesen thematisiert werden.

Sowohl in Minden-Ravensberg als auch in Halberstadt ist eine positive Entwicklung im Bereich der Lehrerstellenbesetzung seit dem zweiten Drittel des 18. Jahrhunderts erkennbar, wobei es das Konsistorium und die Superintendenten waren, die eine weitgehend durchdachte und zweckmäßige Berufungspraxis durchsetzten und gerade nach der Gründung eines Seminars in Minden für die planmäßige Beförderung seminaristisch ausgebildeter Lehrer auf gut dotierte Schulstellen sorgten. Auch in diesem Punkt waren somit die alten provinzialen Einrichtungen und nunmehrigen Mittelbehörden des preußischen Staates (Regierung mit angeschlossenem Konsistorium) für konkrete Verbesserungen an der schulischen Basis verantwortlich und nicht etwa die Vorstellungen und Anweisungen der Zentralbehörden in Berlin; selbst das 1787 als erste schulische Zentralbehörde gegründete Oberschulkollegium in Berlin zog sich nach einigen Jahren vergeblichen Bemühens wieder vollständig aus der Besetzung von Landschullehrerstellen zurück.[29] In diesem Zusammenhang muß die selbst in der neuesten Literatur noch anzutreffende Legende von dem angeblich weit verbreiteten Einsatz preußischer Militärinvaliden als Schulmeister auf obrigkeitliche Anordnung hin erwähnt werden.[30] Nach einem Befehl König Friedrichs II. vom Juli 1779 zur Einstellung von invaliden Soldaten bei Schulstellen königlichen Patronats befand das Oberkonsistorium in Berlin allerdings nur 79 von 4258 Invaliden für diensttauglich. In Relation zu der großen Anzahl an Schulmeisterstellen in der preußischen Monarchie zeigt diese Zahl die absolute Bedeutungslosigkeit der geschilderten Maßnahme. Das Interesse des Königs an der Altersversorgung der Militärinvaliden konnte sich gegenüber den geistlichen Kollegien letztlich nicht durchsetzen – unter Friedrich Wilhelm II. wurde der Befehl schließlich ganz zurückgenommen.

---

[29] Zur Rolle und Bedeutung des Oberschulkollegiums siehe insbesondere *Manfred Heinemann,* Schule im Vorfeld der Verwaltung. Die Entwicklung der preußischen Unterrichtsverwaltung von 1771–1800 (Studien zum Wandel von Gesellschaft und Bildung im Neunzehnten Jahrhundert, 8), Göttingen 1974, sowie den aktuellen Forschungsstand präsentierend *Peter Mainka,* Karl Abraham von Zedlitz und Leipe (1731–1793). Ein schlesischer Adliger in Diensten Friedrichs II. und Friedrich Wilhelms II. von Preußen (Quellen und Forschungen zur Brandenburgischen und Preußischen Geschichte, 8), Berlin 1995, 516 ff.

[30] Zur Richtigstellung dieses Topos siehe *Walter Hubatsch,* Friedrich der Große und die preußische Verwaltung (Studien zur Geschichte Preußens, 18), 2. Aufl. Köln/Berlin 1982, 206 f.; *Neugebauer,* Absolutistischer Staat und Schulwirklichkeit (Anm. 3), 352 ff.

Zwar lassen sich in Minden-Ravensberg durchaus invalide Personen als Schulhalter nachweisen – nach den statistischen Erhebungen des Jahres 1798 gab es bei insgesamt 100 aufgeführten Schulstellen 9 Fälle[31] –, allerdings waren diese nicht durch königlichen Befehl eingesetzt worden. Vielmehr hatten die Schulinteressenten einer Bauerschaft den Invaliden diese Stellung angeboten, um ihnen ein zusätzliches Einkommen zu sichern, da sie ja nicht viele Betätigungen ausüben konnten. Diese Art der Schulstellenvergabe ist damit keine Besonderheit, sondern entspricht der allgemeinen Vorgehensweise bei Nebenschulen. Invalidenversorgung durch die ländliche Bevölkerung in Eigenregie und das Beharrungsvermögen der älteren geistlichen Institutionen anstelle von Edikten der neuen zentralstaatlichen Behörden, die in der Realität hätten wirkungsmächtig werden können, sind demnach die eigentlich bemerkenswerten Ergebnisse dieser fehlgeschlagenen königlichen Anordnung.

Als wichtigste Ausbildungsform des zukünftigen Lehrers lassen sich allgemein die Unterrichtung durch den schulehaltenden Vater oder durch einen Schulmeister oder Prediger nennen. Erst im letzten Drittel des 18. Jahrhunderts ging man mit der Gründung von Lehrerseminaren neue Wege in der Lehrerausbildung[32], wobei die Bedeutung dieser Seminare für die Ausbildung der Schulmeister vor allem in qualitativer Hinsicht nicht überschätzt werden darf – insgesamt wurde der seit langem übliche Ausbildungsweg der Landschullehrer im, aber nicht durch den preußischen Staat nur ansatzweise verändert und verbessert.[33] In Ostfriesland kam es trotz zahlreicher Bemühungen bereits seit der fürstlichen Zeit nicht zur Gründung eines Lehrerseminars, auch weil Friedrich II. sich

---

31 *Jürgen Kloosterhuis* (Bearb.), Bauern, Bürger und Soldaten. Quellen zur Sozialisation des Militärsystems im preußischen Westfalen 1713–1803, 2 Bde. (Veröffentlichungen der staatlichen Archive des Landes Nordrhein-Westfalen, Reihe C: Quellen und Forschungen aus den staatlichen Archiven, 29 u. 30), Münster 1992, Quelle 381, 508 f.

32 Zur Gründung von Lehrerseminaren in den einzelnen Landesteilen Brandenburg-Preußens vgl. *Brüggemann,* Landschullehrer in Ostfriesland (Anm. 5), 374; *Bruning,* Das pädagogische Jahrhundert (Anm. 6), 242 ff. u. 321 f.; *Neugebauer,* Absolutistischer Staat und Schulwirklichkeit (Anm. 3), 396 ff.; *Werner,* Landschulen in Halberstadt (Anm. 4), 111 ff. u. 117 ff. – Allgemein zum preußischen Seminarwesen *Gunnar Thiele,* Geschichte der preußischen Lehrerseminare, Erster Teil (mehr nicht erschienen): Allgemeine Voraussetzungen zur Geschichte der Preußischen Lehrerseminare (Monumenta Germaniae Paedagogica, 62), Berlin 1938; *Michael Sauer,* Volksschullehrerbildung in Preußen. Die Seminare und Präparandenanstalten vom 18. Jahrhundert bis zur Weimarer Republik (Studien und Dokumentationen zur deutschen Bildungsgeschichte, 37), Köln/Wien 1987.

33 Generell zur sich langsam bessernden Stellung der Lehrer an den niederen Schulen *Herbert Deppisch/Walter Meisinger,* Vom Stand zum Amt. Der materielle und soziale Emanzipationsprozeß der Elementarlehrer in Preußen, Wiesbaden 1992.

weigerte, einen für diesen Zweck erbetenen Fond zur Verfügung zu stellen. In Minden-Ravensberg wurde aufgrund der Vorschläge des Mindener Schulreformers Mauritii und der privaten Initiative des Mindener Superintendenten Venator sowie weiterer Geistlicher in den 1770er Jahren ein Seminar in Minden gegründet; auch die Errichtung einer Tochteranstalt in Petershagen 1792 ging auf die Initiative eines Superintendenten zurück.[34] In Halberstadt gründete der Konsistorialrat Struensee 1773 auf eigene Kosten eine Ausbildungsstätte für künftige Landschullehrer, die 1778 schließlich wie in Minden umgestaltet und als offizielles Seminar eröffnet wurde. Ausschlaggebend für die Verbesserungen in der schulischen Praxis waren damit nicht die Anstöße staatlicher Stellen; es zeigen sich vielmehr weitere Merkmale eines einsetzenden „Schulwandels von unten“[35], oder um den Sachverhalt exakter zu beschreiben, ein auf regionalen und lokalen Aktivitäten basierender Wandel.

Ein besonders großes Problem bei der Entwicklung des niederen Schulwesens ist – mit gewissen Abstufungen zwischen den einzelnen Landesteilen – generell in den vollkommen unzureichenden Schulbauverhältnissen zu sehen.[36] Erst in den letzten beiden Jahrzehnten des 18. Jahrhunderts kam es im Fürstentum Minden und in der Grafschaft Ravensberg aufgrund der anspringenden Baukonjunktur auf dem Land zu einer verstärkten Bautätigkeit gerade auch für die Nebenschulen, die sicherlich mit dem Begriff ‚Schulbauboom‘ gekennzeichnet werden darf. Angeregt und ausgeführt wurden diese Schulbauten von den jeweiligen Gemeinden, unter denen es sogar zu Konkurrenzsituationen bei dem forcierten Bau von Schulhäusern kam. Die staatlichen Instanzen – in Schulbaufragen wurden Regierung und Konsistorium von der Kriegs- und Domänenkammer in Minden beratend unterstützt – finanzierten zwar nicht

---

[34] Zu den Seminargründungen in Minden-Ravensberg mit Schwerpunkt auf dem Seminar in Petershagen vgl. insbesondere die quellennahe Darstellung von *Friedrich Vormbaum,* Das königliche evangelische Schullehrer-Seminarium zu Petershagen in Westphalen. Bericht über das fünf und zwanzigjährige Bestehen der Anstalt am 6. April 1856, Gütersloh 1856; weiterhin *Karl Großmann* (Hg.), Das Lehrerseminar zu Petershagen 1831–1925. Festschrift zur Jahrhundertfeier 1931, Petershagen 1931.

[35] *Neugebauer,* Absolutistischer Staat und Schulwirklichkeit (Anm. 3), 421 ff.

[36] Zu den Schulbauverhältnissen in den einzelnen Landesteilen der preußischen Monarchie siehe *Brüggemann,* Landschullehrer in Ostfriesland (Anm. 5), 143 ff. u. 357 ff.; *Bruning,* Das pädagogische Jahrhundert (Anm. 6), 275 ff. u. 323; *Neugebauer,* Absolutistischer Staat und Schulwirklichkeit (Anm. 3), 496; *Werner,* Landschulen in Halberstadt (Anm. 4), 182 ff. – Vgl. zum Thema allgemein *Rudolf Schmidt,* Volksschule und Volksschulbau von den Anfängen des niederen Schulwesens bis in die Gegenwart, Diss. phil. Mainz 1961; *Hermann Lange,* Schulbau und Schulverfassung der frühen Neuzeit. Zur Entstehung und Problematik des modernen Schulwesens (Pädagogische Studien, 12), Weinheim/Berlin 1967.

den Schulausbau, schufen aber günstige Rahmenbedingungen und regten die Bauten an oder regelten den Bauverlauf; dieses Vorgehen deckt sich mit der von Brüggemann für Ostfriesland festgestellten positiven Einflußnahme obrigkeitlicher Behörden.[37]

Verantwortlich für die konkrete Einführung der pädagogischen Ideen der Aufklärung in einzelnen Landgemeinden und Bauerschaften gerade in Minden-Ravensberg und Halberstadt sowie für die Gründung von Seminaren und Lehrerfortbildungsinstituten waren die niedere lokale Geistlichkeit und die Superintendenten dieser beiden Territorien, die seit dem Ende der 1760er Jahre nachhaltigen Einfluß auf die Entwicklung des Schulwesens ausübten und vielerlei aufklärerische Reformvorstellungen umsetzen konnten. Ist in Minden-Ravensberg wie in Halberstadt also der Wandel der schulischen Strukturen seit dem Ende des Siebenjährigen Krieges das bestimmende Moment, ging Wolfgang Neugebauer in seiner Dissertation über das Elementarschulwesen in der Mark Brandenburg noch von der Beharrungskraft überkommener Phänomene und Strukturen aus; dieses Ergebnis hat er jedoch in nachfolgenden Veröffentlichungen relativiert und ebenfalls Beispiele für zahlreiche lokale Schulreformen in den mittleren preußischen Landesteilen vorgestellt und diskutiert.[38] Der ‚Omnipotenzverzicht' des preußischen Absolutismus zugunsten der älteren geistlichen Landeskollegien und lokaler Gewalten im schulischen Bereich wird gerade in Minden-Ravensberg besonders deutlich – der Zugriff des Staates war hier nur rudimentär ausgeprägt und blieb hinter den dominierenden Bereichen wie Militär, Justiz und Finanzen, in denen der preußische Staat seinen westfälischen Landesteil während der Regierungszeit Friedrich Wilhelms I. funktionsfähig gemacht hatte, überdeutlich zurück.[39] Der preußische Staat begnügte sich im schulischen Bereich offenbar lediglich mit einem Souveränitätsanspruch, während er seine Herrschaft in den angesprochenen Bereichen weitgehend durchsetzte. Das Schulwesen und die Schulverwaltung hatte die Berliner Zentrale nicht dem modernen Zweig der Staatsverwaltung – namentlich dem Generaldirektorium und den Kriegs- und Domänenkammern – angegliedert, so daß die Regierungen der einzelnen Territorien und die dieser Behörde angeschlossenen Konsistorien nahezu autonom

---

[37] *Brüggemann,* Landschullehrer in Ostfriesland (Anm. 5), 358 ff.

[38] *Wolfgang Neugebauer,* Bildungsreformen vor Wilhelm von Humboldt. Am Beispiel der Mark Brandenburg, in: JbBrandenbLdG 41 (1990), 226–249; *ders.,* Die Schulreform des Junkers Marwitz. Reformbestrebungen im brandenburg-preußischen Landadel vor 1806, in: Das niedere Schulwesen im Übergang vom 18. zum 19. Jahrhundert, hrsg. v. Peter Albrecht/Ernst Hinrichs (Wolfenbütteler Studien zur Aufklärung, 20), Tübingen 1995, 259–288.

[39] Überblick bei *Wolfgang Neugebauer,* Die Hohenzollern, Bd. 1: Anfänge, Landesstaat und monarchische Autokratie bis 1740, Stuttgart/Berlin/Köln 1996.

mit wenigen allgemeinen Rahmenvorgaben über die Entwicklung der Schulen entscheiden konnten. Der Freiraum, den die brandenburg-preußischen Zentralbehörden dem niederen Schulwesen gerade, aber keineswegs ausschließlich in den westlichen Landesteilen auch noch um 1800 ließen, führte nicht etwa zu einer Stagnation, sondern ganz im Gegenteil füllten die geistlichen Konsistorialräte und Superintendenten sowie zahlreiche Ortsprediger diesen nicht besetzten Raum subsidiär aus und sorgten für eine große Dynamik und einen raschen Wandel im ländlichen Elementarschulwesen Minden-Ravensbergs seit dem letzten Drittel des 18. Jahrhunderts.[40]

Der preußische Staat hatte auf die institutionalisierten niederen Bildungseinrichtungen keinen unmittelbaren Einfluß, allerdings waren die Superintendenten in ihrer Stellung als Konsistorialräte auch Beamte des Staates, so daß Zentrale und regionales Schulwesen zumindest mittelbar miteinander verbunden waren. Diese Tatsache darf jedoch nicht darüber hinwegtäuschen, daß die Superintendenten vor allem als Organe des traditionalen territorialen Kirchen- und Schulregiments betrachtet werden müssen und in erster Linie den alten (territorialen) Traditionen verpflichtet blieben – koordinierende oder gar ausführende Organe staatlicher Reformbemühungen waren sie im Alten Preußen eindeutig nicht. Zudem muß berücksichtigt werden, daß die angedeutete Aufgabenverteilung in direkter Kontinuität zur Ausformungsperiode des ländlichen Elementarschulwesens im späten 16. und 17. Jahrhundert stand, daß uns hier also schul- und bildungsgeschichtliche Phänomene langer Dauer begegnen.[41] Wenn auch einzelne Hinweise auf Dorfschulen bereits vor der Reformation hindeuten[42], ist als eigentliche Gründungsphase – wie erwähnt – doch der Zeitraum zwischen 1560 und 1620 anzusehen. Sowohl im Fürstentum Minden als auch in der Grafschaft Ravensberg gab es in dieser Epoche jedoch nur eine ausgesprochen schwach ausgeprägte Landesherrschaft, wobei durch das Fehlen einer landesherrlichen Reformation die Konfessionalisierung und der Aufbau der Kirche von unten be-

---

[40] Hierzu ausführlich *Bruning,* Das pädagogische Jahrhundert (Anm. 6), 242 ff. (Seminare, Lehrerkonferenzen, Lesegesellschaften), 265 ff. (Einführung neuer Unterrichtsinhalte und -methoden), 275 ff. (Schulbesuch, Schulbauten).

[41] Begriffsprägung durch *Fernand Braudel,* Die Lange Dauer (La Longue Durée, 1958), in: Theorieprobleme der Geschichtswissenschaft, hrsg. v. Theodor Schieder/ Kurt Gräubig (Wege der Forschung, 378), Darmstadt 1977, 164–204.

[42] Bezüglich der Grafschaft Ravensberg beispielsweise angedeutet im Protokoll der Kirchenvisitation aus dem Jahr 1533, wo zwar explizit keine Schulen erwähnt sind, für einige Orte jedoch ausdrücklich das Nichtvorhandensein von Schulen vermerkt wird. Archivalische Überlieferung des Kirchenvisitationsprotokolls in: Hauptstaatsarchiv Düsseldorf, Bestand Jülich-Berg II, Nr. 239. – Das Protokoll ist ediert bei *Adolf Schmidt* (Bearb.), Protokoll der kirchlichen Visitation der Grafschaft Ravensberg vom Jahre 1533, in: JbVWestfKG 6 (1904), 135–169.

günstigt wurde. Es handelte sich aufgrund des Fehlens eines vom Landesherrn eingesetzten Reformators, einer konsequent durchgeführten Kirchenvisitation und einer eigenen bzw. einheitlichen Kirchenordnung um eine Reformation einzelner Kirchspiele, um einen Wechsel der jeweiligen Pfarrer zum neuen Glauben, um eine Reformation in Minden und Ravensberg, nicht um eine Reformation der beiden Territorien.[43] Da sich somit bedeutendere Einflüsse der jeweiligen Landesherren bei der Durchsetzung der Reformation nicht nachweisen lassen, fallen diese ebenso als Gründer des ländlichen Schulwesens aus – die Dorfschulen entstanden ohne landesherrlich-obrigkeitliche Einwirkungen. Die Anstöße zur Gründung von ländlichen Elementarschulen kamen in erster Linie von lokalen Kräften auf Kirchspielebene – vor allem von der örtlichen Geistlichkeit, die aufgrund ihrer eigenen schulischen Ausbildung in den städtischen, nunmehr evangelischen Lateinschulen die dort empfangenen Impulse in den ländlichen Bereich überführte und für die Ausbreitung und die Festigung der neuen Lehre in der dörflichen Bevölkerung sorgte. Die Tatsache, daß auch in den vergleichsweise stärker von einer Landesherrschaft durchdrungenen Landesteilen der preußischen Monarchie keine früheren Ersterwähnungen von Dorfschulen nachzuweisen sind, unterstützt die These einer von landesherrlichem Einwirken nahezu unberührten Gründungsphase des Landschulwesens sicherlich noch einmal nachhaltig. Die somit im 16. Jahrhundert begründete Affinität zwischen regionalen bzw. lokalen Kirchenvertretern und dem elementaren Schulwesen zeigt sich auch im 17. Jahrhundert. Die erwähnte Kirchenvisitation im Fürstentum Minden im Jahr 1650 wird keineswegs durch die neuen brandenburgischen Landesherren, sondern durch den aus dem Territorium stammenden Pfarrer Julius Schmidt angeregt und durchgeführt – im nahezu zeitgleich endgültig an Kurbrandenburg gekommenen Ravensberg findet eine solche große Visitation bezeichnenderweise nicht statt, und erst nahezu 140 Jahre später (!) versucht der preußische Staat nach der Gründung des Oberschulkollegiums wieder einen ähnlich dichten und aussagekräftigen Überblick über das Schulwesen in seinen einzelnen Landesteilen zu erlangen.[44]

---

[43] *Alois Schröer,* Die Reformation in Westfalen. Der Glaubenskampf einer Landschaft, 2 Bde., Münster 1979/83, hier Bd. 1, 271 ff., 315 ff.; *Robert Stupperich,* Westfälische Reformationsgeschichte. Historischer Überblick und theologische Einordnung (Beiträge zur Westfälischen Kirchengeschichte, 9), Bielefeld 1993; *Heribert Smolinsky,* Jülich-Kleve-Berg, in: Die Territorien des Reichs im Zeitalter der Reformation und Konfessionalisierung. Land und Konfession 1500–1650, hrsg. v. Anton Schindling/Walter Ziegler, Bd. 3: Der Nordwesten (Katholisches Leben und Kirchenreform im Zeitalter der Glaubensspaltung, 51), Münster 1991, 86–106; *Hans Nordsiek,* Glaube und Politik. Beiträge zur Geschichte der Reformation im Fürstbistum Minden (Mindener Beiträge, 22), Minden 1985.

Wenn sich auch der preußische Absolutismus des 18. Jahrhunderts aufgrund der engen, traditionalen Bindung von Kirche und niederem Bildungswesen nur rudimentär mit Fragen des Schulwesens gerade in seinen Landesteilen beschäftigte, so ermöglichte er dadurch doch den modernisierenden Kräften in den einzelnen Territorien weitgehend freie Entscheidungen und stellte einen regionalen und lokalen Verwaltungs- und Aufsichtsapparat zur Verfügung, der den begonnenen Reformaktivitäten förderlich war und von den geistlichen Bildungsreformern genutzt wurde. Zusätzlich hilfreich und unterstützend wirkte ein vor allem unter den Ministern Zedlitz und Massow nachweisbares Reformklima im Bildungs- und Schulwesen, das trotz der sich nur auf wenige Prestigeprojekte konzentrierten Aktivitäten der Zentrale in den mittleren Landesteilen der Monarchie durchaus Impulse für die regional und lokal organisierten Schulreformen in den Provinzen brachte. So muß in jedem Fall bei der Frage nach dem Einfluß staatlicher Herrschaft auf die reale Entwicklung einzelner Schulen stärker zwischen den geringen Aktivitäten der Zentralbehörden in Berlin und den zahlreichen Bemühungen der Mittelbehörden und ihrer Amtsträger in den verschiedenen Landesteilen der Monarchie unterschieden werden, wie gerade die Beispiele Minden-Ravensberg und Halberstadt veranschaulichen.

Hinsichtlich der Entwicklung des niederen Schulwesens in Minden-Ravensberg wird insbesondere die entscheidende Diskrepanz zwischen dem staatlich-absolutistischen Herrschaftsanspruch und Disziplinierungswillen und der realen Durchsetzung in der Wirklichkeit deutlich – demgegenüber lassen sich jedoch gerade im territorialen Rahmen Merkmale einer Sozialdisziplinierung aus regionalem oder gar aus lokalem Impuls heraus erkennen.[45] So blieb die Dominanz der dezentralen lokalen Kräfte ungebrochen, und dies wurde sogar durch das landesherrliche Schulregiment akzeptiert. Der Anspruch auf die ungeteilte Kontrolle über das Schulwesen wurde zwar vom preußischen Staat im 18. Jahrhundert zunehmend formuliert – so exemplarisch im Allgemeinen Landrecht –, aber letztlich nicht durchgeführt; einige wenige Pläne und Richtlinien wurden durch die landesherrlichen Behörden vorgegeben, das Geld, das zur Durchführung dieser Maßnahmen erforderlich gewesen wäre, aber verweigert.

---

[44] Ausführlich hierzu *Bruning,* Das pädagogische Jahrhundert (Anm. 6), 41 ff., 125 ff.

[45] Zum Konzept der Sozialdisziplinierung v. a. *Gerhard Oestreich,* Strukturprobleme des europäischen Absolutismus, in: Geist und Gestalt des frühmodernen Staates. Ausgewählte Aufsätze, Berlin 1969, 179–197, insbesondere 187 ff. Ergänzend *Winfried Schulze,* Gerhard Oestreichs Begriff „Sozialdisziplinierung in der Frühen Neuzeit“, in: ZHF 14 (1987), 265–302.

Gerade in einem Nebenland des preußischen Staates läßt sich die von Gerhard Oestreich geprägte Formel vom ‚Nichtabsolutistischen im Absolutismus' besonders deutlich erkennen, der preußische Absolutismus reichte eben nicht unmittelbar bis in die einzelne Dorfschule herab. Erziehung und Schule im Preußen des 18. Jahrhunderts war nicht die Sache des Staates oder seines modernen Verwaltungszweiges, sondern der Kirche und ihrer Amtsträger, der Gemeinde und der Schulinteressenten – der Staat war eindeutig nicht der Schulherr, er behinderte häufig regionale und lokale Reformaktivitäten eher, als daß er sie förderte und unterstützte. Ein Seitenblick auf die in diesem Punkt anders gearteten Verhältnisse in den katholischen Territorien des Alten Reiches – hier am Beispiel der zweiten deutschen Großmacht Österreich – zeigt hingegen, daß die preußische Entwicklung keineswegs prototypisch für das Verhältnis von Staat und Schule im 18. Jahrhundert war.[46] Nachdem erste Reformbemühungen Maria Theresias zur Verbesserung des elementaren Schulwesens um 1770 ins Stocken geraten waren und die Auflösung des Jesuitenordens 1773 eine Neugestaltung des Bildungssektors unumgänglich gemacht hatte, gewann die Monarchin 1774 mit Johann Ignaz von Felbiger einen Schulreformer, der entscheidenden Einfluß auf die Gestaltung des niederen Landschulwesens nicht nur in Österreich, sondern auch in zahlreichen anderen deutschen Territorien ausüben sollte. Felbiger, der seit 1758 Abt des Stiftes Sagan in Schlesien war, wurde nach dem Ende des Siebenjährigen Krieges von Friedrich II. beauftragt, eine Schulordnung für die katholischen Schulen Preußisch-Schlesiens zu verfassen, die schließlich am 3. November 1765 erlassen wurde. Unmittelbares Vorbild für dieses Schulreglement waren die Ideen und Tätigkeiten der norddeutsch-protestantisch-pietistischen Schulreformer Johann Friedrich Hähn und vor allem Johann Julius Hecker in Berlin, den Felbiger auch persönlich aufgesucht hatte und der 1763 am Zustandekommen des General-Landschulreglements für die lutherischen Landschulen Brandenburg-Preußens maßgeblich beteiligt war. So beruhen viele der insgesamt 73 Paragraphen der Felbigerschen Schulordnung direkt auf den Bestimmungen des preußischen Landschulreglements von 1763,

[46] Für einen solchen Vergleich zwischen Österreich und Brandenburg-Preußen siehe *James Van Horn Melton,* Absolutism and the eighteenth-century origins of compulsory schooling in Prussia and Austria, Cambridge, Mass. 1988; *Wolfgang Neugebauer,* Staatswirksamkeit in Österreich und Preußen im 18. Jahrhundert. Problemskizze am Beispiel des niederen Bildungswesens, in: Bildung, Staat, Gesellschaft im 19. Jahrhundert. Mobilisierung und Disziplinierung (Nassauer Gespräche der Freiherr-vom-Stein-Gesellschaft, 2), Stuttgart 1989, 103–115. – Generell zum österreichischen Schul- und Bildungswesen *Helmut Engelbrecht,* Geschichte des österreichischen Bildungswesens. Erziehung und Unterricht auf dem Boden Österreichs, 5 Bde. (hier Bd. 3: Von der frühen Aufklärung bis zum Vormärz), Wien 1982–1988.

wenn auch die einzelnen Unterrichtsanweisungen (für die sogenannte Sagansche oder Normal-Lehrart) ausführlicher als in dem lutherischen Pendant dargelegt wurden. Wesentliche Elemente seiner schlesischen Schulordnung von 1765 – vor allem die verbesserte Ausbildung der Lehrer in den Normalschulen – nahm Felbiger nach seinem Ruf an den Wiener Hof auch in die Allgemeine Schulordnung für sämtliche kaiserliche und königliche Erbländer vom Dezember 1774 auf, die wiederum Vorbild für die in den folgenden Jahren erlassenen Schulordnungen der meisten katholischen Reichsterritorien war (u. a. Würzburg, Mainz, Trier, Münster). So beruhte die Schulgesetzgebung vieler deutscher Territorien am Ende des 18. Jahrhunderts auf dem protestantischen preußischen Landschulreglement von 1763, das seinerseits auf der pietistisch geprägten Landschulordnung für Minden-Ravensberg von 1727 bzw. 1754 fußte. Dieses Ergebnis verdeutlicht besonders eindrucksvoll die überkonfessionelle Ausrichtung der Aufklärung und die vereinheitlichend überkonfessionelle Rezeption ihrer pädagogischen Ideen[47], wobei allerdings die katholischen Aufklärer und Bildungsreformer hauptsächlich auf die Konzepte der protestantischen Pädagogen – im Falle Heckers und des General-Landschulreglements sogar auf pietistische Bildungsvorstellungen – zurückgriffen und nicht umgekehrt. Tatsächlich ist in der Folge aber auch an evangelisch-lutherischen Elementarschulen das Schulehalten mit Konzepten katholischer Pädagogen ausgestaltet worden, wie beispielsweise an der Schule in Enger in der Grafschaft Ravensberg, wo zu Beginn des 19. Jahrhunderts neben den Junkerschen Handbüchern vor allem die Unterrichtsanweisungen des Münsterschen Bildungsreformers und Normal-Lehrers Bernard Overbergs, die sogenannten Overbergschen Anweisungen, als Leitfaden für die Unterrichtsplanung herangezogen wurden.[48] Im Gegensatz zu den evangelischen Territorien des Alten Reiches, in denen die schulreformerischen Impulse durch die Landesherren

[47] „Es gab hierin keinen Unterschied zwischen den katholischen und protestantischen Territorien des nordwestdeutschen Raumes. Man wird lange suchen müssen, um in der späteren deutschen Schulgeschichte einen vergleichbaren Konsens pädagogischer Grundauffassungen über alle politischen und konfessionellen Schranken hinweg feststellen zu können", so Hubert Steinhaus bei der Analyse der aufgeklärten Schulreformpolitik im Fürstbistum Münster unter Overberg. *Hubert Steinhaus,* Das Elementarschulwesen im Amt Meppen (Niederstift Münster) zwischen 1770 und 1812, in: Das niedere Schulwesen im Übergang vom 18. zum 19. Jahrhundert, hrsg. v. Peter Albrecht/Ernst Hinrichs (Wolfenbütteler Studien zur Aufklärung, 20), Tübingen 1995, 217–238, hier 221.

[48] Staatsarchiv Münster, Königreich Westfalen C 1, Nr. 100. – Zu den Overbergschen Anweisungen siehe insbesondere *Hubert Steinhaus,* Bernard Overbergs ‚Anweisung zum zweckmäßigen Schulunterricht für die Schullehrer' (1793). Die Rezeption der Aufklärungspädagogik im Fürstbistum Münster, in: Westfälische Zeitschrift 137 (1987), 89–126.

kaum unterstützt wurden, findet sich gerade aber bei Maria Theresia der entschlossene Wille, die durch das Schulgesetz von 1774 begonnene Erneuerung und Vereinheitlichung des Landschulwesens in der Habsburgermonarchie tatsächlich auch in die Praxis umzusetzen. Die Schulreformpläne in der habsburgischen Monarchie beruhten auf einer weitaus besseren finanziellen Grundlage und waren daher aufgrund der Initiative des Staates und der Staatsführung insgesamt erfolgreicher und nachhaltiger.[49] In Österreich gelang es, nicht nur Normen zu proklamieren, sondern sie auch wirkungsmächtig werden zu lassen – gerade auch weil die Schulangelegenheiten in die moderne landesherrliche Verwaltung mit einbezogen wurden, in Preußen die Schulverwaltung jedoch im Tätigkeitsbereich der überkommenen geistlichen Instanzen verblieb. Während in Brandenburg-Preußen seit der Mitte des 17. Jahrhunderts die Modernisierung auf einige wichtige Tätigkeitsfelder (Militär und Finanzen) beschränkt blieb, gehörten in der habsburgischen Monarchie Kirche und Schule traditionell zu den wichtigsten Gebieten der Staatsbildung – nach der 1770 geäußerten Einschätzung Maria Theresias war das Schulwesen *allzeit ein Politikum.* So läßt sich diese Schwerpunktsetzung vor allem in der finanziellen Förderung des Elementarschulwesens erkennen: Wendete Österreich am Ende des 18. Jahrhunderts jährlich ungefähr 700.000 Gulden für die niederen Schulen auf, betrug der Etat der preußischen Oberschulkasse im Jahr 1804/05 mit lediglich 20.000 Reichstalern weniger als ein Zehntel des in Österreich zur Verfügung gestellten Volumens, doch gingen auch von dieser geringen Summe noch Teile für das Kollegium selbst und für die Universitäten ab. Am Beispiel der österreichischen Bildungsreformen zeigt sich also, daß ein ‚absolutistischer' Staat des 18. Jahrhunderts durchaus prägend in die schulischen Strukturen eingreifen und deutliche Verbesserungen herbeiführen konnte. In Preußen wollte der Staat diesen Einfluß allerdings nur in sehr beschränktem Umfang bei einigen Vorzeigeprojekten im höheren und gelehrten Schulwesen ausüben – die bewußte Zurückhaltung der Berliner Zentrale in Fragen des Bildungs- und Schulwesens zeigte sich dabei in den westlichen Nebenländern noch einmal markanter als in den mittleren Kernterritorien.

Ein Vergleich der Entwicklung des niederen Schulwesens in den hier ausgewählten preußischen Landesteilen zeigt neben einigen Gemeinsamkeiten, die wohl kaum dazu berechtigen, von Grundzügen einer gemeinsamen Elementarschulentwicklung Preußens zu sprechen, auch zahlreiche eindeutig bestimmbare Unterschiede, die an der Prägungsfähigkeit des preußischen Staates im Bereich des Schulwesens zweifeln lassen –

---

49 „In comparison, school reform in the Habsburg territories was better funded and on the whole more successfull", so *Melton,* Absolutism (Anm. 46), 232.

dies nicht zuletzt bezüglich einer Erziehung zum Untertanen, die ja häufig bereits in das 18. Jahrhundert zurückverlegt wird.[50] Während Ostfriesland bereits frühzeitig mit einem ausgebauten Schulnetz ausgestattet war, markierte die Zeit der preußischen Herrschaft nach 1744 eine Periode der Stagnation; die pädagogischen Ideen des 18. Jahrhunderts fanden nur einen sehr begrenzten Eingang in die Schulrealität, der Staat verwaltete nur, Impulse zur Schulverbesserung gab er nicht. Auch in Minden-Ravensberg konnte der preußische Staat nur einen marginalen Einfluß auf das elementare Schulwesen erlangen. Doch kam es hier aufgrund der Bemühungen lokaler dezentraler Kräfte, die durch die brandenburg-preußischen Mittelbehörden in Minden unterstützt und koordiniert wurden, am Ende des 18. Jahrhunderts zu zahlreichen Verbesserungen an einzelnen Dorfschulen, nicht aber zu einer Reform des gesamten niederen Bildungswesens, die ja tatsächlich ein größeres Engagement des Staates verlangt hätte.[51] Obwohl Minden-Ravensberg im Gegensatz zu Halberstadt, wo ähnliche Entwicklungen feststellbar sind, sicherlich kein Zentrum der Aufklärung war, prägten auch hier Bildungskonzepte und Reformvorstellungen der Aufklärer die Entwicklung der Elementarschulen am Ende des 18. Jahrhunderts, während der preußische Staat zu keinem Zeitpunkt strukturbildend und entscheidend wirkte. Demgegenüber war das Elementarschulwesen in den finanziell zumindest partiell geförderten mittleren und östlichen Landesteilen der preußischen Monarchie auch am Ende des ‚pädagogischen' Jahrhunderts noch weit weniger ausgebaut und geringer ausgestattet als in den hier untersuchten westlichen Nebenländern – selbst in den Kernprovinzen Brandenburg-Preußens zeigte sich damit die Machtlosigkeit des Staates im schulischen Bereich.

Zusammengefaßt zeigt die Analyse des niederen Schulwesens in den hier vorgestellten mittleren und westlichen Landesteilen Brandenburg-Preußens, daß sich die einzelnen Provinzen im Bereich des Bildungswesens eine bemerkenswerte Selbständigkeit und Unabhängigkeit von den zentralstaatlichen absolutistischen Behörden bewahrt hatten. Trotz der Zugehörigkeit zur preußischen Monarchie entfaltete sich das Elementarschulwesen in verschiedenen regionalen Verlaufstypen völlig eigenstän-

---

[50] So bereits *Brüggemann*, Landschullehrer in Ostfriesland (Anm. 5), 388; *Neugebauer*, Absolutistischer Staat und Schulwirklichkeit (Anm. 3), 503 f.

[51] Die spektakulärste bekannte Lokalschulreform in den Landesteilen Brandenburg-Preußens ist sicherlich die in der westfälischen Grafschaft Mark an der Wende vom 18. zum 19. Jahrhundert. Siehe hierzu *Manfred Heinemann/Wilhelm Rüter*, Landschulreform als Gesellschaftsinitiative. Philip von der Reck, Johann Friedrich Wilberg und die Tätigkeit der ‚Gesellschaft der Freunde der Lehrer und Kinder in der Grafschaft Mark' (1789–1815) (Studien zum Wandel von Gesellschaft und Bildung im Neunzehnten Jahrhundert, 11), Göttingen 1975.

dig, von einem regionalen preußischen Schulwesen kann eindeutig nicht gesprochen werden. Die Zugehörigkeit zum preußischen Staat war nur eine von vielen Rahmenbedingungen, in denen sich die ländlichen Schulen entwickelten, ebenso prägend und vielleicht sogar ausschlaggebender waren beispielsweise die Siedlungsstruktur (Streusiedlung oder geschlossene Dörfer), die Agrarverfassung (Gutsherrschaft in der Mark Brandenburg, freie Bauern in Ostfriesland) sowie die Kirchenorganisation (Konsistorial- oder Synodalverfassung). Wenn es trotz der dadurch bedingten Unterschiede in der Schulwirklichkeit auch zu parallelen Entwicklungen in den hier betrachteten Landesteilen kam, waren weder die Initiative noch die gesetzgeberische Tätigkeit preußischer Zentralbehörden dafür verantwortlich, sondern vielmehr die überregionalen Impulse des pädagogischen Programms der Aufklärung, das vor allem in Minden-Ravensberg und Halberstadt, aber beispielsweise auch in der preußischen Grafschaft Mark nicht zuletzt eng mit dem Namen und der Vorbildfunktion Friedrich Eberhard v. Rochows in Reckahn verknüpft ist.[52]

II.

Bei einem Vergleich der brandenburg-preußischen Länder bezüglich des Verhältnisses von Staat, Kirche und niederem, elementaren Schulwesen stellt sich also ein recht klarer Befund heraus, während im Bereich des höheren Gymnasialschulwesens manches anders, aber auch weniger eindeutig zu liegen scheint.[53] Die Umwandlung der alten ‚gelehrten Schulen' oder Lateinschulen zum nun allgemein so bezeichneten Gymnasium in den letzten Jahren des 18. Jahrhunderts zeigt besonders die nun langsam beginnende Ausbildung einer staatlichen Unterrichtsverwaltung

---

52 *Friedrich Eberhard von Rochow,* Schulbücher – Gesamtausgabe: Versuch eines Schulbuches für Kinder der Landleute oder zum Gebrauch in Dorfschulen 1772 / Der Kinderfreund. Ein Lesebuch zum Gebrauch in Landschulen Teil I und II, 1776/1779, Nachdruck mit einer Einleitung hrsg. v. Jürgen Bennack, Köln/Wien 1988. – Zur Bedeutung und Verbreitung dieses Werkes jetzt *Michael Freyer,* Rochows ‚Kinderfreund'. Wirkungsgeschichte und Bibliographie, Bad Heilbrunn/Obb. 1989. – Vgl. auch *Neugebauer,* Absolutistischer Staat und Schulwirklichkeit (Anm. 3), 444 ff. – Allgemeiner älterer Überblick zur Rolle des Schulbuchs im Aufklärungsjahrhundert *Heinz Rommel,* Das Schulbuch im 18. Jahrhundert (Probleme der Erziehung, 9/10), Wiesbaden-Dotzheim 1968.

53 Zum Gesamtzusammenhang von höherer und niederer Bildung im 18. Jahrhundert vgl. die Beiträge in den Sammelwerken von *Ulrich Herrmann* (Hg.), ‚Das pädagogische Jahrhundert'. Volksaufklärung und Erziehung zur Armut im 18. Jahrhundert in Deutschland (Geschichte des Erziehungs- und Bildungswesens in Deutschland, 1), Weinheim/Basel 1981; *ders.* (Hg.), ‚Die Bildung des Bürgers'. Die Formierung der bürgerlichen Gesellschaft und die Gebildeten im 18. Jahrhundert (Geschichte des Erziehungs- und Bildungswesens in Deutschland, 2), Weinheim/Basel 1982.

und eines staatlichen Unterrichtswesens, das von Beginn an deutlich von politischen Erwägungen beeinflußt war.[54] Das im Jahr 1788 durch das ein Jahr zuvor gegründete Oberschulkollegium erlassene Abiturreglement verfügte eine Abschlußprüfung mit dem Charakter eines staatlichen Hoheitsaktes[55], und das Allgemeine Landrecht von 1794 forderte – zumindest für die höheren Schulen – das staatliche Schulmonopol. Bereits vor den Bildungsreformen, die nach dem völligen Zusammenbruch des preußischen Staates ab 1807 eingeleitet wurden[56], waren damit wichtige Weichenstellungen insbesondere für den Bereich des gelehrten Schulwesens durchgeführt worden. Mit der Einführung des Abiturexamens wurde die Kompetenz der staatlichen Schulbehörde beträchtlich erweitert, da es in der Macht dieser Behörde lag, ob einer höheren Schule die Anerkennung als Gymnasium neuen Typs zugesprochen wurde; 1792 galten nur etwa vierzig bis fünfzig Schulen in der gesamten preußischen Monarchie als abiturfähige Gymnasien. Schon während dieser Phase und noch vor dem gezielten staatlichen Zugriff nach 1815 zeigte sich die Affinität zwischen Beamtenstand und Gymnasium. Das staatspolitische Ziel dieser Bildungsinstitute ist damit in erster Linie in der Beamtenrekrutierung und Beamtenausbildung zu sehen, die dann auf den in diesem Sinne noch umzugestaltenden Universitäten vollendet wurde. Das Gymnasium sollte als „Schule der vorwiegend auf den Staat bezogenen Berufsstände“ wirksam werden, so ein zentrales Ergebnis der großen Studie von Karl-Ernst Jeismann.[57]

---

[54] *Jeismann,* Das preußische Gymnasium (Anm. 10), 22.

[55] Zur Einführung des Abiturientenexamens zusammenfassend *Mainka,* Karl Abraham von Zedlitz (Anm. 29), 593 ff. Siehe auch *Michael Heafford,* The Early History of the Abitur as an Administrative Device, in: German History 13 (1995), 285–304, mit der zutreffenden Einschätzung (288), daß das Interesse des Staates an Schulfragen vor der Gründung des Oberschulkollegiums „focused on solving problems in ad hoc fashion“. – Artikel 10 des Abiturreglements bestimmte, daß ein Abiturzeugnis nur dann Pflicht sei, wenn die künftigen Studenten ein öffentliches Stipendium an der Universität genießen wollten. Das erste Abiturreglement von 1788 ist damit nur für die Söhne von Unbemittelten von Bedeutung, deren Aufstieg hierdurch gedrosselt und kanalisiert wurde. Vgl. *Margret Kraul,* Das deutsche Gymnasium 1780–1980, Frankfurt/M. 1984, 24 ff.

[56] Hierzu jetzt zusammenfassend *Peter Mast,* Nationalpädagogische Bestrebungen oder Dienst für den Staat? Bildungsreformen in Preußen 1807–1840, in: Gemeingeist und Bürgersinn. Die preußischen Reformen, hrsg. v. Bernd Sösemann (Forschungen zur Brandenburgischen und Preußischen Geschichte, Beiheft 2), Berlin 1993, 227–246; *Franzjörg Baumgart,* Zwischen Reform und Reaktion. Preußische Schulpolitik 1806–1859, Darmstadt 1990.

[57] *Jeismann,* Das preußische Gymnasium (Anm. 10), 166. – Für das Mindener Gymnasium siehe die Beobachtungen von *Karl Ditt,* Städtische Schulgeschichte, Bildungsbeteiligung und soziale Mobilität in Minden, in: Bildungschancen und soziale Mobilität in der städtischen Gesellschaft des 19. Jahrhunderts, hrsg. v. Peter Lundgreen/Margret Kraul/Karl Ditt, Göttingen 1988, 42–93, hier 46 ff.

Dieser Zugriff des Staates auf die Gymnasien wird mit dem bereits mehrfach erwähnten Allgemeinen Landrecht 1794 endgültig festgeschrieben. Während im Bereich des niederen Schulwesens nicht mehr als eine allgemeine Oberaufsicht und Grundlagenkompetenz des Staates gefordert wurde, der Staat mit dem Elementarschulwesen also nur mittelbar verbunden war, zeigten die Bestimmungen zu den höheren Schulen einen anderen Charakter. Die inneren Angelegenheiten der gelehrten Schulen wurden den regionalen und lokalen Instanzen endgültig entzogen und zur Staatssache erklärt. Die Landeskonsistorien wurden zu Provinzialschulkollegien und unterstanden dem Oberschulkollegium in Berlin, und auch die Anstellung der Lehrer behielt sich der Staat selbst vor. Damit sind aus den höheren Schulen staatsunmittelbare Gymnasien geworden, wenn auch betont werden muß, daß vielfache Schwierigkeiten bei der Durchführung der staatlichen Aufsicht die Wirksamkeit dieser Anordnungen stark einschränkten. So stellte der Rektor des Bielefelder Gymnasiums noch 1795 fest, daß der Staat dem Schulwesen große Freiräume lasse: *Mit Recht heißt es also: gute Schulen sind ein Glück des Landes, da dem Zufalle in keinem Fache der Staatsverwaltung so viel Spielraum gelassen wird, als gerade in diesem, (...)*[58].

Ein besonders gutes, in diesem Rahmen nur in seinen Grundzügen zu skizzierendes Beispiel für die Durchsetzungs- und Beharrungskraft der lokalen Gewalten im Bereich des nun enger an den Staat rückenden höheren Schulwesens läßt sich ebenfalls in der Grafschaft Ravensberg beobachten.[59] Hier waren 1795 für die beiden Gymnasien in Herford und Bielefeld neue Rektoren eingestellt worden, ohne daß eine Prüfung vor der zuständigen Kommission stattgefunden hatte. Das Konsistorium der Stadt Bielefeld berief sich auf das dem Magistrat allein zustehende Vokationsrecht und verwies auf die Passage in der Instruktion des Oberschulkollegiums von 1787, nach der das Recht der Magistrate ungeschmälert bleiben sollte. Obwohl die Provinzialkommission auf einer Überprüfung bestand, bestätigte nach langjährigen Auseinandersetzungen und Strafandrohungen schließlich ein Schreiben des Oberschulkollegiums an die Regierung in Minden vom März 1798 (!) endgültig den Durchsetzungserfolg der städtischen Magistrate: Beide Rektoren hätten schon früher als Lehrer gearbeitet, bräuchten also nicht mehr geprüft zu werden. Dem Magistrat in Bielefeld könne, gerade weil der Schulleiter

---

[58] Friedrich Ernst Ruhkopf in der gedruckten Einladungsschrift zur öffentlichen Schulprüfung am Bielefelder Gymnasium vom 16. April 1795: Über einige vorzügliche Eigenschaften einer öffentlichen guten Stadtschule, zunächst in Hinsicht der Nichtstudierenden.

[59] Staatsarchiv Münster, Minden-Ravensbergisches Konsistorium III, Nr. 4. – Vgl. auch *Neugebauer*, Absolutistischer Staat und Schulwirklichkeit (Anm. 3), 197 ff.

nicht aus königlichen Mitteln besoldet werde, nicht zugemutet werden, Lehrer vor dem Provinzialschulkollegium oder einer geistlichen Examinationskommission prüfen zu lassen – lediglich von zukünftigen Veränderungen sollten die Magistrate von nun an berichten. Mit Recht kann davon gesprochen werden, daß die in der Amtszeit des Ministers und sogenannten Antiaufklärers Johann Christoph (v.) Wöllner[60] gegründete Immediat-Examinationskommission in der Schulrealität – selbst der höheren Schulen – nahezu machtlos blieb, wobei diese Feststellung nicht nur für die weit vom Machtzentrum entfernten Provinzen wie Minden-Ravensberg gilt, sondern selbst für die brandenburgischen Zentralgebiete Preußens zutrifft.[61]

Ein weiteres Beispiel für die geringe Auswirkung der Ära Wöllner auf die Schulwirklichkeit an den höheren Bildungsinstituten findet sich auch bei der Durchsicht der überlieferten schriftlichen Abiturarbeiten.[62] So wurde beispielsweise am Herforder Gymnasium im März 1795, also inmitten der Amtszeit Wöllners, ein Aufsatz mit dem Titel ‚Über Denkfreyheit' verfaßt[63], der deutlich von aufklärerischem Gedankengut geprägt ist und sich auch mit den Auswirkungen der Französischen Revolution beschäftigt. Den preußischen Zentralbehörden war es zu dieser Zeit also noch keineswegs möglich, den Schulalltag an den einzelnen Bildungseinrichtungen zu beeinflussen sowie den Unterricht im Sinne eines preußisch verengten vaterländischen Unterrichts zu reglementieren – die Schule befand sich eben noch im „Vorfeld der Verwaltung", wie Manfred Heinemann bereits vor zweieinhalb Jahrzehnten am preußischen Beispiel festgestellt hat.

III.

Die Entwicklung der höheren Schulen, welche hier vor allem am Beispiel Minden-Ravensberg skizziert wurde, verlief mit einigen bemerkens-

---

60 Zur Bedeutung und zu den Grenzen des Woellnerschen Regiments v. a. *Heinemann,* Schule im Vorfeld der Verwaltung (Anm. 29), 253 ff.; *Neugebauer,* Absolutistischer Staat und Schulwirklichkeit (Anm. 3), 189 ff.; *ders.,* Das Bildungswesen in Preußen (Anm. 3), 656 f. – Als grundlegende ältere Arbeit zu dieser Thematik weiterhin *Paul Schwartz,* Der erste Kulturkampf in Preußen um Kirche und Schule (1788–1798) (Monumenta Germaniae Paedagogica, 58), Berlin 1925.

61 Beispiele aus Potsdam, Berlin und Brandenburg an der Havel bei *Neugebauer,* Absolutistischer Staat und Schulwirklichkeit (Anm. 3), 199 f.

62 Die Prüfungstabellen und Prüfungsarbeiten der insgesamt 60 Abiturienten aus Minden-Ravensberg der Jahre 1789–1805 in: Geheimes Staatsarchiv Preußischer Kulturbesitz, I. Hauptabteilung, Rep. 76 alt I, Nr. 885 (Zeitraum 1789–1800) und Rep. 76 alt I, Nr. 886 (Zeitraum 1800–1807).

63 Abgedruckt bei *Klaus Weddigen,* Die ersten Abiturientenexamen in Herford, in: Herforder Jahrbuch 15/16 (1974/75), 117–126, hier 122 ff.

werten Ausnahmen – man denke beispielsweise an die im 16. Jahrhundert gegründeten Fürstenschulen in Sachsen oder die Klosterschulen in Württemberg – über Jahrhunderte hinweg ohne nennenswerte Beteiligung oder Beeinflussung seitens einer staatlichen Obrigkeit. Sowohl die Umgestaltung der Dom- oder Stiftsschulen in den größeren Städten zu evangelischen Lateinschulen als Folge der Reformation im 16. Jahrhundert, als auch die Reformansätze in der zweiten Hälfte des 18. Jahrhunderts geschahen aus lokalem Impuls und wurden als Teil einer regional akzentuierten Reform durch engagierte Rektoren oder die Geistlichkeit am Ort, zum Teil auch durch die Bürgerschaft und den Magistrat initiiert. Als der preußische Staat am Ende des 18. Jahrhunderts versuchte, Einfluß auf das höhere Schulwesen zu gewinnen, mußte die Unterrichtsverwaltung die Dominanz der lokalen Kräfte und Faktoren anerkennen, da die Städte nahezu autonom und frei von staatlichen Reglements über ihre Gymnasien entscheiden konnten und die Zentralbehörde keinen ausreichenden Machtapparat besaß, um ihre Vorstellungen und Anordnungen durchzusetzen. Selbst während der Amtszeit Wöllners gelang es den städtischen Magistraten, die obrigkeitlichen Befehle durch eine konsequente Verschleppungs- und Hinhaltetaktik auszumanövrieren und damit den geringen Durchsetzungsgrad landesherrlicher Befehle zu illustrieren.

Trotz dieser genannten Einschränkungen muß betont werden, daß mit den seit 1787 durchgeführten Maßnahmen der Zugriff des Staates auf die höheren Schulen angemeldet und in den folgenden Jahren ausgebaut wurde, wie beispielsweise auch die direkte und persönliche Überprüfung der Gymnasien durch den Minister des geistlichen Departements, Julius v. Massow, zu Beginn des 19. Jahrhunderts zeigt.[64] Durch das Allgemeine Landrecht von 1794 und die darin enthaltenen Anordnungen zum höheren Schulwesen wurden die Lehrer an diesen Schulen privilegiert und damit deutlich von den anderen Unterrichtenden getrennt – zusammen mit der Privilegierung nur weniger gelehrter Schulen zu abiturfähigen Gymnasien wurde eine kleine Schicht von Instituten und Lehrern gebildet, die nun wesentlich einfacher zu beaufsichtigen und zu steuern war. Wenn diese Bestrebungen auch in den westlichen Provinzen Preußens durch den Tilsiter Frieden von 1807 vorerst beendet waren, kann kein Zweifel daran bestehen, daß die in den Jahren nach 1815 in der preußischen Provinz Westfalen erfolgte Neuordnung des höheren Schulwesens

[64] Zu Massow und seinen Plänen in bezug auf das Gymnasialschulwesen und die Universitätsreformen vgl. *Alfred Heubaum,* Die Reformbestrebungen unter dem preußischen Minister Julius von Massow (1798–1807) auf dem Gebiete des höheren Bildungswesens, in: Mitteilungen der Gesellschaft für deutsche Erziehungs- und Schulgeschichte 14 (1904), 186–225.

in Folge der sogenannten Humboldtschen Bildungsreformen ihren Ursprung in den seit 1787 verfügten Anweisungen hatte. Im Gegensatz zu den niederen Schulen ist mit diesem Jahr für das höhere Schulwesen, die Gymnasien, durchaus der Beginn einer modernen staatlichen Unterrichtsverwaltung, der ‚Verstaatlichung' markiert.

Die ländlichen Elementarschulen blieben hingegen auch nach der Gründung einer speziellen Schuloberbehörde im Jahr 1787 bis weit in das 19. Jahrhundert hinein staatsfern[65]; die Versuche des Oberschulkollegiums, größeren Einfluß auf die Besetzung von Landschulstellen zu gewinnen, scheiterten nach wenigen Jahren, und die Behörde zog sich aus diesem Bereich schließlich sogar fast vollständig zurück. Diese administrative Lücke wurde in Minden-Ravensberg beispielsweise durch das Konsistorium und die dieser Behörde angehörenden Superintendenten ausgefüllt, die mit nur wenigen allgemeinen Vorgaben der Zentrale in Berlin über das ländliche Schulwesen in dieser Provinz in vielen Punkten nahezu autonom bestimmen und pädagogische Reformpläne nach eigenen Vorstellungen mit Unterstützung größerer Teile der niederen, ländlichen Geistlichkeit in die schulische Praxis umsetzen konnten. Eine zu sehr am Faktor Staat orientierte Betrachtung der Entwicklung des Schul- und Bildungswesens im letzten Drittel des 18. Jahrhunderts verstellt also den Blick auf – zumindest partielle – Modernisierungsprozesse[66], die allein aus regionalem und lokalem Antrieb heraus Veränderungen und Verbesserungen in der Schulwirklichkeit zur Folge hatten.

[65] Analyse des preußischen Volksschulwesens im 19. Jahrhundert anhand von Beispielen aus den westlichen Landesteilen bei *Frank-Michael Kuhlemann,* Modernisierung und Disziplinierung. Sozialgeschichte des preußischen Volksschulwesens 1794–1872 (Kritische Studien zur Geschichtswissenschaft, 96), Göttingen 1992.

[66] *Dietrich Rüschemeyer,* Partielle Modernisierung, in: Theorien des sozialen Wandels, hrsg. v. Wolfgang Zapf (Neue wissenschaftliche Bibliothek, 31), 4. Aufl. Königstein/Ts. 1979, 382–396.

Die Hugenotten und das höhere Bildungswesen in Brandenburg-Preußen

Von Agnes Winter

I. Voraussetzungen

Der folgende Beitrag beschäftigt sich mit der Rolle und Bedeutung der Hugenotten für das höhere Bildungswesen in Brandenburg-Preußen im späten 17. und frühen 18. Jahrhundert. Neben der Darstellung von Hintergründen und Verlauf einzelner Gründungsinitiativen geht die Untersuchung der Frage nach, auf welche Art und Weise die hugenottische Einwanderungsbewegung die brandenburgisch-preußische Bildungslandschaft veränderte. Dabei finden die politischen und staatskirchenrechtlichen Rahmenbedingungen ebenso Beachtung wie Fragen der institutionellen und gesellschaftlichen Verankerung sowie des pädagogisch-fachlichen Lehrprofils der hugenottischen Bildungseinrichtungen. Darüber hinaus sollen Ausmaß und Wege geistig-kulturellen Wissenstransfers näher beleuchtet werden, versteht sich doch die Untersuchung auch als Beitrag zur Erforschung von Kulturkontakt und seinen Konsequenzen.[1] Im Mittelpunkt des Interesses steht neben dem Bereich der ritterlichen Adelsbildung vor allem das humanistische Gelehrtenschulwesen und im Besonderen das Berliner Collège François, welches als einzige höhere Bildungseinrichtung der Hugenotten auf brandenburgisch-preußischem Territorium eingerichtet wurde. Die Untersuchung beschränkt sich damit bewußt auf die Entwicklungen im institutionalisierten Bildungswesen. Die Frage der Wirksamkeit französischer Réfugiés als private Erzieher, Sprachlehrer und Hofmeister, das heißt der nichtinstitutionelle Bereich des Bildungswesens, muß nicht zuletzt aufgrund der schwierigen Quellenlage hier unbeachtet bleiben. Der gewählte Untersuchungszeitraum umfaßt die ersten Jahrzehnte nach dem Beginn der hugenottischen Einwanderungsbewegung nach Brandenburg-Preußen. Es handelt sich somit

---

[1] Eine systematische Untersuchung des Einflusses der hugenottischen Minderheit auf die Berliner Bevölkerung wurde vor einiger Zeit auch von der kulturgeschichtlichen Forschung angemahnt. Vgl. *Peter Burke,* Hosts and Guests, a General View of Minorities in the Cultural Life of Europe, in: Minderheden in Westeuropese steden (16de–20ste eeuw), hg. v. Hugo Soly, Brüssel/Rom 1995, 49.

um die Zeit der Wirksamkeit der ersten, noch unmittelbar von westeuropäischen Einflüssen geprägten Flüchtlingsgeneration.

Grundlegende Voraussetzung für die Herausbildung eines französischen höheren Bildungswesens in Brandenburg-Preußen bildete die in den siebziger Jahren des 17. Jahrhunderts und verstärkt nach dem Edikt von Potsdam 1685 einsetzende Einwanderungsbewegung französischer Glaubensflüchtlinge. Bis zur Jahrhundertwende war die Anzahl der Franzosen in Brandenburg-Preußen bereits auf mehr als 14000 Personen angewachsen.[2] Berlin als machtpolitisches, wirtschaftliches und kulturelles Zentrum des frühmodernen Hohenzollernstaates zog dabei den größten Teil der Flüchtlinge an. Die Stadt wurde sozusagen zum „Umschlagplatz des brandenburgischen Refuge“[3], wobei die hier 1672 begründete französisch-reformierte Gemeinde der Einwanderungsbewegung als Kristallisationspunkt diente. Um 1700 lebten fast 6000 Franzosen in dessen Hauptresidenz, also ungefähr 40 Prozent sämtlicher Réfugiés des Hohenzollernstaates. Dies machte wiederum fast 20 Prozent der Berliner Bevölkerung aus. Durch den gleichzeitigen Zuzug deutscher Zuwanderer sank jedoch bis 1716 der prozentuale Anteil der Franzosen an der Stadtbevölkerung wieder auf 13 Prozent.[4] In den anderen brandenburgisch-preußischen Hugenottenkolonien lebten dagegen – mit Ausnahme Magdeburgs – nie mehr als einige hundert Franzosen.[5] Angesichts dieser Zuwandererverteilung verwundert es nicht, daß Berlin auch das Zentrum der hugenottischen Bildungsbestrebungen bildete. Zusätzlich zum privaten Bereich, in dem hugenottische Französischlehrer und -lehrerinnen als „Pioniere des französischen Bildungswesens“[6] fungierten, wurde die französische Bildung erstmals auch institutionalisiert. Für das Ende des 17. Jahrhunderts konstatiert die Forschung in Berlin sogar „eine regelrechte ‚Gründerzeit‘ französischer Bildungsinstitute“.[7] Im Gegensatz dazu ist der personelle Einfluß von Hugenotten auf Bildungseinrichtungen anderer Städte als vergleichsweise gering einzuschätzen. Dies betrifft auch die beiden benachbarten brandenburgischen Universitäten.

---

[2] Vgl. *Eduard Muret,* Geschichte der Französischen Kolonie in Brandenburg-Preußen, unter besonderer Berücksichtigung der Berliner Gemeinde, Berlin 1885, 314.

[3] *Jürgen Wilke,* Die Französische Kolonie in Berlin, in: Helga Schultz, Berlin 1650–1800. Sozialgeschichte einer Residenz, 2. Aufl. Berlin 1992, 357.

[4] Vgl. ebd. 357, 385 u. *Eckart Birnstiel/Andreas Reinke,* Hugenotten in Berlin, in: Von Zuwanderern zu Einheimischen, hrsg. von Stefi Jersch-Wenzel/Barbara John, Berlin 1990, 92. Verteilung der Hugenotten auf die einzelnen Berliner Stadtviertel: ebd., 98.

[5] Vgl. *Muret,* Geschichte (Anm. 2), 313 f.

[6] *Christian Velder,* Die Anfänge des französischen Bildungswesens in Berlin, in: Der Bär von Berlin. Jahrbuch des Vereins für die Geschichte Berlins 15 (1988), 40.

[7] Ebd., 52.

Obgleich die 1686 in Halle entstandene Ritterakademie auf hugenottische Initiativen zurückzuführen ist, blieb die personelle Wirksamkeit von französischen Réfugiés an deren Nachfolgeeinrichtung, der im Jahre 1694 neugegründeten Hallenser Universität, ebenso wie an der traditionsreichen Frankfurter Viadrina eher gering.[8]

II. Die ‚Frantzösischen Academien'

Die frühesten Aktivitäten der Réfugiés im Bereich des höheren Bildungswesens gingen von Einzelpersonen aus und richteten sich vor allem an ein deutsches Publikum. Seit 1684 gab es in Berlin mehrere Anläufe von Hugenotten, Privatschulen nach dem Muster der französischen ‚Académies des Nobles' – das heißt Adels- und Ritterschulen einzurichten.[9] Auch in Halle kam es auf Betreiben eines Réfugiés zur Gründung einer ‚Exerzitienschule', die Unterricht im Tanzen, Fechten und Reiten sowie in Französisch anbot.[10] Bereits in Frankreich waren die Hugenotten in besonderer Weise die Initiatoren einer Bildungsbewegung gewesen, die an den Bedürfnissen und Zwecken der höheren Stände, des Adels und der höheren Beamten und Diplomaten ausgerichtet war.[11] Berühmtheit hatten insbesondere die 1607/13 gegründete ‚Académie des exercices' von Sedan und die ‚Académie d'équitation' von Saumur erlangt, die eine häufige Station auf den Kavaliersreisen des deutschen Adels bildeten.[12] Von

---

[8] Vgl. *Conrad Grau,* „Savans réfugiés" – „Französischreformierte Gelehrte", Über den Beitrag der Hugenotten zur Wissenschaftsentwicklung in Brandenburg-Preußen am Ende des 17. und im 18. Jahrhundert, in: Hugenotten in Brandenburg-Preußen, hrsg. v. Ingrid Mittenzwei (Akademie der Wissenschaften der DDR, Studien zur Geschichte, 8), Berlin 1987, 236. Zur Ritterakademie in Halle vgl. *Wilhelm Hehlmann,* Die Gründung der Ritterakademie in Halle im Jahre 1686, in: Zeitschrift für die Geschichte der Erziehung und des Unterrichts 25 (1935), 92–101.

[9] Acta betr. das Französische Gymnasium, Geheimes Staatsarchiv Stiftung Preußischer Kulturbesitz (Berlin-Dahlem) HA I, Rep. 122–7a, II, Nr. 1, Bl. 1–51. Velder unterscheidet folgende Berliner Akademieprojekte: ‚Frantzösische Academie in literatura et exercitationibus corporis' (1684), ‚Nouvelle Academie de Berlin' (1684), ‚Churfürstliche Brandenburgisch. Französische Academie' (1686) und eine ‚Frantzösische Academie zu Berlin' (1687). Vgl. *Velder,* Anfänge Bildungswesen (Anm. 6), 43 ff.

[10] Die 1686 vom kurfürstlichen Kammerdiener Michel Lafleur begründete Schule bildete die Vorläufereinrichtung einer 1688 neubegründeten Ritterakademie, welche wiederum langfristig in der Hallenser Universität aufging. Vgl. *Hehlmann,* Gründung (Anm. 8), 99.

[11] Vgl. *Norbert Conrads,* Ritterakademien der Frühen Neuzeit (Schriftenreihe der Historischen Kommission bei der Bayerischen Akademie der Wissenschaften, 21), Göttingen 1982, 23 ff. u. *Gerhard Oestreich,* Eine Kritik des deutschen Wehrwesens am Vorabend des Dreißigjährigen Krieges, in: NassAnn 70 (1959), 235 f.

dieser „Ritterakademie-Bewegung"[13], die nach Frankreich und Italien schon lange auch viele deutsche Territorien ergriffen hatte, war Brandenburg-Preußen bisher jedoch wenig berührt worden. Nur im pommerschen Kolberg und in Frankfurt an der Oder bestanden seit 1653 bzw. 1671 zwei kleine Ritterakademien.[14] Daher wurden die französischen Zuwanderer für Brandenburg-Preußen zu Multiplikatoren eines anderswo schon seit dem Beginn des 17. Jahrhunderts in Gang befindlichen Ausbreitungsprozesses. Auch dem märkischen Adelsnachwuchs, ebenso aber auch Kindern aus den begüterten bürgerlichen Schichten sollten nun gesellschaftlich-höfische Fertigkeiten und Umgangsformen vermittelt werden, die für eine Karriere am barocken Hofe von Nutzen waren. Von Seiten der Landesherrschaft wurde dies durch kurfürstliche Privilegien wohlwollend unterstützt, allerdings mehr ideell als materiell. Finanzieren sollten sich diese Akademien vor allem über das Schulgeld, welches die Schüler zu entrichten hatten. Die Lehrpläne umfaßten in der Regel drei Fächergruppen: Neben die ‚exercitia corporis' oder galanten Künste, wie Tanzen, Fechten und Voltigieren, traten die modernen Sprachen, vor allem Französisch aber auch Italienisch und Deutsch. Außerdem wurden folgende als ‚Wissenschaften' bezeichnete Fächer gelehrt: Fortifikation, Baukunst und Zeichnen, ‚Mathesis' als damaliger Sammelbegriff für alle empirischen Wissenschaften und die Realien Geographie, Heraldik, Geschichte und Politik.[15] Darüber hinaus war bei einem Akademieprojekt auch die Unterweisung von Schülerinnen in Nadelarbeit, Haushaltsführung und *allerhand galantereyen*[16] vorgesehen. Dazu konnte die religiöse Unterweisung treten, die dann bikonfessionell angelegt war. Offensichtlich wollten die Hugenotten im gemischtkonfessionellen Brandenburg ihre neuen Ausbildungsstätten nicht nur den Reformierten bei Hofe und zahlungskräftigen Réfugiés, sondern vor allem auch dem überwiegend lutherischen Landadel offenhalten. Wenn auch die Grenze zur Latein-

---

[12] Vgl. *Conrads*, Ritterakademien (Anm. 11), 70 ff. u. *Hartmut Kretzer*, Calvinismus und französische Monarchie im 17. Jahrhundert, Die politische Lehre der Akademien Sedan und Saumur, mit besonderer Berücksichtigung von Pierre du Moulin, Moyse Amyraut und Pierre Jurieu, Berlin 1975, 69 u. 202.

[13] *Conrads*, Ritterakademien (Anm. 11), 325.

[14] Weiterführende Literatur zu Frankfurt a. d. Oder und Kolberg ebd. 356 f. u. 361.

[15] Einzelheiten zu den Lehrplänen in den Acta französisches Gymnasium (Anm. 9), Bl. 3 u. 31 ff. Vgl. auch *Velder*, Anfänge Bildungswesen (Anm. 6), 43 ff. Der Lehrplan der Hallenser Schule beschränkte sich ganz auf Französisch und die körperlichen Exerzitien. Vgl. *Hehlmann*, Gründung (Anm. 8). 97.

[16] Die neue Academie zu Berlin, Allwo die Jugend in allerhand nöthigen und nützlichen exercitien unterwiesen werden soll, Auffgerichtet von D. La Borie, seiner churfürstlichen durchl. Zu Brandenburg Hoff-Mahler, Cölln an der Spree 1684, in: Acta französisches Gymnasium (Anm. 9), Bl. 8.

schule nicht immer genau gezogen war – so sollte an einer dieser Akademien auch Latein und Philosophie unterrichtet werden – stellten diese französischen Erziehungsinstitute einen eigenständigen Bildungszweig dar. Anders als an den traditionellen Gelehrtenschulen war das Curriculum dieser Akademien vor allem an praktischen Lehrinhalten orientiert. Der Schwerpunkt des Unterrichts lag auf den Realien und den modernen Sprachen. Französisch und nicht Latein bildete die Unterrichtssprache.[17] Dieses spezifische Lehrprofil sahen die französischen Initiatoren als Ergänzung zum Angebot der deutschen Gelehrtenschulen an. In einem Berliner Akademieplan war die Teilnahme von Berliner Gymnasialschülern am hier angebotenen Sprachunterricht sogar ausdrücklich mit vorgesehen. Damit *diejenigen Schüler, so zu der Frantzösischen Sprache Lust haben, sich daselbst einfinden können,* sollte der Französischunterricht nicht zu der Zeit, in der in den *hiesiegen Gymnasien und Stadtschulen*[18] der Unterricht stattfand, abgehalten werden. Auch in Halle besuchten eine Reihe von Gymnasialschülern die dortige Exerzitienschule, um deren Lehrangebot in Französisch und in den körperlichen Exerzitien zu nutzen.[19] Langfristig war jedoch keine dieser Gründungsinitiativen von Erfolg gekrönt: Nicht eine dieser Akademien konnte sich dauerhaft in Berlin etablieren. Auch die Hallenser Exerzitienschule ging bald in den Strukturen der neugegründeten Universität auf. Offensichtlich reichte die regionale und überregionale Anziehungskraft dieser spezifischen Bildungseinrichtungen auf ein zahlungskräftiges Publikum nicht aus. Dies betraf im Übrigen auch die im Jahre 1705 privilegierte königliche ‚Fürsten- und Ritteracademie', an der mehrheitlich Deutsche, aber auch einige Franzosen unterrichteten. Auch diese war auf Dauer wirtschaftlich nicht tragbar. Sie ging bereits 1713 wieder ein.[20] Nur die Ritteraka-

---

[17] Anders als es Bleek für die Lüneburger Adelsschulen herausgearbeitet hat, lassen sich im Berliner Fall zwischen den Ritterakademien und den Latein- und Gelehrtenschulen keine generellen curricularen Analogien herstellen. Vgl. *Klaus Bleeck,* Adelserziehung auf deutschen Ritterakademien, die Lüneburger Adelsschulen 1655–1850 (Europäische Hochschulschriften, III 89), Frankfurt/M./Bern/Las Vegas 1977, 29 f. Latein und Philosophie waren im übrigen an Ritterakademien häufig ein Bestandteil des Curriculums. Vgl. die Lehrprogramme der Berliner und der Brandenburger Ritterakademie bei *Bernhard von Poten,* Geschichte des Militär-Erziehungs- und Bildungswesens in den Landen deutscher Zunge. Bd. 4: Preußen (Monumenta Germaniae Paedagogica, XVII 4), Berlin 1896, 11 ff. u. *Albrecht von dem Bussche,* Die Ritterakademie zu Brandenburg, Frankfurt/M. u. a. 1989, 43.

[18] Reglement der frantzösischen Academie zu Berlin, in: Acta französisches Gymnasium (Anm. 9), Bl. 32.

[19] Vgl. *Hehlmann,* Gründung (Anm. 8), 100.

[20] Von ursprünglich 36 war die Schülerzahl bis 1709 bereits auf 10 geschrumpft. Langfristig wurde die Berliner Ritterakademie zu einer Reitschule für Kadetten ohne akademischen Unterricht umfunktioniert. Vgl. *von Poten,* Geschichte

demie in Brandenburg an der Havel, die allerdings auch von den mittelmärkischen und ruppinischen Ritterschaft finanziert wurde, blieb langfristig bestehen.[21] Daß die Nachfrage für höfische Standesbildung in der Hauptresidenz der Hohenzollern eher gering blieb, mag zum einen mit der hier vergleichsweise schwach ausgebildeten barocken Hofkultur zusammenhängen.[22] Bereits Hintze konnte für Brandenburg-Preußen nur einen „Vorfrühling“[23] höfischer Kultur unter dem ersten preußischen König konstatieren. Letztlich hatte das Scheitern des Ritterakademiekonzeptes aber damit zu tun, daß der für eine Beamtenkarriere notwendige Teil des Bildungsprogramms, insbesondere die modernen juristischen und politischen Inhalte wie das Natur- und das Völkerrecht, aber auch die modernen Sprachen, langfristig von der neuen Universität Halle absorbiert wurde.[24] Die 1694 neugegründete Universität führte solche neuen Studieninhalte auf einem höheren Niveau weiter und bot somit den Adligen anders als die traditionelle Universität „eine vollwertige Alternative zu den Ritterakademien“.[25] Auch der Französischunterricht ging an die Universitäten über. Die Französischlehrer der vormaligen Hallenser Ritterakademie waren nun an der dortigen Universität tätig. An der Frankfurter Viadrina wurde 1698 ebenfalls ein Lehrstuhl für Französisch eingerichtet.[26] Dazu kam, daß gerade in Berlin ein enorm breites konkurrierendes Bildungsangebot sowohl institutioneller als auch informeller Art bestand. Eine Vielzahl von Hugenotten war zu erschwinglichen Preisen in der Stadt als Privaterzieher und Sprachmeister tätig.[27] Auch an manchen der städtischen Lateinschulen wurde inzwi-

---

(Anm. 17), 20. Weitere bibliographische Angaben bei *Conrads,* Ritterakademien (Anm. 11), 347 f.

[21] Vgl. *Ernst Köpke,* Art. Ritterakademien, in: Encyklopädie des gesammten Erziehungs- und Unterrichtswesens, Bd. 7, 2. Aufl. Gotha 1886, 232 f.

[22] Vgl. *Johannes Kunisch,* Hofkultur und höfische Gesellschaft in Brandenburg-Preußen im Zeitalter des Absolutismus, in: Europäische Hofkultur im 16. und 17. Jahrhundert, hrsg. von August Buck u. a., Bd. 3 (Wolfenbütteler Arbeiten zur Barockforschung, 10), Hamburg 1981, 737 ff; *ders.,* Funktion und Ausbau der kurfürstlich-königlichen Residenzen in Brandenburg-Preussen im Zeitalter des Absolutismus, in: ForschBrandPrG N.F. 3 (1993), 177 ff.

[23] *Otto Hintze,* Die Hohenzollern und ihr Werk, Fünfhundert Jahre vaterländischer Geschichte, 2. Aufl. Berlin 1915, 272.

[24] Vgl. *Conrads,* Ritterakademien (Anm. 11), 324.

[25] *Joachim Dyck,* Zum Funktionswandel der Universitäten vom 17. zum 18. Jahrhundert. Am Beispiel Halle, in: Stadt-Schule-Universität-Buchwesen und die deutsche Literatur im 17. Jahrhundert, hrsg. v. Albrecht Schöne, München 1976, 375.

[26] Vgl. *Sieglinde C. Othmer,* Berlin und die Verbreitung des Naturrechts in Europa. Kultur- und sozialgeschichtliche Studien zu Jean Barbeyracs Pufendorf-Übersetzungen und eine Analyse seiner Leserschaft, (Veröffentlichungen der Historischen Kommission zu Berlin beim Friedrich-Meinecke-Institut der Freien Universität Berlin, 30), Berlin 1970, 105 ff.

schen Französisch, wenn auch nur in besonderen Privatstunden, angeboten.[28] Zugleich öffneten sich die traditionellen Berliner Gelehrtenschulen, wie unten näher erläutert werden soll, zunehmend neuen realistischen Lehrinhalten. Darüber hinaus existierte seit 1689 mit dem ,Collège François' auch eine französische Lateinschule in Berlin, welche die Möglichkeit bot, mit französischer Bildung und Kultur in Kontakt zu kommen. Das Berliner Collège François, auch unter der Bezeichnung Französisches Gymnasium bekannt, bildet die einzige höhere Bildungseinrichtung der Hugenotten, die sich langfristig in Brandenburg-Preußen etablieren konnte.

III. Das Berliner Gelehrtenschulwesen bis 1689

Zum Zeitpunkt der französischen Einwanderungsbewegung existierten in der Residenzstadt Berlin vier deutsche Gelehrtenschulen. Die beiden ältesten davon, das Berlinische und das Cöllnische Gymnasium, hatten ihre Ursprünge in den mittelalterlichen Lateinschulen, die an den Hauptkirchen der damaligen Doppelstadt Berlin-Cölln angesiedelt waren. Von entscheidender Bedeutung für die Entwicklung des höheren Schulwesens der Stadt war die Reformation und vor allem die darauffolgende Phase der Konfessionalisierung. Nach dem allgemein üblichen Muster wurde auch in Berlin säkularisiertes Kirchengut für das expandierende höhere Schulwesen verwendet. So erhielt die 1574 als Landesschule neukonzipierte Berliner Lateinschule auf kurfürstliche Anord-

---

[27] Der von der königlichen Akademie der Wissenschaften seit 1704 herausgegebene Kalender verzeichnet auch die in der Stadt tätigen französischen Sprachmeister. Vgl. Adreß Calender Der kön. preuß. Haupt- und Residentz-Städte Berlin Und daselbst befindlichen Königl. Hofes, Berlin 1704.

[28] Hinweise auf Französischunterricht am Berlinischen Gymnasium zum Grauen Kloster für die Zeit vor 1700 finden sich bei *Johann Leonhard Frisch,* Schulspiel von der Unsauberkeit der falschen Dicht- und Reimkunst, hrsg. v. Leopold Hermann Fischer (Schriften des Vereins für die Geschichte Berlins, 26), Berlin 1890, 12. Frisch, seit 1698 am Grauen Kloster tätig, war ein ausgezeichneter Kenner des Französischen und Verfasser eines einschlägigen französisch-deutschen Wörterbuches: Nouveau Dictionaire des passagers françois-allemand et allemand-françois (1712). Vgl. *Herbert E. Brekle u.a.* (Hg.), Bio-bibliographisches Handbuch zur Sprachwissenschaft des 18. Jahrhunderts, Tübingen 1994, 142–151. Ein öffentlicher Französischunterricht wurde am Grauen Kloster allerdings erst 1734 eingerichtet. Vgl. *Julius Heidemann,* Geschichte des Grauen Klosters zu Berlin, Berlin 1874, 205. Am Joachimsthalschen Gymnasium wurde bereits 1724 der Französischunterricht zu einer öffentlichen Lektion umgewandelt. Vgl. *Bernhard Ludwig Becman,* Nachrichten von dem kgl. Joachimsthalschen Gymnasio, welche dessen Zustand vom ersten Anfang bis auf gegenwärtige Zeiten in einen Zusammenhang vorstellen. 1741. Geheimes Staatsarchiv Stiftung Preußischer Kulturbesitz (Berlin-Dahlem), HA I, Rep. 92, II, 11, Bl. 211.

nung im dortigen ehemaligen Franziskanerkloster seinen Platz.[29] Der laufende Unterhalt für das dem städtischen Magistrat unterstellte Berlinische Gymnasium zum Grauen Kloster wurde nur anfänglich aus dem allgemeinen Kasten finanziert. Langfristig wurde aus Ratsgeldern und einzelnen Spenden ein besonderer Schulfond eingerichtet, von dessen Zinsen die Lehrer bezahlt werden konnten. Die Aufsicht über die Schule teilten sich anfänglich der Berliner Magistrat und der kurfürstliche Kanzler sowie der Berliner Propst und ein kurfürstlicher Hofprediger.[30] Nach der Konversion der Hohenzollern zum Reformiertentum im Jahre 1613 war die Aufsicht über die städtischen Schulen trotz des weiterhin gültigen landesherrlichen Schulregiments ganz an den Magistrat und die lutherischen Ministerien der Doppelstadt übergegangen. Die landesherrlichen Initiativen konzentrierten sich von nun an vor allem auf die einzige reformierte Gelehrtenschule des brandenburgisch-preußischen Kernlandes: nämlich auf das 1607 in der Uckermark gegründete Joachimsthalsche Gymnasium. Bei dieser Schule handelte es sich um eine rein landesherrliche Stiftung mit einer finanziellen Ausstattung, welche die der städtischen Gymnasien bei weitem übertraf.[31] Die gute wirtschaftliche Situation sicherte nicht nur den dortigen Präzeptoren ein vergleichsweise gutes Einkommen, sondern ermöglichte auch die Einrichtung einer größeren Zahl von Freistellen. Die Voraussetzungen für die Herausbildung eines im Reformiertentum fest verwurzelten einheimischen Beamten- , Lehrer- und Pfarrernachwuchses als langfristiges Ziel der landesherrlichen Bildungspolitik waren somit günstig. In der Zeit des Großen Kurfürsten entwickelte sich die Schule, die nach dem Ende des Dreißigjährigen Krieges von Joachimsthal in die Berliner Residenz verlagert worden war, zu einem festen Bestandteil der überwiegend reformierten Berliner Hofgesellschaft. Sie war unmittelbar dem Kurfürsten unterstellt, der mittels einer eigens eingerichteten Verwaltungsbehörde auf die Entwicklung der Schule direkten Einfluß nahm. Sämtliche Mitglieder dieses ‚Joachimsthalischen Schuldirectoriums' waren führende kurfürstliche Beamte, die der reformierten Hofgemeinde angehörten. Die geistliche und Fachaufsicht lag in den Händen der ebenfalls vom Kurfürsten berufenen Visitatoren: reformierte Theologieprofessoren der Frankfurter Universität und später die reformierten Hofgeistlichen. Die Lehrer- und Schülerschaft des Cöllnischen und des Berlinischen Gymnasiums war dagegen personell und ideell fest in die etablierte lutherische

---

[29] Vgl. *Heidemann,* Geschichte (Anm. 28), 330 f.

[30] Vgl. *Anton Friedrich Büsching,* Geschichte des Berlinischen Gymnasii im grauen Kloster, Nebst einer Einladung zum Jubelfest desselben, Berlin 1774, 10.

[31] Vgl. *Erich Wetzel,* Die Geschichte des Königl. Joachimsthalschen Gymnasiums 1607–1907, Halle/S. 1907 (Festschrift zum dreihundertjährigen Jubiläum des Königl. Joachimsthalschen Gymnasiums am 24. August 1907, 1), 53 ff.

Konfessionskultur Berlins bzw. der Mark eingebunden. Trotz der weniger guten Ausstattung mit Freistellen hatten auch die städtischen Gelehrtenschulen einen großen Einzugsbereich. Eine Vielzahl der dortigen Schüler hatte allerdings durch Kurrendesingen und Erteilen von Privatunterricht für seinen Unterhalt selbst aufzukommen. Infolge der landesherrlichen Bevölkerungs- und Wirtschaftspolitik und der damit einhergehenden Erweiterung der Residenzstadt kam es im Jahre 1681 zur Gründung einer vierten höheren Schule im neuen Stadtteil Friedrichswerder. Die 1701 zum Gymnasium erhobene Friedrichswerdersche Lateinschule war auf Initiative des Magistrats dieser kurfürstlichen Neustadt eingerichtet worden und wurde teils mit landesherrlichen, teils mit Magistratsgeldern finanziert.[32] Sie nahm insofern hinsichtlich ihrer Patronatsverhältnisse eine Zwitterstellung ein. Entsprechend der vom Landesherrn verfolgten konfessionellen Ausgleichspolitik war diese Schule in dem von überproportional vielen Hofbediensteten bewohnten Stadtteil als lutherisch-reformiertes Simultaneum angelegt worden. Dies mag darauf verweisen, daß am Ende der Regierungszeit von Kurfürst Friedrich Wilhelm der Konfessionskonflikt langsam an Schärfe verloren hatte. Die streng paritätische Regelung, die ebenso auch die Pfarr- und Bürgermeisterämter betraf und deren Durchsetzung in der Folgezeit nicht ohne Konflikte blieb, kann jedoch auch als „Ausdruck einer stärkeren Durchsetzung des Absolutismus“[33] verstanden werden. Mit dem Collège François trat 1689 eine fünfte Gelehrtenschule hinzu, deren Entstehung ebenfalls unmittelbar mit der landesherrlichen Religions-, Bevölkerungs- und Wirtschaftspolitik in Verbindung zu bringen ist.

IV. Einrichtung und Administration des ‚Collège François‘[34]

Die Gründung des Französischen Gymnasiums war das Ergebnis des Zusammenwirkens der Berliner Flüchtlingsgemeinde und ihrer führen-

---

[32] Vgl. *August Carl Müller*, Geschichte des Friedrichs-Werderschen Gymnasiums zu Berlin, Berlin 1881, 6 f.

[33] *Erika Schachinger*, Die Berliner Vorstadt Friedrichswerder 1658–1708 (Veröffentlichungen aus den Archiven Preussischer Kulturbesitz, Beiheft 4), Köln/Weimar/Wien 1993, 147.

[34] Quellen und Literatur: Das Schularchiv des Französischen Gymnasiums ging mit seinen wichtigen Aktenbeständen im letzten Krieg verloren. Für den hier gewählten Untersuchungszeitraum stehen der Forschung heute nur noch die staatlichen Verwaltungakten im Geheimen Staatsarchiv Stiftung Preußischer Kulturbesitz in Berlin-Dahlem (Acta betr. das Französische Gymnasium HA I, Rep. 122, 7^{a}, II, 1) und die Konsistorialakten der Französischen Gemeinde Berlin (Actes du Consistoire de l'Église françoise de Berlin, Rep. 04, I) zur Verfügung. Als wichtigste Literatur ist zunächst die älteste Schulgeschichte, die zugleich Quellencharakter besitzt, zu nennen: *Jean Pierre Erman*, Mémoire historique sur la fondation du

den Repräsentanten mit der kurfürstlichen Regierung. Entsprechend dem in der reformierten Kirche Frankreichs geltenden Presbyterialprinzip hatte auch die Berliner Hugenottengemeinde ihr ‚Consistoire' begründet. Dieses bestand in Anlehnung an die französische Kirchenordnung aus den Predigern und gewählten Ältesten und bildete die Leitung der Gemeinde.[35] In der französischen Kirchenordnung war darüber hinaus die Gründung von Schulen für die Erziehung der Jugend vorgeschrieben.[36] Diesen Gründungsauftrag machte sich das Berliner Französische Konsistorium bald zu eigen. Bis 1689 wurden zwei Gemeindelehrer für die Erteilung eines muttersprachlichen Elementarunterrichts mit dem Schwerpunkt religiöser Unterweisung angestellt. Da eine baldige Rückkehr der Flüchtlinge in immer weitere Ferne rückte, wurde außerdem die Notwendigkeit weiterbildenden Unterrichts deutlich. Auch zukünftig mußte für den notwendigen Nachwuchs an Geistlichen, Lehrern und Kantoren gesorgt werden. Ancillon nennt in seiner berühmten Darstellung zur Geschichte der Réfugiés in Brandenburg-Preußen die eigenen Bildungsbedürfnisse der Flüchtlingsgemeinde als primären Anlaß für die Einrichtung einer französischen Gelehrtenschule. Die Franzosen hätten dem deutschen Unterricht in den vorhandenen Gymnasien der Stadt nicht folgen können und deshalb einer eigenen höheren Schule bedurft.[37] Für das Bedürfnis der Réfugiés nach gelehrter Bildung war auch der verhält-

---

Collège François de Berlin, Berlin 1789. Im 19. Jahrhundert erschienen von *Carles Chambeau,* Notices historiques sur le Collège Royal Français de Berlin, in: Programme d'Invitation a l'Examen Public du Collège Royal Français, Berlin 1864, 1–38. Zum zweihundertjährigen Bestehen legte Schulze die erste moderne Schulgeschichte vor: *G. Schulze,* Bericht über das Königliche Französische Gymnasium in den Jahren 1689–1889, in: Festschrift zur Feier des 200jährigen Bestehens des Königlichen Französischen Gymnasiums, Berlin 1890. Repräsentativ für die neuere schulgeschichtliche Forschung sind die archivalisch fundierten Untersuchungen von Velder: *Christian Velder,* Die Anfänge des Französischen Gymnasiums, Anmerkungen zu seiner Gründungsgeschichte, in: Berlin in Geschichte und Gegenwart [7] (1988), 7–28; *ders.,* 300 Jahre Französisches Gymnasium Berlin, 300 ans au Collège Français, Berlin 1989 u. *ders./Rolf Gehrmann,* Französisches Gymnasium, Materialienband zur Festschrift 300 Jahre Französisches Gymnasium Berlin, Berlin/Bonn 1989.

[35] Zur Herausbildung der Gemeindeverfassung: *Ernst Mengin,* Das Recht der französisch-reformierten Kirche in Preußen, Urkundliche Denkschrift, Berlin 1929; *Werner Grieshammer,* Studien zur Geschichte der Refugiés in Brandenburg-Preußen bis 1713, Diss. phil. Berlin 1935; *Eckart Birnstiel,* Die Hugenotten in Berlin, in: Die Hugenotten 1685–1985, hrsg. von Rudolph von Thadden/Michelle Madelaine, München 1985, 115–126 u. *Birnstiel/Reinke,* Hugenotten (Anm. 4), 79 ff.

[36] La Discipline Ecclésiastique des Églises Reformées de France, Art. II, 1. Vgl. *Mengin,* Recht (Anm. 35), 89.

[37] Vgl. *Charles Ancillon,* Geschichte der Niederlassung der Réfugiés in den Staaten Seiner Kurfürstlichen Hoheit von Brandenburg, nach der frz. Originalausgabe vom Jahre 1690, Berlin 1939, 8.

nismäßig hohe Anteil städtischen Bürgertums unter den reformierten Flüchtlingen verantwortlich.[38] Dieses war von Frankreich her an eine gründliche Bildung gewohnt, und zu dieser bürgerlichen Bildung zählten natürlich auch Lateinkenntnisse. Die personellen Voraussetzungen für den Betrieb einer französischen Lateinschule waren in Berlin optimal: Seit den achtziger Jahren war die Stadt zu einem Sammelpunkt von französischen Gelehrten geworden, die sich auf der Suche nach neuen Betätigungsfeldern und Verdienstmöglichkeiten befanden.[39]

Zur Einrichtung einer neuen französischen Gelehrtenschule kam es 1689 durch administrative Maßnahmen von landesherrlicher Seite. Entscheidend waren dabei nicht zuletzt die fördernden wissenschaftspolitischen Aktivitäten maßgeblicher reformierter Persönlichkeiten am Berliner Hofe. Insbesondere der für die französischen Angelegenheiten zuständige Minister Ezechiel von Spanheim, der als kurbrandenburgischer Gesandter in Paris auch das französische Bildungswesen kennengelernt hatte, förderte die Gründungspläne und nahm auf die Wahl der ersten Lehrer Einfluß.[40] Nachdem im Geheimen Rat der Beschluß über die Einrichtung des Gymnasiums gefällt worden war, übernahm die kurfürstliche Verwaltung im Dezember 1689 die Bestallung der ersten Lehrer.[41] Laut Gründungsurkunde sollte die französische Jugend in dem *Collegium (...) wie es im Königreich Franckreich gewöhnlich, in der Gottesfurcht und gute sitten, nicht weniger als in der Lateinischen Sprache, Eloquentz, Philosophie und Mathematischen wissenschaften informiret*[42] werden. Dieses Lehrprogramm, welches nicht nur einen humanistisch-literarischen, sondern mit der Philosophie auch einen akademischen Lehrgang umfaßte, entsprach tatsächlich dem damals in Frankreich üblichen. Auch an den französischen ‚Collèges de plein exercice' wurde neben den philologischen Fächern in einem besonderen zweijährigen Philosophiekurs Logik, Ethik, Metaphysik und Physik angeboten.[43] Die Kinder der Kolonie sollten in dem neuen Gymnasium *dem Vaterlande zum besten*

---

[38] Zur Sozialstruktur der Hugenotten: Vgl. *Wilke,* Kolonie (Anm. 3), 361 ff.

[39] Die größte Gruppe bildeten dabei die Theologen. Unter den Réfugiés waren um 1700 nach einer Stichprobe der Haushaltsvorstände mehr als zehn Prozent Angehörige des geistlichen Standes. Vgl. *Stefi Jersch-Wenzel,* Juden und ‚Franzosen' in der Wirtschaft des Raumes Berlin/Brandenburg zur Zeit des Merkantilismus (Einzelveröffentlichungen der Historischen Kommission Berlin, 23), Berlin 1978, 74.

[40] Zu Spanheim: *Adolf von Harnack,* Das geistige und wissenschaftliche Leben in Brandenburg-Preußen um das Jahr 1700, in: HohenzJb 4 (1900), 174 f. u. *Victor Loewe,* Ein Diplomat und Gelehrter. Ezechiel Spanheim (1629–1710), Berlin 1924.

[41] Die Entwürfe der Bestallungsurkunden finden sich in den Acta französisches Gymnasium (Anm. 9), Bl. 52 ff. Vgl. auch *Velder,* Anfänge Gymnasium (Anm. 34), 11.

[42] Zitiert nach *Schulze,* Bericht (Anm. 34), 6.

unterrichtet werden, um *einst brauchbare Staatsbürger zu werden.*[44] Das staatliche Interesse an gelehrter Bildung drückt sich in dieser Zielstellung deutlich aus. Im Unterschied zu den oben behandelten Gründungsinitiativen sollte der Unterricht in dem neuen Gymnasium unentgeltlich sein. Für Gehälter und Mietausgaben legte der Kurfürst eine Summe von 540 Talern fest. Beachtenswert ist die Tatsache, daß sich die anfänglich bewilligten kurfürstlichen Gelder in derselben Größenordnung bewegten wie die, die seit den frühen achtziger Jahren auch das Cöllnische und das Berlinische Gymnasium zum Grauen Kloster als Zuschüsse von landesherrlicher Seite erhielten.[45] Trotzdem genoß das Collège in der Folgezeit die besondere Aufmerksamkeit des Landesherren. Der Etat der Schule, der sich bis 1700 fast verdoppelt hatte, wurde auch in der Folgezeit im Wesentlichen aus staatlichen Geldern bestritten. Für diese Förderung des französischen Bildungswesens sind konfessionspolitische Motive sicherlich weiterhin leitend gewesen.

Die Oberaufsicht über die Schule hatte der Kurfürst zunächst Charles Ancillon übertragen, der zu diesem Zeitpunkt bereits als Oberrichter und Direktor der französischen Kolonie eingesetzt war und in hohem Maße das Vertrauen der Hohenzollern genoß. Seine alleinige Direktion über die Schule und die Tatsache, daß die ersten Lehrer ohne eine Absprache mit dem Französischen Konsistorium eingesetzt worden waren, veranlaßte deren Mitglieder umgehend zu einer Eingabe an den Landesherrn. Dabei konnten sie sich auf die seit 1689 auch rechtsverbindlich in Berlin geltende ‚Discipline Ecclésiastique des églises reformées de France' berufen, die den örtlichen Konsistorien das Aufsichtsrecht über die Schulen einräumte.[46] Tatsächlich erließ der zuständige Minister Spanheim daraufhin eine Verordnung, nach der das Konsistorium der Hugenotten jährlich drei Geistliche zu einem ‚Conseil des Inspecteurs' bestellen konnte, die dem vom Kurfürsten berufenen Direktor gleichgestellt sein sollten.[47] Dieses Inspektorenkollegium hatte die Lehrkräfte zu überprüfen, die Unterzeichnung und Befolgung des französisch-reformierten Glaubensbekenntisses von ihnen zu fordern und den Vorsitz bei

---

[43] Vgl. *Laurence W. B. Brockliss,* Der Philosophieunterricht in Frankreich, in: Die Philosophie des 17. Jahrhunderts. Frankreich und Niederlande, Bd. 2,1, hrsg. von Jean-Pierre Schobinger (Grundriss der Geschichte der Philosophie), Basel 1993, 3 f. u. *ders.,* French Higher Education in the Seventeenth and Eighteenth Centuries, A cultural History, Oxford 1987, 185 ff.

[44] *Schulze,* Bericht (Anm. 34), 6.

[45] Die Zuschüsse für die städtischen Gymnasien stammten aus Akzisegeldern. Vgl. *Martin Diterich,* Berlinsche Kloster- und Schulhistorie, Berlin 1732, 303 f.; *Heidemann,* Geschichte (Anm. 28), 174 u. *Müller,* Geschichte (Anm. 32), 16.

[46] Vgl. *Birnstiel,* Hugenotten (Anm. 35), 124.

[47] Vgl. *Schulze,* Bericht (Anm. 34), 8 f. Im Jahre 1695 kamen noch zwei Älteste dazu, so daß das Gremium fünf Mitglieder zählte.

den Examina zu führen. Wenn auch damit die Schulaufsicht formell an das Französische Konsistorium delegiert worden war, verzichtete der Landesherr nicht völlig auf die Ausübung des Schulregiments. Die neu gewählten Inspektoren mußten jeweils von ihm bestätigt werden. Zu Eingriffen in die Schulaufsicht kam es insbesondere im ersten Jahrzehnt der Existenz des Collège. Diese resultierten aus den Spannungen zwischen dem theologisch stark orthodox ausgerichteten Konsistorium und dem Lehrerkollegium, das mehrheitlich nonkonformistische Lehrmeinungen vertrat und der Frühaufklärung nahestand.[48] In diesem Konflikt fanden die französischen Gelehrten des Collège von Seiten maßgeblicher deutscher Hofbeamter Unterstützung. Dazu zählten vor allem die für die französischen Angelegenheiten zuständigen Minister Eberhard Christoph von Danckelman und Paul von Fuchs. Bekanntermaßen war der brandenburgische Hof zu dieser Zeit von konfessionell orthodoxen Positionen deutlich abgerückt und förderte Pietismus und Frühaufklärung.[49] Die Einzelheiten dieser kirchlich-theologischen Auseinandersetzungen können hier nicht dargestellt werden. Interessant ist jedoch in unserem Zusammenhang der Fall des Sprach- und Religionslehrers Jean Barbeyrac, der in der Wissenschaftsgeschichte durch seine Übersetzung der naturrechtlichen Werke Pufendorfs ins Französische bekannt wurde.[50] Obwohl die französisch-reformierten Geistlichen Barbeyrac der Häresie und des Sektierertums bezichtigt hatten, durfte dieser, *weil Er sonsten ein gar gelehrter man ist*[51], gegen den Willen des Konsistoriums weiterhin im Lehramt verbleiben. Nur seinen umstrittenen Religionsunterricht sollte er nicht mehr abhalten. Diesen Beschluß hatte eine kurfürstliche Untersuchungskommission von ausschließlich deutschen weltlichen und geistlichen Persönlichkeiten gefaßt, von der die Hugenotten trotz heftigen Widerspruchs ausgeschlossen worden waren. Mit diesem Akt erzwungener Toleranz waren die Privilegien der französisch-reformierten Gemeinde im Interesse der Staatsraison konsequent übergangen worden.

Der Kompetenzstreit zwischen Landesherrschaft und Französischem Konsistorium entschied sich endgültig im Jahre 1702. Nachdem die

48 Zu den innerkirchlichen Auseinandersetzungen vgl. u.a. *Frédéric Hartweg*, Frühaufklärung und Orthodoxie im Widerstreit, Dokumente aus der Frühphase der Französisch-Reformierten Kirche in Berlin, in: Recherches Germaniques 16 (1986), 225–248.

49 Zur konfessionell eher indifferenten Einstellung der Hofgesellschaft vgl. *Carl Hinrichs*, Preußentum und Pietismus. Der Pietismus in Brandenburg als religiös-soziale Reformbewegung, Göttingen 1971, 182 f. u. *Klaus Deppermann*, Der hallesche Pietismus und der preußische Staat unter Friedrich III. (I.), Göttingen 1961, 27 ff.

50 Ausführliche Darstellung des Falles Barbeyrac bei *Othmer*, Berlin (Anm. 26), 68 ff.

51 Ebd., 73.

Schule vom Berliner Stadtrand in das neue Gebäude des französisch-reformierten Konsistoriums in die Niederlagstraße auf dem Friedrichswerder umgezogen war, setzte König Friedrich I. auch ein neues Inspektorenkollegium ein. In diesem Kollegium waren zwei der Gemeindeprediger verblieben. Der führende Kopf des orthodoxen Konsistorium, François Gaultier de St. Blanchard, der bislang als „Großinquisitor des Refuge“[52] fungiert hatte, gehörte ihm jedoch nicht mehr an. Die übrigen fünf Mitglieder waren Laien und standen als Hof- und Legationsräte dem Landesherrn sämtlich loyal gegenüber. Darüber hinaus ließ Friedrich I. für das Collège ein neues Statut ausarbeiten.[53] In diesem Statut, das bis in das 19. Jahrhundert hinein in Kraft blieb, war der König, vertreten durch seine für die französischen Angelegenheiten zuständigen Minister, explizit als oberste Entscheidungsinstanz in allen Schulangelegenheiten festgeschrieben. Dies betraf vor allem die Einsetzung der jetzt auf Lebenszeit berufenen Inspektoren. Im Falle einer Neuwahl hatte das französische Konsistorium dem König eine Liste dreier Kandidaten vorzulegen, von denen er einen auswählen konnte. Damit blieb zwar der Einfluß der Kirche gesichert, das letzte Wort war jedoch dem Landesherrn vorbehalten. Diese Ausweitung landesherrlicher Befugnisse gegenüber der Französischen Gemeinde entsprach einem allgemeinen Entwicklungstrend in den staatskirchenrechtlichen Rahmenbedingungen, nämlich die Zurückdrängung presbyterial-synodaler Elemente, wie sie in der traditionellen französisch-reformierten Kirchenverfassung vorgesehen waren.[54] Die Kirchenverfassung der Hugenotten wurde auch im Bereich des Bildungswesens dem in Brandenburg-Preußen geltenden Summepiskopat der Hohenzollern angepaßt.

Vergleicht man die Administration des Collège François mit der Praxis an der anderen reformierten Gelehrtenschule der Hauptresidenz, dem Joachimsthalschen Gymnasium, ergeben sich viele Parallelen. Beide Gymnasien unterstanden als landesherrliche Stiftungen unmittelbar der kurfürstlichen bzw. königlichen Verwaltung. Zu Mitgliedern der eigens eingerichteten Schulaufsichtsorgane wurden aus der jeweiligen deutsch- bzw. französisch-reformierten Gemeinde bevorzugt Mitglieder der hohen Beamtenschicht berufen. Auch am Friedrichswerderschen Gymnasium mischte sich der Landesherr in Berufungsfragen ein. So setzte er 1704 trotz des numerischen Übergewichts der Lutheraner durch, daß entgegen

---

[52] *Frédéric Hartweg*, Le Grand Beausobre, Aspekte des intellektuellen und kirchlichen Lebens der ersten Generation des Berliner Refuge, in: Geschichte als Aufgabe. Festschrift Otto Büsch, Berlin 1988, 61.

[53] *Statuts du Collège* (14. Mai 1703). Abgedruckt bei *Erman*, Mémoire (Anm. 34), 132–150.

[54] Auch bei der Predigerwahl behielt sich der König seit 1715 die letzte Entscheidung zwischen drei Kandidaten vor. Vgl. *Mengin*, Recht (Anm. 35) 8 f.

der ursprünglich vorgesehenen konfessionellen Alternation im Rektorenamt ausschließlich Reformierte zu Rektoren gewählt werden sollten.[55] Zu landesherrlichen Eingriffen in das städtische Patronat der beiden rein lutherischen Gymnasien kamen es dagegen kaum. Das dem Landesherrn als ‚summus episcopus' zustehende Kirchen- und damit auch Schulregiment kam bei den reformierten Schulen der Stadt offensichtlich in besonders unmittelbarer Weise zum Tragen.

V. Struktur und Lehrprofil des ‚Collège François'

Das Collège François und seine Lehrer hatten von Beginn an regen Anteil am Berliner Geistesleben. Unter den ersten beiden Direktoren Jean Sperlette de Montgyon und Etienne Chauvin, beide Anhänger des Cartesianismus, wurde das Collège in den neunziger Jahren des 17. Jahrhunderts zu einem Kristallisationspunkt der französisch beeinflußten Frühaufklärung.[56] Der von Sperlette bis zu dessen Berufung an die Hallenser Universität und seit 1695 von Chauvin angebotene besondere Philosophielehrgang fand mit öffentlichen Disputationen vor einem *auditorio philosophico* seinen Abschluß.[57] Er wurde nicht nur von Franzosen, sondern in einzelnen Fällen auch von deutschen Studenten absolviert.[58]

---

[55] Abgesehen von der Dorotheenstadt, wo zeitweilig Hugenotten die Mehrheit bildeten, gab es in allen Berliner Stadtteilen eine lutherische Bevölkerungsmehrheit. Vgl. *Walter Wendland,* Studien zum kirchlichen Leben in Berlin um 1700, in: JbBrandenbKG 21 (1926), 161.

[56] Zu Chauvin, der mit Pierre Bayle und Leibniz gut bekannt war, vgl. *Velder,* 300 Jahre (Anm. 34), 23 ff. Seine publizistische Tätigkeit beleuchtet *Othmer,* Berlin (Anm. 26), 29 ff. Zur Bedeutung Sperlettes für die Philosophiegeschichte vgl. *Max Wundt,* Die deutsche Schulphilosophie im Zeitalter der Aufklärung (Heidelberger Abhandlungen zur Philosophie und ihrer Geschichte, 32), Tübingen 1945, 98 ff.

[57] Die halbjährliche Durchführung von Disputationen war in der Schulordnung von 1689 festgelegt worden. Vgl. Disciplina seu Leges Gymnasii Gallici a Serenissimo ac Potentissimo Electore Brandenburgico Friderico III. Colonia ad Spream [1690], in: Festschrift zur Feier des 275jährigen Bestehens des Französischen Gymnasiums, Berlin 1965, 98. Die Feststellung Velders, daß mit dem Disputationsakt die Erlangung eines akademischen Grades verbunden gewesen sei, erscheint mir problematisch. Nach Marti sind alle nicht an Universitäten abgehaltenen Disputationen generell als Übungsdisputationen (*exercitii causa*) einzustufen. Vgl. *Velder,* Anfänge Gymnasium (Anm. 34), 20; *ders.,* 300 Jahre (Anm. 34), 27 f. u. *Hanspeter Marti,* Philosophische Dissertationen deutscher Universitäten 1660–1750. Eine Auswahlbibliographie, München u. a. 1982, 15. Zur Rolle der Disputationen als Bestandteil von Rhetorik- und Logikunterricht an Gymnasien und Universitäten vgl. *Wilfried Barner,* Barockrhetorik. Untersuchungen zu ihren geschichtlichen Grundlagen, Tübingen 1970, 290 u. 393 ff. u. *Hanspeter Marti,* Art. Disputation, in: Historisches Wörterbuch der Rhetorik, hrsg. v. Gert Ueding, Bd. 2, Darmstadt 1994, 875–879.

Auch die von Chauvin seit 1696 bis mindestens 1698 veranstalteten ‚Sabbatines', samstägliche Gelehrtenzusammenkünfte zu unterschiedlichen philosophischen Fragen, waren öffentlich und wurden sogar von Personen beiderlei Geschlechts besucht.[59] In den neunziger Jahren scheint Chauvin das ehrgeizige Bemühen verfolgt zu haben, der Schule einen „hochschulartigen" Oberbau hinzuzufügen und sie damit zu einer Akademie, wie er sie von seiner Heimat her aus Sedan, Saumur oder Nîmes kannten, umzuformen.[60] Obwohl sich das Fächerangebot des Collège kurzzeitig sogar um Medizin erweiterte, kam die Einrichtung weiterer Lehrstühle, insbesondere eines Theologielehrstuhls, jedoch nicht zustande. Eine französische Hugenottenakademie hatte angesichts der universitären Konkurrenz in Halle und Frankfurt an der Oder offensichtlich keine Chance. Über das Angebot eines einjährigen Philosophiekurses in einer besonderen ‚Selecta (Classe de Philosophie)', der sich auf vier Stunden wöchentlich beschränkte, kam das Collège langfristig nicht hinaus.[61] Es blieb bei einem Collège de plein exercice traditionellen Zuschnitts. Strukturell unterschied sich das französische Collège von den deutschen Gymnasien damit keineswegs. Auch letztere hatten in den obersten Klassen philosophische Disziplinen wie Logik und Moralphilosophie im Lehrplan und boten außerdem in sogenannten ‚Privatkollegien' zusätzliche weiterführende Bildung an.[62] In den zeitgenössischen Schulschriften

[58] Leider liegen die frühen Matrikel des Französischen Gymnasiums heute nicht mehr vor. In der älteren Sekundärliteratur werden für das Jahr 1695 fünf Franzosen und ein Deutscher als Philosophiestudenten genannt. Vgl. *Bernhard Gaster*, Aus den alten Matrikeln des Französischen Gymnasiums, in: Kirchliche Nachrichten für die französisch-reformierte Gemeinde in Großberlin 34 (1924), 138. Aus den gedruckten Disputationen der Jahre 1691 bis 1700, die in der Staatsbibliothek Berlin erhalten sind, lassen sich die Namen von fünf deutschen Absolventen entnehmen.

[59] Vgl. *Erman*, Mémoire (Anm. 34), 18 u. *Velder*, 300 Jahre (Anm. 34), 24.

[60] Näheres zu dieser Vermutung bei *Velder*, Anfänge Gymnasium (Anm. 34), 20 ff. und *ders.*, 300 Jahre (Anm. 34), 27 ff.

[61] Unter Chauvin, der bis zu seinem Tode im Jahre 1725 den Philosophiekurs durchführte, war dessen Dauer von ursprünglich zwei auf ein Jahr verkürzt worden. Vgl. *Schulze*, Bericht (Anm. 34), 17.

[62] Die Durchführung zusätzlicher Privatlektionen neben dem allgemeinen humanistischen Lehrgang war an den Berliner Gelehrtenschulen eine langgeübte Praxis. Im Verlauf des 17. bis zum frühen 18. Jahrhundert waren die Privatstunden immer mehr zu einer anerkannten Unterrichtsform avanciert und in den offiziellen Unterrichtsbetrieb integriert worden. Am Joachimsthalschen Gymnasium wurden in einer Verordnung von 1709 Ausmaß und Fachgebiete der ‚Privatcollegia' genau geregelt. Daneben fanden hier die ‚Privatissima' Erwähnung, die zu dieser Zeit den eigentlichen Privatunterricht bildeten. Im Unterschied zu den Privatcollegia wurde den Lehrern bei der Ausgestaltung der Privatissima völlig freie Hand gelassen. *Becman*, Nachrichten (Anm. 28), Bl. 595. Zum Thema Privatunterricht an Gelehrtenschulen vgl. *Wolfgang Neugebauer*, Absolutistischer Staat und

werden die hier vermittelten Inhalte, die über den engen Rahmen des Lehrplanes hinausführten und häufig moderne Themen berührten, zum Teil mit angeführt. Darüber hinaus geben die Schulschriften auch Auskunft über die Durchführung von Deklamationen und Disputationen zu theologischen und philosophischen Themen anläßlich der ‚actus publici'.[63] Die Praxis des Disputierens war auch an den deutschen Gymnasien in einzelnen Schulordnungen und Lehrplänen verankert.[64] Das Streben nach Rangerhöhung und weiterer Ausdifferenzierung, welches bereits beim Collège zu beobachten war, läßt sich insbesondere am Joachimsthalschen Gymnasium beobachten. Auch an dieser Schule wurden ‚lectiones publicae', also einem öffentlichen Publikum offenstehende Lektionen, angeboten. Außerdem wurde der Klassenunterricht reformiert und im Jahre 1707 eine besondere Suprema ausgegliedert. Darüber hinaus erkannte König Friedrich I. drei Lehrern offiziell den Professorentitel zu. Bis 1716 wurden zwei weitere Lehrer zu Professoren für Philosophie und ‚Matheseos' erhoben und eine besondere Professur für ‚Jus natura et Jus civile' eingerichtet. Damit zeichnete sich der Trend zum Fachlehrersystem immer deutlicher ab.[65] Dies alles entsprach dem generellen Zustand im höheren Bildungswesen dieser Zeit, zu der eine genaue Trennung von gymnasialer und universitärer Bildung noch nicht vollzogen war.[66] Neben persönlichem Ehrgeiz wird auch das Fehlen einer

---

Schulwirklichkeit in Brandenburg-Preußen (Veröffentlichungen der Historischen Kommission zu Berlin, 62), Berlin 1985, 613 ff.

[63] Vgl. Catalogus Disputationum et Declamationum a Discipulis Prima Ordinis in Gymnasio Petrino Coloniae, Coloniae Brandenburgicae 1705. Am Joachimsthalschen Gymnasium wurden sowohl ‚publice' als auch ‚privatim' Disputationen durchgeführt, von denen im Jahre 1690 zweiundzwanzig Stück auch veröffentlicht worden sein sollen. Vgl. *Becman,* Nachrichten (Anm. 28), Bl. 213.

[64] So im Lehrplan von 1698 für das Friedrichswerdersche Gymnasium von Joachim Lange und in den erneuerten Schulgesetzen von 1707 für das Joachimsthalsche Gymnasium. Vgl. *Friedrich Gedike,* Geschichte des Friedrichswerderschen Gymnasiums, Berlin 1781, 29 u. Leges Docentium in Regio Gymnasio Joachimico, Brandenburgisches Landeshauptarchiv (Potsdam), Pr.Br. Rep. 34, 1857, Bl. 34.

[65] Vgl. *Becman,* Nachrichten (Anm. 28), Bl. 413 ff. u. *Wetzel,* Geschichte (Anm. 31), 225. Der Auffassung Velders, daß allein das Collège der Hugenotten eine Organisation nach Lehrstühlen besaß, kann nicht zugestimmt werden. Vielmehr scheint sich an den Berliner Gymnasien das Fachlehrer- und das Klassenlehrersystem generell vermischt zu haben. Vgl. *Velder,* Anfänge Gymnasium (Anm. 34), 21.

[66] Näheres dazu bei *Arno Seifert,* Das höhere Schulwesen, Universitäten und Gymnasien, in: Handbuch der deutschen Bildungsgeschichte, Bd. 1: 15.–17. Jahrhundert, Von der Renaissance und der Reformation bis zum Ende der Glaubenskämpfe, hrsg. von Notker Hammerstein, München 1996, 279 u. 292; *Rudolf Stichweh,* Der frühmoderne Staat und die europäische Universität, Zur Interaktion von Politik und Erziehungssystem im Prozeß ihrer Ausdifferenzierung (16.–18. Jahrhundert), Frankfurt/M. 1991, 244 ff. Bei den frühneuzeitlichen Differenzierungs-

Universität in der Berliner Residenz die Lehrer an den Gelehrtenschulen der Stadt zu einem Ausbau der Oberstufe motiviert haben.

Um die tatsächliche Bedeutung des Collège für das höhere Bildungswesen in Brandenburg-Preußen in den ersten Jahrzehnten seines Bestehens genauer einzuschätzen, soll im Folgenden eine genauere Bewertung des damaligen Lehrprogramms erfolgen.[67] Hinsichtlich seines philosophischen Lehrganges kann man dem Collège sicherlich eine Vorreiterrolle zusprechen. Bereits in den neunziger Jahren des 17. Jahrhunderts wurden hier Fragen des Naturrechts und allgemeine naturphilosophische Probleme behandelt. Dabei wurde gegen die aristotelische Schulphilosophie und für den Cartesianismus Stellung bezogen.[68] Cartesianische Philosophie und Naturrecht wurden am Joachimthalschen Gymnasium dagegen erst nach 1707 gelehrt.[69] An den lutherischen Gymnasien Berlins läßt sich der Cartesianismus nicht nachweisen. Der Pietist Joachim Lange, der bis zu seiner Berufung an den Theologischen Lehrstuhl von Halle im Jahre 1709 sehr erfolgreich das Friedrichswerdersche Gymnasium leitete, war sogar ein expliziter Gegner des Cartesianismus.[70] Anders scheint es mit der angewandten Mathematik und den realistischen Fächern gewesen zu sein. Zwar sollten am Französischen Gymnasium laut Gründungsurkunde die Schüler nicht nur in der lateinischen Sprache, Eloquenz und Philosophie, sondern auch in den *Mathemati-*

---

prozessen im höheren Bildungswesen zwischen einem „Sekundarschul-" und einem „Hochschulcharakter" unterscheiden zu wollen, wie dies Velder hinsichtlich des Französischen Gymnasiums unter Chauvin tut, scheint mir für den Untersuchungszeitraum nicht angebracht. Vgl. *Velder,* 300 Jahre, (Anm. 34), 27 u. 89.

[67] Hierbei ist auf das Problem der Vergleichbarkeit der Quellen hinzuweisen. So ist die Quellenlage zu den einzelnen Berliner Gymnasien sehr unterschiedlich. Die überlieferten Lehrpläne und Schulschriften enthalten zeitliche Lücken und spiegeln den Lehrbetrieb auf sehr unterschiedliche Weise wider. Dies betrifft vor allem die Frage der Privatlektionen, über welche neue innovative Lehrinhalte an den Schulen zuerst wirksam wurden. Aus der Frühgeschichte des Collège François liegen die Lehrpläne von 1689 und von 1703 vor. Beide enthalten ausschließlich Informationen zum regulären Curriculum. Vgl. Disciplina seu Leges (Anm. 57); *Chambeau,* Notices (Anm. 34) 23–27 u. *Schulze,* Bericht (Anm. 34), 26–28.

[68] Vgl. *Wolfgang Förster/Klaus Steiner,* Frühaufklärerisches Denken in Berlin vor 1700, in: Aufklärung in Berlin, hrsg. von Wolfgang Förster, Berlin 1989, 37 f. Detaillierte Auskunft über einzelne in den Jahren von 1691 bis 1700 behandelte Themen bieten die in der Berliner Staatsbibliothek vorhandenen gedruckten lateinischen Disputationen.

[69] Seit 1707/08 wurden hier Logik nach dem Cartesianer Johannes Clauberg (1622–65) und Naturrecht nach Heinrich von Cocceji (1644–1719), der seit 1690 Jura an der Frankfurter Viadrina lehrte, unterrichtet. Vgl. *Becman,* Nachrichten (Anm. 28), Bl. 212 f.

[70] Vgl. *Wundt,* Schulphilosophie (Anm. 56) u. *Gunter Lind,* Physik im Lehrbuch 1700–1850, Zur Geschichte der Physik und ihrer Didaktik, Berlin u. a. 1992, 345, Anm. 31.

schen wissenschaften[71] unterwiesen werden. Der zu diesem Zweck eingestellte Philippe Naudé d. Ä. war jedoch, wenn überhaupt, nur wenige Monate am Collège verblieben.[72] Stattdessen unterrichtete er am Joachimsthalschen Gymnasium, wo er bereits seit 1687 eine Stelle als Lehrer der ‚Mathesis' innehatte. Laut Lektionskatalog von 1692 gehörten am Joachimsthalschen Gymnasium neben den humanistisch-philologischen Fächern ebenso *matheseos tum theoreticae, tum practicae*[73], Arithmetik und Geometrie zum Unterrichtspensum der oberen Klassen. Am Collège scheint dagegen von Beginn an, soweit es den regulären Unterricht betrifft, nur ein elementarer Rechenunterricht in den unteren Klassen stattgefunden zu haben.[74] Gemäß den Statuten und Lehrplänen des Joachimsthalschen Gymnasiums von 1707 bzw. 1714 war in den oberen Klassen neben Geometrie und anderen Teilen der ‚Mathesis' auch Universal- und Kirchengeschichte im Unterricht verankert. In Privatstunden wurde neben Astronomie (‚Globus' bzw. ‚Spherica') auch Geographie angeboten.[75] Auch am lutherischen Gymnasium zum Grauen Kloster wurden in den oberen Klassen die mathematischen Wissenschaften,

---

[71] *Schulze,* Bericht (Anm. 34), 6.

[72] Naudés freigewordene Stelle nahm bereits im Juni 1690 Jean Audovi ein, der am Collège jedoch nicht als Mathematiklehrer, sondern als *Lecteur Eloquentia et Humaniorum* tätig war. Vgl. Acta französisches Gymnasium (Anm. 9), Bl. 72, 81 u. 245 u. *Erman,* Mémoire (Anm. 34), 96. Warum Naudé, der 1704 außerdem eine Mathematikprofessur an der neuen Berliner Ritterakademie annahm, nicht auf Dauer zum Collège überwechselte, ist nicht bekannt. Neben dem deutlichen Gehaltsgefälle mag hier seine orthodoxe Haltung gegenüber liberalen Auffassungen der französischen Frühaufklärung eine Rolle gespielt haben. In kontroverstheologischen Schriften hatte sich Naudé mehrfach gegen Pierre Bayle und *dessen schädliche Meinung von der unumschrenkten toleranz aller secten* geäußert. Sein Verhältnis zu Chauvin und seinem Kreis dürfte deshalb nicht ungetrübt gewesen sein. *Becman,* Nachrichten (Anm. 28), Bl. 426. Vgl. auch *Velder,* 300 Jahre (Anm. 34), 31 ff.

[73] Gymnasmata Lectionum et Declamationum in Electorali Gymnasio Brandenburg. Joachimico Publice et Privatim proposita et instituta, Coloniae Brandenburgicae 1692, 21.

[74] In Ermans Schulgeschichte werden mehrere Lehrer der *Calligraphie et Arithmétique* aufgelistet, die in den Schulakten jedoch ausschließlich in ihrer Funktion als *Schreibmeister* auftauchen. Das Rechnen kann also in deren Unterricht nur eine marginale Rolle gespielt haben. Vgl. *Erman,* Mémoire (Anm. 34), 121. u. *Acta französisches Gymnasium* (Anm. 9), Bl. 186 f., 197 u. 200. Die Abwesenheit von höherer Mathematik im Lehrangebot des Collège fällt angesichts der cartesianischen Prägung der dortigen Lehrer und Inspektoren besonders auf. Allerdings läßt sich konstatieren, daß sich auch in Frankreich die Mathematisierung der Physik im cartesianischen Philosophiekurs erst langsam im Laufe des 18. Jahrhunderts durchsetzte. Vgl. *Brockliss,* Education (Anm. 43), 382 u. *ders.,* Philosophieunterricht (Anm. 43), 30. Erman führt fehlende Geldmittel als Ursache dafür an, daß vor 1768 kein Mathematiklehrer am Collège angestellt werden konnte. Vgl. *Erman,* Mémoire (Anm. 34), 120.

Statik und Mechanik und Grundlagen in Astronomie sowie Universalgeschichte und Geographie Deutschlands und sogar Brandenburg-Preußens unterrichtet.[76] Bereits in den siebziger Jahren hatte ein Rektor dieses Gymnasiums ein Lehrbuch mit Geschichtstabellen verfaßt, was darauf verweist, daß die Historie nicht mehr nur literarisch im Zusammenhang der antiken Autoren eine Rolle spielte, sondern sich als ein selbstständiges Unterrichtsfach zu etablieren begann.[77] Um die Jahrhundertwende waren an den lutherischen Gymnasien der Stadt mehrere Gelehrte wirksam, die in Jena bei Erhard Weigel (1625–1699), dem „Erzvater der deutschen Frühaufklärung"[78], studiert hatten und dessen mathematisch-formalistisch orientierte Realbildungskonzeption in ihre Lehrprogramme einfließen ließen. Die Lehrpläne des Collège François von 1690 und 1703, die sich eng an ältere Vorbilder aus Sedan und Saumur anschlossen, beschränkten sich dagegen weitgehend auf die traditionellen humanistisch-philologischen Fächer.[79] An Realien taucht nur Geographie im Lehrplan von 1703 auf, welche nach dem Lehrbuch des Hallenser Professors Christoph Cellarius (1638–1707) gelehrt werden sollte. Im Jahre 1713 wurde ein Antrag eines Berliner Hugenotten, am Collège Geschichte und Geographie unterrichten zu dürfen, vom ‚Conseil académique' abgelehnt.[80]

---

[75] Plan von 1707: Vgl. *Wetzel,* Geschichte (Anm. 31), 266. Plan von 1714: *Becman,* Nachrichten (Anm. 28), Bl. 647 f. Geographie wurde nach Johann Hübner und Geschichte ebenso nach Hübner und Christoph Cellarius sowie Samuel von Pufendorf gelehrt. Vgl. ebd. 211 u. 214.

[76] Plan von 1708: Vgl. *Diterich,* Schulhistorie (Anm. 45), 248 ff. Die Einführung realistischer Disziplinen war hier bereits unter dem Rektorat von Weber (1668–98) erfolgt. Vgl. *Heidemann,* Geschichte (Anm. 28), 170 u. *Friedrich Paulsen,* Geschichte des gelehrten Unterrichts auf den deutschen Schulen und Universitäten vom Ausgang des Mittelalters bis zur Gegenwart, Bd. 1, Leipzig 1883, 577.

[77] *Gottfried Weber,* Linaea historiae universalis, Kölln 1670.

[78] *Reinhard E. Schielicke/Klaus-Dieter Herbst/Stefan Kratochwil* (Hg.), Erhard Weigel – 1625 bis 1699, Barocker Erzvater der deutschen Frühaufklärung, Beiträge des Kolloquiums anläßlich seines 300. Todestages am 20. März 1999 in Jena (Acta Historica Astronomiae, 7), Thun/Frankfurt/M. 1999. Grundlegend zu Weigels Pädagogik: *Wilhelm Hestermeyer,* Paedagogica Mathematica, Idee einer universellen Mathematik als Grundlage der Menschenbildung in der Didaktik Erhard Weigels, zugleich ein Beitrag zur Geschichte des pädagogischen Realismus im 17. Jahrhundert, Paderborn 1969. Vgl. auch *Hildegart Schlee,* Erhard Weigel und sein süddeutscher Schülerkreis, eine pädagogische Bewegung im 17. Jahrhundert, Heidelberg 1968. Unter den Weigel-Schülern in Berlin sind vor allem Johann Bödiker und Johann Leonhard Frisch zu nennen.

[79] Der 1689 zusammen mit den Schulgesetzen vom Kurfürsten genehmigte Lektionsplan des Collège ging in weiten Teilen auf den Plan von Sedan aus dem Jahre 1615/1630 [!] zurück. Der neue Plan von 1703 hatte viele Parallelen mit einem Plan von 1680 für das Collège von Saumur. Vgl. *Daniel Bourchenin,* Étude sur les Académies Protestantes en France au XVIe et au XVIIe siècle, Paris 1882, 163, 200 u. 208 f. Näheres zur Lehrplangeschichte vgl. *Velder,* 300 Jahre (Anm. 34), 74 ff.

[80] Vgl. *Schulze,* Bericht (Anm. 34), 28 f. u. *Erman,* Mémoire (Anm. 34), 125.

Was also die sich damals abzeichnende bildungsgeschichtliche Wende hin zu den Realien betrifft, scheinen unabhängig von der Konfession die deutschen Gelehrtenschulen während dieses Zeitraums davon stärker ergriffen gewesen zu sein als das Collège der Hugenotten.[81] Dies findet seine Entsprechung in dem bereits von Durkheim im Vergleich zum Reich konstatierten generellen Rückstand Frankreichs in der realistischen Pädagogik.[82]

In der schulgeschichtlichen Literatur wird wiederholt auf die moderne Form des altsprachlichen Unterrichts am französischen Gymnasium hingewiesen.[83] Tatsächlich bedienten sich die Hugenotten im Elementarunterricht der ‚Nouvelle Méthode' der Jansenisten, die in der Mitte des 17. Jahrhunderts in den Schulen von Port-Royal entwickelt worden war.[84] Wie es bereits Wolfgang Ratichius (1571–1635) und Johann Amos Comenius (1592–1670) verlangt hatten, wurde der altsprachliche Unterricht hier von der Muttersprache her begründet. Darum waren diese Grammatiken mit französischen Kommentaren in Versform abgefaßt, was das Erlernen ebenso erleichterte wie die Anwendung mnemotechnischer Methoden wie z.B. tabellarischer Übersichten oder verschiedenfarbiger Drucke. Außerdem fand die berühmte ‚Janua linguarum' von Comenius im Unterricht Verwendung. Mit dem Gebrauch von muttersprachlich und mnemotechnisch angelegten Lateinlehrbüchern im Elementarunterricht bildete das Collège allerdings keine Ausnahme. Auch am Joachimsthalschen Gymnasium wurden in den unteren Klassen die mit deutschen Kommentaren versehenen Lateinlehrbücher von Comenius verwendet.[85] Seit dem Ende des 17. Jahrhunderts gab es an den deutschen Gymnasien

---

81 Diese Feststellung bezieht sich explizit auf den offiziellen Lehrbetrieb des Collège, wie er sich in den gedruckten Lehrplänen widerspiegelt. Angesichts der Tatsache, daß eine Vielzahl der Gelehrten im Umkreis des Collège ein ausgeprägtes historisch-kritisches Forschungsinteresse hatten, ist die Vermittlung historischer Kenntnisse an interessierte Schüler im Rahmen von Privatunterricht sehr wohl anzunehmen. Privatunterricht gab hier seit 1704 auch der königliche Bibliothekar und Universalgelehrte Mathurin Vayssière La Croze, bevor er 1725 am Collège die Nachfolge von Chauvin als Philosophieprofessor antrat. *Velder*, 300 Jahre (Anm. 34), 60. Leider ermöglicht die dürftige Quellenlage zu diesem Problem keine genaueren Aussagen.

82 Vgl. *Emile Durkheim*, Die Entwicklung der Pädagogik, Zur Geschichte und Soziologie des gelehrten Unterrichts in Frankreich, Weinheim/Basel 1977, 266.

83 Vgl. *Velder*, 300 Jahre (Anm. 34), 56 ff. u. *ders.*, Anfänge Gymnasium (Anm. 34), 16.

84 Laut Lehrplan von 1703 fanden in den unteren Klassen die ‚Grande Nouvelle Méthode' und die ‚Abrégé de la Nouvelle Méthode de Port-Royal' Verwendung. Vgl. *Schulze*, Bericht (Anm. 34), 26 f. Näheres zum Jansenisten Claude Lancelot (1615–1695), der die ‚Nouvelles méthodes' entwickelte, bei *Brockliss*, Philosophieunterricht (Anm. 43), 520 ff. [Siehe auch den Beitrag von Wolfgang Mager in diesem Band, Anm. d. Red.].

eine Vielzahl methodisch-didaktischer Reformbemühungen um den Gebrauch und die Rolle der Muttersprache im Lateinunterricht. Berühmtheit erlangten die mit deutschen Kommentaren versehenen Grammatiken von Joachim Lange und die ‚Grammatica Marchia‘, ein Lehrbuch, das seit 1708 in Gemeinschaftsarbeit der Berliner Gymnasien entwickelt worden war.[86] Von den Reformen war jedoch nicht nur der altsprachliche Unterricht betroffen. Nicht zuletzt durch pietistische Einflüsse begannen sich bereits vor 1700 an den Berliner Gymnasien erste Ansätze zu einem muttersprachlichen Unterricht abzuzeichnen. Kurz nach der Jahrhundertwende drangen deutsche Stilübungen für die oberen Klassen in die Lehrpläne ein.[87] Darüber hinaus traten die lutherischen Gymnasien, an denen intensiv Theater gespielt wurde, wiederholt mit deutschen Stükken vor die Berliner Öffentlichkeit.[88] Auch am Collège kam es im Jahre 1700 zur Aufführung einer Komödie von Molière.[89] Im Unterricht beschränkte sich der Umgang mit der Muttersprache jedoch ganz auf die

---

[85] Laut Lektionsplan von 1692 wurden dort in der Quarta Comenius‘ illustriertes ‚Vestibulum‘ und bei den ‚inferiores‘, der angeschlossenen Unterstufe, dessen ‚Janua linguarum‘ benutzt. Vgl. Gymnasmata Lectionum (Anm. 73), 20 f. Näheres zu den Comeniuslehrbüchern: *Klaus Schaller,* Die Pädagogik des Johann Amos Comenius und die Anfänge des pädagogischen Realismus im 17. Jahrhundert (Pädagogische Forschungen, 21), Heidelberg 1962.

[86] Vgl. *Neugebauer,* Staat (Anm. 62), 460 ff.

[87] Johann Bödiker, 1675 bis 1696 Rektor am Cöllnischen Gymnasium, war der Verfasser der verbreitetsten deutschen Grammatik seiner Zeit, der ‚Grund-Sätze Der Deutschen Sprachen im Reden und Schreiben‘ von 1690. Der lutherische Pietist Joachim Lange, seit 1698 Rektor am Friedrichswerderschen Gymnasium, übernahm diese Grammatik für seine Schüler und verankerte erstmals deutsche Stilübungen in seinem Lehrplan. Vgl. *Gedike,* Geschichte (Anm. 64), 26. Auch am Grauen Kloster sind unter Samuel Rodigast deutsche Stilübungen für die Primaner nachweisbar. Vgl. Leges Docentium Gymnasio Berolinensis, Berlin 1708. Außerdem wirkte hier der berühmte vergleichende Sprachforscher Johann Leonhard Frisch, der 1723 Bödikers deutsche Grammatik überarbeitete und neu herausgab. Vgl. *Brekle,* Handbuch (Anm. 28), 146. Am Joachimsthalschen Gymnasium taucht deutsche Orthographie erstmals 1714 im Lehrplan auf. Im selben Jahr soll auch hier eine deutsche Grammatik gedruckt worden sein. *Becman,* Nachrichten (Anm. 28), Bl. 602.

[88] Seit den sechziger Jahren des 17. Jahrhunderts bis zum generellen Verbot des Schultheaters durch König Friedrich Wilhelm I. im Jahre 1718 kamen neben lateinischen Stücken auch einige deutsche Stücke zur Aufführung, die von den jeweiligen Rektoren verfaßt wurden. Vgl. *Ernst Gudopp,* Dramatische Aufführungen auf Berliner Gymnasien im 17. Jahrhundert (Wissenschaftliche Beilage zum Jahresbericht des Leibniz-Gymnasiums zu Berlin), Berlin 1900, 10.

[89] Chauvin, der die Aufführung veranlaßt hatte, handelte sich wegen der Tatsache, daß er die Knaben als Frauen verkleidet auftreten ließ, bei seinen orthodoxen Kollegen im Französischen Konsistorium ein Untersuchungsverfahren ein. Vgl. Actes du Consistoire de l’Église françoise de Berlin, Archiv der Französischen Gemeinde Berlin, Rep. 04, I, 2, Bl. 453.

unteren Klassen. Der seit 1703 gültige Lehrplan sah hier die Lektüre des französischen Neuen Testaments nach der Übersetzung von Beza und die Behandlung der ‚Particules françaises‘ vor.[90] Diese ausgewählten Vergleiche zeigen, daß Vorstellungen von einem generellen „Modernitätsfortschritt“ der französischen Hugenottenschule keineswegs gerechtfertigt sind. Vielmehr scheint am Collège, soweit es den regulären Lehrbetrieb betrifft, nicht nur bezüglich der Realien, sondern auch hinsichtlich der Muttersprachlichkeit ein traditioneller, primär auf die alten Sprachen ausgerichteter Humanismus vorherrschend gewesen zu sein.

VI. Bedeutung und Wirksamkeit des ‚Collège François‘

Bei der Frage nach dem tatsächlichen Wirkungsgrad des Französischen Gymnasiums als höhere Bildungseinrichtung gibt wiederum der Vergleich mit den anderen Berliner Schulen wichtige Aufschlüsse.[91] In den ersten drei Jahrzehnten wurden am Collège pro Jahr durchschnittlich nur 14 Schüler – 10 Franzosen und 4 Deutsche – immatrikuliert.[92] An den vier deutschen Gelehrtenschulen waren dies jährlich 35 bis 50 Schüler, das heißt an allen vier deutschen Schulen schrieben sich zwischen 140 und 200 Schüler ein.[93] Ende der neunziger Jahre wurden allein am Cöllnischen Gymnasium mehrmals über 80 Schüler neu immatrikuliert und im Jahre 1709 besuchten unter dem berühmten Joachim Lange über 100 Schüler allein die Prima des Friedrichswerderschen Gymnasiums.[94] Das Ausbildungsvolumen des Collège François war somit vergleichsweise gering. Auch die Anzahl der Deutschen, die sich für das Collège entschieden, fällt aufgrund dieser Vergleichszahlen – 4 gegenüber 140 bis 200 Schüler – kaum ins Gewicht. Der französische Charakter des

---

[90] Vgl. *Chambeau,* Notices (Anm. 34), 24. u. *Schulze,* Bericht (Anm. 34), 26 f.

[91] Grundlage für den folgenden quantitativen Vergleich sind die überlieferten Immatrikulationszahlen. Dieses Zahlenmaterial stammt nur zum Teil aus Primärquellen und basiert häufig auf Angaben der Sekundärliteratur. Auch die Matrikel des Französischen Gymnasiums sind nicht im Original erhalten.

[92] Vgl. *Velder/Gehrmann,* Materialienband (Anm. 34), 166; *Schulze,* Bericht (Anm. 34), 16 u. 132, *Gaster,* Matrikeln (Anm. 58) u. *Erman,* Mémoire (Anm. 34), 125. Ein Tiefpunkt wurde im Jahre 1701 erreicht, als am ganzen Collège nur 18 Schüler unterrichtet wurden. Vgl. Actes du Consistoire de l'Église françoise de Berlin, Archiv der Französischen Gemeinde Berlin, Rep. 04, I, 3, Bl. 31.

[93] Vgl. *Bernhard Moritz Snethlage,* Kurze Uebersicht der Geschichte des Königl. Joachimsthalschen Gymnasiums, Berlin 1824, 32 f.; *Ernst Bahn u. a.,* Zur Statistik des Königl. Joachimsthalschen Gymnasiums. Festschrift zum dreihundertjährigen Jubiläum des Königl. Joachimsthalschen Gymnasiums am 24. August 1907, Teil 2, Halle/S. 1907, 9 ff.; *Hermann Gilow,* Die Schülermatrikel des Köllnischen Gymnasiums 1656–1767 (Progr. Berlin Kölln. Gymn. 1914. Beil., 72), Berlin 1914; *Heidemann,* Geschichte (Anm. 28), 177 u. *Müller,* Geschichte (Anm. 32), 24.

[94] Vgl. *Gilow,* Schülermatrikel (Anm. 93) u. *Gedike,* Geschichte (Anm. 64), 20.

Collège übte angesichts der starken Berliner Konkurrenz an humanistischen Bildungseinrichtungen auf die Deutschen offensichtlich keine ausreichende Anziehungskraft aus. Zum Französischlernen war die Schule kaum der geeignete Platz, bildeten doch sichere Französischkenntnisse bereits eine grundsätzliche Aufnahmevoraussetzung.[95] Wie bereits dargestellt, spielte Französisch im Unterricht, der primär auf die Beherrschung der alten Sprachen ausgerichtet war, kaum eine Rolle. Nicht zuletzt kam jedoch der Besuch des französisch-reformierten Collège für die Lutheraner, die in der Stadt die Mehrheit bildeten, aus konfessionell-religiösen Gründen kaum infrage. Die Vermittlung französischer Bildung vollzog sich also nur in beschränktem Maße über das Französische Gymnasium. Auffallend an den niedrigen Schülerzahlen ist außerdem, daß der prozentuale Anteil der Berliner Hugenotten, die ihre Söhne an das Französische Gymnasium schickten, trotz der Schulgeldfreiheit so gering blieb. Institutionalisierte höhere Bildung wurde von den Franzosen um 1700 offensichtlich in weit geringerem Maße in Anspruch genommen, als dies bei den Deutschen der Fall war. Vielmehr gaben wohlhabende Familien der Hugenottenkolonie in nicht wenigen Fällen ihre Söhne als Privatschüler in die Obhut von Lehrern oder Inspektoren des Collège, wo sie nicht in ein enges curriculares Korsett gedrängt wurden.[96] Erst in der zweiten Hälfte des 18. Jahrhunderts, als das Collège unter Jean Pierre Erman seine erste große Blütezeit erlebte, sollte sich dies ändern.

Angesichts dieser Befunde müssen Vorstellungen einer besonderen Bedeutung der französischen Réfugiés für das höhere brandenburgisch-preußische Schulwesen in der Zeit vor 1750 relativiert werden. Trotz Förderung von landesherrlicher Seite blieben die höheren Bildungseinrichtungen der Hugenotten nur von eingeschränkter Wirksamkeit. Die Institutionalisierung galanter und realistischer Bildung in einer französischen Ritterakademie kam, wie oben dargestellt, angesichts der starken Konkurrenz durch Privatlehrer und die neue Universität in Halle nicht zustande. Als weiterführende Bildungsanstalt für Hugenottenkinder und Söhne interessierter Deutscher erzielte auch das streng humanistisch ausgerichtete Berliner Collège zunächst keine Breitenwirkung. Obwohl dessen zusätzliche Angebote wie die ‚Sabbatines' von einem Teil der Berliner Öffentlichkeit angenommen wurden, blieb der reguläre Lehrbetrieb des Französischen Gymnasiums gegenüber den deutschen Gelehrtenschulen der Stadt weit zurück. Als Ergebnis kann also festgestellt werden, daß sich der Transfer französischer Bildung und Kultur in den ersten Jahrzehnten nach der Ankunft der Réfugiés nur in geringerem Maße über den institutionalisierten Bereich des Bildungswesens vollzog. Von

---

[95] Vgl. Disciplina seu Leges (Anm. 57), 96.

[96] Vgl. *Velder*, 300 Jahre (Anm. 34), 70 u. 87.

größerer Bedeutung scheint der nichtinstitutionelle, private Bereich gewesen zu sein, über den die hugenottischen Gelehrten auf vielfältige Art und Weise wirksam wurden. Deren Lehr- und Erziehertätigkeit beschränkte sich nicht nur auf das Collège, sondern schloß Privatunterricht beim Adel und gehobenen Bürgertum sowie am Kurfürsten- bzw. Königshof ein.[97] Vor allem ist jedoch die Wirksamkeit der Hugenotten in den intellektuellen Zirkeln des jungen Königreiches und deren vielfältige Impulse für die kulturelle Entwicklung Brandenburg-Preußens zu würdigen. Die französischen Gelehrten aus dem Umkreis des Collège spielten bekanntermaßen in der ‚Berliner Gelehrtenrepublik' als Übersetzer und Publizisten eine wichtige Rolle und trugen damit zur Herausbildung jenes geistig-kulturellen Klimas bei, „das eine entscheidende Vorbedingung"[98] für die Gründung der Berliner ‚Societät der Wissenschaften bildete'. Diese weiterführenden Fragen französisch-deutschen Kulturtransfers bilden jedoch nicht mehr den Gegenstand dieser Untersuchung.

[97] Vgl. *Pierre-Paul Sagave,* Französische Prinzenerzieher am preußischen Hof (1694 bis 1814), in: Hugenotten (Anm. 8), 279–312 u. *ders.,* Berlin und Frankreich 1685–1871, Berlin 1980, 37 ff. Zum Problem der weitgehend noch unerforschten Hauslehrerbildung als Massenphänomen im 18. Jahrhundert vgl. *Neugebauer,* Staat (Anm. 62), 601 ff.

[98] *Hans-Stephan Brather* (Hg.), Leibniz und seine Akademie, Ausgewählte Quellen zur Geschichte der Berliner Sozietät der Wissenschaften 1697–1716, Berlin 1993, 398. Nach Brather waren die Hugenotten allerdings am Gründungsvorgang selbst nicht beteiligt. Außerdem dazu: *Frédéric Hartweg,* Die Hugenotten in der Berliner Akademie, in: Humanismus und Naturrecht in Berlin-Brandenburg-Preußen. Ein Tagungsbericht, hrsg. v. Hans Thieme (Veröffentlichungen der historischen Kommission zu Berlin, 48), Berlin/New York 1979, 182–205 u. *Grau,* Savans (Anm. 8).

The Place of Seminaries and Colleges in Clerical Education in 17th Century France: A Sketch

By Joseph Bergin

Among the most common accusations made against the clergy before, during and after the Protestant Reformation was not only they were ignorant, but that their ignorance was a major source of their inadequacy as pastors to their parishes and congregations. Both the Lutheran and Calvinist reformations tried to tackle the problem of clerical weakness, and consciously looked to the universities and academies (especially in the case of Calvinism) to make good that educational deficit among the clergy of the newly-emerging reformed churches. The wave of new academy and university foundations that accompanied the Protestant Reformation, in the Empire, the Netherlands, France, and elsewhere, is evidence enough of their concern.[1] The old church could hardly avoid a problem which was not new, but which it previously had relatively limited success in overcoming. The result was an institution that has long been seen as a defining characteristic of Counter-Reformation Catholicism – the so-called Tridentine seminary.

But put in such conventional textbook terms, the identification of both of these entities is 'un peu court', to say the least. It assumes that the council of Trent provided both a particular and a general blueprint which was simply implemented during subsequent generations. But this is not how things developed, at least not in France. The following pages have the very modest ambition of reflecting upon some of the ambiguities and unexpected elements in the development of a seminary system in France that was in many ways very 'untridentine', yet was regarded by the 18th and especially the 19th century as the very epitome of the tridentine church![2]

---

[1] There is a brief overview of this much-studied subject, with a useful bibliography, in *Lewis W. Spitz,* The Importance of the Reformation for the Universities: Culture and Confessions in the critical years, in: Rebirth, Reform and Resilience: Universities in Transition 1300–1700, ed. James M. Kittelson/Pamela Transue, Columbus, Ohio, 1984, 42–67. The most recent general survey is that of *Walter Rüegg* (ed.), A History of the University in Europe, vol. 2, Cambridge 1996.

I.

As is well known, it was only in the final sessions of the Council of Trent that, like so many related issues of church reform, the question of what to do about clerical reform and education was finally addressed with some urgency. It was in some ways quite appropriate that one of the principal inspirations of its discussions in 1563 should have been the attempt made in Marian England by Cardinal Reginald Pole to establish an educational programme for the clergy needed to re-catholicize England, one based on the medieval cathedral schools. It is equally interesting, at least from a French perspective, that the first draft of the Council's decree on seminaries should have been made by Nicolas Psaume, bishop of Verdun, who later did so much to propagate tridentine reforms inside and outside of Lorraine.[3] What Trent proposed was the creation in each diocese of a seminary for clerics aged 12 and over, who had basic writing and literacy skills, and in which they would be both educated in the conventional school syllabus of the day and 'formed' in the habits and virtues expected of future clergy.[4] The numbers of adolescent tonsured clerics in Europe were still truly enormous, and it certainly made sense to take some steps to ensure that those among them who might go on to take full priestly orders were appropriately educated. But in several respects the Council's decree was rather traditional and limited in its ambitions. Much of it reads like an attempt to revive the choir schools of the cathedral chapters. It was directed mainly towards supporting poor clerics: the future seminaries could take candidates from well-off families, but they would have to pay to live there. Most paradoxical of all is the fact that while Trent required bishops to found seminaries, it did not actually oblige future clergy to attend them, so the question of what a bishop who founded a seminary might do in the face of a clerical boycott or indifference remained unanswered. Trent also insisted that the seminary should be diocesan, not simply episcopal, in character, which meant that members of the diocesan clergy (usually drawn from the cathedral chapter) were to be involved in founding and governing it. Given

---

[2] The standard account of the historical development of French seminaries after Trent remains that of *Antoine Degert,* Histoire des séminaires français jusqu'à la Révolution, 2 vols., Paris 1912.

[3] The most detailed analysis of the subject can be found in: *James A. O'Donohue,* Tridentine Seminary Legislation: its Sources and its Formation, Louvain 1957. See also *Hubert Jedin,* Domschule und Kolleg. Zum Ursprung der Idee des Trienter Seminars, in: *id.,* Kirche des Glaubens, Kirche der Geschichte, 2 vols., Freiburg im Breisgau 1966, vol. 2; *Degert,* Histoire (n. 2), vol. 1, livre 1, ch. 1.

[4] See the text of the decree in: Decrees of the Ecumenical Councils, ed. Giuseppe Alberigo/Norman P. Tanner, vol. 2, London 1990: Trent, *sessio* XXIII, *cap. xviii de reformatione*.

the often tense, even hostile, relations between bishops and their chapters, this was not likely to be an easy partnership. And, of course, the question of how to finance seminaries (by a tax on benefice-holders or through the incorporation of benefices into the seminaries themselves, or some other mechanism) was left entirely open – it proved to be an enduring source of headaches for founders and administrators in subsequent generations.[5]

Although the decrees of the council were never officially 'received' in France, and the jurisdiction of the Roman congregation charged with supervising the implementation of the Council within dioceses was not recognised there either – both of which gave the French church considerable latitude vis-à-vis the post-tridentine papacy – the French church *did* attempt to follow the Council's lead, especially as royal legislation, especially in the great ordinances of Blois (1579), and the edict of Melun (1580), quietly incorporated many of its decisions into French law. Several of the provincial councils held in France after Trent, particularly during the 1580s, attempted to follow that example.[6]

About sixteen seminaries were established between the early 1560s and the end of the 1610s, but only one or two of them survived into the following century. Some of the reasons for this relatively inauspicious beginning – France, after all, had about 110 dioceses at this time – are well-known: the disorders of the religious wars, the weakness of episcopal control of the clergy, the inability to put the seminaries on a proper financial footing, etc. But there were, arguably, other, perhaps more illuminating reasons for this state of affairs. The new seminaries *did* resemble the old cathedral choir schools too closely, so not surprisingly the cathedral chapters often refused to co-operate in creating what looked like direct competition to their own educational activities. Some French bishops themselves reacted no differently, failing to see quite how yet another breed of colleges for adolescents would or could solve the problem of clerical recruitment and training.[7]

Moreover, it was precisely in this period – from 1560 to c.1620 – that the largest contingent of the newly-developing 'collèges de plein exer-

[5] *Léon-Ernest Halkin,* La formation du clergé catholique après le concile de Trente, in: Miscellanea Historiae Ecclesiasticae, vol. 3, ed. Derek Baker, Louvain 1970, 109–25.

[6] *Victor Martin,* Le Gallicanisme et la réforme catholique. Essai historique sur l'introduction des décrets du concile de Trente en France, Paris 1919, is primarily concerned with the political dimension of the problem. Of greater interest from the perspective of the present analysis are the studies of *Marc Venard* on the post-tridentine councils held in France to be found in his collected essays, Le Catholicisme à l'épreuve dans la France du XVIe siècle, Paris 2000.

[7] *Degert,* Histoire (n. 2), livre 1, ch. 4.

cice' or their less well-endowed relations, the 'collèges d'humanités', were founded throughout France. These collèges, which owed much to the humanist educators of the Renaissance, and their insistence on 'bonae litterae' and rhetoric, were increasingly attractive to those seeking careers in the church, the professions or the service of the monarchy. In some ways, they offered virtually the same educational facilities as the seminaries outlined by Trent were meant to do, even though the collèges were, of course, not confined to future clergy. Indeed, it seems that some of the towns which petitioned to have seminaries in the decades after Trent were really hoping for the new collèges, and may have thought that was what a seminary actually was. Why therefore needlessly duplicate, or compete with, such educational provision at all? Such reticence seemed vindicated when, in the early decades of the seventeenth century, the running of more and more of these initially lay, municipal collèges was confided to religious orders like the Jesuits, the Oratory, and the Doctrinaires in southern France.[8] The Jesuits, in particular, were long uninterested in running seminaries in France because they were convinced that their own collèges de plein exercice, whose foundation owed much to episcopal patronage and support, were the real Tridentine seminaries; by contrast, those rather fragile, marginal institutions with a mere handful of inmates, such as the seminaries of Toulouse or Rouen, the only survivals from this first crop of post-tridentine foundations to survive, seemed not worthy of serious attention. Moreover, the fact that most of these new seminary foundations quickly became boarding houses whose adolescent 'boursiers' actually followed the courses of instruction in the neighbouring collège, whether Jesuit or not, only seemed to prove the point. Indeed, as Marc Venard has pointed out, several French bishops contemplating the creation of a tridentine seminary saw it as operating alongside one of the new colleges, especially those of the Jesuits: taken together, they would raise the level of the diocesan clergy.[9] This wider educational shift, unplanned by any church council, and the collapse of most of the early seminaries, helps to explain the long hiatus before the next round of seminary foundations after 1630–40. In fact, those most actively involved in the drive to reform the French clergy found themselves obliged to rethink the entire strategy, and they did not

---

[8] The most pertinent of the many studies on colleges and universities are those of *Dominique Julia,* in particular his essay: La constitution du réseau des collèges en France du XVIe au XVIIe siècle, in: Objet et Méthodes de l'histoire de la culture, ed. Jacques Le Goff/Béla Köpeczi, Budapest/Paris 1982, 73–94. See also *George Huppert,* Public Schools in Renaissance France, Urbana/Chicago 1984.

[9] *Marc Venard,* Les séminaires en France avant Saint Vincent de Paul, in: Vincent de Paul. Actes du colloque international d'études vincentiennes, Rome 1983, 1–16, here 6.

have ready answers to the problems they faced. This did not prevent a few new seminaries of a tridentine type from being founded in the 1610s and 1620s. Richelieu, for example, founded one in his western diocese of Luçon and got the young Oratory to take charge of it. But it is not clear what it contributed to the improvement of the Luçon clergy, and was virtually defunct by the time he resigned his see in 1623. With Richelieu gone, the Oratorians were anxious to disengage from what was left of the enterprise.[10] Similar foundations, in Paris for example, also seemed to produce little effect. This experience of uncertainty is summed up very well, albeit retrospectively, by Vincent de Paul as late as 1644 when he wrote to the head of the Congrégation de la Mission house in Rome itself:

> *L'ordonnance du concile de Trente est à respecter comme venant du Saint-Esprit. L'expérience fait voir néantmoins que de la façon qu'on l'exécute à l'égard de l'age des séminaristes, la chose ne réussit pas, ni en Italie, ni en France, les uns se retirant avant le temps, les autres n'ayant pas l'inclination à l'état ecclésiastique, les autres se retirant dans les communautés, et d'autres fuyant les lieux auxquels ils sont liés d'obligation par leur élevement et aimant mieux brusquer fortune ailleurs. Il y en a 4 dans le royaume, à Bordeaux, à Reims, à Rouen et ci-devant un à Agen. Ni l'un, ni l'autre de ces diocèses en reçoivent aucun bon effet, et je crains que, hors Milan et Rome, les choses ne soient de même en Italie.*[11]

By 1644, de Paul was as well placed as anyone to make such a devastating judgement. He mentioned the case of Rouen, whose seminary had been founded by Cardinal Joyeuse in 1613. It was initially located in Paris, where large numbers of young clerics from Rouen, France's largest diocese, went to college and university! In doing so, Joyeuse was certainly following the logic of the Council of Trent's decree. He was not the only one to think along such lines: the bishop of Mirepoix argued in 1594 that a college in the University of Toulouse served as a seminary for his diocese. André Corvisier, in his study of the Joyeuse seminary, has shown that it only produced about 2% of the diocesan clergy over the next fifty years, while by the 1640s *half* of its inmates pursued non-ecclesiastical careers once their education was completed. Likewise, many of those ordained priests *did* seek careers elsewhere. In other words, the evidence points to the conclusion that de Paul in his 1644 observations was not too wide of the mark. Moreover, places in the Rouen seminary were distributed by Joyeuse's heirs, in effect the Guise and Orléans families, so

---

[10] See *Joseph Bergin,* The Rise of Richelieu, New Haven/London 1991, 94–96.

[11] *Saint Vincent de Paul,* Correspondance, entretiens et documents, ed. Pierre Coste, 14 vols., Paris 1922–5, vol. 2, 458–61: letter to Bernard Codoing, 13 May 1644.

that getting a place in them was in itself to become virtually part of a high-aristocratic clientèle, and many of the boursiers were outsiders to Rouen diocese itself who, if ordained, would almost certainly seek better careers elsewhere.[12]

Now, as one of the most successful seminary directors in French history, de Paul himself had been wrestling with these problems since the 1610s. But so had others within the emerging reform movement of the early seventeenth century. Pierre de Bérulle was initially tempted by the idea of becoming a Jesuit but changed his mind when he became convinced that for all their qualities, the Jesuits were fundamentally regulars who could not bring about the kind of reformed clergy that the church needed.[13] Through his personal influence and his numerous disciples, inside and outside of the French Oratory, which he dedicated deliberately to reforming the secular clergy, he exercised a profound and subtle influence on several generations of church reformers. But less celebrated figures such as Adrien Bourdoise, curé of St Nicholas du Chardonnet in Paris, were seeking to devise new ways of shaping a better clergy. In Bourdoise's own case this meant using his own parish as a laboratory, in which present and future clergy would live together within a community in which the emphasis would be on the acquisition and exercise of pastoral skills. Bourdoise's own influence may have been limited by his intransigence and rudeness, but the idea of using parish-based communities of clergy as agencies for clerical education in the broad sense was to be attempted in several French cities. The most famous of all, of course, was to be that of Saint-Sulpice, which began in similar fashion, and only slowly evolved into an institution that would be recognisable as a seminary.[14] The full extent of such activity remains unknown, possibly because in most cases it left few records – in contrast to formally constituted seminaries which generated their own archives in due course.

What seems clear, however, is that a whole generation of key religious figures at least tacitly agreed that the Tridentine solution was no solution – or, at best, only a partial solution – to the problem of clerical formation, and would no doubt have accepted the reasons de Paul gave in 1644. The search for a workable alternative that combined reform and education more purposefully was one that did not yield immediate solu-

---

[12] Corvisier's analysis is summarised by *Venard,* Séminaires (n. 9), 15–17.

[13] See *Jean Dagens,* Bérulle et les origines de la restauration catholique 1575–1610 Paris 1952; *J. Choné,* La Spiritualité sacerdotale, in: XVIIe Siècle 62–63 (1964), 112–132, especially 126–30; *Yves Krumenacker,* L'École française de spiritualité, Paris 1998, ch. II–V.

[14] *Degert,* Histoire (n. 2), vol. 1, livre II, ch. 1.

tions. The solutions that did emerge were often based on the direct personal experience of those involved (experience derived partly from rural missions or preaching campaigns) of the state of the parish clergy, in both town and country, rather than derived from formal texts such as conciliar decrees or treatises. But that did not necessarily entail a uniformity of approach to the problem. When, for example, Olier of Saint-Sulpice wrote his treatise of 1651, the 'Projet de l'établissement d'un séminaire dans un diocèse', the celebrated bishop of Cahors, Alain de Solminihac, responded in unabiguous terms by saying Olier's proposal was *non seulement très difficile, mais impossible ... il y a bien de la différence de la pratique à la spéculation.*[15]

II.

By the 1640s, of course, the wider context had changed very considerably since the first generation after Trent. Civil peace was now virtually assured, though the Fronde would demonstrate how fragile it might still be. Finding the funds to support institutions like seminaries remained as problematic as ever, and the French clergy were as reluctant as their counterparts elsewhere to be 'taxed' for the upkeep of a seminary. However, the recovery and rise in the revenues of ecclesiastical properties generally made the financial problem less intractable than a generation or so previously. More to the point, there was no shortage in many parts of France of energetic individuals who were prepared to find the funds, acquire or donate the lands or properties needed for a seminary, and even deal with the inevitable litigation arising from such transactions in the lawcourts. The opposition or indifference of cathedral chapters did not prevent individual canons from playing key roles in developing seminaries. It should hardly be a surprise to learn that the 'dévots' generally, lay as well as clerical, and especially members of the 'Compagnie du Saint-Sacrement', were centrally involved in such activities, and that their support was probably crucial to the entire process, especially in the early uncertain stages.[16] Furthermore, given the Jesuits' continuing preference for school-teaching, it was important, indeed decisive, that new congregations of secular clergy with a specific commitment to reforming the lower, especially parish clergy, were taking shape. In addition to the Doctrinaires, who were scattered through southern towns south of the Bordeaux-Gap line, these included Bérulle's Oratorians, de Paul's 'Lazar-

---

[15] *Alain de Solminihac,* Lettres et documents, ed. Eugène Sol, Cahors 1930, 456: letter to Vincent de Paul, 16 April 1651.

[16] For the example of Lyon, see *Philip T. Hoffman,* Church and community in the diocese of Lyon 1500–1789, New Haven/London 1984, 76–77.

aristes', plus the 'Eudistes' and, ultimately, the best known of all, the 'Compagnie de Saint-Sulpice'. All had their own particular views on clerical education and reform, with significant differences in emphasis which would define the ethos of the seminaries which they would later direct. The Oratorians, for example, were drawn into running collèges like their rivals, the Jesuits, and their seminaries thus tended to become élite institutions. But the Eudistes, the Lazaristes and the Sulpicians were determined at all costs to avoid such educational commitments – however much their own work depended upon the existence of such schools in the first place. The history of the evolution of French seminaries in the seventeenth century needs to be seen in close proximity to that of these specialist congregations, their growth, their objectives, their place within the wider French church.[17]

Put simply, one can say that de Paul and his contemporaries concluded that Trent had focused its attention on the wrong category of cleric. Educating adolescents was not irrelevant, but it could safely be left to the many collèges that had sprung up, especially as they were increasingly run by religious orders anyway; if necessary, adolescent poor scholars could be taken into what would later be called 'petits séminaires' and housed there while they attended classes at the local collège; the petit séminaire might even be an almost indistinguishable 'annexe' to the collège in question, and governed by the same religious order as ran the collège. With the demand for college education so high in seventeenth century France, especially among middling social groups, there was no guarantee that those attending the seminary for adolescents imagined by Trent would not choose secular careers – or indeed join the religious orders who directed seminaries! Why invest scarce resources in institutions whose contribution to clerical reform might be very limited?

What de Paul and his contemporaries proposed was to redirect the focus of attention to a very different category of clerics – those who, having wholly or partly completed their education in the humanities, were intending to seek the major orders. Neither the colleges nor the Trent-style seminaries specifically targeted these individuals, yet it seemed essential to work on those about to cross the decisive threshold that full priestly orders represented. And since church law stipulated a gap of virtually two years between the subdiaconate (the first of the three major orders) and the priesthood, there was an obligatory and extended time-lapse during which it seemed something positive could and

[17] For the Lazaristes, as de Paul's Congrégation de la Mission, were usually known, see *Dominique Julia,* L'Expansion de la congrégation de la Mission de la mort de Vincent de Paul à la Révolution française, in: Vincent de Paul (n. 9), 362–419, especially 370–2.

should be done. After all, if there was little hope that bishops could really require universal clerical attendance at a seminary, access to the major orders was a very different matter: orders could legitimately be denied to the undeserving or the unfit, or only conceded on certain conditions after an examination of the candidates.

This is the background to the gradual development/transformation of the parish-based communities created by the likes of Bourdoise and Olier into seminaries, but also to the retreats or conferences for ordinands organised by de Paul and others from the 1620s onwards. Initially lasting no longer than a week or more, they were of a highly *practical* nature, with virtually no intellectual ambitions, and designed to provide the prospective clergy with a 'crash course' in liturgical, sacramental and related matters. Such activities, often ad hoc and experimental, developed without a blueprint over many years before they grew into anything remotely resembling an institution, but from the late 1620s, at least, de Paul at the Bons-Enfants college and the Oratorians at Ste-Magloire abbey in Paris were both 'receiving' clerics who were being referred to them by the archbishop of Paris before being allowed to take the major orders. The fact that the 1625 Assembly of Clergy had debated these questions and urged that the pre-ordination 'retraite' or 'conférences' should be made obligatory, shows that these were not isolated initiatives.[18] Twenty years later, by the 1640s, Paris alone could be said to have three seminaries – the Oratory at Ste-Magloire, de Paul's Lazaristes at Bons Enfants, and the emerging seminary in the Saint-Sulpice parish, but none of them was yet anything like what would conventionally be thought of as a full seminary. Replying to a request for information as to the nature of his activities in 1640, de Paul stated simply that his seminary was attended by those referred to him by the archbishop and his officials before taking orders, that they usually stayed about 11 days in all, and that their days there were devoted to basic moral theology, the sacraments and the liturgy generally.[19]

III.

This may seem a particularly unpromising starting point, but there is little doubt that it lay behind the huge rash of seminary foundations that

---

[18] *Degert,* Histoire (n. 2), 121–8.

[19] Paris, Bibliothèque Sainte-Geneviève MS 3238, fo 283, June 1640. The questions were put to de Paul on behalf of Cardinal François de la Rochefoucauld, who wished to use the Lazariste model in the diocese of Clermont, but in one of the Jesuit-run colleges there! See *Joseph Bergin,* Cardinal de la Rochefoucauld: Leadership and Reform in the French Church, New Haven/London 1987, 108 for the context.

followed – 36 between 1642–60, 56 between 1660–82, and a further 25 between 1683 and 1720. Only 7 more were added between 1720 and 1789, and only 6 small southern dioceses never had a seminary of their own. The evidence is impressive, though we should not overestimate the speed with which some at least of these seminaries became fully operational. In many of the enquiries 'de statu diocesis' prepared after the nomination of new bishops, witnesses reported that the local seminary was begun (*fundatum* or *inchoatum*) but was not actually functioning.[20] It is often claimed that crown intervention in 1695 and especially 1698 provided a stimulus to a new generation of seminary foundations, but this probably refers not to the creation of new seminaries but to the crucial post-foundation phase of financing them and making them fully operational. Moreover, the fact that these new seminaries were confided to religious orders or congregations with differing views of what they should be doing, which sort of candidate they were dealing with, and which type of cleric they wanted to produce, ensured that the seminary map of France would not evolve in a uniform manner. It is evident that the term 'seminary' had a variety of meanings, judging by the depositions of the witnesses mentioned above, as they attempted to distinguish those educating boys from those designed for ordinands; some witnesses were keen to point that although their diocese might not yet have a seminary, it did have a proper collège and, therefore, it should not be regarded as totally lacking in the proper educational provision for future clergy.[21] It was not until 1683 that the Jesuits finally agreed to drop their opposition to running seminaries and took on the new seminary in recently-conquered Strasbourg, a move which opened the floodgates for them as seminary directors, but which was initially prompted by fears that if the Strasbourg seminary was run by the Oratory, it would produce clergy infected with Jansenist ideas.[22]

Despite these differences of emphasis, certain common features did emerge among the new seminaries. Basically, those seeking priestly orders were increasingly 'routinely required' to attend the seminaries for

[20] These records are to be found in the ' processus consistoriales' dossiers in the Archivio Segreto Vaticano (ASV). Such an assertion was made, for example, in relation to the see of Boulogne in northern France in 1675 (ASV, Processus consistoriales, vol. 76, fos 121–125, 4 April 1675) and Comminges in southern France in 1693 (ibid., vol. 87, fo 230v, 3 July 1693), but many others could be cited.

[21] For example, ASV, Processus consistoriales, vol. 71, fos 285–289, 4 December 1671, for the diocese of Condom in Gascony.

[22] See *Pierre Delattre,* La Compagnie de Jésus et les séminaires en France, in: Revue d'Ascétique et de Mystique 20 (1953), 20–44, 160–176; *Louis Châtellier,* Tradition chrétienne et renouveau catholique dans l'ancien diocèse de Strasbourg, Strasbourg/Paris 1981, 231ff.

ordinands. By the 1650s, a number of bishops and seminary directors alike were agreed that a total stay of two years in the emerging seminaries was the target they should aim for.[23] But reality lagged a good way behind for decades, even for up to a century in many dioceses. Moreover future priests also tended to spend *discontinuous* periods of weeks or months preceding the taking of the individual orders in the seminaries. And of course, seminaries were also used to discipline *already* ordained clergy, beneficed or unbeneficed, especially those seeking a benefice or whose behaviour was found to be unsatisfactory during pastoral visitations, and who were forced to undergo a retraite there for a prescribed period.[24]

An equally *decisive* development was the imposition of educational prerequisites on those entering these seminaries for ordinands. Depending on the type of seminary in question, the prerequisite might vary between having completed one's humanities, or one's philosophy, or even a number of years, from a minimum of one upwards, of theology – either in a collège or a university, depending on the educational cursus offered in the collèges in question. The assumption was that the core of their formal education could be left to the network of collèges and universities, with which the small-scale seminaries, with their limited financial and other resources, simply could not compete. So individuals entering the seminaries for ordinands had to produce the required evidence of their scholastic attainments. Seminaries in large rural dioceses or run by de Paul's Lazaristes usually had very limited educational ambitions for their candidates, compared with those of the Jesuits or Oratorians or Saint-Sulpice. Local collèges in many parts of France may simply not have had the classes in philosophy, let alone in theology, to meet more than limited demands, and it may well be that the growing provision for the teaching of philosophy and theology in the collèges during the second half of the century was a response to a rising demand stimulated by a growing seminary movement.

Thus, French seminaries, far from being uniform, actually helped to stratify the clergy, even if they did not initially create such stratification. By the second half of the century, most French dioceses required their ordinands to produce evidence that they could support themselves

---

23 *Dominique Julia,* L'Éducation des ecclésiastiques en France aux XVIe et XVIIe siècles, in: Problèmes d'Histoire de l'Éducation (Collection de l'École Française de Rome, 104), Rome 1988, 157.

24 *John McManners,* Church and Society in Eighteenth-Century France, 2 vols. (Oxford History of the Christian Church), Oxford 1998, vol. 1, 197; *Philippe Goujard,* Un Catholicisme bien tempéré. La Vie religieuse dans les paroisses rurales de Normandie 1680–1789, Paris 1996, 53 for Rouen diocese; *Hoffman,* Church and community (n. 16), 79, for Lyon.

decently once ordained. For those without benefices, that meant their families had to set aside an endowment for their upkeep, and such an investment ensured that the sons of lower social groups had very little chance of pursuing a career in the church. Those who could aspire to clerical careers were precisely those whose families could afford to give them an education in a collège. The social profile of the clergy which this brought about ensured that intending priests were likely to be attracted by different types of seminary. Saint-Sulpice in Paris gradually became the most influential of all, the one which produced future bishops, vicars-general and the like, the one most closely linked to the Sorbonne and the Paris Theology Faculty. The Oratorian and Jesuit-run seminaries produced the cultivated middle-ranking clergy, especially cathedral canons, diocesan officials, and the holders of urban parishes, while the Lazaristes, the Eudistes and the Doctrinaires catered mainly for the run-of-the-mill, lower tier of the secular clergy. Some big metropolitan dioceses developed two or more seminaries, which differed in their clientèle, approach and ambitions. The Joyeuse seminary in Rouen eventually became known as the 'seminary of the rich', which led Colbert's son when he became archbishop of Rouen to found his own seminary there in 1680, and which became known as the 'seminary of the poor'.[25] Thus, a certain crude functionality emerged within the 'paysage séminariste', and by the eighteenth century, the clergy themselves and commentators generally seem to have been keenly aware of the different career options that were realistically open to the 'alumni' of particular seminaries.[26]

However, it would be simplistic to think that the mid-seventeenth century formula – seminaries for ordinands – did not itself evolve in subsequent generations. Much depended on the relations between individual bishops and the religious order running a particular seminary. Episcopal control of seminaries tightened progressively, with little room left for other members of the diocesan clergy to play a role in their affairs. But that of itself did not mean bishops were perfectly content to allow a religious order to direct their seminary. On the contrary, many of them held out for a long time against such a temptation, preferring to employ members of their own diocesan secular clergy for the purpose, on the grounds that they could exercise direct authority over them at all times.[27] French bishops could be acutely conscious of their authority, true to gallican tra-

---

[25] *Goujard,* Catholicisme (n. 24), 52.

[26] See *Dominique Julia,* Système bénéficial et carrières ecclésiastiques dans la France d'ancien régime, in: Historiens et Sociologues d'aujourd'hui, Paris 1986, 79–107, especially 99ff.

[27] On the eve of the French Revolution, no fewer than 42 of the approximately 140 seminaries were still run by diocesan secular clergy. See *Timothy Tackett,* Re-

dition, and often clashed with seminary directors and the orders that they represented, so that agreements with particular orders to run a particular seminary might be torn up or renegotiated with a different order. A change of bishop in a diocese could of itself signal such a change of direction.[28] Even de Paul, as respectful as anyone of episcopal authority, lamented the fact that his Congregation had to render regular accounts to the local bishops on how individual seminaries were run. Above all, the fear of Jansenist contamination led several bishops to rescind agreements with the Oratory, which was suspect of Augustinian and therefore Jansenist sympathies: the Jesuits were welcome in many places for precisely that reason after 1683, despite considerable reservations in many episcopal hearts about their views and politics. Jansenist bishops needless to say, had equally clear ideas of the kind of seminary and clergy they wanted and even more so of what they did *not* want – viz. anything that smacked of Molinist theology. Above all, the Jansenist scare was an important reason why from around 1700 onwards, seminaries slowly began developing their own academic programmes, starting obviously with theology itself and imperceptibly expanding to include philosophy and canon law. Obviously, many eighteenth-century intellectual developments, which we may conveniently call the 'Enlightenment', also played a part in accelerating this process in succeeding decades. Its effect was to progressively close off the seminaries from the wider educational and intellectual world of their day, or to confine them to safely orthodox institutions like the religious collèges or the theology faculties.[29] Quite a few eighteenth-century seminaries pressed for affiliation to universities, so that their 'in-house' courses would lead to university degrees and their students would not be denied the proper academic recognition for their studies. In one sense, they wanted to have their cake and eat it, since such affiliation would facilitate the seminaries' efforts to ensure the intellectual orthodoxy of the future clergy. Over a period of time, the net effect of such efforts was to lengthen further the duration of 'séjour' in the seminaries, which took on more and more of the intellectual tasks previously left to other institutions, and became less and less immediately preparatory for holy orders.[30]

But this movement in the direction of a longer and more continuous stay in a closed seminary was driven by more than just a concern for

---

ligion, Revolution and Regional Culture in Eighteenth-Century France, Princeton 1986, 100.

[28] *Degert,* Histoire (n. 2), vol. 1, livre 2, ch. 8.

[29] *Jean Quéniart,* Les Hommes, L'Église et Dieu dans la France du XVIIIe siècle, Paris 1978, part 1, ch. 3–4.

[30] *Julia,* L'Éducation des ecclésiastiques (n. 23), 146–149.

intellectual orthodoxy. After all, it also affected many of the provincial seminaries which had very limited intellectual ambitions, and not just the high fliers, and it did not become really marked until the 18th century. Just as significant a force was the increasingly demanding conception of what the priesthood itself was and should be, a development which seems more evident in France than other parts of Catholic Europe.[31] This exigency derived in no small part from Bérulle's lofty views of the priesthood, which were derived from his theology of Christ's own priesthood, in which the individual priest participated. Such an emphasis raised even the most ordinary of priests above the most perfect of regulars, whose traditional superiority was seriously challenged by Berulle's ideas. After his death in 1629 his views acquired considerable influence precisely because they were propagated by his many disciples, such as de Paul, Olier, Jean Eudes and others, all of them in one way or another centrally involved, often as founders or directors of seminaries, in clerical education and reform. This is a vast subject in its own right, usually written about by historians of literature and spirituality, but which has not yet been adequately related to the development of clerical education in seventeenth-century France. Essentially, what it entailed was the psychological and behavioural transformation of the future clergy through the acquisition of attitudes and a form of conduct which would distance them from the unregenerate world around them. This world, the 'monde', from which they originated and had frequented for most of their lives, would surely suck them back into its grip, if they did not make the clean break that becoming a priest demanded. The seminary as a closed environment, in which the habits of a lifetime were formed in an atmosphere of intense self-scrutiny and diligent surveillance by professional seminary directors – this was the ideal which increasingly found its way into the minute regulations drafted by seminary directors and bishops to govern the waking lives of those passing through them.[32] "Surveiller et former", to paraphrase Michel Foucault, seems increasingly to have been the objective of institutions which by the eighteenth-century were being compared, even by some members of the clergy, to prisons.[33]

---

[31] *Peter Herrsche,* "Klassizistischer" Katholizismus. Der konfessionsgeschichtliche Sonderfall Frankreichs, in: HZ 262 (1996), 370–371.

[32] See *Julia,* L'Éducation des ecclésiastiques (n. 23), 149ff; *René Taveneaux,* Le Catholicisme post-tridentin, in: Histoire des Religions, ed. Henri-Charles Puech, 3 vols., Paris 1972, vol. 2, 1062.

[33] *McManners,* Church and Society (n. 24), vol. 1, 204.

IV.

By way of conclusion, it is possible to argue that the French church during the seventeenth century, a key period in its development, was searching for a way of ensuring that as many as possible of its future clergy would have received a formation which would be not merely vocational and intellectual, but also spiritual and behavioural. This was something which none of the existing institutions was able to provide – nor indeed could the seminary outlined by the council of Trent or the new collèges. This of itself suffices to explain why it took so long to find a workable formula which could then be translated into a feasible programme of action. No doubt other parts of Catholic Europe experienced similar problems, but it seems that most of the post-Trent seminaries there were relatively close to what Trent had demanded. The main exceptions seem to have been the seminaries directed by the Jesuits which usually had greater ambitions than that of other seminaries. The originality of what was attempted in 17th century France lies in the way these multiple objectives were eventually combined, and how different types of seminary combined them differently. Ironically, what Trent had originally suggested eventually came to play its part, but as a cog in the wheel (the petit séminaire) rather than as the wheel itself, and above all as part of the move towards isolating future clergy in a fairly continuously closed milieu. But it is hard to see how French seminaries could have achieved much without a development which initially had relatively little to do with them – the spread of the collèges – or without a later development which centrally concerned them – new ideas on the nature of the priesthood itself. Neither of these owed much if anything to what might be called Tridentine models, however we define them, but they do suggest that the movement for reform in France was sufficiently critical and responsive to reach out for novel and flexible solutions on how to tackle the continuing problem of clerical ignorance and behaviour.

Jansenistische Erziehung und die Entstehung des modernen Individuums

Von Wolfgang Mager

I. Ausgangspunkt und Zielsetzung jansenistischer Pädagogik

In der Geschichte der Erziehung[1] nimmt der französische Jansenismus einen bedeutenden Rang ein. Das belegen sowohl die allgemeinen Darstellungen zur Geschichte der Erziehungsideen und des Schul- und Unterrichtswesens im Ancien Régime[2] als auch die Untersuchungen über die jansenistische Pädagogik.[3] – Die Jansenisten[4] waren einem ganz be-

---

[1] Die Studie entstand im Rahmen des von der Deutschen Forschungsgemeinschaft geförderten Sonderforschungsbereichs „Das Politische als Kommunikationsraum in der Geschichte". Stefan Brakensiek und Frank Konersmann danke ich für die kritische Lektüre des Aufsatzes. Zur Wiedergabe der französischen Quellentexte: Die Orthographie wurde modernisiert, die Interpunktion beibehalten.

[2] Vgl. *Gabriel Compayré,* Histoire critique des doctrines de l'éducation en France depuis le seizième siècle, 2 Bde., Paris 1879 (ND Genf 1970), besonders 245–298; *Georges Snyders,* Die große Wende der Pädagogik. Die Entdeckung des Kindes und die Revolution der Erziehung im 17. und 18. Jahrhundert in Frankreich, Paderborn 1971(aus dem Französischen. Titel der Originalausgabe: La Pédagogie en France aux XVIIe et XVIIIe siècles, Paris 1964), besonders die Nachweise im Sachverzeichnis unter den Stichworten „Jansenismus", „Port-Royal", „Petites-Ecoles von Port-Royal"; *Émile Durkheim,* Die Entwicklung der Pädagogik. Zur Geschichte und Soziologie des gelehrten Unterrichts in Frankreich, Weinheim/Basel 1977 (aus dem Französischen. Titel der Originalausgabe: L'Évolution pédagogique en France, Paris 1938/1969), besonders 224 f., 244–255; *Jean de Viguerie,* Tableau de la théorie pédagogique pendant la première moitié du 18e siècle, in: The Making of Frenchmen: Current Directions in the History of Education in France, 1679–1979, hrsg. v. Donald N. Baker/Patrick J. Harrigan, Waterloo (Canada) 1980, 55–60; *ders.,* Le mouvement des idées pédagogiques aux XVIIe et XVIIIe siècles, in: Histoire mondiale de l'éducation, Bd. 2, De 1515 à 1815, hrsg. v. Gaston Mialaret/Jean Vial, Paris 1981, 273–299; *Laurence W. B. Brockliss,* French Higher Education in the Seventeenth and Eighteenth Centuries: A Cultural History, Oxford 1987; *Marcel Grandière,* L'Idéal pédagogique en France au dix-huitième siècle, Oxford 1998, besonders die Nachweise im Index unter den Stichworten „Coustel, Pierre", „Gobinet, Charles", „Paccori, Ambroise", „Rollin, Charles", „jansénisme".

[3] *Irénée Carré,* Introduction, zu: *ders.,* Les Pédagogues de Port-Royal. Saint-Cyran, de Saci, Lancelot, Guyot, Coustel, Le Maître, Nicole, Arnauld, etc., Jacqueline Pascal. Histoire des Petites Écoles. Notices, extraits et analyses avec des notes, Paris 1887 (ND Paris 1971), V–XXXVI; *Félix Cadet,* Introduction, zu: *ders.,* L'Éducation à Port-Royal. Saint-Cyran, Arnauld, Lancelot, Nicole, de Saci,

stimmten Menschenbild verpflichtet, das wesentlich in der Gnaden-, Rechtfertigungs- und Prädestinationslehre des Kirchenvaters Augustinus

---

Guyot, Coustel, Fontaine, Jacqueline Pascal. Extraits précédés d'une introduction, Paris 1887, 1–79; *Karl Olzscha,* Der muttersprachliche und der lateinische Unterricht in den Petites Écoles von Port-Royal (Diss. phil. Erlangen), Annaberg 1890; *Édouard Paradis,* La Pédagogie janséniste comparée à la pédagogie catholique (Thèse de doctorat en théologie présentée à la Faculté catholique de Lyon), Lyon/Paris 1910; *Howard Clive Barnard,* The Little Schools of Port-Royal, Cambridge 1913; *Joseph Sellmair,* Die Pädagogik des Jansenismus, Donauwörth 1932; *Lea Cavallone,* I maestri et le *Piccole Scuole* di Port-Royal, Turin 1942; *Louis Cognet,* Claude Lancelot solitaire de Port-Royal, Paris 1950; *ders.*, Les Petites Écoles de Port-Royal, in: Cahiers de l'Association internationale des études françaises 3–4–5 (1953), 19–29; *Vicenzo Ceppellini,* La pedagogia dei gesuiti e dei giansenisti, Mailand o.J. (1958); *Antony McKenna,* Les Petites Ecoles de Port-Royal, in: Chroniques de Port-Royal 24 (1975) 13–40; *Frédéric Delforge,* Les Petites Écoles de Port-Royal. 1637–1660, Paris 1985; *Fritz Osterwalder,* Die pädagogischen Konzepte des Jansenismus im ausgehenden 17. Jahrhundert und ihre Begründung. Theologische Ursprünge des modernen pädagogischen Paradigmas, in: Jahrbuch für Historische Bildungsforschung 2 (1995), 59–83.

[4] Neuere Einführungen und Überblicksdarstellungen: *Jean Orcibal,* Qu'est-ce que le jansénisme?, in: Cahiers de l'Association internationale des études françaises, 3–4–5 (1953), 39–53 (aufgenommen in: *ders.*, Études d'histoire et de littérature religieuses. XVIe–XVIIIe siècles, hrsg. v. Jacques Le Brun/Jean Lesaulnier, Paris 1997, 281–295); *Louis Cognet,* Das kirchliche Leben in Frankreich, in: Handbuch der Kirchengeschichte, hrsg. v. Hubert Jedin, Bd. 5, Die Kirche im Zeitalter des Absolutismus und der Aufklärung, Freiburg/Basel/Wien 1970, 3–119; *Jean-Robert Armogathe,* Artikel „Jansénisme", Abschnitt I, „Historiographie", Abschnitt II, „Histoire générale", in: Dictionnaire de spiritualité, Bd. 8, 1974, Sp. 102–128; *Jacques Plainemaison,* Qu'est-ce que le jansénisme?, in: Revue historique 273 (1985), 118–130; *Françoise Hildesheimer,* Le Jansénisme en France aux XVIIe et XVIIIe siècles, Paris 1991; *dies.*, Le Jansénisme. L'histoire et l'héritage, Paris 1992; *Catherine Maire,* Port-Royal. La fracture janséniste, in: Les Lieux de mémoire, hrsg. v. Pierre Nora, Bd. 3, Les France, Teil 1, Conflits et partages, Paris 1992, 471–529; *Lucien Ceyssens,* Que penser finalement de l'histoire du jansénisme et de l'antijansénisme?, in: Revue d'histoire ecclésiastique 88 (1993), 108–130; *Louis Cognet,* Le Jansénisme, 7. Aufl. Paris 1995; *Jean Delumeau/Monique Cottret,* Le Catholicisme entre Luther et Voltaire, 6. Aufl. Paris 1996, Abschnitt „Le Jansénisme" = 205–245; *Monique Cottret,* La querelle janséniste, in: Histoire du christianisme des origines à nos jours, hrsg. v. Jean-Marie Mayeur u.a., Bd. 9, L'Âge de raison (1620/30–1750), hrsg. v. Marc Venard, Paris 1997, 351–407; *William Doyle,* Jansenism. Catholic Resistance to Authority from the Reformation to the French Revolution, New York/London 2000; *Giacomo Martina,* Storia della chiesa da Lutero ai nostri giorni, Bd. 2, L'età dell'assolutismo, 2. Aufl. Brescia 2001, Abschnitt „Giansenismo" = 209–258. Zur französischen Hauptstadt als Entfaltungsraum des Jansenismus vgl. *Marie-José Michel,* Jansénisme et Paris. 1640–1730, Paris 2000. Speziell zum 17. Jh: *Antoine Adam,* Du mysticisme à la révolte. Les jansénistes du XVIIe siècle, Paris 1968; *Alexander Sedgwick,* Jansenism in seventeenth-century France. Voices in the Wilderness, Charlottesville, Va. 1977; *Philippe Sellier,* Qu'est-ce que le jansénisme (1640–1713)?, in: *ders.*, Port-Royal et la littérature, Bd. 2, Le siècle de saint Augustin, La Rochefoucauld, Mme de La-

(354–430) wurzelte. Es ging aus von der Verderbtheit des von der Erbsünde geschlagenen Menschen seit Adams Sündenfall sowie von der Verdammnis der vielen und der Erwählung der wenigen, denen Christi Menschwerdung, Opfertod und Auferstehung den Weg zum Heil eröffne. Die Jansenisten vertraten mit Augustinus die Auffassung, daß die Taufe als eine spirituelle Erneuerung des Menschen dem Christen die Unschuld zurückgebe und ihm die Hinwendung zu Gott ermögliche. Zugleich waren sie von der Idee durchdrungen, daß die durch Adams Vergehen bewirkte Schädigung des Menschen – seine Neigung zur Selbstliebe und seine auf das Böse gerichteten Begierden – so tiefgreifend sei, daß die in der Taufe wiederhergestellte Unschuld ständig bedroht bleibe. Sie suchten sich deshalb ihrer Erwählung durch ein Leben in Demut, Buße und Askese zu vergewissern und nach dem Beispiel der Einsiedler (solitaires) von Port-Royal ihr Seelenheil durch Abkehr von der Welt zu sichern.[5] Ziel war – in großer Nähe zur Gotteserfahrung des Kardinals Bérulle und der von ihm inspirierten ‚École française de spiritualité'[6] – die unmittelbare Begegnung mit Gott als Erfahrung seiner Gnade und damit der Heiligung und Rechtfertigung des Sünders.

Die jansenistische Pädagogik schließt an diese Rechtfertigungstheologie an, die den Christen in seinem Heilsverlangen unmittelbar zu Gott stellt. Ihr Ziel war es, die in der Taufe erneuerte Unschuld des Kindes zu bewahren und den Heranwachsenden gegen die Anfechtungen der Welt zu wappnen. Die jansenistische Erziehungslehre war folglich nicht auf Sozialisation in die bestehende Gesellschaft hinein gerichtet, sondern

---

fayette, Sacy, Racine, Paris 2000, 43–76; *Jean-Louis Quantin*, Port-Royal et le jansénisme du XVIIe siècle dans l'historiographie depuis Sainte-Beuve, in: Chroniques de Port-Royal 49 (2000), 87–119. Unter den älteren Arbeiten außer dem monumentalen Werk von *Charles-Augustin Sainte-Beuve*, Port-Royal, 5 Bde., Paris 1840–1859; 2. Aufl. 1860; 3. Aufl. 1867, danach die von Maxime Leroy besorgten Edition in der „Bibliothèque de la Pléiade", 3 Bde., Paris 1953–1955, grundlegend: *Henri Bremond*, Histoire littéraire du sentiment religieux en France depuis la fin des guerres de religion jusqu'à nos jours, Bd. 4, La conquête mystique: l'École de Port-Royal, Paris 1921; *Augustin Gazier*, Histoire générale du mouvement janséniste. Depuis ses origines jusqu'à nos jours, 2 Bde., Paris 1924.

[5] Vgl. *Bernard Beugnot*, Le Discours de la retraite au XVIIe siècle. Loin du monde et du bruit, Paris 1996.

[6] Grundlegend die älteren Untersuchungen von: *Bremond*, Histoire littéraire (Anm. 4), Bd. 3, La conquête mystique: l'École française, Paris 1921; *Louis Cognet*, Les Origines de la spiritualité française au XVIIe siècle, Paris 1949, *ders.*, De la dévotion moderne la spiritualité française, Paris 1958; *ders.*, La Spiritualité moderne, Teil 1, L'essor: 1500–1650, Paris 1966. Vgl. ferner: *Raymond Deville*, L'École française de spiritualité, Paris 1987; *Yves Krumenacker*, L'École française de spiritualité. Des mystiques, des fondateurs, des courants et leurs interprètes, Paris 1999; *Richard Cadoux*, La question anthropologique chez Bérulle et chez Saint-Cyran, in: Chroniques de Port-Royal 50 (2001), 315–323.

zielte auf Abgrenzung von deren Werten und den Aufbau einer Gegenwelt im Persönlichkeitsprofil des Zöglings ab. Die Jansenisten ersannen deshalb eine Erziehung der Knaben, denen vornehmlich ihr Interesse galt, in kleinen Gruppen unter der Führung frommer und sachkundiger Lehrer abseits des Elternhauses und des Kollegs. Sie traten für eine Internatserziehung der Art ein, wie sie zeitweilig in Gestalt der ‚Kleinen Schulen' (petites écoles) von Port-Royal verwirklicht wurde.

Die Abgrenzung von der Welt der Erwachsenen als dem Ort des Bösen ging bei den jansenistischen Pädagogen mit einer Hinwendung zum Kind als einem durch die Taufe vom Heiligen Geist erfüllten und geheiligten Kind Gottes (enfant de Dieu) einher. Sie erblickten in jedem einzelnen Kind, solange es seine Taufunschuld bewahrt, die Wirksamkeit der göttlichen Gnade als einer unmittelbaren Begegnung mit Gott. Auf dieser gnadentheologischen Grundlage brachten die jansenistischen Erzieher den Gedanken der einzigartigen und unverwechselbaren Individualität eines jeden Kindes hervor und entwickelten eine Pädagogik, die darauf abzielte, der Eigenart eines jeden Kindes gerecht zu werden. Damit kommt der jansenistischen Pädagogik – das ist die These der nachfolgenden Studie – hohe Bedeutung für die Ausbildung des modernen Individuums zu.[7]

Nach einführenden Hinweisen zur jansenistischen Gnaden- und Rechtfertigungslehre und dem ihr zugrunde liegenden Menschenbild (II.) folgen knappe Informationen über die Solitaires und die Kleinen Schulen von Port-Royal (III.). Im Zentrum soll dann die Erörterung zweier Hauptgedanken der jansenistischen Pädagogen stehen – zum einen ihr

---

[7] Zur Entstehung des modernen Individuums vgl. Odo Marquard/Karlheinz Stierle (Hg.), Identität, München 1979; *Alois Hahn,* Zur Soziologie der Beichte und anderer Formen institutionalisierter Bekenntnisse. Selbstthematisierung und Zivilisationsprozeß, in: KölnZSoziol 34 (1982), 407–434; *ders.*, ‚La sévérité raisonnable' – La doctrine de la confession chez Bourdaloue, in: La Pensée religieuse dans la littérature et la civilisation du XVIIe siècle en France, hrsg. v. Manfred Tietz/Volker Kapp, Paris/Seattle/Tübingen 1984, 19–40, Diskussion 41–43; *Louis Dumont,* Essais sur l'individualisme. Une perspective anthropologique sur l'idéologie moderne, 2. Aufl. Paris 1985: *Manfred Frank/Anselm Haverkamp* (Hg.), Individualität, München 1988; *Niklas Luhmann,* Individuum, Individualität, Individualismus, in: *ders.,* Gesellschaftsstruktur und Semantik. Studien zur Wissenssoziologie der modernen Gesellschaft, Bd. 3, Frankfurt/M. 1989, 149–258; Aufklärung 9,2 (1996), Themenheft „Individualität", besonders: *Alois Hahn/Herbert Willems,* Wurzeln moderner Subjektivität und Individualität, 7–37; *Richard van Dülmen,* Die Entdeckung des Individuums. 1500–1800, Frankfurt/M. 1997; *Herbert Willems/Alois Hahn* (Hg.), Identität und Moderne, Frankfurt/M. 1999; *Richard van Dülmen* (Hg.), Entdeckung des Ich. Die Geschichte der Individualisierung vom Mittelalter bis zur Gegenwart, Köln/Weimar/Wien 2001, besonders: *Karl-Heinz Ohlig,* Christentum – Kirche – Individuum, 11–40; *Peter Dinzelbacher,* Das erzwungene Individuum. Sündenbewußtsein und Pflichtbeichte, 41–60.

Verständnis der Erziehung als Abgrenzung von der Welt der Erwachsenen und Hinführung zur Individualität (IV.); zum anderen ihre Bemühungen um die unverkürzte Aneignung der antiken Literatur mit dem Ziel der Selbsterkenntnis und ihre damit verbundene Hinwendung zur Muttersprache als dem vorzüglichen Instrument eigenständigen Denkens (V.). Zum Schluß wird die Frage aufgeworfen, warum der Jansenismus im wesentlichen eine Angelegenheit Frankreichs geblieben ist, sieht man von den direkt benachbarten südlichen Niederlanden und der schismatischen ‚Église d'Utrecht' einmal ab. Es wird die These vertreten, daß die jansenistische Theologie und Pädagogik den Aufbauprinzipien der Notabelngesellschaft entgegenkam. Deren Ansätze zeichneten sich in Frankreich bereits im 17. Jahrhunderts ab, während in den anderen kontinentaleuropäischen Gesellschaften ständische Aufbauprinzipien bis in das Zeitalter der Aufklärung wirksam waren. Das mag erklären, warum der Jansenismus im 17. Jahrhundert außerhalb Frankreichs ohne nennenswertes Echo blieb und dort erst seit dem zweiten Drittel des 18. Jahrhunderts auf gewisse Resonanz stieß (VI.).

II. Die jansenistische Gnaden- und Rechtfertigungslehre und das ihr zugrunde liegende Menschenbild

Bei dem durch die Reformatoren ausgelösten und die theologischen Kontroversen des 16. und 17. Jahrhunderts zutiefst bestimmenden Ringen um Gnade und Rechtfertigung ging es um Grundgedanken der christlichen Religion als einer Erlösungsreligion. Gnade (gratia) umschrieb die das Seelenheil eröffnende Begegnung des Christen mit Gott, Rechtfertigung (justificatio) meinte die durch Christi Sühnetod bewirkte Genesung von den Schädigungen der Erbsünde und damit die Erwählung und Rettung zum ewigen Heil.[8] Die jansenistische Gnaden- und Rechtfertigungslehre[9] trat seit den 1630er und 1640er Jahren in den

---

[8] Zur Gnaden- und Rechtfertigungslehre allgemein vgl. *Otto Hermann Pesch/ Albrecht Peters,* Einführung in die Lehre von Gnade und Rechtfertigung, 3. Aufl. Darmstadt 1994; *Gisbert Greshake,* Geschenkte Freiheit. Einführung in die Gnadenlehre, 2. Aufl. Freiburg/Br. u.a. 1992; *Georg Kraus,* Gnadenlehre – Das Heil als Gnade, in: Glaubenszugänge. Lehrbuch der katholischen Dogmatik, Bd. 3, hrsg. v. Wolfgang Beinert, Paderborn u.a. 1995, 157–305. Zur katholischen Gnaden- und Rechtfertigungslehre im Zeitalter der Reformation und katholischen Reform vgl. *Delumeau/Cottret,* Catholicisme (Anm. 4), Teil 2, Kap. 1 „De la Préréforme au concile de Trente" = 63–91; *Wilhelm Dantine,* Das Dogma im tridentinischen Katholizismus, in: Handbuch der Dogmen- und Theologiegeschichte, Bd. 2, Die Lehrentwicklung im Rahmen der Konfessionalität, hrsg. v. Carl Andresen/Adolf Martin Ritter, 2. Aufl. Göttingen 1998, 411–498.

[9] Vgl. *Albert de Meyer,* Les Premières Controverses jansénistes en France (1640–1649), Löwen 1919; *Jean Laporte,* La Doctrine de Port-Royal, Bd. 1, Essai sur la

theologischen Auffassungen dreier Leitfiguren hervor. Es war das, erstens, Jean-Ambroise Duvergier de Hauranne (1581–1643), seit 1620 Abt des Klosters Saint-Cyran, eine charismatische Persönlichkeit mit großer Ausstrahlung durch die Wirksamkeit als Beichtvater (directeur de conscience) in der besseren Pariser Gesellschaft, als geistlicher Leiter der Solitaires von Port-Royal und als Inspirator der Kleinen Schulen von Port-Royal[10]; zweitens, Cornelius Jansen(ius) (1585–1638) mit seinem 1640 zunächst in Löwen erschienenen, dann 1641 in Paris und 1643 in Rouen nachgedruckten monumentalen Hauptwerk ‚Augustinus'[11]; drittens Antoine Arnauld (1612–1694) mit seiner 1643 veröffentlichten, aufsehenerregenden Streitschrift ‚De la fréquente communion', der eine Fülle weiterer theologischer Schriften oft höchst polemischen Inhalts folgten.[12] Diese drei Wortführer der jansenistischen Bewegung orientierten sich in ihrer Gnaden- und Rechtfertigungslehre eng an der Theologie und Anthropologie des Augustinus, dessen Einfluß auf das allgemeine geistige Klima in Frankreich des 17. Jahrhunderts – nach dem Urteil von Jean Dagens ‚das Jahrhundert des heiligen Augustinus'[13] – und besonders auf den Jansenismus kaum hoch genug eingeschätzt werden kann.[14]

formation et le développement de la doctrine, Teil 1, Saint-Cyran; Bd. 2, Exposition de la doctrine (d'après Arnauld), Teil 1, Les vérités de la grâce. Paris 1923; *Nigel Abercrombie,* The Origins of Jansenism, Oxford 1936; *Michel Dupuy,* Artikel „Jansénisme", Abschnitt III „Doctrine spirituelle du jansénisme", in: Dictionnaire de spiritualité, Bd. 8, 1974, Sp. 128–148; *Leszek Kolakowski,* Dieu ne nous doit rien. Brève remarque sur la religion de Pascal et l'esprit du jansénisme, Paris 1997 (aus dem Englischen. Titel der Originalausgabe: God owes us nothing. A Brief Remark on Pascal's Religion and on the Spirit of Jansenism, Chicago 1995). Vgl. ferner die Lit. der drei nachfolgenden Anmerkungen.

[10] Grundlegend: *Jean Orcibal,* Les Origines du jansénisme, Bd. 2, Jean Duvergier de Hauranne, abbé de Saint-Cyran et son temps (1581–1638), Löwen/Paris 1947; Bd. 3, Saint-Cyran et son temps, appendices, bibliographie et tables, Löwen/Paris 1948; Bd. 5, La spiritualité de Saint-Cyran, avec ses écrits de piété inédits, Paris 1962; *ders.,* Saint-Cyran et le jansénisme, Paris 1961; vgl. ferner *Abercrombie,* Origins (Anm. 9), 161–194; Chroniques de Port-Royal 26–27–28 (1977–79), Themenheft: „Les deux abbés de Saint-Cyran"; *Bernard Chédozeau,* Artikel „Saint-Cyran" in: Dictionnaire de spiritualité, Bd. 14, 1990, Sp. 140–150.

[11] Grundlegend: *Jean Orcibal,* Jansénius d'Ypres (1585–1638), Paris 1989; vgl. auch *de Meyer,* Premières Controverses (Anm. 9), 86–120; *Abercrombie,* Origins (Anm. 9), 125–158; *Henri de Lubac,* Augustinisme et théologie moderne, Paris 1965, 9–112.

[12] Chroniques de Port-Royal 44 (1995), Themenheft „Antoine Arnauld (1612–1694). Philosophe, écrivain, théologien", besonders: *Jean Lesaulnier,* La fréquente Communion d'Antoine Arnauld, 61–81; *Hervé Savon,* L'argument patristique dans la querelle de la fréquente communion, 83–95: vgl. auch *de Meyer,* Premières Controverses (Anm. 9); *Abercrombie,* Origins (Anm. 9), 195–220; *Ciro Senofonte,* Ragione moderna e teologia. L'uomo di Arnauld, Neapel 1989.

[13] *Jean Dagens,* Le XVIIe siècle, siècle de saint Augustin, in: Cahiers de l'Association internationale des études francaises 3–4–5 (1953), 31–38.

Mit dem Bischof von Hippo vertraten Saint-Cyran, Jansenius, Antoine Arnauld und ihre Schüler und Anhänger die Auffassung, daß die menschliche Natur seit Adams Sündenfall, welcher sich als Erbsünde (péché originel) bei der Zeugung eines jeden Menschen forttradiere, den bösen Begierden (concupiscence) als dem Ausfluß der Eigenliebe (amour propre) ausgeliefert und damit der ewigen Verdammnis preisgegeben sei. Sie bekannten sich zu der Überzeugung, daß Christi Opfertod dem Getauften zwar die Unschuld erneuere, daß aber der freie Wille, verstanden als die Entscheidungsfreiheit zum Guten, von Grund auf geschwächt bleibe. Der Getaufte bedürfe zu seiner Erlösung der göttlichen Gnade. Diese werde nicht allen Getauften zuteil, sondern einzig den Auserwählten (élus), denen Gott die (im Sinne der Erwählung und Heilung) wirksame Gnade (grâce efficace) zukommen lasse. Gottes Gnadenwahl und damit die Vorherbestimmung (im Sinne der Lehre von der doppelten Prädestination) eines jeden einzelnen Christen zur Erlösung oder Verdammnis seien unergründlich. Die Zugehörigkeit zum Gottesvolk (peuple de Dieu), zur civitas Dei als der Geistkirche der Erwählten, könne nicht durch gute Werke verdient werden, sie bleibe ungewiß.

Die Gegenposition zur jansenistischen Gnaden- und Rechtfertigungslehre nahmen die Jesuiten ein.[15] Sie vertraten die Auffassung, daß Gott jedem Christen eine hinreichende Gnade (grâce suffisante) gewähre, um sich in freier Willensentscheidung für ein gottgefälligen Leben zu entscheiden und dadurch sowie auch als Folge guter Werke die ewige Selig-

---

[14] Vgl. *de Lubac,* Augustinisme (Anm. 11); *Henri Marrou,* Saint Augustin et l'augustinisme, 7. Aufl. Paris o.J. (1969); *Philippe Sellier,* Pascal et saint Augustin, Paris 1970, 2. Aufl. Paris 1995 (mit Forschungsüberblick im Vorwort zur Neuauflage, aufgenommen in: *Sellier,* Port-Royal (Anm. 4), 253–266); *Jean Lafond,* La Rochefoucauld. Augustinisme et littérature, Paris 1977; XVIIe siècle 34 (1982), 97–244, Themenheft: „Le siècle de saint Augustin"; *Lucien Ceyssens,* Le drame de conscience augustinien des premiers jansénistes, in: Augustinus magister. Congrès international augustinien, Paris 1954, Bd. 2, Paris o.J., 1069–1076; *Pierre Courcelle,* Les Confessions de saint Augustin dans la tradition littéraire. Antécédents et postérité, Paris 1963; *Bruno Neveu,* Le statut théologique de saint Augustin au XVIIe siècle, in: *ders.*, Érudition et religion aux XVIIe et XVIIIe siècles, Paris 1994, 473–490; *Jean Jehasse/Antony McKenna* (Hg.), Religion et Politique: Les avatars de l'augustinisme, Saint-Étienne 1998; *Jean-Louis Quantin,* Le Catholicisme classique et les Pères de l'Église. Un retour aux sources (1669–1713), Paris 1999.

[15] Vgl. Artikel „Jésuites" in: Dictionnaire de spiritualité, Bd. 8, 1974, Sp. 958–1065; *Ernst-Walter Zeeden,* Das Zeitalter der Gegenreformation, Freiburg/Br. 1967; Marc Fumaroli, L'Âge de l'éloquence. Rhétorique et ‚res literaria' de la Renaissance au seuil de l'époque classique, Genf 1980; *Geneviève Demerson u.a.* (Hg.), Les Jésuites parmi les hommes aux XVIe et XVIIe siècles. Actes du colloque de Clermont-Ferrand (April 1985), Clermont-Ferrand 1987; *A. Lynn Martin,* The Jesuit Mind. The Mentality of an Elite in Early Modern France, Itaca/London 1988; *Luce Giard/Louis de Vaucelles* (Hg.), Les Jésuites à l'âge baroque. 1540–1640, Grenoble 1996; *Alain Guillermou,* Les Jésuites, 6. Aufl. Paris 1999.

keit zu erlangen. Die Jansenisten verurteilten eine solche ‚Concordia liberi arbitrii cum gratiae donis' – so der Titel des 1589 erschienenen Grundtextes der jesuitischen Gnaden- und Rechtfertigungslehre aus der Feder des Jesuiten Molina – als pelagianisch. Nach jansenistischer Auffassung vermag der Christ zu seiner Rechtfertigung lediglich insofern beizutragen, als er, der Hinfälligkeit seiner durch die Erbsünde geschwächten Natur eingedenk, seine Sünden bereut und in Demut (humilité) danach trachtet, die Eigenliebe zu überwinden und zur Hingabe an Gott, zur Gottesliebe (charité), vorzurücken. Die Gott zugewandte Reue stellte sich den jansenistischen Theologen als Zerknirschung des Gläubigen über seine Sündhaftigkeit dar, als Kontrition. Diese beruht nach ihrer Auffassung auf innerer Umkehr und unterscheidet sich dadurch grundlegend von der Reue aus Furcht vor Sündenstrafen, der Attrition. Die Kontrition aus Liebe zu Gott wirke zwar nicht auf Gottes Ratschluß ein, dem Christen entweder die Gnade zu seiner Rechtfertigung zuteil werden zu lassen oder aber sie zu verweigern. Sie vermöge indessen dazu beizutragen, die Seele für die Wirksamkeit der göttlichen Gnade zu öffnen.

Fragt man nach dem Menschenbild, das der jansenistischen Gnaden- und Rechtfertigungslehre zugrunde lag, liegt die Antwort auf der Hand: Der Auffassung von der Verderbtheit des Menschen seit Adams Sündenfall entsprach ein düsteres Menschenbild. Während bei den Jesuiten die Grundüberzeugung vorherrschte, daß der Mensch fähig sei, ein tugendhaftes, das heißt ein der Menschenwürde und dem Bürgersinn verpflichtetes Leben zu führen, waren die Jansenisten von der ‚Falschheit der menschlichen Tugenden' durchdrungen – so der Titel einer 1678 veröffentlichten Abhandlung des jansenistisch gesinnten Autors Jacques Esprit.[16] Die gesellschaftlichen Tugenden galten den Jansenisten als verkappte Laster. Das entsprach dem abwertenden Bild, das François de La Rochefoucauld in seinen ‚Maximes' (1664/65, endgültiger Text 1678), Blaise Pascal in seinen ‚Pensées' (postum 1670/1678), auf seine Weise Jacques Eprit in der angesprochenen Abhandlung und, allgemein gesprochen, ein Gutteil der französischen Moralisten des 17. und auch 18. Jahrhunderts von den gesellschaftlichen Tugenden als Verschleierung der Eigenliebe zeichneten.[17]

Die Jansenisten zogen aus ihrem abschätzigen Urteil über den von der Erbsünde geschlagenen Menschen die Folgerung, daß er sich seines Seelenheils nur durch die Abkehr von der Welt und die Hinwendung zu einer asketischen Lebensführung zu vergewissern vermöge. Sie stilisier-

[16] *Jacques Esprit,* La Fausseté des vertus humaines, 2 Bde., Paris 1678, benutzt nach der von Pascal Quignard besorgten Ausgabe (in einem Band) Paris 1996.

[17] Vgl. *Jean Lafond* (Hg.), Moralistes du XVIIe siècle, Paris 1992, mit einer informativen „Préface" des Herausgebers = I–XLI.

ten eine solche Umwandlung nach dem Beispiel, das Augustinus in seinen ‚Confessiones‘ gegeben hatte, als radikalen Bruch mit dem sündhaften Leben und inszenierten die Entsagung von der Welt als innere Erneuerung (renouvellement) und Bekehrung (conversion).[18]

III. Die Solitaires und die Kleinen Schulen von Port-Royal

Als Modell der weltabgewandten Lebensform treten die Einsiedler von Port-Royal des Champs hervor, die Solitaires.[19] Diese bildeten eine lockere Lebensgemeinschaft von Klerikern und Laien, die weder eine Ordensregel kannten noch Gelübde ablegten noch einer Leitung unterstanden. Die Gemeinschaft entstand, als im Jahre 1637 Antoine Le Maistre (1608–1658), ein renommierter Anwalt am Pariser Parlament, in einem spektakulären Schritt die Amtsgeschäfte niederlegte und zunächst ohne jeden Kontakt zur Außenwelt in einer Wohnung lebte, die zum Gebäudekomplex der Zisterzienserinnen-Abtei Port-Royal de Paris gehörte. Im Jahr darauf zog er sich nach dem Beispiel der frühchristlichen Einsiedler und auch nach dem Vorbild zeitgenössischer französischer Eremiten in die Einsamkeit (désert) des Chevreusetals südwestlich von Paris zurück, wo leerstehende Gebäude der Abtei Port-Royal des Champs eine Unterkunft boten. Es folgten Le Maistre bald weitere Solitaires nach. Das Experiment eines gemeinsamen Lebens ohne förmliche Bindungen, aber in asketischer Entsagung, fand 1661 ein Ende, als Ludwig XIV. bald nach der Übernahme des persönlichen Regiments die Solitaires aus Port-Royal des Champs verwies. Das hing damit zusammen, daß die Regierung die jansenistische Bewegung als eine Gefahr für die Einheit der französischen Kirche und die Festigkeit des monarchischen Regiments ansah.

Die Solitaires führten in Port-Royal des Champs ein Leben des Gebets und der Meditation, sie widmeten sich theologischen und geschichtlichen Studien und taten sich als Übersetzer griechischer und vor allem lateinischer Schriften des klassischen Altertums, der Heiligen Schrift, der Kirchenväterliteratur und liturgischer Texte hervor.[20] Nicht wenige dieser

---

[18] Das war eine der Grundgedanken Saint-Cyrans, vgl. *Orcibal,* Saint-Cyran et le jansénisme (Anm. 10), Abschnitt „La spiritualité de Saint-Cyran“ = 55–86; *ders.*, Spiritualité (Anm. 10), Abschnitt „Thèmes ‚jansénistes‘“ = 81–135. Vgl. auch *Beugnot,* Discours (Anm. 5).

[19] Zum folgenden: *Maire,* Port-Royal (Anm. 4); Beugnot, Discours (Anm. 5), Abschnitt „Hauts Lieux: Autour de Port-Royal“ = 235–253; *F. Ellen Weaver,* Artikel „Port-Royal“ in: Dictionnaire de spiritualité, Bd. 12, 1986, Sp. 1931–1952.

[20] Zur Übersetzertätigkeit von Port-Royal: *Basil Munteano,* Port-Royal et la stylistique de la traduction, in: Cahiers de l'Association internationale des études françaises 8 (1956), 151–172; *Michel Albaric* (Hg.), Histoire du missel français, o.O.

‚Messieurs de Port-Royal' beherzigten die benediktinische Forderung ‚Ora et labora', indem sie außer ihren geistigen Tätigkeiten der Feld- und Gartenarbeit nachgingen.

Mehrere Solitaires beteiligten sich zu den Zeiten, wo Schülergruppen der Kleinen Schulen in Port-Royal des Champs untergebracht waren, an der Unterrichtung und Erziehung der Knaben.[21] Es überschnitten sich dabei die alternative Lebensführung der Solitaires von Port-Royal und eine alternative Pädagogik. Ein Wort zum Ausdruck ‚Kleine Schulen' (petites écoles). Im Ancien Régime verstand man darunter – in Abgrenzung von den ‚Großen Schulen' (grandes écoles), das heißt den Universitäten und Kollegien (collèges) – Elementarschulen, in denen den Kindern Lesen, Schreiben und Rechnen beigebracht wurde.[22] Solche Kleinen Schulen fielen oft mit Armenschulen (écoles de charité) zusammen. In den Städten konnten sie auch die Gestalt von Internatsschulen (maisons d'éducation particulière) für die Söhne der bessergestellten Familien annehmen und bildeten dann eine Alternative zum Hauslehrer. Die Kleinen Schulen von Port-Royal schlossen an diesen Schultyp an.[23] Sie wurden, ähnlich wie die Internatsschulen, durch ein beträchtliches Schul- und Pensionsgeld (400 livres tournois jährlich und mehr) finanziert, außerdem durch Stiftungen.[24]

Die Geschichte der Kleinen Schulen von Port-Royal war während der kurzen Zeitspanne ihres Bestehens (1637–1660) höchst wechselhaft. Auf Einzelheiten braucht hier nicht eingegangen werden. Nur soviel sei

---

1986, besonders: *Bernard Chédozeau,* Aux sources du missel en français à l'usage des laïcs (XVIIe–XVIIIe siècles). Port-Royal et la liturgie, 33–57; *Jean-Robert Armogathe* (Hg.), Le Grand Siècle et la Bible, Paris 1989, besonders: *Bernard Chédozeau,* Les grandes étapes de la publication de la Bible catholique en français du concile de Trente au XVIIIe siècle, 341–360; *ders.,* La Bible et la liturgie en français. L'Église tridentine et les traductions bibliques et liturgiques (1600–1789), Paris 1990; *ders.,* Quelques remarques sur la traduction des textes sacrés catholiques aux XVIIe et XVIIIe siècles, in: Littératures classiques 13 (1991), 197–207; *ders.,* Port-Royal. État présent de quelques recherches, in: Bulletin de l'Académie des sciences et lettres de Montpellier N.S. 30 (1999), 217–228; zum Problem der Übersetzung ins Französische im Zeitalter der Klassik vgl. *Roger Zuber,* Les ‚Belles Infidèles' et la formation du goût classique, Paris 1968, 2. Aufl. Paris 1995, mit „Postface" von: *Emmanuel Bury,* Traduction et classicisme, ebd., 495–505.

21 Vgl. *Delforge,* Petites Écoles (Anm. 3), 195–204.

22 Vgl. *Jean de Viguerie,* L'Institution des enfants. L'éducation en France. XVIe–XVIIIe siècle, Paris 1978, 101–157; *Bernard Grosperrin,* Les Petites Écoles sous l'Ancien Régime, Rennes 1984.

23 Vgl. Abschnitt „La montée des pensions élitistes" bei *Grosperrin,* Petites Écoles (Anm. 22), 57 f. Zur Namengebung vgl. auch *Delforge,* Petites Écoles (Anm. 3), 157–159.

24 *Grosperrin,* Petites Écoles (Anm. 22), 57; *Cognet,* Claude Lancelot (Anm. 3), 78.

gesagt: Die Zöglinge der Kleinen Schulen waren zeitweise im oder beim Kloster Port-Royal de Paris, zeitweise in verschiedenen Orten der Île de France, zeitweilig in Port-Royal des Champs bzw. in einem unweit des Klosters gelegenen Wohngebäude – auf dem Gelände der sogenannten ‚Scheunen' (granges) von Port-Royal – untergebracht. Das Schulexperiment fand ein Ende, als die Regierung den Unterricht 1660 förmlich verbot und die Schülergruppen auflöste.[25]

Kennzeichnend für die Organisation der Kleinen Schulen von Port-Royal war die Zusammenfassung von Knaben – zwischen 6 Jahren und dem beginnenden Erwachsenenalter[26] – in kleinen Gruppen von 4 bis 6 Zöglingen, die mit ihrem Lehrer und Erzieher, dem ‚maître', in einem Wohn- und Unterrichtsgebäude zusammenlebten.[27] Unter diesen Erziehern sind 27 namentlich bekannt.[28] Mehrere gehörten dem Kreis der Solitaires an.[29] Die Gesamtzahl der Schüler belief sich auf 120 bis höchstens 150, von denen nur 100, die 60 Familien entstanden, bekannt sind.[30] Darunter zählen so berühmte Personen wie der Dichter Jean Racine (1639–1699) und der Historiker Sébastien Le Nain de Tillemont (1637–1698). Die Schüler gehörten durchweg wohlhabenden Familien aus Paris, aus der Île de France, aus der Normandie und der Picardie an, überwiegend entstammten sie vornehmen Geschlechtern.[31]

Die Kleinen Schulen von Port-Royal stellten sich zunächst als Lebens- und Erziehungsgemeinschaft dar und waren erst in zweiter Linie ein Ort schulischer Unterrichtung. Der Gedanke, Zöglinge in kleinen Gruppen zusammenzufassen und zu unterrichten, folgte Anregungen, die Erasmus von Rotterdam in seiner Abhandlung über die christliche Ehe[32] gegeben hatte. Der Humanist ging dabei von der Frage aus, die bereits Quintilian in seiner Darstellung der Redekunst, der ‚Institutio oratoria' (verfaßt gegen Ende des 1. Jh. n. Chr.), aufgeworfen hatte, nämlich ob der Einzelunterricht dem Schulunterricht vorzuziehen sei oder umgekehrt.[33] Ganz

---

[25] Vgl. *Cognet,* Claude Lancelot (Anm. 3), 69–111; *Delforge,* Petites Écoles (Anm. 3), 17–154 und „Chronologie" = 359–372.

[26] *Delforge,* Petites Écoles (Anm. 3), 164 f.

[27] Ebd., 161–165.

[28] Ebd., 173–194.

[29] Ebd., 195–208.

[30] Ebd., 213–265.

[31] Ebd., 215.

[32] *Desiderius Erasmus,* Christiani matrimonii institutio (1526), in: Opera Omnia, Bd. 5, Leiden 1704 (ND 1962), Sp. 613–724.

[33] Quintilian widmete dieser Frage Buch I, Kap. 2 seines Werkes, vgl. *Marcus Fabius Quintilianus,* Ausbildung des Redners: zwölf Bücher, hrsg./übers. v. Helmut Rahn, 2 Bde., 3. Aufl. Darmstadt 1995, hier: Bd. 1, 28–41. *Erasmus,* Institutio (Anm. 32), Sp. 715, D–E, formulierte diese Frage wie folgt: *Quaeri solet a nonnullis, utrum conducibilius sit, liberos ab uno privatim institui, an in frequen-*

so, wie das in Port-Royal schließlich geschah, empfahl Erasmus einen dritten Weg, nämlich fünf oder sechs Kinder mit einem Lehrer zu einer Erziehungsgemeinschaft zusammenzuführen. Das solle geschehen, damit die Zöglinge, anders als bei der Einzelerziehung im Elternhaus, gesellig lebten, ohne daß sie, wie in dem von vielen Schülern bevölkerten Kolleg üblich, in ihren Sitten Schaden litten.[34]

Die Erziehungsziele, Unterrichtsformen und Lerninhalte, welche die Kleinen Schulen von Port-Royal auszeichneten, gerieten mit ihrem Ende 1660 nicht in Vergessenheit. Das Vermächtnis des Schulexperiments läßt sich besonders gut in den Schriften der Erzieher greifen.[35] Sie legten ihre pädagogischen und didaktischen Ideen vor allem in den Vorworten zu den zahlreichen Übersetzungen antiker Autoren ins Französische nieder, die sie zu Händen ihrer Schüler anfertigten. Ihre Didaktik tritt außerdem in den von ihnen verfaßten Lehrbüchern zum Erlernen des Lateinischen, des Griechischen und moderner Fremdsprachen hervor. In diesen Zusammenhang gehören auch die von Antoine Arnauld und Claude Lancelot verfaßte ‚Grammaire de Port-Royal' (1660)[36] und die von Antoine Arnauld und Pierre Nicole verfaßte ‚Logique de Port-Royal' (1662).[37] Große Bedeutung bei der Verbreitung der jansenistischen Erziehungsvorstellungen kommt schließlich Erziehungstraktaten zu. Hervorzuheben sind Alexandre Varet (1632–1676) mit der 1666 in Paris erschienenen Abhandlung ‚De l'éducation chrétienne des enfants'[38], Pierre Nicole (1625–1695) mit dem 1670 erschienenen Essay ‚De l'éducation d'un prince'[39], in dem es nicht nur um Fürstenerziehung, sondern auch

---

tissimo puerorum numero educari, velut in paedagogiis, quae alibi collegia, alibi bursae vocantur.

[34] *Plerisque placet media quaedam ratio, ut apud unum praeceptorem quinque sexve pueri instituanter. Ita nec sodalitas deerit aetati, cui convenit alacritas, neque non sufficiet singulis cura praeceptoris, et facile vitabitur corruptela quam adfert multitudo*: ebd., Sp. 715, A.

[35] Zum folgenden vgl. *Delforge,* Petites Écoles (Anm. 3), Kap. 4 „La littérature pédagogique" = 329–350.

[36] *Antoine Arnauld/Claude Lancelot,* Grammaire générale et raisonnée, hrsg. v. Jean-Marc Mandosio, Paris 1997; vgl. die „Présentation" des Herausgebers, VII–XVII. Der vollständige Titel lautet: Grammaire générale et raisonnée, contenant les fondements de l'art de parler, expliqués d'une manière claire et naturelle; les raisons de ce qui est commun à toutes les langues, et des principales différences qui s'y rencontrent, etc., ebd., XIX.

[37] *Antoine Arnauld/Pierre Nicole,* La Logique ou l'Art de penser, contenant, outre les règles communes, plusieurs observations nouvelles, propres à former le jugement, hrsg. v. Pierre Clair/François Girbal, 2. Aufl. Paris 1993.

[38] *Alexandre Varet,* De l'éducation chrétienne des enfants, Paris 1666; zu Varet vgl. die Kurzinformationen bei *Delforge,* Petites Écoles (Anm. 3), 211, 350.

[39] *Pierre Nicole,* De l'éducation d'un prince, Paris 1670; zu Nicole vgl. die Angaben in Anm. 128.

um Erziehung überhaupt ging, und vor allem Pierre Coustel (1621–1704) mit dem 1687 publizierten, breit angelegten Traktat ‚Les Règles de l'éducation des enfants'.[40] Nicole und Coustel waren Erzieher an den Kleinen Schulen, Varet war Port-Royal eng verbunden.

IV. Erziehung als Abgrenzung von der Erwachsenenwelt und Hinführung zur Individualität

Das Grundbestreben der jansenistischen Pädagogen war es, die in der Taufe wiedergewonnene Unschuld des Kindes zu bewahren. Sie teilten mit Augustinus die Überzeugung, daß das Taufversprechen stets gefährdet bleibe, und sahen es als die Grundaufgabe der christlichen Erziehung an, der durch die Erbsünde in den Menschen eingepflanzten Neigung zum Bösen entgegenzuwirken. Erhofften sie nach dem Beispiel der Solitaires von Port-Royal bei den Erwachsenen das Seelenheil von der ‚retraite', der zurückgezogenen Lebensweise möglichst an einem einsamen Ort, sprachen sie sich in der Kindererziehung für eine Pädagogik der Abgrenzung von der Gesellschaft als der Brutstätte der Eigenliebe aus. Das höchstpersönliche Heil des Christen zählte ihnen dabei mehr als die Ausfüllung einer Rolle in der Gesellschaft. Unter den gegebenen Umständen lief das auf die Infragestellung der Aufbauprinzipien der Ständegesellschaft hinaus. In dieser bestimmte sich die soziale Stellung der Einzelperson (der Familie, des Geschlechts) formal aus der Standschaft (état), das heißt der rechtlichen Zugehörigkeit zum Klerus (clergé), zum Adel (noblesse) und zum Dritten Stand (tiers état), soziokulturell aus der Zugehörigkeit zu einer der zahlreichen Sozialformationen, die im Ancien Régime der Einzelperson (der Familie, dem Geschlecht) die soziale Stellung und Rolle vorgaben.[41] Die jansenistischen Theologen rückten von einem solchen holistischen Konzept der Sozialordnung (Louis Dumont) ab.[42] Sie bekräftigten den Eigenwert und die Eigenverantwortung eines jeden einzelnen Christen – sei er Kleriker oder Laie, Mann oder Frau –

---

[40] *Pierre Coustel,* Les Règles de l'éducation des enfants, 2 Bde., Paris 1687; zu Coustel vgl. die Angaben in Anm. 66.

[41] Grundlegend: *Yves Durand,* L'Ordre du monde. Idéal politique et valeurs sociales en France du XVIe au XVIIIe siècle, Paris 2001.

[42] „Il y a deux sortes de sociologies quant à leur point de départ et à leur démarche globale. Dans la première, on part, comme il est naturel aux modernes, des individus humains pour les voir ensuite en société; parfois même on essaie de faire naître la société de l'interaction des individus. Dans l'autre sorte de sociologie, on part du fait que l'homme est un être social, on pose donc comme irréductible à toute composition le fait global de la société – non pas de ‚la société' dans l'abstrait, mais chaque fois de telle société concrète particulière avec ses institutions et représentations spécifiques. Puisqu'on a parlé d'individualisme méthodologique pour le premier cas, on pourrait parler de holisme méthodologie dans

auf dem Weg zum Heil[43], stellten damit den Christen unmittelbar zu Gott, sie begriffen ihn als Individuum. Dem folgten die jansenistischen Pädagogen, wenn sie in das Zentrum ihrer Erziehungsbemühungen die Einzigartigkeit und Unverwechselbarkeit eines jeden einzelnen Kindes stellten.

Wegweisend für die jansenistische Pädagogik waren die Erziehungsvorstellungen Saint-Cyrans. Zwar stellte der Abt seine pädagogischen Ideen nirgends im Zusammenhang dar. Wir sind indessen darüber aus den Memoiren seiner Vertrauten Nicolas Fontaine (1624/25–1709) und Claude Lancelot (1615–1695), beide zeitweilig Solitaires von Port-Royal und Lehrkräfte an den dortigen Kleinen Schulen, bestens unterrichtet. Darauf soll näher eingegangen werden.

Zunächst zu Fontaines ‚Memoiren oder Geschichte der Solitaires von Port-Royal'[44] und besonders zu einer dort wiedergegebenen Unterredung zwischen Saint-Cyran und Antoine Le Maistre, die 1643, bald nach der Entlassung Saint-Cyrans aus dem Gefängnis, stattfand. Unter ausdrücklicher Berufung auf Augustinus bekannte sich Saint-Cyran in diesem Gespräch zu einer rigiden Ausdeutung der Erbsünde. Wie der Bischof von Hippo vertrat er die Auffassung, daß ein ungetauft gestorbenes Kind für immer verloren sei.[45] Aufgabe der Erzieher sei es, über die in der Taufe wiederhergestellte Unschuld der Kinder zu wachen, da die Getauften den Anfechtungen des Teufels ausgesetzt seien. Den Erziehern sei es aufgetragen, unablässig für die Seelen der ihnen anvertrauten Kinder zu beten. Sie hätten, wie die Wache in einer belagerten Stadt, ständig vor dem Feind auf der Hut zu sein. Der Teufel mache die Runde und erkunde die Festung. Werde diese nicht vom Heiligen Geist gehalten, nehme der Teufel sie ein. Da die Kinder zu schwach seien, sich seiner zu

---

celui-ci", *Dumont,* Essais (Anm. 7), 12 f. „Une sociologie est holiste si elle part de la société globale et non de l'individu supposé donné indépendamment", ebd., 303.

[43] Zur Gleichstellung des Laien mit dem Kleriker und der Frau mit dem Mann im jansenistischen Konzept der individuellen Erwählung wegweisend: *Bernard Chédozeau,* Le Baroque, Paris 1989, Kap. 8 „L'élimination du baroque par Port-Royal. D'un tridentinisme à l'autre" = 207–227; *ders.,* D'une religion baroque? Une religion de la confiance naïve et flamboyante, in: Littératures classiques 36 (1999), 109–125.

[44] *Nicolas Fontaine,* Mémoires ou Histoire des Solitaires de Port-Royal, krit. Ed., hrsg. v. Pascale Thouvenin, Paris 2001; dort Einführung der Herausgeberin mit Würdigung des Autors und ausführlicher Analyse seiner Memoiren, 9–229; ferner Werkverzeichnis, 1090–1092. Eine von dem Herausgeber Michel Tronchay überarbeitete und vielfach gekürzte erste Veröffentlichung der Memoiren erschien 1736: *Nicolas Fontaine,* Mémoires pour servir à l'histoire de Port-Royal, 2 Bde., Utrecht 1736 (ND Genf 1970); dazu *Thouvenin,* Einführung, passim. Zu Fontaine vgl. auch *Delforge,* Petites Écoles (Anm. 3), 185 f., mit Kurzinformationen.

[45] *Fontaine,* Mémoires ou Histoire (Anm. 44), 408 f.

erwehren, müsse der Erzieher für sie eintreten.[46] Als bevorzugtes Einfallstor der Verführung zum Bösen sah Saint-Cyran das Elternhaus an. Er sprach sich deshalb nachdrücklich dafür aus, die Kinder im Internat aufzuziehen, wo nach seiner Überzeugung das gute Beispiel der Erzieher und deren Gebet ihre Wirkung auf die Kinder nicht verfehlen würden.[47]

Lancelot zeichnete in seinen ‚Memoiren über das Leben des Herrn Saint-Cyran'[48] ein ähnliches Bild von den pädagogischen Auffassungen des Abtes wie Fontaine. Besonderes Augenmerk richtete Lancelot auf den Grundimpuls, von dem sich Saint-Cyran leiten ließ. Es sei das die ‚charité', die liebende Hingabe des Erziehers an das Kind, gewesen[49], die für den Abt mit der ‚charité', der liebenden Hingabe des Christen an Gott, zusammengefallen sei. Kindererziehung sei Saint-Cyran zum Gottesdienst geraten. Er habe das durch die Taufe geheiligte Kind als Gefäß des Heiligen Geistes angesehen. Der Abt trat nach Lancelots Bericht den Kindern denn auch stets mit Güte, ja mit Ehrerbietung entgegen. Er habe in ihnen die Unschuld und den Heiligen Geist, der in ihrem Inneren wohne, verehrt.[50] Er habe die Kinder gesegnet und ihnen das Kreuzzeichen auf die Stirn gemacht. Wenn sie verständig genug waren, habe er

---

[46] *Il faut toujours prier pour ces âmes et toujours veiller, faisant garde comme en une ville de guerre. Le diable fait la ronde pardehors, il la faut faire pardedans, et ne lui donner aucune prise. Il attaque de bonne heure les baptisés, et vient reconnaître la place. Si le Saint-Esprit ne la remplit, il la remplira. Il attaque les enfants, et ils ne le combattent pas. Il faut le combattre pour eux,* ebd., 412.

[47] *La séparation du monde, les bons exemples et les prières sont les grands secours qu'on leur peut rendre,* ebd.

[48] *Claude Lancelot,* Mémoires touchant la vie de Monsieur de Saint-Cyran. Pour servir d'éclaircissement à l'histoire de Port-Royal, 2 Bde., Köln 1738 (ND Genf 1968); vgl. dort Bd. 2, Kap. 40 „De la charité de Monsieur de Saint-Cyran pour les enfants".= 330–346. Zu Lancelot vgl. *Cognet,* Claude Lancelot (Anm. 3); *Delforge,* Petites Écoles (Anm. 3), 188 f., 342–344, mit Kurzinformationen; *Denis Donetzkoff,* ‚Mon dessein n'est pas d'écrire sa vie'. Les *Mémoires* de Lancelot sur l'abbé de Saint-Cyran, in: Chroniques de Port-Royal 48 (1999), 109–132.

[49] *Monsieur de Saint-Cyran estimait tellement la charité de ceux qui s'employaient à élever chrétiennement des enfants, qu'il disait qu'il n'y avait point d'occupation plus digne d'un chrétien dans l'Église; (...) qu'à la mort une des plus grandes consolations que nous pouvions avoir était si nous avions contribué à la bonne éducation de quelque enfant; et qu'enfin cet emploi suffit seul pour sanctifier une âme, pourvu qu'on s'en acquitte avec charité et patience. Il disait que nous devions être non seulement les anges, mais en quelque façon les dieux des enfants qui nous étaient commis, parce que notre soin principal devait être de les appliquer toujours au bien avec douceur et charité, comme il faut que Dieu nous y applique et nous le fasse faire. Il réduisait ordinairement ce qu'il fallait faire pour des enfants à ces trois choses: parler peu, beaucoup tolérer, et prier encore davantage, Lancelot,* Mémoires (Anm. 48), 334.

[50] *Aussi Monsieur de Saint-Cyran témoignait-il toujours aux enfants une bonté qui allait jusqu'à une espèce de respect, pour honorer en eux l'innocence et le Saint-Esprit qui y habite,* ebd., 332.

ihnen Worte der Wahrheit auf ihrem Weg zu Gott mitgegeben.[51] Als Vorbild für die hohe Achtung, die das Kind verdiene, habe er die liebevolle Zuwendung gepriesen, die Christus stets den Kindern erwiesen habe.[52]

Aus dem Bild, das Fontaine und Lancelot von Saint-Cyrans Erziehungsvorstellungen entwarfen, tritt die Sakralisierung der Kindererziehung und zugleich eine emphatische Aufwertung des Erziehers hervor.[53] Zu beachten ist, daß das pädagogische Interesse einzig dem getauften Kind galt, und auch nur dann, wenn es durch ein gottgefälliges Betragen und durch Lernfortschritte erwarten ließ, dem Kreis der von Gott Begnadeten, zum Heil Auserwählten anzugehören. Die Erziehungsbemühungen bezogen sich also nicht auf Kinder schlechthin, sondern auf ganz bestimmte Kinder in deren Eigenschaft als Kind Gottes (enfant de Dieu)[54]

---

[51] *Il les bénissait et leur faisait le signe de la croix sur le front, et quand ils en étaient capables il leur disait toujours quelque bonne parole, qui était comme une semence de quelque vérité qu'il jetait en passant et dans la vue de Dieu; afin qu'elle germât en son temps,* ebd., 332.

[52] *Il admirait le Fils de Dieu qui, dans les plus hautes fonctions de son ministère, n'avait pas voulu qu'on empêchât les enfants d'approcher de lui; qui les embrassait et les bénissait; qui nous a recommandé si fort de ne les pas mépriser ou négliger,* ebd., 332.

[53] Lancelot zufolge betrachtete Saint-Cyran die Erziehung als *un emploi digne des anges, et d'une occupation toute de charité,* ebd., 339, und sprach von der *sainteté de cet emploi,* ebd., 338. Monsieur de Saint-Cyran – so Lancelot – *ayant cette idée de l'éducation de la jeunesse et la regardant comme un des emplois les plus nécessaires à l'État et à l'Église, disait souvent, et il me l'a écrit autrefois, qu'il aurait été ravi d'y passer toute sa vie,* ebd., 338 f. Ähnlich Saint-Cyran zu Le Maistre, bei *Fontaine*: *Il me suffit de dire que vous ne sauriez plus mériter de Dieu qu'en travaillant pour bien élever des enfants. S'il ne nous les avait recommandés plusieurs fois on en pourrait douter. J'admire l'agrandissement que Dieu a fait des choses qui semblent petites en elles-mêmes. Cela m'oblige à avoir du respect pour toutes choses. Il me semble que quand celles qui paraissent les moindres ont quelque rapport à Dieu, elles doivent être regardées comme très grandes, Fontaine,* Mémoires ou Histoire (Anm. 44), 409. *Un père qui commence à penser à Dieu et qui veut être sérieusement à lui, devant tenir sa maison réglée et y veiller jusqu'aux moindres choses, doit appliquer ses premiers soins plus particulièrement sur ses enfants qu'il doit se résoudre à l'avenir de conduire comme un père chrétien, étant impossible qu'il se sauve sans cela,* ebd., 413.

[54] Vgl. z.B. Saint-Cyran zu Le Maistre in der nachfolgenden Anm. Der Ausdruck ‚enfant de Dieu' oder ‚enfants de Dieu' kommt bei jansenistischen Autoren – und nicht nur bei diesen – häufig vor. Das hängt mit seinem biblischen Ursprung zusammen. Demzufolge werden die in Christus Getauften zu ‚Kindern Gottes', (Gal 3,26–27; Jo 1,12; Rm 8,16). Gal 3,26–27 lautet nach der Vulgata: *Omnes enim filii Dei estis per fidem in Christo Iesu. Quicumque enim in Christo baptizati estis, Christum induistis.* Die französische Übersetzung nach der berühmten Bibel von Port-Royal – ‚La Sainte Bible, contenant l'Ancien et le Nouveau Testament' (1696/1700), darin das bereits 1667 fiktiv in Mons, tatsächlich von dem Verleger Daniel Elzevier in Amsterdam publizierte sog. Neue Testament von Mons – lautet: *Puisque vous êtes tous enfants de Dieu par la foi en Jésus-Christ. Car vous tous qui*

– das bedeutete: auf Individuen in ihrer Einmaligkeit und Einzigartigkeit. Vor diesem Hintergrund ist das Plädoyer Saint-Cyrans zu sehen, daß der Erzieher im Umgang mit den seiner Obhut anvertrauten Kindern jedem einzelnen Zögling gerecht werde. In dem Gespräch mit Le Maistre verdeutlichte Saint-Cyran diese dem Kind als Einzelperson zugewandte Pädagogik am Beispiel seines eigenen Umgangs mit mehreren, namentlich genannten Kindern, die er während seines Gefängnisaufenthaltes erzog und unterrichtete.[55] Zutage tritt eine geduldige und entsagungsvolle, mehr auf das Gebet denn auf Strafen setzende, eine sich der Eigenart eines jeden einzelnen Kindes anschmiegende Pädagogik.[56] In diesem Sinne sprach sich der Abt dafür aus, daß der Erzieher sich zum Kind herabneige und sozusagen wie in einer Inkarnation die kindliche Natur annehme, solle das Erziehungswerk gelingen – ganz so wie sich Christus

---

avez été baptisés en Jésus-Christ, vous avez été revêtus de Jésus-Christ, zit. n. der von Philippe Sellier herausgegebenen Ausgabe der Bibel von Port-Royal: La Bible. Traduction de Louis-Isaac Lemaître de Sacy, Paris 1990 (4. ND 1999); vgl. dort, XI–LIII, die grundlegende „Préface“ des Herausgebers. Jo 1,12 lautet nach der Vulgata: *Quotquot autem receperunt eum, dedit eis potestatem filios Dei fieri his qui credunt in nomine eius.*; nach der Bibel von Port-Royal: *Mais il a donné à tous ceux qui l'ont reçu le pouvoir d'être faits enfants de Dieu, à ceux qui croient en son nom.* Rm 8,16 lautet nach der Vulgata: *Ipse Spiritus testimonium reddit spiritui nostro quod sumus filii Dei*; nach der Bibel von Port-Royal: *Et c'est cet esprit qui rend lui-même témoignage à notre esprit, que nous sommes enfants de Dieu.*

55 Vgl. den folgenden Fall, Saint-Cyran zu Le Maistre: *Je vous avoue que ce serait ma dévotion, de pouvoir servir les enfants. Étant au bois de Vincennes* [d.h. im dort gelegenen Gefängnis], *je m'occupais avec le petit-neveu de monsieur le chantre. Je lui montrai les rudiments, les genres, et la syntaxe. Quoiqu'il fût neveu du chantre, il était fils d'une jeune veuve fort pauvre, et qui avait d'autres enfants. Après l'avoir nourri quelque temps, je l'envoyais à monsieur le chambrier à Saint-Cyran. Je le lui recommandai comme un enfant de Dieu, et que j'aimais autant que s'il eût été le mien propre. Je lui dis que s'il le recevait en cette qualité et qu'il le veillât, Dieu le bénirait lui-même et lui donnerait la grâce de se bien renouveler, Fontaine,* Mémoires ou Histoire (Anm. 44), 409 f.

56 Saint-Cyran wollte, so Lancelot, daß der Erzieher gegenüber den Fehlern und Schwächen der Kinder Langmut walten lasse, *afin d'engager par là Dieu à nous faire miséricorde dans les nôtres, et peut-être ensuite à fortifier ces jeunes plantes quand ils sauraient quelle patience nous aurions exercée à leur égard, Lancelot,* Mémoires (Anm. 48), 334. Saint-Cyran habe hinzugefügt, *qu'on devait encore avoir plus de charité et de compassion pour ceux qu'on voyait plus imparfaits et plus tardifs, et en un mot dans lesquels le péché originel avait fait une plus grande plaie. Il ne pouvait souffrir qu'on eût envers eux un air trop sévère, et une conduite trop impérieuse qui tînt quelque chose du mépris, ou qui fût capable de leur abattre l'esprit et de les rendre pusillanimes,* ebd., 334 f. *Il ne voulait pas qu'on se portât aisément à les châtier de verges, si ce n'est dans les grandes fautes, et encore après avoir usé de toutes les corrections par degrés. Car il voulait qu'on souffrît d'abord leurs fautes, afin de s'éprouver soi-même devant Dieu et ne rien faire par promptitude, et aussi afin de prier Dieu pour eux avant que de les reprendre,* ebd., 335.

den Menschen angeglichen habe, damit diese wiederum ihm ähnlich würden.[57]

Saint-Cyrans Erziehungsvorstellungen wurden im jansenistischen Lager schulbildend. Als ein beispielhaftes Zeugnis seien die Ansichten wiedergegeben, die Isaac-Louis Le Maistre de Sacy (1613–1684) - enger Vertrauter Saint-Cyrans, einer der führenden Solitaires von Port-Royal, zugleich Initiator und Hauptübersetzer der Bibel von Port-Royal[58] - in einem längeren Gespräch mit Fontaine über Kindererziehung vertrat.[59] Sacy sah nicht anders als Saint-Cyran als die wichtigste Aufgabe des Erziehers an, die Kinder im Stande der Unschuld zu erhalten. Einmal verloren, könne dieser Schatz nur unter großen Mühen wiedergewonnen werden.[60] Um die Kinder gegen den Teufel zu schützen, sei es dem Erzieher aufgetragen, sie mit reiner Liebe (*pure charité*) zu umhüllen, er habe dabei Christi Ratschlag zu beherzigen, sich in ein Kind zu verwandeln, um auf diese Weise das Himmelreich zu verdienen.[61] Das Hauptziel der Erziehung sei es, daß der Erzieher mit des Erlösers Hilfe die Kinder und damit sich selbst erlöse.[62] Der Erzieher habe dabei die Eigenart eines jeden Kindes zu achten. Er solle durchweg Milde walten lassen und nur als letztes Mittel Strenge einsetzen.[63] Er solle nie verzagen, sondern im

---

[57] *Il faut s'abaisser selon leurs esprits; il faut faire comme des incarnations. Jésus-Christ s'est rendu semblable à nous pour nous rendre semblable à lui. Il faut condescendre à leur faiblesse, Fontaine,* Mémoires ou Histoire (Anm. 44), 412.

[58] Vgl. Chroniques de Port-Royal 33 (1984), Themenheft „Isaac-Louis Le Maistre de Sacy (1613–1684)"; *Geneviève Delassault,* Louis-Isaac Le Maistre de Sacy et son temps, Paris 1957; zur Bibel von Port-Royal vgl. Anm. 54. Sacys Schriften aufgeführt bei *Fontaine,* Mémoires ou Histoire (Anm. 44), 1095 f.

[59] Wiedergegeben bei *Fontaine,* Mémoires ou Histoire (Anm. 44), 549–554.

[60] Ebd., 552.

[61] *Il me disait quelquefois que s'il lui était libre de disposer de son temps, il voudrait de tout son cœur en mettre en cela une partie, et être le principal directeur de ces petites âmes dans lesquelles il faut quelquefois plus combattre l'ennemi que dans les plus grandes. Il croyait qu'il n'y avait point d'occupation pareille à celle-là, ni plus digne d'un chrétien, quand on la faisait par pure charité. Il disait que c'était assez de dire que Jésus-Christ nous l'avait recommandée, et que pour nous obliger encore plus à le bien faire, il nous avait commandé de nous transformer nous-mêmes en des enfants, comme il est très véritable qu'il faut que nous le devenions pour entrer dans son royaume,* Sacy zu Fontaine, ebd., 549.

[62] *Il me disait que, comme la principale fin de leur éducation devait être de les sauver en se sauvant avec eux, il fallait aussi avoir plus de confiance en celui qui est le vrai sauveur et le vrai maître, qu'en tous les moyens et en toute l'industrie des hommes, et ne se considérer que comme des instruments qui ne peuvent avoir aucun mouvement que celui qu'il leur donne, afin de faire ainsi couler ses bénédictions des maîtres dans les enfants. Que c'était là tout le souhait de son cœur, tant pour eux que pour ceux qui avaient le bonheur de les gouverner,* Sacy zu Fontaine, ebd., 550.

Gebet auf Gott vertrauen.[64] Seine Devise laute: Geduld und Schweigen.[65]

Die Erziehungsvorstellungen Saint-Cyrans und der Solitaires von Port-Royal treten uns seit dem letzten Drittel des 18. Jahrhunderts nicht zuletzt in Gestalt von Erziehungstraktaten entgegen. Hier soll eine dieser Arbeiten näher betrachtet werden. Es ist das die bereits erwähnte, 1687

---

[63] *Il ne pouvait se lasser de me recommander d'être fort tardif dans les avertissements et les appréhensions. Qu'en omettant une partie des fautes, on remédiait bien mieux aux autres, et que c'était plus par la prière que par les paroles que l'on pouvait mettre ordre aux petits dérèglements que l'on voulait arrêter. Que Dieu alors faisait bien mieux quand il est temps de leur parler, et que le plus souvent on trouvait qu'il n'y avait rien à dire. Qu'on ne pouvait connaître ces petites âmes qu'en s'accommodant à elles et en se proportionnant à leurs dispositions. Qu'autrement elles ne recevraient pas nos paroles, ce qui nous obligeait à une attention et à une prière continuelle pour nous et pour eux, ne leur disant pas tout ce qu'ils devraient faire, mais seulement ce qu'ils peuvent porter selon leur faiblesse, à laquelle il faut avoir un grand égard. Qu'on ne devait point prendre d'autorité sur eux qui ne fût tempérée de charité, s'accommodant de telle sorte à eux que ce soient eux qui concluent et qui se portent à ce qu'on leur propose. Que quand on voyait qu'ils ne s'y pouvaient rendre, il fallait se retirer et dissimuler avec eux, les laissant plutôt dans leurs petites imperfections, que de faire trop de violence à leur esprit, à quoi l'on ne gagne rien,* Sacy zu Fontaine, ebd., 551.

[64] *Il me représentait toujours que le bon naturel et la docilité de ces petits rendait leur instruction plus aisée et plus douce. Il avouait de quelques-uns que l'air de la maison paternelle leur avait beaucoup nui; mais il croyait qu'on pourrait l'effacer peu à peu, et avec plus de facilité par les actions et par les exemples que par les discours qui ne servent guère aux enfants, s'ils ne sont un peu rares et courts, et proportionnés à leur âge, et s'ils ne paraissent naître plutôt des rencontres que d'un dessein formé de les exhorter ou de les reprendre. Que pour l'ordinaire ils n'étaient pas si capables d'être instruits par la raison que par les sens et par la coutume, qui leur imprimait insensiblement l'esprit de modestie et d'humilité, l'amour des choses du ciel et le mépris de la terre, surtout lorsque ceux qui les conduisent avaient soin de joindre la prière à leur travail, et de les offrir à Dieu tous les jours, se souvenant que ceux qui plantent et qui arrosent ne sont rien, et que c'est lui seul qui, possédant toute la vertu, produit tout l'effet,* Sacy zu Fontaine, ebd., 550.

[65] *Il me répétait sans cesse dans les divers entretiens que j'avais avec lui sur ce sujet, comme croyant cet avis capital pour tous ceux qui ont des enfants à conduire en quelque état que ce puisse être, qu'il n'y avait point de vertu qu'on dût plus pratiquer avec eux que la patience et le silence, retranchant par la patience les répréhensions précipitées, et prenant garde par le silence de ne point dire plus de choses qu'ils ne pourraient en porter. Ainsi, il me donnait pour devise ces deux paroles,* Patience et silence, *et ces paroles de David:* Adhaerat lingua mea faucibus meis [Psalm 136,7], *désirant que les paroles me tarissent plutôt dans la bouche que d'en avancer quelqu'une qui pût blesser ces enfants. Qu'ainsi je devais toujours parler avec une grande circonspection et avec une grande charité pour ne leur donner aucun sujet de mécontentement. Que surtout je devais prendre garde que mes préventions, mes impatiences, et mes passions ne tinssent lieu de l'onction du Saint-Esprit, que je devais tacher d'attirer sur eux,* Sacy zu Fontaine, ebd., 551.

erschienene Abhandlung ‚Les Règles de l'éducation des enfants' von Pierre Coustel.[66]

Coustels Schrift atmet den Geist von Saint-Cyrans Pädagogik. Nach Coustels Auffassung besteht die Hauptaufgabe der Erziehung darin, das in der Taufe geheiligte Kind zur charité, zur Gottesliebe, hinzuführen, damit es der göttlichen Gnade teilhaftig und mit Gott eins werde. In diesem Sinne charakterisierte Coustel die Kinder, sobald sie getauft und vom Heiligen Geist erfüllt seien, als Glieder des mystischen Leibes Jesu Christi[67], als lebende Tempel des Heiligen Geistes[68], dazu berufen, ihm in seinem himmlischen Königreich nachzufolgen.[69]

---

[66] Vgl. *Pierre Coustel,* Les Règles de l'éducation des enfants, où il est parlé en détail de la manière dont il se faut conduire, pour leur inspirer les sentiments d'une solide piété; et pour leur apprendre parfaitement les belles lettres, 2 Bde., Paris 1687. Unveränderte Neuauflage (ergänzt durch „Préface" mit kurzer Inhaltsangabe sowie Angaben zum Leben und Werk des Autors = I–XII) unter dem Titel: Traité d'éducation chrétienne et littéraire, propre à inspirer aux jeunes gens les sentiments d'une solide piété et à leur donner le goût des belles lettres, 2 Bde., Paris 1749. Zu Coustel vgl. die Kurzinformationen bei *Delforge,* Petites Écoles (Anm. 3), 179–181, 339–340; vgl. ferner Artikel „Coustel" in: Dictionnaire des lettres françaises, Le XVIIe siècle, 2. Aufl. Paris 1996, 347. Die dort angegebene Diss. von *Walter Franke,* Coustels Erziehungslehre. Ein Beitrag zur Pädagogik von Port-Royal, Königsberg 1923, konnte nicht beschafft werden. Außer dem Erziehungstraktat publizierte *Coustel*: Sentiments de l'Église et des saints Pères pour servir de décision sur la comédie et les comédiens, opposés à ceux de la Lettre qui a paru sur ce sujet depuis quelques mois, Paris 1694; Le Discernement de la vraie et de la fausse morale, où l'on fait voir le faux des Offices de Cicéron et des livres de l'Amitié, de la Vieillesse et des Paradoxes, Paris 1695; Traduction des Paradoxes de Cicéron, avec des notes, Paris 1666.

[67] *Les enfants sont les membres du corps mystique de Jésus-Christ, Coustel,* Règles (Anm. 66), Bd. 1, 24.

[68] *Leurs âmes sont aussi les temples vivants du Saint-Esprit,* ebd., 25; vgl. 2 Kor 6,16 nach der Vulgata: *Qui autem consensus templo Dei cum idolis? Vos enim estis templum Dei vivi sicut dicit Deus. Quoniam inhabitabo in illis et inambulabo. Et ero illorum Deus et ipsi erunt mihi populus*; nach der Bibel von Port-Royal: *Quel rapport entre le temple de Dieu et les idoles? Car vous êtes le temple du Dieu vivant, comme Dieu dit lui-même. J'habiterai en eux, et je m'y promènerai. Je serai leur Dieu, et ils seront mon peuple*; vgl. auch 1 Kor 3,16–17 nach der Vulgata: *Nescitis quia templum Dei estis et Spiritus Dei habitat in vobis? Si quis autem templum Dei violaverit, disperdet illum Deus. Templum enim Dei sanctum est quod estis vos*; nach der Bibel von Port-Royal: *Ne savez-vous pas que vous êtes le temple de Dieu, et que l'Esprit de Dieu habite en vous? Si quelqu'un profane le temple de Dieu, Dieu le perdra. Car le temple de Dieu est saint, et c'est vous qui êtes ce temple.*

[69] *Héritiers présomptifs du royaume du ciel, Coustel,* Règles (Anm. 66), Bd. 1, 25; vgl. Rm 8, 17 nach der Vulgata: *Si autem filii, et heredes, heredes quidem Dei, coheredes autem Christi; si tamen conpatimur ut conglorificemur*; nach der Bibel von Port-Royal: *Que si nous sommes enfants, nous sommes aussi héritiers, héri-*

Aus einer solchen Sakralisierung des Kindes ergab sich für Coustel die hohe Bedeutung der Kindererziehung.[70] Der Autor hat sich im Eingangskapitel des Traktats[71] näher darüber ausgelassen. Er unterschied zwischen zwei Geburten des Christen: zwischen der körperlichen Geburt *(naissance corporelle)* in der Nachfolge Adams, herbeigeführt durch die Eltern, und der spirituellen Geburt (*naissance spirituelle*) in der Nachfolge Christi, herbeigeführt durch die Taufe.[72] Adams Sündenfall, sein Ungehorsam, habe die Menschen zu Feinden Gottes gemacht; alles Elend dieser Welt und vor allem der körperliche Tod seien die Strafe.[73] Die Taufe sei eine Wiedergeburt, sie befreie uns von der Erbsünde, mache uns durch die Gnade der Adoption zu Kindern Gottes und verleihe uns ein Anrecht auf die ewige Seligkeit, die Jesus Christus den Gläubigen durch sein Blutvergießen verdient habe.[74] In der ersten Geburt erhalten wir zwar das Licht des Verstandes (*la lumière de la raison*). Dieses Licht sei indessen durch die Sünde unseres Stammvaters so sehr verdunkelt worden, daß es uns nicht mehr sicher geleiten könne.[75] In der zweiten Geburt empfangen wir den Glauben. Dieser weise uns den Weg und diene unserem Handeln als Richtschnur.[76]

Den beiden Geburten des Menschen, der körperlichen und der spirituellen, entsprechen nach Coustels Auffassung zwei Arten der Erziehung, die profane und heidnische einerseits, die heilige und christliche ande-

---

tiers de Dieu, et héritiers de Jésus-Christ; pourvu toutefois que nous souffrions avec lui, afin que nous soyons glorifiés avec lui.

[70] *Si les chrétiens regardent leurs enfants avec des yeux tout spirituels, c'est-à-dire, comme des membres du corps mystique de Jésus-Christ, comme ses temples vivants, et comme les héritiers présomptifs de son royaume; c'est alors qu'ils verront combien l'obligation qu'ils ont de veiller à leur bonne éducation, est grande et indispensable, Coustel,* Règles (Anm. 66), Bd. 1, 24.

[71] Es trägt die Überschrift: *Ce qu'on entend par le mot de l'éducation des enfants, et en quoi elle consiste.*

[72] *On peut remarquer deux différentes naissances dans un chrétien; l'une corporelle, qu'il tire d'Adam par ses parents; et l'autre spirituelle, qu'il tire de Jésus-Christ par le baptême, Coustel,* Règles (Anm. 66), Bd. 1, 1.

[73] *Nous devenons (...) sujets à toutes les misères qu'Adam a attirées sur tous ses enfants par sa désobéissance, et à la mort qui en est la suite, et la plus grande punition dans l'ordre naturel,* ebd., 2 f.

[74] *La renaissance nous délivre heureusement de ce péché, et nous rendant enfants de Dieu par la grâce de l'adoption, elle nous donne droit au ciel, et aux biens éternels, que Jésus-Christ nous a mérités par l'effusion de son sang,* ebd., 3.

[75] *Nous recevons la lumière de la raison pour guide dans la première naissance; mais cette lumière a été tellement obscurcie par le péché de notre premier père; et elle est environnée de si épaisses ténèbres, qu'elle ne peut plus nous conduire avec assurance dans toutes nos démarches,* ebd., 2.

[76] *La foi devient notre conductrice dans la seconde* [d.h. naissance]. *C'est pourquoi nous sommes obligés en qualité de chrétiens d'agir toujours selon ses maximes,* ebd., 2.

rerseits.[77] Die Heiden, so Coustel, erzogen für diese Welt. Sie unterrichteten ihre Kinder in der schönen Literatur (*belles lettres*), um sie in die Lage zu versetzen, Ehre zu erlangen und materielle Güter zu erwerben.[78] Es ging ihnen bei der Kindererziehung um den Erwerb nützlicher Kenntnisse. Den Christen wird nach Coustels Überzeugung eine höhere Bestimmung zuteil. Ihnen sei aufgegeben, den Blick über die Erde hinaus auf den Himmel, über die Menschen hinaus auf Gott und über die Zeiten hinaus auf die Ewigkeit zu lenken.[79] Um dem gerecht zu werden, habe die Erziehung darauf gerichtet zu sein, die Kinder in der Taufunschuld zu erhalten und sie zu befähigen, dem durch die Erbsünde in den Menschen eingepflanzten Hang zum Bösen zu widerstehen.[80] Als pädagogische Kernaufgabe sah Coustel deshalb die Erziehung zur Frömmigkeit (*piété*) und Tugend (*vertu*)[81] an, die religiös-sittliche Erziehung. Als nachgeordnet, wenn auch durchaus belangvoll, erachtete er den Erwerb von Kenntnissen durch die Aneignung der schönen Literatur – gemeint war das vorzüglich über lateinische und auch griechische Texte vermittelte antike Bildungsgut. Als dritte Aufgabe der Erziehung nannte Coustel schließlich die Einübung in weltläufiges Verhalten, die *civilité*[82] – das verwies auf den im 16. und 17. Jahrhundert ausgebildeten Verhaltenskodex des ‚Mannes von Welt' (honnête homme).[83]

Es soll nicht weiter auf die Darlegungen Coustels zu einzelnen Punkten der Kindererziehung eingegangen werden, die der Autor in den mate-

---

[77] *C'est par rapport à ces deux différentes naissances, que je distingue ici deux sortes d'éducations; l'une profane et païenne, et l'autre sainte et chrétienne,* ebd., 3.

[78] *Les païens qui n'avaient que le monde en vue, prenaient néanmoins tout le soin possible de faire instruire leurs enfants dans les belles lettres; parce qu'outre qu'elles sont un des plus beaux ornements de l'âme, elles leur étaient aussi fort utiles dans la société civile, pour acquérir de l'honneur et des biens,* ebd., 3.

[79] *Comme les lumières des chrétiens doivent être bien plus vives, et plus pures que celles des païens; ils doivent s'élever au-dessus de la terre, pour ne regarder que le ciel; au-dessus des hommes, pour ne regarder que Dieu; et au-dessus du temps, pour ne regarder que l'éternité,* ebd., 3 f.

[80] Eine christliche Erziehung hat zu verhindern, so *Coustel,* daß die Seelen (*âmes*) der Kinder *deviennent la retraite des passions, qui les rendent esclaves de libres qu'elles étaient par leur nature,* ebd., 25.

[81] Die Christen, so *Coustel,* müssen bemüht sein, *rendre leurs enfants agréables à Dieu par la piété et la vertu,* ebd., 4. *La piété (...) et la vertu doivent faire l'essentiel de l'éducation de leurs enfants,* ebd.

[82] *Mais outre la vertu et la science, qui sont les plus grands biens que les parents puissent procurer à leurs enfants par une bonne éducation, ils doivent encore avoir soin de les bien faire instruire dans la civilité,* ebd., 6 f.

[83] Vgl. ebd., 23: *Quand des parents ne regarderaient leurs enfants que comme des hommes et comme des membres d'une ville, ou de la république où Dieu les a fait naître, ils devraient au moins travailler à en faire d'honnêtes gens, et les mettre en état de lui pouvoir un jour être utiles en quelque condition qu'ils entrent, soit dans la paix, soit dans la guerre.*

rialreichen vier Büchern seines Werkes ausbreitete. Nur soviel sei an dieser Stelle angemerkt, daß er sich dabei nicht nur allenthalben auf Bibelzitate und auf die Kirchenväter – darunter an vorderster Stelle Augustinus – stützte, sondern als Gewährsleute vor allem auch Cicero und weitere lateinische und auch griechische Autoren des klassischen Altertums, darunter besonders häufig Quintilian mit seinen ‚Institutionis oratoriae libri XII', heranzog und sich unter den neueren Autoren vor allem auf Erasmus[84] und Juan Luis Vives berief.[85] Coustel stellte also seine Überlegungen in eine über den Humanismus bis in die Antike zurückgreifende Tradition.

Im folgenden soll derjenige Gesichtspunkt näher beleuchtet werden, um den es in diesem Teil der Untersuchung vornehmlich geht, nämlich: Erziehung als Abgrenzung von der Welt und Hinführung zur Individualität. Darüber ließ sich Coustel eingehend in einem der Frage nach dem geeigneten Ort der Erziehung gewidmeten Kapitel aus.[86] Er betonte dort die Gefahren für die religiös-sittliche Entwicklung des Kindes, die sowohl bei der Erziehung im Elternhaus als auch im Kolleg drohten – im Elternhaus aus dem abträglichen Umgang des Kindes mit den Erwachsenen und vor allem mit dem Dienstpersonal, im Kolleg aus dem infolge der großen Schülerzahl schwerlich zu kontrollierenden Umgang der Kollegiaten untereinander. Dem setzte Coustel die Erziehung in Privathäusern entweder in der Stadt oder auf dem Lande entgegen.[87] Er folgte dabei dem Rat, den Erasmus von Rotterdam in seiner Abhandlung über die christliche Ehe gegeben hatte.[88] Wie der niederländische Humanist vertrat Coustel die Ansicht, die beste Organisation der Erziehung bestehe darin, fünf oder sechs Kinder unter der Leitung eines Lehrers in einem Privathaus zu vereinen.[89] Das ermögliche dem Erzieher eine intensive Unterrichtung[90], biete dem Kind, anders als bei der Einzelerziehung

---

[84] Zu nennen sind die Schriften: ‚Christiani matrimonii institutio' (1526), vgl. Anm. 32; ‚De civilitate morum puerilium libellus' (1526); ‚De pueris statim ac liberaliter instituendis libellus' (1529); ‚Institutio principis christiani' (1515).

[85] Zu nennen sind die Schriften: ‚De institutione feminae christianae' (1523); ‚De ratione studii puerilis' (1523); ‚De causis corruptarum artium' (1531).

[86] Unter dem Titel: *Du lieu qui peut être le plus propre pour l'éducation des enfants, Coustel,* Règles (Anm. 66), Bd. 1, 95–120.

[87] Er behandelte diese Punkte in Buch 1, Kap. 9, Art. 4 unter dem Titel *Des maisons particulières, ou de la ville, ou de la campagne,* ebd., 117–120.

[88] Vgl. Abschnitt III.

[89] Schon vor geraumer Zeit habe Erasmus vorgeschlagen, man solle *mettre cinq ou six enfants avec un honnête homme, ou deux, dans une maison particulière. Cet avis est dans l'excellent traité qu'il a fait sur le mariage chrétien, où il parle ainsi, Coustel,* Règles (Anm. 66), Bd. 1, 117 f. Es folgt der in Anm. 34 zitierte Passus aus Erasmus' Traktat. In der Wiedergabe des Textes ersetzte er *corruptela* durch *corruptio,* ebd., 118.

im Elternhaus, Unterhaltung und Kurzweil[91] und bewahre es, anders als im übervölkerten Kolleg, vor der Verrohung der Sitten.[92]

Coustel ging es bei der Abgrenzung des Zöglings von der Erwachsenenwelt wesentlich darum, einen pädagogischen Kosmos zu schaffen, in welchem sich nach dem Vorbild der Kleinen Schulen von Port-Royal Schüler und Lehrer auf dem Weg zum Heil wechselseitig voranbringen. Das führt zum zentralen Erziehungsziel: zu der Hinführung des Kindes als eines Individuums zu Gott. Ausgangspunkt der Überlegungen Coustels war die Zuversicht, daß Gott die dem Erzieher anvertrauten Zöglinge durch die Gnade der Taufe an Kindes Statt angenommen habe, da sie im christlichen Europa – also nicht, wie bei den meisten Völkern Asiens, Afrikas und Amerikas, in der Finsternis des Heidentums – geboren und im Schoß der katholische Kirche aufgewachsen seien.[93] Sie dürften die Aufnahme in sein Reich erhoffen, sofern sie ihr Taufversprechen einhielten.[94] Dem lag die in Augustinus' Gnaden- und Rechtfertigungslehre wurzelnde Annahme zugrunde, daß Gott bestimmte Kinder – die Erzieher hofften: die ihnen anvertrauten – zur Erlösung auserkoren habe, andere der Verdammnis überlasse. Die Erzieher dürfen nach Coustels Überzeugung die Erwartung hegen, an dem Werk der Rechtfertigung durch ihre liebende Hingabe an die Kinder mitzuwirken.[95] Indem sie ihre Bemühungen vorzugsweise solchen Kindern zuteil werden lassen,

---

90 *La seconde raison qu'il* [d.h. Erasmus] *apporte, est qu'un seul précepteur peut suffire à l'instruction de cinq ou six enfants,* ebd.

91 *Il* [d.h. Erasmus] *dit (...) premièrement, que cinq ou six enfants étant ensemble, ils pourront prendre du divertissement, et ainsi s'entretenir dans la gaieté et l'enjouement qui est convenable à cet âge; ce qui est absolument nécessaire à ceux qui étudient,* ebd.

92 *La troisième raison qu'apporte Érasme, et qui est assurément la plus importante, est que par ce moyen l'on évitera la corruption que le trop grand nombre d'écoliers apporte,* ebd., 120.

93 Für die französischen Kinder (der besseren Gesellschaft, die er vornehmlich im Auge hatte) sei es *un très grand bonheur (...), de n'être pas nés dans les ténèbres du paganisme, où sont la plupart des peuples de l'Asie, de l'Afrique et de l'Amérique; mais d'être nés dans l'Europe, où le soleil de justice répand avec plus d'éclat et de pureté les rayons de ses divines lumières. Mais ce leur en est encore un bien plus grand d'être nés de parents catholiques, d'avoir été reçus dans le sein de l'Église, et d'avoir été nourris dès leur enfance du lait de ses saintes instructions,* ebd., 203.

94 *Comme c'est avec le baptême qu'ils sont devenus les membres du corps mystique de Jésus-Christ, il faut leur bien faire concevoir, non seulement la grandeur de cette grâce, mais aussi quelles sont les obligations qu'ils se sont imposées en la recevant,* ebd., 202 f: *Le baptême est un contrat mutuel, dans lequel Dieu promet à ceux qu'il a adoptés pour ses enfants, le royaume du ciel, et les biens éternels; mais eux aussi de leur côté s'engagent à renoncer au diable et à toutes ses œuvres, et d'observer tous ses commandements; de quoi ils prennent les anges et les saints pour témoins,* ebd., 205.

die Gott auserwählt hat, verhelfen sie ihren Zöglingen zu einer einzigartigen und unverwechselbaren Beziehung mit Gott. Man kann das auch so ausdrücken: Erziehungsziel ist Hinführung des Kindes als eines Individuums zu Gott, ist in diesem gnaden- und rechtfertigungstheologischen Sinne die Entfaltung von Individualität.

Aus solchen Prämissen zog Coustel eine bemerkenswerte Folgerung: die Sakralisierung des Berufs. Der Autor widmete diesem Gegenstand im Schlußteil seiner Abhandlung bedeutsame Betrachtungen.[96] Er entwikkelte dort den Gedanken, daß der Christ in der Ausübung eines Berufs Gottes Wille befolge und sich auf diese Weise heilige. Coustel ging davon aus, daß Gott dem Menschen die Verpflichtung zu arbeiten als Buße für die Erbsünde auferlegt habe.[97] Er verknüpfte damit die Behauptung, daß nach Gottes Vorsehung jeder einzelne Christ von Anbeginn der Zeiten an zu einem bestimmten Beruf ausersehen sei und durch Gottes Gnade die Fähigkeiten (*dispositions*) und Gaben (*talents*) empfangen habe, um ihn auszuüben.[98] Der Christ erfahre diese seine Bestimmung als Berufung (*vocation*)[99], also als subjektive Gewißheit.[100] Coustel leitete daraus die hohe Bedeutung der Berufsausbildung für das Heil ab und geißelte die

---

95 *Il faut voir (...) de quelle manière un précepteur doit tâcher d'inspirer aux enfants la piété, que j'ai dit être le principal et l'essentiel de l'éducation chrétienne. Car quoique ce soit un don de Dieu qui la répand dans l'âme par sa grâce, quand, et en la manière qu'il lui plaît; il est pourtant constant que la bonne éducation est un des moyens dont il se sert le plus souvent. Il faut donc tâcher d'en jeter de bonne heure les divines semences dans leurs âmes; afin que l'édifice de leur salut ayant été posé sur de solides fondements, il puisse demeurer inébranlable, quand les vents des plus violentes tentations, viendraient à fondre sur lui,* ebd., 202 f..

96 Vgl. *Coustel,* Règles (Anm. 66), Bd. 2, 393–462.

97 *Tous les hommes, généralement parlant, sont obligés de travailler, et de gagner leur vie à la sueur de leur visage. C'est un arrêt de la justice de Dieu, et c'est la pénitence à laquelle il a condamné tous les enfants d'Adam,* ebd., 412 f. Das bezog sich auf Gen 3,19: *In sudore vultus tui vesceris pane.*

98 *Il est (...) à présumer de la bonté de Dieu, qu'en entrant dans l'emploi où il nous a destiné de toute éternité, il nous donnera les secours dont nous aurons besoin; comme au contraire il y a bien à craindre qu'il ne nous abandonne, si nous nous engageons sans le consulter, et contre ses ordres, dans un autre état, pour lequel il ne nous a donné aucunes dispositions,* ebd., 395 f. *Il ne s'agit donc pas dans le choix d'un état, de considérer simplement s'il est bon en lui-même: mais il faut bien examiner s'il est bon par rapport à nous; si Dieu nous y veut, et s'il nous a donné des talents pour pouvoir nous en acquitter,* ebd., 396.

99 ‚Vocation' in dieser Bedeutung vgl. ebd., 393–456, passim; vgl. ‚vocatio' in 1 Kor 7,20: *Unusquisque, in qua vocatione vocatus est, in ea permaneat.* Wörtlich wiedergegeben ebd., 413.

100 *Dieu fait toutes choses avec une admirable sagesse. Lors donc qu'il met un enfant au monde, il le destine à un emploi dans lequel il veut qu'il le serve; et cette destination est ce qu'on appelle vocation,* ebd., 395.

bei den Kindern der vornehmen Familien übliche nachlässige Berufsausbildung. Dem entspreche bei den Erwachsenen die Neigung zum Müßiggang und zur Zerstreuung, das Laster der Faulheit (*paresse*), das dem Geist des Christentums (*esprit du christianisme*) widerspreche.[101] Dem stellte Coustel Gottes Vorhaben entgegen, daß der Mensch auf die Welt gekommen sei, um als Buße für Adams Sünde zu arbeiten, sei es mit dem Körper (*corps*), sei es mit dem Geist (*esprit*). In diesem Sinne sei das Studium die Arbeit der Kinder.[102] Diesen sei aufgetragen, die ihnen von Gott geschenkten Anlagen zu nutzen, um auf dem Weg des Heils voranzuschreiten und damit Gott und dem Vaterland zu dienen.[103]

Verwirklicht sich der Christ in der Ausübung eines Berufs, kommt der Berufswahl höchste Bedeutung zu.[104] Nach Coustels Überzeugung wird der Christ bei seiner Entscheidung für einen bestimmten Beruf von Gott erleuchtet und bei seinem Weg in den Beruf hinein von Gott begnadet.[105] Coustel bewertete die Berufswahl infolgedessen als eine höchstpersönliche Entscheidung, die der Erlöser einem jeden einzelnen Christen (*à l'égard de chaque particulier*) vorzeichne[106], indem er ihm den Weg

---

[101] Coustel referierte (in Buch 2 seiner Schrift) die *plaintes qu'on entend assez souvent faire aux personnes qui sont dans les grandes charges*, daß sie es in ihrer Jugend versäumt hätten, die ihnen von Gott gegebene Zeit und Anlagen fruchtbar zu machen, und urteilte: *Ce vice est aussi entièrement opposé à l'esprit du christianisme: car le ciel ne se donnera pas à des endormis, à des fainéants, et à des gens qui passent leur vie dans les divertissements continuels; mais seulement à ceux qui veilleront sur eux-mêmes, qui travailleront, et qui persévéreront jusqu'à leur mort dans toutes sortes de bonnes œuvres, Coustel,* Règles (Anm. 66), Bd. 1, 269. Das Laster (*vice*) der Faulheit (*paresse*) sei *entièrement opposé aux desseins de Dieu, et à l'esprit du christianisme,* ebd., 268.

[102] *L'homme n'est au monde que pour travailler, ou du corps ou de l'esprit. C'est là sa pénitence depuis le péché d'Adam, en quelque état qu'il soit. Or le travail des enfants c'est l'étude: il faut donc leur donner de l'horreur d'un vice qui les en éloigne,* ebd.

[103] *Outre qu'un paresseux déshonore ses maîtres, et le lieu où il est envoyé pour étudier; il se met aussi dans l'impuissance de rendre jamais service à Dieu et à sa patrie, et (...) à sa mort il sera chargé d'une horrible confusion devant Dieu, quand il lui reprochera qu'il a rendu inutiles par sa paresse les moyens qu'il lui avait donnés de s'avancer, pour être plus en état de le servir,* ebd., 270.

[104] *Ce choix (...) d'un emploi est l'action de la vie la plus importante; puisque c'est de lui que dépend tout le repos qu'on y peut avoir, et même le salut, Coustel,* Règles (Anm. 66), Bd. 2, 397. Dieses Zitat und die folgenden aus Bd. 2 sind erneut den Schlußkapiteln der Abhandlung entnommen.

[105] *C'est une des premières, et des plus incontestables maximes du christianisme, qu'il faut entrer dans la vraie voie pour se sauver: parce que plus on marche, plus on s'égare quand l'on n'y est pas entré. Or cette voie ne peut être vraie, si Dieu ne nous la fait connaître par ses lumières, et s'il ne nous y fait entrer par sa grâce,* ebd., 393.

[106] Im Anschluß an den in der vorhergehenden Anm. wiedergegebenen Passus zitierte Coustel Christi Wort (Jo 14,6) *Ego sum via et veritas et vita. Nemo venit ad*

angebe, den er zu beschreiten habe.[107] So viele Christen es in der Kirche gebe, so viele eigene Wege gebe es. Jeder Christ habe den für ihn bestimmten Weg einzuschlagen. Wenn uns Gott dabei erleuchte und begnade, geschehe das, damit wir sein Werk vollbringen und seinem Willen folgen. Denn: Sein Wille sei nur in denjenigen Berufen (*emplois*) gegenwärtig, zu denen er uns gerufen und für die er uns besondere Gnadengaben gegeben habe.[108] Lasse man sich auf einen Beruf (*état*) ein, für den man nicht die erforderliche göttliche Hilfe und Gnade erhalten habe, könne man seinen Aufgaben nicht gerecht werden, man sei dann außerstande, sich durch die Berufsausübung zu erlösen.[109]

Die zentrale Bedeutung, die Coustel der individuellen Berufswahl für das Seelenheil zumaß, brachte ihn zu der Forderung, daß den *enfants de qualité*, die er von den *enfants du commun* abhob, also den Söhnen aus gutem Hause, denen sein Interesse vorzüglich galt, die Berufswahl freigestellt werde.[110] Es solle einem jeden jungen Mann überlassen bleiben, ob er sich nach der Beendigung seiner Studien für die Ehe und dann entweder für den Justizdienst (*magistrature*) oder den Offiziersdienst (*épée*) entscheide oder ob er die Ehelosigkeit vorziehe und sich dann entweder für den Eintritt in die Welt- oder die Ordensgeistlichkeit erkläre. Die jungen Männer hätten bei der Berufswahl in sich zu horchen, um die rechte Entscheidung zu treffen.[111] Da sie unerfahren seien und dazu neigten, sich vorschnell festzulegen[112], empfahl ihnen Coustel, Rat bei ihren Beicht-

---

Patrem nisi per me und erläuterte: *C'est pour ce sujet que Jésus-Christ s'appelle dans l'Évangile, la voie, la vérité, et la vie; non seulement en général à l'égard de tous les chrétiens, mais aussi à l'égard de chaque particulier,* ebd.

107 Christus sei *venu au monde comme un soleil tout brillant de lumières, pour en dissiper les ténèbres et pour marquer à chacun le sentier par lequel il doit marcher,* ebd., 394.

108 *Autant donc qu'il y a de chrétiens dans l'Église, autant il y a de voies particulières pour chacun d'eux, que la grâce diversifie en mille manières. Et c'est dans cette voie que chacun doit tâcher d'entrer, pour y trouver les lumières dont il a besoin, et le soutien de la grâce, sans laquelle il faut que sa faiblesse succombe. Car Dieu ne nous aide que pour faire son œuvre et sa volonté. Or sa volonté ne se trouve que dans les emplois, où il nous appelle, et pour lesquels il nous donne des grâces particulières,* ebd., 394 f.

109 *Quand (...) l'on s'engage de soi-même dans un état, pour lequel l'on n'a pas ces secours et ces grâces, afin d'en pouvoir remplir tout les devoirs; il est indubitable qu'on ne peut s'en acquitter, et ainsi l'on est dans l'impossibilité de s'y sauver,* ebd., 395.

110 Nachweise in *Coustel,* Règles (Anm. 66), Bd. 1, 49–65.

111 *Les jeunes gens qui sont sur le point de faire choix d'un état, (...) doivent bien considérer dans quel état ils peuvent trouver plus aisément les moyens d'y travailler. Et surtout ils doivent s'étudier eux-mêmes, et examiner sérieusement quelle est la disposition de leur esprit, quelles sont leurs inclinations, leurs forces, et même leurs faiblesses, et leurs défauts,* ebd., 411 f. *Il ne s'agit donc pas dans le choix d'un état, de considérer simplement s'il est bon en lui-même: mais il faut*

vätern oder anderen aufgeklärten und uneigennützigen Personen einzuholen[113] und ansonsten Gott um Erleuchtung zu bitten, daß die Wahl seinem Willen entspreche und damit den Weg zum Heil bereite.[114] Entschieden wandte sich Coustel dagegen, die Entscheidung über den Berufsweg der Kinder ihren Eltern zu überlassen, da diese sich nach seinem Urteil wenig um Gottes Willen scheren, sondern sich durchweg von Geldgier (*avarice*) oder Ehrgeiz (*ambition*) leiten lassen.[115] Als abschreckendes Beispiel führte Coustel die Gewohnheit an, einem Kind die geistliche Laufbahn aufnötigen oder es in ein Kloster stecken, um die Familie materiell zu entlasten, oder ein ungeeignetes Kind auf eine Richterstelle bringen, um die Familienehre zu erhöhen.[116]

Coustels Ansichten über Berufsarbeit, Berufsausbildung und Berufswahl lassen deutlich die Stoßrichtung hervortreten, die seinen Erziehungsvorstellungen zu eigen war. Coustel begriff jeden einzelnen Christen als Individuum, das sich in der Ausübung eines Berufes verwirklicht. Damit war ein neuartiger Berufsbegriff verbunden. Aus der Art und Weise, wie Coustel in seinen Ausführungen zur Berufswahl das Ausbildungs- und Tätigkeitsprofil der Richter und Offiziere, der Weltgeistlichen und der Mönche umriß: als Handhabung akademisch erworbenen Expertenwissens in der Ausfüllung staatlicher oder kirchlicher Aufgaben[117], tritt hervor, daß von Berufen in unserem Verständnis des Terminus die Rede war. Beruf erschien Coustel als Funktion im Rahmen einer Gesellschaft, die nicht länger auf der ständischen Entgegensetzung von

---

bien examiner s'il est bon par rapport à nous; si Dieu nous y veut, et s'il nous a donné des talents pour pouvoir nous en acquitter, ebd., 396.

[112] *Les jeunes gens étant sans expérience, ils ne suivent d'ordinaire que leurs inclinations, ou leurs caprices; c'est pourquoi ils se trouvent le plus souvent engagés, avant qu'ils aient pu connaître quel état leur aurait été le meilleur,* ebd., 397.

[113] *Ils ne doivent pas dans une chose aussi importante que celle-là, s'en fier à eux-mêmes: mais ils feront toujours bien de prendre conseil de leurs confesseurs, et d'autres personnes éclairées et désintéressées,* ebd., 412.

[114] Die jungen Leute sollen bei der Berufswahl *beaucoup prier Dieu (...), afin qu'il leur fasse connaître la voie qu'il leur a préparée (...). Ils se doivent toujours proposer une bonne fin, et avoir particulièrement en vue Dieu et leur salut,* ebd., 411.

[115] *La difficulté qui se trouve aussi dans ce choix* [d.h.bei der Berufswahl] *pour les parents, est de bien discerner ce que Dieu demande d'eux, d'avec ce qu'ils veulent eux-mêmes. Car ils ne consultent le plus souvent que deux conseillères, également aveugles et impérieuses, qui sont leur avarice, et leur ambition; et ils n'ont aucun égard à ce que leur pourraient dire la raison et leur conscience, s'ils les voulaient écouter, Coustel,* Règles (Anm. 66), Bd. 2, 398.

[116] Vgl. ebd., 393–412.

[117] Das kann hier nicht im einzelnen nachgezeichnet werden. Vgl. Buch 4, Kap. 11, Art. 2, *De l'état ecclésiastique, et des excellentes qualités qui y sont requises*; Art. 3, *De l'état de religieux; Art. 4, Des charges de la robe, et des magistratures*; Art. 5, *De la profession des armes,* ebd., 428–456.

'Herr und Knecht' beruht, sondern auf Arbeitsteilung und funktionaler Differenzierung.[118] Das galt selbst für die Weltgeistlichkeit – Coustel sprach ausdrücklich von den 'Funktionen' des Bischofs und Priesters und der für deren Erfüllung erforderlichen Ausbildung[119] –, weniger für die Mönche, über die sich der Autor denn auch nicht ohne Vorbehalte ausließ.[120]

Die Ansichten Saint-Cyrans, Sacys und Coustels über Erziehung als Abgrenzung von der Welt der Erwachsenen als dem Ort des Bösen und als Begleitung des Zöglings auf seinem höchstpersönlichen Weg zu Gott, damit als Hinführung zur Individualität, dürfen für die jansenistische Pädagogik insgesamt stehen. Es ging den jansenistischen Erziehern darum, einen pädagogischen Kosmos als Gegenwelt zur bestehenden aufzubauen. Das geschah in der Absicht, Distanz zur ständischen Sozialordnung zu beziehen. Die jansenistischen Pädagogen lenkten die Kinder – auch und nicht zuletzt diejenigen aus den vornehmen Familien – zur Berufsarbeit als dem von Gott vorgegebenen Weg zum Heil hin. Das nahm die moderne arbeitsteilige und funktionaldifferenzierte Gesellschaft vorweg und läßt die Modernität und zugleich Sprengkraft der jansenistischen Erziehungsideen hervortreten.

V. Die unverkürzte Aneignung der antiken Literatur und die Hinwendung zur Muttersprache

Die jansenistischen Pädagogen sahen als ihr vorrangiges Erziehungsziel die Festigung des Glaubens und die Hinführung zu einem gottgefälligen Leben an, der religiös-sittlichen Erziehung kam daher größere Bedeutung zu als dem Erwerb von Kenntnissen. Aufgabe der Erziehung ist es, schrieb Coustel, den Kindern dazu zu verhelfen, die Unschuld, die sie durch die Taufe erworben haben, bis zum Eintritt in das Berufsleben zu bewahren und dort zu behaupten.[121] Der Autor betrachtete die literari-

---

118 Dem kam die Wortwahl entgegen. Bedeutungsgleich mit 'état' (Stand) verwendete er die Ausdrücke 'emploi' (Tätigkeit, Stelle), 'profession' (Beruf), 'place' (Stelle), 'charge' (Amt).

119 *C'est (...) à l'évêque qui tient dans son diocèse la place de Jésus-Christ; et qui doit connaître les besoins de son Église, à choisir ceux qu'il juge les plus propres, pour l'aider dans les fonctions de son ministère, Coustel,* Règles (Anm. 66), Bd. 2, 430. *Un homme qui a de la piété et de la vertu, pourrait être un bon moine; mais il ne pourrait pas être un bon prêtre; puisque la principale fonction d'un prêtre, est de porter les autres à la piété et à la vertu par ses persuasions,* ebd., 436 f. Dazu bedarf es einer gediegenen theologischen Ausbildung. *La science* sei eine *qualité nécessaire à un ecclésiastique. Car il doit être la lumière du monde, et le conducteur des peuples. Or pour cela il faut être savant,* ebd., 435 f.

120 Vgl. ebd., 441–446.

sche Bildung als nachgeordnet und stufte sie zu einem Zusatz (*accessoire*) herab.[122] Das entsprach dem ambivalenten Verhältnis Saint-Cyrans und Sacys zum literarisch vermittelten antiken Bildungsgut. Ein Schlaglicht darauf wirft eine von Lancelot überlieferte Äußerung Saint-Cyrans, die der Abt bei einem Besuch in Port-Royal des Champs tat. Als Saint-Cyran eintraf, so erinnerte sich Lancelot, beschäftigten sich seine Schüler gerade mit Vergil. Darauf Saint-Cyran, zu den Kindern gewandt: *Seht ihr alle diese schönen Verse? Sie führten Vergils Verdammnis herbei, da er sie aus Eitelkeit und Ruhmsucht abfaßte. Euch aber werden sie zum Heil gereichen, denn euch wird Gehorsam abverlangt, wenn ihr sie auswendig lernt; das geschieht, damit ihr fähig werdet, Gott zu dienen.*[123]

Einen ähnlich zwiespältiges Verhältnis zur antiken Literatur läßt sich bei Sacy beobachten. Die Kenntnis der lateinischen Autoren des Altertums sei erforderlich, bedeutete der Solitaire von Port-Royal dem Memorialisten Fontaine in dem bereits herangezogenen Gespräch[124], da deren Schriften die Quelle der reinen Latinität (*source da la pure latinité*) bildeten. Man sei auf diese Autoren angewiesen – genannt wurden in dem Gespräch Cicero, Vergil, Terenz, Horaz und Martial[125] – und müsse die Kinder mit deren Schriften vertraut machen, da es bedauerlich wäre, wenn die Verteidiger der Wahrheit nicht über ebenso starke und elegante Waffen in ihrem Einsatz für die Kirche verfügten wie die Gegner. Sacy erachtete freilich die Autoren der Antike als abträglich für die guten Sitten und für die Reinheit des Christentums (*pureté du christianisme*).[126]

---

121 *Il y a bien de la différence entre l'éducation que les païens donnaient autrefois à leurs enfants, et celle que des chrétiens doivent donner aux leurs. Comme les premiers n'avaient que le monde en vue, ils s'appliquaient particulièrement à rendre leurs enfants recommandables par les sciences et les belles lettres. Mais il n'en est pas ainsi des chrétiens. C'est au ciel qu'ils tendent, à quoi les sciences sont bien moins nécessaires que les bonnes mœurs. C'est pourquoi il faut prendre un si grand soin des enfants dès leur plus tendre jeunesse, (...) qu'ils apportent leur innocence baptismale à l'état auquel il plaira à Dieu les appeler, quand ils seront en âge, Coustel,* Règles (Anm. 66), Bd. 1, 164 f.

122 *Les belles lettres n'en doivent être considérées que comme l'accessoire. Et au lieu que les païens ne s'appliquaient qu'à rendre leurs enfants habiles; la passion des chrétiens doit être de les rendre gens de bien, et vertueux,* ebd., 4.

123 *Voyez-vous tous ces beaux vers-là? Virgile en les faisant s'est damné, parce qu'il les a faits par vanité et pour la gloire. Mais vous, il faut que vous vous sauviez en les apprenant, parce que vous le devez faire par obéissance, et pour vous rendre capables de servir Dieu, Lancelot,* Mémoires (Anm. 48), Bd. 2, 332 f.

124 Wiedergegeben bei *Fontaine,* Mémoires ou Histoire (Anm. 44), 549–554.

125 Vgl. ebd., 549, 552.

126 Fontaine über sein Gespräch mit Sacy: *Quelle était sa délicatesse sur ce point, mon Dieu, et combien gémissait-il de voir des choses dans les auteurs latins qui ne s'accordent pas avec la pureté du christianisme! Cependant comme les personnes de piété et de lumière qui l'avaient conduit dans sa jeunesse, l'avaient fait*

Er sprach sich deshalb dafür aus, den Schülern gereinigte Übersetzungen an die Hand zu geben.[127] Er ging mit gutem Beispiel voran, indem er 1647 die Komödien des Terenz in einer gereinigten zweisprachigen Ausgabe herausbrachte. Der Titel der Übersetzung spricht für sich. Er lautet: *Comédies de Térence traduites en français avec le latin à côté et rendues très honnêtes en y changeant fort peu de choses, pour servir à bien entendre la langue latine, et à bien traduire en français.*

Nimmt man die Äußerungen Coustels, Saint-Cyrans und Sacys wörtlich, empfahlen die jansenistischen Erzieher die Lektüre lateinischer Texte des Altertums vorzüglich aus apologetischen Gründen. Die Schüler sollten gutes Latein lernten, um später in theologischen Kontroversen bestehen zu können. Man täte den jansenistischen Erziehern indessen Unrecht, wenn man ihr Interesse an den antiken Autoren auf rein instrumentelle Zwecke verkürzte. Sie erkannten der literarischen Bildung ungeachtet aller kritischen Zurückhaltung durchaus einen Eigenwert zu. Sehr aufschlußreich sind in dieser Hinsicht Äußerungen, die Pierre Nicole, ein ausgewiesener Latinist, in seinem Essai ‚Traité de l'éducation d'un prince'[128] über den Stellenwert der lateinischen Sprache im Bildungskanon der vornehmen Leute (*grands, personnes de condition*) gemacht hat. Nicole stellte zunächst die Mühen heraus, welche die Erlernung des Lateinischen den Kindern aus vornehmem Haus bereite, und beklagte, wie wenig dauerhaft meistenteils die Ergebnisse seien.[129] Er

passer lui-même par la lecture de ces livres, parce que la source de la pure latinité y est renfermée, et qu'arrivant quelquefois des nécessités de défendre l'Église, il serait fâcheux que les défenseurs de sa vérité n'eussent pas des armes aussi fortes et aussi polies que les adversaires qui la combattent, il se voyait malgré lui et contre toutes ses lumières obligé de consentir que l'on fît aussi passer les enfants par ces lectures, ebd., 551 f.

127 Ebd., 552.

128 Erstmals publiziert Paris 1670 unter dem Titel ‚De l'éducation d'un prince', dann aufgenommen in überarbeiteter Fassung unter dem Titel ‚Traité de l'éducation d'un prince' in: *ders.*, Essais de morale, Bd. 2, Paris 1671. Diese Fassung aufgenommen in die kritische Auswahledition der Essays: *Pierre Nicole*, Essais de morale. Choix d'essais, introduits, édités et annotés par Laurent Thirouin, Paris 1999. Der ‚Traité de l'éducation d'un prince' dort abgedruckt auf 261–307, danach im folgenden zitiert; zu Nicole vgl. die Kurzinformationen bei *Delforge*, Petites Écoles (Anm. 3), 191–193, 344 f.; ferner: *Edward Donald James*, Pierre Nicole, Jansenist and Humanist. A Study of his Thought, Den Haag 1972; *Bernard Chédozeau*, Artikel „Nicole", in: Dictionnaire de spiritualité, Bd. 11, 1982, Sp. 309–318; Chroniques de Port-Royal, 45 (1996), Themenheft „Pierre Nicole (1625–1695)".

129 *La plus grande difficulté de l'instruction des enfants est de leur montrer la langue latine. C'est une étude sèche et longue. Et quoique, consistant principalement dans la mémoire, elle soit assez proportionnée à leur âge, néanmoins elle les rebute d'ordinaire par le travail et par la longueur. C'est pourquoi il arrive très souvent que les enfants des grands, étant plus impatients et moins appliqués que*

betonte dann die Bedeutung des Lateinischen als europäische Verkehrssprache der gehobenen Gesellschaft[130], unterstrich die Rolle des Lateinischen als Sprache der kirchlichen Liturgie[131] und bekannte sich besonders nachdrücklich zum Bildungswert des Lateinischen. Ohne Lateinkenntnisse, so Nicole, reicht der geistige Horizont der Zeitgenossen nicht über die Gegenwart hinaus und wird die Chance vertan, sich mit den großen Persönlichkeiten der Vergangenheit zu unterhalten, die in ihren Werken auf Latein zu uns sprechen.[132]

Ähnlich wie Nicole hat sich Coustel zum Erkenntniswert der klassischen Literatur bekannt. Es sei zwar die Hauptaufgabe einer guten Erziehung, erläuterte er, die Kinder fromm und tugendhaft zu machen. Man dürfe indessen die literarische Bildung nicht unter dem Vorwand vernachlässigen, sie sei ein Zusatz.[133] Unwissenheit verdiene kein Lob.[134] Der Wissenserwerb vervollständige die menschliche Natur.[135] Die Gelehrsamkeit (*science*) sei für die gehobenen Stände, wenn sie ihren Aufgaben in Politik und Verwaltung gerecht werden wollten, unverzichtbar.[136] Das Kriegshandwerk und die Gelehrsamkeit schlössen einander

---

les autres, apprennent le latin si imparfaitement dans leur jeunesse, qu'ils l'oublient ensuite entièrement, parce que lorsqu'ils entrent dans le monde, ils s'y plongent de telle sorte qu'ils quittent pendant un temps considérable toutes sortes d'études et de lectures, Nicole, Traité (Anm. 128), 289 f.

130 *Il faut donc tâcher de leur faire comprendre combien ce défaut est grand, et combien ils ont sujet de s'en repentir, lorsque voyageant dans les pays étrangers, ou étant visités par les étrangers qui viennent en France, ils se trouvent dans l'impuissance de les entretenir. Il leur faut dire qu'il n'y a qu'en France où l'on trouve des gentilshommes qui ignorent le latin; qu'en Pologne, en Hongrie, en Allemagne, en Suède, en Danemark, toutes les personnes de condition, non seulement l'entendent, mais le parlent facilement,* ebd., 290.

131 *Il n'y a rien de plus honteux que de n'entendre pas la langue de l'Église, de ne pouvoir prendre part à ses prières que comme les plus ignorants d'entre les paysans et d'entre les femmes,* ebd.

132 Es sei eine Schande, *d'être borné à l'entretien de ceux de son siècle, et d'être privé de celui de tous les grands hommes qui nous parlent dans les ouvrages composés en cette langue, que l'on ne connaît imparfaitement, quand on ne les lit que dans des traductions, et que l'on ne lit même guère quand on en est réduit là,* ebd.

133 *Quoiqu'on doive considérer la piété et la vertu, comme le principal et l'essentiel de la bonne éducation; il ne s'ensuit pas qu'on doive négliger les belles lettres, sous prétexte qu'elles n'en sont que l'accessoire, et laisser perdre l'occasion de les faire apprendre aux enfants de qualité dès leur jeunesse, Coustel,* Traité (Anm. 66), Bd. 1, 56 f.

134 *Je dis (...), qu'on n'a jamais loué l'ignorance dans qui que ce soit; parce qu'elle n'est pas louable en elle-même,* ebd., 57.

135 *Comme la science perfectionne la nature, et qu'elle apprend à raisonner juste dans les rencontres; elle doit au moins être estimée utile aux personnes de qualité, qui négligent souvent leurs esprits, tandis qu'ils prennent tant de soin de leurs corps,* ebd.

nicht aus, die berühmtesten Eroberer und die größten Feldherren der Antike seien oft die gelehrtesten Männer ihres Zeitalters gewesen.[137]

Coustel ging dann noch einen Schritt weiter und erkannte den antiken Autoren sogar einen sittlichen Auftrag zu. Er unterschied im Dasein eines jeden Christen – abgesehen von dem Leben des Körpers (*corps*) oder animalischen Leben (*vie animale*) – zwei Lebensweisen, mit denen es der Erzieher zu tun habe: das Leben des Geistes (*esprit*) oder das vernünftige Leben (*vie raisonnable*) einerseits, das Lebens des Herzens (*cœur*) oder das spirituelle Leben (*vie spirituelle*) andererseits[138], und erklärte: Das vernünftige Leben speise sich aus der Gelehrsamkeit (*science*) und sonderlich aus den schönen Lebensregeln als der Nahrung der schönen Geister, die man bei den guten Autoren antreffe.[139] Das spirituelle Leben ziehe seine Kraft aus den Wahrheiten der Heiligen Schrift.[140] Coustel fügte hinzu, daß die Lebensregeln, die man bei profanen Autoren wie Cicero, Horaz und Seneca vorfinde, durchaus der Erziehung zur Tugend und der Abwendung vom Laster zugute kommen könnten[141], und empfahl, die antiken Autoren nicht nur wegen ihres Erkenntniswertes, sondern auch wegen ihres Nutzens für die religiös-sittlichen Erziehung zu studieren.[142]

---

136 *Si des personnes de qualité étaient toujours à la tête des armées, l'on pourrait dire que la science ne leur serait pas fort nécessaire: mais n'ont-ils pas outre cela à se trouver au conseil, à délibérer sur des affaires importantes, à donner leurs avis et leurs ordres, et à parler quelquefois en public? Or tout cela demande de la science. L'expérience nous apprend aussi, que s'il y a à faire quelque conférence ou quelque traité de paix, ce n'est pas d'ordinaire sur ceux qui passent pour les plus braves qu'on jette les yeux; mais l'on choisit toujours les plus habiles et les plus savants, pour leur confier l'honneur et les intérêts d'un État,* ebd., 58.

137 *L'on ne peut pas dire qu'il y ait de l'incompatibilité entre la profession des armes et la science; puisque les histoires nous apprennent que les plus illustres conquérants, et les plus grands capitaines de l'antiquité ont été souvent les plus savants de leurs siècles,* ebd., 58 f.

138 *On peut distinguer trois sortes de vies dans chaque chrétien: savoir celle du corps, celle de l'esprit, et celle du cœur; ou autrement, la vie animale, la vie raisonnable, et la vie spirituelle,* ebd., 184.

139 *La vie raisonnable s'entretient par les sciences, et par les belles maximes qu'on trouve dans les bons auteurs, lesquelles sont la nourriture des beaux esprits,* ebd.

140 *La vie spirituelle, qui est proprement la vie des chrétiens, se conserve par les vérités tirées des Saintes Écritures,* ebd., 184.

141 Der Erzieher *doit bien ménager tout ce qu'il trouve dans les auteurs, même profanes: car combien, par exemple, y a-t-il d'excellentes maximes dans Cicéron, dans Horace, et dans Sénèque, qui peuvent servir non seulement pour instruire un jeune homme dans la politesse, et dans les devoirs de la vie civile; mais aussi le porter à la vertu, et le détourner du vice; pourvu qu'un maître ait l'adresse de les développer un peu, et de leur donner le tour qu'elles doivent avoir,* ebd., 185.

Solche Aussagen lassen sich verallgemeinern.[143] Die jansenistischen Pädagogen betrachteten die lateinischen Texte des klassischen Altertums keinesfalls nur als Mittel zur Erlernung der lateinischen Sprache, sondern durchaus auch als Quelle der Einsicht in das Wesen des Menschen, als Hinführung zur deskriptiven und präskriptiven Sittenlehre (*morale*), die Pierre Nicole so definierte: *La morale est la science des hommes.*[144] Sie gingen deshalb mit der antiken Literatur anders um, als das im Lateinunterricht des Kollegs und speziell des Jesuitenkollegs geschah.

Dazu in einem knappen Exkurs einige Erläuterungen. Im Jesuitenkolleg[145] war der Lateinunterricht auf die Erfassung der antiken Texte in der Originalsprache gerichtet. Grundlage der Lektüre waren durchweg Auszüge in Textsammlungen. Die Texte wurden auswendig gelernt und dienten zunächst der grammatikalisch-formalen Schulung. Sie stellten dann das sprachlich-rhetorische Material für die Anfertigung von Gedichten, Reden und sonstigen Kompositionen in lateinischer Sprache bereit. Ziel war die Einübung in rhetorische Gewandtheit. Dem entsprach es, wenn das Jesuitenkolleg mit dem Lateinischen wie mit einer lebenden Sprache verfuhr. Der Unterricht wurde in lateinischer Sprache abgehalten, Lesen und Schreiben wurden in dieser Sprache erlernt. Das Lateinische war auch die Umgangssprache im Kolleg – oder sollte das zumindest sein. Angestrebt wurde die Beherrschung des Lateinischen als einer gesprochenen Sprache. Das Französische wurde bestenfalls in den Anfangsklassen als Verständigungsbrücke hingenommen. In den fortgeschrittenen Klassen war die Muttersprache vollends verpönt. Dem entsprach es, wenn die Grammatiken und Lernhilfen zu Händen der Lateinschüler auf Latein abgefaßt waren. Die Schüler hatten absurderweise la-

---

142 *Je dis qu'un précepteur doit donner aux enfants qu'il a sous sa conduite, toutes sortes de bonnes instructions; non seulement pour ce qui regarde leur avancement dans les sciences, mais aussi pour ce qui est de la piété; non seulement pour ce qui peut contribuer à leur former l'esprit et le jugement, mais aussi pour nourrir leurs cœurs,* ebd., 185

143 Vgl. zum folgenden die in Anm. 2 u. 3 aufgeführte Literatur.

144 *Nicole,* Traité (Anm. 128), 270. In der Ausgabe von 1670 hatte er geschrieben: *La morale est la science de l'homme,* ebd., Anm. 2 des Herausgebers.

145 Zum folgenden: *Jean-Baptiste Herman,* La Pédagogie des jésuites au XVIe siècle. Ses Sources. Ses caractéristiques, Brüssel, Paris 1914; *François de Dainville,* La Naissance de l'humanisme moderne, Paris 1940 (ND Genf 1969); *Ceppellini,* Pedagogia (Anm. 3); *François de Dainville,* L'Éducation des jésuites (XVIe–XVIIIe siècles), hrsg. v. Marie-Madeleine Compère, Paris 1978; *Viguerie,* Institution (Anm. 22) , Kap. 6 „Les humanités" = 159–194; *Jean-Claude Margolin,* L'éducation au temps de la Contre-Réforme, in: Histoire mondiale de l'éducation, Bd. 2, De 1515 à 1815, hrsg. v. Gaston Mialaret/Jean Vial, Paris 1981, 213–232; *Jean de la Viguerie,* Les collèges en France, in: ebd., 301–315. Vgl. ferner die einschlägigen Abschnitte bei: *Compayré,* Histoire critique (Anm. 2); *Snyders,* Große Wende (Anm. 2); *Durkheim,* Entwicklung (Anm. 2).

teinische Regeln auswendig zu lernen, um auswendig gelernte lateinische Texte zu erfassen.

Diente im Jesuitenkolleg der Umgang mit der lateinischen Literatur in erster Linie der formal-rhetorischen Schulung, war damit als Nebeneffekt auch eine inhaltliche Dimension verbunden.[146] Das gab sich daraus, daß in den Texten, die in den Rede- und Übersetzungsübungen herangezogen wurden, häufig die römische Bürgertugend gefeiert wurde. Die rhetorischen Übungen durchzog ein Bürgerpathos, demzufolge das Gemeinwohl mehr zählt als der Befehl des Tyrannen. Das kam durchaus dem Ehr- und Vaterlandsbegriff des Schwertadels und dem Amtsverständnis der Richtereliten entgegen. Ansonsten blieb das pädagogische Universum der Jesuiten fernab von jeder Alltagserfahrung, es stellte jedenfalls das monarchische Regiment nicht in Frage.

Zurück zum jansenistischen Umgang mit der lateinischen Literatur. Die jansenistischen Pädagogen betrachteten die literarische Überlieferung nicht als Spielmaterial für rhetorische Übungen, sondern würdigten die antiken Autoren als Kenntnis- und Erkenntnisquelle. Sie waren bestrebt, die Schüler frühzeitig mit den unverkürzten (wenn auch gegebenenfalls gereinigten) Texten des klassischen Altertums vertraut zu machen. Es ging ihnen um die Aneignung des antiken Bildungsguts in seiner ganzen Vollständigkeit und Breite. Als den besten Weg dahin sahen sie den Rückgriff auf französische Übersetzungen lateinischer (gegebenenfalls auch griechischer) Texte und namentlich die Benutzung zweisprachiger Textausgaben nach dem Beispiel von Sacys Edition der Komödien des Terenz an. Ganz in diesem Sinne sprach sich beispielsweise Thomas Guyot, Lehrer an den Kleinen Schulen von Port-Royal und Übersetzer zahlreicher lateinischer Schriften zu Händen seiner Schüler, in dem ‚Hinweis an den Leser' zu seiner 1666 veröffentlichten Übersetzung der ‚Captivi' des Plautus dafür aus, die Kinder an die lateinische Sprache mittels französischer Übersetzungen lateinischer Texte heranzuführen. Wenn sie dann einige Grundkenntnisse der lateinischen Deklination und Konjugation erworben hätten, sollten sie nicht *thèmes*, also Übersetzungen aus dem Französischen ins Lateinische und Kompositionsübungen im Lateinischen, anfertigen, sondern Übersetzungsübungen aus dem Lateinischen ins Französische machen.[147] Coustel gab einen

---

[146] Dazu: *Snyders*, Große Wende (Anm. 2), 67–73.

[147] Vgl. den *avis au lecteur* in: *Thomas Guyot,* Nouvelle Traduction des Captifs de Plaute, Paris 1666, abgedruckt in: Regole delle traduzione. Testi inedidti di Port-Royal et del ‚Cercle' die Miramion (metà del XVII secolo), hrsg. v. Luigi de Nardis, Neapel 1991, Anhang, 231–243. *Ce que je puis conclure de tout ce discours est qu'après avoir montré aux enfants à décliner et à conjuguer, il faudrait commencer à les instruire par leur faire entendre médiocrement le latin en les faisant traduire plutôt de latin en français, que de français en latin; car on suivrait ainsi*

ähnlichen Ratschlag: Bevor die Kinder Übersetzungen ins Lateinische und lateinische Übungstexte anfertigen, sollen sie sich mit lateinischen Autoren und deren Sprachschatz vertraut machen und deren Texte ins Französische übersetzen. Später könnten dann lateinische Aufsatzübungen nachfolgen.[148] Das bildete einen scharfen Kontrast zur rhetorischen Aneignung von Textauszügen im Jesuitenkolleg und zum Beharren auf dem Lateinischen als Umgangssprache der Schüler; Coustel hatte dafür nur Spott übrig.[149]

Die jansenistischen Erzieher verengten das antike Bildungsgut nicht auf Bürgertugend und heroische Haltungen, sondern waren darauf aus,

---

l'ordre de la nature et même de l'art, en les menant de la connaissance des choses qu'ils savent déjà, à la connaissance de celles qu'ils ignorent: comme les petits enfants apprennent par le langage naturel des gestes et des mouvements du corps qu'ils connaissent, la signification des paroles qu'ils ne connaissent pas: car le moyen que les enfants puissent traduire de français en latin, comme on leur fait faire dans leurs thèmes, s'ils ne connaissent pas le latin. Comme en effet ils ne le connaissent pas: outre qu'il est bien plus difficile d'écrire en une langue que de l'entendre: et c'est par le plus difficile qu'on les fait commencer en leur faisant faire les thèmes latins, au lieu de traductions françaises (...) Il faut commencer par leur faire entendre le latin dans de fidèles traductions ou explications: et quand ils ont déjà quelque intelligence de cette langue, il faut les faire traduire eux-mêmes en français jusques à la troisième classe. Ce serait alors qu'ils commenceraient à pouvoir mettre du français en latin, puisqu'ils en auraient déjà quelque idée et quelque usage, ebd., 240 f.

148 *Coustel,* Règles (Anm. 66), unterzog in Buch 3, Kap. 3, Art. 7 = Bd. 2, 50–53 unter der Überschrift *S'il vaut mieux les* [d.h. die Kinder] *occuper, à la composition qu'à la traduction* das übliche Verfahren einer scharfen Kritik, die Kinder zu Kompositionsübungen im Lateinischen anzuhalten, sobald sie syntaktische Grundkenntnisse in dieser Sprache erworben haben. Er stellte zunächst fest: *Quand les enfants savent les règles les plus importantes de la syntaxe, l'on a coutume de les faire composer en latin; ce qui s'appelle communément faire des thèmes,* ebd., 51, und urteilte dann: *Il semble que la raison demanderait, qu'on se conduisît du moins avec les enfants en la manière qu'on use d'ordinaire avec les personnes qui ont déjà l'esprit et le jugement tout formé quand ils apprennent une langue étrangère: par exemple, l'italien, l'allemand, ou l'espagnol. Or l'on ne s'est jamais avisé de les faire composer d'abord en cette langue, mais on les exerce à expliquer et à traduire les auteurs les plus aisés qu'on leur met entre les mains, jusqu'à ce que s'étant rempli l'esprit des plus belles expressions, et des meilleures phrases qu'ils y trouvent, ils soient en état de s'énoncer un peu, et de dire ce qu'ils pensent en cette langue, qui leur est étrangère. Il semble donc que la raison voudrait qu'on fît la même chose à l'égard des enfants, et qu'on ne commençât à les faire composer en latin, qu'après qu'ils se seraient remplis la mémoire des mots et des façons de parler les plus pures qu'ils auraient vues plusieurs fois, et remarquées dans les bons auteurs,* ebd.

149 *Appliquer les enfants à la composition, avant qu'ils aient un peu appris comme il faut s'exprimer en latin, qu'est-ce faire autre chose, sinon les accoutumer à un jargon qui n'est ni français, ni latin; et leur apprendre un pitoyable galimatias, qu'ils ont toute la peine imaginable à désapprendre ensuite,* ebd., 52.

es in seiner ganzen Breite zu erfassen und nicht zuletzt in der Muttersprache zu vermitteln.[150] Diesem Unterfangen kam die überaus fruchtbare Übersetzertätigkeit der Solitaires von Port-Royal entgegen.[151] Daß Übersetzungen schwerlich dem Original gleichkommen und den Schüler zu guter Letzt zur Lektüre des Urtextes führen sollen, verstand sich dabei von selbst.[152]

Die unverkürzte Aneignung der antiken Literatur bedingte die frühzeitige Hinwendung zur Muttersprache noch vor dem Erlernen des Lateinischen. Im Unterschied zum Jesuitenkolleg wurde in den Kleinen Schulen von Port-Royal das Lateinische nicht als lebende Sprache fingiert, sondern als das angesehen, was es war: als eine nicht mehr gesprochene Sprache, die sich die Schüler sinnvollerweise erst dann aneignen, wenn sie des Lesens und Schreibens in der Muttersprache kundig sind. Beides wurde an Hand französischer Wörter und Texte eingeübt. Im Vordergrund stand das Bemühen um den raschen Erwerb der Lese- und Schreibfähigkeit. Guyot unterstrich in seinem Vorwort zu den von ihm ins Französische übertragenen Briefen Ciceros an Atticus[153] (erschienen 1668), wie zeitraubend die herkömmliche Methode sei, das Lesen in der lateinischen und nicht in der französischen Sprache zu erlernen, und welchen Verdruß das Schülern und Lehrern bereite.[154] Es sei ein Unding, das Lesen in einer Sprache zu lernen, die man nicht kenne und die im Alltag nicht gesprochen werde. Natürlicher sei es, vom Bekannten zum Unbekannten fortzuschreiten, also den Kindern das Lesen im Französischen beizubringen, da sie diese Sprache bereits kennten. Während sich der Erfolg dann rasch einstelle, sei die herkömmliche Methode mühsam und zeitaufwendig.[155] Mit ähnlichen Argumenten sprach sich zwanzig

---

[150] Coustel bekräftigte: *Il serait honteux que des enfants fussent barbares dans leur propre pays; et qu'ils ne parlassent français que comme des Allobroges* [d.h. Savoyer] *et des Allemands, tandis que toutes les nations s'efforcent à l'envie les unes des autres d'apprendre toutes les beautés et de se rendre parfaites dans cette langue*, ebd., 53.

[151] Vgl. Anm. 20.

[152] Vgl. die Schlußüberlegungen Nicoles in dem Zitat von Anm. 132.

[153] *Thomas Guyot*, Billets que Cicéron a écrits tant à ses amis communs qu'à Attique son ami particulier, Paris 1668. Das Vorwort auszugsweise abdruckt bei: *Cadet*, Éducation (Anm. 3), 185–202. Danach im folgenden zitiert.

[154] *Je dis donc, en premier lieu, que c'est une faute très grande que de commencer, comme on fait d'ordinaire, à montrer à lire aux enfants par le latin, et non par le français. Cette conduite est si longue et si pénible qu'elle ne rebute pas seulement les écoliers de toute autre instruction, en prévenant leur esprit, dès leur plus tendre jeunesse, d'un dégoût et d'une haine presque invincible pour les livres et l'étude; mais elle rend aussi les maîtres impatients et fâcheux, parce que les uns et les autres s'ennuient également de la peine et du temps qu'ils y emploient, ce qui va jusques à trois et quatre années*, ebd., 185 f.

Jahre später Coustel in seiner Erziehungsabhandlung dafür aus, den Leseunterricht in der Muttersprache abzuhalten.[156]

Dem entsprach es, wenn im Lateinunterricht der Kleinen Schulen von Port-Royal eine auf Französisch abgefaßte Grammatik des Lateinischen verwendet wurde. Lancelot hatte sie zum Gebrauch seiner Schüler abgefaßt. Sie erschien 1644 unter dem bezeichnenden Titel ‚Nouvelle méthode pour apprendre facilement et en peu de temps la langue latine'[157]. Das geschah vor dem Hintergrund der Regulierung der französischen Sprache – erinnert sei an die Gründung der Académie Française im Jahre 1634 – und des Aufstiegs der französischen Literatur zu europäischer Geltung im Zeitalter der Klassik. Coustel sprach in seiner Abhandlung geradezu enthusiastisch von dem Leistungsvermögen und Vollkommenheitsgrad, den das Französische in seiner Zeit erreicht habe.[158] Die ‚Querelle des anciens et des modernes'[159] zeichnete sich ab.

---

155 *Comment donc voudrait-on que les enfants apprissent à lire en peu de temps et avec plaisir, ou au moins sans une extrême peine, en commençant à les faire lire en latin, qui est une langue qu'ils connaissent aucunement, et dont ils n'entendent jamais parler (car cela leur servirait beaucoup, au moins pour la prononciation) que lorsqu'on les en instruit? N'est-il pas plus naturel de se servir de ce qu'ils savent déjà, pour leur enseigner ce qu'ils ne savent pas, puisque la définition même de la méthode d'enseigner nous montre à en user de la sorte?*, ebd., 186 f. *Or les Français savent déjà le français, dont ils connaissent une infinité de mots; pourquoi donc ne leur pas faire apprendre à lire premièrement en français, puisque cette méthode serait plus courte et moins pénible? Car ils n'auraient qu'à retenir les figures des lettres et leurs combinaisons ou assemblages; en quoi la mémoire des choses et des mots qu'ils savent déjà, avec ce qu'ils entendent dire continuellement dans le commerce du monde, les aiderait peu à peu à s'en ressouvenir; au lieu qu'en latin ils ne sont aidés de quoi que ce soit; tout leur est barbare et nouveau, ils ne peuvent s'attacher qu'aux caractères et aux combinaisons qu'on leur en montre; ce qui fait qu'ils ne les retiennent qu'avec une extrême peine et un fort long temps*, ebd., 187. *Il faut se servir de ce que les enfants savent déjà pour leur apprendre ce qu'ils ne savent pas, ce qui est une règle générale et sans exception aucune pour tout ce qu'on veut leur montrer*, ebd.

156 *Il vaut mieux pour apprendre à lire aux enfants se servir de livres français que de ceux qui sont latin. Car comme ils entendent leur langue naturelle, ils comprendront avec bien moins de peine ce qu'ils liront en cette langue, qu'en une autre, dont ils n'ont encore aucune idée. Et en effet, c'est une règle générale, qu'il faut toujours autant qu'on peut, faciliter toutes choses aux enfants. A facilioribus ad difficiliora, a notis ad ignota semper procedendum est, Coustel,* Règles (Anm. 66), Bd. 2, 22 f.

157 Vgl. *Delforge*, Petites Écoles (Anm. 3), 342.

158 *Au point de perfection où est à présent notre langue, elle mérite bien certes que nous la cultivions un peu. Et en effet, elle n'a jamais été si riche dans ses expressions, si noble dans ses phrases, si exacte et si féconde dans ses épithètes, si ingénieuse dans ses tours et ses circonlocutions, si majestueuse dans ses mouvements, si brillante dans ses métaphores, et enfin si naturelle, et tout ensemble si*

Als besonders wichtig sah Coustel im Umgang mit lateinischen Autoren die Texterklärung an, also das Unterfangen, den Kindern die Autoren, die man behandelt, zu erklären[160], um das Verständnis (*intelligence*) des vorgelegten Text zu erschließen.[161] Dem sollen, wie Coustel darlegte, zunächst sachliche Erläuterungen dienen.[162] Darauf sollen Wort- und Satzerklärungen sowie stilistische Hinweise folgen.[163] In das Zentrum der Texterklärung rückte Coustel die Erfassung der Gedanken (*pensées*)[164] des Autors, das heißt die Ergründung seiner Meinung (*sens*) und Argumentation (*raisonnement*).[165] Die literarische Erziehung, so erläuterte Coustel, darf sich nicht darin erschöpfen, Fertigkeit im Umgang mit der lateinischen Sprache zu erwerben und das Gedächtnis zu schulen, sondern hat vor allem darauf abzuzielen, das Urteilsvermögen (*jugement*) voranzubringen.[166] Das zielte auf die analytische Auseinandersetzung mit dem Text. Coustel forderte die Erzieher denn auch dazu auf, die Zöglinge dazu zu ermuntern, Fragen an die ihnen vorgelegten Texte zu stellen und den Autoren kritisch gegenüberzutreten.[167] Er wies der Texterklärung die Aufgabe zu, den Schülern zu einem persönlichen Standpunkt zu verhelfen. Bezeichnenderweise mündeten Coustels Ausführungen über die Texterklärung in einen geradezu aufklärerischen Appell an die Erzieher ein, die Kinder zur Überwindung von Vorurteilen

---

magnifique et si relevée dans sa versification, qu'elle est à présent, Coustel, Règles (Anm. 66), Bd. 2, 53.

159 Vgl. die Quellensammlung: *Anne-Marie Lecoq* (Hg.), La Querelle des Anciens et des Modernes. XVIIe–XVIIIe siècles, Paris 2001, mit dem Essay von: *Marc Fumaroli,* Les abeilles et les araignées, 7–218, und dem Nachwort von: *Jean-Robert Armogathe,* Une ancienne querelle, 799–849.

160 *Expliquer les auteurs qu'on fait voir aux enfants, Coustel,* Règles (Anm. 66), Bd. 2, 79.

161 *La fin que se doit proposer un maître en expliquant un auteur, c'est d'en faciliter l'intelligence à ceux qu'il instruit,* ebd., 80.

162 Ebd., 79 f.

163 Ebd., 80–85.

164 Ebd., 81.

165 Ebd., 85.

166 *L'on se contente d'ordinaire de bien exercer l'esprit et la mémoire des enfants; et l'on est entièrement satisfait, quand ils apprennent bien leurs leçons, qu'ils savent répéter quelques vers, ou faire passablement un thème. Mais il n'en faut pas demeurer là. Comme le jugement est la principale faculté de l'homme, et celle dont il a le plus de besoin dans toute sa conduite; c'est à celle-là qu'il faut particulièrement s'appliquer,* ebd., 99.

167 *Il faut donner aux enfants une honnête liberté de demander l'éclaircissement de toutes les choses qu'ils n'entendent pas. Rien ne leur ouvre tant l'esprit. Quand ils sont trop timides, il faut les prévenir, en les interrogeant (...). Il faut (...) leur demander le sens des auteurs qu'on leur fait voir; ce qu'ils auraient répondu à une telle demande; ce qu'ils auraient fait dans une semblable rencontre; comment ils se seraient débarassés d'une difficulté, etc.,* ebd. 99 f.

(*préjugés*) anzuleiten und sie zu einer eigenständigen Urteilsbildung zu bringen.[168]

Die Bemühungen der jansenistischen Pädagogen um die unverkürzte Aneignung der antiken Literatur auch und nicht zuletzt im Medium der Muttersprache führen die Sprengkraft ihrer Erziehungsideen vor Augen. Gegen die im Jesuitenkolleg betriebene Ausschlachtung des antiken Bildungsgutes zum Zweck der rhetorischen Inanspruchnahme setzten die jansenistischen Erzieher die diskursive Auseinandersetzung. Ihr Umgang mit dem antiken Bildungsgut war letztlich darauf gerichtet, zum vorurteilsfreien, eigenständigen Denken anzuleiten. Die hierin zum Ausdruck kommende Subjektivierung und Individualisierung der Urteilsbildung korrespondierte mit der im vorhergehenden Abschnitt erörterten Hinwendung zum Kind als einem Individuum.

VI. Der Jansenismus als Wegbereiter der Notabelngesellschaft

Zum Abschluß sei die Frage aufgeworfen, worauf es zurückzuführen ist, daß die jansenistische Bewegung im wesentlichen auf Frankreich beschränkt blieb.[169] – Eine Antwort läßt sich noch am ehesten für das 18. Jahrhundert gewinnen, als die Jansenisten zu einer kirchen- und staatspolitischen Partei aufrückten, die gegen die Anerkennung der von Ludwig XIV. bei der Kurie erwirkten päpstlichen Bulle Unigenitus (1713) ankämpfte. In diesem Streit [170] ging es um eine ekklesiologische und zugleich staatspolitische Frage. Die Bulle verurteilte 101 Sätze (Propositionen) aus einer Erbauungsschrift des jansenistisch gesinnten Oratorianers Pasquier Quesnel (1634–1719). Dazu zählten außer solchen Propositionen, welche die Gnadenlehre des heiligen Augustinus zum Ausdruck brachten, vor allem zwei Sätze – die 90. und die 91. Proposition –, in denen es um die Ordnung der Kirche und damit letztlich auch des Staates ging. Die 90. Proposition machte die Geltung der von einem kirchlichen Oberhirten verhängten Exkommunikation von der Zustimmung der Gläubigen abhängig[171], die 91. Proposition gestand den Gläubigen in in-

---

[168] *Il y a (...) une infinité de préjugés, qui ne sont fondés que sur l'erreur, ou les ténèbres d'une imagination aveugle, qu'il faut peu à peu dissiper, exhortant les enfants à avoir toujours un profond respect pour la vérité (...). Au reste, tout doit contribuer à former le jugement des enfants: l'étude, la solitude, la promenade, la visite d'un ami, une prédication, la sottise d'un laquais, la ville, la campagne, etc.*, ebd. 103 f.

[169] Vgl. Chroniques de Port-Royal 35 (1986), Themenheft „Port-Royal en exil"; *Hildesheimer*, Jansénisme en France (Anm. 4), Abschnitt „À l'étranger" = 166–169.

[170] Zum folgenden: *Wolfgang Mager*, Jansenistische Wurzeln der politischen Nationsbildung in Frankreich, in: Jansenismus, Quietismus, Pietismus, hrsg. v. Hartmut Lehmann/Hans-Jürgen Schrader/Heinz Schilling, Göttingen 2002, 239–271.

dividueller Gewissensentscheidung das Urteil darüber zu, ob eine über sie verhängte Exkommunikation rechtmäßig sei oder nicht.[172]

Die bis zum Vorabend der Revolution von 1789 anhaltende erbitterte Auseinandersetzung um die Geltung der Bulle Unigenitus entzündete sich vor allem an der Verurteilung dieser beiden Sätze. Die Verfechter der Bulle sprachen sich zugunsten des Regiments der von Klerikern gebildeten Amtskirche über die Laien, innerhalb der Amtskirche zugunsten des anstaltlichen Vorrangs des Papstes über die Bischöfe, der Bischöfe über die Pfarrpriester aus. Die Widersacher der Bulle – an vorderster Front die Jansenisten – bekannten sich zum korporativen Vorrang der Bischöfe über den Papst, tendenziell der Pfarrpriester über die Bischöfe, letztendlich auch der Gläubigen insgesamt, einschließlich der Laien, über die Kleriker. Sie übernahmen damit die Thesen vom Aufbau der Kirche, die der Pariser Theologe Edmond Richer (1559–1631) in seinem 1611 veröffentlichten ‚Libellus de ecclesiastica et politica potestate' in der Zielrichtung entwickelt hatte, die Pfarrpriester an die Seite der Bischöfe zu rücken. Zugleich radikalisierten sie den Richerismus durch die Aufwertung der Laien zu einem mit den Klerikern gleichgestellten kirchlichen Akteur. Indem die Jansenisten den Richerismus auf ihre Fahnen hefteten, fügten sie sich in eine ekklesiologische Grundströmung der gallikanischen Kirche ein, die über die Schule von Paris, vertreten durch Theologen wie Jean Gerson, Pierre d'Ailly, Jacques Almain, John Mair u. a., bis in den spätmittelalterlichen Konziliarismus zurückging. Der große Widerhall, den der Jansenismus während des 18. Jahrhunderts gerade in Frankreich gefunden hat, dürfte damit zusammenhängen. Es kam hinzu, daß die ekklesiologischen Auffassungen der Jansenisten geeignet waren, den von der bourbonischen Dynastie auf ihr Panier geschriebenen anstaltlichen Aufbau des Staates zu untergraben – auch das kam der Resonanz des Jansenismus zugute.

---

[171] Die 90. Proposition der Bulle Unigenitus lautet: *C'est l'Église qui en a l'autorité* [nämlich: zu exkommunizieren] *pour l'exercer par les premiers pasteurs, du consentement au moins présumé de tout le corps,* zitiert nach dem Abdruck der Bulle Unigenitus in: Documents relatifs aux rapports du clergé avec la royauté, hrsg. v. Léon Mention, 2 Bde., Paris 1893, 1903 (ND Genf 1976), Bd. 2, 3–40, hier: 32; die lateinische Fassung lautet: *Ecclesia authoritatem excommunicandi habet ut eam exerceat per primos pastores de consensu, saltem praeesumpto, totius corporis,* ebd.

[172] Die 91. Proposition der Bulle Unigenitus lautet: *La crainte d'une excommunication injuste ne nous doit jamais empêcher de faire notre devoir. On ne sort jamais de l'Église lors même qu'il semble qu'on en soit banni par la méchanceté des hommes quand on est attaché à Dieu, à Jésus-Christ et à l'Église même par la charité,* zit. nach: ebd., 33; die lateinische Fassung lautet: *Excommunicationis injustae metus nusquam debet nos impedire ab implendo debito nostro: Nunquam eximus ab Ecclesia, etiam quando hominum nequitia videmur ab ea expulsi, quando Deo, Jesu Christo atque ipsi Ecclesiae per charitatem affixi sumus,* ebd.

Das erklärt nicht die große Bedeutung des französischen Jansenismus im 17. Jahrhundert, als sich die theologischen Debatten weniger um Fragen des Kirchen- und Staatsaufbaus als vielmehr um solche der Gnade und Rechtfertigung drehten. Es war das ein zentraler Streitgegenstand im Zeitalter der Reformation und der katholischen Reform. Was die katholische Kirche anbetrifft, hatte das Konzil zu Trient die Frage nach der Wirksamkeit der Gnade in ihrem Verhältnis zur menschlichen Freiheit nicht abschließend beantwortet.[173] Der Gnadenstreit, in welchem der nach dem spanischen Jesuiten Luis de Molina benannte Molinismus und das nach dem spanischen Dominikaner Domingo Báñez benannte bañezianisch-thomistisches Gnadensystem einander gegenüberstanden, wurde von der 1597 einberufenen und 1607 aufgelösten ‚Congregatio de auxiliis divinae gratiae' nicht zur Entscheidungsreife gebracht, beide Lehrmeinungen, die jesuitische und die dominikanische, wurden gelten gelassen. Die Frage ist, warum die an den Gnadenstreit anschließenden Kontroversen die französische Kirche, nicht hingegen die anderen Nationalkirchen, in eine Zerreißprobe führten.

Das könnte damit zusammenhängen, daß die von den Jansenisten verfochtene Individualisierung im Verhältnis des Christen zu Gott bestimmten Entwicklungen der französischen Gesellschaft des 17. Jahrhunderts entgegenkam. Vorgezeichnet in der Lebensweise der Solitaires von Port-Royal und anvisiert in der jansenistischen Pädagogik wurde, so scheint es, die spätere Notabelngesellschaft[174], das heißt eine gesellschaftliche

---

[173] Zum folgenden: *Dantine,* Dogma (Anm. 8), Abschnitt „Die Lehre vom Heil" = 437–464; *Otto Hermann Pesch,* Das Konzil von Trient (1545–1563) und die Folgen, in: *Pesch/Peters,* Einführung (Anm. 8), 169–221; zum Gnadenstreit und der Congregatio de auxiliis vgl. dort vor allem 209–212.

[174] In diese Richtung weisen die Überlegungen von *Paul Bénichou,* Morale du grand siècle, Paris 1948 (ND Paris 2000): „Hostile à l'autocratie en même temps qu'au vieil esprit féodal, le jansénisme fut comme une velléité de la haute bourgeoisie de fonder la vie religieuse et sociale sur une discipline plus grande, mais plus imprégnée de conscience. À travers lui on peut apercevoir ce qu'aurait été en France le gouvernement des notables, s'il avait pu s'y établir. Avec le gouvernement des notables, bourgeois importants, robins, seigneurs, si les seigneurs avaient été capables de renoncer à leurs insolences et à leurs désordres, Port-Royal renfermait en germe, dans le mélange de règle et d'indépendance qui le caractérise, toute une entreprise de renouvellement et d'émancipation, au sens évidemment très mesuré où les notables pouvaient l'entendre", 160 f. des Neudrucks. Ähnliche Gedanken bereits in der wegweisenden Studie von *Bernhard Groethuysen,* Die Entstehung der bürgerlichen Welt- und Lebensanschauung in Frankreich, Bd. 1, Das Bürgertum und die katholische Weltanschauung; Bd. 2, Die Soziallehren der katholischen Kirche und das Bürgertum, Halle/Saale 1927 (ND Frankfurt/M. 1978), verwiesen sei besonders auf Bd. 2, Kap. 3 „Die Theologen als Erzieher des Bürgertums" = 48–83 des Neudrucks. Zum Konzept der Notabelngesellschaft vgl.: *Wolfgang Mager,* De la noblesse à la notabilité. La formation des notables sous l'Ancien Régime et la crise de la Monarchie Absolue, in: Histoire, Économie et So-

Ordnung, die nicht auf der herkömmlichen ständischen Zuordnung von ‚Herr und Knecht' beruhte, sondern auf dem Vorrang der von Erwerbsarbeit freigestellten Notabeln, die sich durch Bildung, Weltläufigkeit und die Selbstverpflichtung auf gemeinwohlorientierte (Berufs-)Tätigkeit auszeichnen, vor den auf Erwerbsarbeit angewiesenen Werktätigen. Es lag dem ein Elitekonzept zugrunde, demzufolge soziale Führungsposition nicht länger auf Herkunft aus vornehmem Geschlecht gründet, sondern auf individueller Befähigung zur Ausfüllung von Führungspositionen in Gesellschaft, Kultur und Politik fußt. Der Boden für die Entstehung einer solchen Notabelngesellschaft wurde in Frankreich während des 17. Jahrhunderts in dem Maße bereitet, wie der alte Schwertadel zum Hofadel geriet und sich abschloß. Es wuchs daraufhin der jüngere Schwertadel mit den gelehrten Richtern und weiteren von Erwerbsarbeit freigestellten sozialen Gruppen zu einer Elite neuer Art zusammen. Dazu trug wesentlich bei, daß die Seigneurien (herrschaftliche Lehen und Ländereien) zunehmend zur Ware, die Offiziers- und Richterämter zum Kaufobjekt gerieten und insofern, sozial gesehen, durchlässig wurden. Es traten in Frankreich Umrisse der späteren Notabelnelite hervor, während in den anderen kontinentaleuropäischen Gesellschaften ständische Aufbauprinzipien bis in das Zeitalter der Aufklärung wirksam blieben.

Das Selbstverständnis der Notabeln als einer auf die individuelle Befähigung ihrer Mitglieder gegründeten Elite fand in der jansenistische Gnaden- und Rechtfertigungslehre insofern eine Entsprechung, als die Jansenisten auf individuelle göttliche Erwählung vertrauten und sich in der Eigenschaft von Auserwählten (élus) – im Wortsinn – als Elite, nämlich als eine spirituelle Elite, begriffen. Dem entsprach die jansenistische Pädagogik, insoweit sie darauf abzielte, eine Bildungselite heranzuziehen, deren Mitglieder in der Ausübung eines Berufs der individuellen Berufung (vocation) folgen und sich darin heiligen. Die jansenistische Theologie und Pädagogik kam dem Elitekonzept entgegen, auf dem die Notabelngesellschaft fußte, und gehört damit in den Zusammenhang der politischen Nationsbildung in Frankreich.[175]

ciété 12 (1993), 487–506; erweiterte Fassung dieses Aufsatzes unter dem Titel: Das Aufkommen des französischen Notabeln-Bürgertums im 18. Jahrhundert und die Krise der absoluten Monarchie, in: Staat und Bürgertum im 18. und frühen 19. Jahrhundert. Studien zu Frankreich, Deutschland und Österreich. Ingrid Mittenzwei zum 65. Geburtstag, hrsg. v. Helmut Reinalter/Karlheinz Gerlach, Frankfurt/M. 1996, 11–61.

[175] Vgl. *Wolfgang Mager*, Von der kirchlichen zur staatlichen Nation. Die Übertragung des jansenistischen Konzepts der Kirche als Nation der Gläubigen in den politischen Raum (1713–1731), in: Kloster – Stadt – Region. Festschrift für Heinrich Rüthing, hrsg. v. Johannes Altenberend in Zusammenarbeit mit Reinhard Vogelsang, Bielefeld 2002, 145–182.

Französische Uniformität und deutsche Pluralität? Staat, Kirche und Bildungswesen in der Frühen Neuzeit im deutsch-französischen Vergleich

Ein Kommentar

Von Stefan Ehrenpreis

I.

Das Berliner Forschungsprojekt zum Vergleich des frühneuzeitlichen Verhältnisses von Staat und Kirche in Frankreich und im Reich hat mit dem Bildungswesen eines der wichtigsten Objekte für eine Überprüfung der gängigen Thesen ausgewählt. Als Gradmesser für die absolutistische Prägung obrigkeitlicher Gesellschaftsvorstellungen, aber auch für Rolle und Bedeutung kirchlicher Eigenständigkeit eignet sich der Bereich des Schulwesens wie kein zweiter. Seit dem Bruch des kirchlichen Bildungsmonopols durch die Gründung städtischer Schulen im 13./14. Jahrhundert waren politisch-öffentliche und kirchliche Kräfte konkurrierende, oft aber auch kooperierende Elemente des Bildungswesens.

Der mit der Reformation einsetzende Wandel im Verhältnis von Staat und Kirche verlief im 16. Jahrhundert in Frankreich und im Reich bildungsgeschichtlich zunächst ähnlich: Die protestantischen Gemeindebildungen führten in beiden Ländern zu Gründungen höherer bzw. sekundärer Schulen, die humanistischen Hintergrund mit protestantischer Elitebildung verbanden. Im Reich sicherte der Augsburger Religionsfrieden das protestantische Kirchenwesen in der vorherrschenden Form der Landeskirchen und damit auch ein gestuftes protestantisches Bildungssystem; allerdings gab es auch protestantische Minderheiten in gemischtkonfessionellen Gebieten, etwa in den bikonfessionellen Reichsstädten oder am Niederrhein, die ein weitgehend von staatlichen Einflüssen unabhängiges Schulwesen aufbauten. In Frankreich blieb die verfassungsrechtliche und politische Lage des Protestantismus hingegen prekär; erst das Edikt von Nantes sicherte seine Existenz, allerdings als deutlich benachteiligte Minderheitenkirche.[1] In der zweiten Hälfte des 17. Jahrhunderts entwickelten sich dann die staatlich-kirchlichen Verhältnisse in beiden Ländern so unterschiedlich, daß auch die sich stärker differenzierenden Bildungssysteme unterschiedlichen Vorzeichen folgten. Im Reich konkurrierten verschiedene konfessionelle Schulträger in den nach 1648 zunehmend mischkonfessionell geprägten Territorien miteinander. In Frankreich hingegen wurden die Protestanten auf wenige Orte zurückgedrängt, und nach der Ausweisung der Hugenotten 1685 existierten nur noch Schulen katholischer Prägung. In beiden Ländern diversifizierten sich im 18. Jahrhundert jedoch die Schultypen: Neben das etablierte Höhere und Niedere Schulwesen traten technisch orientierte Industrieschulen, Ingenieurschulen, Militärschulen etc. Dem deutschen pluralistischen scheint also in Frankreich ein konfessionell uniformes Schulsystem gegenüberzustehen. Alle hier vorliegenden Beiträge laden jedoch zu einer Modifikation dieser polarisierenden Sicht ein.

Einen ersten Entwurf zur Gesamtinterpretation des frühneuzeitlichen europäischen Bildungswesens hat *Wolfgang Schmale* bereits vor zehn Jahren vorgelegt.[2] Die vergleichende Analyse der ‚Wirkkräfte', die er in seinem Beitrag noch einmal systematisiert, hat er in eine Typologie gegossen, die die Gewichtsverteilung zwischen den Einflußfaktoren Staat, Kirche und Gesellschaft berücksichtigt. Die Unterschiede im Vorrang oder Zusammenspiel dieser Wirkkräfte ergeben europäische ‚Bildungslandschaften' – ein Terminus, der bei *Schmale* nicht kulturgeographisch gemeint ist, sondern auf nationale bzw. übernationale Gemeinsamkeiten zielt.[3] Die damit einhergehende Konzentration auf die staatliche Einheit als Handlungsebene für Bildungsentwicklungen ist jedoch, wie *Schmale* selbst feststellt, für die Gesamtepoche und darin besonders für das 16. und 17. Jahrhunderts fragwürdig; hier muß die Kategorie ‚Gesellschaft' mit den vielfältigen regionalen und lokalen Instanzen und sozialen Entwicklungen stärker in den Blick genommen werden. Bei der Beobachtung des Verhältnisses von Staat und Kirche im Bildungswesen folgen

---

[1] Vgl. zum Bildungswesen der französischen Protestanten beispielsweise *Elizabeth K. Hudson,* The Protestant struggle for survival in Early Bourbon France: The case of the Huguenot schools, in: ARG 75 (1985), 271–295; *Guy Astoul,* L'instruction des enfants protestants et catholiques en pays acquitains du milieu du XVIe siècle à la révocation de l'Edit de Nantes, in: Histoire de l'éducation 60 (1996), 37–61.

[2] *Wolfgang Schmale/Nan L. Dodde* (Hg.), Revolution des Wissens? Europa und seine Schulen im Zeitalter der Aufklärung (1750–1825), Bochum 1991, siehe besonders die Einleitung, 3–46.

[3] Für eine alternative, eher kulturgeographische Verwendung des Begriffs plädierte *Rolf Kießling* in seinem Einleitungsreferat zur Tagung „Städtelandschaften – Schullandschaften" vom 29.–31. März 2001 in Weißenburg/Bayern (Drucklegung für 2002 vorgesehen). Eine Verschränkung staatlicher und konfessionell-kultureller Faktoren zur Definition einer Bildungslandschaft betont *Anton Schindling,* Bildung und Wissenschaft in der Frühen Neuzeit 1650–1800, München 1994, 44 f.

aus der Berücksichtigung dieser methodischen Prämisse neue Erkenntnismöglichkeiten, wie zu zeigen sein wird.

II.

Die Lektüre der Beiträge ergibt, wie wichtig es für die Analyse ist, nach Gemeinsamkeiten in Schulorganisation, Unterrichtsmethoden und Erziehungsmodellen zu fragen, die sich nicht alleine aus den oben genannten staatskirchenrechtlichen Vorgaben erklären lassen. Die reformatorischen Kirchen- und Schulordnungen, nach deren Bestimmungen das deutsche Schulwesen in der ersten Hälfte des 16. Jahrhunderts aufgebaut wurde, schufen keine unveränderlichen Grundlagen. Die Zeitpunkte, zu denen in den Jahrzehnten nach 1555 die territorialen Schulsysteme mit innovatorischen Elementen versehen wurden, und auch die Trägerschichten der pädagogischen und didaktischen Neuerungen waren unterschiedlich. Anstöße zu Verbesserungen der Situation vor allem des Niederen Schulwesens gingen von kirchlichen Zentralbehörden, lokalen Verwaltungen und privaten Initiativen in den Gemeinden aus. Dies wäre nicht ohne die Verbreitung neuer Ideen durch den entstehenden Buchmarkt für Erziehungsliteratur möglich gewesen. *Wolfgang Schmale* betont in seiner Übersicht, daß schon im 17. Jahrhundert neben den Einflußfaktoren Staat, Kirche und Gesellschaft ein dichter Diskurs über Bildungsziele und -inhalte feststellbar ist. Er verortet den personellen Austausch in großem Stil jedoch erst in der Aufklärungsepoche. Zahlreiche Beiträge lassen allerdings erkennen, daß bereits im 17. Jahrhundert Reformen zu greifen begannen, die ihre Basis in religiös-gesellschaftlichen Bewegungen hatten. Es ist also zu fragen, wie diese Bildungsinnovationen im Verhältnis zu den staatlichen Reformmaßnahmen der Aufklärungsepoche zu bewerten sind.

Einen ersten kritischen Aspekt bringt *Jens Bruning* ein: Die Begriffe ‚Staat' und ‚Kirche' werden oft lediglich mit ihren Zentralinstanzen assoziiert. *Bruning* zeigt an seinen territorialen Beispielen hingegen, wie stark Mittelinstanzen und auch lokale Amtsträger Reformschritte gerade im Schulwesen vorantrieben. Staat und Kirche sind nicht nur Gestalter gesellschaftlicher Entwicklungen gewesen, sondern auch Teilnehmer eines Modernisierungsprozesses, der hierarchische Muster überschritt. Wo – wie in Brandenburg-Preußen – die Verantwortlichkeit lokaler Kirchenvertreter für das ländliche Elementarschulwesen wahrgenommen wurde, etablierte sich eine Tradition regionaler Schulinitiativen.

Für Frankreich können *Joseph Bergin* und *Wolfgang Mager* an unterschiedlichen Beispielen Entwicklungen im französischen höheren Bildungswesen aufzeigen, die ebenfalls große Differenzierungen sichtbar machen. Einführung und Unterhalt der neuen, am Tridentinischen Dekret orientierten Seminare scheiterten zunächst am innerkirchlichen Widerstand der alten Kathedralschulen, bis ab 1630 Zug um Zug die Zusammenlegung mit Jesuitenkollegien und anderen Schulen gelang. Die von *Bergin* konstatierte hohe Zahl von adligen Seminarbesuchern, die eine ‚weltliche' Karriere verfolgten, weist darauf hin, daß die gesellschaftliche Nachfrage den von den Initiatoren angestrebten Auftrag der Schulgründung veränderte. Die Träger des Seminarunterrichts, Jesuiten und neue Orden wie die Lazaristen, hatten unterschiedliche Ansichten über die Ausbildung der Geistlichkeit und unterschiedliche Möglichkeiten, sie zu verwirklichen – eine Vereinheitlichung der Ausbildungsqualität gelang nicht. Auch von der sozialen Zusammensetzung der Schülerschaft her waren die Seminare sehr unterschiedlich.

Eine völlig von der bisherigen Zielrichtung der Schulorganisation und des Unterrichts in Frankreich abweichende Art der Bildungsvermittlung kennzeichnet die jansenistischen Erziehungsinstitutionen. Die Entwicklung der gut untersuchten Jesuitenkollegien fußte auf der Verbindung humanistisch-rhetorischer und reformkatholischer Traditionen, die seit dem 17. Jahrhundert durch Elemente mathematisch-naturwissenschaftlichen Unterrichts ergänzt wurden, um sich neuen gesellschaftlichen Forderungen anzupassen.[4] Im Gegensatz zur klassisch-humanistisch orientierten jesuitischen Pädagogik stellte die aus privaten Frömmigkeitszirkeln entstandene jansenistische Bewegung ein negatives Menschenbild in den Mittelpunkt erzieherischen Handelns, das von der ‚Erneuerung und Heiligung des Menschen' geprägt war. Erziehung sollte als Abkehr von der Welt und Hinwendung zu Askese gestaltet, Bildung zur Grundlage einer weltabgewandten Gegengesellschaft werden. Die von den Jansenisten zunächst geschaffenen kleinen Erziehungsgemeinschaften stellten einen radikalen Gegenentwurf zu den etablierten Erziehungs- und Bildungsmodellen dar. Bedingt durch die staatlichen Unterdrückungsmaßnahmen setzte sich der Einfluß der jansenistischen Erziehungslehre neben dem Schulwesen auch über den expandierenden Buchmarkt fort. Die Auseinandersetzung über Erziehungsziele und -praktiken konnte durch die Schließung der ‚Kleinen Schulen' nicht beendet werden; die wichtigsten Schriften erschienen erst nach 1660. Die Prägung gesellschaftlicher Erziehungsziele durch neue religiöse Werthaltungen, Lebens- und Frömmigkeitsvorstellungen, die unabhängig von konkreter

---

[4] Vgl. hierzu jetzt zusammenfassend *Michael Müller*, Die Entwicklung des höheren Bildungswesens der französischen Jesuiten im 18. Jahrhundert bis zur Aufhebung 1762–1764. Mit besonderer Berücksichtigung der Kollegien von Paris und Moulins (Mainzer Studien zur neueren Geschichte, 4), Frankfurt/M./Bern/Berlin 2000.

Schulwirklichkeit verbreitet wurden, schuf einen anhaltenden Pluralismus von Erziehungs- und Bildungsmodellen.

III.

Die französischen Erziehungstraktate wurden konfessionsübergreifend auch im Reich rezipiert; der bekannteste Übersetzer war kein Geringerer als August Hermann Francke.[5]

Die Beiträge von *Agnes Winter* und *Anne Conrad* verdienen auf diesem Hintergrund besondere Aufmerksamkeit. Beide können zeigen, daß die Initiativen zum häuslichen Privatunterricht, die von religiös inspirierten Gruppen betrieben wurden, langfristig neben der institutionellen Bildung Bedeutung bekamen, und dies nicht nur in der Mädchenerziehung. Auch unter den anders gelagerten Verhältnissen im Reich konnten sich also erziehungsreformerische Anstöße verwirklichen. Von religiöser Spiritualität und Frömmigkeit getragen, gingen von diesen Gemeinschaften Impulse aus, die zur Schaffung neuer pädagogischer Institute führten. Sowohl im katholischen als auch im protestantischen Bereich war Frankreich Vorreiter dieser Initiativen, die im Reich rezipiert wurden.

Die Hugenotten konzentrierten sich schon in Frankreich auf die Bildung der höheren Stände (Adel, höhere Beamte).[6] Der preußische König sicherte nach 1685 den hugenottischen Exulantengemeinden das wissenschaftliche Niveau des französischen Gymnasiums gegen die Angriffe der orthodoxen Gemeindeleitung der französischen Refugiés. Dieser fürstliche Eingriff ging mit der Zurückdrängung der presbyterial-synodalen Elemente in der Kirchenverfassung parallel. Das Berliner Collège wurde in der Folge zum Zentrum der Berliner Frühaufklärung; besonders die Bemühungen um den Aufbau neuer Wissenschaftsstrukturen waren langfristig erfolgreich. Das hugenottische Hauslehrer-Angebot spielte möglicherweise weit über den Bereich der Französischen Gemeinde hinaus eine Rolle. Insbesondere der Sprachunterricht, in dem die Hugenotten die Nouvelle Méthode der Jansenisten, bei der die altsprachliche Grammatik von der Muttersprache her erklärt wurde, anwandten, trat gleichberechtigt neben die institutionellen Formen des Schulwesens.

Anne Conrad weist darauf hin, daß die katholische Reform in Frankreich (Ordensgründungen, neue Frömmigkeitsformen) oft von Privatinitiativen in kontroverstheologischer Auseinandersetzung mit den Pro-

---

[5] Vgl. *Fritz Osterwalder*, Theologische Konzepte von Erziehung. Das Verhältnis von Fénelon und Francke, in: Das Kind in Pietismus und Aufklärung, hrsg. von Josef N. Neumann/Udo Sträter, Tübingen 2001, 79–94.

[6] Vgl. hierzu generell *Laurence W. B. Brockliss*, French higher education in the seventeenth and eighteenth centuries, Oxford 1987.

testanten ausging. So erklärt sich die dortige Betonung auch der Mädchen- und Frauenbildung im niederen und höheren Schulwesen, die wohl im protestantischen Bereich kein Pendant hat. Auch in Deutschland sind Frauengesellschaften als Unterstützer katholischer Reformmaßnahmen faßbar. In Frankreich läßt sich allerdings bei den Ursulinen langfristig eine Tendenz zum Klosterleben feststellen, während in der Kölner Ursulagesellschaft eher das öffentliche Wirken Bedeutung erhielt. In beiden Fällen haben wir es mit einer Form von semi-institutioneller Bildungsvermittlung zu tun, die sowohl in Frankreich als auch in Deutschland noch lange Bestand hatte.

Sowohl bei *Conrad* als auch besonders bei *Mager* wird deutlich, daß als Folge der neuen religiös motivierten Erziehungsmodelle und der Bildungspraxis Lebenskonzepte entstanden, die eminente soziale Wirkungen mit sich brachten. Diese waren zwar auch Teil der Prozesse konfessioneller Identitätsbildung: spirituelle Aufladung gesellschaftlicher Handlungsorientierungen, neue Formen von Gemeinschaftsbildungen jenseits ständischer Hierarchien, kirchenkritische Tendenzen bis hin zu konfessionsübergreifender toleranter Praxis etc. Die bemerkenswertesten Folgeerscheinungen, wie sie besonders *Mager* herausarbeitet, scheinen allerdings die neuen Individualitätskonzepte zu sein, die weit in den sozialen Alltag hineinreichten und in Fragen der Erziehung und Bildung vor allem den Bereich der modernen Rollen- bzw. Berufsorientierung betrafen. Bekanntlich entstanden im 18. Jahrhundert in zahlreichen europäischen Ländern spezialisierte Fachschulen, zuerst im militärischen Ausbildungsbereich, dann aber auch als Wirtschaftsförderungsmaßnahmen für Handel und Gewerbe, die bei der Professionalisierung vieler Berufssparten eine entscheidende Rolle spielten. Die Beiträge von *Conrad* und *Mager* weisen auf die ideen- und mentalitätsgeschichtlichen Grundlagen des Professionalisierungsprozesses im 17. Jahrhundert hin, der bisher alleine durch die bekannte, aber umstrittene Weber-These von den protestantischen Wurzeln des kapitalistischen Geistes präsent ist: Der Berufsausbildung geht die Sakralisierung der Berufsarbeit *(Mager)* voraus, das Studium ist die ‚Arbeit' der Kinder. Analog ist die weibliche Rollenzuschreibung als Aufgabe der Berufsarbeit gleichzustellen. Es scheint, als ob diese moderne Auffassung im konfessionell ‚uniformen' Frankreich eher zu entwickeln war als im konfessionell pluralistischen Deutschland, worauf am Ende noch einmal zurückzukommen sein wird.

IV.

Welche Erfolge können die institutionellen und familiär-privaten Erziehungsbemühungen vorweisen? In der Bewertung der langfristigen Entwicklung hat die französische Forschung schon seit den 1970er Jahren einen methodischen Vorsprung.[7] Das kulturwissenschaftliche Interesse am Vorgang der Verbreitung von Lese- und Schreibfähigkeiten ist in Deutschland erst mit erheblicher Verspätung rezipiert worden; dies hängt auch mit der Vorliebe für das humanistische Gelehrtenschulwesen zusammen, die die deutsche Forschung seit langem kennzeichnet. Zwar hat die in der reformationsgeschichtlichen Forschung aufgeworfene Frage nach der Durchsetzung konfessionsspezifischer Werthaltungen und religiösen Wissens inhaltlich detaillierte Erkenntnisse erbracht und methodisch Klärungen herbeigeführt, die jedoch über regionenbezogene Beispieluntersuchungen hinaus noch nicht verallgemeinerbar sind.[8] Das ländliche Schulwesen deutscher Territorien ist nach wie vor für viele Fragestellungen noch terra incognita.[9] Für die Breitenwirkung staatlicher und kirchlicher Maßnahmen im Schulwesen im Rahmen der staatskirchenrechtlichen Verhältnisse ist die Berücksichtigung des Elementarbildungsbereichs jedoch unerläßlich, wie der Beitrag von *Bruning* zeigt. Ähnlich wie beim höheren Schulwesen wäre hier im deutsch-französischen Vergleich nach den Wirkungen neuer Bildungsmodelle auf die erzieherische Praxis und gesellschaftliche Folgewirkungen zu fragen.

Quellenauswahl und quantitative Analyse der erfolgreichen französischen Alphabetisierungsforschung sind jüngst zum erstenmal von einer Arbeitsgruppe unter Leitung von *Ernst Hinrichs* auf deutsche Verhältnisse angewendet worden.[10] Der Beitrag von *Ernst Hinrichs* und *Norbert Winnige* zeigt, welche Erkenntnisfortschritte möglich sind, die auch Rückschlüsse auf die Qualität des Schulwesens am Ende des 18. Jahrhunderts erlauben. Offensichtlich kann nicht von einem generellen Vorsprung der protestantischen Regionen ausgegangen werden. Unterschiede zeigen sich vor allem bei der Schreibfähigkeit der Frauen, die sich aber zum Ende des Jahrhunderts hin der der Männer anglich. Auch von dieser quantitativ gestützten Analyse her zeigt sich, daß nach Einflußfaktoren auf das ländliche niedere Schulwesen gesucht werden muß,

---

[7] Vgl. *Francois Furet/Jacques Ozouf,* Lire et écrire. L'alphabétisation des Français de Calvin à Ferry, 2 Bde., Paris 1977.

[8] Vgl. als jüngsten zusammenfassenden Beitrag *Geoffrey Parker,* Success and Failure during the first century of the Reformation, in: Past and Present 136 (1992), 43–82.

[9] Vgl. immer noch als wegweisende Untersuchung *Gerald Strauss,* Luther's House of Learning, Baltimore 1978; jetzt *Ulrich u. Kurt Andermann* (Hg.), Regionale Aspekte des frühen Schulwesens (Kraichtaler Kolloquien, 2), Tübingen 2000.

[10] Vgl. *Rainer Prass,* Signierfähigkeit und Schriftkultur. Methodische Überlegungen und neuere Studien zur Alphabetisierungsforschung in Frankreich und Deutschland, in: Francia 25/2 (1998), 175–197; Alphabetisierung und Literalisierung in Deutschland, hrsg. v. Ernst Hinrichs/Hans-Erich Bödeker, Tübingen 1999.

die sich nicht monokausal auf konfessionskirchliche oder staatliche Rahmenbedingungen zurückführen lassen.

Der Beitrag von *Istvan Tóth* zeigt deutlich, welche gesellschaftlichen Rahmenbedingungen neben Staat und Kirche bei der Interpretation des niederen Schulwesens eine Rolle spielen: die bäuerlichen Wirtschafts- und Siedlungsformen, die Finanzkraft der dörflichen Gemeinden etc. Sein regionales Untersuchungsgebiet weist große lokale Differenzierungen im Schulbesuch auf, die Unterrichtsinhalte berücksichtigen stark auch das Rechnen als ein Element nichtkonfessionell gebundener Ausbildung. Allerdings zeigt die Steigerung des Schulbesuchs in Westungarn seit dem Toleranzedikt Josephs II., das protestantische Schulen erlaubte, auch, daß konfessionelle Momente hier durchaus eine wichtige Bedeutung hatten. An die Beiträge von *Tóth* und *Bruning* anknüpfend wären weitere Untersuchungen notwendig, um die unterschiedlichen Reformmaßnahmen im niederen Schulwesen zeitlich und räumlich zu differenzieren, bevor Rückschlüsse auf das Verhältnis von Staat und Kirche bei der Durchsetzung der schulischen Form der Sozialisation, ihrer sich wandelnden Zielsetzungen und Methoden gezogen werden können; hierzu gehört auch das grundsätzliche Verhältnis von Wissensvermittlung und Sozialdisziplinierung als Aufgabe moderner Schulerziehung.[11]

V.

Alle Beiträge machen deutlich, daß der Bildungs- und Erziehungsbereich zu den Feldern des europäischen Kulturaustauschs gehört. Theorien und praktische Anwendungen im Schulwesen, aber auch Probleme der Modernisierung sind überall ähnlich. Durch die konfessionspolitischen Kontakte befruchtet, entwickelte sich seit der Reformation ein europäischer Ideenaustausch über Fragen der Erziehung, gestützt auf humanistische Gelehrtenkorrespondenzen und den personellen Austausch von Bildungsreformern.

Ein europaweit ähnlich gelagertes Dauerproblem aller Bildungssysteme war beispielsweise die Lehrerausbildung und -besoldung. Die Aufgabenbeschreibung des Lehrers und die Kontrolle der Unterrichtsqualität, wie sie Schmale für Burgund im 18. Jahrhundert herausarbeitet, könnten so auch für eine Dorfschule in einem Territorium des Reiches gelten. Die Wandlungsprozesse, denen das Bildungswesen im Zeitalter der Konfessionalisierung unterworfen war, änderten in diesem Bereich

---

[11] Vgl. *Stefan Ehrenpreis,* Erziehung und Schulbildung in der Frühen Neuzeit – eine Form der Sozialdisziplinierung?, in: Beiträge zur historischen Sozialkunde, Heft 4/2001, 15–21.

wenig. Erst im letzten Drittel des 18. Jahrhunderts setzten staatliche Reformmaßnahmen der Lehrerausbildung ein, in Brandenburg-Preußen jedoch – wie *Bruning* zeigt – durch kirchliche Superintendenten vorbereitet.

Welchen Ertrag bringen die hier versammelten Beiträge abschließend für die generelle Ausgangsfragestellung nach dem frühneuzeitlichen Verhältnis von Staat und Kirche im deutsch-französischen Vergleich? Das eingangs genannte Erklärungsmodell von Uniformität und Pluralität löst bei näherer Betrachtung nur wenige der Interpretationsprobleme bildungsgeschichtlicher Provenienz. Offensichtlich entsprangen der französischen Situation eher ideen- und mentalitätsverändernde innovative Konzepte zur Erziehung als der pluraleren deutschen. Im Reich wurden konfessionsübergreifend französische Erziehungsmodelle und Bildungsformen rezipiert. Innovationsfreudig erwiesen sich auch hier bis weit ins 18. Jahrhundert hinein weniger staatliche Instanzen als regionale Kräfte und soziale Bewegungen, die als Außenseiter begannen, neue institutionelle Formen zu schaffen.

Der konfessionelle Pluralismus im Reich, der nach 1648 auch in zahlreichen Territorien Einzug hielt, hat in der gleichwohl anhaltenden Konfrontationssituation Innovationen verhindert, quasi paralysierend gewirkt. Traditionelle Formen des Schulwesens, die um 1600 entwickelt waren, hielten sich bis zum letzten Drittel des 18. Jahrhunderts. Der Blick der Forschung muß über das engere Feld des Schulwesens ausgeweitet werden auf die Ziele und Formen familiärer Erziehung, neuer Individualitäts- und Rollenkonzepte und gesellschaftlicher Methoden der Sozialisation.[12] Erst in einem solchen Gesamtüberblick lassen sich die Wirkungen religiöser Vorstellungen und Mentalitäten, konfessioneller Identitäten und politisch-sozialer Wandlungen auf die gesellschaftlichen Leitlinien von Erziehung neu bestimmen.

---

[12] Vgl. als ersten Anfang hierzu *Andreas Gestrich,* Vergesellschaftungen des Menschen. Einführung in die Historische Sozialisationsforschung, Tübingen 1999.

Zusammenfassung der Diskussion[1]

Von Marie-Antoinette Gross

I.

In seiner Einleitung der Schlußdiskussion rief *Schilling* nochmals die Tagungskonzeption in Erinnerung. Die beiden Vergleichsschneisen „Minderheiten" und „Erziehung" seien ausgewählt worden als zentrale Bereiche der Staatskirchenbeziehungen, die im Sinne des dynamischen Dualismus zwischen Staat und Kirche, der das religionssoziologische Profil Europas bestimmte, im 16. und 17. Jahrhundert neu ausgehandelt wurden.

Im Verlauf der Tagung sei der Unterschied in der historiographischen Erschließung der beiden Oberthemen deutlich geworden. Große Defizite gebe es weiter in der Bildungsforschung; wie *Schmale* gesagt habe, sei hier die Bestimmung der Kategorien noch unvollständig. Zur näheren Bestimmung der Rolle, die die Kirche in Erziehung und Bildung gespielt habe, griff *Schilling Lehmanns* Hinweis auf, daß die katholische Kirchengeschichtsschreibung oft einen engeren Kirchenbegriff benutzt habe als die protestantische. *Schilling* plädierte dafür, die in der Konfessionalisierungsforschung erarbeiteten religionssoziologischen Zusammenhänge auch für die Interpretation der Geschichte der Bildung gerade in der Frühen Neuzeit stärker fruchtbar zu machen.

Das Konzept der Tagung sei von makrohistorischen Zugriffen bestimmt gewesen, während die „grassroot"-Verankerung weniger Beachtung gefunden hätte. Ein Gegengewicht sei aber durch die Beiträge von *Audisio* zu den Waldensern in der Provence und zur jesuitischen und

---

[1] Der vorliegende Text bezieht sich nicht ausschließlich auf die Schlußdiskussion am Ende der Tagung. Vielmehr wurden nach einer Zusammenfassung der Einleitung die Diskussionsblöcke systematisch von der Redakteurin geordnet und passende Beiträge aus den umfangreichen und lebhaften Diskussionen zum Abschluß der Sektionen integriert. Dies erschien auch deshalb sinnvoll, weil jeweils im Anschluß an die Kommentare nicht nur die Vorträge diskutiert, sondern auch entsprechend dem Konzept der Tagung allgemeinere Überlegungen zum deutsch-französischen Vergleich der Staatskirchenbeziehungen formuliert wurden. Sach- und Einzelfragen, auf die die Autoren auch in der Überarbeitung der Vortragsmanuskripte eingegangen sind, wurden nicht berücksichtigt.

jansenistischen bzw. zur Erziehung von Frauen von *Bergin, Mager* und *Conrad* gesetzt worden. Auch in diesen Beiträgen sei ein weiter Begriff von Kirche zentral gewesen.

Ferner habe sich gezeigt, daß innerhalb der Frühen Neuzeit Periodisierungen immer neu zu konstruieren und zu aktualisieren seien. *Lehmann* habe noch einmal unterstrichen, daß etwa der Pietismus als Träger der Toleranz in Brandenburg während nur weniger Jahre politisch handlungsleitend gewesen sei, ähnliches gelte, folge man den Diskussionsbeiträgen von *Wanegffelen,* offensichtlich auch für die Bedeutung der Regierungszeit Heinrichs IV. für das französische Königtum.

Damit zeichne sich als weiteres Feld eines frühneuzeitlichen Gesellschaftsvergleichs der Vergleich derjenigen europäischen Monarchien ab, die wie Frankreich, Spanien und die südlichen Niederlande katholisch bleiben ‚mußten'.

Evolutionistische Annahmen, so *Schilling* weiter, seien für den europäischen Vergleich notwendig, die Schwierigkeiten von Modernisierungstheorien hätten sich aber gerade bei diesem Thema als so problematisch erwiesen wie sie heuristisch wichtig seien.

Im Anschluß an die Konfessionalisierungsthese betonte er noch einmal die Bedeutung der europäischen Konkurrenzsituation für den Vergleich der stets dynamischen Situationen von „Minderheiten" und der Genese der frühmodernen „Erziehung". – *Schilling*s Hinweis, Periodisierungen innerhalb der frühen Neuzeit seien stets neu zu konstruieren, nahm *Wanegffelen* nochmals auf und plädierte für eine „périodisation de géométrie variable", also für eine Einteilung auch in Abhängigkeit von den Zentren und Peripherien der konfessionellen Räume.

II. Zur Frage der spezifischen konfessionsgeschichtlichen Entwicklung Frankreichs und zur Rolle Heinrichs IV.

Bergin stellte zunächst fest, daß man in der Forschung bislang die Konversion Heinrichs IV. eher heruntergespielt, ja gar nicht zu erklären versucht habe. Die persönliche Religiosität sei bisher nicht ausreichend untersucht worden, die Religion des Königs sei vielmehr ein Mysterium oder Arcanum geblieben, die Konversion sei nach Belieben interpretiert worden. Zur Frage, wie besonders der französische Katholizismus im europäischen Vergleich eigentlich gewesen sei, meinte *Bergin,* es handle sich um eine „variation within structures". *Wanegffelen* verwies seinerseits auf die Schwierigkeit „de penser les différences du gallicanisme". Heinrich IV. habe, so *Wanegffelen* weiter, seine Konversion nicht leicht genommen. Sein Gefühl des Erwähltseins habe ihm eine so offensichtlich inkohärente Religionspolitik wie die Heinrichs VIII. von England unmöglich gemacht. Er habe das Vorbild König Davids dem Konstantins, das für seinen Vorgänger Karl IX. prägend gewesen sei, vorgezogen. Man könne so von einer wahren „réactivation de la monarchie sacrale" sprechen, und diese Monarchie sei eben nicht mehr ‚réligieuse', sondern ‚confessionelle' im katholischen Sinne gewesen. *Bergin* ergänzte, daß man im Frankreich der zweiten Hälfte des 17. Jahrhunderts Macht und Einfluß des katholischen Klerus nicht unterschätzen dürfe. Dabei habe die ‚Assemblée générale du clergé' als „lieu de concertation et de programme" eine Schlüsselrolle gespielt; der König habe Mühe gehabt, seine Kirche im Zaum zu halten.

III. Zur Frage des Status von Fremden und Minderheiten in der Frühen Neuzeit

Lehmann warf in seinem Kommentar zu den Beiträgen von *Grünberger, Pröve, Christin* und *Gross* die Frage auf, ob das in Frankreich oder das im Reich gefundene Modell für das Problem des Umgangs mit Andersgläubigen das bessere gewesen sei, welches sich kurzfristig, welches sich langfristig bewährt habe und inwieweit die beiden unterschiedlichen Wege in der Moderne weitergewirkt hätten. Darauf gingen in der Diskussion zuerst *Wanegffelen,* der das englische Modell als dritten Weg anführte, dann *Grünberger* und *Christin* ein. *Grünberger* verwies noch auf die Notwendigkeit, neben den monarchisch verfaßten auch kommunalistisch organisierte Staaten in den europäischen Vergleich der Modelle einzubeziehen, *Christin* meinte, daß man sogar von einer „circulation des modèles en Europe" sprechen könne. *Lehmann* wies darauf hin, daß die Verräumlichung des konfessionellen Gegensatzes im Reich immer wieder an ihre Grenzen gestoßen sei, *Schilling* warnte für Frankreich davor, die Lösung des konfessionellen Problems unter Heinrich IV. zu modern anzusehen.

Tóth sah deutliche Parallelen zwischen dem ungarischen und dem französischen Fall, die äußerlich zum Beispiel an der Schaffung der sogenannten Sicherheitsplätze abzulesen seien. Vor allem aber habe die Aristokratie für die weitere Entwicklung eine ähnliche Rolle gespielt: Der Adel habe trotz der gewährten Toleranz in Ungarn wie in Frankreich schließlich doch die Konfession des Königs angenommen. Für die Waldenser benannte *Schilling* die Hussiten, die Kölner Reformierten und die Täufer als mögliche europäische Vergleichsfälle. Er sprach scherzhaft von einer „Internationale Valdo-Hussite". Betrachte man im Falle der Waldenser neben den religiösen und politischen auch die von *Audisio* erläuterten ökonomischen Ursachen, könne man von einem „Machen von Minderheiten" sprechen. *Lehmann* wies darauf hin, daß die Aufnahme der Hugenotten in Brandenburg zeitlich kurz vor der Einführung des Pietismus erfolgt sei und sich so beides gleichzeitig in die staatskirchenrechtliche Theorie des Territorialismus gefügt habe. *Audisio* ging noch einmal auf die von *François* so bezeichneten „intermédiaires" [als Beispiel waren hier die Judenmägde angeführt worden] ein, an denen besonders deutlich werde, daß Angehörige von Minderheiten eben gleichzeitig in die Mehrheitsgesellschaft integriert und aus ihr ausgeschlossen sein konnten.

François und *Schmale* führten zusätzlich den Begriff der Diaspora in die Diskussion um den Status von Minderheiten ein. Damit wurde die Situation der Hugenotten oft als Leiden in der Fremde empfunden und beschrieben; *Schmale* fragte hier, ob „Diaspora" nicht notwendig das Anderssein impliziere, ob es also nicht charakteristisch sei, daß es den Hugenotten schwer gefallen sei, in Genf ihr Zentrum zu sehen, oder daß sie sich in Brandenburg trotz ihrer reformierten Konfession noch als eigene Minderheit formiert hätten.

IV. Zum Problem von Erziehung und Bildung zwischen Konfessionskirchen und Staat

Schmale hatte in seinem Überblicksvortrag das für die Tagung als Fragestellung gewählte Spannungsfeld von Staat und Kirche um den Begriff der „Gesellschaft" erweitert, die gerade für die Entstehung und Entwicklung der Bildungsinstitutionen eine ebenso große Rolle wie Kirche und Staat gespielt hätte. *Grünberger* betonte, daß der Gesellschaftsbegriff unbedingt einer jeweils spezifischen Definition bedürfe. Allgemein wurde die Statik der Begrifflichkeit „Kirche-Staat-Gesellschaft" problematisiert.

Audisio ergänzte, daß in der Regel die Einwohner eines Ortes Gründungen niederer Schulen veranlaßt hätten, sah also die Initiatoren auch auf gesellschaftlicher Ebene. *Schmale* stimmte dem zu, der Impuls sei in der Regel nicht von der Kirche ausgegangen, der Staat habe erst spät und allmählich auf diesen Bereich zugegriffen.

Tóth machte auf ein Problem der Ausweitung und Übertragbarkeit der von *Hinrichs* und *Winnige* angewandten Methode zur Untersuchung der Alphabetisierung anhand der Signierfähigkeit aufmerksam. Denn anders als in Frankreich, wo Signaturen der Brautleute schon im Ancien Régime in den Kirchenbüchern zu finden seien, könne man für Deutschland die Alphabetisierung eben erst seit der Einführung des Code Civil erforschen, die zudem auf einen Teil der deutschen Territorien begrenzt war. Das mache einmal mehr die Schwierigkeiten vergleichender empirischer Bildungsforschung in der Frühen Neuzeit deutlich.

Lehmann konstatierte eine interessante Parallele in der Gründungsphase der frühneuzeitlichen Schulen in Frankreich und im Herzogtum Württemberg: Die von *Bergin* konstatierte Distanz zwischen lokalem Klerus, der eine bischöfliche Konkurrenz zu den bisherigen Pfarrschulen ablehnte, und den Gemeinden, die die neuen Schulen wünschten, habe es auch im lutherischen Württemberg gegeben, das im konfessionspolitischen Sinne doch ansonsten als „counter-example" anzusehen sei.

Wanegffelen sah die Entwicklung der jansenistischen Erziehung auch in der Logik der Konfessionalisierung begründet: So wie sich die jansenistische Interpretation der Taufe in Abgrenzung von den Hugenotten radikalisiert habe, gelte dies auch für die Integration der erasmianischen Pädagogik in die jansenistische Erziehung. Allerdings sei dies von den Jesuiten nicht erkannt worden. *Lehmann* sah einige interessante Vergleichspunkte zwischen jansenistischer und pietistischer Erziehung: Wie für die Jansenisten „piété et vertu" sei auch für die Pietisten die religiössittliche Unterweisung ein primäres Erziehungsziel gewesen, für beide Erneuerungsbewegungen war die Pflege der Muttersprache zentral. Der neue Umgang der Jansenisten mit antiken Texten, die nicht länger als rhetorische Vorlage, sondern eben als „Kenntnis- und Erkenntnisquelle" (Zitat *Mager*) erachtet worden seien, sei auch insofern interessant, als von der deutschen protestantisch-innerkirchlichen Erneuerungsbewegung der Unterricht in Realien als Einblick in „Gottes Buch der Natur" befürwortet worden sei. *Lottes* fragte, ob nicht eventuell auch durch den anderen Umgang mit den antiken Texten, der die Ausbildung von Urteilsfähigkeit und Tugend der Schüler und nicht ihre grammatischen und rhetorischen Kenntnisse zum Ziel hatte, eine Politisierung des jansenistischen Milieus erfolgt sei. *Tóth* betonte mit Blick auf Frankreich, daß neben dem protestantisch-katholischen Gegensatz auch die Konkurrenz innerhalb der katholischen Kirche immer mitgedacht werden müsse, um die Entwicklung der kirchlichen Erziehung mit ihren Differenzen und Diskontinuitäten verstehen zu können.

V. Die Verbindung der Vergleichsschneisen „Minderheiten" und „Erziehung" im Spannungsfeld von Staat und Kirche

Lottes griff *Schillings* These von der Bedeutung der Konkurrenzsituation auf und verwies auf die doppelte Dimension von Konfessionalisierung, die sich eben von außen und von innen definieren lasse, deren Grenzen aber auch gerade im Vergleich der europäischen Länder deutlich würden.

Weiter stellte er fest, daß mit den gewählten Vergleichsschneisen auch ältere Diskussionszusammenhänge der Historiographie wieder aktualisiert würden. Die unterschiedlichen Begriffe in der Toleranzforschung und in der Bildungsgeschichte drohten aber die Gemeinsamkeit des Problems zu verstellen. *Lehmann* knüpfte hier an und stellte den inneren Zusammenhang der Schneisen noch einmal heraus. Es sei auch eine engere Verkopplung denkbar, so könne die Geschichte von Minderheiten durchaus anhand ihrer Bildungsinstitutionen nachvollzogen werden, wie der Vortrag von *Winter* gezeigt habe. Ein weiterer, hier nicht aufgegriffener Aspekt der Minderheitengeschichte sei der Aufbau von Netzwerken, wie etwa die durch die Migration des 18. Jahrhunderts entstandenen transatlantischen Netze.

Lehmann sprach sich ferner dafür aus, den in der Forschung verwendeten Minderheitenbegriff zu erweitern und auch innerkirchliche Reformbestrebungen wie eben den Pietismus oder den Jansenismus darunter zu fassen, wie das in den Referaten *Winter* und *Mager* angelegt sei. *Schmale* sah in dieser Ausweitung des Minderheitenbegriffs ein gutes Instrument gerade für den europäischen Vergleich. Da es im Zeichen der Konfessionalisierung zu einer Institutionalisierung des Bildungswesens gekommen sei, halte auch er die von *Lehmann* vorgeschlagene Möglichkeit der konkreten Verknüpfung beider Vergleichsschneisen für sinnvoll. Er wies nochmals darauf hin, daß eine Geschichte der europäischen Entwicklung des Schul- und Bildungswesens auf Grund der Forschungslage vorerst noch eine Geschichte der Bildungsinstitutionen sein müsse.

Autorenverzeichnis

Prof. Dr. Gabriel Audisio, L'Ermitage M, 243, chemin de la Cigale, F-30900 Nimes

Prof. Dr. Joseph Bergin, University of Manchester, Department of History, Oxford Road, Manchester M13 9PL, Great Britain

Dr. Jens Bruning, Historisches Seminar, Universität Leipzig, Burgstr. 21, 04109 Leipzig

Prof. Dr. Olivier Christin, 12, Place Jules Ferry, F-69006 Lyon

Dr. Anne Conrad, Keltersweg 34, 66780 Rehlingen-Siersburg

Dr. Stefan Ehrenpreis, Lehrstuhl für Gesch. der Frühen Neuzeit, Institut für Geschichtswissenschaften, Humboldt-Universität, Unter den Linden 6, 10099 Berlin

Prof. Dr. Etienne François, Frankreich-Zentrum der, Technischen Universität Berlin, Ernst-Reuter-Platz 7, 10587 Berlin

Marie-Antoinette Gross, Mainzer Str. 22, 10715 Berlin

Dr. Hans Grünberger, Moorweidenstr. 4, 20148 Hamburg

Prof. Dr. Ernst Hinrichs, Historisches Seminar, Carl-von-Ossietzky-Universität Oldenburg, 26111 Oldenburg

Prof. Dr. Hartmut Lehmann, Max-Planck-Institut für Geschichte, Hermann-Föge-Weg 11, 37073 Göttingen

Dr. Ute Lotz-Heumann, Lehrstuhl für Gesch. der Frühen Neuzeit, Institut für Geschichtswissenschaften, Humboldt-Universität, Unter den Linden 6, 10099 Berlin

Prof. Dr. Wolfgang Mager, Fakultät für Geschichtswissenschaften, Universität Bielefeld, Universitätsstr. 1, 33615 Bielefeld

PD Dr. Ralf Pröve, Lloyd-G.-Wells-Str. 29, 14163 Berlin

Prof. Dr. Heinz Schilling, Lehrstuhl für Gesch. der Frühen Neuzeit, Institut für Geschichtswissenschaften, Humboldt-Universität, Unter den Linden 6, 10099 Berlin

Prof. Dr. Wolfgang Schmale, Institut für Geschichte, Universität Wien, Dr. Karl-Lueger-Ring 1, A-1010 Wien

Prof. Dr. István Tóth, The Central European University, History Department, Nádor u., 91051 Budapest , Hungary

Dr. Norbert Winnige, Max-Planck-Institut für Geschichte, Hermann-Föge-Weg 11, 37073 Göttingen

Agnes Winter, Klutstr. 16, 12587 Berlin

Autorenverzeichnis